JESUS EST VIVANT
LES QUATRE EVANGILES

dans leur intégralité

avec
les textes fondateurs de l'Ancien Testament,
les textes fondateurs du Nouveau Testament
des Actes des Apôtres à l'Apocalypse

texte officiel de la liturgie

DESCLÉE DE BROUWER

INDICATIONS PRATIQUES

Pour les 4 Évangiles et la manière d'indiquer les références on trouvera les abréviations des autres livres du Nouveau Testament dans la Table générale.

Abréviations et références

Mt, Mc, Lc, Jn	renvoient respectivement aux évangiles selon Matthieu, Marc, Luc, Jean.
Ac	renvoie au livre des Actes des Apôtres.
Ps	renvoie au livre des Psaumes.
Ps 61/62	donne la double numérotation des psaumes selon la Bible hébraïque (et les bibles en français), et selon la *Septante et la *Vulgate (numérotation liturgique).
	— Tous les autres livres de la Bible sont indiqués par le mot principal du titre donné en toutes lettres. Par exemple : Isaïe, Proverbes, 1 Corinthiens.
*	renvoie pour le mot qui suit au *Lexique* alphabétique.
12, 13	se lit : chapitre 12, verset 13.
4, 6-15	se lit : chapitre 4, des versets 6 à 15 inclusivement.
9, 1.4.6	se lit : chapitre 9, versets 1,4,6.
8, 4-9,3	se lit : chapitre 8, verset 4 jusqu'à chapitre 9, verset 3.
	— Quand une référence ne comporte que des chiffres, il s'agit du dernier livre nommé ou de l'évangile actuellement commenté.
=	renvoie à un *parallèle. Les passages parallèles des trois *Synoptiques ne sont commentés qu'une fois. En ce cas, = renvoie à l'annotation sur la péricope la plus riche, mais où les particularités des autres parallèles sont relevées.
par	Mt 17, 1-8 **par** renvoie au texte indiqué de Mt et à ses parallèles.
voir	renvoie à un texte qui, sans être parallèle au texte annoté le confirme ou l'illustre.

Titres et sous-titres

Ceux qui sont imprimés en CAPITALES ou en **caractères gras,** marquent les grandes articulations du texte, et sont identiques à ceux de *La BIBLE, traduction officielle de la Liturgie*, du Centre National de Pastorale Liturgique, éditions Desclée De Brouwer, et Droguet et Ardant.

Les sous-titres en *italiques* désignent de plus petites unités et permettent de retrouver facilement par exemple telle parabole ou tel miracle, et de savoir quels en sont les parallèles en se reportant à la *Synopse*.

Sommaire

Le présent ouvrage est une réalisation du
CENTRE NATIONAL DE PASTORALE LITURGIQUE

Le texte est celui du lectionnaire liturgique.
Ancien Testament : Introduction et notices :
Pierre Griolet
Évangiles : Introduction, Notes et Lexique :
A.-M. Roguet o.p.
Introduction et présentation des autres textes :
C. Wiéner
Tables (d'après la Bible de la liturgie) :
J.-M. Hum o.p. et J. Evenou.

Table Synoptique des Évangiles :
D'après Sœur Jeanne d'Arc o.p. (les 4 Annonces).

Concordat cum originali
En la Transfiguration du Seigneur 1981

Daniel MILON
Secrétaire Général de la Commission Internationale
Francophone pour les Traductions et la Liturgie

Pages intérieures :
Photo GIRAUDON (1, 3, 4)
Photo BULLOZ (2)

Couverture : Madeleine Diener
Maquette : G. Hoeltzel, atelier DDB
Cartes : M. Person

ISBN : 978-2-220-05963-1

PRÉFACE

du cardinal Marty

« Pour procurer la restauration, le progrès et l'adaptation de la liturgie, il faut promouvoir ce goût savoureux et vivant de la Sainte Écriture dont témoigne la vénérable tradition des rites, aussi bien orientaux qu'occidentaux. » *La présente édition des Quatre Évangiles constitue sans aucun doute l'un des fruits les meilleurs de cette orientation indiquée par le Concile Vatican II, dans sa* Constitution sur la Sainte Liturgie *(n° 24). Elle met à notre usage quotidien une traduction au « goût savoureux et vivant », parce que mûrie en fonction du peuple de nos célébrations.*

Entreprendre une telle traduction représentait un coup d'audace. Il ne fallait pas décevoir les personnes que leurs connaissances rendent exigeantes sur la qualité scientifique du texte ; sans donc céder aucunement à la facilité, une écriture assez simple et limpide et belle était requise pour faciliter la communion des cœurs ; on devait tenir compte aussi de certaines frontières culturelles ; quant aux enfants — ils ont droit à l'intégralité de l'Évangile — il fallait éviter de les dérouter inutilement... Le résultat est là : pour tous, cette traduction met l'Évangile au présent.

La qualité du texte s'explique par l'immense travail de ses artisans, leur rigueur pour prendre appui sur les travaux des spécialistes, l'ouverture avec laquelle ils ont accueilli les suggestions et remarques des innombrables personnes et groupes consultés. Mais son originalité vient d'ailleurs. Voilà une traduction que l'on a passée au creuset de l'Assemblée liturgique. Je crois pouvoir éclairer cela de ma propre expérience.

J'aime la Sainte Écriture, et par-dessus tout les Évangiles. Ils m'ont fait respirer toute ma vie et en toutes circonstances. Ils ont tracé de longs sillons en mon esprit. Ils me rendent heureux. Ils me font vivre tous les instants de ma vie. Aujourd'hui, plus que jamais, j'ai hâte de les communiquer encore.

Mais il est un aspect de mon ministère de prêtre, puis d'évêque, où la puissance de vie contenue dans les Évangiles me saisit davantage. C'est quand on en fait la proclamation dans l'assemblée liturgique. Quand les mots deviennent Parole pour le peuple. Quand ils prennent couleur, et saveur, et chaleur.

Comme ils sont graves les visages de ces hommes, de ces femmes, de ces jeunes pour qui la lecture est faite. Voilà que le texte prend vie en chacun. Celui-ci s'en trouve affermi; cet autre apprend qu'il peut être pardonné; celui-là reprend goût à la vie. Parfois, dans un regard, je saisis l'éclair d'une très grande paix.

*

Vérifié par les Évêques de France et approuvé par le Siège Apostolique ce texte vaut par sa qualité doctrinale. Mais il est précieux également au titre de cette exigence de la responsabilité pastorale qu'est le devoir d'annoncer la Parole à tout le peuple, dans l'Assemblée liturgique, là où s'enracine, se développe et s'achève toute la vie chrétienne.

*

L'Évangile devient parole de vie quand il est annoncé et reçu. Le Christ se rend présent dans la relation merveilleuse qui s'établit alors. Ainsi dans l'assemblée liturgique, entre ceux qui annoncent et ceux qui reçoivent — « ceux qui reçoivent », c'est-à-dire ceux-là mêmes qui annoncent. Le texte des Quatre Évangiles *qui nous est ici présenté est issu de cette expérience du Christ vivant en son Église. Puisse-t-il conduire une multitude d'hommes à cette expérience privilégiée de la foi en Jésus-Christ : là où quelques-uns sont assemblés à l'écoute de sa Parole, par son Esprit et dans l'amour du Père,* Jésus est vivant.

FRANÇOIS CARDINAL MARTY.

TEXTES FONDATEURS DE L'ANCIEN TESTAMENT

« Et si l'on pouvait se passer de l'Ancien Testament ? »

Cette question, les hérésies des premiers siècles ont pu la poser. L'Église ne se l'est jamais posée. Elle ne pouvait reconnaître pour sienne une hypothèse qui envisageait de trancher une longue histoire d'amour entre Dieu et son peuple. Elle ne pouvait gommer les prophéties sans estomper leur accomplissement. Récemment encore, face à la montée des totalitarismes, un grand Pape réglait à jamais le dossier en affirmant : « Spirituellement, nous sommes tous des Sémites ». L'Église a des racines. Elle ne les tranchera jamais. Elle ne peut saper les pierres vives de ses fondations.

Racines ? Pierres Vivantes ? pierres de lumières aussi qui étincellent dans les « arbres de Jessé » des rosaces de Notre-Dame et de tant de hauts lieux. Prophètes et Rois » colonnes du portail des cathédrales. Commentaires de l'Ancien Testament et des Psaumes où les Pères nous livrent une méditation d'une richesse inouïe. Toute l'histoire de l'Église affirme que l'Ancien Testament n'est pas pierre morte mais soubassement, arc-boutant de l'édifice néo-testamentaire. Le caillou blanc de l'Apocalypse cette ultime Pierre vive culmine pour couronner toutes les apocalypses d'avant le Christ.

Ouvrir un Nouveau Testament, ouvrir un évangéliaire c'est trouver dès les premières pages une généalogie. Jésus le Messie annoncé par les Prophètes, Jésus le Dieu fait homme n'a pas voulu faire l'économie d'une généalogie. Il entre en Sauveur dans l'Histoire du salut dont il est à l'origine comme Verbe increé.

Voici quelques pages de l'Ancien Testament, quelques « Pierres Vives ». Leur choix a retenu celui de la catéchèse de ceux et celles qui seront en France les chrétiens adultes de l'an 2 000.*

Voici quelques pages de l'Ancien Testament afin que nous apprenions à nous souvenir dans l'action de grâce « de cette promesse qu'il fit à nos Pères en faveur d'Abraham et de sa race à jamais ». Oui, comme Jésus et Marie, nous sommes par grâce de la race d'Abraham. Notre Dieu est celui d'Abraham, d'Isaac et de Jacob...

---

* N.B. On trouvera la Table de tous ces textes sur les pages intérieures de la couverture de ce livre.

Un filet vertical indiquera dans les Évangiles et « les textes fondateurs du Nouveau Testament » ceux qui figurent dans PIERRES VIVANTES soit expressément soit sous forme de référence (R).

Les textes de l'Ancien Testament, qui figurent en tête de ce livre reprennent le choix catéchétique. Un astérisque (*) permet de distinguer les textes bibliques ne figurant dans PIERRES VIVANTES qu'en référence.

Bien entendu, la traduction des textes de l'Ancien Testament est celle du « Texte officiel de la Liturgie » (Copyright A.E.L.F.)

Nous sommes pierres vives
la race plus nombreuse que les étoiles du ciel
le peuple de l'Agneau
l'Église du Seigneur
sur laquelle Il se penche
afin que tous les âges
la disent bienheureuse.
Car Dieu a gravé son Nom
sur les paumes de tes mains.

Genèse 1, 1-31 2, 1-4 (LA CRÉATION)

Le texte fondateur! Il répond à nos questions! D'où vient le monde? Voici une des réponses de Dieu! Elle déroute les savants mais elle enchante les poètes et ceux dont le cœur est limpide!
Il est bien clair, en effet, que ce texte n'est pas un rapport scientifique ou un chapitre d'encyclopédie. C'est un document théologique et spirituel. On pourrait le lire en étant attentif à deux pistes fort importantes:
— Dieu est présenté comme le Créateur unique. Seul l'homme est avec la femme « à la ressemblance de Dieu ». Cette ressemblance en dit long sur l'amour de Dieu: nous sommes aimés « dès les fondations du monde ».
— Le septième jour de la semaine est particulièrement béni: c'est le jour du Seigneur. L'ultime œuvre de Dieu est de créer la fête et la louange, le repos et la danse. Ce récit est communion à la joie de Dieu. Il faut souligner toute la progression joyeuse de cette « semaine » qui culmine dans la création de l'homme.

1 1-2 Au commencement, Dieu créa le ciel et la terre. | La terre était informe
et vide, les ténèbres étaient au-dessus de l'abîme et le souffle de Dieu
3 planait au-dessus des eaux. | Dieu dit: « Que la lumière soit. » Et la
4 lumière fut. | Dieu vit que la lumière était bonne, et Dieu sépara la
5 lumière des ténèbres. | Dieu appela la lumière: « jour », il appela les
ténèbres: « nuit ». Il y eut un soir, il y eut un matin: ce fut le premier
jour.
6 Et Dieu dit: « Qu'il y ait un firmament au milieu des eaux, et qu'il
7 sépare les eaux. » | Dieu fit le firmament, il sépara les eaux qui sont
au-dessous du firmament et les eaux qui sont au-dessus. Et ce fut ainsi.
8 Dieu appela le firmament: « ciel ». Il y eut un soir, il y eut un matin: ce
fut le deuxième jour.
9 Et Dieu dit: « Les eaux qui sont au-dessous du ciel, qu'elles se
rassemblent en un seul lieu, et que paraisse la terre ferme. » Et ce fut
10 ainsi. | Dieu appela la terre ferme: « terre », et il appela la masse des
eaux: « mer ». Et Dieu vit que cela était bon.
11 Dieu dit: « Que la terre produise l'herbe, la plante qui porte sa
semence, et l'arbre à fruit qui donne, selon son espèce, le fruit qui porte
12 la semence. » Et ce fut ainsi. | La terre produisit l'herbe, la plante qui
porte sa semence, selon son espèce, et l'arbre qui donne, selon son
13 espèce, le fruit qui porte sa semence. Et Dieu vit que cela était bon. | Il y
eut un soir, il y eut un matin: ce fut le troisième jour.

14 Et Dieu dit : « Qu'il y ait les luminaires au firmament du ciel, pour
séparer le jour de la nuit ; qu'ils servent de signes pour marquer les fêtes,
15 les jours et les années ; | et qu'ils soient, au firmament du ciel, des
16 luminaires pour éclairer la terre. » Et ce fut ainsi. | Dieu fit les deux
grands luminaires : le plus grand pour régner sur le jour, le plus petit pour
17 régner sur la nuit ; il fit aussi les étoiles. | Dieu les plaça au firmament du
18 ciel pour éclairer la terre, | pour régner sur le jour et sur la nuit, pour
19 séparer la lumière des ténèbres. Et Dieu vit que cela était bon. | Il y eut un
soir, il y eut un matin : ce fut le quatrième jour.
20 Et Dieu dit : « Que les eaux foisonnent d'une profusion d'êtres vi-
vants, et que les oiseaux volent au-dessus de la terre, sous le firmament
21 du ciel. » | Dieu créa, selon leur espèce, les grands monstres marins, tous
les êtres vivants qui vont et viennent et qui foisonnent dans les eaux, et
aussi, selon leur espèce, tous les oiseaux qui volent. Et Dieu vit que cela
22 était bon. | Dieu les bénit par ces paroles : « Soyez féconds et multipliez-
23 vous, remplissez les mers, que les oiseaux se multiplient sur la terre. » | Il
y eut un soir, il y eut un matin : ce fut le cinquième jour.
24 Et Dieu dit : « Que la terre produise des êtres vivants selon leur espèce,
bestiaux, bestioles et bêtes sauvages selon leur espèce. » Et ce fut ainsi.
25 Dieu fit les bêtes sauvages selon leur espèce, les bestiaux selon leur
espèce, et toutes les bestioles de la terre selon leur espèce. Et Dieu vit
que cela était bon.
26 Dieu dit : « Faisons l'homme à notre image, selon notre ressemblance.
Qu'il soit le maître des poissons de la mer, des oiseaux du ciel, des
bestiaux, de toutes les bêtes sauvages, et de toutes les bestioles qui vont
et viennent sur la terre. »
27 Dieu créa l'homme à son image,
à l'image de Dieu il le créa,
il les créa homme et femme.
28 Dieu les bénit et leur dit : « Soyez féconds et multipliez-vous, remplissez
la terre et soumettez-la. Soyez les maîtres des poissons de la mer, des
oiseaux du ciel, et de tous les animaux qui vont et viennent sur la terre. »
29 Dieu dit encore : « Je vous donne toute plante qui porte sa semence sur
toute la surface de la terre, et tout arbre dont le fruit porte sa semence :
30 telle sera votre nourriture. | Aux bêtes sauvages, aux oiseaux du ciel, à
tout ce qui va et vient sur la terre et qui a souffle de vie, je donne comme
nourriture toute herbe verte. » Et ce fut ainsi. | Et Dieu vit tout ce qu'il
31 avait fait : c'était très bon. Il y eut un soir, il y eut un matin : ce fut le
sixième jour.
2 1-2 Ainsi furent achevés le ciel et la terre, et tout leur déploiement. | Le
septième jour, Dieu avait achevé l'œuvre qu'il avait faite. Il se reposa, le
3 septième jour de toute l'œuvre qu'il avait faite. | Et Dieu bénit le
septième jour : il en fit un jour sacré parce que, ce jour-là, il s'était reposé
de toute l'œuvre de création qu'il avait faite.
4 Telle fut l'origine du ciel et de la terre lorsqu'ils furent créés.

Genèse 2, 4-9, 15-25 (LA CRÉATION)

Un autre récit de la Création. Un autre angle dirait un caméraman de la télévision ! Il date de l'époque où des sages vivant sous le roi Salomon méditèrent

sur la création de l'homme et de la femme. Là encore s'il y a une leçon elle n'est pas d'ordre scientifique mais spirituel. Dans la lumière de Dieu, des hommes scrutent ce vertigineux mystère d'amour et de tendresse.
On pourrait retenir deux pistes de réflexion pour être attentif à ce texte :
— Dieu n'est pas un tyran. Il ouvre l'homme à une liberté.
— Dieu est si peu « l'Éternel solitaire » qu'il se soucie, note le texte, de donner à l'homme une aide. Ainsi, l'amour de Dieu présent dans toute sa Création qu'il anime, donne au couple la joie d'aimer et de donner du fruit. Ici culmine cette ressemblance avec Dieu. Un jour viendra où Jésus et son Église manifesteront combien ce sacrement de l'amour humain est grand.

2 4-5 Lorsque le Seigneur Dieu fit la terre et le ciel, | aucun buisson n'était
encore sur la terre, aucune herbe n'avait poussé, parce que le Seigneur
Dieu n'avait pas encore fait pleuvoir, et il n'y avait pas d'homme pour
6 travailler le sol. | Mais de l'eau sortait de terre et imbibait tout le sol.
7 alors le Seigneur Dieu modela l'homme avec la poussière tirée du sol ; il
insuffla dans ses narines le souffle de vie, et l'homme devint un être
8 vivant. | Le Seigneur Dieu planta un jardin en Éden, à l'orient, et y plaça
9 l'homme qu'il avait modelé. | Le Seigneur Dieu fit pousser du sol toute
sorte d'arbres à l'aspect attirant et aux fruits savoureux ; il y avait aussi
l'arbre de vie au milieu du jardin, et l'arbre de la connaissance du bien et
du mal.
15 Le Seigneur Dieu prit l'homme et le conduisit dans le jardin de l'Éden
16 pour qu'il le travaille et le garde. | Le Seigneur Dieu fit à l'homme cette
interdiction : « Tu peux manger les fruits de tous les arbres du jardin ;
17 mais quant à l'arbre de la connaissance du bien et du mal, tu n'en
mangeras pas ; car, le jour où tu en mangeras, tu seras condamné à
mourir. »
18 Le Seigneur Dieu dit : « Il n'est pas bon que l'homme soit seul. Je vais
19 lui faire une aide qui lui correspondra. » | Avec de la terre, le Seigneur
Dieu façonna toutes les bêtes des champs et tous les oiseaux du ciel, et il
les amena vers l'homme pour voir quels noms il leur donnerait. C'était
20 des êtres vivants, et l'homme donna un nom à chacun. | L'homme donna
donc leurs noms à tous les animaux, aux oiseaux du ciel et à toutes les
bêtes des champs. Mais il ne trouva aucune aide qui lui corresponde.
21 Alors le Seigneur Dieu fit tomber sur lui un sommeil mystérieux, et
l'homme s'endormit. Le Seigneur Dieu prit de la chair dans son côté,
22 puis il referma. | Avec ce qu'il avait pris à l'homme, il forma une femme
23 et il l'amena vers l'homme. | L'homme dit alors :
« Cette fois-ci, voilà l'os de mes os
et la chair de ma chair !
On l'appellera : " femme ". »
24 A cause de cela, l'homme quittera son père et sa mère, il s'attachera à
sa femme, et tous deux ne feront plus qu'un.
25 Tous les deux, l'homme et sa femme, étaient nus, et ils n'en éprouvaient aucune honte l'un devant l'autre.

Genèse 3, 1-13 (LE PÉCHÉ ORIGINEL)

Ce texte introduit dans le livre de la Genèse un personnage énigmatique. Le serpent le symbolise. Un serpent qui parle! Serions-nous dans quelque dessin

animé ? Ce texte n'a pourtant rien d'enfantin. Bien au contraire ! Faut-il le lire systématiquement « en creux » ? Il nous souligne en effet une réussite de Dieu ! On regarde toujours l'arbre, le fruit, le serpent ! Il faut regarder aussi ce qui importe peut-être ici le plus : Adam et Ève ne sont pas des créatures juxtaposées.
Ils sont capables de relations et de dialogue. Le texte le suggère admirablement dans ce fruit « qu'il se donnent ». Ainsi à l'aurore du monde le Mal vient bouleverser et pervertir l'univers relationnel des humains. Dieu, dans une admirable image, vient se promener « à la brise du soir ». Il appelle l'homme pour le dialogue habituel avec lui. L'homme se cache : sa relation avec Dieu, avec la Création est dénudée et dévitalisée. Entre Dieu et l'homme une zone de fracture est là, béante...

3 1 Le serpent était le plus rusé de tous les animaux des champs que le
Seigneur Dieu avait faits. Il dit à la femme : « Alors, Dieu vous a dit :
2 " Vous ne mangerez le fruit d'aucun arbre du jardin " ? » | La femme
répondit au serpent : « Nous mangeons les fruits des arbres du jardin.
3 Mais, pour celui qui est au milieu du jardin, Dieu a dit : " Vous n'en
4 mangerez pas, vous n'y toucherez pas, sinon vous mourrez. " » | Le
5 serpent dit à la femme : « Pas du tout ! Vous ne mourrez pas ! | Mais Dieu
sait que, le jour où vous en mangerez, vos yeux s'ouvriront, et vous
serez comme des dieux, connaissant le bien et le mal. »
6 La femme s'aperçut que le fruit de l'arbre devait être savoureux, qu'il
avait un aspect agréable et qu'il était désirable, puisqu'il donnait l'intel-
ligence. Elle prit de ce fruit, et en mangea. Elle en donna aussi à son
7 mari, et il en mangea. | Alors leurs yeux à tous deux s'ouvrirent et ils
connurent qu'ils étaient nus. Ils attachèrent les unes aux autres des
feuilles de figuier, et ils s'en firent des pagnes.
8 Ils entendirent le Seigneur Dieu qui se promenait dans le jardin à la
brise du jour. L'homme et la femme allèrent se cacher aux regards du
9 Seigneur Dieu parmi les arbres du jardin. | Le Seigneur Dieu appela
10 l'homme et lui dit : « Où es-tu donc ? » L'homme répondit : | « Je t'ai
entendu dans le jardin, j'ai pris peur parce que je suis nu, et je me suis
11 caché. » | Le Seigneur reprit : « Qui donc t'a dit que tu étais nu ? Je t'avais
12 interdit de manger du fruit de l'arbre ; en aurais-tu mangé ? » | L'homme
répondit : « La femme que tu m'as donnée, c'est elle qui m'a donné du
13 fruit de l'arbre, et j'en ai mangé. » | Le Seigneur Dieu dit à la femme :
« Qu'as-tu fait là ? » La femme répondit : « Le serpent m'a trompée, et
j'ai mangé. »

Genèse 4, 1-16 (CAÏN ET ABEL)

Dans la logique même de la faute d'Adam et d'Ève, un fossé sépare Abel et Caïn. Fossé culturel mais aussi fossé spirituel. On sent bien que ces deux frères sont disjoints. La relation entre eux sera si tendue et si scandaleusement difficile que Dieu lui-même devient pour eux source de désaccord. Le sang coule. Abel « l'innocent » est figure du Christ. Il est prophétie de ce qui adviendra à Jésus. Le Christ, nouvel Abel vient dans un monde cassé et pécheur. Il vient instaurer la relation de l'amour. Les hommes répondent par la Croix. Mais celle-ci révèle Le Serviteur obéissant et agréable au Père. Voici le sacrifice parfait qui sauve le monde. Une relation nouvelle s'instaure en Jésus Christ : nous voici fils et héritiers en Celui qui, Ressuscité, offre le sacrifice de Louange du Premier-Né d'entre les morts, Seigneur d'une multitude de frères.

4 1 L'homme s'unit à Ève, sa femme : elle conçut, et elle mit au monde
Caïn. Elle dit alors : « J'ai donné la vie à un homme avec l'aide du
2 Seigneur ! » | Dans la suite, elle mit au monde Abel, frère de Caïn. Abel
devint berger, et Caïn cultivait la terre.
3 A l'époque habituelle, Caïn présenta des produits de la terre en
4 offrande au Seigneur. | De son côté, Abel présenta les premiers-nés de
son troupeau, en offrant les morceaux les meilleurs. Le Seigneur tourna
5 son regard vers Abel et son offrande, | mais il détourna son regard de
Caïn et de son offrande.
6 Caïn en fut très irrité et montra un visage accablé. | Le Seigneur dit à
7 Caïn : « Pourquoi es-tu irrité, pourquoi ce visage accablé ? | Si tu agis
bien, tu pourras relever ton visage. Mais si tu n'agis pas bien, le péché
est accroupi à ta porte. Il est à l'affût, mais tu dois le dominer. »
8 Caïn dit à son frère Abel : « Sortons dans les champs. » Et, quand ils
furent dans la campagne, Caïn se jeta sur son frère Abel et le tua.
9 Le Seigneur dit à Caïn : « Où est ton frère Abel ? » Caïn répondit : « Je
10 ne sais pas. Est-ce que je suis le gardien de mon frère ? » | Le Seigneur
reprit : « Qu'as-tu fait ? La voix du sang de ton frère crie de la terre vers
11 moi ! | Maintenant donc, sois maudit et chassé loin de cette terre qui a
12 ouvert la bouche pour boire le sang de ton frère, versé par ta main. | Tu
auras beau cultiver la terre, elle ne produira plus rien pour toi. Tu seras
13 un errant, un vagabond à travers le monde. » | Alors Caïn dit au Sei-
14 gneur : « Ce châtiment est au-dessus de mes forces ! | Voici qu'au-
jourd'hui tu m'as chassé de ma terre. Je dois me cacher loin de toi, je
serrai un errant, un vagabond à travers le monde, et le permier venu me
15 tuera. » | Le Seigneur lui répondit : « Si quelqu'un tue Caïn, Caïn sera
vengé sept fois. » Et le Seigneur mit un signe sur Caïn pour le préserver
d'être tué par le premier venu.
16 Caïn se retira de la présence du Seigneur et séjourna dans le pays de
Nod à l'orient de l'Éden.

Genèse 9, 1-17 (LE DÉLUGE*)

Le Déluge ! Une Arche sur les eaux ! Dieu merci, le texte biblique est encore plus savoureux que ces deux images bien connues ! Cette page commence par une bénédiction. Dieu « dit du Bien » de l'homme en la personne de Noé et de ses fils. Dieu va plus loin. Il ouvre une fécondité. Admirable Dieu de la Bible ! Tantôt il éclate de colère, tantôt il sauve. Il n'est jamais très longtemps rancunier ! On comprend alors que l'histoire de Noé ne peut être une catastrophe. C'est tout le contraire : une histoire féconde ! Une histoire d'Alliance. Pour Dieu, l'Alliance va de soi avec une plénitude de vie dont l'arc-en-ciel aux vives couleurs chante la joie de Dieu et celle de l'homme sauvé et aimé. Cette joie féconde annonce l'eau qui au baptême nous engloutit dans la mort au péché pour nous faire jaillir vivants dans le Christ Ressuscité.

9 1 Dieu bénit Noé et ses fils. Il dit : « Soyez féconds, multipliez-vous,
2 remplissez la terre. | Vous serez la crainte et la terreur de tous les
animaux de la terre, de tous les oiseaux du ciel, de tout ce qui va et vient
sur le sol, et de tous les poissons de la mer : ils sont entre vos mains. Tout
3 ce qui remue, tout ce qui vit sera votre nourriture ; je vous donne tout cela
4 comme je vous avais donné l'herbe verte. | Seulement, avec la chair,

5 vous ne mangerez pas ce qui l'anime, c'est-à-dire le sang. | Quant au
sang qui vous anime vous-mêmes, j'en demanderai compte à tous les
vivants et à tout homme, à chacun je demanderai compte de la vie de son
6 frère. | Celui qui verse le sang de l'homme, son sang sera versé par
7 l'homme. Car Dieu a fait l'homme à son image. | Et vous, soyez
féconds, multipliez-vous, répandez-vous sur toute la terre en grand
nombre. »
8-9 Dieu dit encore à Noé et à ses fils : | « Voici que moi, j'établis mon
10 alliance avec vous, avec tous vos descendants, | et avec tous les êtres
vivants qui sont autour de vous : les oiseaux, les animaux domestiques,
toutes les bêtes sauvages, tout ce qui est sorti de l'arche pour repeupler la
11 terre. | Oui, j'établis mon alliance avec vous : aucun être vivant ne sera
plus détruit par les eaux du déluge, il n'y aura plus de déluge pour
12 ravager la terre. » | Dieu dit encore : « Voici le signe de l'alliance que
j'établis entre moi et vous, et avec tous les êtres vivants qui sont autour
13 de vous, pour toutes les générations à venir : | Je mets mon arc au milieu
14 des nuages, pour qu'il soit le signe de l'alliance entre moi et la terre. |
14 Lorsque je rassemblerai les nuages au-dessus de la terre, et que l'arc-en-
15 ciel paraîtra au milieu des nuages, | je me souviendrai de mon alliance
avec vous et avec tous les êtres vivants, et les eaux ne produiront plus le
16 déluge, qui détruit tout être vivant | Quand l'arc-en-ciel sera dans la
nuée, je le verrai et je me souviendrai de cette alliance éternelle entre
Dieu et tous les êtres qui sont vivants c'est-à-dire toute chair qui est sur la
terre. »
17 Dieu dit à Noé : « Voilà le signe de l'alliance que j'ai établie entre moi
et toute chair vivant sur la terre. »

Genèse 12, 1-6 (ABRAHAM)

Quitter son pays. Se déraciner! Abram reçoit l'appel de l'aventure et du risque. Il faut souligner qu'un seul verbe de ce texte est au présent : celui de l'ordre de Dieu. C'est au futur que sont les promesses divines! Abraham « marche » dans tous les sens du mot! Un homme déjà avancé en âge obéit et va vers la terre où un Chêne sera le lieu d'une manifestation de Dieu à travers trois personnages mystérieux. C'est l'icône de la Trinité de Roublev qui commente à jamais la haute figure spirituelle d'Abraham.
Celui qui mettra la table pour Dieu est le Père des croyants.

Abram vivait alors en Chaldée.
12 1 Le Seigneur lui dit : « Pars de ton pays, laisse ta famille et la maison
de ton père, va dans le pays que je te montrerai.
2 Je ferai de toi une grande nation, je te bénirai, je rendrai grand ton
nom, et tu deviendras une bénédiction.
3 Je bénirai ceux qui te béniront, je maudirai celui qui te méprisera. En
toi seront bénies toutes les familles de la terre. »
4 Abram parti, comme le Seigneur le lui avait dit, et Loth partit avec lui.
5 Abram avait soixante-quinze ans lorsqu'il sortit de Harrane. | Il prit sa
femme Saraï, son neveu Loth, tous leurs biens, et les serviteurs qu'ils
avaient acquis à Harrane; ils se mirent en route pour Canaan et ils
6 arrivèrent dans ce pays. | Abram traversa le pays jusqu'à Sichem, au
Chêne de Moré.

Genèse 15, 1-6 (LES PROMESSES*)

Abr(ha)am est un homme au cœur déchiré! Quelle récompense même divine peut l'intéresser? Il n'a pas de fils. Son héritage ira donc vers un autre niveau de sa tribu.
Et voici la Paternité de Dieu qui rassure un homme qui souffre! Dieu lui fait observer la splendeur cosmique de sa Création. Le Créateur ouvre les yeux d'Abraham et il a foi. Alors Dieu lui donne un nom: celui de « Juste ». Dieu, en quelque sorte a une joie semblable à celle où il voit « que tout cela est bon » aux jours de la Création. Un homme de foi vient d'ouvrir sa vie au Dieu Unique. Et cet homme porte en lui toute l'humanité. Il la présente en lui au dessein paternel de Dieu dont les fils sont plus nombreux que les étoiles du ciel. Encore plus nombreux depuis qu'à l'étoile du matin Le Fils de Dieu est jailli du Tombeau avant que d'envoyer l'Esprit qui fait cieux nouveaux et terre nouvelle.

15 1 La parole du Seigneur fut adressée à Abram dans une vision: « Ne
crains pas, Abram! Je suis un bouclier pour toi. Tu recevras de cette
2 Alliance un merveilleux salaire. » | Abram répondit: « Mon Seigneur
3 Dieu, qu'est-ce que tu vas me donner? Je suis sans enfant... | Tu ne m'as
pas donné de descendance, et c'est un de mes serviteurs qui sera mon
héritier. »
4 Alors cette parole du Seigneur fut adressée à Abram: « Ce n'est pas lui
5 qui sera ton héritier, mais quelqu'un de ton sang. » | Puis il le fit sortir et
lui dit: « Regarde le ciel, et compte les étoiles, si tu le peux... » Et il
6 déclara: « Vois quelle descendance tu auras! » | Abram eut foi dans le
Seigneur, et le Seigneur estima qu'il était juste.

Genèse 22, 1-18 (LE SACRIFICE D'ISAAC*)

Me voici. Dans la Bible c'est la réponse des Saints et des amis de Dieu pour répondre à son dessein et pour entrer dans son Alliance.
Me voici. Et pourtant Dieu demande à Abraham un sacrifice déchirant: celui de son propre fils. Folie religieuse d'un homme? Fanatisme? Rappelons la coutume des peuples de l'Ancien Orient de sacrifier leur premier né pour faire alliance avec la divinité. Mais Dieu serait une idole? Dieu serait sanguinaire et cruel? Étonnant récit qui en fait révèle que Dieu n'exclut pas le suspense de sa pédagogie! Un long récit qui va se dénouer avec un grand art dans les dernières lignes. Un ange arrêtera le bras qui frappe. Un Ange de Dieu intervient!
C'est aussi un ange qui annoncera à Marie la naissance par l'opération de l'Esprit en la Vierge Marie. Mais les légions d'anges ne seront pas là à l'heure où Jésus, le nouvel Isaac, tout Fils de Dieu qu'il est apprendra l'obéissance en disant « Que ta volonté soit faite. » En entrant librement en sa Passion. Ce n'est plus un bélier qui rencontre les épines mais le propre fils de Dieu. Jésus ressuscité et exalté ouvre en plénitude la promesse faite à Abraham dont, dès son annonce, le Magnificat prophétisait qu'elle allait s'accomplir.

22 1 Dieu mit Abraham à l'épreuve. Il lui dit: « Abraham! » Celui-ci
2 répondit: « Me voici! » | Dieu dit: « Prends ton fils, ton fils unique, celui
que tu aimes, Isaac, va au pays de Moriah, et là tu l'offriras en sacrifice
sur la montagne que je t'indiquerai. »
3 Abraham se leva de bon matin, sella son âme, et prit avec lui deux de
ses serviteurs et son fils Isaac. Il fendit le bois pour le sacrifice, et se mit

4 en route vers l'endroit que Dieu lui avait indiqué. | Le troisième jour,
5 Abraham, levant les yeux, vit l'endroit de loin. | Abraham dit à ses
serviteurs : « Restez ici avec l'âne. Moi et l'enfant nous irons jusque
6 là-bas pour adorer, puis nous reviendrons vers vous. » | Abraham prit le
bois pour le sacrifice et le chargea sur son fils Isaac ; il prit le feu et le
7 couteau, et tous deux s'en allèrent ensemble. | Isaac interrogea son père
Abraham : « Mon père ! — Eh bien, mon fils ? » Isaac reprit : « Voilà le feu
8 et le bois, mais où est l'agneau pour l'holocauste ? » | Abraham répon-
dit : « Dieu saura bien trouver l'agneau pour l'holocauste, mon fils », et
ils s'en allaient tous les deux ensemble.
9 Ils arrivèrent à l'endroit que Dieu avait indiqué. Abraham y éleva
l'autel et disposa le bois, puis il lia son fils Isaac et le mit sur l'autel,
10 par-dessus le bois. | Abraham étendit la main et saisit le couteau pour
11 immoler son fils. | Mais l'Ange du Seigneur l'appela du haut du ciel et
12 dit : « Abraham ! Abraham ! » Il répondit : « Me voici ! » | L'Ange lui dit :
« Ne porte pas la main sur l'enfant ! Ne lui fais aucun mal ! Je sais
maintenant que tu crains Dieu : tu ne m'as pas refusé ton fils, ton fils
13 unique. » | Abraham leva les yeux et vit un bélier, qui s'était pris les
cornes dans un buisson. Il alla prendre le bélier et l'offrit en holocauste à
la place de son fils.
15-16 Du ciel l'Ange du Seigneur appela une seconde fois Abrahm : « Je le
jure par moi-même, déclare le Seigneur : parce que tu as fait cela, parce
17 que tu ne m'as pas refusé ton fils, ton fils unique, | je te comblerai de
bénédictions, je rendrai ta descendance aussi nombreuse que les étoiles
du ciel et que le sable au bord de la mer, et ta descendance tiendra les
18 places fortes de ses ennemis. | Puisque tu m'as obéi, toutes les nations de
la terre s'adresseront l'une à l'autre la bénédiction par le nom de ta
descendance. »

Exode 3,1-15 (MOÏSE*)

Un berger est appelé... un homme est allé au désert près de la « Montagne de Dieu ». Le buisson de feu que rien ne consume attire déjà tout à lui : ce berger sera suivi de tant d'hommes et femmes !... Pour la seconde fois, un homme bondit et répond « Me voici ». Dieu vient d'apprendre à Moïse le premier geste : celui de l'adoration. C'est alors seulement que Moïse peut entendre la compassion de Dieu pour son Peuple. Dieu peut faire accéder Moïse à une autre étape spirituelle : l'humilité qui fait mieux discerner la puissance divine devant la faiblesse de l'homme.

Moïse entend le « Je suis avec toi » de Dieu. Il y trouve force et audace. Il va vers le Peuple mais, au nom de Dieu. Il parle comme un envoyé. « J'ai cru et c'est pour cela que j'ai parlé » dira bien des siècles plus tard Paul l'Apôtre. Car « Apôtre » signifie en grec « envoyé ». Moïse est le premier envoyé et il est un de nos Pères dans la foi : tout chrétien est un envoyé ! Un envoyé qui annonce que Dieu est liberté et vie !

3 1 Moïse gardait le troupeau de son beau-père Jéthro, prêtre de Madiane.
Il mena le troupeau au-delà du désert et parvint à l'Horeb, la montagne
2 de Dieu. | L'Ange du Seigneur lui apparut au milieu d'un feu qui sortait
d'un buisson. Moïse regarda : le buisson brûlait sans se consumer.

3 Moïse se dit alors: « Je fais faire un détour pour voir cette chose
extraordinaire: pourquoi le buisson ne brûle-t-il pas ? »
4 Le Seigneur vit qu'il avait fait un détour pour venir regarder, et Dieu
l'appela du milieu du buisson: « Moïse ! Moïse ! » Il dit: « Me voici ! »
5 Dieu dit alors: « N'approche pas d'ici ! Retire tes sandales, car le lieu
6 que foulent tes pieds est une terre sainte ! | Je suis le Dieu de ton père,
Dieu d'Abraham, Dieu d'Isaac, Dieu de Jacob. » Moïse se voila le
7 visage car il craignait de porter son regard sur Dieu. | Le Seigneur dit à
Moïse : « J'ai vu, oui, j'ai vu la misère de mon peuple qui est en Égypte,
et j'ai entendu ses cris sous les coups des chefs de corvée. Oui, je connais
8 ses souffrances. | Je suis descendu pour le délivrer de la main des
Égyptiens et le faire monter de cette terre vers une terre spacieuse et
fertile, vers une terre ruisselant de lait et de miel, vers le pays de Canaan.
9 La clameur des fils d'Israël est parvenue jusqu'à moi, et j'ai vu l'oppres-
10 sion que leur font subir les Égyptiens. | Et maintenant, va ! Je t'envoie
chez Pharaon: tu feras sortir d'Égypte mon peuple, les fils d'Israël. »
11 Moïse dit à Dieu: « Qui suis-je pour aller trouver Pharaon, et pour
12 faire sortir d'Égypte les fils d'Israël ? » | Dieu lui répondit: « Je suis avec
toi. Et voici à quel signe on reconnaîtra que c'est moi qui t'ai envoyé:
quand tu auras fait sortir d'Égypte mon peuple, vous rendrez un culte à
Dieu sur cette montagne. »
13 Moïse répondit: « J'irai donc trouver les fils d'Israël, et je leur dirai:
" Le Dieu de vos pères m'a envoyé vers vous. " Ils vont me demander
14 quel est son nom; que lui répondrai-je ? » | Dieu dit à Moïse: « Je suis
celui qui suis. Tu parleras ainsi aux fils d'Israël: " Celui qui m'a envoyé
15 vers vous, c'est: JE-SUIS ". » | Dieu dit encore à Moïse : « Tu parleras
ainsi aux fils d'Israël: " Celui qui m'a envoyé vers vous, c'est YAHVÉ,
c'est LE SEIGNEUR, le Dieu de vos pères, Dieu d'Abraham, Dieu
d'Isaac, Dieu de Jacob. " C'est là mon nom pour toujours, c'est le
mémorial par lequel vous me célébrerez, d'âge en âge.

Exode 14, 5-28 (LA MER ROUGE*)

Ce qui sera un jour « une nuit de veille en l'honneur du Seigneur » (la fête de la Pâque) commence par un peuple partant à petit bruit. Mais sa fuite est découverte. La poursuite s'organise. Cette chasse de Pharaon va-t-elle se terminer par l'hallali du peuple d'Israël ? Déjà les chars de guerre s'approchent de l'arrière-garde d'Israël.

Un mot essentiel paraît: le peuple « crie » vers le Seigneur. Et le Seigneur répond. Lui seul a l'initiative dans cette page clef de toute la Bible. Dieu seul prend l'initiative et brise tout ce qui pourrait oser défier son pouvoir et sa présence dans son peuple. Une description colorée et épique telle une chanson de geste exprime la victoire de Dieu et la déroute mortelle de Pharaon.

Un vieux récit qui inspire à souhait les films à grand spectacle pensera-t-on ! En vérité voici un récit d'une jeunesse éternelle. La Pâque d'Israël annonce la Pâque du Christ vainqueur du péché et de la mort. Jésus annonce et accomplit notre propre Pâque où passant par le Baptême. Dans les eaux du Baptême nous renaissons. Nous sommes l'Israël nouveau ruisselant de vie car nous avons été baptisés en Christ et nous avons revêtu le Christ.

14 5 Quand on apprit à Pharaon, roi d'Égypte, que le peuple d'Israël s'était
enfui, Pharaon et ses serviteurs changèrent de sentiment envers ce
peuple. Ils dirent : « Quelle erreur nous avons faite en laissant partir
6 Israël : il ne sera plus à notre service ! » | Pharaon fit atteler son char et
7 rassembler ses troupes ; | il prit six cents chars d'élite et tous les chars de
8 l'Égypte, chacun avec son équipage. | Le Seigneur renforça l'obstina-
tion de Pharaon, roi d'Égypte, qui se lança à la poursuite des fils
9 d'Israël, tandis que ceux-ci avançaient hardiment. | Les Égyptiens les
poursuivirent et les rejoignirent alors qu'ils campaient au bord de la mer.
10 Comme Pharaon approchait, les fils d'Israël regardèrent et, voyant les
Égyptiens lancés à leur poursuite, ils furent saisis d'un grand effroi, et ils
11 crièrent vers le Seigneur. | Ils dirent à Moïse : « Est-ce que l'Égypte
manquait de tombeaux, pour que tu nous aies emmenés mourir dans le
désert ? Quel mauvais service tu nous as rendu en nous faisant sortir
12 d'Égypte ! | C'est bien là ce que nous te disions en Égypte : " Ne t'occupe
pas de nous, laisse-nous servir les Égyptiens. Il vaut mieux les servir que
13 de mourir dans le désert ! " » | Moïse répondit au peuple : « N'ayez pas
peur ! Tenez bon ! Vous allez voir aujourd'hui ce que le Seigneur va faire
pour vous sauver ! Car, ces Égyptiens que vous voyez aujourd'hui, vous
14 ne les verrez plus. | Le Seigneur combattra pour vous, et vous, vous
n'aurez rien à faire. »
15 Le Seigneur dit à Moïse : « Pourquoi crier vers moi ? Ordonne aux fils
16 d'Israël de se mettre en route ! | Toi, lève ton bâton, étends le bras contre
la mer, fends-la en deux, et que les fils d'Israël pénètrent dans la mer à
17 pied sec. | Et moi, je vais endurcir le cœur des Égyptiens : ils pénétreront
derrière eux dans la mer ; je triompherai, pour ma gloire, de Pharaon et
18 de toute son armée, de ses chars et de ses guerriers. | Les Égyptiens
sauront que je suis le Seigneur, quand j'aurai triomphé, pour ma gloire,
de Pharaon, de ses chars et de ses guerriers. »
19 L'Ange de Dieu, qui marchait en avant d'Israël, changea de place et
se porta à l'arrière. La colonne de nuée quitta l'avant-garde et vint se
20 placer à l'arrière, | entre le camp des Égyptiens et le camp d'Israël. Cette
nuée était à la fois ténèbres et lumière dans la nuit, si bien que, de toute la
21 nuit, ils ne purent se rencontrer. | Moïse étendit le bras contre la mer. Le
Seigneur chassa la mer toute la nuit par un fort vent d'est, et il mit la mer
22 à sec. Les eaux se fendirent, | et les fils d'Israël pénétrèrent dans la mer à
23 pied sec, les eaux formant une muraille à leur droite et à leur gauche.
23 Les Égyptiens les poursuivirent et pénétrèrent derrière eux — avec tous
les chevaux de Pharaon, ses chars et ses guerriers — jusqu'au milieu de
la mer.
24 Aux dernières heures de la nuit, le Seigneur observa, depuis la
colonne de feu et de nuée, l'armée des Égyptiens, et il la mit en déroute.
25 Il faussa les roues de leurs chars, et ils eurent beaucoup de peine à les
conduire. Les Égyptiens s'écrièrent : « Fuyons devant Israël, car c'est le
26 Seigneur qui combat pour eux contre nous ! » | Le Seigneur dit à Moï-
se : « Étends le bras contre la mer : que les eaux reviennent sur les
27 Égyptiens, leurs chars et leurs guerriers ! » | Moïse étendit le bras contre
la mer. Au point du jour, la mer reprit sa place ; dans leur fuite, les
Égyptiens s'y heurtèrent, et le Seigneur les précipita au milieu de la mer.
28 Les eaux refluèrent et recouvrirent.

Exode 15, 1-18 (CHANT DE VICTOIRE*)

Isaïe le prophète parlera de ces soirs de victoire (cf. le texte « Un enfant nous est né ») où la liesse éclate. Voici un chant composé dans son premier jet au milieu des danses de joie. Il va devenir comme un hymne national (Comparez-le à la Marseillaise ou au Chant du départ !). Un peuple libre crie sa liberté ! Il la danse. Le chant de victoire se fait action de grâce et mémorial des hauts faits de Dieu. Il faut l'avouer : ce chant traduit en français est un pâle : en hébreu, il vibre telle une fantasia qui évoque le galop des chevaux et le bruit du timon des chars tandis que la mer déferle sur Pharaon et son armée. C'est la Pâque ! C'est le Christ vainqueur des flots de la mort ! C'est Jésus Vainqueur que le Père de miséricorde emplit de joie et exalte dans la fête de la liberté et de la vie d'une Alliance que rien ne pourra plus atteindre.

15 1 Alors Moïse et les fils d'Israël chantèrent ce cantique au Seigneur :

Je veux chanter au Seigneur : superbe est sa victoire !
cheval et cavalier, il les jette à la mer !

2 Il est ma force, il est mon chant ; je lui dois le salut !
il est mon Dieu, et je l'admire, Dieu de mon père, et je l'exalte,
3 le Seigneur est un guerrier ; son nom est : « Le Seigneur ».

4 Les chars du Pharaon, il les pousse à la mer ;
son élite de capitaines a sombré dans la mer Rouge ;
5 les abîmes les recouvrent ; ils ont coulé dans les bas-fonds.

7 Tu déchaînes ta fureur qui les consume comme paille.

8 Au souffle de tes marines les eaux s'amoncellent,
les flots se sont dressés, pareils à une digue,
les abîmes se figent au fond de la mer.

10 Tu as soufflé ton haleine, la mer les a couverts,
ils ont coulé comme du plomb dans les eaux redoutables.

11 Qui est comme toi, Seigneur, parmi les dieux,
qui est comme toi, magnifique en sainteté,
formidable en exploits, auteur de prodiges ?

13 Tu conduis, par ton amour, ce peuple que tu rachetas,
17 Tu le mèneras et le planteras, sur la montagne, ton héritage,
au lieu dont tu fis, Seigneur, ta demeure,
18 Où tu régneras pour les siècles des siècles !

Exode 32, 7-14 (LE VEAU D'OR*)

Voici d'abord un homme de Dieu — Moïse — dans l'intimité de son Seigneur. Voici ensuite un peuple capricieux, oublieux tel un enfant gâté... Un peuple qu'on ne peut laisser un instant sans qu'il ne fasse des bêtises... Cette fabrication du veau d'or nous concerne ! Elle nous précise que l'idolâtrie et la perversion du divin sont la tentation de tout croyant. Ce veau d'or est plus souvent dans notre cœur que sur un piédestal comme une idole dérisoire ! Ce vieux texte nous invite à ouvrir les yeux du cœur et nos yeux humains : en nous d'abord et autour de nous ne discernons-nous pas quelque veau d'or ? Tout péché est idolâtrie. Mais en fait quelle « image » nous faisons-nous de Dieu ?

Moïse était encore sur la montagne du Sinaï.
32 7 Le Seigneur lui dit : « Va, descends, ton peuple s'est perverti, lui que tu
8 as fait monter du pays d'Égypte. | Ils n'auront pas mis longtemps à
quitter le chemin que je leur avais prescrit ! Ils se sont fabriqué un veau
en métal fondu. Ils se sont prosternés devant lui, ils lui ont offert des
sacrifices en proclanant : "Israël, voici tes dieux, qui t'ont fait monter
9 du pays d'Égypte." » | Le Seigneur dit encore à Moïse :« Je vois que ce
10 peuple est un peuple à la tête dure. | Maintenant, laisse-moi faire ; ma
colère va s'enflammer contre eux et je vais les engloutir ! Mais, de toi, je
ferai une grande nation. »
11 Moïse apaisa le visage du Seigneur son Dieu en disant : « Pourquoi,
Seigneur, ta colère s'enflammerait-elle contre ton peuple, que tu as fait
sortir du pays d'Égypte par la vigueur de ton bras et la puissance de ta
12 main ? | Pourquoi donner aux Égyptiens l'occasion de dire : "C'est par
méchanceté qu'il les a fait sortir ; il voulait les exterminer dans les
montagnes et les balayer de la surface de la terre" ? Reviens de l'ardeur
13 de ta colère, renonce au mal que tu veux faire à ton peuple. | Souviens-toi
de tes serviteurs, Abraham, Isaac et Jacob, à qui tu as juré par toi-même :
"Je rendrai votre descendance aussi nombreuse que les étoiles du ciel, je
donnerai à vos descendants tout ce pays que j'avais promis, et il sera
pour toujours leur héritage." »
14 Le Seigneur renonça au mal qu'il avait voulu faire à son peuple.

Deutéronome 5,1-2, 6-8, 11-21 (LE DÉCALOGUE)

Commandements proclamés aux oreilles ! Commandements gravés dans le cœur !... Fardeau ? En vérité, ils dégagent une route de liberté ! L'homme apprend cette première liberté : connaître Dieu. Un Dieu qui se présente dans la lumière de l'Alliance et de la merveille de la Pâque. Un Dieu qui purifie le sens du Divin et rend l'homme plus libre qu'aucune idole ne l'avait fait. L'homme des commandements est plus humain car, plus libre de s'ouvrir au divin. Les commandements instaurent une relation avec Dieu. Avant d'être un code ou le fondement d'une morale, ils sont essentiellement relation. Ils expriment, tissent l'Alliance. Dieu ne ligote pas l'homme sous le joug des commandements... C'est lui qui se lie aux hommes pour les provoquer et les accompagner dans l'amour. Il faut lire ce texte sans s'étonner de certaines prescriptions mises sous la forme négative. Ces « ne pas... » ne sont pas à interpréter comme un lien qui meurtrit, ligote et entrave. Il faut les lire en pensant plutôt à la ligature qui assure la vie d'une greffe. Il faut les lire en pensant qu'un jour, Jésus, Seigneur de la Nouvelle Alliance dira : « Vous avez entendu, "Ne faites pas.. » et Moi je dis... »

5 1 Moïse appela tout Israël, et il leur dit : « Écoute, Israël, les comman-
dements et les décrets que je proclame à vos oreilles aujourd'hui ; vous
2 les apprendrez et vous veillerez à les mettre en pratique. | Le Seigneur a
conclu avec vous Alliance à l'Horeb. Il a dit :
6 « Je suis le Seigneur ton Dieu, qui t'ai fait sortir du pays d'Égypte, de la
maison d'esclavage.
7 Tu n'auras pas d'autres dieux que moi.
8 Tu ne feras aucune idole, aucune image de ce qui est là-haut dans les
cieux, ou en bas sur la terre, ou dans les eaux par-dessous la terre.
11 Tu n'invoqueras pas le nom du Seigneur ton Dieu pour le mal, car le

Seigneur ne laissera pas impuni celui qui invoque son nom pour le mal.
12 Observe le sabbat comme un jour sacré, selon l'ordre du Seigneur ton
13 Dieu. | Pendant six jours tu travailleras et tu feras tout ton ouvrage,
14 | mais le septième jour est le jour du repos, sabbat en l'honneur du
15 Seigneur ton Dieu... | Tu te souviendras que tu as été esclave au pays
d'Égypte, et que le Seigneur ton Dieu t'en a fait sortir par la force de sa
main et la vigueur de son bras. C'est pourquoi le Seigneur ton Dieu t'a
commandé de célébrer le jour du sabbat.
16 Honore ton père et ta mère, comme te l'a commandé le Seigneur ton
Dieu, afin d'avoir longue vie et bonheur sur la terre que te donne le
Seigneur ton Dieu.
17 Tu ne commettras pas de meurtre.
18 Tu ne commettras pas d'adultère.
19 Tu ne commettras pas de vol.
20 Tu ne porteras pas de faux témoignages contre ton prochain.
21 Tu ne convoiteras pas la femme de ton prochain, tu ne désireras ni sa
maison ni son champ, ni son serviteur ni sa servante, ni son bœuf ou son
âne : rien de ce qui lui appartient. »

Deutéronome 6, 4-6 (ÉCOUTE ISRAËL)

Écoute. Un des verbes les plus difficiles pour l'homme ! Écouter c'est la condition essentielle pour faire alliance avec Dieu et pour vivre en relation avec les autres. Saint Benoît fera de ce mot le premier et comme la pierre d'angle de sa Règle. Écouter est un des verbes les plus actifs et les plus dynamiques qui soient : Écouter c'est savoir que l'on est aimé. Écouter, c'est apprendre que l'on est sauvé... Écouter : une clef pour toute la Parole de Dieu. Une clef que l'Évangile réclame sans cesse !

En lisant ce texte, il ne faut pas oublier qu'il est celui de la prière quotidienne de nos frères juifs. Elle est récitée depuis des siècles. Dans la joie comme dans la peine. Jésus a récité cette prière. Pierre, Paul et combien d'autres aussi. Nous aussi pouvons la réciter car nous sommes aussi fils d'Abraham. Et l'Église est pour nous l'Israël nouveau.

6 4 Écoute, Israël : le Seigneur notre Dieu est l'Unique.
5 Tu aimeras le Seigneur ton Dieu
de tout ton cœur, de toute ton âme et de toute ta force.
6 Ces commandements que je te donne aujourd'hui resteront dans ton
cœur.

Deutéronome 18, 18 (UN FILS D'HOMME)

Moïse à l'Horeb a réclamé un prophète pour le Peuple. Il échange cela contre la vision personnelle qu'il avait du Dieu de Gloire. Dieu accorde à son peuple cette parole vive qui va jaillir au milieu de lui.

On ne peut jamais lire ce texte et découvrir ce mot « lever » sans penser à Cana de Galilée où s'est « levé » le premier signe de Jésus tandis que Marie disait « Faites tout ce qu'il vous dira ».

On peut aussi évoquer en lisant ce texte Jésus dans la synagogue de Nazareth : « Un grand prophète s'est levé parmi nous. »

18 Et le Seigneur me dit alors :
18 « Ils ont raison. | Je ferai se lever au milieu de leurs frères un prophète

comme toi; je mettrai dans sa bouche mes paroles, et il leur dira tout ce que je lui prescrirai.

1 Samuel 8, 4-9, 19 (UN ROI!)

Un vieillard qui découvre, ou plutôt à qui on fait découvrir, que les choses ne sont plus ce qu'elles étaient! Un vieil homme qui souffre mais qui aussi prie. Alors dans l'intimité avec Dieu se dévoile l'idolâtrie du peuple : ce n'est pas un vieux Roi que l'on pousse vers la sortie... c'est le Seigneur!
Condescendance de Dieu? Peut-être! Respect de la liberté des hommes? Sûrement! Il faut lire et relire cette histoire qui est aussi notre histoire : que de fois Dieu nous avertit! Que de fois répondons-nous en tournant le dos à Dieu! Il faut lire et relire un mot de ce texte : « Tant pis ». Voici le mot qui ferme la porte à l'espérance! Ce n'est pas un mot qui plaît à Dieu.

8 4-5 Tous les anciens se réunirent et vinrent le trouver à Rama. | Ils lui
dirent: « Tu es devenu vieux, et tes fils ne marchent pas sur tes traces.
Donne-nous donc, pour nous gouverner, un roi comme en ont toutes les
6 nations. » | Samuel fut mécontent parce qu'ils avaient dit: « Donne-nous
7 un roi pour nous gouverner », et il se mit à prier le Seigneur. | Or, le
Seigneur lui répondit: « Donne satisfaction au peuple pour tout ce qu'il
demande. Ce n'est pas toi qu'ils rejettent, c'est moi qu'ils rejettent, car
ils ne veulent pas que je règne sur eux. »
19 Le peuple refusa d'écouter Samuel et dit: « Tant pis! il nous faut un
roi! »

1 Samuel 16, 1-13 (DAVID)

Un Roi pour un peuple! Mais aussi un Roi élu par Dieu! Samuel obéit à Dieu et se met en route! Et là une surprise de taille l'attend : il lui faut purifier son regard et sa psychologie! Le bel homme grand et robuste n'est pas un élu de Dieu. Pas plus que cet homme de second choix ne l'est!
L'élu de Dieu est un enfant : David! Le plus beau des enfants sera l'ancêtre de Jésus. Sur lui l'Esprit se pose et s'empare de celui qui est consacré. L'Esprit viendra sur Jésus Fils de Dieu et le plus beau des enfants des hommes lors du baptême par Jean Baptiste dans le Jourdain. Là Dieu se manifestera et nommera Jésus son enfant bien-aimé. Jésus que l'on nommera « Fils de David ». Que de psaumes de pauvres et de saints pourrait-on composer avec les cris de ceux qui imploraient Jésus le Fils de David : « Guéris moi!... »

16 1 Le Seigneur dit à Samuel: « Combien de temps encore vas-tu pleurer
Saül? Je l'ai rejeté. Il ne régnera plus sur Israël. Je t'envoie chez Jessé de
Bethléem, car j'ai découvert un roi parmi ses fils. Prends une corne que
2 tu rempliras d'huile, et pars! » | Samuel répondit: « Comment faire?
Saül va le savoir, et il me tuera. » Le Seigneur reprit: « Emmène avec toi
3 une génisse, et tu diras que tu viens offrir un sacrifice au Seigneur. | Tu
inviteras Jessé au sacrifice; je te dirai alors ce que tu dois faire: tu
consacreras par l'onction celui que je te désignerai. »
4 Samuel obéit à l'ordre du Seigneur. Quand il parvint à Bethléem, les
anciens de la ville furent pris de crainte; ils allèrent à sa rencontre et lui
5 demandèrent: « Est-ce pour la paix que tu viens? » | Samuel répondit:
« Oui, pour la paix. Je suis venu offrir un sacrifice au Seigneur. Purifiez-

vous pour sacrifier avec moi. » Il purifia lui-même Jessé et ses fils et les
invita au sacrifice.
6 Lorsqu'ils arrivèrent et que Samuel aperçut Éliab, il se dit : « Sûre-
ment, c'est celui que le Seigneur a en vue pour lui donner l'onction ! »
7 Mais le Seigneur dit à Samuel : « Ne considère pas son apparence ni sa
haute taille, car je l'ai écarté. Dieu ne regarde pas comme les hommes,
car les hommes regardent l'apparence, mais le Seigneur regarde le
8 cœur. » | Jessé appela Abinadab et le présenta à Samuel, qui dit : « Ce
9 n'est pas lui non plus que le Seigneur a choisi. » | Jessé présenta
Shamma, mais Samuel dit : « Ce n'est pas lui non plus que le Seigneur a
choisi. »
10 Jessé présenta ainsi à Samuel ses sept fils, et Samuel lui dit : « Le
11 Seigneur n'a choisi aucun de ceux là. | N'as-tu pas d'autres garçons ? »
Jessé répondit : « Il reste encore le plus jeune, il est en train de garder le
troupeau. » Alors Samuel dit à Jessé : « Envoie-le chercher : nous ne nous
12 mettrons pas à table tant qu'il ne sera pas arrivé. » | Jessé l'envoya
chercher : le garçon était roux, il avait de beaux yeux, il était beau. Le
13 Seigneur dit alors : « C'est lui ! donne-lui l'onction. » | Samuel prit la
corne pleine d'huile, et lui donna l'onction au milieu de ses frères.
L'esprit du Seigneur s'empara de David à partir de ce jour-là. Quant à
Samuel, il se mit en route et revint chez lui, à Rama.

2 Samuel 7, 1-17 (LA PROPHÉTIE DE NATHAN*)

Un roi puissant entre dans Jérusalem. Il peut se reposer sur ses lauriers et savourer sa réussite ! Mais Dieu ne laisse pas s'endormir ses serviteurs. Nathan, Prophète du Seigneur, se présente devant David. Il vient réclamer les droits de Dieu. Le Roi est « installé » dans sa maison de Jérusalem souligne le texte. Mais où se trouve le Signe de la Présence divine ? Sous une tente !
David reçoit la leçon et écoute le prophète. Ce dernier présente Dieu non comme un despote exigeant et vaniteux mais comme le Seigneur de l'Alliance dont la fidélité et les hauts faits sont incontestables. Honorer Dieu équivaut à renforcer cette Alliance. L'Exigence de Dieu est une pédagogie pour faire accéder David à une nouvelle étape de ses promesses et de sa bonté. En échange de sa piété et de son respect de Dieu David voit sa dynastie assurée en sa pérennité.
La promesse de Dieu est accomplie et au-delà en Jésus-Christ le « Fils de David » Roi et Seigneur de la Jérusalem nouvelle et éternelle qu'il conduit vers le Père dans le souffle de l'Esprit qui a parlé par les prophètes.

7 1 Le roi David était enfin installé dans sa maison, à Jérusalem. Le
Seigneur lui avait accordé des jours tranquilles en le délivrant de tous les
2 ennemis qui l'entouraient. | Le roi dit alors au prophète Nathan : « Re-
garde ! J'habite dans une maison de cèdre, et l'arche de Dieu habite sous
3 la tente ! » | Nathan répondit au Roi : « Tout ce que tu as l'intention de
faire, fais-le, car le Seigneur est avec toi. »
4 Mais, cette nuit-là, la parole du Seigneur fut adressée à Nathan : « Va
5 dire à mon serviteur David : Ainsi parle le Seigneur : Est-ce toi qui me
6 bâtiras une maison pour que j'y habite ? | Depuis le jour où j'ai fait
monter d'Égypte les fils d'Israël jusqu'à ce jour, je n'ai jamais habité
dans une maison. J'ai été comme un voyageur, sous la tente qui était ma
7 demeure. | Pendant tout le temps où je me suis déplacé au milieu des fils

d'Israël, je n'ai jamais dit à l'un des Juges que j'avais institués pasteurs
de mon peuple Israël : " Pourquoi ne m'avez-vous pas bâti une maison
8 de cèdre ?" | Tu diras donc à mon serviteur David : Ainsi parle le Dieu de
l'univers : C'est moi qui t'ai pris au pâturage, derrière le troupeau, pour
9 que tu sois le chef de mon peuple Israël. | J'ai été avec toi dans tout ce que
tu as fait, j'ai abattu devant toi tous les ennemis. Je te ferai un nom aussi
10 grand que celui des plus grands de la terre. | Je fixerai en ce lieu mon
peuple Israël, je l'y planterai, il s'y établira, et il ne tremblera plus, et les
11 méchants ne viendront plus l'humilier, | comme ils l'ont fait depuis le
temps où j'ai institué les Juges pour conduire mon peuple Israël. Je te
donnerai des jours tranquilles en te délivrant de tous tes ennemis.
12 Le Seigneur te fait savoir qu'il te fera lui-même une maison. | Quand
ta vie sera achevée et que tu reposeras auprès de tes pères, je te donnerai
un successeur dans ta descendance, qui sera né de toi, et je rendrai stable
13 sa royauté. | C'est lui qui me construira une maison, et je rendrai stable
14 pour toujours son trône royal. | Je serai pour lui un père, il sera pour moi
un fils. S'il fait le mal, je le corrigerai à la manière humaine, avec le
15 bâton, je le frapperai comme font les hommes. | Mais mon amour ne lui
sera pas retiré, comme je l'ai retiré à Saül que j'ai écarté pour te faire
16 place. | Ta maison et ta royauté subsisteront toujours devant moi, ton
trône sera stable pour toujours. »
17 Toutes les paroles de cette vision, Nathan les rapporta fidèlemement à
David.

1 Rois 3, 4-14 (SALOMON*)

Un Roi se rend dans une ville de pèlerinage. Au milieu d'un concours de peuple à la mesure de l'événement, il offre un sacrifice de grand prix. N'est-il pas fondé à ce que Dieu lui manifeste sa satisfaction?
Effectivement, Dieu lui apparaît en songe. Dieu offre même comme dans les contes orientaux quelque chose que nous traduirions aujourd'hui par un chèque en blanc! La ressemblance avec les contes orientaux s'arrête là! Ne cachons pas notre surprise devant le choix de Salomon! Il est étonnant en effet pour les hommes et les femmes de la civilisation de consommation, du tiercé et du loto! Salomon récuse toute richesse glorieuse ou matérielle. Il réclame la Sagesse! Autrement dit d'entrer dans le mouvement même de Dieu. Des siècles et des siècles après Salomon, on raconte que le Christ apparaîtra au grand théologien du Moyen Age, St Thomas d'Aquin. Il lui fera une offre semblable à celle que reçut Salomon. Le saint chrétien répondra d'un mot : « Toi seul Seigneur ». Les saints de l'Ancienne et de la Nouvelle Alliance se donnent la main devant ce bonheur de la vie selon le Seigneur.

3 4 Le roi Salomon se rendit à Gabaon, qui était alors le grand sanctuaire,
pour y offrir un sacrifice ; il immola sur l'autel un millier de bêtes en
5 holocauste. | En ce lieu, pendant la nuit, le Seigneur lui apparut en
songe. Il lui dit : « Demande-moi ce que tu veux, et je te le donnerai. »
6 Salomon répondit : « Tu as montré beaucoup d'amour à ton serviteur
David, mon père, lui qui a marché en ta présence dans la fidélité, la
justice et la rectitude de cœur envers toi. Tu lui as gardé ce grand amour,
7 tu lui as donné un fils qui est assis maintenant sur son trône. | Ainsi donc,
Seigneur mon Dieu, c'est toi qui m'as fait roi à la place de David mon

8 père ; or, je suis un tout jeune homme, incapable de se diriger, | et me
voilà au centre du peuple que tu as élu ; c'est un peuple nombreux, si
9 nombreux qu'on ne peut ni l'évaluer ni le compter. | Donne à ton
serviteur un cœur attentif pour qu'il sache gouverner ton peuple et
discerner le bien et le mal ; comment sans cela gouverner ton peuple, qui
est si important ? »
10-11 Cette demande de Salomon plut au Seigneur, qui lui dit : | « Puisque
c'est cela que tu as demandé, et non pas de longs jours, ni la richesse, ni
la mort de tes ennemis ; mais puisque tu as demandé le discernement,
12 l'art d'être attentif et de gouverner, | je fais ce que tu as demandé : je te
donne un cœur intelligent et sage, tel que personne n'en a eu avant toi et
13 que personne n'en auras après toi. | Et je te donne aussi même ce que tu
n'as pas demandé : je te donne et la richesse et la gloire, si bien que
14 pendant toute ta vie tu n'auras pas d'égal parmi les rois. | Et si tu suis mes
chemins, en gardant mes ordres et mes commandements comme l'a fait
David, ton père, je t'accorderai de longs jours. »

Job 19-23-27 (DIEU ET LA MORT)

Job : symbole du malheur qui déferle sur un homme et le jette inexorablement à terre ? Les proverbes n'affirment-ils pas : malheureux ou pauvre comme Job ? Les proverbes ont tort ! Ce croyant atteint effectivement en tout son être parle avec solidité : il nomme le bronze, la gravure profonde, le rocher sculpté. Des images d'une impitoyable solidité. Des défis ! A coup de poing et de burin cet homme de Dieu, cet homme de foi, grave le défi de la foi.
Contre toute espérance il hurle que son Libérateur est vivant. Contre tout « bon sens » il crie que sa misère va se tourner en joie. Heureux comme Job faudrait-il dire car en Job vient de s'esquisser l'homme des béatitudes annoncé déjà dans les psaumes.

20 23 Je voudrais qu'on écrive ce que je vais dire, que mes paroles soient
24 gravées sur le bronze | avec le ciseau de fer et le poinçon, qu'elles soient
sculptées dans le roc pour toujours :

25 Je sais, moi, que mon libérateur est vivant, et qu'à la fin il se dressera sur
26 la poussière des morts ; | avec mon corps, je me tiendrai debout, et de
mes yeux de chair, je verrai Dieu.

27 Moi-même, je le verrai, et quand mes yeux le regarderont, il ne se
détournera pas. »

PSAUME 8 (CONFIANCE EN DIEU)

« Par des lèvres d'enfants ». La joie qui chante vers Dieu est transparence ou elle n'est pas ! Voici donc le psaume des enfants de Dieu, le psaume des invités aux merveilles. Le psaume de ceux pour qui les splendeurs de Dieu font naître à l'action de grâce. Devant Celui qui crée tant et tant de merveilles et cette merveille entre toutes : l'homme, le croyant se livre à une confiance toute filiale : nous sommes enfants de Dieu et héritiers des merveilles ! Nous sommes les invités à l'attention et à la contemplation.

2 *R/* O Seigneur, notre Dieu,
qu'il est grand ton nom
par toute la terre !

Jusqu'aux cieux, ta splendeur est chantée
3 par la bouche des enfants, des tout-petits :
rempart que tu opposes à l'adversaire,
où l'ennemi se brise en sa révolte.

4 A voir ton ciel, ouvrage de tes doigts,
la lune et les étoiles que tu fixas,
5 qu'est-ce que l'homme pour que tu penses à lui,
le fils d'un homme, que tu en prennes souci ?

6 Tu l'as voulu un peu moindre qu'un dieu,
le couronnant de gloire et d'honneur ;
7 tu l'établis sur les œuvres de tes mains,
tu mets toute chose à ses pieds :

8 les troupeaux de bœufs et de brebis,
et même les bêtes sauvages,
9 les oiseaux du ciel et les poissons de la mer,
tout ce qui va son chemin dans les eaux.

PSAUME 22 (MON BERGER)

Le Seigneur Berger et Bon Berger : Dieu nous garde de chanter ce psaume comme quelque bergerie mièvre ! Ce psaume est empreint de la joie grave du Bon Berger qui traverse même les ravins de la mort pour que désormais nous ne craignons plus aucun mal. Ce Psaume, bien évidemment, est un de ceux qui prophétisent Jésus de façon accessible à tous. Jésus d'emblée se présentera comme le Bon Pasteur, le Bon Berger qui va vers la Brebis perdue... pour la conduire vers les eaux tranquilles du salut.

1 Le Seigneur est mon berger :
je ne manque de rien.
2 Sur des prés d'herbe fraîche,
il me fait reposer.

Il me mène vers les eaux tranquilles
3 et me fait revivre ;
il me conduit par le juste chemin
pour l'honneur de son nom.

4 Si je traverse les ravins de la mort,
je ne crains aucun mal,
car tu es avec moi :
ton bâton me guide et me rassure.

5 Tu prépares la table pour moi
devant mes ennemis ;
tu répands le parfum sur ma tête,
ma coupe est débordante.

6 Grâce et bonheur m'accompagnent
tous les jours de ma vie ;
j'habiterai la maison du Seigneur
pour la durée de mes jours.

PSAUME 26 (MA LUMIÈRE)

Dieu est sans cesse présent. Il est Lumière c'est-à-dire chaleur et présence : feu qui guide, buisson qui ne se consume. Il est Feu. C'est-à-dire ce qui à la fois oblige au respect et donne la vie. Jésus se présentera comme Lumière du monde et multipliera dans l'Évangile les images de lumière victorieuse des ténèbres. Que ce psaume nous aide à ne pas mettre sous le boisseau la lumière du Christ!

1 Le Seigneur est ma lumière et mon salut;
de qui aurais-je crainte ?
Le Seigneur est le rempart de ma vie;
devant qui tremblerais-je ?

2 Si des méchants s'avancent contre moi
pour me déchirer,
ce sont eux, mes ennemis, mes adversaires,
qui perdent pied et succombent.

3 Qu'une armée se déploie devant moi,
mon cœur est sans crainte;
que la bataille s'engage contre moi,
je garde confiance.

4 J'ai demandé une chose au Seigneur,
la seule que je cherche :
habiter la maison du Seigneur
tous les jours de ma vie,
pour admirer le Seigneur dans sa beauté
et m'attacher à son temple.

5 Oui, il me réserve un lieu sûr
au jour du malheur;
il me cache au plus secret de sa tente,
il m'élève sur le roc.
6 Maintenant je relève la tête
devant mes ennemis.

J'irais célébrer dans sa tente
le sacrifice d'exultation;
je chanterai, je fêterai le Seigneur.

7 Écoute, Seigneur, je t'appelle !
Pitié ! Réponds-moi !
8 Mon cœur m'a redit ta parole :
« Cherchez ma face ».
9 C'est ta face, Seigneur, que je cherche :
ne me cache pas ta face.

N'écarte pas ton serviteur avec colère,
tu reste mon secours.
Ne me laisse pas, ne m'abandonne pas,
Dieu, mon salut !
10 Si mon père et ma mère m'abandonnent,
Le Seigneur me reçoit.

11 Enseigne-moi ton chemin, Seigneur,
conduis-moi par des routes sûres,
malgré ceux qui me guettent.

12 Ne me livre pas à la merci de l'adversaire :
contre moi se sont levés de faux-témoins
qui soufflent la violence.

13 Mais j'en suis sûr, je verrai les bontés du Seigneur
sur la terre des vivants.
14 « Espère le Seigneur, sois fort et prends courage ;
espère le Seigneur. »

LE PSAUME 50 (PITIÉ POUR MOI)

Voici mieux qu'un acte de contrition : Parole de Dieu et parole d'homme ce psaume retisse en l'homme pécheur la vie. Celui qui crie « Pitié » dit aussitôt « amour ». Celui qui dit « torts » dit aussitôt « Bonté ». La misère de l'homme rencontre le pardon de Dieu. Ce psaume ne cesse de nous remodeler selon Dieu. Un Seigneur qui vient à notre rencontre pour faire revivre nos os (voir le texte de la vision d'Ézéchiel) et nous rendre en Jésus-Christ Seigneur de Réconciliation le son de la joie et de la fête.

3 Pitié pour moi, mon Dieu, dans ton amour,
selon ta grande miséricorde, efface mon péché.
4 Lave-moi tout entier de ma faute,
purifie-moi de mon offense.

5 Oui, je connais mon péché,
ma faute est toujours devant moi.
6 Contre toi, et toi seul, j'ai péché,
ce qui est mal à tes yeux, je l'ai fait.

Ainsi, tu peux parler et montrer ta justice,
être juge et montrer ta victoire.
7 Moi, je suis né dans la faute,
j'étais pécheur dès le sein de ma mère.

8 Mais tu veux au fond de moi la vérité ;
dans le secret, tu m'apprends la sagesse.
9 Purifie-moi avec l'hysope, et je serai pur ;
lave-moi et je serai blanc, plus que la neige.

10 Fais que j'entende les chants et la fête :
ils danseront, les os que tu broyais.
11 Détourne ta face de mes fautes,
enlève tous mes péchés.

12 Crée en moi un cœur pur, ô mon Dieu,
renouvelle et raffermis au fond de moi mon esprit.
13 Ne me chasse pas loin de ta face,
ne me reprends pas ton esprit saint.

14 Rends-moi la joie d'être sauvé ;
que l'esprit généreux me soutienne.

15 Aux pécheurs, j'enseignerai tes chemins;
vers toi, reviendront les égarés.

16 Libère-moi du sang versé, Dieu, mon Dieu sauveur,
et ma langue acclamera ta justice.
17 Seigneur, ouvre mes lèvres,
et ma bouche annoncera ta louange.

18 Si j'offre un sacrifice, tu n'en veux pas,
tu n'acceptes pas d'holocauste.
19 Le sacrifice qui plaît à Dieu,
c'est un esprit brisé;
tu ne repousses pas, ô mon Dieu,
un cœur brisé et broyé.

20 Accorde à Sion le bonheur,
relève les murs de Jérusalem.
21 Alors tu accepteras de justes sacrifices,
oblations et holocaustes;
alors on offrira des taureaux sur ton autel.

PSAUME 72 (LARGESSES DE DIEU)

Dieu est avec moi et je ne le savais pas! L'Homme qui regarde souvent en arrière oublie de voir Celui qui le précède ou marche à côté de lui!
Un psaume qui au milieu de nos nuits et de nos épreuves affirme que sans Dieu nous ne pouvons rien faire. Un psaume qui découvre cette étonnante richesse de Dieu : le partage : Dieu donne et donne sans compter. Le plus grand don de Dieu, le connais-tu? « Si tu savais le don de Dieu » dira le Seigneur à la femme de Samarie...

1 Vraiment, Dieu est bon pour Israël,
pour les hommes au cœur pur.
2 Un rien, et je perdais pied,
un peu plus, et je faisais un faux pas;
3 car j'étais jaloux des superbes,
je voyais le succès des impies.
16 Longtemps, j'ai cherché à savoir,
je me suis donné de la peine.
17 Mais quand j'entrai dans la demeure de Dieu,
je compris quel serait leur avenir.
22 Moi, stupide, comme une bête,
je ne savais pas, mais j'étais avec toi.
23 Moi, je suis toujours avec toi,
avec toi qui as saisi ma main droite.
24 Tu me conduis selon tes desseins;
puis tu me prendras dans la gloire.

PSAUME 95 (CHANTEZ AU SEIGNEUR)

Le Dieu vivant qui fait terre et ciel nouveaux ne peut se contenter de vieilles rengaines qui ne savent que lui crier : « Seigneur! Seigneur! » du fond de leur routine mortelle.

Le Dieu vivant appelle le chant nouveau! Le chant de joie de sa Pâque où jaillit la ronde de ses merveilles et de ses hauts faits. Voici un psaume ruisselant de la vie et de la joie de Dieu. Le chanter c'est entrer dans la fête de Dieu. Une fête qui loin de nous écraser nous dilate dans une louange au Dieu de l'univers. Un psaume pour nous apprivoiser joyeusement à la Gloire de Notre Dieu le Père du Seigneur Jésus Ressuscité...

1 Chantez au Seigneur un chant nouveau,
chantez au Seigneur, terre entière,
2 chantez au Seigneur et bénissez son nom!

De jour en jour, proclamez son salut,
3 racontez à tous les peuples sa gloire,
à toutes les nations ses merveilles!

4 Il est grand, le Seigneur, hautement loué,
redoutable au-dessus de tous les dieux:
5 néant, tous les dieux des nations!

Lui, le Seigneur, a fait les cieux:
6 devant lui, splendeur et majesté,
dans son sanctuaire, puissance et beauté.

7 Rendez au Seigneur, familles des peuples
rendez au Seigneur la gloire et la puissance,
8 rendez au Seigneur la gloire de son nom.

Apportez votre offrande, entrez dans ses parvis,
9 adorez le Seigneur, éblouissant de sainteté:
tremblez devant lui, terre entière.

10 Allez dire aux nations: « Le Seigneur est roi! »
Le monde, inébranlable, tient bon;
Dieu conduit les peuples avec droiture.

11 Joie au ciel! Exulte la terre!
Les masses de la mer mugissent,
12 la campagne tout entière est en fête.

Les arbres des forêts dansent de joie
13 devant la face du Seigneur, car il vient,
car il vient pour juger la terre.

Il jugera le monde avec justice,
et les peuples selon sa vérité!

PSAUME 99 (DANS L'ALLÉGRESSE)

Un « hourrah » pour Dieu que l'homme loue de toutes ses forces. Une louange qui ne se retient pas et fait naître une riche palette d'images ou, si l'on préfère une image musicale, retentit comme une fanfare aux mille échos. Et voici brûlante de joie une litanie des noms du Seigneur: Créateur... Meneur de peuples... Berger... Maître de maison... But... Amour... Fidélité.
Un psaume que nous pouvons enrichir encore de toutes les images de joie, de reconnaissance et d'action de grâce qui nous font nommer Dieu notre Père par la grâce de l'Esprit dans le Christ Jésus.

1 Acclamez le Seigneur, terre entière,
2 servez le Seigneur dans l'allégresse,
venez à lui avec des chants de joie!

3 Reconnaissez que le Seigneur est Dieu:
il nous a faits, et nous sommes à lui,
nous, son peuple, son troupeau.

4 Venez dans sa maison lui rendre grâce,
dans sa demeure chanter ses louanges;
rendez-lui grâce et bénissez son nom!

5 Oui, le Seigneur est bon,
éternel est son amour,
sa fidélité demeure d'âge en âge.

PSAUME 102 (BÉNIS LE SEIGNEUR)

Bénir! un de ces mots clef du vocabulaire religieux que l'on emploie vaille que vaille! Au point qu'il n'a plus souvent grand sens pour nous. Bénir? c'est pourtant la vocation la plus haute : étymologiquement en effet, bénir, c'est dire du bien! Dire du bien de Dieu est grâce de l'Esprit qui nous fait ainsi entrer dans la plus haute prière qui soit: celle du Christ Jésus. Bénir c'est avoir les sentiments qui sont en Lui dont toute la vie et le service culminent dans ce cri : « Bénis sois-tu Père! »

1 Bénis le Seigneur, ô mon âme,
bénis son nom très saint, tout mon être!
2 Bénis le Seigneur, ô mon âme,
n'oublie aucun de ses bienfaits!

3 Car il pardonne toutes tes offenses
et te guérit de toute maladie;
4 il réclame ta vie à la tombe
et te couronne d'amour et de tendresse;
5 il comble de biens tes vieux jours:
tu renouvelles, comme l'aigle, ta jeunesse.

6 Le Seigneur fait œuvre de justice,
il défend le droit des opprimés.
7 Il révèle ses desseins à Moïse,
aux enfants d'Israël ses hauts faits.

8 Le Seigneur est tendresse et pitié,
lent à la colère et plein d'amour;
9 il n'est pas pour toujours en procès,
ne maintient pas sans fin ses reproches;
10 il n'agit pas envers nous selon nos fautes,
ne nous rend pas selon nos offenses.

11 Comme le ciel domine la terre,
fort est son amour pour qui le craint;
12 aussi loin qu'est l'orient de l'occident,
il met loin de nous nos péchés;

13 comme la tendresse du père pour ses fils,
la tendresse du Seigneur pour qui le craint !

14 Il sait de quoi nous sommes pétris,
il se souvient que nous sommes poussière.
15 L'homme ! ses jours sont comme l'herbe ;
comme la fleur des champs, il fleurit :
16 dès que souffle le vent, il n'est plus,
même la place où il était l'ignore.

17 Mais l'amour du Seigneur, sur ceux qui le craignent,
est de toujours à toujours,
et sa justice pour les enfants de leurs enfants,
18 pour ceux qui gardent son alliance
et se souviennent d'accomplir ses volontés.
19 Le Seigneur a son trône dans les cieux :
sa royauté s'étend sur l'univers.

20 Messagers du Seigneur, bénissez-le,
invicibles porteurs de ses ordres,
attentifs au son de sa parole !
21 Bénissez-le, armées du Seigneur,
serviteurs qui exécutez ses désirs !
22 Toutes les œuvres du Seigneur, bénissez-le,
sur toute l'étendue de son empire !

Bénis le Seigneur, ô mon âme !

PSAUME 129 (JE CRIE VERS TOI)

On a fait si souvent de ce psaume celui qui évoque la mort. Il suffit de le lire calmement pour le redécouvrir ! La nuit et le gouffre sont là certes mais une issue est ouverte : obstinée et aimante, la lumière de Dieu est là ! Peu à peu enhardi l'homme prie et reprend espoir. Il quitte les marécages du gouffre et de la mort pour devenir le veilleur. Il attend désormais un salut et une aurore. Ce Psaume est celui de l'espérance où le pécheur qui se dit humblement loin de l'amitié de Dieu entre mystérieusement dans l'appel de Dieu. Tout ce psaume quête la Parole qui sauve et l'aurore du pardon. Ce psaume est rempli d'une joie grave : celle de l'homme qui se sait pécheur pardonné. Psaume est rempli de lumière : celle de l'aurore du matin pascal où se lèvent les ressuscités dans le Christ.

1 Des profondeurs je crie vers toi, Seigneur,
2 Seigneur, écoute mon appel !
Que ton oreille se fasse attentive
au cri de ma prière !

3 Si tu retiens les fautes, Seigneur,
Seigneur, qui subsistera ?
4 Mais près de toi se trouve le pardon
pour que l'homme te craigne.

5 J'espère le Seigneur de toute mon âme ;
je l'espère, et j'attends sa parole.

6 Mon âme attend le Seigneur
plus qu'un veilleur ne guette l'aurore ;
plus qu'un veilleur ne guette l'aurore,
7 attends le Seigneur, Israël.

Oui, près du Seigneur, est l'amour,
près de lui, abonde le rachat.
8 C'est lui qui rachètera Israël
de toutes ses fautes.

Isaïe 5, 1-7 (LE CHANT DE LA VIGNE*)

Le chant d'un amour déchirant. Le chant de l'amitié crucifiée de Dieu : la complainte du Seigneur qui voit son amour rejeté, bafoué, piétiné et dévasté. « O, mon Peuple : Que m'as-Tu Fait ? ». Cette plainte va-t-elle écœurer Dieu au point de déclencher une colère légitime ? Dieu sera-t-il logique ? On en veut pas de lui ? Que tout s'écroule ! La Bible et, en particulier ce texte, prêtent à Dieu parfois cette attitude. Tel un père, Dieu corrige ! Mais Dieu est trahi par son cœur ! Cette vigne, mais c'est celle du Seigneur : La maison d'Israël ! Il ne peut l'abandonner ! L'Évangile nous montrera Dieu Maître d'une vigne dévastée. Jésus nous révélera la tendresse de Dieu pour sa vigne dont il est Cep et nous sarments.

5 1 Je chanterai pour mon ami le chant du bien-aimé à sa vigne. Mon ami
2 avait une vigne sur un coteau plantureux. | Il en retourna la terre et en
retira les pierres, pour y mettre un plant de qualité. Au milieu il bâtit une
tour de garde et creusa aussi un pressoir. Il en attendait de beaux raisins,
mais elle en donna de mauvais.
3 Et maintenant, habitants de Jérusalem, hommes de Juda, soyez donc
4 juges entre moi et ma vigne ! | Pouvais-je faire pour ma vigne plus que je
n'ai fait ? J'attendais de beaux raisins, pourquoi en a-t-elle donné de
5 mauvais ? | Eh bien, je vais vous apprendre ce que je vais faire de ma
vigne : enlever sa clôture pour qu'elle soit dévorée pas les animaux,
6 ouvrir une brèche dans son mur pour qu'elle soit piétinée | J'en ferai une
pente désolée ; elle ne sera ni taillée ni sarclée, il y poussera des épines et
des ronces ; j'interdirai aux nuages d'y faire tomber la pluie.
7 La vigne du Seigneur de l'univers, c'est la maison d'Israël. Le plant qu'il
chérissait, ce sont les hommes de Juda. Il en attendait le droit, et voici
l'iniquité ; il en attendait la justice, et voici les cris de détresse.

Isaïe 6, 1-8 (LA VOCATION D'ISAÏE)

Isaïe raconte ou plutôt balbutie l'inexprimable d'une rencontre : Celle d'une vision de Dieu au cœur le plus sacré du Temple. Rencontre indicible : seul le poème, la riche palette du prophète peuvent oser espérer en laisser entrevoir la fulgurance. Ce qui importe le plus, ce ne sont pas les Séraphins et leur description prestigieuse. L'essentiel est ce Dieu Saint qui fait naître une crainte. Une crainte pleine d'amour : un homme fini et pécheur tremble devant cette tâche : devenir porte-parole de Dieu.
Texte étonnant où le croyant découvre que face à Dieu, on ne fait pas le malin ! Texte étonnant qui affirme que toute annonce de la Parole de Dieu ne peut naître que de l'adoration et de la confession de notre finitude.
Texte étonnant et toujours actuel : Dieu marque ses annonciers de son feu. Un feu

qui brûle et blesse. Blessure d'amour. Ce feu de Dieu donne la parole de feu nous dit ce texte qui décrit une vocation et prophétise celle des temples de l'Esprit que nous devons être. Nous sommes au cœur du « Sanctus » de la Messe.

6 1 L'année de la mort du roi Ozias, je vis le Seigneur qui siégeait sur un
2 trône très élevé ; les pans de son manteau remplissaient le Temple. | Des
séraphins se tenaient au-dessus de lui. Ils avaient chacun six ailes : deux
3 pour se couvrir le visage, deux pour se couvrir les pieds, et deux pour
voler. | Ils se criaient l'un à l'autre : « Saint ! Saint ! Saint, le Seigneur,
4 Dieu de l'univers. Toute la terre est remplie de sa gloire. » | Les pivots
des portes se mirent à trembler à la voix de celui qui criait, et le Temple
5 se remplissait de fumée. | Je dis alors : « Malheur à moi ! je suis perdu,
car je suis un homme aux lèvres impures, j'habite au milieu d'un peuple
aux lèvres impures : et mes yeux ont vu le Roi, le Seigneur de l'uni-
6 vers ! » L'un des séraphins vola vers moi, tenant un charbon brûlant qu'il
7 avait pris avec des pinces sur l'autel. | Il l'approcha de ma bouche et dit :
« Ceci a touché tes lèvres, et maintenant ta faute est enlevée, ton péché
est pardonné. »
8 J'entendis alors la voix du Seigneur qui disait : « Qui enverrai-je ? qui
sera notre messager ? » Et j'ai répondu : « Moi, je serai ton messager :
envoie-moi. »

Isaïe 9, 1-6 (UN ENFANT NOUS EST NÉ)

Une vaste fresque de l'humanité dans la nuit et le brouillard ! Soudain une lumière déchire les ténèbres. Tout frémit devant cette bonne nouvelle ! Dans l'hiver des cœurs jaillissent des images de moisson et adviennent des souvenirs des soirs de victoire. Bâtons, jougs, triques, fouets, chaînes, servitudes et corvées deviennent des mots inutiles et morts. Alors éclate la symphonie de Dieu : une prestigieuse ouverture scande la gloire de Dieu appelant l'homme à la vie. Puis jaillit le chant d'une infinie tendresse : celle de l'Enfant Sauveur. Celle de l'Enfant aux titres merveilleux. Chant de Noël ? Bien sûr ! Chant de tous les temps aussi.

Un enfant nous est né ! nous connaissons son Nom : Jésus-Christ Fils de Dieu et né de la Vierge Marie. Nous voici au cœur de l'Éternelle enfance de Dieu en Celui qui nous demandera d'être semblables aux petits enfants.

9 1 Le peuple qui marchait dans les ténèbres a vu se lever une grande
lumière ; sur ceux qui habitaient le pays de l'ombre une lumière a
2 resplendi. | Tu as prodigué l'allégresse, tu as fait grandir la joie : ils se
réjouissent devant toi comme on se réjouit en faisant la moisson, comme
3 on exulte en partageant les dépouilles des vaincus. | Car le joug qui pesait
sur eux, le bâton qui meurtrissait leurs épaules, le fouet du chef de
4 corvée, tu les as brisés comme au jour de la victoire sur Madiane. Toutes
les chaussures des soldats qui piétinaient bruyamment le sol, tous leurs
5 manteaux couverts de sang, les voilà brûlés : le feu les a dévorés. Oui !
un enfant nous est né, un fils nous a été donné ; l'insigne du pouvoir est
sur son épaule ; on proclame son nom : « Merveilleux-Conseiller, Dieu-
6 Fort, Père-à-jamais, Prince-de-la-Paix. » | Ainsi le pouvoir s'étendra, la
paix sera sans fin pour David et pour son royaume. Il sera solidement
établi sur le droit et la justice dès maintenant et pour toujours.

Voilà ce que fait l'amour invincible du Seigneur de l'univers.

Isaïe 53, 3-5, 11 (LE SERVITEUR SOUFFRANT)

La Passion du Messie selon Isaïe. Comme une vague, les souffrances et l'abandon chargent les épaules du Serviteur souffrant de tout le poids du péché du monde. Et voici le mystère de l'humilité et de la tendresse de Dieu : C'est dans ses blessures — celles de son Propre Fils — que nous sommes guéris. La merveille de l'amour de Dieu est admirablement exprimée par ce seul mot « dans ». Le salut n'est pas extérieur à Dieu, il est en lui et nous ne pouvons entrer en son salut qu'en ayant — dira l'apôtre Paul — « les sentiments qui sont "dans" le Christ Jésus ».
Ce texte commence dans les larmes... Dieu sème dans les larmes! Mais observez la fin de ce texte : Dieu se fait joie et nous invite comme diront les psaumes « à moissonner avec lui en chantant ».

53 3 Il était méprisé, abandonné de tous, homme de douleurs, familier de la
souffrance, semblable au lépreux dont on se détourne; et nous l'avons
4 méprisé, compté pour rien. | Pourtant, c'étaient nos souffrances qu'il
portait, nos douleurs dont il était chargé. Et nous, nous pensions qu'il
5 était châtié, frappé par Dieu, humilié. | Or, c'est à cause de nos fautes
qu'il a été transpercé, c'est par nos péchés qu'il a été broyé. Le châtiment qui nous obtient la paix est tombé sur lui, et c'est par ses blessures
11 que nous sommes guéris. | A cause de ses souffrances, il verra la
lumière, il sera comblé. Parce qu'il a connu la souffrance, le juste, mon serviteur, justifiera les multitudes, il se chargera de leurs péchés.

Jérémie 1, 4-12 (VOCATION DE JÉRÉMIE)

Un prophète n'est pas un devin. Il ne parle pas au nom d'un pouvoir personnel qui serait sa propriété. S'il a un don c'est celui que Dieu place en lui librement et gratuitement. Il est un envoyé. Certes, ce qu'il exprime tient compte de sa culture et de son époque mais, fondamentalement, il « exprime » la volonté et le dessein de Dieu.
La terreur du prophète exprime à merveille la haute conscience qu'il a de cette parole divine. Il se sent dépassé. Dieu le rassure en lui manifestant qu'il est son consacré : Dieu le marque et le met à part pour une mission d'amour où la tendresse de Dieu ne fera jamais défaut.
Parole ferme et vigilante de Dieu qui provoque à l'obéissance. L'obéissance qui est le contraire de la servilité. L'obéissance qui fleurit en service de Dieu et du peuple.

1 4 Le Seigneur m'adressa la parole et me dit :
5 « Avant même de te former dans le sein de ta mère, je te connaissais;
avant que tu viennes au jour, je t'ai consacré; je fais de toi un prophète pour les peuples. »

6 Et je dis : « Oh ! Seigneur mon Dieu ! Vois donc : je ne sais pas parler, je
7 ne suis qu'un enfant ! » | Le Seigneur reprit : « Ne dis pas : "Je ne suis
qu'un enfant !" Tu iras vers tous ceux à qui je t'enverrai, tu diras tout ce que je t'ordonnerai. Ne les crains pas, car je suis avec toi pour te délivrer, déclare le Seigneur. »

9 Puis le Seigneur étendit la main, il me toucha le bouche et
10 me dit : | « Ainsi, je mets dans ta bouche mes paroles ! | Sache que je te
donne aujourd'hui autorité sur les peuples et les royaumes, pour arracher
et abattre, pour démolir et détruire, pour bâtir et planter.

11 Puis le Seigneur m'adressa la parole et me dit : « Que vois-tu, Jérémie ? »
Et je dis : « Ce que je vois, c'est une branche d'arbre vigilant »
(c'est-à-dire d'amandier).

12 Le Seigneur reprit : « Tu as bien vu, car moi, je suis vigilant pour mettre
ma parole en pratique. »

Jérémie 18, 1-12 (LE POTIER*)

Puissions-nous, tel le prophète, « descendre dans la maison d'un potier » ! Nous y verrons en acte cette merveilleuse parabole ! Dieu est le potier ! Il a pétri l'homme à l'aurore des siècles. Il a pétri son peuple et il ne cesse de pétrir son Église.
Dieu parle avec une étonnante lucidité des hommes rétifs. On saisit mieux cela dans l'atelier du potier : il lui faut se battre avec cette argile !
C'est au prix d'une longue patience que la forme devient parfaite et sans repentir. Au Seigneur de modeler et de remodeler notre vie !

18 1-2 La parole du Seigneur fut adressée à Jérémie : | « Va, descends à la
3 maison du potier ; là, je te ferai entendre mes paroles. » | Je descendis
4 donc à la maison du potier. Il était en train de travailler sur son tour. | Le
vase qu'il façonnait de sa main avec l'argile fut manqué. Alors il
5 recommença, et il fit un autre vase, qu'il jugea satisfaisant. | Alors cette
6 parole du Seigneur me fut adressée : | « Maison d'Israël, est-ce que je ne
pourrais pas vous traiter comme fait ce potier ? déclare le Seigneur. Oui,
comme l'argile est dans la main du potier, ainsi êtes-vous dans ma main,
7 maison d'Israël ! | Parfois, je parle d'arracher, de renverser et de détruire
8 une nation ou un royaume. | Mais cette nation se détourne du mal que
j'avais condamné ; alors je renonce au mal que j'avais décidé de lui
9 faire. | Parfois, je parle de bâtir et de planter une nation ou un royaume.
10 Mais ils font ce qui est mal à mes yeux, et ils n'écoutent pas ma voix ;
11 alors je renonce au bien que j'avais promis de leur faire. » Maintenant,
parle donc ainsi aux hommes de Juda et aux habitants de Jérusalem :
« Ainsi parle le Seigneur. Voyez, je prépare contre vous un malheur,
contre vous je médite un plan. Détournez-vous donc chacun de votre
12 voie mauvaise, améliorez vos voies et vos œuvres. » | Mais ils vont dire :
« Inutile ! Nous suivrons nos propres plans : chacun agira selon l'obstination de son cœur mauvais. »

Jérémie 31, 31-34 (LA NOUVELLE ALLIANCE*)

Ces lignes du Prophète Jérémie, les chrétiens les rencontrent avec une joie sans faille. En effet, cette alliance c'est l'annonce de Celle du Christ Seigneur de l'Alliance nouvelle et éternelle. L'Alliance de celui qui en toute vérité et fidélité nous montre le Père « Qui m'a vu a vu le Père ». Voici l'annonce prophétique de l'Alliance qui va combler de joie et d'allégresse les pauvres et les petits et qui sera proclamée devant les procurateurs et les rois. Voici que s'approche l'Alliance où

le pardon est scellé par le sang de la Croix et la joie du matin de Pâque en attendant le Seigneur qui reviendra.
Il faut souligner en effet que toutes les Alliances conclues entre Dieu et les hommes rencontrent l'échec. Un échec dont la responsabilité incombe à l'homme « dont la nuque est raide ». Une Alliance va s'accomplir : Jésus, le Dieu fait Homme, vient la sceller de son sang dans un amour « qui va jusqu'au bout ». Un amour qui au matin de Pâque fait éclater un salut dans une nouveauté inouïe.

31 31 Voici venir des jours, déclare le Seigneur, où je conclurai avec la
32 maison d'Israël et avec la maison de Juda une Alliance nouvelle. | Ce ne
sera pas comme l'Alliance que j'ai conclue avec leurs pères, le jour où je
les ai pris par la main pour les faire sortir d'Égypte : mon Alliance, c'est
eux qui l'ont rompue, alors que moi, j'avais des droits sur eux.
33 Mais voici quelle sera l'Alliance que je concluerai avec la maison
d'Israël quand ces jours-là seront passés, déclare le Seigneur. Je mettrai
34 ma Loi au plus profond d'eux-mêmes, je l'inscrirai dans leur cœur. Je
serai leur Dieu, et ils seront mon peuple. | Ils n'auront plus besoin
d'instruire chacun son compagnon, ni chacun son frère en disant :
« Apprends à connaître le Seigneur ! » Car tous me connaîtront, des plus
petits jusqu'aux plus grands, déclare le Seigneur. Je pardonnerai leurs
fautes, je ne me rappellerai plus leurs péchés.

Ézéchiel 36, 24-28 (LE CŒUR NOUVEAU)

Dieu : quelqu'un à l'affût ? Oui, mais pas au sens où tant et tant d'hommes et de femmes le croient ! Ce Dieu « à l'affût » n'est pas un « Dieu-Gendarme » « mais le Dieu de l'Amour qui scrute pour aller au devant de l'homme qui le cherche ». Ce Dieu est celui qui, dans la folie de l'amour, ne cesse de dire « Où que tu sois j'irai te chercher. Te chercher non pour te punir mais pour t'aimer ». Du cœur plein d'amour de Dieu jaillit un cri qui culmine dans ce lien d'amour : « Vous serez mon Peuple et Moi Je serai vôtre Dieu ». L'homme n'est pas amnistié ou « blanchi » comme avec un Dieu gendarme et tatillon. L'homme reçoit cette merveille : le cœur même de Dieu en son éternelle nouveauté que révèlent la tendresse du Père, l'amour du Fils et le Feu de l'Esprit. Dieu celui qui ne cesse de recréer toujours plus à sa ressemblance ! Un texte qui nous fait méditer sur le Cœur nouveau que le Seigneur nous donne par le Baptême et la Confirmation mais aussi par tous les sacrements où nous rencontrons le Cœur de notre Dieu.

36 24 « J'irai vous prendre dans toutes les nations ; je vous rassemblerai de tous
les pays, et je vous ramènerai sur votre terre.
25 Je verserai sur vous une eau pure, et vous serez purifiés. De toutes vos
26 souillures, de toutes vos idoles je vous purifierai. | Je vous donnerai un
cœur nouveau, je mettrai en vous un esprit nouveau. J'enlèverai votre
27 cœur de pierre, et je vous donnerai un cœur de chair. | Je mettrai en vous
mon esprit : alors vous suivrez mes lois, vous observerez mes comman-
28 dements et vous y serez fidèles. | Vous habiterez le pays que j'ai donné à
vos pères. Vous serez mon peuple, et moi, je serai votre Dieu. »

Ézéchiel 37, 1-14 (LES OSSEMENTS DÉSSÉCHÉS*)

Une vallée pleine d'ossements… un lieu qui semble maudit… hors du temps… Un lieu où on n'aimerait pas passer ! Celà sent la mort, la peur l'inhumanité.

Mais qu'une Parole de Dieu jaillisse sur tout cela et la vie jaillit et l'Esprit nouveau vient. Qui est cet Esprit nouveau sinon l'Esprit Saint qui fait discerner, assimiler, vivre et proclamer l'amour de Dieu?
Voici un texte d'une immense espérance. Nous le savons, dès nos premières heures de vie notre corps est programmé pour la mort inéluctable à telle ou telle échéance. La puissance de la tendresse de Dieu nous annonce que la mort n'est pas le dernier mot. Il nous ouvre la vie éternelle par l'Esprit nouveau. Mieux, Dieu dès aujourd'hui, en toute loyauté, nous propose de renaître et d'être des vivants signe de la vie du monde à venir.

37 1 La main du Seigneur se posa sur moi, son esprit m'emporta, et je me
2 trouvai au milieu d'une vallée qui était pleine d'ossements. | Il m'en fit
faire le tour; le sol de la vallée en était couvert, et ils étaient tout à fait
3 desséchés. | Alors le Seigneur me dit: « Fils d'homme, ces ossements
peuvent-ils revivre?» Je lui répondis: « Seigneur Dieu, c'est toi qui le
4 sais!» | Il me dit alors: « Prononce un oracle sur ces ossements. Tu vas
5 leur dire: Ossements desséchés, écoutez la parole du Seigneur. | Je vais
6 faire entrer en vous l'esprit, et vous vivrez. | Je vais mettre sur vous des
nerfs, vous couvrir de chair, et vous revêtir de peau; je vous donnerai
l'esprit, et vous vivrez. Alors vous saurez que je suis le Seigneur.»
7 Je prononçai l'oracle, comme j'en avais reçu l'ordre. Pendant que je
prophétisais, il y eut un bruit, puis une violente secousse, et les osse-
8 ments se rapprochèrent les uns des autres. | Je vis qu'ils se couvraient de
nerfs, la chair repoussait, la peau les recouvrait, mais il n'y avait pas
9 d'esprit en eux. | Le Seigneur me dit alors: « Adresse un oracle à l'esprit,
prophétise, fils d'homme. Tu vas dire à l'esprit: Ainsi parle le Seigneur
Dieu: Viens des quatre vents, esprit! Souffle sur ces morts, et qu'ils
10 vivent!» | Je prophétisai, comme il m'en avait donné l'ordre, et l'esprit
entra en eux; ils revinrent à la vie, et ils se dressèrent sur leurs pieds:
c'était une armée immense!
11 Puis le Seigneur me dit: « Fils d'homme, ces ossements, c'est tout le
peuple d'Israël. Car ils disent: "Nos ossements sont desséchés, notre
12 espérance est détruite, nous sommes perdus!" | Eh bien, adresse-leur
cet oracle: Ainsi parle le Seigneur Dieu: Je vais ouvrir vos tombeaux et
je vous en ferai sortir, ô mon peuple, et je vous ramènerai sur la terre
13 d'Israël. | Vous saurez que je suis le Seigneur, quand j'ouvrirai vos
14 tombeaux et vous en ferai sortir, ô mon peuple! | Je mettrai en vous mon
esprit, et vous vivrez; je vous installerai sur votre terre, et vous saurez
que je suis le Seigneur: je l'ai dit, et je le ferai.» Parole du Seigneur.

Daniel 7, 13-14 (UN FILS D'HOMME)

La vision d'un Voyant ouvre aux hommes les portes de l'espérance.
La nuit se déchire et se fait lumière. Lumière du Fils de l'Homme qui s'avance vers le Père symbolisé par le Vieillard. Elle paraît alors la Gloire du Messie. Elle éclate la victoire du Seigneur! Le Royaume s'annonce, le Salut est proclamé. Voici les cieux nouveaux et la terre nouvelle. Voici le Salut inauguré par Jésus Fils de l'Homme aux dimensions d'un univers qui le confesse comme Seigneur devant qui tout ploie le genou dans l'adoration.

7 13 Je regardais, au cours des visions de la nuit, et je voyais venir, avec les
nuées du ciel, comme un Fils d'homme; il parvint jusqu'au Vieillard, et

14 on le fit avancer devant lui. | Et il lui fut donné domination, gloire et
royauté ; tous les peuples, toutes les nations et toutes les langues le
servirent. Sa domination est une domination éternelle, qui ne passera
pas, et sa royauté, une royauté qui ne sera pas détruite.

Osée 11, 1-4, 8-9 (L'AMOUR MÉCONNU)

Encore une plainte d'amour de Dieu. Le cri de la Paternité de Dieu.
Son peuple dont il a guidé les premiers pas de liberté prétend que les liens de tendresse sont des chaînes intolérables. Il a tourné le dos au Seigneur. Que devrait faire Dieu ? Que fait-il ? Deux versets bouleversants nous introduisent dans ce qu'il faut bien nommer la « méditation de Dieu ». Dieu récuse toute vengeance : il se refuse à entrer dans les logiques de la violence et de la force. Lui, il est Dieu et non homme ! Lui il est Pardon, Espérance et Amour. Ce texte fait transparaître comme les larmes de Dieu qui, le premier, nous apprend à espérer contre toute espérance ! La vengeance de Dieu : il va se faire encore plus obstinément et plus amoureusement Salut !
Dieu va nous apprendre par ses merveilles et son propre Fils le « Notre Père » que l'Esprit mettra en plénitude sur les lèvres et dans le cœur de son Église.

Parole du Seigneur :

11 1 J'ai aimé Israël dès son enfance, et, pour le faire sortir d'Égypte, j'ai
appelé mon fils.
3 C'est moi qui lui apprenais à marcher, en le soutenant de mes bras, et il
n'a pas compris que je venais à son secours.
4 Je le guidais avec humanité, par des liens de tendresse ; je le traitais
comme un nourrisson qu'on soulève tout contre sa joue ; je me penchais
vers lui pour le faire manger.
Mais ils ont refusé de revenir à moi :
8 vais-je les livrer au châtiment ? | Non ! Un cœur se retourne contre moi et
le regret me consume.
9 Je n'agirai pas selon l'ardeur de ma colère,
je ne détruirai plus Israël, car je suis Dieu, et non pas homme : au
milieu de vous je suis le Dieu saint, et je ne viens pas pour exterminer.

Joël 3, 1-5 (L'ESPRIT SUR TOUTE CRÉATURE)

La Prophétie de l'Esprit venant sur le Peuple mais aussi sur toute la Création. Il faut, pour goûter ce texte, méditer tous les verbes que nous y rencontrons. L'Esprit est répandu *ce qui signifie qu'il est donné avec une incomparable plénitude. Cet Esprit fait* devenir : *les catégories sociologiques (fils, filles, anciens, jeunes gens) deviennent le lieu de charismes et dons spirituels ou de ministères. A l'image des hommes renouvelés, la Création toute entière manifeste la venue du Jour du Seigneur. Les invocations du Nom deviennent par la puissance de l'Esprit gage et signe de salut : la marque des sauvés.*

Parole du Seigneur :

3 1 Je répandrai mon esprit sur toute créature, vos fils et vos filles devien-
dront prophètes, vos anciens seront instruits par des songes, et vos
jeunes gens par des visions.

2 Même sur les serviteurs et sur les servantes je répandrai mon esprit en ces
3 jours-là. | Je ferai des prodiges au ciel et sur la terre : du sang, du feu, des
4 colonnes de fumée. | Le soleil se changera en ténèbres, et la lune sera
couleur de sang, avant que vienne le Jour du Seigneur, grand et redoutable.

5 Alors, tous ceux qui invoqueront le Nom du Seigneur seront sauvés.

Amos 8, 4-7 (CONTRE L'INJUSTICE)

Le cri du Prophète lance au monde le cri même du scandale de Dieu : Ainsi l'homme devient loup pour l'homme ! L'homme va au-delà de l'idolâtrie : il fait de lui-même une atroce caricature de Dieu qui l'a crée à son image. L'injustice atteint l'homme mais elle affronte de plein fouet Dieu. Ce texte n'a, hélas, pas une ride ! Les prophètes n'annoncent pas un Dieu irréel et mythique. Voici devant la cruauté des hommes le vrai nom de notre Dieu : Seigneur de Justice et Défenseur des pauvres ! L'injustice est le détournement de la foi. Saint Pierre le dira dans une formule percutante : « C'est à cause de vous que le Nom du Seigneur est haï chez les païens. »

8
4 Écoutez ceci, vous qui écrasez le pauvre pour anéantir les humbles du
5 pays, | car vous dites :
« Quand donc la fête de la nouvelle lune sera-t-elle passée, pour que
nous puissions vendre notre blé ? Quand donc le sabbat sera-t-il fini,
pour que nous puissions écouler notre froment ? Nous allons diminuer
6 les mesures, augmenter les prix, et fausser les balances. | Nous pourrons
acheter le malheureux pour un peu d'argent, le pauvre pour un paire de
sandales. Nous vendrons jusqu'aux déchets du froment ! »
7 Le Seigneur le jure par la Fierté d'Israël : « Non, jamais je n'oublierai
aucun de leurs méfaits. »

Michée 6, 6-8 (L'HOMME SELON DIEU*)

Ces quelques lignes viennent après une annonce du prophète parlant au Peuple au nom du Seigneur. Dieu attend quelque chose de lui. L'attente de Dieu se condense par un cri « O mon Peuple, réponds moi ! »... Et voici un homme qui entre dans le Temple. Un homme qui souhaite rencontrer une authentique relation avec son Seigneur. Il se situe d'abord dans des prescriptions et des gestes rituels. Il interroge Dieu : « Que veux tu ? » La réponse de Dieu est d'une clarté sans faille. L'essentiel est le cœur. Les choses qui plaisent à Dieu ne sont pas celles d'un catalogue préétabli mais le mouvement même du cœur. Justice, miséricorde, amour voilà qui est rencontre authentique avec Dieu. Et le prophète résume cela en une splendide formule : « marcher humblement avec son Dieu ».

6
6 L'homme qui entre dans le Temple pose cette question :
« Comment dois-je me présenter devant le Seigneur, me prosterner
devant le Très-Haut ? Dois-je me présenter avec de jeunes taureaux pour
7 les immoler en sacrifice ? | Pour lui plaire, faut-il offrir des centaines de
béliers, verser de l'huile à flots sur l'autel ? Faudra-t-il que j'offre mon
fils aîné pour ma faute, le fruit de mes entrailles pour mon péché ? »

8 Et il reçoit cette réponse :
« Homme, le Seigneur t'a fait savoir ce qui est bien, ce qu'il réclame de

toi : rien d'autre que pratiquer la justice, aimer la miséricorde, et marcher humblement avec ton Dieu. »

Zacharie 9, 9-10 (VOICI TON ROI)

Le vieux prophète clame face à Jérusalem la venue du Messie : une joyeuse annonce de Sa venue royale et victorieuse. Mais cette annonce atteste que les voies de Dieu ne sont pas celles des hommes ! Dieu ne retient pas les symboles de la grandeur comme critère de choix. Le Messie dédaignera le cheval de guerre richement paré... Pour celui qui vient la monture de choix sera un pauvre ânon. Voilà donc le Messie qui s'avance : Il va être le Dieu fait Pauvre mais c'est lui l'authentique Prince de la Paix. Voilà le Messie qui nous advient : Il est celui qui va faire jaillir l'espérance dans le cœur des « pauvres du Seigneur ». L'Évangile nous fait nommer ce Messie : C'est Jésus. Jésus qui recuse une situation de Chef de parti ou de Messie humain.
Jésus se fait pauvre pour Sauver. Il entre dans Jérusalem pour régner mais c'est sur un âne. La Croix est proche. La royauté de Dieu a choisi de donner sa vie et il va ceindre une couronne : la couronne d'épines.

9 9 Exulte de toutes tes forces, fille de Sion !
Pousse des cris de joie, fille de Jérusalem ! Voici ton roi qui vient vers toi : il est juste et victorieux, humble et monté sur un âne, un âne tout jeune.

10 Ce roi fera disparaître d'Éphraïm les chars de guerre, et de Jérusalem les chevaux de combat ; il brisera l'arc de guerre, et il proclamera la paix aux nations.

« Ouvre l'Écriture, peu importe la page :
partout, elle chante l'amour. »
(Saint Augustin)

Introduction aux quatre Évangiles

ÉVANGILE ET ÉVANGILES

Le mot Évangile évoque ordinairement de petits morceaux de la vie de Jésus et de ses enseignements, lus à la messe du dimanche. Ou bien quatre livrets vaguement semblables. En tout cas ce seraient donc essentiellement des textes. Telle n'est pas la signification véritable du mot Évangile.

A l'origine, il signifie « Bonne Nouvelle » proclamée publiquement pour annoncer par exemple l'avènement d'un nouveau souverain, ou une grande victoire. C'est-à-dire que l'Évangile, loin de désigner des fragments, de menues anecdotes, a un caractère global, *totalisant. Et loin d'être un texte, un livre, c'est d'abord une* Parole, *et une* Personne.

Nous le voyons bien à son jaillissement premier. Jésus n'a rien écrit. Mais il a parlé — il est même la Parole en personne : le Verbe (la Parole) de Dieu, qui s'est fait homme précisément pour nous parler.

Et le contenu de sa parole est global. Ce qu'il annonce, c'est l'avènement du règne — ou du royaume — de Dieu. Sa prédication, son Évangile, se résume en une phrase : le règne de Dieu arrive, il est tout proche, il est là ! Qu'est-ce que cela veut dire ? Que l'homme ne doit plus gémir sous le poids de la fatalité, de la servitude, de la mort. Dieu vient régner pour lui apporter le bonheur, la liberté, la vie. C'est cela, la Bonne Nouvelle, l'Évangile.

*Jésus n'a pas non plus prescrit à ses Apôtres d'écrire quoi que ce soit. Il les a envoyés annoncer l'Évangile à travers le monde. Et ce qu'ils ont proclamé, ce n'est ni une idéologie, ni une morale, mais un fait : Jésus est mort et ressuscité. Il est lui-même le règne de Dieu, il est lui-même l'Évangile. (Ceci est clair dans l'évangile selon saint Jean, où Jésus ne prêche plus le Royaume, comme les *Synoptiques*[1]*, mais s'identifie à ce Royaume et à Dieu en disant « Je suis ».) Naturellement ceux à qui était annoncée cette bonne nouvelle ne pouvaient se contenter de la recevoir ainsi en bloc. Ce Jésus mort et ressuscité, qui était-il ? Comment a-t-il vécu ? Qu'a-t-il dit ? Que demande-t-il à ceux qui veulent le suivre ?*

C'est alors que la Bonne Nouvelle a dû se détailler. Les témoins de la résurrection qui étaient avec Jésus « depuis le commencement » étaient interrogés sur leurs souvenirs concernant le genre de vie de leur

---

1. L'astérisque placé devant un mot renvoie à son explication dans le *Lexique* alphabétique des pp. 464 à 484.

Maître, ses enseignements, ses miracles, l'enthousiasme qu'il suscitait, les oppositions auxquelles il s'est heurté. L'Évangile a donc pris peu à peu la forme d'une biographie de Jésus. Mais ici surgissent toutes sortes de questions. Cette biographie est-elle complète ? A-t-elle une valeur historique sûre ? On peut en douter lorsqu'on sait que Jésus étant mort et ressuscité en l'an 30, nos évangiles — selon la grande majorité des spécialistes — auraient paru seulement entre 70 et 100. Dans l'intervalle, ces souvenirs n'ont-ils pas pu se déformer, se brouiller ? Et pourquoi, au lieu d'une seule biographie de Jésus, en avons-nous quatre, en partie semblables, en partie différentes ? Pourquoi d'ailleurs se limiter aux évangiles classiques selon Matthieu, Marc, Luc et Jean, alors que nous avons entendu dire qu'il y avait d'autres évangiles, attribués à Pierre, à Jacques, à Thomas, etc. ?

Ancienneté et vérité des Évangiles

Oui, l'on fait remonter les évangiles aux années 70 à 100. Mais il faut savoir que ces dates concernent le dernier état *de nos quatre livrets. Ce n'est pas seulement à partir de 70 que les évangélistes se sont mis à rassembler leurs souvenirs. Si leur mise par écrit et surtout leur rédaction définitive est tardive, leur proclamation a commencé sans attendre. D'après les Actes des Apôtres, qui nous racontent l'histoire de la communauté primitive, c'est aussitôt après la Pentecôte, soit cinquante jours après la Résurrection, que l'Évangile a commencé d'être proclamé oralement. Si bien que nous avons déjà dans ce livre des Actes plusieurs évangiles en réduction, et comme des maquettes des évangiles futurs. Voici comment par exemple saint Pierre fait la première annonce du Christ à un païen avide de la Bonne Nouvelle, le centurion Corneille : « Vous savez ce qui s'est « passé à travers tout le pays des Juifs, depuis les débuts en Galilée, « après le baptême proclamé par Jean : Jésus de Nazareth, Dieu l'a « consacré par l'Esprit Saint et rempli de force. Là où il passait, il « faisait le bien, et il guérissait tous ceux qui étaient sous le pouvoir du « démon. Car Dieu était avec lui. Et nous, les Apôtres, nous sommes « témoins de tout ce qu'il a fait dans le pays des Juifs et à Jérusalem. « Ils l'ont fait mourir en le pendant au bois du supplice. Et voici que « Dieu l'a ressuscité le troisième jour. Il lui a donné de se montrer non « pas à tout le peuple, mais seulement aux témoins que Dieu avait « choisis d'avance, à nous qui avons mangé et bu avec lui après sa « résurrection d'entre les morts. Il nous a chargés d'annoncer au « peuple et de témoigner que Dieu l'a choisi comme Juge des vivants « et des morts. C'est à lui que tous les prophètes rendent ce témoi- « gnage : Tout homme qui croit en lui reçoit par lui le pardon de ses « péchés[2]. »*

2. Actes des Apôtres, 10, 37-43. Voir aussi, dans le même livre, le discours de Pierre le jour même de la Pentecôte : 2, 22-36, et celui de Paul à la synagogue d'Antioche de Pisidie : 13, 15-43.

L'Évangile et l'Église

Il est important de remarquer que, parlant si peu de temps après des faits connus de tous leurs auditeurs — les autres disciples, mais aussi les Juifs, favorables ou non —, les prédicateurs ne pouvaient se permettre de déformer l'histoire. Les Évangiles ont donc pris naissance sous cette forme orale. Il a dû ainsi se former très vite des mémentos de la Passion et des apparitions du Ressuscité, des groupements de récits de miracles, de paraboles, de sentences de Jésus. Et ces éléments, pour être d'abord conservés dans la mémoire et transmis oralement, n'étaient nullement soumis à des déformations. Notre civilisation de l'écrit et de l'imprimé nous a habitués à considérer les paroles comme flottantes et malléables. Dans les civilisations orales de l'Antiquité, comme chez celles d'Afrique aujourd'hui, les paroles se retiennent et se reproduisent très fidèlement. Il faut en outre faire intervenir ici le génie oratoire de Jésus, son don des formules bien frappées — parallélismes, répétitions, antithèses, affirmations paradoxales, voire excessives — qui se gravaient profondément dans la mémoire des auditeurs. Il est frappant que lorsque deux évangélistes comportent des récits enchâssant les mêmes paroles, il arrive souvent qu'ils diffèrent dans le détail de leurs narrations, mais qu'ils rapportent les paroles mêmes de Jésus exactement dans les mêmes termes.

Il faut ajouter encore que beaucoup d'éléments évangéliques sont très vite entrés dans le culte, lequel est par nature conservateur. Il est possible que cela ait contribué à styliser et à fixer les récits de la Passion. Les gestes de Jésus consacrant l'Eucharistie étaient répétés par les disciples qui célébraient ce mystère « en mémoire de lui », et l'on constate que la liste stéréotypée de ces gestes se retrouve dans les récits de multiplication des pains dont la résonance eucharistique est évidente.

Rien d'ailleurs n'empêche de penser que, très tôt, certains ensembles — les narrations, paraboles, discours, sentences — aient donné lieu à des recueils écrits, qui circulaient plus ou moins entre les Églises et qui ont dû réagir les uns sur les autres.

Depuis plusieurs années s'est répandue l'idée — à première vue séduisante — que les évangiles, à cause de leur rédaction tardive (mais nous avons déjà vu que cela n'empêchait pas le fonds d'en être très ancien), étaient dus moins à la mémoire fidèle des contemporains qu'à l'activité créatrice de la communauté postérieure. Mais cette supposition se fonde sur l'idée romantique et parfaitement gratuite d'un génie créateur qui appartiendrait à la foule. Cette thèse, qui, si elle était vraie, ruinerait la crédibilité des évangiles, repose encore sur deux postulats très douteux. D'abord que cette communauté serait une foule amorphe, inorganisée, irresponsable. Or, l'Église primitive a été, d'emblée, structurée par une hiérarchie très simple sans doute, mais très forte, qui n'aurait pas toléré les fantaisies ou les amplifications. L'autre postulat, c'est que l'Église serait poussée à la dérive par les événements extérieurs, et pourrait s'éloigner sans s'en apercevoir de ses intuitions originelles. Or elle était profondément consciente de son identité et avait le plus haut souci de rester fidèle à son Fondateur.

Cela dit, il faut bien reconnaître que les évangiles ne sont pas des livres d'histoire et que leur fidélité à la vérité n'est pas celle d'un reportage, d'un procès-verbal de police, d'une sténographie ou d'un enregistrement de discours au magnétophone.

Les évangiles ont un seul but : amener à la foi, en proclamant le mystère pascal. Et c'est pourquoi ils ont fait un choix dans les actes et les paroles de Jésus. C'est dit très clairement dans la première finale du quatrième évangile : « Il y a encore beaucoup d'autres signes que « Jésus a faits en présence de ses disciples et qui ne sont pas mis par « écrit dans ce livre. Mais ceux-là y ont été mis afin que vous croyiez « que Jésus est le Messie, le Fils de Dieu, et afin qu'en croyant vous « ayez la vie en son nom[3]. »

Différences apparentes et unité profonde

Puisque les évangiles ne prétendent pas donner un récit complet de la vie de Jésus et puisqu'ils ont été écrits par quatre auteurs différents, avec un souci plus théologique qu'historique, il n'est pas surprenant qu'ils ne concordent pas dans tous leurs détails, par exemple que Matthieu contienne des discours qu'on ne trouve pas dans Marc, ou que Luc rapporte des paraboles qu'il semble être le seul à connaître.

Il y a même entre ces quatre livrets des contradictions apparentes : à Jéricho Jésus guérit un aveugle d'après Marc 10, 46-52, deux d'après Matthieu 20, 29-34. D'après les Synoptiques Jésus ne monte à Jérusalem qu'aux approches de sa mort, et d'après Jean, il s'y est rendu fréquemment. D'après Matthieu et Marc, le ressuscité ne devait apparaître à ses Apôtres qu'en Galilée. D'après Luc et Jean, il s'est manifesté à Jérusalem. Quelle est l'explication de ces différences, qui sont parfois des divergences, quelle est la raison de ces choix ? — La nature de la communauté à laquelle appartenait et s'adressait tel évangéliste, les sources dont il disposait, et aussi son tempérament personnel, ses idées dominantes.

Il est un peu puéril de s'hypnotiser sur ces différences et surtout d'y trouver des raisons pour suspecter la véracité des évangiles. Car leurs différences de détail ne font que souligner leur accord sur l'essentiel. Et surtout elles prouvent leur grande honnêteté : la fidélité à des sources qu'ils n'ont pas voulu corriger. Si l'on veut bien y réfléchir, un seul récit parfaitement continu et homogène parce que récrit et harmonisé par un seul auteur (ou plutôt réviseur et éditeur) serait beaucoup moins convaincant que ces « mémoires des Apôtres » (l'expression est de Justin † 165) dont les divergences de détail ne font que souligner la convergence foncière.

Certes ils n'ont pas voulu faire œuvre d'historiens. Mais leur prédication n'aurait reçu aucune adhésion si elle ne se fondait sur une histoire dont, même après plusieurs années, il était facile de vérifier la solidité.

---

3. Jn 20, 30-31.

Discrétion et archaïsme

Il faut ajouter, en faveur de cette « fiabilité » des évangiles, deux remarques importantes. La première soulignera la discrétion *des évangiles. On n'y trouve aucune surenchère, aucun romantisme, pas d'épithètes admiratives, grandiloquentes, suaves ou émues. Les miracles — qui déconcertent nos esprits modernes — sont racontés sobrement, sans amplification de merveilleux. Pascal a souligné l'étonnante froideur, l'apparente indifférence avec laquelle les disciples ont raconté la Passion de leur Maître bien-aimé.*

Un deuxièmme trait remarquable est l'archaïsme *des évangiles. Voici de quoi il s'agit. Leurs récits sont donc très postérieurs aux faits. De plus, d'autres livres du Nouveau Testament : les lettres de saint Paul, de saint Pierre, la lettre aux Hébreux ont développé et approfondi toute une théologie de l'Incarnation, de la Rédemption, de l'Église, du baptême, etc. Pourtant les évangiles, dont la rédaction finale est à peu près contemporaine de ces divers écrits, en restent à un stade beaucoup moins élaboré. Sans doute leurs auteurs ont-ils écrit à la lumière de la Résurrection. Il n'empêche que leurs narrations, si elles offrent une base solide à toute la théologie postérieure, nous reportent à un état beaucoup plus primitif de la foi. Les lettres de saint Paul, antérieures pourtant à la rédaction finale de nos quatre livrets, marquent une étape nettement plus avancée de la réflexion chrétienne.*

Disons enfin que la multitude des Évangiles apocryphes n'apporte rien qui puisse ou compléter ou contredire nos quatre évangiles canoniques. Tous datent au moins du IIe siècle, et ils découragent l'attention par la puérilité de leur merveilleux ou une fausse profondeur qui vient de leur obscurité. Je pense, en faisant cette deuxième remarque, à « l'évangile de Thomas » qui a donné lieu ces temps derniers à un battage bien artificiel. L'Église ne cache pas ces sous-produits; mais ils sont de qualité si inférieure que leur lecture ne procurerait aucun profit, et qu'elle n'a aucune raison de vanter et de répandre cette pacotille auprès des fidèles comme elle le fait pour les quatre évangiles canoniques qui sont à la fois ses sources les plus authentiques et son trésor le plus précieux.

LES QUATRE LIVRES

Présentons maintenant nos quatre livrets d'une façon très rapide, mais les notes en bas de page préciseront beaucoup de points, en s'accrochant au texte, alors que les notices qui suivent se borneront à caractériser d'une façon globale, par une introduction très simplifiée, nos quatre livrets [4].

4. Je me permets de renvoyer, pour plus de développements et de précision à mon livre *Initiation à l'Évangile*, coll. « Livre de Vie » aux éd. du Seuil. Voir aussi : Étienne CHARPENTIER : *Des évangiles à l'Évangile* (« Croire et comprendre »), Le Centurion, et les *Cahiers Évangile*, Service biblique Évangile et Vie, éd. du Cerf.

Matthieu

Son livre est un véritable catéchisme de la prédication de Jésus et de la foi chrétienne.

Il est jalonné par cinq grands discours de Jésus :

1. *Le discours sur la montagne.*
2. *Le discours d'envoi en mission.*
3. *Le discours en paraboles.*
4. *Le discours sur la communauté des disciples.*
5. *Le discours sur la venue du Fils de l'Homme. On pourrait y ajouter tout le chapitre 23 qui est une diatribe contre les pharisiens.*

Ces discours sont des compositions de Matthieu. Il est bien évident que le discours sur la montagne, si on le compare au discours « dans la plaine » de Luc, est une vaste composition, que Jésus n'a pu prononcer en une seule fois, et surtout pas au début de sa prédication.

Entre ces discours, Matthieu a disposé des récits, des paraboles d'une grande variété et d'une grande richesse. C'est sans doute pourquoi il a été longtemps le plus commenté et le plus utilisé sans la liturgie.

C'est le plus juif des quatre : il était destiné aux chrétiens de Palestine. Cela explique, en particulier, son acrimonie contre les pharisiens. Il est possible qu'il ait été écrit en hébreu. Nous n'en avons que le texte grec — comme de tout le Nouveau Testament — mais sa couleur hébraïque est très prononcée. Les citations de l'Ancien Testament y sont particulièrement abondantes.

Marc

On a longtemps considéré Marc comme un abréviateur de Matthieu, et son livre comme le plus simplet des quatre évangiles. Il est vrai qu'il est le plus court, le plus concret, mais parfois le plus savoureux. Il contient peu de discours. Son style est maladroit, mais souvent très pittoresque et très évocateur.

Marc était le disciple de Pierre, et pourtant son évangile met crûment en relief les incompréhensions, les maladresses et les chutes du premier des Apôtres.

Il ne contient qu'un petit nombre d'enseignements et de paraboles qui lui soient propres. Et pourtant, il est d'une saveur incomparable.

Il a sans doute été écrit pour les chrétiens de Rome, comme le suggèrent plusieurs explications d'usages juifs, et la transcription de plusieurs mots latins.

C'est un évangile « naïf » (au sens où l'on parle de peintres naïfs). Sa gaucherie ne doit pas dissimuler une profondeur discrète et très réelle. Ses narrations suggèrent toute une théologie sous-jacente de la divinité de Jésus, car elles peuvent toutes se conclure par cette question : « Mais qui est donc cet homme ? »

Luc

Des quatre évangélistes c'est l'écrivain le plus élégant, le plus souple, le plus varié. Dans son évangile de l'enfance (ch. 1 et 2) il a réalisé un excellent pastiche de l'Ancien Testament. Mais le reste de son évangile est écrit dans un grec plus fluide et plus nuancé que tout le reste du Nouveau Testament. Il forme avec Matthieu et Marc le groupe des Synoptiques. Mais il s'en distingue par un long passage qui lui est propre : 9, 51 à 18, 14. On ne trouve que chez lui bon nombre de paraboles, d'un caractère particulièrement humain : qu'il suffise de citer celles du Bon Samaritain (10, 29-37), du fils perdu et retrouvé (15, 11-32), du pauvre Lazarre (16, 19-31).

Il est l'évangéliste des femmes : Marie, mère de Jésus, Marthe et Marie, la pécheresse pardonnée, etc. Dante l'a appelé à juste titre scriba mansuetudinis Christi : *l'évangéliste de la miséricorde du Christ. Entre autres perles, il faut mentionner la rencontre des pèlerins d'Emmaüs avec Jésus ressuscité.*

Son évangile n'est que le premier tome d'un ouvrage qui se complète par les Actes des Apôtres, *où l'on voit qu'il a partagé la vie et l'apostolat de saint Paul. Aussi son évangile est-il caractérisé par l'ouverture aux païens et aux pécheurs.*

Jean

Le quatrième évangile a passé longtemps pour une sorte de rêve contemplatif entre ciel et terre. Certes, aucun ne nous livre aussi abondamment les pensées profondes de Jésus. C'est l' « évangile spirituel » par excellence, dont le sommet est constitué par le discours de la Cène (ch. 13 à 17). Mais on reconnaît aujourd'hui son réalisme. Aucun évangile n'a autant de notations géographiques et historiques. Alors que les Synoptiques réduisent presque à une seule semaine — la semaine sainte — le séjour de Jésus à Jérusalem, ce qui semble limiter sa vie publique à un peu plus d'un an, l'évangile de Jean compte trois Pâques, ce qui fait envisager une vie publique de près de trois ans.

Jean lui-même n'y est jamais nommé. Mais il semble qu'il se désigne comme « le disciple que Jésus aimait ».

Avec un vocabulaire pauvre et monotone, cet évangile est celui qui nous fait pénétrer le plus profondément dans l'intimité du Christ et de son mystère.

DEUX MÉTHODES DE LECTURE

La lecture verticale

Une lecture savoureuse et profitable des évangiles doit être alternativement verticale et horizontale.

Une lecture verticale est comme celle d'un roman policier : commencée au chapitre 1, verset 1, elle va, sans rien omettre, jusqu'à la dernière ligne. Combien de chrétiens n'ont jamais lu ainsi aucun des quatre évangiles ! Or, une telle lecture apporte bien des découvertes. Sans doute, à la différence d'un roman policier, on connaît d'avance le dénouement. Mais aussi bien la lecture liturgique que la lecture personnelle nous habituent trop souvent à une connaissance sélective, fragmentée, qui méconnaît les ensembles, la structure, la courbe générale de chaque livre. Il faut être attentif au plan de chacun, à ses proportions. Pour cela, on prendra garde aux grands titres (en capitales, puis en lettres grasses). Ils sont identiques à ceux de la Bible... de la liturgie, *du Centre National de Pastorale liturgique.*

La lecture horizontale

Nous entendons par là la lecture *synoptique. *Elle consiste à confronter chaque passage avec ses parallèles dans les autres évangiles. Ou bien ces parallèles sont indiqués dans les notes, ou bien on les retrouvera grâce à la Synopse abrégée placée à la fin de ce livre (p. 541). Les sous-titres en italiques facilitent le repérage des *péricopes, des petites unités à comparer. Cette lecture comparative est indispensable à une véritable familiarité avec les évangiles. Elle fait percevoir les différences et la complémentarité des quatre livres. Elle donne ainsi comme une vision en relief des événements, des paraboles, voire des discours. En prenant conscience de leurs différences, on prend conscience aussi de l'originalité des points de vue, des milieux d'origine et des visées apostoliques. Cette comparaison incessante entre les textes divers est autrement savoureuse et authentique que la fusion artificielle des « Quatre évangiles en un seul » heureusement abandonnée aujourd'hui. Par cet exercice qu'on aurait tort de croire scolaire et conventionnel, le lecteur acquiert bientôt une familiarité avec les divers auteurs qui lui permet de reconnaître, dès les premières lignes, la visée propre, les thèmes favoris, le* ton *inimitable de chacun.*

C'est à ce prix que les évangiles ne seront plus pour nous des textes inertes et conventionnels, mais nous introduiront dans une familiarité vivante et chaude, irremplaçable, avec Jésus.

Deux disciples s'étaient mis à suivre Jésus. « Celui-ci se retourna, « vit qu'ils le suivaient, et leur dit : « Que cherchez-vous ? » Ils lui « répondirent : « Rabbi, où demeures-tu ? » Il leur dit : « Venez, et vous « verrez. » Ils l'accompagnèrent, ils virent où il demeurait, et ils restèrent auprès de lui ce jour-là. C'était vers quatre heures du soir [5]. »

A.-M. ROGUET, o. p.

5. Jn 1, 30-31.

EVANGILE SELON SAINT MATTHIEU

« Devenez mes disciples,
car je suis doux
et humble de coeur,
et vous trouverez
le repos. »

Matthieu 11, 29

L'ORIGINE DIVINE DE JÉSUS LE MESSIE

Généalogie de Jésus, fils de David

1 Voici la table des origines de Jésus Christ, **1**
fils de *David, fils d'*Abraham :

2 Abraham engendra Isaac,
Isaac engendra Jacob,
Jacob engendra Juda et ses frères,
3 Juda, de son union avec Thamar, engendra Pharès et Zara,
Pharès engendra Esrom,
Esrom engendra Aram,
4 Aram engendra Aminadab,
Aminadab engendra Naassone,
Naassone engendra Salmone,
5 Salmone, de son union avec Rahab, engendra Booz,
Booz, de son union avec Ruth, engendra Jobed,
Jobed engendra Jessé,
6 Jessé engendra le roi David.

David, de son union avec la femme d'Ourias, engendra Salomon,
7 Salomon engendra Roboam,
Roboam engendra Abia,
Abia engendra Asa,
8 Asa engendra Josaphat,
Josaphat engendra Joram,
Joram engendra Ozias,
9 Ozias engendra Joatham,
Joatham engendra Acaz,
Acaz engendra Ézékias,
10 Ézékias engendra Manassé,
Manassé engendra Amone,
Amone engendra Josias,

1, 1. "Table des origines", *litt. :* "de la genèse". — Les Juifs attachaient une grande importance à la généalogie d'un homme, qui était comme sa carte d'identité. Jésus descend de David par Joseph, son père adoptif. Or, on attendait un Messie qui serait le descendant de David.
Cette généalogie de Jésus selon Mt est schématisée de façon à obtenir 3 groupes de 14 noms, selon trois phases de l'histoire du salut (voir v. 17). Elle est en principe masculine, mais elle nomme quatre femmes qui ont, en quelque sorte, infléchi sa succession régulière.

3. L'union de Thamar la *Cananéenne avec son beau-père Juda (Genèse ch. 38) était jugée par les Juifs comme un acte méritoire d'attachement à la descendance d'Abraham (voir Ruth 4, 12).

5. Rahab est encore une Cananéenne considérée comme une héroïne de la cause des Hébreux (voir Josué ch. 2; Hébreux 11, 31; Jacques 2, 25). — Ruth, Moabite, est entrée dans cette généalogie à cause de sa fidélité au peuple hébreu (voir le livre de Ruth).

6. "La femme d'Ourias", Bethsabée, est une Hittite. Si Mt a mis en relief toutes ces étrangères comme ancêtres du Christ, c'est peut-être pour annoncer que sa Bonne Nouvelle doit être prêchée à "toutes les nations" (voir 28, 19). En outre, c'est avec Bethsabée que David a "péché contre le Seigneur" (2 Samuel 12, 13) et Jésus doit "sauver son peuple de ses péchés" (Mt 1, 21).

11 Josias engendra Jékonias et ses frères
à l'époque de l'exil à Babylone.

12 Après l'exil à Babylone,
Jékonias engendra Salathiel,
Salathiel engendra Zorobabel,
13 Zorobabel engendra Abioud,
Abioud engendra Éliakim,
Éliakim engendra Azor,
14 Azor engendra Sadok,
Sadok engendra Akim,
Akim engendra Élioud,
15 Élioud engendra Éléazar,
Éléazar engendra Mattane,
Mattane engendra Jacob,
16 Jacob engendra Joseph, l'époux de Marie,
de laquelle fut engendré Jésus,
que l'on appelle Christ (ou Messie).
17 Le nombre total des générations est donc :
quatorze d'Abraham jusqu'à David,
quatorze de David jusqu'à l'exil à Babylone,
quatorze de l'exil à Babylone jusqu'au Christ.

Joseph reçoit la mission d'accueillir le fils de Marie dans la famille de David

18 Voici quelle fut l'origine de Jésus Christ.
Marie, la mère de Jésus, avait été accordée en mariage à Joseph;
or, avant qu'ils aient habité ensemble,
elle fut enceinte
par l'action de l'Esprit Saint.
19 Joseph, son époux,
qui était un homme juste,
ne voulait pas la dénoncer publiquement;
il décida de la répudier en secret.
20 Il avait formé ce projet,
lorsque *l'Ange du Seigneur
lui apparut en songe et lui dit :

---

16. La généalogie aboutit à Joseph, qui n'est pourtant que le père adoptif de Jésus, comme le suggère la formulation très particulière de ce verset. Mais pour les anciens, la paternité légale, adoptive par exemple, conférait les mêmes droits qu'une paternité réelle.

18. Après l'origine (la genèse) humaine de Jésus, son origine divine. — Marie était "accordée en mariage", plus que fiancée, car les fiançailles juives avaient toutes les propriétés du mariage, qui était seulement rendu public et solennisé par la cohabitation.

19. Rien dans le texte ne permet de soupçonner qu'il y ait eu entre Marie et Joseph un secret, un malentendu ou un soupçon. Il semble que Joseph ne voit plus maintenant la raison d'être de son union avec Marie.

20. "Fils de David" : en donnant ce titre à Joseph, l'ange lui fait comprendre quelle est toujours sa mission : garantir que Jésus est bien le descendant de David.

« Joseph, fils de David,
ne crains pas de prendre chez toi Marie, ton épouse :
l'enfant qui est engendré en elle
vient de l'Esprit Saint;
21 elle mettra au monde un fils,
auquel tu donneras le nom de Jésus
(c'est-à-dire : 'le Seigneur sauve'),
car c'est lui qui sauvera son peuple de ses péchés. »

22 Tout cela arriva
pour que s'accomplît
la parole du Seigneur prononcée par le prophète :
23 *Voici que la Vierge concevra*
et elle mettra au monde un fils,
auquel on donnera le nom d'Emmanuel,
qui se traduit : « *Dieu-avec-nous.* »

24 Quand Joseph se réveilla,
il fit ce que l'Ange du Seigneur lui avait prescrit :
il prit chez lui son épouse,
25 mais il n'eut pas de rapports avec elle;
elle enfanta un fils,
auquel il donna le nom de Jésus.

Jésus, roi des Juifs, reconnu par les païens et jalousé par Hérode

La visite des mages

2

1 Jésus était né à *Bethléem en Judée,
au temps du roi *Hérode le Grand.
Or, voici que des mages venus d'Orient
2 arrivèrent à Jérusalem et demandèrent :
« Où est le roi des Juifs qui vient de naître ?
Nous avons vu se lever son étoile
et nous sommes venus nous prosterner devant lui. »
3 En apprenant cela, le roi Hérode fut pris d'inquiétude,
et tout Jérusalem avec lui.

---

21. Le nom de Jésus était très répandu (lorsqu'il concerne divers autres personnages, il est parfois transcrit par Josué), mais il ne prendra tout son sens qu'avec le fils de Marie.

23. Mt, s'adressant à des chrétiens d'origine juive, fait souvent remarquer que Jésus accomplit les annonces des *prophètes. Ici Isaïe 7, 14, cité selon la traduction grecque des *Septante.

2, 1. La naissance de Jésus à Bethléem est racontée en Lc 2, 1-20. — "Des mages venus d'Orient" : peut-être des prêtres perses, ou des astronomes venus d'Arabie. Mt ne dit pas qu'ils étaient rois : (cela vient d'Isaïe 61 et du Psaume 71/72, textes repris par la liturgie de l'Épiphanie), ni qu'ils étaient trois : c'est le chiffre de leurs présents. L'important, c'est qu'ils font prévoir la reconnaissance de Jésus comme "roi" par des peuples non juifs.

3. On comprend bien l'inquiétude d'Hérode, mais non celle de Jérusalem; Mt anticipe l'opposition des Juifs à la prédication de Jésus.

4 Il réunit tous les *chefs des prêtres et tous les *scribes d'Israël,
pour leur demander en quel lieu devait naître le *Messie.
Ils lui répondirent :
5 « A Bethléem en Judée,
car voici ce qui est écrit par le prophète :
6 *Et toi, Bethléem en Judée,*
tu n'es certes pas le dernier
parmi les chefs-lieux de Judée ;
car de toi sortira un chef,
qui sera le berger d'Israël mon peuple. »
7 Alors Hérode convoqua les mages en secret
pour leur faire préciser à quelle date l'étoile était apparue;
8 puis il les envoya à Bethléem, en leur disant :
« Allez vous renseigner avec précision sur l'enfant.
Et quand vous l'aurez trouvé, avertissez-moi
pour que j'aille, moi aussi, me prosterner devant lui. »
9 Sur ces paroles du roi, ils partirent.

Et voilà que l'étoile qu'ils avaient vue se lever
les précédait;
elle vint s'arrêter au-dessus du lieu
où se trouvait l'enfant.
10 Quand ils virent l'étoile, ils éprouvèrent une très grande joie.
11 En entrant dans la maison,
ils virent l'enfant avec Marie sa mère;
et, tombant à genoux, ils se prosternèrent devant lui.
Ils ouvrirent leurs coffrets,
et lui offrirent leurs présents :
de l'or, de l'encens et de la myrrhe.

12 Mais ensuite, avertis en songe de ne pas retourner chez Hérode,
ils regagnèrent leur pays par un autre chemin.

Le fils de Dieu exilé en Égypte

13 Après le départ des mages,
l'Ange du Seigneur apparaît en songe à Joseph
et lui dit :
« Lève-toi; prends l'enfant et sa mère,
et fuis en Égypte.

---

5. "Le prophète" est Michée 5, 1.3.

9. "L'étoile". Il ne faut pas chercher à identifier cet astre, en y voyant, par exemple, une comète... La lumière est souvent le signe de la présence et de la *gloire de Dieu. Voyez la Nativité : Lc 2, 9; la Transfiguration : Mc 9, 2-10 par.; la conversion de Paul : Ac 9, 3.

12. L'Évangile ne contient aucun songe, sinon ceux que rapporte Mt ici pour les mages; aux v. 13, 19 et 22 pour Joseph. Il est curieux que les songes aient joué un grand rôle dans l'histoire d'un autre Joseph, celui de la Genèse : 37, 5-11; 40, 5-18; 41, 1-36. (Voir aussi le songe de la femme de Pilate : Mt 27, 19; mais il n'est pas dit qu'il vienne de Dieu.)

13. La fuite en Égypte fait penser à *Moïse. Mt suggère assez souvent que Jésus est un nouveau Moïse.

Reste là-bas, jusqu'à ce que je t'avertisse,
car Hérode va rechercher l'enfant
pour le faire périr. »
14 Joseph se leva;
dans la nuit, il prit l'enfant et sa mère,
et se retira en Égypte,
15 où il resta jusqu'à la mort d'Hérode.
Ainsi s'accomplit ce que le Seigneur avait dit par le prophète :
D'Égypte, j'ai appelé mon fils.

La fureur du roi impie

16 Alors Hérode, voyant que les mages l'avaient trompé,
entra dans une violente fureur.
Il envoya tuer tous les enfants de moins de deux ans
à Bethléem et dans toute la région,
d'après la date qu'il s'était fait préciser par les mages.
17 Alors s'accomplit ce que le Seigneur avait dit
par le prophète Jérémie :
18 *Un cri s'élève dans Rama,*
des pleurs et une longue plainte :
c'est Rachel qui pleure ses enfants
et ne veut pas qu'on la console,
car ils ne sont plus.

Retour d'Égypte et installation à Nazareth

19 Après la mort d'Hérode,
l'Ange du Seigneur apparaît en songe à Joseph en Égypte
20 et lui dit :
« Lève-toi; prends l'enfant et sa mère,
et reviens au pays d'Israël,
car ils sont morts,
ceux qui en voulaient à la vie de l'enfant. »
21 Joseph se leva,
prit l'enfant et sa mère,
et rentra au pays d'Israël.
22 Mais, apprenant qu'Arkélaüs régnait sur la Judée
à la place de son père Hérode,
il eut peur de s'y rendre.
Averti en songe,

---

15. "Le prophète" : Osée 11, 1 concernant le peuple d'Israël, que Dieu a fait sortir d'Égypte où il était opprimé.

16. "Deux ans" : ces événements sont donc assez postérieurs à la naissance de Jésus. — "Le prophète Jérémie" : 31, 15.

20. "Ils sont morts..." alors que seul Hérode est mort. Mais ce pluriel vient d'une citation de l'Exode 4, 19, concernant les adversaires de Moïse.

il se retira dans la région de Galilée
23 et vint habiter dans une ville appelée *Nazareth.
Ainsi s'accomplit ce que le Seigneur avait dit par les prophètes :
Il sera appelé Nazaréen.

L'ANNONCE DU RÈGNE DE DIEU PAR JEAN BAPTISTE ET PAR JÉSUS

Prédication de Jean Baptiste

1 En ces jours-là, 3
paraît Jean le Baptiste,
qui proclame dans le désert de Judée :
2 « *Convertissez-vous,
car le *Royaume des cieux est tout proche! »
3 Jean est celui que désignait la parole
transmise par le prophète Isaïe :
*A travers le *désert, une voix crie :*
Préparez le chemin du Seigneur,
aplanissez sa route.
4 Jean portait un vêtement de poils de chameau,
et une ceinture de cuir autour des reins;
il se nourrissait de sauterelles et de miel sauvage.
5 Alors Jérusalem, toute la Judée et toute la région du Jourdain
venaient à lui,
6 et ils se faisaient *baptiser par lui dans le Jourdain
en reconnaissant leurs péchés.

7 Voyant des *pharisiens et des *sadducéens
venir en grand nombre à ce baptême,
il leur dit :
« Engeance de vipères!
Qui vous a appris à fuir la *colère qui vient ?
8 Produisez donc un fruit qui exprime votre conversion,
9 et n'allez pas dire en vous-mêmes :
'Nous avons *Abraham pour père';

---

23. "Par les prophètes" : on ignore lesquels, et le sens exact donné ici à l'adjectif Nazaréen. Peut-être annonce-t-il que Jésus sera traité avec mépris parce qu'on le croira originaire de ce village obscur : Jn 1, 46. Selon Jn également on oubliera que Jésus était né à Bethléem; on le croit originaire de Galilée et donc inapte à être le Messie : 7, 27. 41-42.52.

3, 3. "Le prophète Isaïe" : 40, 3. L'hébreu porte : "Dans le désert, préparez..." Mt suit les *Septante qui ponctuent : "Voix de celui qui crie dans le désert...". Le v. 5 montre que ce "désert" connaissait l'affluence.

4. Le costume et la nourriture de Jean sont caractéristiques du prophète (ainsi *Élie en 2 Rois 1, 8) et révèlent une vie austère : voir Mt 11, 18-19.

7. Discours violent, à la manière des anciens prophètes qui proclamaient la venue prochaine du *Jour du Seigneur : intervention redoutable de Dieu annonçant déjà le jugement dernier. Celui-ci dévoilera tous les faux semblants et fera un tri entre les hommes selon leur valeur réelle.

car, je vous le dis :
avec les pierres que voici,
Dieu peut faire surgir des enfants à Abraham.
10 Déjà la cognée se trouve à la racine des arbres :
tout arbre qui ne produit pas de bons fruits
va être coupé et jeté au feu.

11 Moi, je vous baptise dans l'eau,
pour vous amener à la conversion.
Mais celui qui vient derrière moi
est plus fort que moi,
et je ne suis pas digne de lui retirer ses sandales.
Lui vous baptisera dans l'Esprit Saint et dans le feu;
12 il tient la pelle à vanner dans sa main,
il va nettoyer son aire à battre le blé,
et il amassera le grain dans son grenier.
Quant à la paille,
il la brûlera dans un feu qui ne s'éteint pas. »

Le baptême du Fils bien-aimé

13 Alors, Jésus, arrivant de Galilée,
paraît sur les bords du Jourdain,
et il vient à Jean
pour se faire baptiser par lui.
14 Jean voulait l'en empêcher et disait :
« C'est moi qui ai besoin de me faire baptiser par toi,
et c'est toi qui viens à moi ! »
15 Mais Jésus lui répondit :
« Pour le moment, laisse-moi faire;
c'est de cette façon
que nous devons accomplir parfaitement ce qui est juste. »
Alors Jean le laisse faire.

16 Dès que Jésus fut baptisé,
il sortit de l'eau;
voici que les cieux s'ouvrirent,
et il vit l'Esprit de Dieu
descendre comme une *colombe et venir sur lui.
17 Et des cieux, une voix disait :

---

11. Le baptême de Jean est signe de purification et de conversion. Celui qui est "plus fort" est Jésus : dans le baptême chrétien, le converti sera profondément transformé par l'Esprit Saint. Le baptême dans le *feu évoque plutôt le jugement dernier, comme les images du v. 12.

13-14. Les évangélistes montrent souvent que le Baptiste a conscience de son infériorité à l'égard de Jésus; voir les parallèles, et Jn 1, 20.27.30.

15. Jésus accepte de s'incliner devant Jean "pour le moment" : en se soumettant au baptême qui l'assimile à l'humanité pécheresse, il commence toute une vie d'obéissance au plan de salut voulu par le Père.

16-17. Manifestation des trois personnes divines, le Père, le Fils et le Saint-Esprit (*colombe), au nom desquelles sera donné le baptême chrétien : Mt 28, 19.

« Celui-ci est mon Fils bien-aimé;
en lui j'ai mis tout mon amour. »

Jésus au désert résiste au Tentateur

1 Alors, Jésus fut conduit au désert par l'Esprit 4
pour être tenté par le démon.
2 Après avoir jeûné quarante jours et quarante nuits,
il eut faim.
3 Le tentateur s'approcha et lui dit :
« Si tu es le Fils de Dieu,
ordonne que ces pierres deviennent des pains. »
4 Mais Jésus répondit :
« Il est écrit :
Ce n'est pas seulement de pain
que l'homme doit vivre,
mais de toute parole qui sort de la bouche de Dieu. »

5 Alors le démon l'emmène à la ville sainte, à *Jérusalem,
le place au sommet du *Temple
6 et lui dit :
« Si tu es le Fils de Dieu,
jette-toi en bas;
car il est écrit :
Il donnera pour toi des ordres à ses anges,
et : *Ils te porteront sur leurs mains,*
de peur que ton pied ne heurte une pierre. »
7 Jésus lui déclara :
« Il est encore écrit :
Tu ne mettras pas à l'épreuve le Seigneur ton Dieu. »

8 Le démon l'emmène encore sur une très haute *montagne
et lui fait voir tous les royaumes du monde avec leur gloire.
9 Il lui dit :
« Tout cela, je te le donnerai,
si tu te prosternes pour m'adorer. »
10 Alors, Jésus lui dit :
« Arrière, *Satan!

4, 1. Le démon "tente" (*tentation) pour le mettre à l'épreuve, c'est-à-dire pour tester sa personnalité et sa mission.

2. Le *jeûne de Jésus au désert pendant 40 jours rappelle la vie austère du peuple hébreu au désert, après sa sortie d'Égypte, pendant 40 ans, et sera commémoré par les chrétiens qui jeûneront pendant le Carême (mot qui dérive de "quarantième"). — Les réponses de Jésus aux trois tentations sont des citations du Deutéronome, qui médite sur les leçons de la sortie d'Égypte et de la vie du peuple hébreu au désert.

4. Citation du Deutéronome 8, 3.

6. Le démon cite le psaume 90/91, 11-12.

7. Citation du Deutéronome 6, 16.

9. Il s'agit évidemment d'une vision symbolique. Elle est peut-être à rapprocher de la vision de la Terre promise que Dieu montra à Moïse, au moment de sa mort sur le mont Nébo (Deutéronome 34, 1-4). Le parallélisme entre Jésus et Moïse est fréquent chez Mt.

10. Citation du Deutéronome 6, 13-14 (grec).

car il est écrit :
C'est devant le Seigneur ton Dieu que tu te prosterneras,
et c'est lui seul que tu adoreras. »

11 Alors le démon le quitte.
Voici que des anges s'approchèrent de lui,
et ils le servaient.

Jésus en Galilée annonce le Royaume, appelle ses premiers disciples et guérit les malades

12 Quand Jésus apprit l'arrestation de Jean Baptiste,
il se retira en Galilée.
13 Il quitta *Nazareth
et vint habiter à *Capharnaüm,
ville située au bord du *lac,
dans les territoires de Zabulon et de Nephtali.
14 Ainsi s'accomplit
ce que le Seigneur avait dit par le prophète Isaïe :
15 *Pays de Zabulon et pays de Nephtali,*
route de la mer et pays au-delà du Jourdain,
Galilée, toi le carrefour des païens :
16 *le peuple qui habitait dans les *ténèbres*
a vu se lever une grande lumière.
Sur ceux qui habitaient
dans le pays de l'ombre et de la mort,
une lumière s'est levée.

17 A partir de ce moment, Jésus se mit à proclamer :
« Convertissez-vous,
car le *Royaume des cieux est tout proche. »
18 Comme il marchait au bord du lac de Galilée,
il vit deux frères,
*Simon, appelé Pierre,
et son frère *André,
qui jetaient leurs filets dans le lac :
c'étaient des pêcheurs.
19 Jésus leur dit :
« Venez derrière moi,
et je vous ferai pêcheurs d'hommes. »

---

12. Jésus quitte la Judée, par crainte d'*Hérode, qui a fait arrêter Jean Baptiste et le tuera (voir 14, 3-12 et mieux Mc 6, 17-29). La Galilée, et surtout *Capharnaüm, est "le carrefour des païens" d'après la citation (v. 15-16) d'Isaïe 8, 23 — 9, 1 (grec).

17. Jésus reprend mot pour mot la prédication de Jean Baptiste (3, 1).

18. Mt, qui contient de longs discours, a des récits brefs et schématiques : l'appel des premiers disciples a pu se faire d'une manière plus progressive (Jn 1, 35-51), être appuyé par un miracle (Lc 5, 1-11). Mais chaque évangéliste suit ses propres sources, vise ses propres perspectives et il est vain de vouloir fondre toutes leurs différences pour obtenir une biographie de Jésus.

20 Aussitôt, laissant leurs filets,
ils le suivirent.
21 Plus loin, il vit deux autres frères,
Jacques, fils de *Zébédée
et son frère *Jean,
qui étaient dans leur barque avec leur père,
en train de préparer leurs filets.
Il les appela.
22 Aussitôt, laissant leur barque et leur père,
ils le suivirent.

23 Jésus, parcourant toute la Galilée,
enseignait dans leurs *synagogues,
proclamait la Bonne Nouvelle du Royaume,
guérissait toute maladie et toute infirmité dans le peuple.
24 Sa renommée se répandit dans toute la Syrie
et on lui amena tous ceux qui souffraient,
atteints de maladies et de tourments de toutes sortes :
possédés, épileptiques, paralysés;
et il les *guérit.
25 De grandes foules le suivirent,
venues de la Galilée, de la *Décapole,
de Jérusalem, de la Judée,
et de la Transjordanie.

PREMIER DISCOURS : DISCOURS SUR LA MONTAGNE

Les Béatitudes

1 Quand Jésus vit la foule, 5
il gravit la *montagne.
Il s'assit, et ses *disciples s'approchèrent.
2 Alors, ouvrant la bouche, il se mit à les instruire.

---

23. "La Bonne Nouvelle" est l'équivalent français du mot d'origine grecque : Évangile.

5-7. Voici le premier et le plus long des cinq grands discours qui jalonnent Mt. Il est impossible qu'il ait été prononcé ainsi par Jésus. Mt a regroupé un grand nombre de maximes très brèves dont chacune pouvait conclure et résumer de longues exhortations. Certaines d'entre elles se retrouvent dans le discours analogue de Lc 6, 20-49, qui est beaucoup plus ramassé. D'autres se trouvent éparpillés chez Lc dans des contextes tout différents. Si chacune de ces paroles a été prononcée par Jésus lui-même, leur regroupement est l'œuvre de Mt.
En outre, la prédication de Jésus n'a pu commencer par ce discours qu'on pourrait appeler "l'idéal de vie des disciples", un idéal fort exigeant qui ne peut avoir été proposé qu'à des hommes convertis par une première prédication, la proclamation du Royaume (résumée plus haut 4, 17, évoquée en 4, 23), et qui ont expérimenté une vie de disciples en suivant Jésus pendant quelque temps.

5, 1. "La montagne" : sans doute une colline au bord du *lac. Mt a pu l'appeler "montagne" pour évoquer le Sinaï, où le peuple hébreu avait reçu la Loi de l'alliance (Exode 19-20) qui va être ici reprise, perfectionnée et intériorisée. — "Ses *disciples" : c'est à eux que le discours s'adresse, mais leur groupe n'est pas strictement séparé de "la foule" qui le prolonge. Ce discours n'est pas un enseignement ésotérique réservé à une petite élite.

Il disait :
3 « Heureux les pauvres de cœur :
le Royaume des cieux est à eux!
4 Heureux les doux :
ils obtiendront la terre promise!
5 Heureux ceux qui pleurent :
ils seront consolés!
6 Heureux ceux qui ont faim et soif de la justice :
ils seront rassasiés!
7 Heureux les miséricordieux :
ils obtiendront miséricorde!
8 Heureux les cœurs purs :
ils verront Dieu!
9 Heureux les artisans de paix :
ils seront appelés fils de Dieu!
10 Heureux ceux qui sont persécutés pour la justice :
le Royaume des cieux est à eux!
11 Heureux serez-vous si l'on vous insulte,
si l'on vous persécute
et si l'on dit faussement toute sorte de mal contre vous,
à cause de moi.
12 Réjouissez-vous, soyez dans l'allégresse,
car votre récompense sera grande dans les cieux!
C'est ainsi qu'on a persécuté
les prophètes qui vous ont précédés.

Le sel de la terre et la lumière du monde

13 « Vous êtes le sel de la terre.
Si le sel se dénature,
comment redeviendra-t-il du sel ?
Il n'est plus bon à rien :
on le jette dehors et les gens le piétinent.

14 Vous êtes la lumière du monde.
Une ville située sur une montagne
ne peut être cachée.
15 Et l'on n'allume pas une lampe

---

3. "Heureux" : ces "béatitudes" dont on trouve de nombreux échantillons dans l'Ancien Testament et ailleurs dans les évangiles (Lc 1, 45; 10, 24; 11, 27-28, etc.) ne sont pas des souhaits ou des bénédictions. Elles révèlent un fait, qui est une des structures du Royaume.
"Pauvres de cœur"; "de *cœur" est une précision ajoutée par Mt. Ces pauvres sont les mêmes que les doux, les cœurs purs, les affligés, les artisans de paix...

4. "promise" est une addition du *Lectionnaire, justifiée par le strict parallélisme entre les deux premières béatitudes.

5. "Ils seront consolés" : ce passif désigne une action de Dieu, comme aux v. 6, 7, 9.

8. Ces cœurs ne sont pas "purs" dans le sens moral habituel. Il s'agit ici de la droiture et de la simplicité d'intention que l'on retrouvera sous l'image de "l'œil clair" 6, 22.

13-15. Les disciples de Jésus ne peuvent se contenter de la morale courante (voyez v. 20); ils doivent échapper à la médiocrité, attirer et éclairer par leur exemple.

pour la mettre sous le boisseau ;
on la met sur le lampadaire,
et elle brille pour tous ceux qui sont dans la maison.
16 De même, que votre lumière brille devant les hommes :
alors, en voyant ce que vous faites de bien,
ils rendront *gloire à votre Père qui est aux cieux.

La nouvelle justice dans l'accomplissement de la Loi

17 « Ne pensez pas que je suis venu abolir la *Loi ou les Prophètes :
je ne suis pas venu abolir, mais accomplir.
18 *Amen, je vous le dis :
Avant que le ciel et la terre disparaissent,
pas une lettre, pas un seul petit trait ne disparaîtra de la Loi
jusqu'à ce que tout se réalise.
19 Donc, celui qui rejettera
un seul de ces plus petits commandements,
et qui enseignera aux hommes à faire ainsi,
sera déclaré le plus petit dans le Royaume des cieux.
Mais celui qui les observera et les enseignera
sera déclaré grand dans le Royaume des cieux.

20 Je vous le dis en effet :
Si votre *justice ne surpasse pas celle des *scribes et des *pharisiens
vous n'entrerez pas dans le Royaume des cieux.
21 Vous avez appris qu'il a été dit aux anciens :
Tu ne commettras pas de meurtre,
et si quelqu'un commet un meurtre,
il en répondra au tribunal.
22 Eh bien moi, je vous dis :
Tout homme qui se met en colère contre son frère,
en répondra au tribunal.
Si quelqu'un insulte son frère,
il en répondra au grand *conseil.

---

16. "Que votre lumière brille..." Ceci ne contredit pas les critiques adressées plus loin à ceux qui font le bien par vanité (6, 1-6.16-18). Le vrai disciple fait le bien pour la gloire de Dieu.

17. Jésus est venu changer la Loi ancienne, non pour la détruire, mais pour la rendre plus parfaite et plus intérieure.

18. Ce verset, qui semble faire consister la permanence de la Loi dans le respect de ses moindres détails matériels, est une formule excessive pour souligner que Jésus est venu porter à son achèvement l'essentiel de la Loi.

20. Il ne suffit pas d'accomplir une loi close et figée. Jusqu'à la fin du chapitre, Jésus va montrer par des exemples souvent excessifs et irréalisables que sa loi a des exigences illimitées, et que ses disciples ne pourront jamais l'observer pleinement.

21. "Il a été dit", *litt. :* "Vous avez entendu", l'enseignement des Rabbis étant principalement oral. "Tu ne commettras pas de meurtre" : précepte du *Décalogue, Exode 20, 13.

22. "Eh bien moi, je vous dis": Jésus ne parle pas comme les rabbis ordinaires, qui citent et commentent leurs prédécesseurs. On a été très "frappé" de son "autorité" : 7, 29. — "Insulte son frère", *litt. :* "dit à son frère : *Raca!*" ; "maudit son frère", *litt. :* "lui dit : "fou"" (ou révolté). Ces adjectifs étaient sans doute des insultes très graves que ne peut rendre une traduction mot à mot.

Si quelqu'un maudit son frère,
il sera passible de la *géhenne de feu.
23 Donc, lorsque tu vas présenter ton offrande sur l'autel,
si, là, tu te souviens que ton frère a quelque chose contre toi,
24 laisse ton offrande là, devant l'autel,
va d'abord te réconcilier avec ton frère,
et ensuite viens présenter ton offrande.
25 Accorde-toi vite avec ton adversaire
pendant que tu es en chemin avec lui,
pour éviter que ton adversaire ne te livre au juge,
le juge au garde,
et qu'on ne te jette en prison.
26 Amen, je te le dis :
tu n'en sortiras pas
avant d'avoir payé jusqu'au dernier sou.

27 Vous avez appris qu'il a été dit :
Tu ne commettras pas d'adultère.
28 Eh bien moi, je vous dis :
Tout homme qui regarde une femme et la désire,
a déjà commis l'adultère avec elle dans son cœur.
29 Si ton œil droit entraîne ta chute,
arrache-le
et jette-le loin de toi :
car c'est ton intérêt de perdre un de tes membres,
et que ton corps tout entier ne soit pas jeté dans la géhenne.
30 Et si ta main droite entraîne ta chute,
coupe-la
et jette-la loin de toi :
car c'est ton intérêt de perdre un de tes membres,
et que ton corps tout entier ne s'en aille pas dans la géhenne.

31 Il a été dit encore :
Si quelqu'un renvoie sa femme,
qu'il lui donne un acte de répudiation.
32 Eh bien moi, je vous dis :
Tout homme qui renvoie sa femme,
sauf en cas d'union illégitime,

25-26. Parabole semblable Lc 12, 58-59, mais dans une autre perspective. Mt donne un principe moral toujours valable. Lc signale l'urgence de se convertir à l'approche du *jugement.

27. Précepte du Décalogue : Exode 20, 14.

29-30. Précepte excessif signifiant que la fidélité à l'idéal chrétien peut exiger de douloureux sacrifices. — "entraîne ta chute", *litt.* : "te scandalise" : *Scandale. On retrouve ces exigences plus loin 18, 8-9, où il s'agit du scandale donné aux autres.

31. Prescription du Deutéronome 24, 1.

32. Ce problème de la répudiation suivie de remariage est repris ailleurs : Mt 19, 9 (et la note) = Mc 10, 11-12 = Lc 16, 18. — "Union illégitime" : voir la note sur Mt 19, 9.

la pousse à l'adultère ;
et si quelqu'un épouse une femme renvoyée,
il est adultère.

33 Vous avez encore appris qu'il a été dit aux anciens :
Tu ne feras pas de faux serments,
mais *tu t'acquitteras de tes serments envers le Seigneur.*
34 Eh bien moi, je vous dis de ne faire aucun serment,
ni par le ciel, car c'est le trône de Dieu,
35 ni par la terre, car elle est son marchepied,
ni par *Jérusalem, car elle est la Cité du grand Roi.
36 Et tu ne jureras pas non plus sur ta tête,
parce que tu ne peux pas
rendre un seul de tes cheveux blanc ou noir.
37 Quand vous dites 'oui', que ce soit un 'oui',
quand vous dites 'non', que ce soit un 'non'.
Tout ce qui est en plus
vient du Mauvais.

38 Vous avez appris qu'il a été dit :
Œil pour œil, dent pour dent.
39 Eh bien moi, je vous dis de ne pas riposter au méchant;
mais si quelqu'un te gifle sur la joue droite,
tends-lui encore l'autre.
40 Et si quelqu'un veut te faire un procès
et prendre ta tunique,
laisse-lui encore ton manteau.
41 Et si quelqu'un te réquisitionne pour faire mille pas,
fais-en deux mille avec lui.
42 Donne à qui te demande;
ne te détourne pas de celui qui veut t'emprunter.
43 Vous avez appris qu'il a été dit :
Tu aimeras ton prochain
et tu haïras ton ennemi.
44 Eh bien moi, je vous dis :

---

33. Précepte du Décalogue : Exode 20, 7. Voir aussi Deutéronome 23, 22.

34. Tout serment fait appel à Dieu, même si celui-ci est désigné par des périphrases respectueuses.

37. Toute parole d'un disciple doit être loyale. De même Jacques 5, 12. Jésus n'interdit pas tout serment, mais condamne les serments multipliés sans raison grave.

38. C'est la loi du talion : Exode 21, 23-25. Il s'agit d'une sanction de justice qui doit être proportionnée au dommage causé, ce qui constitue un progrès sur l'esprit de vengeance personnelle (voir Genèse 4, 15.24). Mais le disciple de Jésus doit pardonner.

39-42. Encore des préceptes excessifs, pour proposer une attitude généreuse, au-delà du droit strict = Lc 6, 29-35.

43. "Tu aimeras ton prochain" : Lévitique 19, 18, cité encore Mt 22, 39 par. La Loi de Moïse ne prescrit nulle part de haïr son ennemi. Mais le "prochain" désignant souvent le compatriote, le précepte de l'aimer pouvait dégénérer en mépris des païens. En outre la secte de *Qumran combattait âprement tous ceux du dehors.

44-48. = Lc 6, 27-36.

Aimez vos ennemis,
et priez pour ceux qui vous persécutent,
45 afin d'être vraiment les fils de votre Père qui est dans les cieux ;
car il fait lever son soleil sur les méchants et sur les bons,
et tomber la pluie sur les justes et sur les injustes.
46 Si vous aimez ceux qui vous aiment,
quelle récompense aurez-vous ?
Les *publicains eux-mêmes n'en font-ils pas autant ?
47 Et si vous ne saluez que vos frères,
que faites-vous d'extraordinaire ?
Les païens eux-mêmes n'en font-ils pas autant ?
48 Vous donc, soyez parfaits
comme votre Père céleste est parfait.

Faire l'aumône, prier et jeûner de manière à plaire à Dieu

1 « Si vous voulez vivre comme des *justes, **6**
évitez d'agir devant les hommes
pour vous faire remarquer.
Autrement, il n'y a pas de récompense pour vous
auprès de votre Père qui est aux cieux.
2 Ainsi, quand tu fais l'aumône,
ne fais pas sonner de la trompette devant toi,
comme ceux qui se donnent en spectacle
dans les synagogues et dans les rues,
pour obtenir la gloire qui vient des hommes.
Amen, je vous le déclare : ceux-là ont touché leur récompense.
3 Mais toi, quand tu fais l'aumône,
que ta main gauche ignore ce que donne ta main droite,
4 afin que ton aumône reste dans le secret ;
ton Père voit ce que tu fais en secret : il te le revaudra.

5 Et quand vous priez,
ne soyez pas comme ceux qui se donnent en spectacle :
quand ils font leurs prières,
ils aiment à se tenir debout
dans les synagogues et les carrefours
pour bien se montrer aux hommes.
Amen, je vous le déclare : ceux-là ont touché leur récompense.

---

47. Il s'agit de salutations cérémonieuses et prolongées à la mode orientale. Jésus en dispense ses envoyés : Lc 10, 4, et reproche aux pharisiens de les désirer : Mt 23, 7.
48. Peut-être réminiscence du Livre des Lévites 19, 2 : "Soyez saints, car je suis saint, moi le Seigneur votre Dieu." Jésus ne demande pas une perfection réalisée, mais la recherche de la perfection par une bonté qui imite celle de Dieu (v. 45). C'est bien le sens de Lc 6, 36 : "Soyez miséricordieux comme votre Père est miséricordieux."

6, 1. *Litt. :* "Évitez de faire votre justice devant les hommes." Voir la note sur 5, 16.
2. "Ceux qui se donnent en spectacle", *litt. :* "comme font les *hypocrites", mot qui signifie originellement en grec "comédien".

6 Mais toi, quand tu pries,
retire-toi au fond de la maison, ferme la porte,
et prie ton Père qui est présent dans le secret;
ton Père voit ce que tu fais dans le secret : il te le revaudra.

7 Lorsque vous priez, ne rabâchez pas comme les païens :
ils s'imaginent qu'à force de paroles ils seront exaucés.
8 Ne les imitez donc pas,
car votre Père sait de quoi vous avez besoin
avant même que vous l'ayez demandé.
9 Vous donc, priez ainsi :
Notre Père, qui es aux cieux,
que ton nom soit sanctifié.
10 Que ton règne vienne;
que ta volonté soit faite sur la terre comme au ciel.
11 Donne-nous aujourd'hui notre pain de ce jour.
12 Remets-nous nos dettes,
comme nous les avons remises nous-mêmes
à ceux qui nous devaient.
13 Et ne nous soumets pas à la *tentation,
mais délivre-nous du Mal.
14 Car, si vous pardonnez aux hommes leurs fautes,
votre Père céleste vous pardonnera aussi.
15 Mais si vous ne pardonnez pas aux hommes,
à vous non plus votre Père ne pardonnera pas vos fautes.

16 Et quand vous *jeûnez, ne prenez pas un air abattu,
comme ceux qui se donnent en spectacle :

---

6. Il s'agit de la prière privée. Jésus a pratiqué lui-même la prière liturgique et communautaire au Temple ou à la Synagogue. Voir aussi Mt 18, 20.

7. Jésus n'interdit pas la prière instante et répétée. Lui-même a répété trois fois la même prière à Gethsémani 26, 29-44. (Voir aussi Lc 18, 1-8). Mais ce n'est pas la quantité des paroles qui rend la prière efficace.

9. "Qui es aux cieux", c'est-à-dire : qui es Dieu.
"Que ton *Nom soit sanctifié" a été interprété très exactement par la Traduction œcuménique de la Bible : "Fais-toi reconnaître comme Dieu." Le Nom de Dieu est sanctifié quand il est reconnu comme tel chez les hommes. Le passif "soit sanctifié" suggère que c'est là l'œuvre de Dieu même.

11. "de ce jour" : traduction difficile, le sens du mot grec *epiousion* étant obscur. Ce "pain" désigne tout ce dont l'homme a besoin pour vivre au jour le jour (voyez v. 34).

12. Les "dettes" : expression imagée, courante chez les Juifs, pour désigner le péché. Cette demande du Notre Père est illustrée plus loin, Mt 18, 23-34, par la parabole des deux débiteurs. En Lc 7, 41-43 on retrouve la comparaison entre débiteurs et pécheurs.

13. "Ne nous soumets pas à la tentation", *litt.* : "Ne nous introduis pas dans la tentation." Dieu ne cause pas la tentation qui sollicite au péché. Ainsi Jacques 1, 13-14 : Dieu "ne tente personne. Chacun est tenté par ses propres désirs." Mais Dieu accepte, par respect pour notre liberté, que notre foi soit mise à l'épreuve, selon le sens biblique du mot "tentation". A Gethsémani (26, 41), Jésus dit à Pierre : "Veillez et priez pour ne pas entrer en tentation." — "Mais délivre-nous du Mal" : complément et correctif de la demande précédente. Le mot traduit par "Mal" peut signifier le péché, ou le Tentateur, le Mauvais.

14-15. Jésus insiste sur l'obligation de pardonner soi-même pour bénéficier du pardon (v. 12); il y reviendra en 18, 23-35.

16-18. "Ceux qui se donnent en spectacle", *litt.* : les *hypocrites.

ils se composent une mine défaite
pour bien montrer aux hommes qu'ils jeûnent.
Amen, je vous le déclare : ceux-là ont touché leur récompense.
17 Mais toi, quand tu jeûnes, parfume-toi la tête et lave-toi le visage;
18 ainsi, ton jeûne ne sera pas connu des hommes,
mais seulement de ton Père qui est présent dans le secret;
ton Père voit ce que tu fais en secret : il te le revaudra.

Chercher d'abord le Royaume

19 « Ne vous faites pas de trésors sur la terre,
là où les mites et la rouille les dévorent,
où les voleurs percent les murs pour voler.
20 Mais faites-vous des trésors dans le ciel,
là où les mites et la rouille ne dévorent pas,
où les voleurs ne percent pas les murs pour voler.
21 Car là où est ton trésor, là aussi sera ton *cœur.

22 La lampe du corps, c'est l'œil.
Donc, si ton œil est vraiment clair,
ton corps tout entier sera dans la lumière;
mais si ton œil est mauvais,
ton *corps tout entier sera plongé dans les ténèbres.
23 Si donc la lumière qui est en toi est ténèbres,
quelles ténèbres y aura-t-il!

24 Aucun homme ne peut servir deux maîtres :
ou bien il détestera l'un et aimera l'autre,
ou bien il s'attachera à l'un et méprisera l'autre.
Vous ne pouvez pas servir à la fois Dieu et l'Argent.
25 C'est pourquoi je vous dis : Ne vous faites pas tant de souci
pour votre vie, au sujet de la nourriture,
ni pour votre corps, au sujet des vêtements.
La vie ne vaut-elle pas plus que la nourriture,
et le corps plus que le vêtement ?
26 Regardez les oiseaux du ciel :
ils ne font ni semailles ni moisson,
ils ne font pas de réserves dans des greniers,
et votre Père céleste les nourrit.
Ne valez-vous pas beaucoup plus qu'eux ?

19-21. = Lc 12, 32-34.

22-23. = Lc 11, 34-35. Parabole différente de 5, 15-16, où la lampe signifiait la vie exemplaire des disciples. Ici elle symbolise la pureté du regard, la droiture de l'intention, qui permet de voir la lumière.

24. = Lc 16, 13. "Servir" a ici le sens très fort d'un esclavage.

25-34. = Lc 12, 22-31. Ici encore, exagérations oratoires pour inculquer aux disciples le devoir d'imprévoyance. Jésus ne dissuade pas de travailler et de lutter, mais de se faire "tant de souci", de se tourmenter.

27 D'ailleurs, qui d'entre vous, à force de souci,
peut prolonger tant soit peu son existence ?
28 Et au sujet des vêtements, pourquoi se faire tant de souci ?
Observez comment poussent les lis des champs :
ils ne travaillent pas, ils ne filent pas.
29 Or je vous dis que *Salomon lui-même, dans toute sa gloire,
n'était pas habillé comme l'un d'eux.
30 Si Dieu habille ainsi l'herbe des champs,
qui est là aujourd'hui, et qui demain sera jetée au feu,
ne fera-t-il pas bien davantage pour vous,
hommes de peu de foi ?
31 Ne vous faites donc pas tant de souci;
ne dites pas : 'Qu'allons-nous manger ?'
ou bien : 'Qu'allons-nous boire ?'
ou encore : 'Avec quoi nous habiller ?'
32 Tout cela, les païens le recherchent.
Mais votre Père céleste sait que vous en avez besoin.
33 Cherchez d'abord son *Royaume et sa *justice,
et tout cela vous sera donné par-dessus le marché.
34 Ne vous faites pas tant de souci pour demain :
demain se souciera de lui-même;
à chaque jour suffit sa peine. »

Relations fraternelles avec les hommes, relations filiales avec le Père

7

1 « Ne jugez pas, pour ne pas être jugés;
2 le jugement que vous portez contre les autres,
sera porté aussi contre vous;
la mesure dont vous vous servez pour les autres,
servira aussi pour vous.
3 Qu'as-tu à regarder la paille dans l'œil de ton frère,
alors que la poutre qui est dans ton œil,
tu ne la remarques pas ?
4 Comment vas-tu dire à ton frère :
'Laisse-moi retirer la paille de ton œil',
alors qu'il y a une poutre dans ton œil à toi ?
5 Esprit faux ! Enlève d'abord la poutre de ton œil,
alors tu verras clair
pour retirer la paille qui est dans l'œil de ton frère.

6 Ce qui est sacré, ne le donnez pas aux chiens;

7, 1. Il faut comprendre : "Ne jugez pas" les autres "pour n'être pas jugés" par Dieu.
3-4. Petite parabole que son invraisemblance même rend très frappante.
5. "Esprit faux", *litt.* : *Hypocrite.
6. Verset propre à Mt. Ne pas juger ne dispense pas d'avoir du "jugement". L'apôtre ne doit pas annoncer l'Évangile sans discernement. Certains ne sont pas prêts à l'accueillir. Voir 10, 13-16.

vos perles, ne les jetez pas aux cochons,
pour éviter qu'ils les piétinent
puis se retournent pour vous déchirer.

Puissance de la prière

7 Demandez, vous obtiendrez;
cherchez, vous trouverez;
frappez, la porte vous sera ouverte.
8 Celui qui demande, reçoit;
celui qui cherche, trouve;
et pour celui qui frappe, la porte s'ouvrira.
9 Lequel d'entre vous donnerait une pierre
à son fils qui lui demande du pain ?
10 ou un serpent, quand il lui demande un poisson ?
11 Si donc, vous qui êtes mauvais,
vous savez donner de bonnes choses à vos enfants,
combien plus votre Père qui est aux cieux
donnera-t-il de bonnes choses
à ceux qui les lui demandent!

12 Donc, tout ce que vous voudriez que les autres fassent pour vous,
faites-le pour eux, vous aussi,
voilà ce que dit toute l'Écriture : la *Loi et les Prophètes.

La vie du vrai disciple doit être faite d'effort et de fidélité à la Parole

Les deux voies

13 « Entrez par la porte étroite.
Elle est grande, la porte, il est large, le chemin
qui conduit à la perdition;
et ils sont nombreux, ceux qui s'y engagent.
14 Mais elle est étroite, la porte, il est resserré le chemin

---

7-11. Voir la note sur Lc 11, 9-13.

12. "Donc" ne signale pas la conclusion de ce qui précède immédiatement. Ce v. 12 est plutôt le résumé et comme le sommet de tout le discours. On lit souvent que cette "règle d'or" se trouve aussi chez des non-chrétiens, ou dans l'Ancien Testament, par exemple Tobie 4, 15 : "Ne fais à personne ce que tu n'aimerais pas subir." Mais la formulation négative limite considérablement l'application de cette règle. Au contraire, sa formulation positive, due à Jésus, ouvre aux initiatives de la charité des horizons illimités. — "Voilà ce que disent la Loi et les prophètes" (propre à Mt) reprend l'affirmation du début 5, 17.

13-14. Thème classique. On le trouve même chez les moralistes païens, et à plusieurs reprises dans l'A.T., notamment dans le Deutéronome, par ex. 11, 26-28; 30, 1.15-20. Ces textes opposent généralement le chemin de la vie, qui est droit et lumineux, et le chemin de la mort, qui est tortueux et obscur. Il semble que l'étroitesse de la porte et du chemin qui mènent à la vie ne soient pas soulignés avant l'Évangile (ici et Lc 13, 23-24). C'est une loi propre au christianisme : "Si le grain ne meurt, il reste seul" (Jn 12, 24). "Il nous faut passer par bien des épreuves pour entrer dans le royaume de Dieu" (Ac 14, 20).

qui conduit à la vie;
et ils sont peu nombreux, ceux qui le trouvent.

Tel arbre, tel fruit

15 Méfiez-vous des faux prophètes
qui viennent à vous déguisés en brebis,
mais au-dedans ce sont des loups voraces.
16 C'est à leurs *fruits que vous les reconnaîtrez.
On ne cueille pas du raisin sur des épines,
ni des figues sur des chardons.
17 C'est ainsi que tout arbre bon donne de beaux fruits,
et que l'arbre mauvais donne des fruits détestables.
18 Un arbre bon ne peut pas porter des fruits détestables,
ni un arbre mauvais porter de beaux fruits.
19 Tout arbre qui donne pas de beaux fruits
est coupé et jeté au feu.
20 C'est donc à leurs fruits que vous les reconnaîtrez.

Les vrais disciples

21 Il ne suffit pas de me dire : ‘ Seigneur, Seigneur! ’
pour entrer dans le Royaume des cieux;
mais il faut faire la volonté de mon Père qui est aux cieux.

22 Ce jour-là, beaucoup me diront :
‘ Seigneur, Seigneur,
n'est-ce pas en ton nom que nous avons été prophètes,
en ton nom que nous avons chassé les démons,
en ton nom que nous avons fait beaucoup de miracles ? ’
23 Alors je leur déclarerai :
‘ Je ne vous ai jamais connus.
Écartez-vous de moi, vous qui faites le mal! ’

Bâtir sur le roc

24 Tout homme qui écoute ce que je vous dis là
et le met en pratique

---

15. Le discernement entre les vrais et les faux prophètes, dans l'A.T., se faisait selon l'accomplissement des prophéties (voir par ex. Jérémie ch. 28). Le N.T. connaîtra aussi des faux prophètes (par ex. Ac 13, 6; 1 Jn 4, 1) qui se feront passer pour le Christ (Mt 24, 24), ou qui prêcheront de fausses doctrines. On les reconnaîtra à leurs fruits c'est-à-dire au résultat de leur activité.

16-20. Parabole facile à comprendre : les apparences de piété, les belles paroles peuvent tromper. On ne vaut pas tant par ce que l'on dit, ou même par ce que l'on fait, que par ce que l'on est. Ici le par. de Lc (6, 45) ajoute une remarque importante : “Ce que dit la bouche, c'est ce qui déborde du cœur”, c'est-à-dire du plus profond de l'homme.

21. *Litt. :* “Ce n'est pas tout homme qui dit...” Jésus ne condamne pas ceux qui le disent, mais ceux qui se bornent à des paroles. — “faire la volonté de mon Père” : voir Mt 12, 50; 21, 31.

22. Propre à Mt. “Ce *jour-là” : celui du *jugement. Des disciples peuvent avoir accompli des merveilles au service de l'Évangile, sans être entrés personnellement dans le Royaume.

23. “Écartez-vous de moi...” citation du Ps 6, 9.

24. “Le roc”, *litt. :* “la pierre”. C'est le même mot que celui de 16, 18 : “Sur cette pierre je bâtirai mon Église.”

est comparable à un homme prévoyant
qui a bâti sa maison sur le roc.
25 La pluie est tombée, les torrents ont dévalé,
la tempête a soufflé et s'est abattue sur cette maison;
la maison ne s'est pas écroulée,
car elle était fondée sur le roc.

26 Et tout homme qui écoute ce que je vous dis là
sans le mettre en pratique
est comparable à un homme insensé
qui a bâti sa maison sur le sable.
27 La pluie est tombée, les torrents ont dévalé,
la tempête a soufflé, elle a secoué cette maison;
la maison s'est écroulée,
et son écroulement a été complet. »

Étonnement de la foule

28 Jésus acheva ainsi son discours.
Les foules étaient frappées par son enseignement,
29 car il parlait en homme qui a autorité,
et non pas comme leurs *scribes.

DIX MIRACLES ET QUELQUES CONTROVERSES

Le lépreux (I)

1 Lorsque Jésus descendit de la montagne, 8
de grandes foules se mirent à le suivre.
2 Et voici qu'un *lépreux s'approcha,
se prosterna devant lui et dit :
« Seigneur, si tu le veux, tu peux me purifier. »
3 Jésus étendit la main,
le toucha et lui dit :
« Je le veux, sois purifié. »
Aussitôt il fut purifié de sa lèpre.
4 Jésus lui dit :
« Attention, ne dis rien à personne,
mais va te montrer au prêtre.
Et donne l'offrande que Moïse a prescrite dans la Loi :
ta guérison sera pour les gens un témoignage. »

---

25. En Palestine les torrents sont ordinairement à sec. En un instant la pluie peut leur donner une violence destructrice.

29. Les scribes n'étaient que des commentateurs, comparant les diverses opinions sur la Loi. Jésus renouvelle profondément l'interprétation de celle-ci : "Eh bien moi, je vous dis..." (5. 22.28.32.34.39.43).

8, 3. "Jésus... le toucha" alors que le contact d'un lépreux rendait impur. Il agit librement à l'égard de la Loi dont, au v. 4, il ordonne de respecter les prescriptions.

Le centurion de Capharnaüm : la foi d'un païen (II)

5 Jésus était entré à *Capharnaüm;
un *centurion de l'armée romaine vint à lui et le supplia :
6 « Seigneur, mon serviteur est au lit, chez moi, paralysé,
et il souffre terriblement. »
7 Jésus lui dit :
« Je vais aller le guérir. »
8 Le centurion reprit :
« Seigneur, je ne suis pas digne
que tu entres sous mon toit,
mais dis seulement une parole
et mon serviteur sera guéri.
9 Ainsi, moi qui suis soumis à une autorité,
j'ai des soldats sous mes ordres :
je dis à l'un : ' Va ', et il va,
à un autre : ' Viens ', et il vient,
et à mon esclave : ' Fais ceci ', et il le fait. »
10 A ces mots, Jésus fut dans l'admiration
et dit à ceux qui le suivaient :
« Amen, je vous le déclare,
chez personne en Israël, je n'ai trouvé une telle foi.
Aussi je vous le dis :
Beaucoup viendront de l'orient et de l'occident
et prendront place avec Abraham, Isaac et Jacob
au *festin du Royaume des cieux,
12 et les héritiers du Royaume seront jetés
dehors dans les *ténèbres;
là, il y aura des pleurs et des grincements de dents. »
13 Et Jésus dit au centurion :
« Rentre chez toi, que tout se passe pour toi selon ta foi. »
Et le serviteur fut guéri à cette heure même.

La belle-mère de Pierre (III)

14 Comme Jésus entrait chez Pierre,
il vit sa belle-mère couchée avec de la fièvre.
15 Il lui prit la main, et la fièvre la quitta.
Elle se leva, et elle le servait.

Guérisons messianiques

16 Le soir venu, on lui amena beaucoup de *possédés;
il chassa les esprits par sa parole
et il *guérit beaucoup de malades.
17 Ainsi devait s'accomplir

---

17. "Le prophète Isaïe" : 53, 4 (grec). Cette prophétie du Serviteur souffrant annonce que celui-ci prendra sur lui nos souffrances et nos maladies, qu'il en sera accablé. Mais

la parole prononcée par le prophète Isaïe :
Il a pris nos souffrances,
il a porté nos maladies.

Comment suivre Jésus

18 Jésus, voyant la foule autour de lui,
donna l'ordre de partir vers l'autre rive du *lac.
19 Un scribe s'approcha et lui dit :
« Maître, je te suivrai partout où tu iras. »
20 Mais Jésus lui déclara :
« Les renards ont des terriers, les oiseaux du ciel ont des nids;
mais le *Fils de l'homme n'a pas d'endroit où reposer sa tête. »
21 Un autre de ses disciples lui dit :
« Seigneur, permets-moi d'aller d'abord enterrer mon père. »
22 Jésus lui dit :
« Suis-moi, et laisse les *morts enterrer leurs morts. »

La tempête apaisée (IV)

23 Comme Jésus montait dans la barque, ses disciples le suivirent.
24 Et voilà que la mer s'agita violemment,
au point que la barque était recouverte par les vagues.
Mais lui dormait.
25 Ses compagnons s'approchèrent et le réveillèrent en disant :
« Seigneur, sauve-nous ! Nous sommes perdus. »
26 Mais il leur dit :
« Pourquoi avoir peur, hommes de peu de foi ? »
Alors, debout, Jésus interpella vivement les vents et la mer,
et il se fit un grand calme.
27 Les gens furent saisis d'étonnement et disaient :
« Quel est donc celui-ci,
pour que même les vents et la mer lui obéissent ? »

Les démoniaques de Gadara (V)

28 Comme Jésus arrivait sur l'autre rive du lac,
dans le pays des Gadaréniens,

---

comme c'est pour les expier et nous en délivrer, l'application à Jésus guérisseur n'est pas étrangère au sens profond du texte.

18-22. Voir Lc 9, 57-60, avec les notes.

26. La plupart des miracles de Jésus expriment sa compassion envers ceux qui souffrent et sa volonté de les soulager. Les évangiles nous rapportent donc peu de ces miracles sur la nature inanimée, que multiplient volontiers les récits légendaires et les évangiles apocryphes. Ici Jésus apaise la tempête moins pour sauver les disciples d'un danger qu'il ne semble pas redouter, que pour manifester sa puissance. Chez Mc et Lc les disciples sont saisis de "crainte" devant cette manifestation d'ordre divin. Mt ne signale que de "l'étonnement" chez les "gens", sans doute les témoins qui ont suivi la scène du rivage ou d'une autre barque. Mais les trois Synoptiques concluent par la même question.

28-34. Il faut lire ce récit sous la forme beaucoup plus pittoresque qu'il a chez Mc.

deux *possédés sortirent du cimetière à sa rencontre ;
ils étaient si méchants
que personne ne pouvait passer par ce chemin.
29 Et voilà qu'ils se mirent à crier :
« Que nous veux-tu, *Fils de Dieu ?
Es-tu venu pour nous faire souffrir avant le moment fixé ? »
30 Or, il y avait au loin un grand troupeau de porcs
qui cherchait sa nourriture.
31 Les démons suppliaient Jésus :
« Si tu nous expulses, envoie-nous dans le troupeau de porcs. »
32 Il leur répondit : « Allez-y. »
Ils sortirent et ils s'en allèrent dans les porcs ;
et voilà que, du haut de la falaise,
tout le troupeau se précipita dans la mer,
et les porcs moururent dans les flots.
33 Les gardiens prirent la fuite
et s'en allèrent en ville annoncer tout cela,
avec l'affaire des possédés.
34 Et voilà que toute la ville sortit à la rencontre de Jésus ;
et lorsqu'ils le virent, les gens le supplièrent
de partir de leur région.

Le paralytique et le pardon des péchés (VI)

1 Jésus monta en barque, traversa le lac, 9
et alla dans sa ville de Capharnaüm.
2 Et voilà qu'on lui apportait un paralysé,
couché sur une civière.
Voyant leur foi, Jésus dit au paralysé :
« Confiance, mon fils, tes péchés sont pardonnés. »
3 Or, quelques scribes se disaient :
« Cet homme blasphème. »
4 Mais Jésus, connaissant leurs pensées, leur dit :
« Pourquoi avez-vous en vous-mêmes des pensées mauvaises ?
5 Qu'est-ce qui est le plus facile ?
De dire : ' Tes péchés sont pardonnés '
ou bien de dire : ' Lève-toi et marche ' ?
6 Eh bien ! pour que vous sachiez que le Fils de l'homme
a le pouvoir, sur la terre, de pardonner les péchés,
— alors, il dit au paralysé :
Lève-toi, prends ta civière, et rentre chez toi. »
7 L'homme se leva et rentra chez lui.
8 En voyant cela, la foule fut saisie de *crainte,

Une particularité de Mt : on trouve chez lui non pas un, mais deux possédés (de même deux aveugles à Jéricho ; 20, 30, comme en 9, 27).

9, 1. "Sa ville". Le *Lectionnaire ajoute "de Capharnaüm". Voir 4, 32.

1-8. Lire le récit beaucoup plus détaillé et, par suite, plus clair en Mc.

8. "Un tel pouvoir aux hommes". Notation propre à Mt. Il envisage peut-être la transmission de ce pouvoir du Christ aux ministres de son Église. Voir 18, 18.

et elle rendit gloire à Dieu
qui a donné un tel pouvoir aux hommes.

Jésus appelle Matthieu le publicain

9 Jésus, sortant de Capharnaüm,
vit un homme, du nom de Matthieu,
assis à son bureau de *publicain
(collecteur d'impôts).
Il lui dit : « Suis-moi. »
L'homme se leva et le suivit.

10 Comme Jésus était à table à la maison,
voici que beaucoup de publicains et de pécheurs
vinrent prendre place avec lui et ses disciples.
11 Voyant cela, les pharisiens disaient aux disciples :
« Pourquoi votre maître mange-t-il
avec les publicains et les pécheurs ? »
12 Jésus, qui avait entendu, déclara :
« Ce ne sont pas les gens bien portants
qui ont besoin du médecin,
mais les malades.
13 Allez apprendre ce que veut dire cette parole :
C'est la miséricorde que je désire, et non les sacrifices.
Car je suis venu appeler non pas les justes, mais les pécheurs. »

Controverse sur le jeûne : la nouveauté du Royaume

14 Les disciples de Jean Baptiste s'approchent de Jésus en disant :
« Pourquoi tes disciples ne jeûnent-ils pas,
alors que nous et les pharisiens nous jeûnons ? »
15 Jésus leur répondit :
« Les invités de la noce pourraient-ils donc faire pénitence
pendant le temps où *l'Époux est avec eux ?
Mais un temps viendra où l'Époux leur sera enlevé,
et alors ils jeûneront.
16 Et personne ne coud une pièce d'étoffe neuve
sur un vieux vêtement;
car le morceau ajouté tire sur le vêtement
et le déchire davantage.
17 Et on ne met pas du vin nouveau dans de vieilles outres;
autrement les outres éclatent, le vin se répand,
et les outres sont perdues.
Mais on met le *vin nouveau dans des outres neuves,
et le tout se conserve. »

9-17. Pour cette séquence, voir les notes sur Mc 2, 13-22.
9. Mt est seul à appeler Matthieu ce personnage, que Mc et Lc appellent Lévi. Beaucoup de personnages du N.T. portent deux noms.
13. Mt est seul ici à citer Osée 6, 6 qu'il citera encore en 12, 7.

La fille du chef et la femme qui touche les vêtements de Jésus (VII-VIII)

18 Tandis que Jésus leur parlait ainsi,
voilà qu'un chef s'approcha;
il se prosternait devant lui en disant :
« Ma fille est morte à l'instant;
mais viens lui imposer la main, et elle vivra. »
19 Jésus se leva et se mit à le suivre ainsi que ses disciples.

20 Et voilà qu'une femme,
souffrant d'hémorragies depuis douze ans,
s'approcha par derrière et toucha la *frange de son vêtement.
21 Car elle se disait en elle-même :
« Si je parviens seulement à toucher son vêtement,
je serai sauvée. »
22 Jésus se retourna, la vit et lui dit :
« Confiance, ma fille. Ta foi t'a sauvée. »
Et la femme fut sauvée à l'heure même.

23 Jésus, arrivé à la maison du chef,
dit, en voyant les joueurs de flûte et l'agitation de la foule :
24 « Retirez-vous. La jeune fille n'est pas morte : elle dort. »
25 Mais on se moquait de lui.
Quand il eut mis la foule dehors,
il entra et saisit la main de la jeune fille, qui se leva.
26 Et la nouvelle se répandit dans tout ce pays.

Les deux aveugles (IX)

27 Tandis que Jésus s'en allait,
deux aveugles le suivirent, en criant :
« Aie pitié de nous, *fils de David! »
28 Quand il fut dans la maison, les aveugles l'abordèrent,
et Jésus leur dit :
« Croyez-vous que je peux faire cela ? »
Ils répondirent : « Oui, Seigneur. »
29 Alors il leur toucha les yeux, en disant :
« Que tout se fasse pour vous selon votre foi! »
30 Leurs yeux s'ouvrirent,
et Jésus leur dit sévèrement :
« Attention! que personne ne le sache! »
31 Mais, à peine sortis, ils parlèrent de lui dans toute la région.

18-26. Ces deux récits emboîtés l'un dans l'autre sont réduits ici à un schéma squelettique. Voir Mc 5, 21-43 avec les notes.

27-31. On retrouvera un récit de guérison très voisin en 20, 29-34.

Le possédé muet (X)

32 On présenta à Jésus un *possédé qui était muet.
33 Lorsque le démon eut été expulsé,
le muet se mit à parler.
La foule fut dans l'admiration, et elle disait :
« Jamais rien de pareil ne s'est vu en Israël! »
34 Mais les pharisiens disaient :
« C'est par le chef des démons qu'il expulse les démons. »

Pitié de Jésus pour la foule

35 Jésus parcourait toutes les villes et tous les villages,
enseignant dans leurs *synagogues,
proclamant la Bonne Nouvelle du Royaume
et guérissant toute maladie et toute infirmité.

36 Voyant les foules, il eut *pitié d'elles
parce qu'elles étaient fatiguées et abattues
comme des brebis sans berger.
37 Il dit alors à ses disciples :
« La *moisson est abondante,
et les ouvriers sont peu nombreux.
38 Priez donc le maître de la moisson
d'envoyer des ouvriers pour sa moisson. »

DEUXIÈME DISCOURS : DISCOURS D'ENVOI EN MISSION

Le choix des Douze

1 Alors Jésus appela ses douze *disciples 10
et leur donna le pouvoir d'expulser les esprits mauvais
et de guérir toute maladie et toute infirmité.
2 Voici les noms des douze *Apôtres :
le premier, *Simon, appelé Pierre;
*André son frère;

---

34. Cette insinuation absurde des pharisiens sera reprise plus loin 12, 24, à propos de la guérison d'un autre possédé, celui-là aveugle et muet, et Jésus y donnera une réponse de fond (12, 25-32), à quoi il faut sans doute ajouter 12, 43-45.

36. "Comme des brebis sans berger". Le berger est à la fois celui qui rassemble le troupeau et le conduit vers les bons pâturages. Sans berger, le troupeau est dispersé, en danger de mort, et affamé. On trouve cette comparaison dans l'Ancien Testament : 1 Rois 22, 17; Ézékiel 34. Jésus prophétisera la dispersion des disciples, au moment de sa passion : Mt 26, 31, en citant Zacharie 13, 7 : "Je frapperai le berger, et les brebis du troupeau seront dispersées."

37-38. Cette parole de Jésus annonce le ch. 10, tout entier consacré au choix des Douze et à leur envoi en mission.

10, 1. Lc place cet appel avant le discours dans la plaine. Mt a préféré le donner comme prélude à son discours d'envoi en mission. — "le pouvoir d'expulser... et de guérir" ne sert pas seulement à accréditer la prédication des Douze. Il fait partie de leur annonce du Royaume des cieux, en montrant que le règne de Satan et de la mort est tenu en échec.

2. "Le premier" : primauté soulignée ici par Mt seul. Mais toutes les listes d'Apôtres, dans les évangiles et dans les Actes, nomment effectivement Pierre en tête de liste.

*Jacques, fils de Zébédée,
et *Jean son frère;
3 Philippe et Barthélemy;
Thomas et Matthieu le publicain;
Jacques, fils d'Alphée, et Thaddée;
4 Simon le *Zélote
et Judas Iscariote, celui-là même qui le livra.

Consignes pour l'apostolat

5 Ces douze, Jésus les envoya en mission
avec les instructions suivantes :
« N'allez pas chez les païens
et n'entrez dans aucune ville des *Samaritains.
6 Allez plutôt vers les brebis perdues de la maison d'Israël.
7 Sur votre route,
proclamez que le Royaume des cieux est tout proche.
8 Guérissez les malades, ressuscitez les morts,
purifiez les lépreux, chassez les démons.
Vous avez reçu gratuitement : donnez gratuitement.

9 Ne vous procurez ni or ni argent, ni petite monnaie
pour en garder sur vous;
10 ni sac pour la route,
ni tunique de rechange, ni sandales, ni bâton.
Car le travailleur mérite sa nourriture.
11 Dans chaque ville ou village où vous entrerez,
informez-vous pour savoir qui est digne de vous accueillir,
et restez chez lui jusqu'à votre départ.
12 En entrant dans la maison, saluez ceux qui l'habitent.
Si cette maison en est digne,
que votre paix vienne sur elle.
13 Si elle n'en est pas digne,
que votre paix retourne vers vous.
14 Si l'on refuse de vous accueillir et d'écouter vos paroles,
sortez de cette maison ou de cette ville,
en secouant la poussière de vos pieds.
15 Amen, je vous le dis : au jour du *Jugement,

5-6. C'est aux Juifs que l'Évangile doit être d'abord annoncé, voir 15, 24. Mais Jésus ressuscité (28, 19) prescrira aux Onze : "de toutes les nations faites des disciples". Les Actes montreront que l'évangélisation, si elle commence par Jérusalem, doit s'adresser aux païens, souvent à cause de la mauvaise volonté des Juifs : Ac 1, 8; 13, 46; 28, 28.

7. Ils n'auront qu'à répéter la prédication de Jean Baptiste 3, 2 et de Jésus 4, 17.

8. Voir la note sur le v. 1. Ces miracles sont donnés par les prophètes, surtout Isaïe, comme caractérisant l'avènement du Messie : Mt 11, 5.

9-10. Ces prescriptions sont plus radicales dans Lc, mais elles ont toujours pour but de rendre évident le désintéressement de l'Apôtre.

11-12. La dignité de l'Apôtre demande qu'il choisisse une maison de bonne réputation et qu'il y demeure. Sa présence et son salut doivent y apporter la paix.

14. "En secouant la poussière de vos pieds" pour signifier qu'on n'a plus rien de commun avec elle. Paul et Barnabé ont fait ce geste : Ac 13, 51; 18, 6.

*Sodome et Gomorrhe seront traitées moins sévèrement
que cette ville.

Luttes et renoncements de l'apôtre

16 « Voici que je vous envoie
comme des brebis au milieu des loups.
Soyez donc adroits comme les serpents,
et candides comme les *colombes.

Parler ouvertement...

17 Méfiez-vous des hommes :
ils vous livreront aux tribunaux
et vous flagelleront dans leurs synagogues.
18 Vous serez traînés devant des gouverneurs et des rois
à cause de moi :
il y aura là un *témoignage pour eux et pour les païens.
19 Quand on vous livrera, ne vous tourmentez pas
pour savoir ce que vous direz ni comment vous le direz :
ce que vous aurez à dire vous sera donné à cette heure-là.
20 Car ce n'est pas vous qui parlerez,
c'est l'Esprit de votre Père qui parlera en vous.
21 Le frère livrera son frère à la mort, et le père, son enfant;
les enfants se dresseront contre leurs parents
et les feront mettre à mort.
22 Vous serez détestés de tous à cause de mon nom;
mais celui qui aura persévéré jusqu'au bout,
celui-là sera sauvé.
23 Quand on vous persécutera dans une ville,
fuyez dans une autre.
Amen, je vous le dis :
vous n'aurez pas encore passé dans toutes les villes d'Israël
quand le *Fils de l'homme viendra.
24 Le *disciple n'est pas au-dessus de son maître,
ni le serviteur au-dessus de son seigneur.

---

17. Ce passage sur les persécutions (17-25), qui a son prolongement en 28-33, ne peut avoir été prononcé par Jésus dès le premier envoi en mission : il envisage les épreuves de l'apostolat telles qu'elles se déchaîneront dans "les derniers temps". Les parallèles de Mc et Lc se trouvent dans leurs discours *eschatologiques précédant le récit de la Passion. Le discours eschatologique de Mt lui-même, en 24, 9 et 13, redit 10, 17.22. Beaucoup des discours de Mt sont ainsi composés par l'évangéliste en rassemblant des sentences prononcées en diverses circonstances, mais unifiées plus ou moins strictement par un thème commun.

19-20. Promesse dont on voit la réalisation dans les Actes de martyrs de l'Église primitive et déjà, au sujet de Pierre et Jean (Ac 4, 2.13) et d'Étienne le premier martyr (Ac 6, 55) comparaissant devant le grand conseil.

23. "Quand le Fils de l'homme viendra" non pas sans doute à la fin du monde pour le jugement, mais lors d'une des grandes calamités qui l'annonceront, comme la ruine de Jérusalem en 70. Voyez en ce sens 24, 32-34.37-44.

24a-25a. Sentences analogues en Lc 6, 40; Jn 13, 16; 15, 20.

25 Le disciple doit se contenter d'être comme son maître,
et le serviteur d'être comme son seigneur.
Si le maître de maison s'est fait traiter de *Béelzéboul,
ce sera bien pire pour les gens de la maison.
26 Ne craignez pas les hommes;
tout ce qui est voilé sera dévoilé,
tout ce qui est caché sera connu.
27 Ce que je vous dis dans l'ombre,
dites-le au grand jour;
ce que vous entendez dans le creux de l'oreille,
proclamez-le sur les toits.

... et sans crainte

28 Ne craignez pas ceux qui tuent le corps,
mais ne peuvent pas tuer l'âme;
craignez plutôt celui qui peut faire périr dans la *géhenne
l'âme aussi bien que le corps.
29 Est-ce qu'on ne vend pas deux moineaux pour un sou ?
Or, pas un seul ne tombe à terre
sans que votre Père le veuille.
30 Quant à vous, même vos cheveux sont tous comptés.
31 Soyez donc sans crainte :
vous valez bien plus que tous les moineaux du monde.
32 Celui qui se prononcera pour moi devant les hommes,
moi aussi je me prononcerai pour lui
devant mon Père qui est aux cieux.
33 Mais celui qui me reniera devant les hommes,
moi aussi je le renierai
devant mon Père qui est aux cieux.

Jésus est venu séparer

34 Ne croyez pas que je sois venu apporter la *paix
sur la terre :
je ne suis pas venu apporter la paix, mais le glaive.

25b. Rappel de 9, 34.

26-27. Prescription très importante : la doctrine du Christ ne comporte pas de tradition ésotérique, réservée à des privilégiés. Ce qu'il a enseigné à ses disciples en particulier, selon une progression pédagogique, doit être prêché à tous. — "Les toits" : les terrasses des maisons, d'où l'on pouvait s'interpeller pour se communiquer les nouvelles : Isaïe 22, 1; Jérémie 48, 38.

28. "Celui qui peut faire périr...", c'est Dieu. Mais la crainte de Dieu s'adresse à un Père plein de bonté et qui prend soin de ses enfants : 29-31. Ce verset, dans la version de Mt, est peut-être le seul de toute la Bible à distinguer aussi nettement le *corps et l'*âme.

32-33. "Moi aussi... je me prononcerai... je le renierai" : lors du jugement dernier.

34. Toutes les prophéties font du Messie le messager et l'instaurateur de la paix. Mais, en fait, il est un signe de contradiction (Lc 2, 34). Il apporte "le glaive" qui n'a pas pour but de tuer, mais de diviser (parallèle de Lc), de séparer, par les options spirituelles, souvent douloureuses, qu'il exige.

35 Oui, je suis venu séparer l'homme de son père,
la fille de sa mère, la belle-fille de sa belle-mère :
36 on aura pour ennemis les gens de sa propre maison.

Appel au renoncement

37 Celui qui aime son père ou sa mère plus que moi
n'est pas digne de moi;
celui qui aime son fils ou sa fille plus que moi
n'est pas digne de moi;
38 celui qui ne prend pas sa croix et ne me suit pas
n'est pas digne de moi.
39 Qui veut garder sa vie pour soi
la perdra;
qui perdra sa vie à cause de moi
la gardera.

Conclusion. L'accueil des missionnaires

40 Qui vous accueille
m'accueille;
et qui m'accueille
accueille Celui qui m'a envoyé.
41 Qui accueille un *prophète en sa qualité de prophète
recevra une récompense de prophète;
qui accueille un homme juste en sa qualité d'homme juste
recevra une récompense d'homme juste.
42 Et celui qui donnera à boire,
même un simple verre d'eau fraîche,
à l'un de ces petits en sa qualité de *disciple,
*amen, je vous le dis : il ne perdra pas sa récompense. »

LE MYSTÈRE DE JÉSUS ET SON ACTION

1 Jésus acheva ainsi de donner ses instructions **11**
aux douze disciples,
puis il partit de là
pour enseigner et prêcher dans les villes du pays.

35-36. Réminiscence de Michée 7, 6 qui est dans un autre passage (4, 3-4) le prophète de la paix messianique.

37. Parallèle en Lc 14, 26.

38. Nous sommes évidemment au cœur de la doctrine du Christ, qui ne vaut pas seulement pour les apôtres et les missionnaires, mais pour tous ceux qui veulent "le suivre" : c'est impossible à qui "ne prend pas sa croix" (le possessif se retrouve dans tous les parallèles).

40-42. Chez les Juifs, l'Apôtre, le *shaliah*, était vraiment le représentant plénipotentiaire de celui qui l'envoyait. Cette doctrine a passé dans le christianisme où elle trouve un fondement nouveau : l'Apôtre est envoyé par Jésus, qui lui-même est l'envoyé et le porte-parole du Père ; cette idée, fréquemment exprimée dans Jn, surtout 20, 21, se trouve déjà clairement dans notre texte et ses parallèles synoptiques.

42. "l'un de ces petits" : ce mot chez Mt ne désigne généralement pas les enfants, mais les disciples, car on ne peut être disciple de Jésus si l'on n'est pauvre et doux, c'est-à-dire humble. Voir 18, 5-6.10 et aussi 25, 40.45.

Jésus et Jean Baptiste

2 Jean le Baptiste, dans sa prison,
avait appris ce que faisait le Christ.
Il lui envoya demander par ses disciples :
3 « Es-tu celui qui doit venir,
ou devons-nous en attendre un autre ? »
4 Jésus leur répondit :
« Allez rapporter à Jean ce que vous entendez et voyez :
5 Les aveugles voient,
les boiteux marchent, les lépreux sont purifiés,
les sourds entendent, les morts ressuscitent,
et la Bonne Nouvelle est annoncée aux pauvres.
6 Heureux celui qui ne tombera pas à cause de moi ! »

7 Tandis que les envoyés de Jean se retiraient,
Jésus se mit à dire aux foules à propos de Jean :
« Qu'êtes-vous allés voir au *désert ?
un roseau agité par le vent ?...
8 Alors, qu'êtes-vous donc allés voir ?
un homme aux vêtements luxueux ?
Mais ceux qui portent de tels vêtements
vivent dans les palais des rois.
9 Qu'êtes-vous donc allés voir ? un prophète ?
Oui, je vous le dis, et bien plus qu'un prophète.
10 C'est de lui qu'il est écrit :
Voici que j'envoie mon messager en avant de toi,
pour qu'il prépare le chemin devant toi.
11 Amen, je vous le dis : Parmi les hommes,
il n'en a pas existé de plus grand que Jean Baptiste ;
et cependant le plus petit dans le Royaume des cieux
est plus grand que lui.

12 Depuis le temps de Jean Baptiste jusqu'à présent,

11, 2. Mt a noté "l'arrestation de Jean" 4, 12. Il racontera brièvement sa mort 14, 3-12.

3. Jean Baptiste avait annoncé la venue prochaine d'un Messie redoutable 3, 7-12, télescopant comme font souvent les prophètes l'avenir proche (l'avènement terrestre de Jésus) et l'avenir lointain (le jugement dernier). Il est déconcerté par ce Messie doux et humble.

5. Textes messianiques d'Isaïe : 35, 5-6; 26, 19; 61, 1.

6. "Celui qui ne tombera pas" : *Scandale.

7-8. Ces questions semblent ironiques. L'intransigeance de Jean, qui le fera mourir, ne le fait pas ressembler à un roseau! Sa tenue et son régime austères sont ceux des prophètes : 3, 4.

9. "Bien plus qu'un prophète" : les prophètes annonçaient de loin le Messie. Jean l'a immédiatement précédé, l'a rencontré et l'a désigné (l'iconographie représente souvent Jean Baptiste tendant l'index).

10. Prophétie de Malachie 3, 1, citée aussi Mc 1, 2.

11. Jésus ne compare pas des mérites personnels, mais deux phases du plan de Dieu. Jean Baptiste domine toute la phase de préparation, mais celle-ci est peu de chose en comparaison de l'ère du Royaume des cieux.

12. Sentence qui peut s'entendre de diverses façons. Comme dans le parallèle de Lc 16, 16, il peut s'agir de l'énergie nécessaire au croyant pour entrer dans le Royaume dont la

le Royaume des cieux subit la violence,
et des violents cherchent à s'en emparer.
13 Tous les prophètes, ainsi que la Loi,
ont parlé jusqu'à Jean.
14 Et, si vous voulez bien comprendre,
le prophète Élie qui doit venir, c'est lui.
15 Celui qui a des oreilles, qu'il entende!

16 A qui vais-je comparer cette *génération ?
Elle ressemble à des gamins assis sur les places,
qui en interpellent d'autres :
17 ‘ Nous vous avons joué de la flûte,
et vous n'avez pas dansé.
Nous avons entonné des chants de deuil,
et vous ne vous êtes pas frappé la poitrine. ’
18 Jean Baptiste est venu, en effet; il ne mange pas, il ne boit pas,
et l'on dit : ‘ C'est un possédé! ’
19 Le Fils de l'homme est venu; il mange et il boit,
et l'on dit : ‘ C'est un glouton et un ivrogne,
un ami des publicains et des pécheurs. ’
Mais la sagesse de Dieu se révèle juste,
à travers ce qu'elle fait. »

Lamentation sur deux villes qui ne se sont pas converties

20 Jésus se mit à faire des reproches
aux villes où avaient eu lieu la plupart de ses miracles,
parce qu'elles ne s'étaient pas converties :
21 « Malheureuse es-tu, Corazine!
Malheureuse es-tu, *Bethsaïde!
22 Car, si les miracles qui ont eu lieu chez vous

---

porte est étroite (Mt 7, 13). Mais il peut s'agir aussi des adversaires de Jésus qui s'opposent à l'entrée dans le Royaume.

14. "Le prophète Élie qui doit venir, c'est lui." Jean Baptiste réalise la prophétie de Malachie 3, 20-24, citée par l'ange Gabriel dans l'annonciation à Zacharie : Lc 1, 16-17. Jésus reprendra cette identification de Jean avec Élie : Mt 17, 10-13. Lui-même était parfois identifié à Élie : Mt 16, 14. Dans l'opinion populaire on pouvait croire à la résurrection d'un ancien prophète : Mc 6, 14.16. Pour Jésus, il ne pouvait s'agir que de préfiguration, deux personnages éloignés l'un de l'autre dans le temps remplissant une mission analogue.

16-19. Parabole qui compare les auditeurs de Jésus (la "génération", les gens à qui il s'adresse) à des gamins capricieux : on leur propose de jouer au mariage ou à l'enterrement, et rien ne leur plaît. De même cette génération trouve que Jean mène une vie trop austère, et Jésus une vie trop ordinaire, trop accueillante aux pécheurs.

19. "La sagesse de Dieu", qui évoque les livres de sagesse comme Proverbes 8, 14; 9, 1-6; Sagesse 7, 22-30, est mise en relation avec Jésus : Mt 12, 42; 23, 34, avec son parallèle Lc 11, 49. Ici "la sagesse de Dieu se révèle juste à travers ce qu'elle fait" : la conduite et la prédication de Jésus et de Jean, et surtout les miracles de Jésus. Dans le passage parallèle de Lc 7, 35, elle "se révèle juste auprès de tous ses enfants", c'est-à-dire de tous ceux qui ont un cœur accueillant et disponible.

20-21. Corazine et Bethsaïde : villes du bord du lac, comme Capharnaüm. Le rappel des miracles qui n'ont pas suffi à les convertir se rattache au v. 19.

22. Tyr et Sidon sont des villes étrangères, situées en Phénicie. Le ch. 23 d'Isaïe, les ch. 26-28 d'Ézékiel contiennent des oracles de malheur contre ces deux villes. "Le vêtement de deuil (*litt. :* "le sac") et la cendre" attributs de la pénitence : voir Jonas 3.

avaient eu lieu à Tyr et à Sidon,
il y a longtemps que les gens
y auraient pris le vêtement de deuil et la cendre
en signe de pénitence.
22 En tout cas, je vous le déclare :
Tyr et Sidon seront traitées moins sévèrement que vous,
au jour du Jugement.
23 Et toi, Capharnaüm, seras-tu donc élevée jusqu'au ciel ?
Non, tu descendras jusqu'au séjour des morts !
Car, si les miracles qui ont eu lieu chez toi
avaient eu lieu à *Sodome,
cette ville subsisterait encore aujourd'hui.
24 En tout cas, je vous le déclare :
Le pays de Sodome sera traité moins sévèrement que toi,
au jour du Jugement. »

Le mystère révélé aux petits

25 En ce temps-là, Jésus prit la parole :
« Père, Seigneur du ciel et de la terre,
je proclame ta louange :
ce que tu as caché aux sages et aux savants,
tu l'as révélé aux tout-petits.
26 Oui, Père, tu l'as voulu ainsi dans ta bonté.
27 Tout m'a été confié par mon Père ;
personne ne connaît le Fils, sinon le Père,
et personne ne connaît le Père, sinon le Fils,
et celui à qui le Fils veut le révéler.

Le joug qui libère les pauvres

28 « Venez à moi,
vous tous qui peinez sous le poids du fardeau,
et moi, je vous procurerai le repos.
29 Prenez sur vous mon joug,
devenez mes disciples,

---

23. Jésus applique à Capharnaüm l'oracle d'Isaïe 14, 13.15 contre Babylone.

25-27. Dans Mt cette action de grâce au Père ne s'enchaîne pas avec ce qui précède. Le parallèle de Lc la place après le retour de mission des soixante-douze disciples, dont ceux-ci "revinrent tout joyeux". En outre Lc, qui accorde une grande place à l'Esprit Saint dans son évangile (1, 16.35.41.67 ; 2, 25 etc) et dans les Actes, note que "à ce moment, Jésus exulta de joie sous l'action de l'Esprit Saint". Pour le reste, Mt et Lc sont identiques.

27. Ce verset semble juxtaposé au précédent, mais il en donne l'explication profonde : cette révélation aux tout-petits du mystère caché aux sages, c'est l'œuvre de Jésus, venu pour nous révéler ce que son Père lui a confié et qu'il est seul à connaître.

28-30. Propre à Mt. La Loi est souvent représentée comme un "fardeau" et un "joug" ; le poids de ses observances est accablant : Mt 23, 4 ; Ac 15, 10 ; Galates 5, 1. Le "repos" est souvent promis par Dieu à ses fidèles : Ps 22/23, 2 ; 94/95, 11 ; 114/115, 7. Jésus, qui est humble et doux, s'adresse aux pauvres et aux petits ; il leur procure le repos en leur proposant une loi facile à pratiquer, non parce qu'elle serait sans exigence, mais parce qu'elle est accomplie par amour.

car je suis doux et humble de cœur,
et vous trouverez le repos.
30 Oui, mon joug est facile à porter,
et mon fardeau, léger. »

Le maître du sabbat

12

1 En ce temps-là, Jésus passait, un jour de *sabbat,
à travers les champs de blé, et ses disciples eurent faim;
ils se mirent à arracher des épis et à les manger.
2 En voyant cela, les *pharisiens lui dirent :
« Voilà que tes disciples font
ce qu'il n'est pas permis de faire le jour du *sabbat! »
3 Mais il leur répondit :
« N'avez-vous pas lu ce que fit David,
quand il eut faim, ainsi que ses compagnons ?
4 Il entra dans la maison de Dieu,
et ils mangèrent les pains de l'offrande;
or, cela n'était permis ni à lui, ni à ses compagnons,
mais aux prêtres seulement.
5 Ou bien encore, n'avez-vous pas lu dans la Loi
que le jour du sabbat, les prêtres, dans le Temple,
manquent au repos du sabbat
sans commettre aucune faute ?
6 Or, je vous le dis : il y a ici plus grand que le Temple.
7 Si vous aviez compris ce que veut dire cette parole :
C'est la miséricorde que je désire, et non les sacrifices,
8 vous n'auriez pas condamné
ceux qui n'ont commis aucune faute.
Car le *Fils de l'homme est maître du sabbat. »

9 Il partit de là pour aller à la *synagogue des Juifs.
10 Or il s'y trouvait un homme qui avait une main paralysée.
Et l'on demanda à Jésus :
« Est-il permis de faire une guérison le jour du sabbat ? »
(C'était afin de pouvoir l'accuser.)

12, 2. Arracher quelques épis n'était pas considéré comme un vol : pour les pharisiens, c'était un "travail", interdit le jour du sabbat.
3. Voir 1 Samuel 21, 2-7.
5. Argument propre à Mt : les prêtres n'ont jamais plus de travail que le jour du culte officiel.
6. "... plus grand que le Temple". Formule mystérieuse pour suggérer la grandeur de Jésus. De même vv. 41-42 : "bien plus que Jonas... bien plus que Salomon."
7. Osée 6, 6, déjà cité Mt 9, 13.
8. "Le Fils de l'homme est maître du sabbat" : revendication audacieuse qui suggère que Jésus a une origine divine (*Fils de l'homme) et même qu'il est l'égal de Dieu, seul maître du sabbat. Une revendication toute proche en Jn 5, 17-18 est considérée comme un blasphème méritant la mort, de même qu'ici au v. 14. — Mc 2, 27 introduit cette sentence par une autre, de bon sens : "Le sabbat a été fait pour l'homme, et non pas l'homme pour le sabbat." Les pharisiens pensaient sans doute que le sabbat a été fait pour Dieu.

11 Mais il leur dit :
« Si l'un d'entre vous possède une seule brebis,
et qu'elle tombe dans un trou le jour du sabbat,
ne va-t-il pas la saisir et la faire remonter ?
12 Or, un homme vaut tellement plus qu'une brebis!
Il est donc permis de faire le bien le jour du sabbat. »
13 Alors Jésus dit à l'homme : « Étends ta main. »
L'homme l'étendit, et elle redevint normale et saine comme l'autre.
14 Les pharisiens se réunirent contre Jésus
pour voir comment le faire périr.

Le serviteur du Seigneur

15 Jésus, l'ayant appris, quitta cet endroit;
beaucoup de gens le suivirent, et il les guérit tous.
16 Mais Jésus leur défendit vivement de le faire connaître.
17 Ainsi devait s'accomplir
la parole prononcée par le prophète Isaïe :
18 *Voici mon serviteur que j'ai choisi,*
mon bien-aimé en qui j'ai mis toute ma joie.
Je ferai reposer sur lui mon Esprit,
aux nations il fera connaître le jugement.
19 *Il ne protestera pas, il ne criera pas,*
on n'entendra pas sa voix sur les places publiques.
20 *Il n'écrasera pas le roseau froissé,*
il n'éteindra pas la mèche qui faiblit,
jusqu'à ce qu'il ait fait triompher le jugement.
21 *Les nations païennes mettent leur espoir en son nom.* »

Jésus contre les pharisiens et leur mauvais esprit

Jésus et Béelzéboul.

22 Alors on lui présenta un possédé qui était aveugle et muet.
Jésus le guérit, si bien qu'il parlait et voyait.
23 Tout le monde était dans la stupéfaction et disait :
« Cet homme serait-il donc le *fils de David ? »
24 En entendant cela, les pharisiens disaient :
« Cet homme n'expulse les démons
que par *Béelzéboul, le chef des démons. »
25 Connaissant leurs pensées, Jésus leur dit :
« Tout royaume qui se divise devient un désert;
toute ville ou maison qui se divise
sera incapable de se maintenir.

---

11. Jésus argumente ici non sur la casuistique des rabbis qui ne toléraient la violation du sabbat que pour sauver un homme en danger de mort, mais sur la pratique courante des campagnards.

15-21. Mt cite le début du premier "chant du Serviteur" : Isaïe 42, 1-4. Ce passage souligne la discrétion, l'humilité, la miséricorde du serviteur. Pour Mt Jésus l'a réalisée par sa volonté de taire ses miracles.

26 Si Satan expulse Satan,
c'est donc qu'il s'est divisé;
comment son royaume se maintiendra-t-il ?
27 Et si c'est par Béelzéboul que moi j'expulse les démons,
vos disciples, par qui les expulsent-ils ?
C'est pourquoi ils seront eux-mêmes vos juges.
28 Mais si c'est par l'Esprit de Dieu
que moi j'expulse les démons,
c'est donc que le Règne de Dieu est survenu pour vous.
29 Ou bien, comment peut-on entrer dans la maison de l'homme fort
et piller ses biens,
sans avoir d'abord ligoté cet homme fort ?
Alors seulement on pillera sa maison.
30 Celui qui n'est pas avec moi est contre moi;
celui qui ne rassemble pas avec moi, disperse.

Le blasphème contre le Saint-Esprit

31 C'est pourquoi, je vous le dis :
Dieu pardonnera aux hommes tout péché, tout blasphème,
mais le blasphème contre l'Esprit ne sera pas pardonné.
32 Et si quelqu'un dit une parole contre le *Fils de l'homme,
cela lui sera pardonné,
mais si quelqu'un parle contre l'Esprit Saint,
cela ne lui sera pas pardonné,
ni en ce monde-ci, ni dans le monde à venir.

Les paroles révèlent le cœur

33 Prenez un bel arbre, son fruit sera beau;

---

27. Les disciples (*litt.* : les "fils") des pharisiens pratiquaient les exorcismes. Voir une histoire savoureuse d'exorcistes juifs Ac 19, 13-17.

28. Satan étant l'ennemi de Dieu, les défaites que Jésus lui inflige par sa parole, par les exorcismes et les guérisons qu'il accomplit, prouvent à l'évidence qu'il est venu établir "le règne de Dieu" en détruisant celui de Satan.

29. Ébauche de parabole : Satan est comparé à un redoutable bandit qu'il faut maîtriser pour lui reprendre son butin et ses otages.

30. Cette sentence (ici et Lc 11, 23) conclut la polémique en affirmant qu'il n'y a pas de connivence possible entre Jésus et Satan (de même 2 Corinthiens 6, 14-15; 1 Jean 1, 5-7). On en rapproche parfois ou on y oppose les sentences voisines : "Qui n'est pas contre vous — ou nous — est pour vous." Mc 9, 40; Lc 10, 15. D'après le contexte, il s'agit de tout autre chose : Jésus met ses disciples en garde contre l'intolérance et l'esprit de secte.

32. Le *Fils de l'homme est un personnage divin. Mais il se manifeste sous des dehors modestes, comme un "fils d'homme". Aussi tout péché, tout blasphème contre lui est pardonnable. Le blasphème contre l'Esprit consiste à refuser par avance tous les signes que Dieu veut nous donner de son amour. Par nature, ce refus radical exclut le pardon, car il ne faut pas compter sur un coup de force de la part de Dieu qui respecte notre liberté. — "Ni en ce monde-ci ni dans le monde à venir" est une expression violente pour dire : absolument jamais. Il ne faut pas en déduire que certains péchés pourraient être pardonnés dans l'autre monde. Pour l'Évangile, le temps est court, et il ne faut pas attendre pour mettre ses affaires en ordre (voir par exemple Lc 12, 58-59; Jn 12, 35-36).

33-37. Ce thème a déjà été ébauché plus haut : 7, 16-20, pour permettre de discerner les faux prophètes. Ici, comme en Lc 6, Jésus souligne la gravité des paroles (celles des pharisiens contre lui, v. 24 ?) qui révèlent le cœur, c'est-à-dire le fond de l'homme.

prenez un arbre détestable, son fruit sera détestable,
car c'est à son fruit qu'on reconnaît l'arbre.
34 Engeance de vipères!
comment pouvez-vous dire des paroles bonnes,
vous qui êtes mauvais ?
Car ce que dit la bouche, c'est ce qui déborde du cœur.
35 L'homme bon, dans son trésor qui est bon,
prend des choses bonnes;
l'homme mauvais, dans son trésor qui est mauvais,
prend des choses mauvaises.
36 Je vous le dis :
toute parole creuse que prononceront les hommes,
ils devront en rendre compte au jour du jugement.
37 Sur tes paroles, en effet, tu seras déclaré juste;
sur tes paroles tu seras condamné. »

Le signe de Jonas

38 Quelques-uns des scribes et des pharisiens
lui adressèrent la parole :
« Maître, nous voudrions voir un *signe venant de toi. »
39 Il leur répondit :
« Cette génération mauvaise et adultère réclame un signe,
mais, en fait de signe,
il ne lui sera donné que celui du prophète Jonas.
40 Car Jonas est resté dans le ventre du monstre marin
trois jours et trois nuits;
de même, le Fils de l'homme restera au cœur de la terre
trois jours et trois nuits.
41 Lors du jugement, les habitants de Ninive
se lèveront en même temps que cette génération,
et ils la condamneront;
en effet, ils se sont convertis
en réponse à la proclamation faite par Jonas,
et il y a ici bien plus que Jonas.
42 Lors du jugement, la reine de Saba
se dressera en même temps que cette génération,

---

36. "toute parole creuse" : non pas frivole ou inutile, mais mensongère, fausse.

39. "Adultère" : dans le langage des prophètes, le manque de foi et de docilité est appelé un adultère; Israël est comparée à une épouse infidèle à l'Alliance. — Dans Mc Jésus refuse tout *signe. Ici et dans le *doublet Mt 16, 1-4, il ne donne "que celui de Jonas" : cela revient au même, car les pharisiens attendaient de voir l'accomplissement d'un miracle aussi éclatant que possible, authentifiant la mission du Messie.

40. Le "signe" est la situation peu glorieuse de ce prophète de mauvaise volonté. Elle préfigure la mort de Jésus et son séjour "au cœur de la terre". Pas d'allusion à la résurrection de Jésus ni à la délivrance de Jonas.

41. Autre "signe" se rattachant à Jonas : la conversion merveilleuse des habitants de Ninive, qui contraste avec la mauvaise volonté des pharisiens. Alors que la reine de Saba fut avide d'écouter la sagesse de Salomon, les pharisiens méprisent la doctrine de Jésus qui est la Sagesse en personne (voyez 11, 19).

et elle la condamnera;
en effet, elle est venue de l'extrémité du monde
pour écouter la sagesse de Salomon,
et il y a ici bien plus que Salomon.

Retour offensif de l'esprit mauvais

43 Quand l'esprit mauvais est sorti d'un homme,
il parcourt les terres desséchées en cherchant un lieu de repos,
et il n'en trouve pas.
44 Alors il se dit :
« Je vais retourner dans ma maison, d'où je suis sorti. »
En arrivant, il la trouve disponible, balayée et bien rangée.
45 Alors il s'en va, il prend avec lui sept autres esprits,
encore plus mauvais que lui, ils y entrent et s'y installent.
Ainsi, l'état de cet homme est pire à la fin qu'au début.
Voilà ce qui arrivera à cette génération mauvaise. »

La vraie famille de Jésus

46 Comme Jésus parlait encore à la foule,
voici que sa mère et ses frères
se tenaient au-dehors, cherchant à lui parler.
47 Quelqu'un lui dit :
« Ta mère et tes frères
sont là dehors, qui cherchent à te parler. »
48 Jésus répondit à cet homme :
« Qui est ma mère, et qui sont mes frères ? »
49 Puis, tendant la main vers ses * disciples, il dit :
« Voici ma mère et mes frères.
50 Celui qui fait la volonté de mon Père qui est aux cieux,
celui-là est pour moi un frère, une sœur et une mère. »

TROISIÈME DISCOURS : DISCOURS EN PARABOLES

Introduction

1 Ce jour-là, Jésus était sorti de la maison, 13
et il était assis au bord du lac.
2 Une foule immense se rassembla auprès de lui,

---

43. Cette petite parabole peut apparaître comme la suite de celle du v. 29. La maison du brigand a été nettoyée après son départ. Cet esprit mauvais y revient, après avoir erré dans les déserts considérés comme le séjour des démons (Mt 4, 1; 8, 28; Apocalypse 18, 2).

45. La parabole ne se place pas au plan de la morale individuelle (la rechute d'un converti), mais de l'accueil fait à Jésus par les Juifs de "cette génération mauvaise". Ils ont écouté Jésus, mais peu de temps, et cette conversion superficielle aggrave leur responsabilité.

46. "Au-dehors" de la maison : voir Mc 3, 20.

50. La vraie famille de Jésus est constituée par ceux qui obéissent à son "Père qui est aux cieux".

si bien qu'il monta dans une barque où il s'assit;
toute la foule se tenait sur le rivage.
3 Il leur dit beaucoup de choses en *paraboles :

La semence

« Voici que le semeur est sorti pour semer.
4 Comme il semait, des grains sont tombés au bord du chemin,
et les oiseaux sont venus tout manger.
5 D'autres sont tombés sur le sol pierreux,
où ils n'avaient pas beaucoup de terre;
ils ont levé aussitôt parce que la terre était peu profonde.
6 Le soleil s'étant levé, ils ont brûlé
et, faute de racines, ils ont séché.
7 D'autres grains sont tombés dans les ronces;
les ronces ont poussé et les ont étouffés.
8 D'autres sont tombés sur la bonne terre
et ils ont donné du fruit
à raison de cent, ou soixante, ou trente pour un.
9 Celui qui a des oreilles, qu'il entende! »

Pourquoi Jésus parle en paraboles

10 Les disciples s'approchèrent de Jésus et lui dirent :
« Pourquoi leur parles-tu en paraboles ? »
11 Il leur répondit :
« A vous, il est donné de connaître
les mystères du Royaume des cieux,
mais à eux ce n'est pas donné.
12 Celui qui a, recevra encore, et il sera dans l'abondance;
mais celui qui n'a rien, se fera enlever même ce qu'il a.
13 Si je leur parle en paraboles,

13, 4. Cette parabole, commune aux trois Synoptiques, ne vise pas tant à nous éclairer sur le semeur (le Fils de l'homme, d'après le v. 38) ou sur la semence (la Parole) que sur la diversité des terrains, dans lesquels la semence fructifie plus ou moins.

8. L'ordre donné par Mt : 100, 60, 30 est moins naturel que celui que donne Mc : 30, 60, 100.

9. "Entendre", dans le langage biblique signifie non seulement comprendre, comme en français classique, mais encore écouter et même obéir, mettre en pratique. Jésus invite ainsi ses auditeurs à comprendre et à appliquer son enseignement sur les paraboles (Mt 13, 9.43; Mc 4, 9.23; Lc 8, 8; 14, 35) sur Jean Baptiste (Mt 11, 15), sur l'impureté qui vient du cœur (Mc 7, 16).

11. Les paraboles ont pour but de révéler aux disciples "les mystères du Royaume des cieux", grâce aux enseignements que Jésus leur donne en particulier, souvent à la suite de leurs questions (Mc 4, 34; 9, 28; 13, 3; Lc 10, 23; Mt 17, 19; 20, 17; 24, 3).

12. "Celui qui a..." sentence paradoxale, qu'on retrouve à des emplacements différents chez les autres Synoptiques à propos des paraboles : Mc 42, 25; Lc 8, 18; et aussi à propos du serviteur paresseux à qui l'on enlève sa mine : Lc 19, 26, ou son talent unique : Mt 25, 29, pour le donner à ceux qui en ont déjà plusieurs. Le sens est celui-ci : le disciple docile voit fructifier la connaissance du Royaume qu'il avait déjà. Mais chez les auditeurs de mauvaise volonté, le refus d'accueillir la parole de Jésus stérilise entièrement la connaissance, pourtant valable en elle-même, qu'ils avaient du plan de Dieu par la connaissance de l'Écriture.

13. Mais en ce qui concerne "ceux qui sont dehors" (Mc 4, 11) Jésus parle en paraboles *parce que* ils sont inattentifs, peu réceptifs, selon Mt. A lire Mc on pourrait croire

c'est parce qu'ils regardent sans regarder,
qu'ils écoutent sans écouter et sans comprendre
14 Ainsi s'accomplit pour eux la prophétie d'Isaïe :
Vous aurez beau écouter, vous ne comprendrez pas.
Vous aurez beau regarder, vous ne verrez pas.
15 *Le *cœur de ce peuple s'est alourdi :*
ils sont devenus durs d'oreille,
ils se sont bouché les yeux,
pour que leurs yeux ne voient pas,
que leurs oreilles n'entendent pas,
que leur cœur ne comprenne pas,
et qu'ils ne se convertissent pas.
Sinon, je les aurais guéris !
16 Mais vous, heureux vos yeux parce qu'ils voient,
et vos oreilles parce qu'elles entendent!
17 Amen, je vous le dis : beaucoup de prophètes et de justes
ont désiré voir ce que vous voyez, et ne l'ont pas vu,
entendre ce que vous entendez, et ne l'ont pas entendu.

Explication de la semence

18 Vous donc, écoutez ce que veut dire la parabole du semeur.
19 Quand l'homme entend la parole du Royaume sans la comprendre,
le Mauvais survient
et s'empare de ce qui est semé dans son cœur :
cet homme, c'est le terrain ensemencé au bord du chemin.
20 Celui qui a reçu la semence sur un sol pierreux,
c'est l'homme qui entend la Parole
et la reçoit aussitôt avec joie;
21 mais il n'a pas de racines en lui, il est l'homme d'un moment :
quand vient la détresse ou la persécution à cause de la Parole,
il tombe aussitôt.
22 Celui qui a reçu la semence dans les ronces,
c'est l'homme qui entend la Parole;
mais les soucis du monde et les séductions de la richesse
étouffent la Parole, et il ne donne pas de fruit.
23 Celui qui a reçu la semence dans la bonne terre,
c'est l'homme qui entend la Parole et la comprend;
il porte du fruit
à raison de cent, ou soixante, ou trente pour un. »

---

que Jésus parle en paraboles *afin* qu'ils ne comprennent pas. Le *Lectionnaire a explicité à juste titre : *afin que se réalise la prophétie*, ce qui est d'ailleurs, selon la mentalité sémitique, un résultat inévitable plus que le but recherché.

14. "La prophétie d'Isaïe" : 6, 9-10. Mt, très attentif aux prophéties, cite ce texte beaucoup plus longuement que Mc; Lc, écrivant pour des non Juifs, l'ignore. Cette sombre prédiction de l'incroyance juive est encore reprise par Jésus : Jn 12, 37-40 et dans les paroles que Paul adresse aux Juifs de Rome à la fin des Actes : 28, 26-28.

16-17. Ce que voient les yeux des disciples et ce qu'entendent leurs oreilles, c'est l'avènement du Règne des cieux et sa proclamation, ardemment désirés par les prophètes et les justes de l'Ancienne Loi.

L'ivraie

24 Il leur proposa une autre parabole :
« Le Royaume des cieux est comparable
à un homme qui a semé du bon grain dans son champ.
Or, pendant que les gens dormaient, son ennemi survint;
il sema de l'ivraie au milieu du blé et s'en alla.
26 Quand la tige poussa et produisit l'épi,
alors l'ivraie apparut aussi.
27 Les serviteurs du maître vinrent lui dire :
' Seigneur, n'est-ce pas du bon grain
que tu as semé dans ton champ ?
D'où vient donc qu'il y a de l'ivraie ? '
28 Il leur dit : ' C'est un ennemi qui a fait cela. '
Les serviteurs lui disent :
' Alors, veux-tu que nous allions l'enlever ? '
29 Il répond : ' Non, de peur qu'en enlevant l'ivraie,
vous n'arrachiez le blé en même temps.
30 Laissez-les pousser ensemble jusqu'à la moisson;
et, au temps de la moisson, je dirai aux moissonneurs :
' Enlevez d'abord l'ivraie,
liez-la en bottes pour la brûler;
quant au blé, rentrez-le dans mon grenier. ' »

La graine de moutarde

31 Il leur proposa une autre parabole :
« Le Royaume des cieux est comparable
à une graine de moutarde
qu'un homme a semée dans son champ.
32 C'est la plus petite de toutes les semences,
mais, quand elle a poussé,
elle dépasse les autres plantes potagères et devient un arbre,
si bien que les oiseaux du ciel
font leurs nids dans ses branches. »

Le levain

33 Il leur dit une autre parabole :
« Le Royaume des cieux est comparable

24-30. Parabole propre à Mt. Il est exact que, lorsqu'ils lèvent, le blé et l'ivraie se ressemblent; en outre leurs racines sont emmêlées.

31-32. Parabole commune aux 3 Synoptiques. "Moutarde" est moins noble que "sénevé" mais désigne la même plante. Il est exact que sa semence est très petite et qu'elle donne un arbuste qui peut atteindre trois mètres. "Si bien que les oiseaux du ciel... " réminiscence de Daniel 4, 7-9 qui évoque, par la comparaison avec un grand arbre, la domination universelle de Nabucodonosor. Voir aussi Ézékiel 17, 23. La parabole de Jésus oppose la petitesse présente du Royaume des cieux à sa future extension à "toutes les nations" (Mt 28, 19).

33. Parabole commune à Mt et à Lc. Elle évoque un contraste analogue au précédent : une pincée de levain, incorporée à une quantité énorme de pâte, peut-être une trentaine de litres, suffit pour la faire lever.

à du levain qu'une femme enfouit
dans trois grandes mesures de farine,
jusqu'à ce que toute la pâte ait levé. »

Conclusion sur les paraboles

34 Tout cela, Jésus le dit à la foule en paraboles
et il ne leur disait rien sans employer de paraboles,
35 accomplissant ainsi la parole du prophète :
C'est en paraboles que je parlerai,
je proclamerai des choses cachées depuis les origines.

Signification de l'ivraie

36 Alors, laissant la foule, il vint à la maison.
Ses disciples s'approchèrent et lui dirent :
« Explique-nous clairement la parabole de l'ivraie dans le champ. »
37 Il leur répondit :
« Celui qui sème le bon grain, c'est le Fils de l'homme;
38 le champ, c'est le monde;
le bon grain, ce sont les *fils du Royaume;
l'ivraie, ce sont les fils du Mauvais.
39 L'ennemi qui l'a semée, c'est le démon;
la moisson, c'est la fin du monde;
les moissonneurs, ce sont les anges.
40 De même que l'on enlève l'ivraie pour la jeter au *feu,
ainsi en sera-t-il à la fin du monde.
41 Le Fils de l'homme enverra ses anges
et ils enlèveront de son Royaume
tous ceux qui font tomber les autres
et ceux qui commettent le mal,
42 et ils les jetteront dans la fournaise :
là il y aura des pleurs et des grincements de dents.
43 Alors les justes resplendiront comme le soleil
dans le Royaume de leur Père.
Celui qui a des oreilles, qu'il entende!

---

34. Cette affirmation, commune à Mt et à Lc, n'a rien d'exagéré si l'on se rappelle le sens très élastique du mot *mashal* traduit par parabole : non seulement les petits drames instructifs que nous appelons ainsi, mais tout le langage imagé de Jésus, et aussi des sentences frappantes qui sont des « paraboles » au sens de proverbes.

35. "La parole du prophète", citée par Mt seul, est le prélude du psaume 77/78 qui consiste en un long rappel des hauts faits de Dieu en faveur d'Israël, lequel n'a répondu que par l'ingratitude. C'est cette histoire qui est une "parabole" riche d'enseignements.

36. Jésus va "expliquer clairement" la parabole de l'ivraie, si clairement qu'elle devient une allégorie où tous les détails ont chacun sa signification.

38. Comme dans la parabole de la semence, le bon grain et l'ivraie ne représentent pas seulement ce qui est semé, mais le résultat des semailles.

39. "La *moisson; les moissonneurs..." Symbolisme usuel dans la Bible : Joël 4, 13; Mt 24, 31; Apocalypse 14, 14-16.

41. "Tous ceux qui font tomber les autres", *litt.* : "tous les *scandales".

43. "Les justes resplendiront comme le soleil". Voir Mt 17, 2; Daniel 12, 3; Sagesse 3, 7.

Le trésor et la perle

44 Le Royaume des cieux est comparable
à un trésor caché dans un champ;
l'homme qui l'a découvert le cache de nouveau.
Dans sa joie, il va vendre tout ce qu'il possède,
et il achète ce champ.

45 Ou encore : Le Royaume des cieux est comparable
à un négociant qui recherche des perles fines.
46 Ayant trouvé une perle de grande valeur,
il va vendre tout ce qu'il possède,
et il achète la perle.

Le filet

47 Le Royaume des cieux est encore comparable
à un filet qu'on jette dans la mer,
et qui ramène toutes sortes de poissons.
48 Quand il est plein, on le tire sur le rivage, on s'assied,
on ramasse dans des paniers ce qui est bon,
et on rejette ce qui ne vaut rien.
49 Ainsi en sera-t-il à la fin du monde :
les anges viendront séparer les méchants des justes
50 et les jetteront dans la fournaise :
là il y aura des pleurs et des grincements de dents.

Conclusion du discours

51 Avez-vous compris tout cela ?
— Oui », lui répondent-ils.
52 Jésus ajouta :
« C'est ainsi que tout scribe devenu disciple du Royaume des cieux
est comparable à un maître de maison
qui tire de son trésor du neuf et de l'ancien. »

44-46. Deux paraboles jumelles propres à Mt. Elles ont en commun : "il va vendre tout ce qu'il possède". Le Royaume des cieux appelle au renoncement total. Mais une différence : le trésor est trouvé par hasard, tandis que le négociant "recherche" les perles fines.

47. Parabole propre à Mt et prise à la vie quotidienne des pêcheurs du lac. Elle rejoint la parabole de l'ivraie : on ne sépare pas l'ivraie du froment avant la moisson; on ne trie pas le bon poisson avant d'avoir fini la pêche et abordé au rivage. Le rôle des anges est le même dans les deux paraboles. Toutes deux pourraient être résumées par le précepte de saint Paul 1 Corinthiens 4, 5 : "Ne portez pas de jugement prématuré, mais attendez la venue du Seigneur..." La parabole de l'ivraie est plus riche et plus touchante, car elle met en relief la patience de Dieu.

51-52. Jésus conclut par une dernière petite parabole propre à Mt. "Tout scribe" : non pas les scribes malveillants et ergoteurs des pharisiens, mais les nouveaux docteurs formés par Jésus (Mt 23, 34). Sa science ne rejette pas les acquis de la Loi ancienne et de l'expérience religieuse du peuple d'Israël; mais elle est vivante, sans cesse renouvelée et adaptée aux besoins nouveaux.

VERS LA CONNAISSANCE DE JÉSUS MESSIE FILS DE DIEU

53 Jésus acheva ainsi de proposer des paraboles,
puis il s'éloigna de là.

Jésus incompris dans son pays

54 Il alla dans son pays,
et il enseignait les gens dans leur *synagogue,
de telle manière qu'ils étaient frappés d'étonnement
et disaient :
« D'où lui viennent cette sagesse et ces miracles ?
55 N'est-il pas le fils du charpentier ?
Sa mère ne s'appelle-t-elle pas Marie,
et ses *frères : Jacques, Joseph, Simon et Jude ?
56 Et ses sœurs ne sont-elles pas toutes chez nous ?
Alors, d'où lui vient tout cela ? »
57 Et ils étaient profondément choqués à cause de lui.
Jésus leur dit :
« Un prophète n'est méprisé que dans sa patrie
et dans sa propre maison. »
58 Et il ne fit pas beaucoup de miracles à cet endroit-là,
à cause de leur manque de foi.

Hérode, meurtrier de Jean Baptiste, croit le reconnaître en Jésus

1 En ce temps-là, 14
*Hérode, prince de Galilée,
apprit la renommée de Jésus
2 et dit à ses serviteurs :
« Cet homme, c'est Jean le Baptiste,
il est ressuscité d'entre les morts,
et voilà pourquoi il a le pouvoir de faire des miracles. »
3 Car Hérode avait fait arrêter Jean,
l'avait fait enchaîner et mettre en prison,
à cause d'Hérodiade, la femme de son frère Philippe.
4 En effet, Jean lui avait dit :
« Tu n'as pas le droit de vivre avec elle. »
5 Hérode cherchait à le mettre à mort,
mais il eut peur de la foule
qui le tenait pour un prophète.

6 Lorsque arriva l'anniversaire d'Hérode,

54-58. Voir le texte de Mc 6, 1-6 avec les notes. Le récit parallèle de Lc semble avoir fondu le récit de plusieurs visites différentes, ce qui lui donne un ton beaucoup plus dramatique.

14, 1-12. Voir le récit, beaucoup plus détaillé, de Mc.

la fille d'Hérodiade dansa devant tout le monde,
et elle plut à Hérode.
7 Aussi s'engagea-t-il par serment
à lui donner tout ce qu'elle demanderait.
8 Poussée par sa mère, elle dit :
« Donne-moi ici, sur un plat, la tête de Jean le Baptiste. »
9 Le roi fut contrarié,
mais à cause de son serment et des convives,
il commanda de la lui donner.
10 Il envoya décapiter Jean dans la prison.
11 La tête de celui-ci fut apportée sur un plat
et donnée à la jeune fille, qui l'apporta à sa mère.

12 Les disciples de Jean arrivèrent pour prendre son corps,
l'ensevelirent et allèrent en informer Jésus.

Première multiplication des pains; marche de Jésus et de Pierre sur les eaux

13 Quand Jésus apprit cela,
il partit en barque pour un endroit désert, à l'écart.
Les foules l'apprirent
et, quittant leurs villes, elles suivirent à pied.
14 En débarquant, il vit une grande foule de gens;
il fut saisi de *pitié envers eux et guérit les infirmes.
15 Le soir venu, les disciples s'approchèrent et lui dirent :
« L'endroit est désert, et il se fait tard.
Renvoie donc la foule :
qu'ils aillent dans les villages s'acheter à manger! »
16 Mais Jésus leur dit :
« Ils n'ont pas besoin de s'en aller.
Donnez-leur vous-mêmes à manger. »
17 Alors ils lui disent :
« Nous n'avons là que cinq pains et deux poissons. »
18 Jésus dit : « Apportez-les-moi ici. »
19 Puis, ordonnant à la foule de s'asseoir sur l'herbe,
il prit les cinq pains et les deux poissons,
et, levant les yeux au ciel, il prononça la bénédiction;

---

13. La mort de Jean Baptiste fait prévoir celle de Jésus (17, 12). Celui-ci, n'ayant pas achevé sa mission, s'éloigne des villes de Galilée. Mais la foule le rejoint.

19. "Levant les yeux au ciel" : de même Mc 6, 41 et Lc 9, 16. Même attitude avant la résurrection de Lazare en Jn 11, 41 et au début de la prière sacerdotale en Jn 17, 1, exprimant la prière et l'action de grâce. Tous les autres gestes se retrouvent dans les récits de la Cène (Mt 26, 26-28 et par.) : prendre les pains, prononcer la bénédiction adressée à Dieu (ici, Mc 6, 41 et Lc 9, 16) ce qui est équivalent à « rendre grâce » (Mt 15, 36; Jn 6, 11; 1 Corinthiens 11, 24), rompre les pains et les donner (ici : "pour que les disciples les distribuent"). Il est évident que tous nos récits de multiplications des pains ont été influencés dans leur rédaction par la liturgie eucharistique que ces multiplications annonçaient.

il rompit les pains, il les donna aux disciples,
et les disciples les donnèrent à la foule.
20 Tous mangèrent à leur faim
et, des morceaux qui restaient,
on ramassa douze paniers pleins.
21 Ceux qui avaient mangé étaient environ cinq mille,
sans compter les femmes et les enfants.

Jésus marche sur les eaux

22 Aussitôt Jésus obligea ses disciples à monter dans la barque
et à le précéder sur l'autre rive,
pendant qu'il renverrait les foules.
23 Quand il les eut renvoyées,
il se rendit dans la montagne, à l'écart, pour prier.
Le soir venu, il était là, seul.
24 La barque était déjà à une bonne distance de la terre,
elle était battue par les vagues, car le vent était contraire.

25 Vers la fin de la nuit, Jésus vint vers eux
en marchant sur la mer.
26 En le voyant marcher sur la mer,
les disciples furent bouleversés.
Ils disaient : « C'est un fantôme »,
et la peur leur fit pousser des cris.
27 Mais aussitôt Jésus leur parla :
« Confiance ! c'est moi ; n'ayez pas peur ! »
28 Pierre prit alors la parole :
« Seigneur, si c'est bien toi,
ordonne-moi de venir vers toi sur l'eau. »
29 Jésus lui dit : « Viens ! »
Pierre descendit de la barque
et marcha sur les eaux pour aller vers Jésus.
30 Mais, voyant qu'il y avait du vent, il eut peur ;

---

20. Tous les récits relèvent ce surplus, signe de la puissance messianique de Jésus et de l'abondance de vie qu'il est venu apporter.

22. Pourquoi Jésus "oblige"-t-il les disciples... d'après Mt et Mc ? Beaucoup de commentateurs estiment qu'il veut les éloigner de la foule et de son enthousiasme pour un Messie temporel. Mais nous ne savons cela que par Jn 6, 15. Les récits de Mt et Mc suggèrent plutôt que Jésus voulait être seul pour prier, tandis que les disciples désiraient ne pas le quitter.

24. Le vent est contraire, la mer houleuse, si bien que les apôtres n'avancent pas, mais ce n'est pas la tempête comme en 8, 23-27. La grande diffférence entre les deux épisodes est que, dans le premier, Jésus est avec les disciples, dans le second il en est séparé. Mais il y a aussi des points communs : la peur et les cris des disciples (et de Pierre en Mt 14, 30); le reproche que leur fait Jésus d'avoir peu de foi.

27. Les trois récits parallèles, même celui de Jn, très indépendant, ont en commun "C'est moi", qu'on peut aussi traduire : "Moi, *je suis", et "n'ayez pas peur".

28. Mt est seul à raconter la marche de Pierre sur les eaux. Il souligne souvent sa primauté (10, 2; 16, 16), mais sans dissimuler ses défaillances (ici; 16, 22-23; 26, 33-35, 69-75).

30. "Seigneur, sauve-moi!" Avec l'appellation divine "*Seigneur", rare chez Mt, ce

et, comme il commençait à enfoncer, il cria :
« Seigneur, sauve-moi! »
31 Aussitôt Jésus étendit la main, le saisit et lui dit :
« Homme de peu de foi, pourquoi as-tu douté ? »
32 Et quand ils furent montés dans la barque,
le vent tomba.
33 Alors ceux qui étaient dans la barque
se prosternèrent devant lui, et ils lui dirent :
« Vraiment, tu es le Fils de Dieu! »

Guérisons à Génésareth

34 Ayant traversé le *lac, ils abordèrent à Génésareth.
35 Les gens de cet endroit reconnurent Jésus;
ils firent avertir toute la région,
et on lui amena tous les malades.
36 Ils le suppliaient de leur laisser seulement toucher
la *frange de son manteau,
et tous ceux qui la touchèrent furent sauvés.

Conflit avec les pharisiens sur la Loi et la véritable pureté

1 Alors des pharisiens et des scribes venus de Jérusalem 15
s'approchent de Jésus et lui disent :
2 « Pourquoi tes disciples désobéissent-ils
à la tradition des anciens ?
En effet ils ne se lavent pas les mains
avant de prendre leur repas. »
3 Jésus leur répondit :
« Et vous, pourquoi désobéissez-vous au commandement de Dieu
au nom de votre tradition ?
4 Car Dieu a dit : *Honore ton père et ta mère.*
Et encore : *Celui qui maudit son père ou sa mère sera mis à mort.*
5 Et vous, vous dites :
' Supposons qu'un homme déclare à son père ou à sa mère :
Les ressources qui m'auraient permis de t'aider,
sont une offrande sacrée;
dans ce cas, il n'aura plus à honorer son père ou sa mère. '
6 Ainsi, vous avez annulé la parole de Dieu
au nom de votre tradition!
7 Esprits faux! Isaïe a fait une bonne prophétie sur vous
quand il a dit :

---

cri de Pierre apparaît comme une manifestation de foi. Le doute que Jésus lui reproche est ce qui l'avait fait enfoncer.

31. Après deux miracles aussi éclatants que la multiplication des pains et la marche sur l'eau, les disciples "se prosternent" en signe de vénération, sinon d'adoration, et confessent une foi en Jésus Fils de Dieu qui sera affirmée par Pierre à Césarée (16, 16) mais ne sera plénière qu'après la Résurrection et la Pentecôte.

15, 1-20. Lire le parallèle de Mc 7, 1-23, plus détaillé, avec les notes donnant les références bibliques.

8 *Ce peuple m'honore des lèvres,*
mais son cœur est loin de moi.
9 *Il est inutile, le culte qu'ils me rendent ;*
les doctrines qu'ils enseignent
ne sont que des préceptes humains. »

10 Jésus appela la foule, et il leur dit :
« Écoutez et comprenez bien !
11 Ce n'est pas ce qui entre dans la bouche
qui rend l'homme impur.
Mais ce qui sort de la bouche,
voilà ce qui rend l'homme impur. »
12 Alors les disciples s'avancèrent et lui dirent :
« Sais-tu que les pharisiens ont été *scandalisés
en entendant cette parole ? »
13 Mais il répondit :
« Toute plante que mon Père du ciel n'a pas plantée
sera arrachée.
14 Laissez-les dire : ce sont des guides aveugles pour des aveugles.
Si un aveugle guide un aveugle,
ils tomberont tous les deux dans un trou. »

15 Pierre intervint pour lui dire :
« Explique-nous cette parole énigmatique. »
16 Jésus répliqua :
« Vous aussi, vous êtes encore incapables de comprendre ?
17 Ne voyez-vous pas que tout ce qui entre dans la bouche
va dans le ventre pour être éliminé ?
18 Tandis que ce qui sort de la bouche
provient du cœur,
et c'est cela qui rend l'homme impur.
19 Car c'est du cœur que proviennent les pensées mauvaises :
meurtres, adultères, inconduite,
vols, faux témoignages, diffamations.
20 C'est tout cela qui rend l'homme impur ;
mais manger sans se laver les mains
ne rend pas l'homme impur. »

Guérison de la fille d'une païenne

21 Jésus s'était retiré vers la région de Tyr et de Sidon.
22 Voici qu'une *Cananéenne, venue de ces territoires, criait :

---

14. Petite parabole qu'on trouve aussi en Lc 6, 39 mais dans un autre contexte moins explicite.

15. "Cette parole énigmatique" : *litt.* : "cette *parabole".

21. Tyr et Sidon sont en Phénicie, donc hors de Palestine. La femme est appelée "Syro-phénicienne" en Mc 7, 26 et ici "*cananéenne", ce qui revient au même, en évoquant la population païenne qui occupait la Palestine avant la conquête juive.

« Aie pitié de moi, *Seigneur, *fils de David!
Ma fille est tourmentée par un démon. »
23 Mais il ne lui répondit rien.
Les disciples s'approchèrent pour lui demander :
« Donne-lui satisfaction,
car elle nous poursuit de ses cris! »
24 Jésus répondit :
« Je n'ai été envoyé qu'aux brebis perdues d'Israël. »
25 Mais elle vint se prosterner devant lui :
« Seigneur, viens à mon secours! »
26 Il répondit : « Il n'est pas bien de prendre le pain des enfants
pour le donner aux petits chiens.
27 — C'est vrai, Seigneur, reprit-elle;
mais justement, les petits chiens mangent les miettes
qui tombent de la table de leurs maîtres. »
28 Jésus répondit : « Femme, ta foi est grande,
que tout se fasse pour toi comme tu le veux! »
Et, à l'heure même, sa fille fut guérie.

Guérisons sur la montagne près du lac

29 Jésus gagna les bords du lac de Galilée,
il gravit la montagne et s'assit.
30 De grandes foules vinrent à lui,
avec des boiteux, des aveugles, des estropiés, des muets,
et beaucoup d'autres infirmes;
on les déposa à ses pieds et il les guérit.
31 Alors la foule était dans l'admiration
en voyant des muets parler, des estropiés guérir,
des boiteux marcher, des aveugles retrouver la vue;
et ils rendirent gloire au Dieu d'Israël.

Seconde multiplication des pains

32 Jésus appela ses disciples et leur dit :
« J'ai pitié de cette foule :
depuis trois jours déjà, ils sont avec moi
et n'ont rien à manger.

---

23. "Brebis perdues d'Israël" : voir note sur 10, 5-6.

26. En Palestine et dans tout le Proche-Orient, les chiens sont des animaux méprisés et impurs qui errent dans les rues. Mais ici Mt et Mc emploient un diminutif désignant le petit chien familier.

28. Jésus parle de la même manière, avec bienveillance et quelque admiration, du centurion 8, 13, à la femme souffrant d'hémorragies 9, 22, et aux deux aveugles 9, 29.

32. Il est permis de se demander, comme pour Mc 8, 1 (voir la note) s'il s'agit vraiment d'une seconde multiplication des pains, ou seulement d'un second récit venu d'une source différente, que Mt et Mc auraient jugé bon d'incorporer à leur évangile. Les chiffres ont changé : 4 000 hommes et non plus 5 000. Sept pains, au lieu de cinq; sept corbeilles au lieu de douze. Mais cette insistance sur le chiffre sept peut avoir une signification symbolique (de perfection, de plénitude). La résonance eucharistique du geste de Jésus semble la même dans tous les cas.

Je ne veux pas les renvoyer à jeun;
ils pourraient défaillir en route. »
33 Les disciples lui disent :
« Où trouverons-nous dans un désert assez de pain
pour qu'une telle foule mange à sa faim ? »
34 Jésus leur répondit : « Combien de pains avez-vous ? »
Ils dirent : « Sept, et quelques petits poissons. »
35 Alors il ordonna à la foule de s'asseoir par terre.
36 Il prit les sept pains et les poissons,
il rendit grâce, les rompit,
et il les donnait aux disciples, et les disciples aux foules.
37 Tous mangèrent à leur faim;
et, des morceaux qui restaient, on ramassa sept corbeilles pleines.
38 Or, ceux qui avaient mangé étaient quatre mille,
sans compter les femmes et les enfants.
39 Après avoir renvoyé la foule,
Jésus monta dans la barque et alla dans le pays de Magadane.

Jésus reproche aux pharisiens de ne pas comprendre les signes des temps

1 Les pharisiens et les sadducéens s'approchèrent. 16
Pour mettre Jésus à l'épreuve, ils lui demandèrent
de leur faire voir un *signe venant du ciel.
2 Il leur répondit :
« Quand vient le soir, vous dites :
'Voici le beau temps, car le ciel est rouge.'
3 Et le matin, vous dites :
'Aujourd'hui, il fera mauvais,
car le ciel est d'un rouge menaçant.'
Ainsi l'aspect du ciel, vous savez l'interpréter;
mais pour les signes des temps, vous n'en êtes pas capables.
4 Cette *génération mauvaise et adultère réclame un signe,
mais en fait de signe, il ne lui sera donné que celui de Jonas. »
Alors il les abandonna et partit.

Le levain des pharisiens et des sadducéens

5 En se rendant sur l'autre rive,
les disciples avaient oublié de prendre du pain.

---

39. "Magadane" : localité inconnue, au bord du lac, comme Dalmanoutha chez Mc. Certains manuscrits portent Magdala.

16, 2. Les ennemis de Jésus demandent un "signe du ciel", c'est-à-dire qui vienne évidemment de Dieu. Jésus répond avec ironie en leur proposant les signes du ciel météorologique, qu'ils savent fort bien déchiffrer.

3. Les "signes des temps" : formule qui a été popularisée par Jean XXIII. Ce sont les signes qui révèlent un changement de société, ici l'avènement du Royaume, que pharisiens et sadducéens sont trop figés dans leur conservatisme religieux pour pouvoir interpréter.

5. Sur "le signe de Jonas" voir les notes sur 12, 39-41.

5-12. Voir les notes sur Mc 8, 11-21.

6 Jésus leur dit :
« Attention! Méfiez-vous du *levain
des *pharisiens et des *sadducéens. »
7 Ils discutaient entre eux en disant :
« C'est parce que nous n'avons pas pris de pain. »
8 Mais Jésus s'en aperçut et leur dit :
« Hommes de peu de foi,
pourquoi discutez-vous entre vous sur ce manque de pain ?
9 Vous ne voyez pas encore ?
Ne vous rappelez-vous pas les cinq pains
pour cinq mille hommes,
et le nombre de paniers que vous avez emportés ?
10 Les sept pains pour quatre mille hommes,
et le nombre de corbeilles que vous avez emportées.
11 Comment ne voyez-vous pas
que je ne vous parlais pas du pain ?
Méfiez-vous donc du levain des pharisiens et des sadducéens. »
12 Alors ils comprirent qu'il leur avait dit de se méfier
non pas du levain pour le pain
mais de l'enseignement des pharisiens et des sadducéens.

En réponse à la confession de foi de Pierre, Jésus lui promet de bâtir sur lui son Église

13 Jésus était venu dans la région de *Césarée-de-Philippe,
et il demandait à ses *disciples :
« Le Fils de l'homme, qui est-il,
d'après ce que disent les hommes ? »
14 Ils répondirent :
« Pour les uns, il est Jean Baptiste;
pour d'autres, Élie;
pour d'autres encore, Jérémie ou l'un des prophètes. »
15 Jésus leur dit :
« Et vous, que dites-vous ? Pour vous, qui suis-je ? »
16 Prenant la parole, Simon-Pierre déclara :
« Tu es le Messie, le Fils du Dieu vivant! »

---

13. Opposition voulue entre le *Fils de l'homme et "les hommes".

14. Jean le Baptiste, Élie et les autres prophètes ne sont que des précurseurs. Jésus n'annonce pas quelqu'un d'autre. Il *est* le Messie annoncé par les prophètes. Mais il ne veut pas que les disciples, pour l'instant, révèlent cette identification qui pourrait être prise, comme ils vont en témoigner par eux-mêmes, dans un sens temporel et triomphaliste.

16. Souvent Simon-Pierre "prend la parole" au nom de tous. Mais ici la félicitation de Jésus montre qu'il a été le premier à professer sa foi, et c'est ce qui lui vaudra la primauté. Remarquez la correspondance entre : "Tu es le Messie, le Fils du Dieu vivant", et : "Tu es Pierre..." Par eux-mêmes, les titres de "Messie" et de "Fils du Dieu vivant" n'expriment pas forcément la foi en la divinité de Jésus. "Fils de Dieu" n'a qu'un sens assez vague pour les soldats qui gardent Jésus crucifié, Mt 27, 54. Mais Jésus a perçu dans l'association des deux titres et dans l'élan de Pierre le signe d'une foi profonde et vraie.

17 Prenant la parole à son tour, Jésus lui déclara :
« Heureux es-tu, Simon fils de Yonas :
ce n'est pas la chair et le sang qui t'ont révélé cela,
mais mon Père qui est aux cieux.
18 Et moi, je te le déclare :
Tu es Pierre, et sur cette pierre je bâtirai mon Église;
et la puissance de la *Mort ne l'emportera pas sur elle.
19 Je te donnerai les clefs du Royaume des cieux :
tout ce que tu auras lié sur la terre sera lié dans les cieux,
et tout ce que tu auras délié sur la terre sera délié dans les cieux. »
20 Alors, il ordonna aux disciples
de ne dire à personne qu'il était le Messie.

VERS LA PASSION

Première annonce de la Passion, conflit avec Pierre et appel à suivre le Christ souffrant

21 A partir de ce moment,
Jésus le Christ commença à montrer à ses disciples
qu'il lui fallait partir pour Jérusalem,
souffrir beaucoup de la part des *anciens,
des *chefs des prêtres et des *scribes,
être tué,
et le troisième jour ressusciter.
22 Pierre, le prenant à part, se mit à lui faire de vifs reproches :
« Dieu t'en garde, Seigneur! cela ne t'arrivera pas. »
23 Mais lui, se retournant, dit à Pierre :
« Passe derrière moi, Satan,

---

17. "Simon, fils de Yonas"; Jésus emploie les noms araméens de son disciple pour donner plus de relief à son nouveau nom. — "Ce n'est pas la *chair et le sang" : une connaissance purement humaine et naturelle, mais une inspiration venue du Père divin.

18. "Tu es *Pierre". On trouve fréquemment dans l'A.T. de ces changements de noms voulus par Dieu pour assigner une dignité ou une fonction nouvelle, ainsi Abram-Abraham : Genèse 17, 5; Jacob-Israël : Genèse 32, 39. Jésus ne fait pas un jeu de mots, "Pierre" (*Céphas* en araméen, *Pétros* en grec) n'ayant jamais été employé comme nom d'homme. — "Mon *Église" : première apparition de ce mot dans le N.T. Dans les évangiles on ne le trouve qu'ici et 18, 17. La solidité de cette communauté tiendra à ce que Jésus la "bâtira" sur la pierre solide qu'est la foi de Simon. — "La puissance de la mort", on traduisait jadis, avec une littéralité toute matérielle : "les portes de l'enfer". Les portes étaient la partie la plus fortifiée d'une ville. "L'enfer" traduit ici le *shéol*, le *séjour des morts.

19. "Les clefs" insigne du majordome (Isaïe 22, 20-23). Ne pas chercher ce que signifient, respectivement, "lier" et "délier". Cette expression sémitique signifie globalement : avoir toute autorité. L'important est que le pouvoir exercé "sur la terre" a son effet jusque "dans les cieux", c'est-à-dire chez Dieu même. C'est ce qui fonde le pouvoir sacramentel de l'Église (et non pas seulement son pouvoir d'absoudre). Le même pouvoir est accordé à l'ensemble des Douze en 18, 18.

20. Jésus se méfie du triomphalisme attaché au titre de Messie : il va essayer d'en détourner les disciples par les annonces de sa Passion.

21. "anciens, chefs des prêtres et scribes" : les trois catégories constituant le *Sanhédrin.

23. *Satan. Jésus répond à Pierre comme il l'a fait au Tentateur qui a cherché à le diriger vers un Messianisme glorieux et miraculeux, 4, 1-11. "Tu es un obstacle", *litt.* :

tu es un obstacle sur ma route,
tes pensées ne sont pas celles de Dieu,
mais celles des hommes. »

24 Alors Jésus, dit à ses disciples :
« Si quelqu'un veut marcher derrière moi,
qu'il renonce à lui-même,
qu'il prenne sa croix et qu'il me suive.
25 Car celui qui veut sauver sa vie
la perdra,
mais qui perd sa vie à cause de moi
la gardera.
26 Quel avantage en effet un homme aura-t-il à gagner le monde entier,
s'il le paye de sa vie ?
Et quelle somme pourra-t-il verser en échange de sa vie ?
27 Car le Fils de l'homme va venir avec ses anges
dans la gloire de son Père;
alors il rendra à chacun selon sa conduite.
28 Amen, je vous le dis :
parmi ceux qui sont ici, certains ne connaîtront pas la mort
avant d'avoir vu le Fils de l'homme venir dans son Règne. »

La Transfiguration

1 Six jours après, Jésus prend avec lui Pierre, **17**
Jacques et Jean son frère,
et il les emmène à l'écart, sur une haute *montagne.

"un *scandale pour moi". "Tes pensées ne sont pas celles de Dieu..." reproche exactement à l'inverse de l'éloge du v. 17.

24-27. L'ensemble de cette exhortation fondamentale à ceux qui veulent suivre Jésus se retrouve chez les 3 Synoptiques. D'autres parallélismes de détail seront signalés ci-dessous.

24. "Marcher derrière moi..." "me suivre" sont des images équivalant à "être mon disciple". Or, on ne peut le faire qu'en "renonçant" à soi-même, à ses intérêts, à son confort, et cela en "prenant sa croix". Ce supplice était si fréquent à l'époque que les disciples ont très bien pu comprendre cette exigence au sens littéral. Plus tard, quand on aura vu Jésus mourir crucifié, quand Paul aura commencé à élaborer une doctrine de la Rédemption, "prendre sa croix" aura un sens nouveau, plus profond, et pourra même désigner l'acceptation de toutes nos épreuves. C'est le cas chez Lc 9, 23 où Jésus invite à prendre sa croix "chaque jour" : ce n'est donc plus l'instrument de la peine capitale. Autres parallèles à ce v. 24 : Mt 10, 38; Lc 14, 27.

25. "Sauver sa *vie" : *litt.* en grec et dans la traduction latine : "sauver son *âme", ce qui prête à des interprétations absurdes. La "vie" ou "l'âme", dans la mentalité sémitique, c'est la personne tout entière, c'est soi-même. "Perdre sa vie" a donc pour synonyme "renoncer à soi-même". Autres parallèles à ce v. 25 : Mt 10, 39; Lc 17, 33; Jn 12, 25.

26. Si l'on a compris que la vie désigne ici la personne, le moi, la réponse à la question posée est évidente.

27. Voir Mt 25, 31 : "... Il rendra à chacun selon sa conduite" : Ps 61/62, 13. La même idée est exprimée sous forme d'antithèse Mt 25, 46.

28. Le parallèle Mc 9, 1 suggère que ce propos a été ajouté après coup à ce qui précède. Jésus n'a pas pu dire (voyez 24, 36) que certains de ses auditeurs verraient le jugement dernier. Mais ils pourront en voir les signes annonciateurs, comme la ruine de Jérusalem qui, en Mt 24, 32-34, est étroitement liée à la venue du Fils de l'homme. Ou encore il s'agit de la Résurrection de Jésus, elle-même préfigurée par la Transfiguration, ou enfin du don de l'Esprit et de la diffusion rapide de l'Évangile.

17, 1. "Pierre, Jacques et Jean son frère" : parmi les premiers disciples appelés (Mt 4, 18.21 = Mc 1, 16.19; Lc 5, 8.10), ils ont été choisis par Jésus pour voir ressusciter la

2 Il fut transfiguré devant eux;
son visage devint brillant comme le soleil,
et ses vêtements, blancs comme la lumière.
3 Voici que leur apparurent *Moïse et *Élie,
qui s'entretenaient avec lui.
4 Pierre alors prit la parole et dit à Jésus :
« Seigneur, il est heureux que nous soyons ici!
Si tu le veux, je vais dresser ici trois tentes,
une pour toi, une pour Mosïe et une pour Élie. »
5 Il parlait encore,
lorsqu'une *nuée lumineuse les couvrit de son ombre;
et, de la nuée, une voix disait :
« Celui-ci est mon Fils bien-aimé,
en qui j'ai mis tout mon amour;
écoutez-le! »
6 Entendant cela, les disciples tombèrent la face contre terre
et furent saisis d'une grande frayeur.
7 Jésus s'approcha, les toucha et leur dit :
« Relevez-vous et n'ayez pas peur! »
8 Levant les yeux, ils ne virent plus que lui, Jésus seul.
9 En descendant de la montagne, Jésus leur donna cet ordre :
« Ne parlez de cette vision à personne,
avant que le Fils de l'homme soit ressuscité d'entre les morts. »

Élie est déjà venu et a souffert en la personne de Jean Baptiste

10 Les disciples interrogèrent Jésus :
« Pourquoi donc les *scribes disent-ils
que le prophète *Élie doit venir d'abord ? »

---

fille de Jaïre (Mc 5, 37 = Lc 8, 51) et pour partager sa prière à Gethsémani (Mt 26, 37 = Mc 14, 33). "Une haute montagne" : le Thabor, selon la tradition, ou le Grand Hermon, près de *Césarée de Philippe. Le plus important c'est que Jésus est montré comme Moïse au Sinaï : son visage resplendit (voir Exode 34, 29-35), il est dans la nuée (Exode 24, 15-18) et la voix de Dieu invite à l'écouter (Deutéronome 18, 15; Ac 3, 20-26).

2. "Transfiguré". Décalque du mot grec, qui est "métamorphosé" : ayant changé de forme, d'aspect.

3. "Moïse et Élie" : le Sinaï (appelé Horeb pour Élie) a occupé une grande place dans leur mission prophétique (Exode 19, 33-34; 1 Rois 19, 9-13). En outre ils représentent "la Loi et les Prophètes", c'est-à-dire l'ensemble de l'A.T. polarisé par la venue du Messie.

4. Pierre croit que cette manifestation divine va se prolonger, alors qu'elle est une échappée passagère de la gloire divine dans la vie humble de Jésus.

5. "Une nuée lumineuse les couvrit de son ombre" : à la fois obscure et brillante, elle évoque la colonne de feu et de nuée qui guidait les Hébreux sortant d'Égypte : Exode 13, 21; 14, 20.24. Ce guide était "l'Esprit du Seigneur" (Isaïe 63, 14). Enfin Marie concevra Jésus lorsque "l'Esprit Saint viendra sur toi", dit l'ange, "et la puissance du Très-Haut te prendra sous son ombre." A la Transfiguration, comme au baptême de Jésus (Mt 3, 16-17), se manifestent les trois Personnes divines. — La voix du Père ajoute ici aux paroles qu'elle a prononcées au Baptême : "Écoutez-le" (voir note sur le v. 1).

6-7. La prosternation et la frayeur des disciples, l'encouragement de Jésus sont propres à Matthieu.

9. Chez Mt et Mc, Jésus maintient le *secret messianique (déjà Mt 16, 20 = Mc 8, 30 = Lc 9, 21) : la Transfiguration ne doit être connue que de ses témoins. Mc 9, 10 insiste à son habitude sur l'inintelligence des disciples.

11 Jésus leur répondit :
« Élie va venir pour remettre tout en place.
12 Mais, je vous le déclare : Élie est déjà venu;
au lieu de le reconnaître, ils lui ont fait tout ce qu'ils ont voulu.
Le Fils de l'homme, lui aussi, va souffrir par eux. »
13 Alors les disciples comprirent qu'il leur parlait de Jean le Baptiste.

Délivrance de l'épileptique : puissance de la foi

14 Quand ils rejoignirent la foule, un homme s'approcha,
15 et tombant à genoux devant lui, il lui dit :
« Seigneur, prends pitié de mon fils.
Il a des crises d'épilepsie, il est bien malade.
Souvent il tombe dans le feu et souvent aussi dans l'eau.
16 Je l'ai amené à tes disciples,
mais ils n'ont pas pu le guérir. »
17 Jésus leur dit :
« *Génération incroyante et dévoyée,
combien de temps devrai-je rester avec vous ?
Combien de temps devrai-je vous supporter ?
Amenez-le-moi ici. »
18 Jésus l'interpella vivement, le démon sortit de lui
et à l'heure même l'enfant fut guéri.

19 Alors les disciples s'approchèrent de Jésus
et lui dirent en particulier :
« Pour quelle raison est-ce que nous,
nous n'avons pas pu l'expulser ? »
20 Jésus leur répond :
« C'est parce que vous avez trop peu de foi.
Amen, je vous le dis :
si vous avez de la foi gros comme une graine de moutarde,
vous direz à cette montagne :
'Transporte-toi d'ici jusque là-bas',
et elle se transportera; rien ne vous sera impossible. »

Deuxième annonce de la Passion

22 Comme Jésus et les disciples étaient réunis en Galilée,
il leur dit :
23 « Le Fils de l'homme va être livré aux mains des hommes;

---

11. Jésus cite ici Malachie 3, 23-24. En Lc 1, 17, l'ange Gabriel applique ce texte à Jean Baptiste (nommé explicitement par Mt au v. 13). Le martyre du Précurseur fait prévoir la Passion du Fils de l'homme.

12. "Ils lui ont fait tout ce qu'ils ont voulu" et Mc ajoute : "comme l'Écriture le dit à son sujet", peut-être parce que Acab et Jésabel persécutant Élie (1 Rois 17-19) préfiguraient Hérode et Hérodiade qui ont fait exécuter Jean Baptiste.

14-20. Voir le récit parallèle dans Mc 9, 14-29, avec les notes.

21. Verset de la *Vulgate absent des meilleurs textes originaux grecs : "Rien ne peut faire sortir cette espèce-là [de démons] sauf la prière et le jeûne."

22-23. Deuxième annonce de la Passion, commune aux trois Synoptiques, mais Mc et Lc insistent sur l'incompréhension des disciples.

ils le tueront et, le troisième jour, il ressuscitera. »
Et ils furent profondément attristés.

L'impôt du Temple

24 Comme ils arrivaient à Capharnaüm,
ceux qui perçoivent les deux drachmes pour le Temple
vinrent trouver Pierre et lui dirent :
« Votre maître paye bien les deux drachmes, n'est-ce pas ? »
25 Il répondit : « Oui. »
Quand Pierre entra dans la maison,
Jésus prit la parole le premier :
« Simon, quel est ton avis ?
Les rois de la terre, sur qui perçoivent-ils les taxes ou l'impôt ?
Sur leurs fils, ou sur les autres personnes ? »
26 Pierre lui répondit : « Sur les autres. »
Et Jésus reprit :
« Donc, les fils sont libres.
27 Mais il faut éviter d'être pour les gens une occasion de chute :
va donc jusqu'au lac, jette l'hameçon,
et saisis le premier poisson qui mordra;
ouvre-lui la bouche,
et tu y trouveras une pièce de quatre drachmes.
Prends-la, tu la donneras pour toi et pour moi. »

QUATRIÈME DISCOURS : DISCOURS SUR LA COMMUNAUTÉ DES DISCIPLES

Le plus grand dans le Royaume

1 Les disciples s'approchèrent de Jésus et lui dirent : **18**
« Qui donc est le plus grand dans le Royaume des cieux ? »
2 Alors Jésus appela un petit enfant;
3 il le plaça au milieu d'eux, et il déclara :
« Amen, je vous le dis :
si vous ne changez pas pour devenir comme les petits enfants,
vous n'entrerez point dans le Royaume des cieux.

24-27. Épisode propre à Mt comme celui de la marche sur les eaux 14, 28-31 et qui, comme celui-là, met en relief la proximité de Pierre à l'égard de Jésus. Jésus est rentré "à Capharnaüm" après une longue randonnée : c'est là que les percepteurs peuvent l'interpeller en la personne de Pierre. Le Temple étant la maison de Dieu, Jésus, et par suite ses disciples, sont "les fils" qui ne sont pas astreints au tribut. Cependant Jésus tient à payer celui-ci pour ne pas être "une occasion de chute" (un *scandale) et il remédie à la pauvreté du groupe apostolique par un miracle pittoresque. On retrouvera un comportement semblable chez Paul au sujet de nourritures que certains croient interdites (Romains 14, 1 — 15, 4; 1 Corinthiens 8) : il faut renoncer à des avantages légitimes par charité envers le prochain si celui-ci peut en être "scandalisé".

18, 1. Préoccupation constante chez les disciples : voir encore Mt 20, 20-28 par.; Lc 22, 24-27.

2. Les anciens n'exaltaient pas comme nous les vertus de l'enfance : pureté, spontanéité, etc. Pour eux l'enfant était un être insignifiant. La prédilection de Jésus pour les enfants correspond à son amour des "pauvres".

4 Mais celui qui se fera petit comme cet enfant,
c'est celui-là qui est le plus grand dans le Royaume des cieux.
5 Et celui qui accueillera un enfant comme celui-ci en mon nom,
c'est moi qu'il accueille.

Le scandale

6 Celui qui entraînera la chute
d'un seul de ces petits qui croient en moi,
il est préférable pour lui qu'on lui accroche au cou
une de ces meules que tournent les ânes,
et qu'on l'engloutisse en pleine mer.
7 Malheureux le monde qui entraîne au péché par le *scandale!
Il est fatal que le scandale arrive,
mais malheureux celui par qui arrive le scandale!
8 Si ta main ou ton pied t'entraîne au péché,
coupe-le et jette-le loin de toi.
Il vaut mieux pour toi entrer dans la vie éternelle
manchot ou boiteux,
que d'être jeté avec tes deux mains ou tes deux pieds
dans le feu éternel.
9 Et si ton œil t'entraîne au péché,
arrache-le et jette-le loin de toi.
Il vaut mieux pour toi entrer borgne dans la vie éternelle,
que d'être jeté avec tes deux yeux dans la *géhenne de feu.

La brebis égarée

10 Gardez-vous de mépriser un seul de ces petits,
car, je vous le dis, leurs anges dans les cieux
voient sans cesse la face de mon Père qui est aux cieux.
12 Que pensez-vous de ceci ?
Si un homme possède cent brebis
et que l'une d'entre elles s'égare,
ne laissera-t-il pas les quatre-vingt-dix-neuf autres
dans la montagne
pour partir à la recherche de la brebis égarée ?

---

6. "Un de ces petits qui croient en moi" ne désigne plus un enfant, mais un disciple, un frère, que Jésus aime appeler "petit" : ainsi Mt 25, 40.45. En Lc 12, 32 les disciples sont appelés "petit troupeau".

7-9. Le *scandale. Jésus redit ici, sur le scandale causé aux "petits", c'est-à-dire à des disciples faibles et fragiles, ce qu'il avait dit sur le scandale qu'un de ses propres membres peut causer à chacun : 5, 29-30.

10. Ici "les petits" peuvent désigner aussi bien de petits enfants que de modestes disciples : tous sont précieux aux yeux du Père, car "leurs anges" vivent dans sa familiarité. L'A.T. nous montre les anges veillant sur les hommes (Tobie 3, 17; Psaume 90/91, 11, voir Mt 4, 6) et présentant à Dieu leurs prières (Tobie 12, 12).

11. Verset de la *Vulgate absent du texte original et qui vient de Lc 19, 10.

12-14. Même parabole qu'en Lc 15. Mais là, Lc insiste sur la joie que donne à Dieu un pécheur qui se convertit. Ici, Mt met l'accent sur la sollicitude habituelle du Père envers les plus petits des disciples.

13 Et, s'il parvient à la retrouver,
— amen, je vous le dis :
il se réjouit pour elle
plus que pour les quatre-vingt-dix-neuf
qui ne se sont pas égarées.
14 Ainsi, votre Père qui est aux cieux
ne veut pas qu'un seul de ces petits soit perdu.

Correction fraternelle

15 Si ton frère a commis un péché,
va lui parler seul à seul et montre-lui sa faute.
S'il t'écoute, tu auras gagné ton frère.
16 S'il ne t'écoute pas,
prends encore avec toi une ou deux personnes
afin que toute l'affaire soit réglée
sur la parole de deux ou trois témoins.
17 S'il refuse de les écouter,
dis-le à la communauté de l'Église;
s'il refuse encore d'écouter l'Église,
considère-le comme un païen et un publicain.
18 Amen, je vous le dis :
tout ce que vous aurez lié sur la terre
sera lié dans le ciel,
et tout ce que vous aurez délié sur la terre
sera délié dans le ciel.

Prier ensemble

19 Encore une fois, je vous le dis :
si deux d'entre vous sur la terre
se mettent d'accord pour demander quelque chose,
ils l'obtiendront de mon Père qui est aux cieux.
20 Quand deux ou trois sont réunis en mon nom,
je suis là, au milieu d'eux. »

Le pardon entre frères

21 Pierre s'approcha de Jésus pour lui demander :

---

15. Il s'agit évidemment d'un péché grave et qui peut nuire à la communauté.

16. "Deux ou trois témoins" : règle prescrite par le Deutéronome 19, 15-17. La traduction a ajouté "de la communauté", car la notion juive de *Qahal*, traduite en grec par *Ekklèsia*, d'où vient "Église", concerne bien l'ensemble du peuple sacerdotal, et non la hiérarchie "ecclésiastique". — "Un païen et un *publicain" : comme un étranger à la communauté : c'est l'excommunication. Paul reprochera aux Corinthiens de ne pas savoir régler entre eux leurs litiges (1 Corinthiens 6, 1-8) et recourt au besoin à l'excommunication (5, 2-5).

18. Le pouvoir conféré à Pierre (16, 19) est étendu aux disciples chargés de gouverner la communauté.

19-20. Il y a une progression entre ces deux versets : la prière communautaire sera exaucée dans les cieux; la réunion des disciples au nom de Jésus rend celui-ci réellement présent dans leur assemblée.

21. Encore une démarche de Pierre qui souligne sa primauté.

« Seigneur, quand mon frère commettra des fautes contre moi,
combien de fois dois-je lui pardonner ?
Jusqu'à sept fois ? »
22 Jésus lui répondit :
« Je ne te dis pas jusqu'à sept fois,
mais jusqu'à soixante-dix fois sept fois.

Le débiteur impitoyable

23 En effet, le Royaume des cieux est comparable
à un roi qui voulut régler ses comptes avec ses serviteurs.
24 Il commençait,
quand on lui amena quelqu'un qui lui devait dix mille talents,
(c'est-à-dire soixante millions de pièces d'argent).
25 Comme cet homme n'avait pas de quoi rembourser,
le maître ordonna de le vendre,
avec sa femme, ses enfants et tous ses biens,
en remboursement de sa dette.
26 Alors, tombant à ses pieds,
le serviteur demeurait prosterné et disait :
' Prends patience envers moi,
et je te rembourserai tout. '
27 Saisi de pitié, le maître de ce serviteur
le laissa partir et lui remit sa dette.
28 Mais, en sortant, le serviteur trouva un de ses compagnons
qui lui devait cent pièces d'argent.
Il se jeta sur lui pour l'étrangler, en disant :
' Rembourse ta dette ! '
29 Alors, tombant à ses pieds, son compagnon le suppliait :
' Prends patience envers moi, et je te rembourserai. '
30 Mais l'autre refusa
et le fit jeter en prison jusqu'à ce qu'il ait remboursé.
31 Ses compagnons, en voyant cela, furent profondément attristés
et allèrent tout raconter à leur maître.
32 Alors celui-ci le fit appeler et lui dit :
' Serviteur mauvais !
je t'avais remis toute cette dette
parce que tu m'avais supplié.
33 Ne devais-tu pas, à ton tour,
avoir pitié de ton compagnon,
comme moi-même j'avais eu pitié de toi ? '
34 Dans sa colère, son maître le livra aux bourreaux
jusqu'à ce qu'il eût tout remboursé.

23-35. Parabole, qui, avec sa conclusion, reprend et affirme ce que Jésus avait souligné dans le Notre Père : 6, 14-15. Les "dettes" étaient une métaphore courante pour désigner les péchés. Voir une autre parabole, sur des dettes inégales, mais avec une visée toute différente Lc 7, 40-43.

35 C'est ainsi que mon Père du ciel vous traitera,
si chacun de vous ne pardonne pas à son frère
de tout son cœur. »

RETOURNEMENT ÉVANGÉLIQUE

1 Jésus acheva ainsi son discours, 19
puis il s'éloigna de la Galilée
et se rendit en Judée, au-delà du Jourdain.

Controverse sur le mariage et le célibat

2 Une foule nombreuse le suivait et là il les guérit.
3 Des pharisiens s'approchèrent de lui
pour le mettre à l'épreuve; ils lui demandèrent :
« Est-il permis de renvoyer sa femme
pour n'importe quel motif ? »
4 Il répondit :
« N'avez-vous pas lu l'Écriture ?
Au commencement, le Créateur
les fit homme et femme,
5 et il leur dit :
' *Voilà pourquoi l'homme quittera son père et sa mère,*
il s'attachera à sa femme,
et tous deux ne feront plus qu'un. '
6 A cause de cela, ils ne sont plus deux, mais un seul.
Donc, ce que Dieu a uni,
que l'homme ne le sépare pas ! »
7 Les pharisiens lui répliquent :
« Pourquoi donc Moïse a-t-il prescrit
la remise d'un acte de divorce avant la séparation ? »
8 Jésus leur répond :
« C'est en raison de votre endurcissement
que Moïse vous a concédé de renvoyer vos femmes.
Mais au commencement, il n'en était pas ainsi.
9 Or je vous le dis : si quelqu'un renvoie sa femme

19, 3. "Pour n'importe quel motif ?" Les rabbis pharisiens n'étaient pas d'accord sur la gravité de ces motifs. L'epreuve peut consister à entraîner Jésus dans cette polémique et à l'enfermer dans ce dilemme : s'il opte pour le rigorisme, il contredit la Loi de Moïse permettant le divorce; s'il prend une position plus indulgente, il se contredit lui-même (voir 5, 31-32).

4. "Au commencement" : Genèse 1, 1 .— "Dieu les fit homme et femme" : 1, 27.

5. "Voilà pourquoi, etc." est, en Gn 2, 24, la conclusion du narrateur. Pour Jésus, surtout dans le texte de Mt ("il dit"), cela correspond à l'intention même de Dieu.

6. "mais un seul" : *litt. :* "une seule chair" ; pour la Bible, la *chair n'est pas le corps de l'homme, mais l'homme tout entier, considéré comme être visible et comme créature.

7. Cette prescription de Moïse, qui protège la femme (Deutéronome 24, 1), implique la permission de divorcer.

8. "endurcissement", *litt. :* "dureté de *cœur" ; non pas manque de tendresse ou d'humanité, mais manque de disponibilité envers la volonté profonde de Dieu.

9. Jésus a exprimé une pensée semblable dans le Discours sur la montagne 5, 31-32. Là il condamnait la répudiation comme exposant la femme à l'adultère (on n'imaginait pas

— sauf en cas d'union illégitime —
pour en épouser une autre, il est adultère. »

Le célibat volontaire

10 Ses disciples lui disent :
« Si telle est la situation de l'homme
par rapport à sa femme,
il n'y a pas intérêt à se marier. »
11 Il leur répondit :
« Ce n'est pas tout le monde
qui peut comprendre cette parole,
mais ceux à qui Dieu l'a révélée.
12 Il y a des gens qui ne se marient pas
car, de naissance, ils en sont incapables ;
il y en a qui ne peuvent pas se marier
car ils ont été mutilés par les hommes ;
il y en a qui ont choisi de ne pas se marier
à cause du Royaume des cieux.
Celui qui peut comprendre, qu'il comprenne ! »

Jésus et les enfants

13 Alors, on présenta des enfants à Jésus
pour qu'il leur impose les mains en priant.
Mais les disciples les écartaient vivement.
14 Jésus leur dit :
« Laissez les enfants, ne les empêchez pas de venir à moi,
car le Royaume des cieux est à ceux qui leur ressemblent. »
15 Il leur imposa les mains, puis il partit de là.

Richesse et détachement

Le jeune homme riche

16 Quelqu'un s'approcha de Jésus et lui dit :
« Maître, que dois-je faire de bon pour avoir la vie éternelle ? »
17 Jésus lui dit :
« Pourquoi m'interroges-tu sur ce qui est bon ?
Il n'y a qu'un seul être qui soit bon !
Si tu veux entrer dans la vie,
observe les commandements.

---

celle-ci prenant l'initiative de la répudiation, voir la note sur Mc 10, 12). Ici, il semble admettre la répudiation mais non le remariage. — "En cas d'union illégitime", *litt. :* "de prostitution". Il s'agissait sans doute de mariage entre parents ou alliés trop rapprochés. Même traduction dans un autre contexte : Ac 15, 20-29.

11. "A qui Dieu l'a révélée", *litt. :* "à qui cela fut donné" : ce passif sous-entend "par Dieu". Il s'agit donc d'une grâce, de la révélation d'un mystère.

12. "Il y a des gens qui ne se marient pas... qui ne peuvent pas se marier... qui ont choisi de ne pas se marier", *litt.*, pour ces trois expressions : "Il y a des eunuques qui..."

16-22. Voir les parallèles. Mt est le seul à parler d'un "jeune homme" (v. 20), et à lui faire dire : "Que dois-je faire de bon..." Les parallèles lui font dire "Bon maître", ce qui amène plus naturellement la réaction de Jésus.

18 — Lesquels ? », lui dit-il.
Jésus reprit :
« *Tu ne commettras pas de meurtre.*
Tu ne commettras pas d'adultère.
Tu ne commettras pas de vol.
Tu ne porteras pas de faux témoignages.
19 *Honore ton père et ta mère.*
Et aussi :
Tu aimeras ton prochain comme toi-même. »
20 Le jeune homme lui dit :
« Tout cela, je l'ai observé :
que me manque-t-il encore ? »
21 Jésus lui répondit :
« Si tu veux être parfait,
va, vends ce que tu possèdes, donne-le aux pauvres,
et tu auras un trésor dans les cieux.
Puis viens, suis-moi. »
22 A ces mots, le jeune homme s'en alla tout triste,
car il avait de grands biens.

Le danger des richesses

23 Et Jésus dit à ses disciples :
« Amen, je vous le dis :
un riche entrera difficilement dans le Royaume des cieux.
24 Je vous le répète : il est plus facile à un chameau
de passer par un trou d'aiguille
qu'à un riche d'entrer dans le Royaume des cieux. »
25 Entendant ces paroles,
les disciples furent profondément déconcertés, et ils disaient :
« Qui donc peut être sauvé ? »

26 Jésus les regarda et dit :
« Pour les hommes, c'est impossible,
mais pour Dieu tout est possible. »

La récompense du détachement.

27 Alors Pierre prit la parole et dit à Jésus :
« Voilà que nous avons tout quitté pour te suivre :
alors, qu'est-ce qu'il y aura pour nous ? »
28 Jésus leur déclara :
« Amen, je vous le dis :

---

20. Mt conclut les commandements tirés du *Décalogue par la prescription du livre des Lévites 19, 18 qui les résume tous.

23-26. Voir Mc 10, 23-27 avec les notes.

27-30. Voir Mc 10, 28-31 avec les notes.

28. Propre à Mt ici, mais avec un parallèle de Lc dans le contexte de la Cène 22, 30. "Quand viendra le monde nouveau", *litt. :* "Dans la régénération, la nouvelle genèse". "Juger" a souvent le sens de "diriger, gouverner" (ainsi dans le livre des "Juges") mais

quand viendra le monde nouveau,
et que le Fils de l'homme siégera sur son trône de gloire,
vous qui m'avez suivi,
vous siégerez vous-mêmes sur douze trônes
pour juger les douze tribus d'Israël.
29 Et tout homme qui aura quitté à cause de mon nom
des maisons, des frères, des sœurs,
un père, une mère, des enfants, ou une terre,
recevra beaucoup plus, et il aura en héritage la vie éternelle.
30 Beaucoup de premiers seront derniers,
beaucoup de derniers seront premiers.

Parabole du maître de la vigne

1 « En effet, le Royaume des cieux est comparable 20
au maître d'un domaine qui sortit au petit jour
afin d'embaucher des ouvriers pour sa *vigne.
2 Il se mit d'accord avec eux
sur un salaire d'une pièce d'argent pour la journée,
et il les envoya à sa vigne.
3 Sorti vers neuf *heures,
il en vit d'autres qui étaient là, sur la place, sans travail.
4 Il leur dit :
'Allez, vous aussi, à ma vigne,
et je vous donnerai ce qui est juste'.
5 Ils y allèrent.
Il sortit de nouveau vers midi, puis vers trois heures, et fit de même.
6 Vers cinq heures, il sortit encore,
en trouva d'autres qui étaient là et leur dit :
'Pourquoi êtes-vous restés là, toute la journée, sans rien faire ?'
7 Ils lui répondirent :
'Parce que personne ne nous a embauchés.'
Il leur dit :
'Allez, vous aussi, à ma vigne.'

8 Le soir venu, le maître de la vigne dit à son intendant :
'Appelle les ouvriers et distribue le salaire,
en commençant par les derniers
pour finir par les premiers.'

---

l'allusion au monde nouveau fait penser au *jugement dernier. Si Jésus a choisi douze disciples, c'est à cause des douze tribus d'Israël : ils sont les chefs du nouveau peuple de Dieu.

20, 1. Jésus a reconnu que le détachement des Apôtres leur vaudrait un salaire. Cette parabole, propre à Mt, vient à point pour rappeler que Dieu est libre de ses dons et n'a pas de comptes à nous rendre.

2. "une pièce d'argent", *litt. :* "un denier". Voir *Monnaies.

8. L'ordre suivi pour la paye n'a pas pour but de justifier la sentence répétée avant (19, 30) et après (20, 16) la parabole ; il est nécessaire pour donner au récit rapidité et intensité.

9 Ceux qui n'avaient commencé qu'à cinq heures s'avancèrent
et reçurent chacun une pièce d'argent.
10 Quand vint le tour des premiers,
ils pensaient recevoir davantage,
mais ils reçurent, eux aussi, chacun une pièce d'argent.
11 En la recevant, ils récriminaient contre le maître du domaine :
12 ‘ Ces derniers venus n'ont fait qu'une heure,
et tu les traites comme nous,
qui avons enduré le poids du jour et de la chaleur ! ’
13 Mais le maître répondit à l'un d'entre eux :
‘ Mon ami, je ne te fais aucun tort.
N'as-tu pas été d'accord avec moi pour une pièce d'argent ?
14 Prends ce qui te revient, et va-t'en.
Je veux donner à ce dernier autant qu'à toi :
15 n'ai-je pas le droit de faire ce que je veux de mon bien ?
Vas-tu regarder avec un œil mauvais
parce que moi, je suis bon ? ’

16 Ainsi les derniers seront premiers,
et les premiers seront derniers. »

Troisième annonce de la Passion

17 Au moment de monter à Jérusalem,
Jésus prit à part les *Douze
et, pendant la route, il leur dit :
18 « Voici que nous montons à Jérusalem.
Le Fils de l'homme sera livré
aux chefs des prêtres et aux scribes,
ils le condamneront à mort et le livreront aux païens
19 pour qu'ils se moquent de lui, le flagellent et le crucifient,
et, le troisième jour, il ressuscitera. »

La vraie grandeur des disciples

20 Alors la mère de Jacques et de Jean, fils de Zébédée,
s'approcha de Jésus avec ses fils
et se prosterna pour lui faire une demande.
21 Jésus lui dit :

---

16. Cette maxime ne conclut pas la parabole de façon rigoureuse; comme le Maître le fait remarquer, les ouvriers de la première heure ne sont pas désavantagés... Mais on retrouve ici une des constantes de la Bible et des évangiles : le Royaume de Dieu comporte une échelle de valeurs toute différente de celle du monde : ainsi les Béatitudes Mt 5, 3-11, le Cantique de la Vierge Lc 2, 48.51-53.

17-19. Chez les trois Synoptiques, cette troisième annonce de la Passion souligne la proximité de Jérusalem, qui en sera le théâtre. En outre, elle annonce plus nettement que les précédentes les rôles respectifs des Juifs et des païens.

20. Dans le parallèle de Mc, la démarche est faite directement par Jacques et Jean.

21. Peut-être en relation avec la promesse des douze trônes (19, 28), Jacques et Jean voudraient occuper les mieux placés, le plus près possible du Roi.

« Que veux-tu ? »
Elle répondit :
« Voilà mes deux fils :
ordonne qu'ils siègent,
l'un à ta droite et l'autre à ta gauche, dans ton Royaume. »
22 Jésus répondit :
« Vous ne savez pas ce que vous demandez.
Pouvez-vous boire à la coupe que je vais boire ? »
Ils lui dirent :
« Nous le pouvons. »
23 Il leur dit :
« Ma coupe, vous y boirez;
quant à siéger à ma droite et à ma gauche,
il ne m'appartient pas de l'accorder;
il y a ceux pour qui ces places sont préparées par mon Père. »
24 Les dix autres avaient entendu,
et s'indignèrent contre les deux frères.
25 Jésus les appela et leur dit :
« Vous le savez :
les chefs des nations païennes commandent en maîtres,
et les grands font sentir leur pouvoir.
26 Parmi vous, il ne doit pas en être ainsi :
celui qui veut devenir grand sera votre serviteur;
27 et celui qui veut être le premier sera votre esclave.
28 Ainsi, le Fils de l'homme n'est pas venu pour être servi,
mais pour servir
et donner sa vie en rançon pour la multitude. »

Guérison des deux aveugles de Jéricho

29 Tandis que Jésus avec ses disciples sortait de Jéricho,
une foule nombreuse se mit à le suivre.
30 Et voilà que deux aveugles, assis au bord de la route,

---

22. "La coupe" symbole parfois de joie, mais aussi d'amertume et d'épreuve dans l'A.T., désignera encore, à Gethsémani, la passion du Christ (Mt 26, 39.42; Mc 14, 36; Jn 18, 4). Mc ajoute à la coupe le "baptême", image de l'homme "plongé" dans les grandes eaux de la souffrance (par ex. Psaume 68/69). Même image en Lc 12, 50.

23. Jésus prophétise le martyre prochain de Jacques (Ac 12, 2) et les persécutions grâce auxquelles Jean participera à la passion du Christ (Apocalypse 1, 9). — "sont préparées par mon Père", comme dans Mc où le passif suggère l'action divine. Ce que Jacques et Jean ambitionnent dans un royaume terrestre leur sera donné dans le Royaume céleste, si le plan divin le comporte ainsi.

25. Cette leçon donnée par Jésus a son parallèle en Lc 22, 25-27, où les Apôtres se disputent la préséance aussitôt après l'institution de l'Eucharistie!

28. Le Fils de l'homme est venu pour servir, comme le serviteur souffrant d'Isaïe 53, dont le sacrifice servira de "rançon pour la multitude". On retrouvera ce vocabulaire dans la consécration eucharistique du sang de la nouvelle Alliance : Mt 26, 28; Mc 14, 24.

29-34. Voir le par. de Mc 10, 46-52 avec les notes. Chez Mt, sans doute à cause d'une source différente, il y a deux aveugles. Mt insiste sur la pitié qu'ils inspirent à Jésus, Mc et Lc sur la foi du miraculé. "Suivre" Jésus a peut-être ici le sens fort de devenir son disciple.

apprenant que Jésus passait, crièrent :
« Seigneur, aie pitié de nous, fils de David! »
31 La foule les interpella vivement pour les faire taire.
Mais ils criaient encore plus fort :
« Seigneur, aie pitié de nous, fils de David! »
32 Jésus s'arrêta et les appela :
« Que voulez-vous que je fasse pour vous ? »
33 Ils répondent :
« Seigneur, que nos yeux s'ouvrent! »
34 Saisi de pitié, Jésus leur toucha les yeux;
aussitôt ils se mirent à voir, et ils le suivirent.

CONFLITS DE JÉSUS A JÉRUSALEM

Entrée triomphale de Jésus à Jérusalem

21

1 Jésus et ses disciples, approchant de Jérusalem,
arrivèrent à Bethphagé, sur les pentes du mont des *Oliviers.
Alors Jésus envoya deux disciples :
2 « Allez au village qui est en face de vous;
vous trouverez aussitôt une ânesse attachée
et son petit avec elle.
Détachez-la et amenez-les-moi.
3 Et si l'on vous dit quelque chose, vous répondrez :
'Le Seigneur en a besoin,
mais il les renverra aussitôt.' »
4 Cela s'est passé
pour accomplir la parole transmise par le prophète :
5 *Dites à la fille de Sion :*
Voici ton roi qui vient vers toi,
*humble, monté sur une ânesse et un petit *âne,*
le petit d'une bête de somme.
6 Les disciples partirent
et firent ce que Jésus leur avait ordonné.
7 Ils amenèrent l'ânesse et son petit,
disposèrent sur eux leurs manteaux,
et Jésus s'assit dessus.

21, 1. Les récits de l'entrée de Jésus à Jérusalem sont étroitement parallèles dans les 3 Synoptiques; celui de Jn a des éléments communs avec les leurs, mais dans un ordre différent. — "Bethphagé" hameau sur le versant est du mont des Oliviers, au nord de *Béthanie, à 300 m. à vol d'oiseau du rempart de Jérusalem et du Temple.

2. Le "village qui est en face" : Bethphagé.

3. "Le Seigneur en a besoin." Peut-être les maîtres de l'ânon sont-ils des disciples, pour se contenter de cette réponse. Démarche analogue pour l'emprunt du Cénacle Mc 14, 12-16, et par.

4-5. Accomplissement de la prophétie, par Zacharie 9, 9, d'un Messie humble et doux.

7. Mt, par fidélité littérale au texte de Zacharie, ne sépare pas l'ânon de sa mère et semble dire que Jésus monte les deux à la fois.

8 Dans la foule, la plupart étendirent leurs manteaux sur le chemin;
d'autres coupaient des branches aux arbres
et en jonchaient la route.
9 Les foules qui marchaient devant Jésus et celles qui suivaient criaient :
« *Hosanna* au fils de David!
Béni soit celui qui vient au nom du Seigneur !
Hosanna au plus haut des cieux! »
10 Comme Jésus entrait à Jérusalem,
l'agitation gagna toute la ville; on se demandait :
« Qui est cet homme ? »
11 Et les foules répondaient :
« C'est le prophète Jésus, de Nazareth en Galilée. »

Purification du Temple

12 Jésus entra dans le *Temple,
et il expulsa tous ceux qui vendaient et qui achetaient dans le Temple;
il renversa les comptoirs des changeurs
et les sièges des marchands de colombes.
13 Il leur dit :
« L'Écriture affirme :
Ma maison s'appellera maison de prière.
Or vous, vous en faites une *caverne de bandits.* »
14 Des aveugles et des boiteux s'approchèrent de lui dans le Temple, et il les guérit.
15 Les chefs des prêtres et les scribes s'indignèrent
quand ils virent ses actions étonnantes,
et les enfants qui criaient dans le Temple :
« Hosanna au Fils de David! »
16 Ils dirent à Jésus :
« Tu entends ce qu'ils crient ? »
Jésus leur répond :
« Oui. Vous n'avez donc jamais lu dans l'Écriture :
De la bouche des enfants, des tout-petits
tu as fait monter la louange. »
17 Alors il les quitta et sortit de la ville
en direction de Béthanie, où il resta pour la nuit.

---

9. "Les foules" : d'après Lc, il semblerait que Jésus n'est acclamé que par ses disciples. Jn parle de la foule des pèlerins de Jérusalem, qui "sortit à sa rencontre", et à la rencontre de ceux qui étaient venus de Galilée avec lui. *Hosanna, acclamation qu'on trouve dans le grand psaume messianique 117/118, 25, d'où provient aussi l'acclamation : "Béni soit celui qui vient..." et qui implique un "cortège, rameaux en mains" (v. 27).

12. Ces commerces étaient nécessaires aux sacrifices (achat des animaux à immoler) et aux offrandes en espèces qui devaient être faites en monnaie juive, d'où la présence des changeurs. Mais leur déploiement profanait l'enceinte sacrée du Temple. Mc ajoute (11, 16) qu'on la traversait, comme un raccourci commode, en portant des paquets.

13. "Ma maison s'appellera maison de prière", Mc ajoute : "pour toutes les nations" : Isaïe 56, 7. — "Une caverne de bandits" : Jérémie 7, 11.

14-16. Notations propres à Mt. "De la bouche des enfants..." citation du Psaume 8, 3.

Condamnation du figuier stérile

18 Le lendemain matin, en revenant vers la ville, il eut faim.
19 Voyant un figuier au bord de la route, il s'en approcha,
mais il n'y trouva rien d'autre que des feuilles,
et il lui dit :
« Plus jamais aucun fruit ne viendra de toi. »
Et à l'instant même, le figuier se dessécha.
20 En voyant cela, les disciples s'étonnèrent et dirent :
« Comment se fait-il
que le figuier s'est desséché à l'instant même ? »
21 Alors Jésus déclara :
« Amen, je vous le dis :
Si vous avez la foi et si vous ne doutez pas,
vous ne ferez pas seulement ce que j'ai fait au figuier :
vous pourrez même dire à cette montagne :
' Enlève-toi de là,
et va te jeter dans la mer ',
et cela se produira;
22 tout ce que vous demanderez dans votre prière avec foi,
vous le recevrez. »

Reproches aux Juifs qui refusent l'autorité de Jésus comme celle de Jean Baptiste

23 Jésus était entré dans le Temple,
et, pendant qu'il enseignait,
les *chefs des prêtres et les *anciens du peuple
l'abordèrent pour lui demander :
« Par quelle autorité fais-tu cela,
et qui t'a donné cette autorité ? »
24 Jésus leur répliqua :
« A mon tour, je vais vous poser une seule question;
et si vous me répondez,
je vous dirai, moi aussi, par quelle autorité je fais cela :
25 Le baptême de Jean, d'où venait-il, du ciel ou des hommes ? »
Ils faisaient en eux-mêmes ce raisonnement :
« Si nous disons : ' Du ciel ', il va nous dire :
' Pourquoi donc n'avez-vous pas cru à sa parole ? '
26 Si nous disons : ' Des hommes ',
nous devons redouter la foule,
car tous tiennent Jean pour un prophète. »
27 Ils répondirent donc à Jésus :
« Nous ne savons pas ! »
Il leur dit à son tour :

18-22. Voir Mc 11, 12-14.20-24 avec les notes. Mc met un intervalle entre la malédiction et son effet, qui est instantané chez Mt.

23-27. Voir Mc 11, 27-33, avec les notes.

« Moi non plus, je ne vous dirai pas
par quelle autorité je fais cela.

Les deux fils

28 Que pensez-vous de ceci ?
Un homme avait deux fils.
Il vint trouver le premier et lui dit :
‘ Mon enfant, va travailler aujourd'hui à ma vigne. ’
29 Il répondit : ‘ Je ne veux pas. ’
Mais ensuite, s'étant repenti, il y alla.
30 Abordant le second, le père lui dit la même chose.
Celui-ci répondit : ‘ Oui, Seigneur ! ’
et il n'y alla pas.
31 Lequel des deux a fait la volonté du père ? »
Ils lui répondent : « Le premier. »

Jésus leur dit :
« Amen, je vous le déclare : les publicains et les prostituées vous précèdent dans le Royaume de Dieu.
32 Car Jean Baptiste est venu à vous, vivant selon la justice,
et vous n'avez pas cru à sa parole ;
tandis que les publicains et les prostituées y ont cru.
Mais vous, même après avoir vu cela,
vous ne vous êtes pas repentis pour croire à sa parole.

Parabole des vignerons homicides

33 « Écoutez une autre parabole:
Un homme était propriétaire d'un domaine ;
il planta une *vigne, l'entoura d'une clôture,
y creusa un pressoir et y bâtit une tour de garde.
Puis il la donna en fermage à des vignerons,
et partit en voyage.
34 Quand arriva le moment de la vendange,
il envoya ses serviteurs auprès des vignerons
pour se faire remettre le produit de la vigne.
35 Mais les vignerons se saisirent des serviteurs,
frappèrent l'un, tuèrent l'autre, lapidèrent le troisième.
36 De nouveau, le propriétaire envoya d'autres serviteurs

28-31. Parabole propre à Mt, et où l'on retrouve les personnages de la parabole de Lc 15, 11-32 : un fils rebelle, et qui se repent, et un fils obéissant, mais ici en paroles seulement. On retrouve l'opposition entre les paroles et les actes, en conclusion du discours sur la montagne (7, 21).

31-32. Jésus donne une application précise à la parabole. On en fausse le sens par une citation inexacte : “les publicains et les prostituées vous précéderont...” Ce futur est une faute de la *Vulgate. Les publicains et les prostituées, en tant que tels, n'ont aucun privilège. C'est parce qu'ils ont “cru” à la parole de Jean et qu'ils ont manifesté leur repentir en se faisant baptiser par lui, qu'ils “précèdent dans le royaume de Dieu” les chefs des prêtres et les anciens. On retrouve le même reproche, adressé aux pharisiens et aux docteurs de la Loi, en Lc 7, 30.

33-42. Voir Mc 12, 1-12, avec les notes.

plus nombreux que les premiers ;
mais ils furent traités de la même façon.
37 Finalement, il leur envoya son fils, en se disant :
‘ Ils respecteront mon fils. ’
38 Mais, voyant le fils, les vignerons se dirent entre eux :
‘ Voici l'héritier : allons-y ! tuons-le,
nous aurons l'héritage ! ’
39 Ils se saisirent de lui,
le jetèrent hors de la vigne et le tuèrent.
40 Eh bien, quand le maître de la vigne viendra,
que fera-t-il à ces vignerons ? »
41 On lui répond :
« Ces misérables, il les fera périr misérablement.
Il donnera la vigne en fermage à d'autres vignerons,
qui en remettront le produit en temps voulu. »

42 Jésus leur dit :
« N'avez-vous jamais lu dans les Écritures :
La pierre qu'ont rejetée les bâtisseurs
est devenue la pierre angulaire.
C'est là l'œuvre du Seigneur,
une merveille sous nos yeux !
43 Aussi, je vous le dis :
Le Royaume de Dieu vous sera enlevé
pour être donné à un peuple qui lui fera produire son fruit.
44 Et tout homme qui tombera sur cette pierre
sera brisé ;
celui sur qui elle tombera
elle le pulvérisera ! »

45 Les chefs des prêtres et les pharisiens,
en entendant ces paraboles,
avaient bien compris que Jésus parlait d'eux.
46 Tout en cherchant à l'arrêter,
ils eurent peur de la foule,
parce qu'elle le tenait pour un prophète.

Parabole du festin de noces

1 Jésus se remit à leur parler en paraboles : 22
2 « Le Royaume des cieux est comparable
à un roi qui célébrait les noces de son fils.
3 Il envoya ses serviteurs pour appeler à la noce les invités,
mais ceux-ci ne voulaient pas venir.

22, 2-10. La parabole de Mt et celle de Lc sont très différentes. Voir les notes sur Lc. Celle-ci est surchargée d'allégories peu cohérentes. Le "roi" est Dieu, son "fils" est Jésus. Le repas est un "repas de noce". Les invités sont des vassaux du roi. La destruction de leurs villes est peut-être une allusion à la ruine de Jérusalem, châtiment de leur mauvaise volonté (voir 23, 37-39 par.). Pendant ce temps, le repas de noce est toujours prêt : les serviteurs invitent "tous ceux qu'ils rencontrent, et la salle est remplie de convives."

4 Il envoya encore d'autres serviteurs dire aux invités :
‘ Voilà : mon repas est prêt,
mes bœufs et mes bêtes grasses sont égorgés;
tout est prêt : venez au repas de noce. ’
5 Mais ils n'en tinrent aucun compte et s'en allèrent,
l'un à son champ, l'autre à son commerce;
6 les autres empoignèrent les serviteurs,
les maltraitèrent et les tuèrent.
7 Le roi se mit en colère,
il envoya ses troupes, fit périr les meurtriers et brûla leur ville.
8 Alors il dit à ses serviteurs :
‘ Le repas de noce est prêt,
mais les invités n'en étaient pas dignes.
9 Allez donc aux croisées des chemins :
tous ceux que vous rencontrerez,
invitez-les au repas de noce. ’
10 Les serviteurs allèrent sur les chemins,
rassemblèrent tous ceux qu'ils rencontrèrent,
les mauvais comme les bons,
et la salle de noce fut remplie de convives.

11 Le roi entra pour voir les convives.
Il vit un homme qui ne portait pas le vêtement de noce,
12 et lui dit :
‘ Mon ami, comment es-tu entré ici,
sans avoir le vêtement de noce ? ’
L'autre garda le silence.
13 Alors le roi dit aux serviteurs :
‘ Jetez-le, pieds et poings liés, dehors dans les ténèbres;
là il y aura des pleurs et des grincements de dents. ’

14 Certes, la multitude des hommes est appelée,
mais les élus sont peu nombreux. »

Dieu et César

15 Alors les pharisiens se concertèrent
pour voir comment prendre en faute Jésus
en le faisant parler.
16 Ils lui envoient leurs disciples,

11-13. La parabole continue dans une nouvelle direction (Mt a peut-être utilisé ici un débris d'une autre parabole). Moraliste et catéchète, il ne pouvait laisser croire que “les mauvais comme les bons” seraient admis aux noces, et on en exclut un homme dont les dispositions morales (“le vêtement de noce”, mais comment se le serait-il procuré ?) sont insuffisantes. Lui non plus “n'est pas digne”.

14. Cette sentence fameuse ne peut appuyer la doctrine cruelle du “petit nombre des élus”. Entre “beaucoup” et “peu”, selon l'esprit sémitique, il n'y a pas opposition mais comparaison. Le sens est : les élus sont finalement moins nombreux que les appelés. L'ensemble de la parabole est en faveur du grand nombre des élus, puisque le roi veut que la salle de noce soit “remplie de convives”. Cette volonté est plus claire encore dans la parabole de Lc 14, 22-23.

15-22. Voir le parallèle de Mc 12, 13-17 avec les notes.

accompagnés des partisans d'Hérode :
« Maître, lui disent-ils, nous le savons :
tu es toujours vrai et tu enseignes le vrai chemin de Dieu;
tu ne te laisses influencer par personne,
car tu ne fais pas de différence entre les gens.
17 Donne-nous ton avis :
Est-il permis, oui ou non, de payer l'impôt à l'empereur ? »
18 Mais Jésus, connaissant leur perversité, riposta :
« Hypocrites !
pourquoi voulez-vous me mettre à l'épreuve ?
19 Montrez-moi la monnaie de l'impôt. »
Ils lui présentèrent une pièce d'argent.
20 Il leur dit :
« Cette effigie et cette légende, de qui sont-elles ?
21 — De l'empereur César », répondirent-ils.
Alors il leur dit :
« Rendez donc à César ce qui est à César,
et à Dieu ce qui est à Dieu. »

22 A ces mots, ils furent tout étonnés.
Ils le laissèrent donc et s'en allèrent.

Controverses avec les sadducéens sur la résurrection

23 Ce jour-là, des *sadducéens
— ceux qui affirment qu'il n'y a pas de résurrection —
vinrent trouver Jésus et l'interrogèrent :
24 « Maître, Moïse a dit :
Si un homme meurt sans avoir d'enfant,
son frère épousera la veuve
et donnera une descendance au défunt.
25 Il y avait chez nous sept frères :
le premier, qui s'était marié, mourut;
et, comme il n'avait pas d'enfant, il laissa sa femme à son frère.
26 De même le deuxième, puis le troisième, jusqu'au septième,
27 et finalement, la femme mourut.
28 Alors, à la résurrection, duquel des sept sera-t-elle l'épouse,
puisqu'elle leur a appartenu à tous ? »

29 Jésus leur répondit :
« Vous êtes dans l'erreur,
en méconnaissant les Écritures, et la puissance de Dieu.
30 A la résurrection, en effet, on ne se marie pas,
mais on est comme les anges dans le ciel.
31 Au sujet de la résurrection des morts,
n'avez-vous pas lu ce que Dieu vous a dit :
32 ‘ *Moi, Je suis le Dieu d'Abraham,*

23-33. Voir le parallèle de Mc 12, 18-27 avec les notes.

le Dieu d'Isaac,
le Dieu de Jacob' ?
Il n'est pas le Dieu des morts, mais des vivants. »
33 Les foules qui l'avaient entendu
étaient frappées par son enseignement.

La question du grand commandement

34 Les pharisiens,
apprenant qu'il avait fermé la bouche aux sadducéens,
se réunirent,
35 et l'un d'eux, un *docteur de la Loi, posa une question à Jésus
pour le mettre à l'épreuve :
36 « Maître, dans la Loi, quel est le grand commandement ? »
37 Jésus lui répondit :
« *Tu aimeras le Seigneur ton Dieu*
de tout ton cœur,
de toute ton âme et de tout ton esprit.
38 Voilà le grand, le premier commandement.
39 Et voici le second, qui lui est semblable :
Tu aimeras ton prochain comme toi-même.
40 Tout ce qu'il y a dans l'Écriture,
— dans la Loi et les Prophètes, —
dépend de ces deux commandements. »

Dernière controverse sur le Messie

41 Comme les pharisiens se trouvaient réunis,
Jésus les interrogea :
« Que pensez-vous au sujet du Messie ?
De qui est-il le fils ? »
42 Ils lui répondent :
« De David. »
43 Jésus leur réplique :
« Comment donc David, sous l'inspiration de l'Esprit,
l'appelle-t-il Seigneur, en disant :
44 *Le Seigneur a dit à mon Seigneur :*
‘ *Siège à ma droite*
jusqu'à ce que j'aie mis tes ennemis sous tes pieds ’ ?
45 Celui que David appelle Seigneur,
comment peut-il être son fils ? »
46 Personne ne pouvait lui répondre un mot
et, à partir de ce jour-là, nul n'osa plus l'interroger.

Contre les scribes et les pharisiens

23

1 Alors Jésus déclara à la foule et à ses disciples :

34-40. Voir le parallèle de Mc 12, 28-31 avec les notes.
41-46. Voir le parallèle de Mc 12, 35-37 avec les notes.
23. Cette longue diatribe contre les pharisiens est propre à Mt, avec quelques parallèles

2 « Les *scribes et les *pharisiens enseignent
dans la chaire de Moïse.
3 Pratiquez donc et observez tout ce qu'ils peuvent vous dire.
Mais n'agissez pas d'après leurs actes,
car ils disent,et ne font pas.
4 Ils lient de pesants fardeaux et en chargent les épaules des gens;
mais eux-mêmes ne veulent pas les remuer du doigt.
5 Ils agissent toujours pour être remarqués des hommes :
ils portent sur eux des phylactères très larges
et des *franges très longues;
6 ils aiment les places d'honneur dans les repas,
les premiers rangs dans les synagogues,
7 les salutations sur les places publiques,
ils aiment recevoir des gens le titre de *Rabbi.
8 Pour vous, ne vous faites pas donner le titre de Rabbi,
car vous n'avez qu'un seul enseignant,
et vous êtes tous frères.
9 Ne donnez à personne sur terre le nom de Père,
car vous n'avez qu'un seul Père, celui qui est aux cieux.
10 Ne vous faites pas non plus appeler maîtres,
car vous n'avez qu'un seul maître, le Christ.
11 Le plus grand parmi vous sera votre serviteur.
12 Qui s'élèvera sera abaissé,
qui s'abaissera sera élevé.

13 *Malheureux êtes-vous, scribes et pharisiens *hypocrites,
parce que vous fermez à clef le Royaume des cieux
devant les hommes;
vous-mêmes n'y entrez pas,
et ceux qui essayent d'y entrer,
vous ne leur permettez pas d'entrer!
15 Malheureux êtes-vous, scribes et pharisiens hypocrites,
parce que vous parcourez la mer et la terre
pour faire un seul *converti,

---

très partiels chez Mc et Lc. Mt écrivait pour des chrétiens palestiniens, d'origine juive, spécialement affrontés aux pharisiens. Ceux-ci, après la chute de Jérusalem en 70, avaient obtenu la majorité dans le Sanhédrin qu'ils avaient reconstitué à Jabné (ou Jamnia), et qui était très hostile aux chrétiens.

2. "Dans la chaire de Moïse" : Jésus reconnaît en eux les interprètes de la Loi; il conteste beaucoup moins leur enseignement que leur conduite et leur exemple.

4. "De pesants fardeaux" : voir la note sur 11, 28-30.

5. "Pour être remarqués des hommes", voir, 6, 1-6.16-18. — "Phylactères" : étuis de cuir, contenant, écrits sur des parchemins, quatre passages essentiels de la Loi, dont le *Shema Israël* (voir Mc 12, 29); on les portait, pour la prière du matin, sur le bras gauche et sur le front, afin d'obéir littéralement à Exode 13, 9 et à Deutéronome 6, 6-8.

6. "Les places d'honneur dans les repas" : voir Lc 14, 1.7.

7-10. Il n'est pas interdit d'être appelé *Rabbi*, Père ou Maître, mais d'oublier que ces titres conviennent d'abord à Dieu ou au Christ, et que les hommes ne doivent pas les rechercher ou les accaparer orgueilleusement.

11. Voyez 20, 26.

12. Voyez 18, 4; Lc 14, 11.

14. Verset de la *Vulgate, absent du texte original, reproduisant Mc 12, 40 et Lc 20, 47.

15. "homme voué..." *litt.* : *fils de...

et quand vous y avez réussi,
vous en faites un homme voué à la *géhenne,
deux fois pire que vous!
16 Malheureux êtes-vous, guides aveugles,
vous qui dites :
‘ Si l'on fait un serment par le Temple,
il est nul;
mais si l'on fait un serment par l'or du Temple,
on doit s'en acquitter. ’
17 Insensés et aveugles!
Qu'est-ce qui est le plus important :
l'or ? ou bien le Temple par lequel cet or devient sacré ?
18 Vous dites encore :
‘ Si l'on fait un serment par l'autel,
il est nul;
mais si l'on fait un serment par l'offrande posée sur l'autel,
on doit s'en acquitter. ’
19 Aveugles! Qu'est-ce qui est le plus important :
l'offrande ?
ou bien l'autel par lequel cette offrande devient sacrée ?
20 Celui qui fait un serment par l'autel
fait donc un serment par l'autel
et par tout ce qui est posé dessus;
21 et celui qui fait un serment par le Temple
fait un serment par le Temple
et par Celui qui l'habite;
22 et celui qui fait un serment par le ciel
fait un serment par le trône divin
et par Celui qui siège sur ce trône.

23 Malheureux êtes-vous, scribes et pharisiens hypocrites,
parce que vous payez la *dîme
sur la menthe, le fenouil et le cumin,
mais vous avez négligé ce qu'il y a de plus grave dans la Loi :
la justice, la miséricorde et la fidélité.
Voilà ce qu'il fallait pratiquer
sans négliger le reste.
24 Guides aveugles! Vous enlevez le moucheron avec un filtre,
et vous avalez le chameau!
25 Malheureux êtes-vous, scribes et pharisiens hypocrites,
parce que vous purifiez l'extérieur de la coupe et de l'assiette,
mais l'intérieur est rempli de cupidité et d'intempérance!

---

16. "Guides aveugles" voir la petite parabole 15, 14.

16-22. Jésus réfute des raisonnements casuistiques subtils et déraisonnables. Le v. 19 a été souvent employé comme une autorité pour la théologie du sacrifice, dont le premier acte consiste à déposer l'offrande sur l'autel, considéré comme un seuil entre la terre et Dieu.

23. De même Lc 11, 42.

25-26. Parallèle en Lc 11, 39-40.

26 Pharisien aveugle, purifie d'abord l'intérieur de la coupe
afin que l'extérieur aussi devienne pur.

27 Malheureux êtes-vous, scribes et pharisiens hypocrites,
parce que vous ressemblez à des tombeaux blanchis à la chaux :
à l'extérieur ils ont une belle apparence,
mais l'intérieur est rempli d'ossements
et de toutes sortes de choses impures.
28 C'est ainsi que vous, à l'extérieur, pour les gens,
vous avez l'apparence d'hommes justes,
mais à l'intérieur vous êtes pleins d'hypocrisie et de mal.

29 Malheureux êtes-vous, scribes et pharisiens hypocrites,
parce que vous bâtissez les tombeaux des prophètes,
vous décorez les sépulcres des justes,
30 et vous dites :
' Si nous avions vécu à l'époque de nos pères,
nous n'aurions pas été leurs complices
pour verser le sang des prophètes. '
31 Ainsi vous témoignez contre vous-mêmes :
vous êtes bien les fils de ceux qui ont assassiné les prophètes.
32 Eh bien, vous, achevez donc ce que vos pères ont commencé!

33 Serpents, engeance de vipères,
comment éviteriez-vous le châtiment de la *géhenne ?
34 C'est pourquoi, voici que j'envoie vers vous
des *prophètes, des sages et des scribes;
vous tuerez et crucifierez les uns,
vous en flagellerez d'autres dans vos synagogues,
vous les poursuivrez de ville en ville;
35 ainsi retombera sur vous
tout le sang des justes qui a été versé sur la terre,
depuis le sang d'Abel le juste
jusqu'au sang de Zacharie, fils de Barachie,
que vous avez assassiné entre le sanctuaire et l'autel.

27-28. Même sévérité, sans image, en Lc 16, 15. Les tombeaux étaient blanchis pour qu'on puisse éviter leur contact qui entraînait une souillure.

29-32. Parallèle en Lc 20, 47-48. En bâtissant des tombeaux pour honorer les prophètes, les descendants de ceux qui les ont tués s'imaginent réparer leur crime, alors qu'ils sont tout prêts à le renouveler. Car Jésus est plus qu'un prophète (12, 41; 21, 37) et ils sont décidés à le tuer (16, 21; 17, 12; 20, 18; 21, 46).

33. "Serpents, engeance de vipères..." Jésus parle comme Jean Baptiste : Mt 3, 7-10; Lc 3, 7.

34. "Des prophètes, des sages et des scribes." Jésus désigne ainsi ses envoyés : apôtres et évangélistes, qui prendront la suite des inspirés de la Loi ancienne. Les Ac connaissent des "prophètes" à côté des apôtres : 11, 27; 13, 1; 15, 32; 19, 6; 21, 9-10. Jésus a parlé de "tout scribe devenu disciple du Royaume des Cieux" (Mt 13, 52). — "Vous tuerez et crucifierez... flagellerez, poursuivrez..." les premiers chrétiens ont été ainsi persécutés par la synagogue. Voir Mt 10, 16-21 et les Actes des Apôtres, *passim*.

35. "D'Abel le juste jusqu'au sang de Zacharie". Ces deux personnages sont cités comme englobant toute l'histoire sainte. Le meurtre d'Abel (Genèse 4, 8) est le premier de tous. L'assassinat, dans le Temple, de Zacharie, fils du grand prêtre Joïada ou Joad, est le dernier mentionné dans l'histoire de l'A.T. (2 Chroniques 24, 20-22). — "fils de Barachie" : précision fautive, absente de Lc.

36 Amen, je vous le dis : tout cela retombera sur cette *génération.

Lamentation sur Jérusalem

37 Jérusalem, Jérusalem, toi qui tues les prophètes,
toi qui lapides ceux qui te sont envoyés,
combien de fois j'ai voulu rassembler tes enfants
comme la poule rassemble ses poussins sous ses ailes,
et vous n'avez pas voulu.
38 Maintenant, Dieu abandonne votre temple entre vos mains,
et il restera désert.
39 En effet, je vous le déclare :
vous ne me verrez plus jusqu'au jour où vous direz :
' *Béni soit celui qui vient au nom du Seigneur.* '

CINQUIÈME DISCOURS : DISCOURS SUR LA VENUE DU FILS DE L'HOMME

Le début des douleurs

1 Jésus était sorti du Temple et s'en allait, 24
lorsque ses disciples s'approchèrent
pour lui faire remarquer les constructions du Temple.
2 Alors il leur déclara :
« Vous voyez tout cela, n'est-ce pas ?
Amen, je vous le dis :
il ne restera pas ici pierre sur pierre;
tout sera détruit. »
3 Puis, comme il s'était assis au mont des *Oliviers,
les disciples s'approchèrent de lui à l'écart pour lui demander :
« Dis-nous quand cela arrivera,
dis-nous quel sera le signe de ta venue et de la fin du monde. »
4 Jésus leur répondit :
« Prenez garde que personne ne vous égare.
5 Car beaucoup viendront sous mon nom,
en disant : ' C'est moi le *Messie, '
et ils égareront bien des gens.

---

37. "Toi qui tues les prophètes" voir 23, 29-32 = Lc 11, 47-51. — "Comme la poule..." comparaison sans précédent dans l'A.T. Mais on y trouve souvent les "ailes" protectrices de Dieu pour ses fidèles : Deutéronome 32, 11; Ruth 2, 12; Ps 16/17, 8; 35/36, 8; 56/57, 2; 60/61, 5; 62/63, 8.

38. Allusion à Jérémie 12, 7. Voir encore Jérémie 22, 5-6, et Ézékiel 10, 18.

39. "Béni soit celui..." citation du Ps 117/118, 26, qui a été employé pour la venue messianique de Jésus à Jérusalem (21, 9 = Lc 19, 38). Il s'agit ici de la venue du Fils de l'homme à la fin des temps, ce qui introduit le discours *eschatologique du ch. 24.

24, 1. *Hérode avait fait rebâtir le *Temple avec magnificence. On voit encore les restes de ses assises énormes au "mur des lamentations".

3. Du mont des Oliviers, le Temple était particulièrement visible. Chez Mt la question des disciples porte sur deux événements distincts dans le temps : la ruine du Temple ("cela"), la venue du Christ et la fin du monde, et sur le signe qui les annoncera. Mc et Lc ne parlent pas de la venue du Christ, mais du signe de la fin. Les divers événements sont liés entre eux par des rapports de préfiguration. Il est donc très difficile de savoir, pour tous les détails de ce discours eschatologique, à quelle étape chronologique chacun d'eux appartient. Chez Lc la distinction est plus claire que chez Mt et Mc.

6 Vous allez entendre parler de guerres et de rumeurs de guerre.
Attention! ne vous laissez pas effrayer,
car il faut que cela arrive,
mais ce n'est pas encore la fin.
7 On se dressera nation contre nation, royaume contre royaume;
il y aura çà et là des famines et des tremblements de terre.
8 Or tout cela n'est que le début des douleurs de l'enfantement.
9 On vous livrera aux tourments, on vous tuera,
vous serez détestés de toutes les nations à cause de mon Nom.
10 Alors beaucoup succomberont;
ils se livreront les uns les autres, se haïront les uns les autres.
11 Quantité de faux prophètes se lèveront,
et ils égareront bien des gens.
12 A cause de l'ampleur du mal,
la charité de la plupart des hommes se refroidira.
13 Mais celui qui persévérera jusqu'à la fin, celui-là sera sauvé.
14 Et cette Bonne Nouvelle du Royaume
sera proclamée dans le monde entier;
il y aura là un témoignage pour toutes les nations.
Alors viendra la fin.

Détresse de Jérusalem

15 Lorsque vous verrez le *Sacrilège Dévastateur,
installé dans le Lieu Saint comme l'a dit le prophète Daniel
— que le lecteur de l'Écriture comprenne! —
16 alors, ceux qui seront en Judée,
qu'ils s'enfuient dans la montagne;
17 celui qui sera sur sa terrasse,
qu'il n'en descende pas
pour emporter ce qu'il y a dans sa maison;
18 celui qui sera dans son champ,
qu'il ne retourne pas en arrière pour emporter son manteau.
19 *Malheureuses les femmes qui seront enceintes
et celles qui allaiteront en ces jours-là!
20 Priez pour que votre fuite n'arrive pas en hiver
ni un jour de sabbat,

---

6. "Ce n'est pas encore la fin" de Jérusalem, et non pas du monde, bien que l'une soit une annonce de l'autre.

8. "Les douleurs de l'enfantement" image classique chez les prophètes de souffrances subites et aiguës, auxquelles on ne peut échapper (voir Isaïe 13, 8; 26, 17; Jérémie 6, 24, etc.).

9-14. Ces versets de Mt semblent concerner les persécutions subies par les Apôtres dans les débuts de l'Église, donc après la ruine de Jérusalem, car ils rejoignent l'instruction aux missionnaires de 10, 17-23. Mt 24, 13b (= Mc 13, 13b) est identique à Mt 10, 22b. En outre, la proclamation de la Bonne Nouvelle dans le monde entier (alors connu : le bassin méditerranéen), correspond à l'expansion dont les Actes nous rapportent le début.

15. "Que le lecteur de l'Écriture comprenne!" "De l'Écriture" : *add.* Cette parenthèse vient du rédacteur de l'évangile.

16. Annonce de jours de grande détresse, où l'on ne peut que prendre rapidement la fuite.

17-18. Voir la note sur Lc 17. 31.

21 car alors il y aura une grande détresse,
comme il n'y en a jamais eu
depuis le commencement du monde jusqu'à maintenant,
et comme il n'y en aura jamais plus.
22 Et si le nombre de ces jours-là n'était pas abrégé
personne n'aurait la vie sauve;
mais à cause des élus, ces jours-là seront abrégés.
23 Alors, si quelqu'un vous dit :
'Voilà le Messie! Il est là!'
ou bien encore : 'Il est là!'
n'en croyez rien.
24 Il surgira des faux messies et des faux prophètes,
ils produiront des signes grandioses et des prodiges
au point d'égarer même les élus, si c'était possible.
25 Voilà que je vous ai tout dit à l'avance.

L'avènement du Fils de l'Homme

26 Si l'on vous dit :
'Le voilà dans le désert,'
ne sortez pas.
'Le voilà dans le fond de la maison,'
n'en croyez rien.
27 En effet, comme l'éclair qui part de l'orient
brille jusqu'à l'occident,
ainsi se produira la venue du Fils de l'homme.
28 Selon le proverbe :
Là où il y a un cadavre,
là se rassembleront les vautours.

29 Aussitôt après la détresse de ces jours-là,
le soleil s'obscurcira et la lune perdra son éclat.
Les étoiles tomberont du ciel
et les puissances célestes seront ébranlées.
30 Alors paraîtra dans le ciel le signe du Fils de l'homme;

---

21. Cliché du style *apocalyptique. Voyez Daniel 12, 1; Apocalypse 7, 14.

22. "Les élus" : ce mot, qu'on retrouve aux vv. 24 et 31 (précédemment 22, 14) correspond à ce que les prophètes appelaient le "Reste" ou le "petit Reste" : les Juifs demeurés fidèles à l'Alliance au milieu de l'infidélité générale. Mais ici les élus peuvent désigner tous les disciples de Jésus.

23-25. Les faux messies ont été nombreux : Theudas, Ac 5, 36; Bar-Kokhéba, qui fut reconnu Messie par Rabbi Aquiba et reprit Jérusalem en 132, etc.

26-28. Il n'y aura pas à s'y tromper. On n'aura pas à chercher le Messie. Sa manifestation sera éclatante, subite, universelle, comme l'éclair, comme le rassemblement rapide des oiseaux de proie autour d'un cadavre. "Le proverbe" *(add.)* : voir Job 39, 29-30.

29-30. Ces phénomènes astronomiques sont des clichés de la littérature apocalyptique, destinés à souligner l'importance cosmique d'un événement spirituel. Voir par exemple Ézékiel 32, 7; Joël 2, 10; Aggée 2, 6.21, etc. Et, dans le N.T., Apocalypse 6, 12, etc. Mt, plus que les autres évangélistes, a recouru à cette mise en scène pour souligner la mort de Jésus : 27, 51-54, et sa résurrection : 28, 2. — "Le signe du Fils de l'homme" : la croix du Christ, ou le Christ lui-même, manifestant sa victoire définitive. — Alors toutes les tribus (tous les peuples) du monde "se frapperont la poitrine" en signe de repentir et de conversion : voir Zacharie 12, 10-12. — Sur les *nuées du ciel voir Daniel 7, 12-14. Expressions reprises par Jésus devant le grand conseil 26, 64 = Mc 14, 62.

alors toutes les tribus de la terre se frapperont la poitrine
et verront le Fils de l'homme venir sur les nuées du ciel,
avec grande puissance et grande gloire.
31 Il enverra ses anges au signal retentissant de la trompette,
et ils rassembleront ses élus des quatre coins du monde,
d'une extrémité des cieux jusqu'à l'autre.

32 Que la comparaison du figuier vous instruise :
Dès que ses branches deviennent tendres et que sortent ses feuilles,
vous savez que l'été est proche.
33 De même, vous aussi, lorsque vous verrez tout cela,
sachez que le Fils de l'homme est proche, à votre porte.
34 Amen, je vous le dis :
cette génération ne passera pas
avant que tout cela n'arrive.
35 Le ciel et la terre passeront,
mes paroles ne passeront jamais.

36 Quant à ce jour et à cette heure-là,
nul ne les connaît, pas même les anges des cieux,
pas même le Fils,
mais le Père seul.

L'ignorance de ce jour

37 L'avènement du Fils de l'homme ressemblera
à ce qui s'est passé à l'époque de Noé.
38 A cette époque, avant le déluge,
on mangeait, on buvait, on se mariait,
jusqu'au jour où Noé entra dans l'arche.
39 Les gens ne se sont doutés de rien,
jusqu'au déluge qui les a tous engloutis :
tel sera aussi l'avènement du Fils de l'homme.
40 Deux hommes seront aux champs :
l'un est pris, l'autre laissé.

---

31. "ses anges" forment normalement la cour du roi céleste et jouent un rôle à la fin du monde : 13, 39-41.49; 16, 27; 25, 31. — "la trompette" fait partie des accessoires littéraires d'une révélation importante et du jugement, parce qu'elle servait à rassembler le peuple pour les solennités : Joël 2, 15; Exode 19, 16, etc.; Apocalypse 1, 10; 4, 1, etc.

32. "La comparaison" (*litt. :* "parabole") du figuier est très générale : il faut savoir comprendre les "signes des temps" (16, 3).

34. "cette *génération" : ceci se vérifiera s'il s'agit de la ruine de Jérusalem qui aura lieu en 70, 40 ans après ce discours. Mais le mot génération a souvent dans les évangiles un sens assez vague, par exemple 11, 16; 12, 39; 23, 36.

35. Même affirmation, mais concernant la Loi : 5, 18.

36. Après avoir donné un signe très vague au v. 32, pour paraître répondre à la question des disciples au v. 3, Jésus refuse de donner une date. — "pas même le Fils" : non que Jésus l'ignore, en tant que Fils de Dieu, mais en tant que Fils incarné il n'est pas chargé de le révéler. — "Le Père seul" : voyez Ac 1, 7.

37-39. "L'avènement du Fils de l'homme" sera aussi surprenant, aussi imprévisible que le Déluge pour les contemporains de Noé : voir Genèse 6-8; cette imprévisibilité du déluge n'y est pas mentionnée, mais voir Hébreux 11, 7; 1 Pierre 3, 20; 2 Pierre 2, 5.

40-41. Deux individus qui se trouveront ensemble lors de cet avènement seront traités différemment selon la disposition de leur cœur : il ne s'agit pas d'un cataclysme purement matériel, mais bien d'un *jugement.

41 Deux femmes seront au moulin :
l'une est prise, l'autre laissée.
42 Veillez donc, car vous ne connaissez pas le jour
où votre Seigneur viendra.
43 Vous le savez bien : si le maître de maison
avait su à quelle heure de la nuit le voleur viendrait,
il aurait veillé et n'aurait pas laissé percer le mur de sa maison.
44 Tenez-vous donc prêts, vous aussi :
c'est à l'heure où vous n'y penserez pas,
que le Fils de l'homme viendra.

Le serviteur fidèle

45 Quel est donc le serviteur fidèle et sensé
à qui le maître de maison a confié la charge de son personnel
pour lui donner la nourriture en temps voulu ?
46 Heureux ce serviteur
que son maître, en arrivant, trouvera à son travail !
47 Amen, je vous le déclare : il lui confiera la charge de tous ses biens.
48 Mais si ce mauvais serviteur se dit :
' Mon maître s'attarde, '
49 et s'il se met à frapper ses compagnons,
s'il mange et boit avec les ivrognes,
50 son maître viendra le jour où il ne l'attend pas
et à l'heure qu'il n'a pas prévue :
51 il se séparera de lui et le mettra parmi les hypocrites ;
là il y aura des pleurs et des grincements de dents.

Parabole des dix jeunes filles

1 « Alors, le Royaume des cieux sera comparable **25**
à dix jeunes filles invitées à des noces,
qui prirent leur lampe
et s'en allèrent à la rencontre de l'époux.

43-44. Petite parabole : le voleur, qui perce le mur en torchis, ne s'annonce pas et, comme il vient au milieu de la nuit, il faut veiller, être prêt. Cette comparaison a marqué la pensée chrétienne (sainte Thérèse de l'Enfant Jésus dans ses derniers entretiens) et dès le N.T. : "Vous savez très bien que le jour du Seigneur viendra comme un voleur dans la nuit... Ce jour ne vous surprendra pas comme un voleur" (1 Thessaloniciens 5, 2.4). Voir aussi 2 Pierre 3, 10. "Si tu ne veilles pas, je viendrai comme un voleur" (Apocalypse 3, 3 ; 16, 15).

45. Parabole du serviteur fidèle et, au v. 48, du "mauvais serviteur" : elle est comme l'ébauche de la parabole des talents (25, 14-30) et des mines (Lc 19, 12-28) où le maître reste longtemps absent.

51. "Il se séparera de lui" *litt.* : "il le coupera en deux". Même mot dans le parallèle de Lc 12, 46 ; il ne semble pas désigner un supplice, mais une séparation violente et définitive.

25. Tout le contenu de ce chapitre est propre à Mt, sauf que la parabole des talents offre un parallèle avec celle des mines en Lc. Il est tout entier axé sur la venue du Christ à la fin des temps ; il constitue donc la suite et la fin du cinquième discours qui remplit le ch. 24.

1. "jeunes filles" ou "vierges". La liturgie a fait grand emploi de cette parabole pour les fêtes de vierges. Mais la parabole ne concerne aucunement la virginité : elle veut inculquer à tous les fidèles le devoir de veiller, avec une conclusion au v. 13 semblable à celle de la parabole du voleur (24, 44).

2 Cinq d'entre elles étaient insensées,
et cinq étaient prévoyantes :
3 les insensées avaient pris leur lampe sans emporter d'huile,
4 tandis que les prévoyantes avaient pris, avec leur lampe,
de l'huile en réserve.
5 Comme l'époux tardait, elles s'assoupirent toutes et s'endormirent.

6 Au milieu de la nuit, un cri se fit entendre :
'Voici l'époux! Sortez à sa rencontre.'
7 Alors toutes ces jeunes filles se réveillèrent
et préparèrent leur lampe.
8 Les insensées demandèrent aux prévoyantes :
'Donnez-nous de votre huile,
car nos lampes s'éteignent.'
9 Les prévoyantes leur répondirent :
'Jamais cela ne suffira pour nous et pour vous;
allez plutôt vous en procurer chez les marchands.'
10 Pendant qu'elles allaient en acheter, l'époux arriva.
Celles qui étaient prêtes entrèrent avec lui dans la salle des noces
et l'on ferma la porte.
11 Plus tard, les autres jeunes filles arrivent à leur tour et disent :
'Seigneur, Seigneur, ouvre-nous!'
12 Il leur répondit :
'Amen, je vous le dis :
je ne vous connais pas.'

13 Veillez donc, car vous ne savez ni le jour ni l'heure.

Parabole des talents

14 « C'est comme un homme, qui partait en voyage :
il appela ses serviteurs et leur confia ses biens.
15 A l'un il donna une somme de cinq talents,
à un autre deux talents, au troisième un seul,
à chacun selon ses capacités.
Puis il partit.
16 Aussitôt, celui qui avait reçu cinq talents
s'occupa de les faire valoir et en gagna cinq autres.
17 De même, celui qui avait reçu deux talents en gagna deux autres.
18 Mais celui qui n'en avait reçu qu'un
creusa la terre et enfouit l'argent de son maître.

---

5. "l'époux tardait", comme le maître en voyage (24, 48), comme le propriétaire des talents (25, 19).

11-12. Même dialogue en Lc 13, 25.

14-30. Cette parabole enseigne, comme déjà celle du serviteur fidèle, que "veiller" dans l'attente du retour du maître ne consiste pas à rester sans rien faire. Nous devons employer le temps qui nous sépare de l'avènement final à faire fructifier nos "talents". Il semble en effet que l'attente du jour du Seigneur et la croyance en sa proximité ait amené certains chrétiens à vivre dans l'oisiveté (2 Thessaloniciens 3, 10-12).

15. *Monnaies.

19 Longtemps après, leur maître revient
et il leur demande des comptes.
20 Celui qui avait reçu les cinq talents
s'avança en apportant cinq autres talents et dit :
' Seigneur, tu m'as confié cinq talents;
voilà, j'en ai gagné cinq autres.
21 — Très bien, serviteur bon et fidèle.
tu as été fidèle pour peu de choses,
je t'en confierai beaucoup;
entre dans la joie de ton maître. '
22 Celui qui avait reçu deux talents s'avança ensuite et dit :
' Seigneur, tu m'as confié deux talents;
voilà, j'en ai gagné deux autres.
23 — Très bien, serviteur bon et fidèle,
tu as été fidèle pour peu de choses,
je t'en confierai beaucoup;
entre dans la joie de ton maître. '
24 Celui qui avait reçu un seul talent s'avança ensuite et dit :
' Seigneur, je savais que tu es un homme dur :
tu moissonnes là où tu n'as pas semé,
tu ramasses là où tu n'as pas répandu le grain.
25 J'ai eu peur, et je suis allé enfouir ton talent dans la terre.
Le voici. Tu as ce qui t'appartient. '
26 Son maître lui répliqua :
' Serviteur mauvais et paresseux,
tu savais que je moissonne là où je n'ai pas semé,
que je ramasse le grain là où je ne l'ai pas répandu.
27 Alors, il fallait placer mon argent à la banque;
et, à mon retour, je l'aurais retrouvé avec les intérêts.
28 Enlevez-lui donc son talent
et donnez-le à celui qui en a dix.
29 Car celui qui a, recevra encore,
et il sera dans l'abondance.
Mais celui qui n'a rien se fera enlever même ce qu'il a.
30 Quant à ce serviteur bon à rien,
jetez-le dehors dans les *ténèbres;
là il y aura des pleurs et des grincements de dents! '

Tableau du jugement des nations

31 « Quand le *Fils de l'homme viendra dans sa gloire,
et tous les anges avec lui,
alors il siégera sur son trône de gloire.

---

26. Ce propos est évidemment ironique : la conduite du maître a bien montré sa générosité.
29. "Car celui qui a, recevra encore..." Voir la note sur 13, 12.
30. Châtiment d'autant plus sévère que le serviteur n'a rien fait : c'est la condamnation du peché d'omission.

32 Toutes les nations seront rassemblées devant lui;
il séparera les hommes les uns des autres,
comme le berger sépare les brebis des chèvres :
33 il placera les brebis à sa droite, et les chèvres à sa gauche.

34 Alors le Roi dira à ceux qui seront à sa droite :
' Venez, les bénis de mon Père, recevez en héritage
le Royaume préparé pour vous depuis la création du monde.
35 Car j'avais faim, et vous m'avez donné à manger;
j'avais soif, et vous m'avez donné à boire;
j'étais un étranger, et vous m'avez accueilli;
36 j'étais nu, et vous m'avez habillé;
j'étais malade, et vous m'avez visité;
j'étais en prison, et vous êtes venus jusqu'à moi! '
37 Alors les justes lui répondront :
' Seigneur, quand est-ce que nous t'avons vu... ?
tu avais donc faim, et nous t'avons nourri ?
tu avais soif, et nous t'avons donné à boire ?
38 tu étais un étranger, et nous t'avons accueilli ?
tu étais nu, et nous t'avons habillé ?
39 tu étais malade ou en prison...
Quand sommes-nous venus jusqu'à toi ? '
40 Et le Roi leur répondra :
' Amen, je vous le dis, chaque fois que vous l'avez fait
à l'un de ces petits qui sont mes frères,
c'est à moi que vous l'avez fait. '

---

32. "Les brebis et les chèvres" et non, comme on traduit généralement, "les brebis et les boucs". Les brebis sont blanches et les chèvres sont noires : c'est le principe de leur séparation, car tout jugement est un tri. Ce petit trait parabolique ne permet pas de voir ici une parabole. C'est en réalité un tableau du genre *apocalyptique.

34. "Le Fils de l'homme", comparé d'abord à un "berger", est désigné maintenant comme "le Roi". Jamais, pendant sa vie, Jésus n'a accepté le titre de roi, sauf lors de son entrée à Jérusalem, où il s'est présenté en roi humble et pacifique (21, 5 et par.). Dans les deux paraboles qui mettent en scène un roi, celui-ci est le Père céleste (Mt 18, 23-25; 22, 2-11). Mais ici Jésus "vient dans sa gloire".

"Venez, les bénis de mon Père". Magnifique expression, sans aucun parallèle dans l'Évangile, mais qui a des échos dans le N.T. par ex. Éphésiens 1, 3-5 : "Béni soit Dieu, le Père de notre Seigneur Jésus Christ. Dans les cieux, il nous a comblés de sa bénédiction spirituelle en Jésus Christ." Voir aussi 1 Pierre 1, 3-4; 3, 9. — Cette bénédiction, cet "héritage" ont été "préparés" par Dieu. Tout ce v. 34 implique la prédestination au Royaume, qui est nettement indiquée en bien des textes : "... Il y a ceux pour qui ces places sont préparées par mon Père" (Mt 20, 23 = Mc 10, 40). "Tous ceux (parmi les païens) que Dieu avait destinés à la vie éternelle devinrent croyants" (Ac 13, 48). Dans ce discours qui fait une grande place aux œuvres de miséricorde et au mérite, il convenait de rappeler que les hommes de bonne volonté accomplissent le plan de Dieu en étant dociles à sa grâce.

40. Dans le langage de Mt les "petits" sont souvent les disciples (voir 18, 6.10.14), auxquels Jésus s'identifie : 10, 40-42. Certains commentateurs en déduisent que ce jugement ne concerne que les chrétiens, bien qu'il soit accompli à la face des nations (v. 32). Il semble au contraire que ce jugement concerne ceux qui ne connaissaient pas le Christ et qui n'ont donc pas pu le reconnaître dans les affamés, les étrangers, etc., qu'ils ont secourus, ou non. Quant aux chrétiens, il est bien évident que s'ils n'ont pas reconnu le Christ dans les pauvres, ils sont particulièrement coupables. L'Évangile ne dit jamais tout à la fois : d'autres passages affirment l'obligation, nécessaire au salut, de confesser le Christ pour ceux qui le connaissent : Mt 10, 32-33 par.

41 Alors il dira à ceux qui seront à sa gauche :
‘ Allez-vous-en loin de moi, maudits,
dans le feu éternel préparé pour le démon et ses anges.
42 Car j’avais faim, et vous ne m’avez pas donné à manger;
j’avais soif, et vous ne m’avez pas donné à boire;
43 j’étais un étranger, et vous ne m’avez pas accueilli;
j’étais nu et vous ne m’avez pas habillé;
j’étais malade et en prison, et vous ne m’avez pas visité. ’
44 Alors ils répondront, eux aussi :
‘ Seigneur, quand est-ce que nous t’avons vu
avoir faim et soif, être nu, étranger, malade ou en prison,
sans nous mettre à ton service ? ’
45 Il leur répondra :
‘ Amen, je vous le dis : chaque fois que vous ne l’avez pas fait
à l’un de ces petits,
à moi non plus vous ne l’avez pas fait. ’
46 Et ils s’en iront, ceux-ci au châtiment éternel,
et les justes, à la vie éternelle. »

PASSION ET RÉSURRECTION

La mort imminente : trahison et fidélité

Complot contre Jésus

26

1 Jésus acheva ainsi tout son discours,
puis il dit à ses disciples :
2 « Vous savez que la Pâque arrive dans deux jours,
et que le Fils de l’homme va être livré pour être crucifié. »
3 Alors les *chefs des prêtres et les *anciens du peuple
se réunirent dans le palais du *grand prêtre,
qui s’appelait Caïphe;
4 ils tinrent conseil pour arrêter Jésus par ruse
et le faire mourir.
5 Mais ils se disaient :
« Pas en pleine fête,
afin qu’il n’y ait pas d’émeute dans le peuple. »

L’onction à Béthanie

6 Comme Jésus se trouvait à *Béthanie chez Simon le lépreux,

---

41. Comme dans la parabole des talents, la condamnation ne frappe pas l’accomplissement d’un crime, mais une omission. — “Le feu éternel préparé pour le démon et ses anges” : cette définition de l’enfer ne se trouve qu’ici. Il est à remarquer que, si le Royaume est “préparé pour vous depuis la création du monde”, le feu est éternel, et n’a pas été “préparé” pour les hommes.

26, 2. Nouvelle prédiction de la Passion, celle-ci très proche des événements. La proximité de la fête “des pains sans levain” est une notation dont l’intérêt est plus théologique que chronologique.

5. “en pleine fête”, plutôt que “pendant la fête”. Arrêter Jésus au milieu de la foule pourrait produire un désordre qui donnerait aux forces d’occupation, spécialement vigilantes lors des pèlerinages, un motif pour intervenir brutalement (voir Jn 11, 48).

7 une femme s'approcha,
avec un flacon d'albâtre contenant un parfum de grand prix.
Elle le versait sur la tête de Jésus, qui était à table.
8 Voyant cela, les disciples s'indignèrent en disant :
« A quoi bon ce gaspillage ?
9 On aurait pu vendre ce parfum pour beaucoup d'argent
et en faire don à des pauvres. »
10 Jésus le comprit et leur dit :
« Pourquoi tourmenter cette femme ?
C'est une action charitable qu'elle a faite à mon égard.
11 Des pauvres, vous en aurez toujours avec vous,
mais moi, vous ne m'aurez pas toujours.
12 Si elle a versé ce parfum sur mon corps,
c'est en vue de mon ensevelissement.
13 Amen, je vous le dis :
partout où cette Bonne Nouvelle sera proclamée,
dans le monde entier,
on racontera, en souvenir d'elle, ce qu'elle vient de faire. »

Trahison de Judas

14 Alors, l'un des Douze, nommé Judas Iscariote,
15 alla trouver les chefs des prêtres et leur dit :
« Que voulez-vous me donner si je vous le livre ? »
Ils lui proposèrent trente pièces d'argent.
16 Dès lors, Judas cherchait une occasion favorable pour le livrer.

Le repas du Seigneur

Préparation du repas pascal

17 Le premier jour de la fête des pains sans levain,
les disciples vinrent dire à Jésus :
« Où veux-tu que nous fassions les préparatifs
de ton repas pascal ? »

6-13. Voir le récit parallèle de Jn 12, 1-8 qui contient nombre de précisions importantes.

15. "Ils lui proposèrent trente pièces d'argent" : Mt cite le prophète Zacharie 11, 12, annonçant le salaire dérisoire du bon pasteur trahi par son peuple. C'est le prix d'un esclave d'après Exode 21, 32.

17. Nous rencontrons ici une difficulté pour accorder les Synoptiques avec Jn. Pour tous, la Pâque fut célébrée le 15 nisan (qui commençait le soir du 14) selon la Loi (Exode 12, 6-8) et elle tombait un vendredi cette année-là. Or, les Synoptiques nous affirment ici que Jésus a célébré le repas pascal le jeudi soir. Mais cela paraît difficile : en effet, pour Jn, dont la chronologie est habituellement précise, les Juifs n'entrent pas chez Pilate, le vendredi matin, pour éviter une souillure qui leur interdirait de manger ultérieurement la Pâque (18, 28); la condamnation à mort fut prononcée par Pilate "la veille de la Pâque vers midi" (19, 14). La question est donc : La Cène du jeudi soir a-t-elle été un repas pascal ? Cela semble indubitable si l'on suit les Synoptiques, mais fort douteux si l'on suit Jn. Il n'y a pas de solution certaine. Mais on peut se demander si Jésus n'aurait pas pu user d'une facilité accordée aux provinciaux : les propriétaires de la salle qu'il a empruntée n'avaient-ils pas priorité pour l'utiliser le jour même de la Pâque ? On peut aussi penser que les Synoptiques ont projeté sur ce repas, pris la veille de la Pâque, certaines particularités du repas pascal. La liturgie et la prédication chrétiennes avaient depuis longtemps reconnu la nouvelle Pâque dans le sacrifice de Jésus mourant sur la croix comme dans son mémorial eucharistique.

18 Il leur dit :
« Allez à la ville, chez un tel, et dites-lui :
‘ Le Maître te fait dire : Mon temps est proche;
c’est chez toi
que je veux célébrer la *Pâque avec mes disciples. ’ »
19 Les disciples firent ce que Jésus leur avait prescrit
et ils préparèrent la Pâque.

Annonce de la trahison

20 Le soir venu, Jésus se trouvait à table avec les Douze.
21 Pendant le repas, il leur déclara :
« Amen, je vous le dis : l’un de vous va me livrer. »
22 Profondément attristés,
ils se mirent à lui demander, l’un après l’autre :
« Serait-ce moi, Seigneur ? »
23 Il leur répondit :
« Celui qui vient de se servir en même temps que moi,
celui-là va me livrer.
24 Le Fils de l’homme s’en va, comme il est écrit à son sujet;
mais *malheureux l’homme
par qui le Fils de l’homme est livré!
Il vaudrait mieux que cet homme-là ne soit pas né! »
25 Judas, celui qui le livrait, prit la parole :
« Rabbi, serait-ce moi ? »
Jésus lui répond : « C’est toi qui l’as dit! »

Institution de l’Eucharistie

26 Pendant le repas,
Jésus prit du pain, prononça la bénédiction, le rompit
et le donna à ses disciples, en disant :
« Prenez, mangez : ceci est mon corps. »

---

18. Le “temps” fixé par le dessein de Dieu, ce que Jésus, chez Jn (7, 30; 8, 20; 12, 27, etc.), appelle son “heure”. — D’après Mc et Lc, les disciples seront amenés par un homme portant une cruche d’eau vers le propriétaire d’une grande salle : cela laisse soupçonner que Jésus a tout prévu d’accord avec un disciple inconnu (de même peut-être que pour l’ânon de l’entrée à Jérusalem 21, 3 et par.). D’après Mc et Lc c’est, à l’étage, une salle de réception, “toute prête pour un repas”, “aménagée pour un repas”, *litt. :* “jonchée” de tapis et de coussins, puisqu’on mangeait couché, suivant l’usage gréco-romain.

20-23. Mc précise (14, 18) “celui qui mange avec moi” réminiscence du Ps 40 41, 10 : partager le même repas est un signe de familiarité qui rend la trahison particulièrement odieuse. Un peu plus loin, chez les 3 Synoptiques, le geste qui désigne le traître est qu’il se sert (*litt. :* “plonge la main dans le plat”) en même temps que Jésus.

24. “selon ce qui est écrit” dans l’Écriture en général, non selon un texte précis. — On ne peut tirer de ce verset une affirmation dogmatique de la damnation de Judas. “Il vaudrait mieux que cet homme-là ne soit pas né” est une formule assez fréquente pour déplorer une vie misérable (Job 3, 3; 10, 18; Jérémie 20, 14-15; Sirac 23, 14).

26. Jésus ne “bénit” pas le pain. Il adresse à Dieu une bénédiction pour ce pain (sans doute la bénédiction juive qui a été reprise pour la préparation du pain et du vin à la messe). Lc et Paul parlent ici de “rendre grâce”, dans le même sens, expression qu’on va retrouver chez Mt (v. 27) et Mc pour la coupe. On a ici la même suite de gestes que dans les récits de multiplication des pains.

27 Puis, prenant une coupe et rendant grâce,
il la leur donna, en disant :
« Buvez-en tous,
28 car ceci est mon sang, le sang de l'Alliance,
répandu pour la multitude en rémission des péchés.
29 Je vous le dis :
désormais je ne boirai plus de ce fruit de la vigne,
jusqu'au jour où je boirai un vin nouveau avec vous
dans le Royaume de mon Père. »

Gethsémani : prière angoissée et arrestation

Annonce du reniement de Pierre

30 Après avoir chanté les psaumes,
ils partirent pour le mont des Oliviers.
31 Alors Jésus leur dit :
« Cette nuit, je serai pour vous tous
une occasion de chute;
car il est écrit :
Je frapperai le berger,
et les brebis du troupeau seront dispersées.
32 Mais après que je serai ressuscité,
je vous précéderai en Galilée. »
33 Pierre lui dit :
« Si tous viennent à tomber à cause de toi,
moi, je ne tomberai jamais. »
34 Jésus reprit :

---

28. "Ceci est mon [sang, le] sang de l'Alliance" (les crochets désignent une addition de la traduction) : rappel des paroles de Moïse au Sinaï; il conclut l'alliance en versant le sang des taureaux sur l'autel et sur le peuple, en disant : "Voici le sang de l'Alliance que... le Seigneur a conclue avec vous" (Exode 24, 8). Dans le parallèle de Lc, Jésus dit : "Cette coupe est la nouvelle Alliance en mon sang versé pour vous." Et chez Paul : "Cette coupe est la nouvelle Alliance etablie par mon sang." Ceci fait référence à Jérémie 31, 31 annonçant l'Alliance nouvelle. — "Répandu pour la multitude en rémission des péchés." Cette dernière précision évoque le Serviteur souffrant d'Isaïe 53, 11, que Jésus a déjà allégué en Mt 20, 28. — L'ordre de "faire cela en mémoire" de Jésus (*litt. :* "pour mon mémorial") ne se trouve pas en Mt ni Mc, mais en Lc après la consécration du pain, chez Paul après chacune des deux consécrations. Le sacrifice de Jésus étant sa Pâque, il était normal d'en perpétuer la mémoire, comme pour la Pâque des Juifs qui avaient reçu cet ordre : "Ce jour-là sera pour vous un mémorial. Vous en ferez pour le Seigneur une fête de pèlerinage. C'est une loi perpétuelle : d'âge en âge vous la fêterez." (Exode 12, 14).

29. Ce v. de Mt (et Mc 14, 25) semble mieux placé par Lc 22, 18 avant l'institution eucharistique : il concerne le vin "nouveau" de la fin des temps dans la création nouvelle, et non pas directement le vin sacramentel devenu le sang du Christ.

30. Il s'agit du chant appelé *Hallel* (louange) que l'on chantait notamment après le repas pascal parce qu'il aurait été chanté lors de la sortie d'Égypte. Il comprenait les Ps 112 113 à 117 118. — Mont des *Oliviers. Au pied de cette colline, aussitôt traversé le torrent du Cédron en sortant de Jérusalem, on trouvait le domaine de Gethsémani, dont le nom évoque un pressoir d'huile.

31. "Exposés à tomber", *litt. :* "*scandalisés". — "Il est écrit..." en Zacharie 13, 7.

32. "Je vous précéderai" (comme le berger marche en tête de son troupeau" : Jn 10, 4) "en Galilée" : promesse commune à Mt et Mc et qui sera rappelée par l'Ange du Seigneur : Mt 28, 7; Mc 16, 7.

34. Les 3 Synoptiques : "avant que le coq chante" Mc ajoute : "deux fois". Les 3 :

« Amen, je te le dis :
cette nuit même, avant que le coq chante,
tu m'auras renié trois fois. »
35 Pierre lui dit :
« Même si je dois mourir avec toi,
je ne te renierai pas. »
Et tous les disciples en dirent autant.

La prière à Gethsémani

36 Alors Jésus parvient avec eux
à un domaine appelé Gethsémani et leur dit :
« Restez ici,
pendant que je m'en vais là-bas pour prier. »
37 Il emmena Pierre,
ainsi que Jacques et Jean, les deux fils de Zébédée,
et il commença à ressentir tristesse et angoisse.
38 Il leur dit alors :
« Mon âme est triste à en mourir.
Demeurez ici et veillez avec moi. »
39 Il s'écarta un peu et tomba la face contre terre,
en faisant cette prière :
« Mon Père, s'il est possible,
que cette coupe passe loin de moi!
Cependant, non pas comme je veux,
mais comme tu veux. »
40 Puis il revient vers ses disciples et les trouve endormis;
il dit à Pierre :
« Ainsi, vous n'avez pas eu la force
de veiller une heure avec moi ?
41 Veillez et priez, pour ne pas entrer en tentation;
l'esprit est ardent, mais la chair est faible. »
42 Il retourna prier une deuxième fois :
« Mon Père,
si cette coupe ne peut passer sans que je la boive,
que ta volonté soit faite! »

"Tu m'auras renié trois fois." Le chant du coq (voir Mc 13, 35) annonçait l'avant-dernière des quatre "veilles de la nuit" (*heures) : la fidélité de Pierre n'ira pas jusqu'au lendemain.

37. Pierre, Jacques et Jean : les témoins privilégiés de la résurrection de la fille de Jaïre et de la Transfiguration.

39. Mc ajoute "l'heure" à "la coupe" : toutes deux désignent la Passion. La coupe la représentait déjà dans la réponse de Jésus à la demande ambitieuse de Jacques et Jean, Mt 20, 22-23. — "*Abba*, Père" propre à Mc. Les deux mots ne se correspondent pas exactement. *Abba*, comme "papa", est plus affectueux que "Père".

40. "Il les trouve endormis". Lc, indulgent, ajoute "à force de tristesse".

41. "Veillez" : c'était la conclusion des discours eschatologiques : Mt 24, 42; 25, 13; Mc 13, 37. — "Et priez pour ne pas entrer en tentation" (les 3 Synoptiques; Lc deux fois : 22, 40 et 46). C'est ce que nous demandons dans le Notre Père. Cette "tentation" n'est pas l'attrait de n'importe quel péché, mais la grande "épreuve" qui va tester la foi des disciples. — "L'esprit est ardent, mais la chair est faible" : ceci n'a rien à voir avec des fautes "charnelles". Jésus oppose la spontanéité de l'esprit, toujours prêt, comme chez Pierre, à de belles déclarations — et la fragilité, la lourdeur de la *chair, c'est-à-dire de notre condition terrestre.

43 Revenu près des disciples, il les trouva endormis,
car leurs yeux étaient lourds de sommeil.
44 Il les laissa et retourna prier pour la troisième fois,
répétant les mêmes paroles.
45 Alors il revient vers les disciples et leur dit :
« Désormais, vous pouvez dormir et vous reposer !
La voici toute proche, l'heure
où le Fils de l'homme est livré aux mains des pécheurs.
46 Levez-vous ! Allons ! Le voici tout proche, celui qui me livre. »

L'arrestation

47 Jésus parlait encore, lorsque Judas, l'un des Douze arriva,
avec une grande foule armée d'épées et de bâtons,
envoyée par les chefs des prêtres et les anciens du peuple.
48 Le traître leur avait donné un signe :
« Celui que j'embrasserai,
c'est lui : arrêtez-le. »
49 Aussitôt, s'approchant de Jésus, il lui dit :
« Salut, Rabbi ! », et il l'embrassa.
50 Jésus lui dit :
« Mon ami, fais ta besogne. »
Alors ils s'avancèrent, mirent la main sur Jésus et l'arrêtèrent.

51 Un de ceux qui étaient avec Jésus,
portant la main à son épée, la tira,
frappa le serviteur du grand prêtre et lui trancha l'oreille.
52 Jésus lui dit :
« Rentre ton épée,
car tous ceux qui prennent l'épée périront par l'épée.
53 Crois-tu que je ne puisse pas faire appel à mon Père,

---

43. "Leurs yeux étaient lourds de sommeil" (Mt), "alourdis" (Mc) : c'est la pesanteur, la faiblesse de la chair.

45. Il est possible que Jésus ironise, puisque, au contraire, le drame va se déclencher : le temps de veiller et de prier est donc maintenant passé. — *Heure. — "Livré aux mains des pécheurs" (Mt et Mc); on ne retrouve cette expression qu'en Lc 24, 7. "Pécheurs" est pris au sens juif d'étranger à l'Alliance, de païen : ainsi Mc 10, 33.

47. La foule qui accompagne Judas est groupée autour des émissaires du Temple : ce sont les Juifs qui vont "livrer" Jésus aux Romains païens.

48. "Un signe" au sens de signal, pour montrer Jésus à des gens qui pouvaient ne pas le connaître, et éviter une méprise dans cette obscurité. Judas embrasse Jésus : c'était le geste normal pour un disciple abordant son "*Rabbi*".

49. "Mon ami", *litt.* : "camarade", ou "compagnon", expression plus familière qu'affectueuse. C'est ainsi que le maître de la vigne interpelle le vigneron contestataire 20, 13, et le maître du banquet, le convive qui n'a pas la robe des noces 22, 12. — "Fais ta besogne" (Mt seul), *litt.* : "[Fais] ce pourquoi tu es là." La *Vulgate a traduit : "Pourquoi es-tu venu ?" Or, Jésus le sait bien : le plan de Dieu s'accomplit; en Lc, Jésus fait une constatation qui est en même temps un reproche : "Judas, c'est par un baiser que tu livres le Fils de l'homme ?"

51. Nous apprenons par Jn, toujours précis, que ce geste de violence est accompli par Simon-Pierre, l'impulsif, contre un nommé Malcus.

52-54. (Mt seul). Jésus refuse la violence, qui appelle et renforce la violence. S'il s'agit de combattre pour son Royaume, celui-ci est d'un autre ordre, il ne vient pas de ce monde, il n'est pas défendu par des armées terrestres (Jn 18, 36). — "Légions d'anges" : on a souvent imaginé les anges comme formant une armée. Ainsi les anges de Noël (Lc 2, 13). L'expression Seigneur *Sabaoth*, fréquente dans la Bible, a d'abord signifié que Dieu

qui mettrait aussitôt à ma disposition
plus de douze légions d'anges ?
54 Mais alors, comment s'accompliraient les Écritures ?
D'après elles, c'est ainsi que tout doit se passer. »
55 A ce moment-là, Jésus dit aux foules :
« Suis-je donc un bandit,
pour que vous soyez venus m'arrêter
avec des épées et des bâtons ?
Chaque jour, j'étais assis dans le Temple où j'enseignais,
et vous ne m'avez pas arrêté.
56 Mais tout cela est arrivé
pour que s'accomplissent les écrits des prophètes. »
Alors les disciples l'abandonnèrent tous et s'enfuirent.

Chez le grand prêtre : procès de Jésus, reniement de Pierre et mort de Judas

Jésus devant le grand conseil

57 Ceux qui avaient arrêté Jésus,
l'amenèrent devant Caïphe, le *grand prêtre,
chez qui s'étaient réunis les scribes et les anciens.
58 Quant à Pierre, il le suivait de loin,
jusqu'au palais du grand prêtre;
il entra dans la cour et s'assit avec les serviteurs
pour voir comment cela finirait.
59 Les chefs des prêtres et tout le grand conseil
cherchaient un faux témoignage contre Jésus
pour le faire condamner à mort.
60 Ils n'en trouvèrent pas;
pourtant beaucoup de faux témoins s'étaient présentés.
Finalement il s'en présenta deux, qui déclarèrent :

---

dirigeait les "armées" d'Israël, puis le monde des astres et les anges. On le traduit à juste titre par "Seigneur de l'univers". Mais l'armée des anges ne viendra escorter Jésus que lors de son avènement dans la gloire (25, 31). Pour l'instant, il faut que les Écritures s'accomplissent par la passion du Fils de l'homme.

55. Remontrance commune aux 3 Synoptiques. Jn (18, 20) la situe de façon plus vraisemblable en réponse à l'interrogation du grand prêtre.

56. (Mt et Mc) "Tous" s'enfuirent, alors que "tous" avaient affirmé peu auparavant, après Pierre, vouloir mourir avec Jésus : Mt 26, 35 = Mc 14, 31. Mc seul (14, 51-52) mentionne un jeune homme, sans doute habitant le voisinage, qui s'enfuit en abandonnant le drap qui le revêtait : la précision et l'insignifiance de ce détail suggèrent qu'il pourrait s'agir de Jean-Marc lui-même.

57. Mt et Mc (14, 53) placent ici le procès de Jésus devant le grand *conseil; or, un procès nocturne était illégal. Il semble donc qu'on doive suivre Lc et Jn : il y a eu une première comparution, informelle, devant *Anne (Jn 18, 13). C'est l'occasion du reniement de Pierre. Le vrai procès a eu lieu "lorsqu'il fit jour" (Lc 22, 66). Mt et Mc nous racontent maintenant par anticipation ce procès officiel. — *Caïphe. Mc : "les chefs des prêtres, les anciens et les scribes" constituent le grand *conseil.

58. "Le palais du grand prêtre" : les différents *grands prêtres, en exercice ou honoraires, habitaient en famille le même palais. — Mc 14, 54 : "Il se chauffait près du feu", *litt. :* "se chauffait à la lumière". Les nuits de printemps sont fraîches en Palestine. La "lumière" du feu permettra à la servante de dévisager Pierre et de le reconnaître (Mc 14, 66; Lc 22, 56).

61 « Cet homme a dit :
‘ Je peux détruire le Temple de Dieu
et, en trois jours, le rebâtir. ’ »
62 Alors le grand prêtre se leva et lui dit :
« Tu ne réponds rien
à tous ces témoignages portés contre toi ? »
63 Mais Jésus gardait le silence.
Le grand prêtre lui dit :
« Je t'adjure, par le Dieu vivant,
de nous dire si tu es le Messie, le Fils de Dieu. »
64 Jésus lui répond :
« C'est toi qui l'as dit;
mais en tout cas, je vous le déclare :
désormais vous verrez *le Fils de l'homme*
siéger à la droite du Tout-Puissant
et venir sur les nuées du ciel. »
65 Alors le grand prêtre déchira ses vêtements, en disant :
« Il a blasphémé!
Pourquoi nous faut-il encore des témoins ?
Vous venez d'entendre le blasphème!
66 Quel est votre avis ? »
Ils répondirent :
« Il mérite la mort. »

67 Alors ils lui crachèrent au visage et le rouèrent de coups;
68 d'autres le giflèrent en disant :
« Fais-nous le prophète, Messie!
qui est-ce qui t'a frappé ? »

Reniements de Pierre

69 Quant à Pierre, il était assis dehors dans la cour.
Une servante s'approcha de lui :

---

61. "Je détruirai ce Temple..." Parole sacrilège, mais qui déforme le vrai propos de Jésus : Jn 2, 19. D'autres faux témoins reprendront cette accusation contre Étienne (Ac 6, 14).

64. Jésus, en Mt, évite de déclarer pour lui-même qu'il est "le Messie, le Fils de Dieu", le second de ces titres étant à peu près équivalent au premier. En Mc Jésus, qui a si souvent refusé ce titre (*secret messianique) le revendique clairement : "Je le suis." Mais il ajoute (les 3 Synoptiques) une déclaration beaucoup plus compromettante : "Vous verrez le Fils de l'homme siégeant à la droite de la Puissance de Dieu" (citation du Ps 109/110, 1) "et venant sur les nuées du ciel" (citation de Daniel 7, 13) : le Fils de l'homme est donc un personnage divin.

65. "Déchirer ses vêtements" est un geste conventionnel (la déchirure était toute préparée) exprimant la douleur et l'indignation. Barnabé et Paul déchirent leurs vêtements quand on veut leur rendre des honneurs divins (Ac 14, 14).

67-68. "Ils lui crachèrent au visage..." A lire Mt, on croirait que ces outrages venaient des membres du grand conseil. Mc dit "quelques-uns", sans doute de la foule qui avait arrêté Jésus.

69-75. Sur le reniement de Pierre, les 4 évangélistes ne diffèrent que par des détails sans importance : deux chants du coq chez Mc, intervention d'une servante ou de deux, d'un parent de Malcus (Jn). En général on reconnaît Pierre pour l'avoir vu auprès de Jésus. Mt seul le fait reconnaître à son "accent" (*litt.* : "son parler") : on ne parlait pas à Capharnaüm et en Galilée comme à Jérusalem. Mc sous-entend le même indice : "Tu es Galiléen." De même Lc : "Il est Galiléen."

« Toi aussi, tu étais avec Jésus le Galiléen! »
70 Mais il nia devant tout le monde :
« Je ne sais pas ce que tu veux dire. »
71 Comme il se retirait vers le portail,
une autre le vit et dit aux gens qui étaient là :
« Celui-ci était avec Jésus de Nazareth. »
72 De nouveau, Pierre le nia :
« Je jure que je ne connais pas cet homme. »
73 Peu après, ceux qui se tenaient là
s'approchèrent de Pierre :
« Sûrement, toi aussi, tu fais partie de ces gens-là;
d'ailleurs ton accent te trahit. »
74 Alors, il se mit à protester violemment et à jurer :
« Je ne connais pas cet homme. »
Aussitôt un coq chanta.
75 Et Pierre se rappela ce que Jésus lui avait dit :
« Avant que le coq chante, tu m'auras renié trois fois. »
Il sortit et pleura amèrement.

Jésus conduit devant Pilate

1 Le matin venu, tous les chefs des prêtres et les anciens du peuple
tinrent conseil contre Jésus pour le faire condamner à mort.
2 Après l'avoir ligoté,
ils l'emmenèrent pour le livrer à Pilate, le gouverneur. **27**

Mort de Judas

3 Alors Judas, le traître, fut pris de remords
en le voyant condamné;
il rapporta les trente pièces d'argent
aux chefs des prêtres et aux anciens.
4 Il leur dit :
« J'ai péché en livrant à la mort un innocent. »
Ils répliquèrent :
« Qu'est-ce que cela nous fait ? Cela te regarde! »
5 Jetant alors les pièces d'argent dans le Temple,
il se retira et alla se pendre.
6 Les chefs des prêtres ramassèrent l'argent et se dirent :

27, 1. Mt et Mc mentionnent une séance diurne du tribunal, où eut lieu sans doute l'interrogatoire indiqué précédemment.

2. "pour le livrer à Pilate" comme Jésus l'avait prédit (26, 45). Le droit d'exécuter un condamné à mort avait été retiré au grand conseil et revenait au gouverneur (voir Jn 18, 31-32). C'est pourquoi Jésus ne sera pas mis à mort par la lapidation, supplice juif infligé aux blasphémateurs, mais par la crucifixion, supplice romain réservé aux non-citoyens (les citoyens romains étaient décapités comme le sera saint Paul).

3-10. Propre à Mt. Pierre (Ac 1, 18) présente une version différente qui suggère un accident plutôt qu'un suicide. Les deux textes veulent surtout expliquer le nom *Hakeldama* (Champ-du-Sang). Pour Ac ce sang semble être celui de Judas. Pour Mt c'est celui de Jésus, et le domaine est devenu le "champ du potier" à cause de la prophétie de Zacharie 11, 12-13, amalgamée avec "la parole transmise par le prophète Jérémie" 32, 6-9. Il semble qu'il y ait eu ici des traditions plus ou moins confuses et déformées.

« Il n'est pas permis de le verser dans le trésor,
puisque c'est le prix du sang. »
7 Après délibération,
ils achetèrent avec cette somme le Champ-du-Potier
pour y enterrer les étrangers.
8 Voilà pourquoi ce champ a été appelé jusqu'à ce jour
le Champ-du-Sang.
9 Alors s'est accomplie la parole transmise par le prophète Jérémie :
Ils prirent les trente pièces d'argent,
le prix de celui qui fut mis à prix par les enfants d'Israël,
10 *et ils les donnèrent pour le champ du potier,*
comme le Seigneur me l'avait ordonné.

Chez le gouverneur : procès, condamnation et outrages

Jésus devant Pilate

11 On fit comparaître Jésus devant Pilate, le gouverneur,
qui l'interrogea :
« Es-tu le roi des Juifs ? »
Jésus déclara :
« C'est toi qui le dis. »
12 Mais, tandis que les chefs des prêtres et les anciens l'accusaient,
il ne répondit rien.
13 Alors Pilate lui dit :
« Tu n'entends pas tous les témoignages portés contre toi ? »
14 Mais Jésus ne lui répondit plus un mot,
si bien que le gouverneur était très étonné.
15 Or, à chaque fête, celui-ci avait coutume de relâcher un prisonnier,
celui que la foule demandait.
16 Il y avait alors un prisonnier bien connu, nommé Barabbas.
17 La foule s'étant donc rassemblée, Pilate leur dit :
« Qui voulez-vous que je vous relâche :
Barabbas ? ou Jésus qu'on appelle le Messie ? »
18 Il savait en effet que c'était par jalousie qu'on l'avait livré.

19 Tandis qu'il siégeait au tribunal, sa femme lui fit dire :
« Ne te mêle pas de l'affaire de ce juste,
car aujourd'hui j'ai beaucoup souffert en songe à cause de lui. »

20 Les chefs des prêtres et les anciens poussèrent les foules
à réclamer Barabbas et à faire périr Jésus.

11-18. Le silence de Jésus devant Pilate est noté par tous les évangélistes, mais de façon plus circonstanciée par Jn 19, 10 : entre Jésus, et Pilate que la vérité n'intéresse pas (Jn 18, 38), il n'y a pas de dialogue possible.

19. Mt seul rapporte cette intervention de la femme de Pilate. On n'en voit pas bien le sens, et elle a donné naissance à une littérature légendaire.

20-23. Mt et Mc notent que la foule est manipulée par les chefs des prêtres et les anciens; on s'expliquerait mal un revirement spontané six jours seulement après le triomphe des Rameaux.

21 Le gouverneur reprit :
« Lequel des deux voulez-vous que je vous relâche ? »
Ils répondirent :
« Barabbas ! »
22 Il reprit :
« Que ferai-je donc de Jésus,
celui qu'on appelle le Messie ? »
Ils répondirent tous :
« Qu'on le crucifie ! »
23 Il poursuivit :
« Quel mal a-t-il donc fait ? »
Ils criaient encore plus fort :
« Qu'on le crucifie ! »
24 Pilate vit que ses efforts ne servaient à rien,
sinon à augmenter le désordre ;
alors il prit de l'eau et se lava les mains devant la foule,
en disant :
« Je ne suis pas responsable du sang de cet homme :
cela vous regarde ! »
25 Tout le peuple répondit :
« Son sang, qu'il soit sur nous et sur nos enfants ! »
26 Il leur relâcha donc Barabbas ;
quant à Jésus, il le fit flageller,
et le leur livra pour qu'il soit crucifié.

Outrages au roi des Juifs

27 Alors les soldats du gouverneur emmenèrent Jésus dans le prétoire
et rassemblèrent autour de lui toute la garde.
28 Ils lui enlevèrent ses vêtements
et le couvrirent d'un manteau rouge.
29 Puis, avec des épines, ils tressèrent une couronne,
et la posèrent sur sa tête ;
ils lui mirent un roseau dans la main droite

24-25. Ces deux versets sont propres à Mt. Pilate se lave les mains : geste symbolique facile à comprendre. Il est vrai que d'après tous les évangélistes, il a résisté longtemps à la "jalousie" (27, 18) des Juifs. Ces efforts sont surtout détaillés chez Jn ; mais celui-ci souligne aussi que cet homme, connu pour sa dureté envers les Juifs, a cédé par lâcheté (19, 7) et par souci de sa carrière (19, 12). La parole de la foule : "son sang..." a alimenté bien des développements antisémites. Rien ne permet de dire que ce souhait insensé devait être exaucé par Dieu. Mais surtout ce cri se trouve chez le seul Mt et, dans le langage de l'époque, il n'a pas toujours le sens sinistre que nous lui prêtons. Voir Ac 5, 28 ; 18, 6 ; 20, 26.

26. "Il le fit flageller" (Mt et Mc). Ce n'est pas par surcroît de cruauté : la loi romaine ordonnait de flageller les esclaves et les non-citoyens après leur condamnation à mort, sans doute pour abréger leur agonie. Ce n'en était pas moins un supplice horrible, les fouets étant garnis d'osselets ou de boules de métal qui déchiraient la chair.

27-31. La flagellation a sans doute excité la cruauté des soldats de Pilate. Jésus ayant été condamné comme roi (voir le titre de la croix 27, 37 et par.), ils le déguisent en roi de carnaval : manteau rouge, couronne d'épines tressée par eux, sceptre (le roseau), et ils caricaturent une cérémonie d'intronisation. Mt et Mc semblent avoir bien placé cette scène après la condamnation à mort et la flagellation. Lc et Jn la placent autrement (Lc en deux fois) mais il est vraisemblable que de telles brutalités se soient renouvelées.

et, pour se moquer de lui, ils s'agenouillaient en lui disant :
« Salut, roi des Juifs! »
30 Et, crachant sur lui, ils prirent le roseau
et ils le frappaient à la tête.
31 Quand ils se furent bien moqués de lui,
ils lui enlevèrent le manteau, lui remirent ses vêtements,
et l'emmenèrent pour le crucifier.

Crucifixion et mort de Jésus; signes des derniers temps

Jésus est crucifié

32 En sortant, ils trouvèrent un nommé Simon, originaire de Cyrène,
et ils le réquisitionnèrent pour porter la croix.
33 Arrivés à l'endroit appelé Golgotha,
c'est-à-dire Lieu-du-Crâne ou *Calvaire,
34 ils donnèrent à boire à Jésus du vin mêlé de fiel;
il en goûta, mais ne voulut pas boire.
35 Après l'avoir crucifié,
ils se partagèrent ses vêtements en tirant au sort;
36 et ils restaient là, assis, à le garder.
37 Au-dessus de sa tête on inscrivit le motif de sa condamnation :
« Celui-ci est Jésus, le roi des Juifs. »
38 En même temps, on crucifie avec lui deux bandits,
l'un à droite et l'autre à gauche.

39 Les passants l'injuriaient en hochant la tête :
40 « Toi qui détruis le Temple et le rebâtis en trois jours,
sauve-toi toi-même, si tu es Fils de Dieu,
et descends de la croix! »
41 De même, les chefs des prêtres se moquaient de lui
avec les scribes et les anciens, en disant :

---

32. Contrairement à l'iconographie courante, Simon de Cyrène n'aide pas Jésus à porter sa croix : il la porte à sa place, Jésus étant sans doute trop épuisé. "Père d'Alexandre et de Rufus" : petite notation concrète de Mc, écrivant pour l'Église de Rome où ces deux hommes devaient être connus. Le condamné ne portait que la traverse horizontale de la croix, le pieu vertical restant en place.

34. Mc parle d'un "vin aromatisé de myrrhe", sans doute destiné à atténuer la souffrance par une sorte d'anesthésie. On comprend que Jésus le refuse. C'est moins clair chez Mt qui parle de "vin mêlé de fiel", sans doute par réminiscence du Ps 68 69, 22.

35. "Ils se partagèrent ses vêtements en tirant au sort", comme l'annonçait le Ps 21 22, 19, dont Jn souligne davantage la portée prophétique. — Mc 15, 25 a ici une notation surprenante : "il était neuf heures" (du matin, *litt.* : "la troisième *heure") lorsqu'on le crucifia. Il semble que cette "troisième heure" désigne chez Mc le temps qui s'écoule entre neuf heures du matin et midi, car ainsi il est d'accord avec l'horaire des autres Synoptiques.

37. "Le motif de sa condamnation" rédigé par Pilate. Voir plus de détails en Jn 19, 19-22.

38. "Deux bandits". La Vulgate donne en Mc 15, 28 un verset absent du texte original. Il reprend la prophétie d'Is 53, 37, cité par Lc 22, 37 dans un autre contexte : "Il a été compté avec les pécheurs." On comprend qu'un copiste ait voulu justifier ainsi la situation de Jésus entre deux bandits.

39-43. "Hocher la tête" est signe de dérision (Isaïe 37, 22; Jérémie 18, 16; Lamentations 2, 15). Jésus avait annoncé ces moqueries en même temps que celles des soldats (3ᵉ annonce de la Passion Mt 20, 19 par.). Elles figurent avec les mêmes expressions dans le Ps 21/22, 8. Voir aussi des sentiments analogues chez les impies de Sagesse 2, 10-20.

42 « Il en a sauvé d'autres,
et il ne peut pas se sauver lui-même!
C'est le roi d'Israël : qu'il descende maintenant de la croix
et nous croirons en lui!
43 Il a mis sa confiance en Dieu;
que Dieu le délivre maintenant, s'il l'aime!
Car il a dit : ‘ Je suis le Fils de Dieu. »
44 Les bandits crucifiés avec lui l'insultaient de la même manière.

Mort de Jésus

45 A partir de midi,
l'obscurité se fit sur toute la terre jusqu'à trois heures.
46 Vers trois heures, Jésus cria d'une voix forte :
« *Eli, Eli, lama sabactani?* »,
ce qui veut dire :
« *Mon Dieu, mon Dieu, pourquoi m'as-tu abandonné?* »
47 Quelques-uns de ceux qui étaient là disaient en l'entendant :
« Le voilà qui appelle le prophète Élie! »
48 Aussitôt l'un d'eux courut prendre une éponge
qu'il trempa dans une boisson vinaigrée;
il la mit au bout d'un roseau, et il lui donnait à boire.
49 Les autres dirent :
« Attends! nous verrons bien si Élie va venir le sauver. »
50 Mais Jésus, poussant de nouveau un grand cri,
rendit l'esprit.

---

44. Mt et Mc attribuent aux deux bandits la même réaction hostile, alors que Lc 23, 39-43 distingue le “bon larron”.

45. Même horaire chez les 3 Synoptiques. Lc 23, 45 ajoute cette explication : “car le soleil s'était caché”. On traduit parfois “éclipsé”, en calquant le mot grec. Mais une éclipse au sens précis du terme est impossible pendant la pleine lune. L'obscurcissement du soleil est un trait constant des représentations *apocalyptiques de la fin des temps (Joël 2, 10; Matthieu 24, 29 par.; Apocalypse 6, 12; etc.). “Sur toute la terre” (les 3 S.) : cette traduction accentue le sens symbolique d'un jugement universel. Mais on peut aussi traduire : “sur tout le pays”.

46. “Jésus cria d'une voix forte” : Cette expression désigne moins une clameur qu'une déclaration particulièrement solennelle. (Ainsi Lc 8, 8.54; Jn 7, 28.37; 12, 44; Ac 7, 59; 16, 28.) *Eli, Eli... :* transcription des premiers mots du Ps 21/22 en hébreu. Chez Mc, *Eloï, Eloï* est une transcription araméenne, mais explique moins bien la plaisanterie sur le nom d'Élie. Jésus s'est-il vraiment cru abandonné par le Père ? Il est certain qu'il est dans la plus profonde détresse, que le Père l'“abandonne” à ses bourreaux. Mais rien ne permet d'attribuer à Jésus un véritable désespoir. Il ne s'impose pas non plus de chercher comment ce sentiment de déréliction peut se concilier avec la conscience que Jésus a de sa divinité et donc de son union au Père. Jésus cite un psaume, c'est-à-dire emploie les mots avec lesquels un croyant s'est plaint à Dieu d'une épreuve torturante. De plus, il cite le début de ce psaume sans le modifier ce qui, chez nous encore, est une manière d'alléguer le psaume tout entier. Or, ce psaume qui commence dans la détresse s'achève dans une vision de délivrance et de triomphe universel. Il faut ajouter que les quatre évangélistes ont de préférence relevé dans leurs récits les détails qui semblaient annoncés par l'Écriture, spécialement par les Ps. 21/22, 37/38, 68/69.

47. “Le voilà qui appelle le prophète Élie” : ce n'est pas un jeu de mots dénué de sens. On attendait Élie comme le précurseur du Messie et le restaurateur de l'Alliance (Lc 1, 16-17; Mc 9, 11-13 par.).

48. “Boisson vinaigrée” : *litt.:* “vinaigre”. Il s'agit de la boisson rafraîchissante des soldats romains. Ceux-ci accomplissent un geste de pitié (voir Jn 19, 28) mais qui reçoit un sens hostile par la réminiscence inévitable du Ps 68/69 : “Quand j'avais soif, ils m'ont donné du vinaigre.”

50. “Poussant de nouveau un grand cri” : sans doute, cette fois un cri inarticulé. Il

51 Et voici que le rideau du Temple se déchira en deux,
du haut en bas;
la terre trembla et les rochers se fendirent.
52 Les tombeaux s'ouvrirent;
les corps de nombreux saints qui étaient morts ressuscitèrent,
53 et, sortant des tombeaux après la résurrection de Jésus,
ils entrèrent dans la ville sainte,
et se montrèrent à un grand nombre de gens.
54 A la vue du tremblement de terre et de tous ces événements,
le centurion et ceux qui, avec lui, gardaient Jésus,
furent saisis d'une grande frayeur et dirent :
« Vraiment, celui-ci était le Fils de Dieu! »

La mise au tombeau : Joseph d'Arimathie, les femmes, les gardes au tombeau

L'ensevelissement

55 Il y avait là plusieurs femmes qui regardaient à distance :
elles avaient suivi Jésus depuis la Galilée pour le servir.
56 Parmi elles se trouvaient Marie Madeleine,
Marie, mère de Jacques et de Joseph,
et la mère des fils de Zébédée.

57 Le soir venu, arriva un homme riche, originaire d'Arimathie,

---

est vain, en effet, de vouloir répartir dans un récit continu les "dernières paroles" de Jésus, qui sont différentes selon Mt-Mc, Lc et Jn. Chacun des évangélistes suit ses propres sources et poursuit son propre objectif, qu'on ne peut harmoniser sans inconvénient.

51. "Le rideau du Temple se déchire" (les 3 Synoptiques). Il y avait deux rideaux — ou voiles — dans le Temple comme dans le tabernacle du désert (Exode 26, 36, etc.). Le premier cachait l'entrée du "Saint" où ne pouvaient pénétrer que les prêtres; le second, qui était double, cachait le Saint des Saints, où le grand prêtre seul entrait une fois par an. Il semble que c'est celui-ci qui se déchira à la mort de Jésus, pour montrer que par elle l'ancien culte était aboli et que tous les hommes avaient accès aux mystères divins. Mais certains pensent plutôt que le déchirement de ce double voile, beaucoup plus important que l'autre au point de vue cultuel, ne pouvait être vu du peuple et donc n'aurait pas eu valeur de signe. — Mt seul mentionne un tremblement de terre (de même en 28, 2).

52-53. Mt est seul aussi à parler de tombeaux ouverts et de résurrections. Ces ressuscités du vendredi saint ne seraient sortis de leurs tombeaux qu'après la résurrection de Jésus ? L'expression "la ville sainte" est peut-être l'indice que Mt envisage dans une seule perspective la mort de Jésus, sa résurrection et aussi la résurrection finale, où les "saints" entreront dans la Jérusalem céleste.

54. Pour Mt, l'affirmation du centurion et de ses hommes : "Vraiment celui-ci était le Fils de Dieu" vient de la crainte excitée par le séisme à portée *apocalyptique. Chez Mc, la même affirmation est inspirée au centurion par la façon dont Jésus est mort. Elle répond sans doute à ce qui est le leit-motiv de Mc : "Qui est Jésus ?" et elle a donc un plus grand poids que chez Mt. Ces païens ne pouvaient donner à "Fils de Dieu" le sens plénier que nous lui donnons. L'affirmation transmise par Lc : "Sûrement, cet homme était un juste", par un centurion qui "rendait gloire à Dieu", est peut-être aussi forte que la version de Mt-Mc.

55-56. Ces femmes "qui avaient suivi Jésus depuis la Galilée" : définition de Mt, mais aussi de Lc. Celui-ci les a présentées en 8, 2-3, si bien qu'il ne les nomme pas ici. En tête de sa liste, il plaçait Marie de Magdala, comme ici Mt-Mc, dont les listes coïncident si Salomé est la mère de Jacques et Jean. Nous retrouvons "Jacques et Joseph (ou Joset)" donnés comme "frères de Jésus" lors de sa visite à la synagogue de Nazareth (Mt 13, 55; Mc 6, 3); ils sont donnés ici comme les fils d'une Marie différente de la Sainte Vierge (voir *Frères de Jésus).

57. Mt se contente de dire qu'on est le soir. Mc est plus explicite : "c'est la veille du sabbat, le jour où il faut tout préparer" et ce jour va bientôt s'achever. Il n'y a donc

qui s'appelait Joseph,
et qui était devenu lui aussi disciple de Jésus.
58 Il alla trouver Pilate pour demander le corps de Jésus.
Alors Pilate ordonna de le lui remettre.
59 Prenant le corps, Joseph l'enveloppa dans un linceul neuf,
60 et le déposa dans le tombeau
qu'il venait de se faire tailler dans le roc.
Puis il roula une grande pierre à l'entrée du tombeau
et s'en alla.
61 Cependant Marie Madeleine et l'autre Marie étaient là,
assises en face du tombeau.

62 Quand la journée des préparatifs de la fête fut achevée,
les chefs des prêtres et les pharisiens
63 s'assemblèrent chez Pilate, en disant :
« Seigneur, nous nous sommes rappelé
que cet imposteur a dit, de son vivant :
' Trois jours après, je ressusciterai. '
64 Donne donc l'ordre que le tombeau soit étroitement surveillé
jusqu'au troisième jour,
de peur que ses disciples ne viennent voler le corps
et ne disent au peuple :
' Il est ressuscité d'entre les morts. '
Cette dernière imposture serait pire que la première. »
65 Pilate leur déclara :
« Je vous donne une garde;
allez, organisez la surveillance comme vous l'entendez. »
66 Ils partirent donc et assurèrent la surveillance du tombeau
en mettant les scellés sur la pierre et en y plaçant la garde.

---

pas de temps à perdre pour procéder à l'ensevelissement. Nous ne connaissons Joseph d'Arimathie que par les évangiles, dans cet épisode. Mt dit clairement qu'il était disciple de Jésus, comme Jn, qui ajoute : "mais en secret par peur des Juifs", ce qui semble être aussi le cas de Nicodème (Jn 3, 2; 7, 50; 19, 39). Joseph était membre du grand conseil (Mc-Lc). Mt le caractérise comme un "homme riche" : il possède en effet un tombeau creusé dans le roc.

58. Dans l'antiquité, la peine des suppliciés pouvait se prolonger après la mort par la privation de sepulture. Joseph intervient pour que Jésus ait une sepulture décente, hors de la fosse commune des condamnés.

59-61. Le tombeau était une chambre, au fond de laquelle le corps était déposé sur un lit taillé dans la pierre. On y entrait par une ouverture verticale que l'on fermait en roulant devant elle une grosse pierre en forme de meule. Les deux Marie s'attardent a regarder le tombeau, mais Lc note qu'elles rentrent chez elles pour observer le repos du sabbat.

62-66. Épisode propre à Mt, avec son corollaire de 28, 11-15. Ces détails ne constituent ni une preuve ni une garantie de la résurrection. Ils devaient permettre aux contemporains de Mt de repousser des rumeurs juives expliquant par le vol du cadavre que le tombeau ait été trouvé vide. Cette narration comporte des invraisemblances :

1. Des pharisiens peuvent-ils faire une démarche auprès de Pilate le jour du sabbat ?
2. A quoi bon garder le tombeau... à partir du deuxième jour ?
3. Les ennemis de Jésus auraient donc retenu qu'il avait annoncé sa résurrection ? Cela ne semble guère possible avant que les disciples aient commencé à prêcher celle-ci. La résurrection n'est pas "prouvée" par "le tombeau vide". Elle est connue par l'expérience de ceux qui ont vu Jésus ressuscité.

Glorieuse manifestation de l'Ange du Seigneur et première apparition de Jésus ressuscité aux femmes

28

1 Après le sabbat,
à l'heure où commençait le premier jour de la semaine,
Marie Madeleine et l'autre Marie
vinrent faire leur visite au tombeau de Jésus.
2 Et voilà qu'il y eut un grand tremblement de terre;
l'Ange du Seigneur descendit du ciel,
vint rouler la pierre et s'assit dessus.
3 Il avait l'aspect de l'éclair
et son vêtement était blanc comme la neige.
4 Les gardes, dans la crainte qu'ils éprouvèrent,
furent bouleversés et devinrent comme morts.
5 Or l'Ange, s'adressant aux femmes, leur dit :
« Vous, soyez sans crainte!
je sais que vous cherchez Jésus le Crucifié.
6 Il n'est pas ici,
car il est ressuscité, comme il l'avait dit.
Venez voir l'endroit où il reposait.
7 Puis, vite, allez dire à ses disciples :
' Il est ressuscité d'entre les morts;
il vous précède en Galilée :
là, vous le verrez! '
Voilà ce que j'avais à vous dire. »
8 Vite, elles quittèrent le tombeau,
tremblantes et toutes joyeuses,
et elles coururent porter la nouvelle aux disciples.

9 Et voici que Jésus vint à leur rencontre et leur dit :
« Je vous salue. »
Elles s'approchèrent
et, lui saisissant les pieds, elles se prosternèrent devant lui.

28, 1. "Le premier jour de la semaine" : les 4 évangiles. Voir *jour du Seigneur.

2. "Un grand tremblement de terre" : propre à Mt (voir 27, 51 et la note). *Ange du Seigneur. — "Roula la pierre" : les autres évangiles disent plus discrètement que la pierre "a été roulée" (Mc-Lc), "enlevée" (Jn 20, 1). - "S'assit dessus" : propre à Mt. En Mc-Lc les femmes entrent dans le tombeau.

3. "Vêtement blanc" pour les 4 évangiles. Mt insiste avec des expressions qui rappellent la Transfiguration.

4. La peur des gardes tient à l'apparition de l'ange, mais aussi au tremblement de terre concomitant (Mt seul).

5-6. Le message de l'ange : "Il n'est pas ici" (les 3 S.), "car il est ressuscité", *litt. :* "éveillé" (Mt-Lc).

7. "Dites à ses disciples" (Mc : "et à Pierre")... "qu'il vous précède en Galilée. C'est là que vous le verrez" (Mt-Mc). A cause de cette indication de l'ange qui ne laisse pas prévoir les apparitions à Jérusalem, rapportées par Lc et Jn, Mt ne relatera qu'une seule apparition, très synthétique, en Galilée (28, 16). Quant à Mc on sait que la partie authentique de son évangile cesse avec la fuite apeurée des femmes : voir Mc 16, 8 et la note.

8. Mt les dit "tremblantes", comme Mc, mais aussi "toutes joyeuses" et nous affirme qu'elles ont transmis le message de l'ange, sans nous donner d'autres détails (v. 8-9 et 11).

9-10. Cette "rencontre" de Jésus et des saintes femmes est d'un contenu bien pauvre ; elle ne fait guère que répéter le message donné par l'Ange du Seigneur.

10 Alors Jésus leur dit :
« Soyez sans crainte,
allez annoncer à mes frères qu'ils doivent se rendre en Galilée :
c'est là qu'ils me verront. »

Les chefs des prêtres lancent leur explication du tombeau vide

11 Tandis qu'elles étaient en chemin,
quelques-uns des hommes chargés de garder le tombeau
allèrent en ville annoncer aux chefs des prêtres
tout ce qui s'était passé.
12 Ceux-ci, après s'être réunis avec les anciens
et avoir tenu conseil,
13 donnèrent aux soldats une forte somme en leur disant :
« Voilà ce que vous raconterez :
' Ses disciples sont venus voler le corps,
la nuit pendant que nous dormions. '
14 Et si tout cela vient aux oreilles du gouverneur,
nous lui expliquerons la chose,
et nous vous éviterons tout ennui. »
15 Les soldats prirent l'argent et suivirent la leçon.
Et cette explication s'est propagée chez les Juifs jusqu'à ce jour.

En Galilée, Jésus ressuscité donne aux Onze leur mission universelle

16 Les onze disciples s'en allèrent en Galilée,
à la montagne où Jésus leur avait ordonné de se rendre.
17 Quand ils le virent, ils se prosternèrent,
mais certains eurent des doutes.
18 Jésus s'approcha d'eux et leur adressa ces paroles :
« Tout pouvoir m'a été donné au ciel et sur la terre.
19 Allez donc! De toutes les nations faites des disciples,

11-15. Voir 27, 62-66 avec la note.

16. "La montagne" n'est pas localisée. On pourrait penser au mont des *Oliviers où Lc situe l'Ascension (Ac 1, 12), mais bien que les paroles de Jésus soient un adieu, leur rapport avec l'Ascension n'est pas précisé.

17. La juxtaposition de cette prosternation et de ces doutes est assez gauche. Elle vient de ce que Mt a été obligé de tout faire tenir en une seule apparition, schématisée à l'extrême.

18. Jésus tient les propos d'un homme déjà entré dans la gloire de Dieu, "au ciel", mais qui continue à intervenir "sur la terre", où son incarnation se continue par l'Église et les sacrements.

19. "Allez donc!" On pourrait traduire plus fortement : "Partez donc!" Ce verbe a été traduit ainsi en Jn 14, 2-3.12.28; 16, 7.28. — "De toutes les nations..." il ne s'agit pas de faire des disciples dans les nations, mais d'évangéliser, de convertir les nations elles-mêmes. Dans le texte, le verbe principal est "Faites des disciples", les autres verbes étant au participe présent : les baptisant... et leur apprenant. Ces trois actions sont comme simultanées et forment un seul apostolat. — "Au nom du Père..." La préposition grecque ne signifie pas "par le nom", ou "dans le nom", mais "*pour* le nom". Le baptême n'est pas donné par délégation du Père, mais pour initier au culte des trois Personnes

baptisez-les au nom du Père, et du Fils, et du Saint-Esprit;
20 et apprenez-leur
à garder tous les commandements que je vous ai donnés.
Et moi, je suis avec vous tous les jours jusqu'à la fin du monde. »

divines, pour introduire dans leur vie intime. Ce texte est le seul du N.T. où les trois Personnes divines sont énumérées ensemble et dans cet ordre. Il a pu être influencé par la liturgie du baptême.

20. "leur apprenant à garder..." l'apostolat ne peut se limiter à faire des conversions sans lendemain, ou sans portée morale. On n'est des "disciples" que si l'on "garde les commandements". — "Et moi, je suis avec vous..." parole qui semble impliquer un départ très prochain (mais Mt ne mentionne pas l'Ascension). Jésus peut bien disparaître aux yeux de ses disciples; en fait, il ne les quitte pas. Il demeure avec eux par son Église : voir 18, 20; et dans les pauvres : voir 25, 40.

EVANGILE SELON SAINT MARC

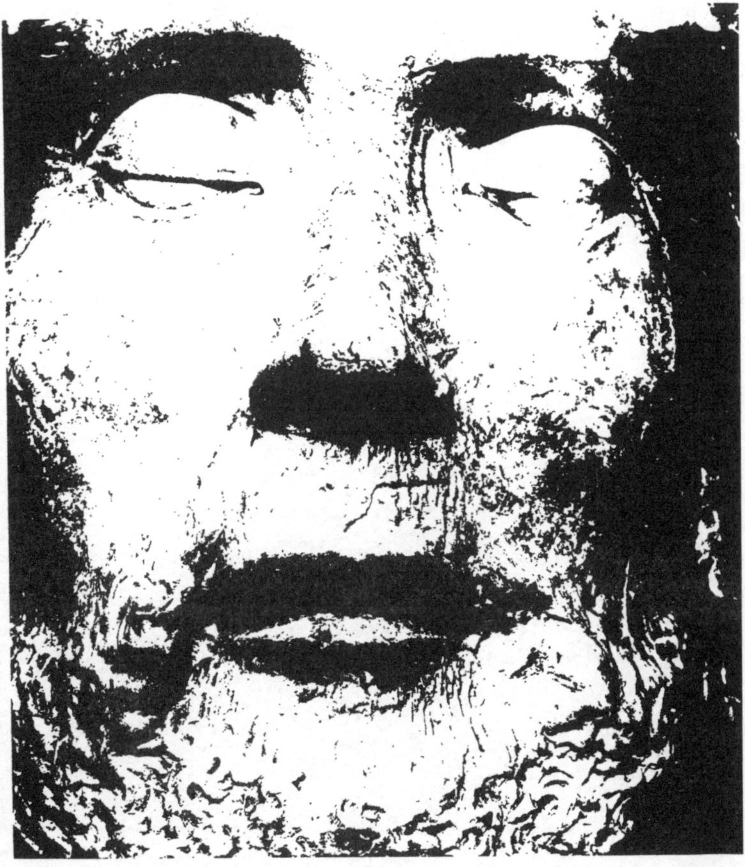

Le centurion qui était là
en face de Jésus,
voyant comment il avait expiré
s'écria :
« Vraiment,
cet homme était le Fils de Dieu ! »

Mc 15, 39

Introduction à l'Évangile de Jésus Messie, Fils de Dieu

1 Commencement de la Bonne Nouvelle 1
de Jésus *Christ, le *Fils de Dieu.

2 Il était écrit dans le livre du prophète Isaïe :
Voici que j'envoie mon messager devant toi,
pour préparer ta route.
3 *A travers le désert, une voix crie :*
Préparez le chemin du Seigneur,
aplanissez sa route.
4 Et Jean le Baptiste parut dans le désert.
Il proclamait un *baptême de *conversion
pour le pardon des péchés.
5 Toute la Judée, tout Jérusalem, venait à lui.
Tous se faisaient baptiser par lui dans les eaux du Jourdain,
en reconnaissant leurs péchés.
6 Jean était vêtu de poil de chameau,
avec une ceinture de cuir autour des reins,
et il se nourrissait de sauterelles et de miel sauvage.
7 Il proclamait :
« Voici venir derrière moi
celui qui est plus puissant que moi.
Je ne suis pas digne de me courber à ses pieds
pour défaire la courroie de ses sandales.
8 Moi, je vous ai baptisés dans l'eau;
lui vous baptisera dans l'Esprit Saint. »

Jésus est baptisé par Jean

9 Or, à cette époque,
Jésus vint de *Nazareth, ville de Galilée,
et se fit baptiser par Jean dans le *Jourdain.
10 Au moment où il sortait de l'eau,
Jésus vit le ciel se déchirer
et l'Esprit descendre sur lui comme une *colombe.
11 Du ciel une voix se fit entendre :
« C'est toi mon Fils bien-aimé;
en toi j'ai mis tout mon amour. »

1, 2. "Dans le livre du prophète Isaïe" : 40, 3; mais le début de cette prophétie cite Malachie 3, 1, qu'on retrouve à l'état isolé en Mt 11, 10 et Lc 7, 27.
4. La naissance miraculeuse de Jean Baptiste, l'annonce de sa mission par l'Ange du Seigneur et par son père Zacharie se lisent en Lc 1, 5-25.39-45.57-80. — "Un baptême de conversion" : une ablution (un bain dans le Jourdain) qui exprimait la volonté de changer de vie.
6. Voir la note sur Mt 3, 4.
7. Voir la note sur Mt 3, 13-14.
8. Voir la note sur Mt 3, 11.
10. "le ciel se déchirer", expression propre à Mc, et qu'on trouve chez les prophètes : "Ah, si tu déchirais les cieux et si tu descendais..." (Isaïe 63, 19).
11. Voir la note sur Mt 3, 16-17.

Jésus est tenté au désert

12 Aussitôt l'Esprit pousse Jésus au désert.
13 Et dans le désert il resta quarante jours, tenté par *Satan.
Il vivait parmi les bêtes sauvages, et les anges le servaient.

14 Après l'arrestation de Jean Baptiste,
Jésus partit pour la Galilée
proclamer la Bonne Nouvelle de Dieu; il disait :
15 « Les temps sont accomplis :
le *Règne de Dieu est tout proche.
Convertissez-vous et croyez à la Bonne Nouvelle. »

I. JÉSUS MESSIE

LES DÉBUTS DU RÈGNE DE DIEU

Appel des premiers disciples

16 Passant au bord du *lac de Galilée,
il vit *Simon et son frère *André
en train de jeter leurs filets : c'étaient des pêcheurs.
17 Jésus leur dit :
« Venez derrière moi.
Je ferai de vous des pêcheurs d'hommes. »
18 Aussitôt, laissant là leurs filets, ils le suivirent.

19 Un peu plus loin,
Jésus vit *Jacques, fils de *Zébédée, et son frère *Jean,
qui étaient aussi dans leur barque et préparaient leurs filets.
20 Jésus les appela aussitôt.
Alors, laissant dans la barque leur père avec ses ouvriers,
ils partirent derrière lui.

Jésus attire les foules par son enseignement et par ses nombreuses guérisons

21 Jésus, accompagné de ses disciples, arrive à *Capharnaüm.
Aussitôt, le jour du sabbat,
il se rendit à la synagogue, et là, il enseignait.
22 On était frappé par son enseignement,
car il enseignait en homme qui a autorité,
et non pas comme les *scribes.

12-13. Cette tentation, resumée ici en une phrase, est rapportée avec plus de détail dans les passages parallèles. Mais Mc est seul à noter : "Il vivait parmi les bêtes sauvages" comme un retour au paradis terrestre et un avant-goût de la paix apportée par le Messie.

14. Mc donnera le motif de cette arrestation et racontera l'exécution de Jean Baptiste en 6, 17-29.

20. "Partir derrière lui", comme "le suivre" du v. 18, signifie : devenir ses *disciples.

22. Cette autorité, qui se manifeste dans son enseignement, Jésus va la montrer encore dans les miracles, surtout ceux qui prouvent son pouvoir sur les "esprits mauvais"

23 Or, il y avait dans leur synagogue
un homme tourmenté par un esprit mauvais,
qui se mit à crier :
24 « Que nous veux-tu, Jésus de Nazareth ?
Es-tu venu pour nous perdre ?
Je sais fort bien qui tu es :
le Saint, le Saint de Dieu. »
25 Jésus l'interpella vivement :
« Silence! Sors de cet homme. »
26 L'esprit mauvais le secoua avec violence
et sortit de lui en poussant un grand cri.
27 Saisis de frayeur, tous s'interrogeaient :
« Qu'est-ce que cela veut dire ?
Voilà un enseignement nouveau, proclamé avec autorité!
Il commande même aux esprits mauvais,
et ils lui obéissent. »
28 Dès lors, sa renommée se répandit
dans toute la région de la Galilée.

Guérison de la belle-mère de Pierre

29 En quittant la synagogue de Capharnaüm,
Jésus, accompagné de Jacques et de Jean,
alla chez Simon et André.
30 Or, la belle-mère de Simon était au lit avec de la fièvre.
Sans plus attendre, on parle à Jésus de la malade.
31 Jésus s'approcha d'elle,
la prit par la main, et il la fit lever.
La fièvre la quitta, et elle les servait.

Guérisons multiples

32 Le soir venu, après le coucher du soleil,
on lui amenait tous les malades,
et ceux qui étaient *possédés par des esprits mauvais.
33 La ville entière se pressait à la porte.
34 Il *guérit toutes sortes de malades,
il chassa beaucoup d'esprits mauvais
et il les empêchait de parler,
parce qu'ils savaient, eux, qui il était.

35 Le lendemain, bien avant l'aube, Jésus se leva.
Il sortit et alla dans un endroit désert, et là il priait.
36 Simon et ses compagnons se mirent à sa recherche.
37 Quand ils l'ont trouvé, ils lui disent :
« Tout le monde te cherche. »

23-26. Voir *Secret messianique.
27. Voir la note sur le v. 22.
32-34. Les Synoptiques sont ainsi jalonnés de "sommaires" évoquant en bloc de nombreux miracles. On ne trouve aucun sommaire dans Jn, mais leur équivalent en 20, 30 et 21, 25.

38 Mais Jésus leur répond :
« Partons ailleurs, dans les villages voisins,
afin que là aussi je proclame la Bonne Nouvelle;
car c'est pour cela que je suis sorti. »

39 Il parcourut donc toute la Galilée,
proclamant la Bonne Nouvelle dans leurs *synagogues,
et chassant les esprits mauvais.

Le lépreux purifié

40 Un lépreux vient trouver Jésus;
il tombe à ses genoux et le supplie :
« Si tu le veux, tu peux me purifier. »
41 Pris de pitié devant cet homme,
Jésus étendit la main, le toucha et lui dit :
« Je le veux, sois purifié. »
42 A l'instant même, sa lèpre le quitta et il fut purifié.
43 Aussitôt Jésus le renvoya
avec cet avertissement sévère :
44 « Attention, ne dis rien à personne,
mais va te montrer au prêtre.
Et donne pour ta purification
ce que Moïse prescrit dans la Loi :
ta guérison sera pour les gens un témoignage. »
45 Une fois parti,
cet homme se mit à proclamer et à répandre la nouvelle
de sorte qu'il n'était plus possible à Jésus
d'entrer ouvertement dans une ville.
Il était obligé d'éviter les lieux habités,
mais de partout on venait à lui.

Le paralytique pardonné et guéri

1 Jésus était de retour à Capharnaüm, 2
et la nouvelle se répandit qu'il était à la maison.
2 Tant de monde s'y rassembla
qu'il n'y avait plus de place, même devant la porte.
Jésus leur annonçait la Parole.
3 Arrivent des gens
qui lui amènent un paralysé, porté par quatre hommes.
4 Comme ils ne peuvent l'approcher à cause de la foule,

---

38. "Je suis sorti" de la maison, ou de Capharnaüm (v. 35). Mais ce mot pourrait avoir un sens plus profond, comme en Jn 16, 28 : "Je suis sorti du Père..." En effet, le parallèle de Lc porte : "C'est pour cela que j'ai été envoyé", expression constante chez Jn pour dire que Jésus vient d'auprès du Père (ainsi Jn 5, 23-24.30.36-37; 6, 38-39, etc.).

44. Voir *Secret messianique.

2, 1. "A la maison" : peut-être celle de Simon, voir 1, 29.

3. "La Parole" : l'Évangile, la Bonne Nouvelle du Royaume.

4. Ils font un trou dans la terrasse de terre battue posée sur des lattes; on y accédait par un escalier extérieur.

ils découvrent le toit au-dessus de lui, font une ouverture,
et descendent le brancard sur lequel était couché le paralysé.
5 Voyant leur foi, Jésus dit au paralysé :
« Mon fils, tes péchés sont pardonnés. »
6 Or, il y avait dans l'assistance quelques scribes
qui raisonnaient en eux-mêmes :
7 « Pourquoi cet homme parle-t-il ainsi ? Il blasphème.
Qui donc peut pardonner les péchés, sinon Dieu seul ? »
8 Saisissant aussitôt dans son esprit
les raisonnements qu'ils faisaient,
Jésus leur dit :
« Pourquoi tenir de tels raisonnements ?
9 Qu'est-ce qui est le plus facile ?
de dire au paralysé : ‘ Tes péchés sont pardonnés ’,
ou bien de dire :
‘ Lève-toi, prends ton brancard et marche ’ ?
10 Eh bien! Pour que vous sachiez que le Fils de l'homme
a le pouvoir de pardonner les péchés sur la terre,
11 je te l'ordonne, dit-il au paralysé :
Lève-toi, prends ton brancard et rentre chez toi. »
12 L'homme se leva, prit aussitôt son brancard,
et sortit devant tout le monde.
Tous étaient stupéfaits et rendaient gloire à Dieu, en disant :
« Nous n'avons jamais rien vu de pareil. »

Appel du publicain

13 Jésus sortit de nouveau sur le rivage du lac;
toute la foule venait à lui, et il les instruisait.
14 En passant, il aperçut Lévi, fils d'Alphée,
assis à son bureau de *publicain (collecteur d'impôts).
Il lui dit : « Suis-moi. »
L'homme se leva et le suivit.

A quatre reprises, Jésus répond aux critiques des pharisiens

15 Comme il était à table dans sa maison,
beaucoup de publicains et de pécheurs
vinrent prendre place avec Jésus et ses disciples,
car il y avait beaucoup de monde.
16 Même les *scribes du parti des *pharisiens le suivaient aussi,

5. “Voyant leur foi” : leur confiance, que n'arrête aucun obstacle. — “Tes péchés sont pardonnés” : on croyait souvent que toute maladie ou infirmité était le châtiment d'un péché. En outre, les guérisons corporelles de Jésus symbolisent les effets de sa mission : le péché est comme une paralysie qui détruit la liberté de l'homme.

14. Vocation aussi impérieuse et subite que celle des quatre premiers disciples : 1, 16-20 par.

15. “Sa maison” : celle de Lévi-Matthieu, d'après Lc 5, 29.

16. Manger avec les païens ou les publicains et les pécheurs faisait participer à leur impureté. Même réaction des pharisiens en Lc 15, 1-2; voir aussi Ac 11, 3.

et, voyant qu'il mangeait avec les pécheurs et les publicains,
ils disaient à ses disciples :
« Il mange avec les publicains et les pécheurs! »
17 Jésus, qui avait entendu, leur déclara :
« Ce ne sont pas les gens bien portants
qui ont besoin du médecin,
mais les malades.
Je suis venu appeler non pas les justes,
mais les pécheurs. »

18 Comme les disciples de Jean Baptiste et les pharisiens *jeûnaient,
on vient demander à Jésus :
« Pourquoi tes *disciples ne jeûnent-ils pas,
comme les disciples de Jean et ceux des pharisiens ? »
19 Jésus répond :
« Les invités de la noce pourraient-ils donc jeûner,
pendant que l'*Époux est avec eux ?
Tant qu'ils ont l'Époux avec eux, ils ne peuvent pas jeûner.
20 Mais un temps viendra où l'Époux leur sera enlevé :
ce jour-là ils jeûneront.
21 Personne ne raccommode un vieux vêtement
avec une pièce d'étoffe neuve;
autrement la pièce neuve tire sur le vieux tissu
et le déchire davantage.
22 Ou encore, personne ne met du vin nouveau
dans de vieilles outres;
autrement la fermentation fait éclater les outres,
et l'on perd à la fois le vin et les outres.
A vin nouveau, outres neuves. »

A propos du sabbat

23 Un jour de *sabbat, Jésus marchait à travers les champs de blé;
et ses disciples, chemin faisant, se mirent à arracher des épis.
24 Les pharisiens lui disaient :
« Regarde ce qu'ils font le jour du *sabbat!
Cela n'est pas permis. »
25 Jésus leur répond :
« N'avez-vous jamais lu ce que fit David,
lorsqu'il fut dans le besoin et qu'il eut faim,
lui et ses compagnons ?
26 Au temps du grand prêtre Abiathar,
il entra dans la maison de Dieu
et mangea les pains de l'offrande

---

17. "Appeler les pécheurs..." Lc ajoute ici : "... à la *conversion".

21. Ces petites paraboles jumelles sont bien en situation : Jésus est venu inaugurer le *règne de Dieu et renouveler le monde; cela ne peut s'accorder avec la conservation aveugle de toutes les formes religieuses du passé.

23-28. Voir Mt 12, 1-8 avec les notes.

que seuls les prêtres peuvent manger,
et il en donna aussi à ses compagnons. »
27 Jésus leur disait encore :
« Le sabbat a été fait pour l'homme,
et non pas l'homme pour le sabbat.
28 Voilà pourquoi le *Fils de l'homme
est maître, même du sabbat. »

3

1 Une autre fois, Jésus entra dans une *synagogue;
il y avait là un homme dont la main était paralysée.
2 On observait Jésus pour voir s'il le guérirait le jour du sabbat;
on pourrait ainsi l'accuser.
3 Il dit à l'homme qui avait la main paralysée :
« Viens te mettre là devant tout le monde. »
Et s'adressant aux autres :
4 « Est-il permis, le jour du sabbat,
de faire le bien, ou de faire le mal ?
de sauver une vie, ou de tuer ? »
Mais ils se taisaient.
5 Alors, promenant sur eux un regard de colère,
navré de l'endurcissement de leurs cœurs,
il dit à l'homme : « Étends la main. »
Il l'étendit, et sa main redevint normale.
6 Une fois sortis,
les pharisiens se réunirent avec les partisans d'Hérode
contre Jésus, pour voir comment le faire périr.

LA MISSION DES DOUZE ET LA MISSION DE JÉSUS

Jésus, ses disciples et la foule au bord du lac

7 Jésus se retira avec ses disciples au bord du *lac;
et beaucoup de gens, venus de la Galilée, le suivirent;
8 et aussi beaucoup de gens de Judée, de Jérusalem, d'Idumée,
de Transjordanie, et de la région de Tyr et de Sidon
avaient appris tout ce qu'il faisait, et ils vinrent à lui.
9 Il dit à ses disciples
de tenir une barque à sa disposition
pour qu'il ne soit pas écrasé par la foule.
10 Car il avait fait beaucoup de guérisons,
si bien que tous ceux qui souffraient de quelque mal
se précipitaient sur lui pour le toucher.

3, 1-6. Voir Mt 12, 9-14 avec les notes.

7-8. Jésus a déjà des ennemis parmi les pharisiens et les partisans d'Hérode (voyez plus haut 2, 7.16.18.24; 3, 6), mais les foules venues de partout le suivent avec enthousiasme. Les régions énumérées ici par Mc englobent toute la Palestine et au-delà : à l'est la Transjordanie, au nord Tyr et Sidon, en Syrie (Liban actuel). Mc souligne souvent comme ici que Jésus est pressé et presque écrasé par la foule (v. 20.31-32; 4, 1; 5, 21.31; 6, 31.34.54-56; 8, 1; 9. 14; 10, 1.46).

11 Et lorsque les esprits mauvais le voyaient,
ils se prosternaient devant lui et criaient :
« Tu es le *Fils de Dieu! »
12 Mais il leur défendait vivement de le faire connaître.

Choix des Douze

13 Jésus gravit la *montagne, et il appela ceux qu'il voulait.
14 Ils vinrent auprès de lui, et il en institua douze
pour qu'ils soient avec lui, et pour les envoyer prêcher
15 avec le pouvoir de chasser les esprits mauvais.

16 Donc, il institua les *Douze :
*Pierre (c'est le nom qu'il donna à Simon),
17 *Jacques, fils de *Zébédée, et *Jean, le frère de Jacques,
(il leur donna le nom de « Boanerguès »,
c'est-à-dire : « *Fils du tonnerre »),
18 André, Philippe, Barthélemy, Matthieu,
Thomas, Jacques fils d'Alphée,
Thaddée, Simon le Zélote,
19 et Judas Iscariote, celui-là même qui le livra.

Incompris par les siens, calomnié par les scribes, Jésus reconnaît dans les disciples sa vraie famille

20 Jésus entre dans une maison,
où de nouveau la foule se rassemble,
si bien qu'il n'était pas possible de manger.
21 Sa famille, l'apprenant, vint pour se saisir de lui,
car ils affirmaient :
« Il a perdu la tête. »

Calomnies des scribes

22 Les scribes, qui étaient descendus de Jérusalem, disaient :
« Il est possédé par *Béelzéboul;
c'est par le chef des démons qu'il expulse les démons. »
23 Les appelant près de lui, Jésus disait en *parabole :
« Comment Satan peut-il expulser Satan ?

---

12. Proclamation analogue, par un possédé, plus haut 1, 23-26.

13. Dans Mc on ne voit pas bien pourquoi Jésus "gravit la montagne". On le voit dans les parallèles : dans Lc il y va pour prier (de même en 9, 28); dans Mt il y va pour promulguer la Loi nouvelle, rappelant Moïse au Sinaï. — "Ceux qu'il voulait" : Jésus appelle librement. Ainsi, en Jn 15, 16, il leur dira : "Ce n'est pas vous qui m'avez choisi, c'est moi qui vous ai choisis et établis." Voir aussi Ac 1, 2.

16. Toutes les listes des "Douze" dans les Synoptiques et Ac nomment en premier Pierre. Pour l'explication du changement de son nom, voir Matthieu 16, 18.

19. Dans les listes des Douze, chez les trois Synoptiques, le nom du traître Judas vient toujours en dernier.

20. Ce petit épisode ne se trouve que chez Mc.

21. "Il a perdu la tête". La famille de Jésus ne le croit pas fou, mais exalté, surmené. Jn 7, 5 nous dit que ses "*frères" ne croyaient pas en lui.

23. Jésus répond aux pharisiens par deux paraboles. La première montre l'absurdité de leurs accusations : Satan ne peut se combattre lui-même. La seconde parabole dit

24 Si un royaume se divise, ce royaume ne peut pas tenir.
25 Si une famille se divise, cette famille ne pourra pas tenir.
26 Si Satan s'est dressé contre lui-même, s'il s'est divisé,
il ne peut pas tenir; c'en est fini de lui.
27 Mais personne ne peut entrer
dans la maison d'un homme fort et piller ses biens,
s'il ne l'a d'abord ligoté.
Alors seulement il pillera sa maison.
28 Amen, je vous le dis :
Dieu pardonnera tout aux enfants des hommes,
tous les péchés et tous les blasphèmes qu'ils auront faits.
29 Mais si quelqu'un blasphème contre l'Esprit Saint,
il n'obtiendra jamais le pardon.
Il est coupable d'un péché pour toujours. »
30 Jésus parla ainsi parce qu'ils avaient dit :
« Il est possédé par un esprit impur. »

La vraie parenté de Jésus

31 Alors arrivent sa mère et ses *frères.
Restant au-dehors, ils le font demander.
32 Beaucoup de gens étaient assis autour de lui;
et on lui dit :
« Ta mère et tes frères sont là dehors, qui te cherchent. »
33 Mais il leur répond :
« Qui est ma mère ? qui sont mes frères ? »
34 Et parcourant du regard
ceux qui étaient assis en cercle autour de lui, il dit :
« Voici ma mère et mes frères.
35 Celui qui fait la volonté de Dieu,
celui-là est mon frère, ma sœur, ma mère. »

Jésus annonce en paraboles le mystère du Royaume de Dieu

Parabole du semeur

1 Jésus s'est mis une fois de plus à enseigner au bord du *lac, 4
et une foule très nombreuse se rassemble auprès de lui,
si bien qu'il monte dans une barque où il s'assoit.
Il était sur le lac et toute la foule était au bord du lac,
sur le rivage.
2 Il leur enseignait beaucoup de choses en *paraboles,
et il leur disait, dans son enseignement :
3 « Écoutez! Voici que le semeur est sorti pour semer.
4 Comme il semait, il est arrivé que du grain

---

la même chose de façon positive : Satan est comparé à un bandit redoutable. Jésus le terrasse (en expulsant les démons) parce qu'il est plus fort que lui, et non parce qu'il est son complice.

29. "Blasphème contre l'Esprit Saint" : voir la note sur Mt 12, 32.

4, 1-20. Voir Mt 13, 3 b-23 et les notes.

est tombé au bord du chemin,
et les oiseaux sont venus et ils ont tout mangé.
5 Du grain est tombé aussi sur du sol pierreux,
où il n'avait pas beaucoup de terre;
il a levé aussitôt,
parce que la terre était peu profonde;
6 et lorsque le soleil s'est levé, ce grain a brûlé
et, faute de racines, il a séché.
7 Du grain est tombé aussi dans les ronces,
les ronces ont poussé, l'ont étouffé,
et il n'a pas donné de *fruit.
8 Mais d'autres grains sont tombés sur la bonne terre;
ils ont donné du fruit en poussant et en se développant,
et ils ont produit trente, soixante, cent pour un. »
9 Et Jésus disait :
« Celui qui a des oreilles pour entendre, qu'il entende! »

Pourquoi Jésus parle en paraboles

10 Quand il resta seul, ses compagnons, ainsi que les Douze,
l'interrogeaient sur les paraboles. Il leur disait :
11 « C'est à vous qu'est donné
le mystère du royaume de Dieu;
mais à ceux qui sont dehors,
tout se présente sous l'énigme des paraboles,
12 afin que se réalise la prophétie :
Ils pourront bien regarder de tous leurs yeux,
mais ils ne verront pas;
ils pourront bien écouter de toutes leurs oreilles,
mais ils ne comprendront pas;
sinon ils se convertiraient
et recevraient le pardon. »

Explication de la parabole du semeur

13 Il leur dit encore :
« Vous ne saisissez pas cette parabole ?
Alors comment comprendrez-vous toutes les paraboles ?
14 Le semeur sème la Parole.
15 Ceux qui sont au bord du chemin où la Parole est semée,
quand ils l'entendent,
Satan survient aussitôt et enlève la Parole semée en eux.

---

12. Citation d'Isaïe 6, 9-10. Dieu annonce au prophète que son message sera incompris. Dieu n'est pas l'auteur volontaire de cette inintelligence, mais il doit en tenir compte, et en avertir le prophète exposé au découragement. De même il serait absurde que Jésus emploie des paraboles *afin* de n'être pas compris! Elles ont au contraire pour but de révéler "le mystère du royaume de Dieu". Mais leur caractère énigmatique les expose à demeurer obscures, surtout pour les esprits mal disposés.

16 Et de même, ceux qui ont reçu la semence
dans les endroits pierreux;
ceux-là, quand ils entendent la Parole,
ils la reçoivent aussitôt avec joie;
17 mais ils n'ont pas en eux de racine,
ce sont les hommes d'un moment;
quand vient la détresse ou la persécution
à cause de la Parole, ils tombent aussitôt.
18 Et il y en a d'autres qui ont reçu la semence dans les ronces:
ceux-ci entendent la Parole,
19 mais les soucis du monde, les séductions de la richesse
et tous les autres désirs
les envahissent et étouffent la Parole, qui ne donne pas de fruit.
20 Et il y a ceux qui ont reçu la semence dans la bonne terre :
ceux-là entendent la Parole, ils l'accueillent, et ils portent du fruit :
trente, soixante, cent pour un. »

Comment recevoir et transmettre l'enseignement de Jésus

21 Jésus disait encore à ses disciples cette parabole :
« Est-ce que la lampe vient
pour être mise sous le boisseau ou sous le lit ?
N'est-ce pas pour être mise sur le lampadaire ?
22 Car rien n'est caché, sinon pour être manifesté;
rien n'a été gardé secret, sinon pour venir au grand jour.
23 Si quelqu'un a des oreilles pour entendre, qu'il entende! »

24 Il leur disait encore :
« Faites attention à ce que vous entendez!
La mesure dont vous vous servez servira aussi pour vous,
et vous aurez encore plus.
25 Car celui qui a, recevra encore;
mais celui qui n'a rien, se fera enlever même ce qu'il a. »

Parabole du grain qui pousse tout seul

26 Il disait :
« Il en est du règne de Dieu
comme d'un homme qui jette le grain dans son champ :
27 nuit et jour, qu'il dorme ou qu'il se lève,
la semence germe et grandit, il ne sait comment.

---

21. "La lampe vient" : expression propre à Mc. Elle peut suggérer que cette lampe représente Jésus lui-même, venu nous apporter la lumière de sa parole.

22. "Rien n'est caché..." ces paroles affirment le refus, dans le christianisme, de tout ésotérisme, c'est-à-dire de toute doctrine secrète, réservée à une élite de privilégiés.

25. Ces petites paraboles semblent, dans Mc, se rapporter à l'accueil et à la diffusion de l'enseignement de Jésus. Celui-ci se développe et fructifie dans les esprits bien disposés, il valorise "ce qu'ils ont" : la révélation reçue de l'Ancien Testament. Au contraire, leur mauvaise volonté enlève toute valeur à ce qu'ils avaient acquis.

26-29. Parabole propre à Mc. La Parole, qui annonce et fait croître le règne de Dieu, a un dynamisme qui ne vient pas de l'activité de l'homme, mais du plan de salut réalisé par Dieu.

28 D'elle-même, la terre produit d'abord l'herbe,
puis l'épi, enfin du blé plein l'épi.
29 Et dès que le grain le permet,
on y met la faucille, car c'est le temps de la *moisson. »

Parabole de la graine de moutarde

30 Il disait encore :
« A quoi pouvons-nous comparer le règne de Dieu ?
Par quelle parabole allons-nous le représenter ?
31 Il est comme une graine de moutarde :
quand on la sème en terre,
elle est la plus petite de toutes les semences du monde.
32 Mais quand on l'a semée,
elle grandit et dépasse toutes les plantes potagères;
et elle étend de longues branches,
si bien que les oiseaux du ciel
peuvent faire leur nid à son ombre. »

Conclusion sur les paraboles

33 Par de nombreuses paraboles semblables,
Jésus leur annonçait la *Parole,
dans la mesure où ils étaient capables de la comprendre.
34 Il ne leur disait rien sans employer de paraboles,
mais en particulier, il expliquait tout à ses disciples.

Quatre récits de miracles où apparaît le caractère décisif de la foi

La tempête apaisée

35 Ce jour-là, le soir venu, il dit à ses disciples :
« Passons sur l'autre rive. »
36 Quittant la foule,
ils emmènent Jésus dans la barque, comme il était;
et d'autres barques le suivaient.
37 Survient une violente tempête.
Les vagues se jetaient sur la barque,
si bien que déjà elle se remplissait d'eau.
38 Lui dormait sur le coussin à l'arrière.
Ses compagnons le réveillent et lui crient :
« Maître, nous sommes perdus;
cela ne te fait rien ? »
39 Réveillé, il interpelle le vent avec vivacité et dit à la mer :
« Silence, tais-toi. »
Le vent tomba, et il se fit un grand calme.

30-32. C'est encore le dynamisme de la Parole qui est visé ici. Mais l'accent est mis sur le contraste entre les origines très modestes et l'expansion universelle du règne de Dieu.
35-40. Sur ce miracles voir Mt 8, 26 et la note.

40 Jésus leur dit :
« Pourquoi avoir peur ?
Comment se fait-il que vous n'ayez pas la foi ? »
41 Saisis d'une grande crainte, ils se disaient entre eux :
« Qui est-il donc,
pour que même le vent et la mer lui obéissent ? »

Le possédé gérasénien

1 Ils arrivèrent sur l'autre rive du lac, 5
dans le pays des Géraséniens.
2 Comme Jésus descendait de la barque,
aussitôt un homme *possédé d'un esprit mauvais
sortit du cimetière à sa rencontre;
3 il habitait dans les tombeaux
et personne ne pouvait plus l'attacher,
même avec une chaîne;
4 en effet on l'avait souvent attaché
avec des fers aux pieds et des chaînes,
mais il avait rompu les chaînes, brisé les fers,
et personne ne pouvait le maîtriser.
5 Sans arrêt, nuit et jour,
il était parmi les tombeaux et sur les collines,
à crier, et à se blesser avec des pierres.

6 Voyant Jésus de loin,
il accourut, se prosterna devant lui
et cria de toutes ses forces :
7 « Que me veux-tu, Jésus, fils du Dieu Très-Haut ?
Je t'adjure par Dieu, ne me fais pas souffrir!
8 Jésus lui disait en effet :
« Esprit mauvais, sors de cet homme! »
9 Et il lui demandait :
« Quel est ton nom ? »
L'homme lui répond :
« Je m'appelle Légion, car nous sommes beaucoup. »

---

41. Dans les trois Synoptiques, la conclusion est la même : "Qui est donc celui-là ?" Mais cette question pourrait résumer plus particulièrement l'évangile de Mc.

5, 1-5. Dans la Vulgate ceci se passe, selon les trois Synoptiques, chez les Géraséniens. D'après les meilleurs textes grecs, il s'agit pour Mt des Gadaréniens pour Mc des Géraséniens, pour Luc des Gergéséniens. La tradition orale avait déjà oublié ou déformé le vrai nom, qui désigne non un lieu précis, mais toute une région, au sud-est du lac, en pays païen. En effet, le porc était pour les Juifs un animal impur (et c'est pourquoi les esprits mauvais – *litt. :* "impurs" – demandent à s'y réfugier). La violence de la possession, son attribution à une "Légion" de démons (la légion romaine comptait cinq ou six mille hommes) peuvent s'expliquer, pour les Juifs d'alors, par la prédominance dans cette région de cultes idolâtriques ou magiques.

6. "Dieu Très-Haut" : désignation du Dieu des Juifs par les païens. — "Ne me fais pas souffrir." Réaction de peur devant l'avènement proche du règne de Dieu, comme plus haut 1, 24; le pays est bon : les démons voudraient ne pas le quitter. Ils demandent à aller dans des porcs : ainsi les hommes seront épargnés. Jésus le permet, car l'important est de délivrer un enfant de Dieu réduit par le démon à une condition infra-humaine et devenu la terreur du pays.

10 Et ils suppliaient Jésus avec insistance
de ne pas les chasser en dehors du pays.
11 Or, il y avait là, du côté de la colline, un grand troupeau de porcs
qui cherchait sa nourriture.
12 Alors, les esprits mauvais supplièrent Jésus :
« Envoie-nous vers ces porcs,
et nous entrerons en eux. »
13 Il le leur permit.
Alors ils sortirent de l'homme et entrèrent dans les porcs.
Du haut de la falaise, le troupeau se précipita dans la mer :
il y avait environ deux mille porcs,
et ils s'étouffaient dans la mer.
14 Ceux qui les gardaient prirent la fuite,
ils annoncèrent la nouvelle dans la ville et dans la campagne,
et les gens vinrent voir ce qui s'était passé.
15 Arrivés auprès de Jésus, ils voient le possédé
assis, habillé, et devenu raisonnable,
lui qui avait eu la légion de démons,
et ils furent saisis de crainte.
16 Les témoins leur racontèrent l'aventure du possédé
et l'affaire des porcs.

17 Alors ils se mirent à supplier Jésus
de partir de leur région.
18 Comme Jésus remontait dans la barque,
le possédé le suppliait de pouvoir être avec lui.
19 Il n'y consentit pas,
mais il lui dit :
« Rentre chez toi, auprès des tiens,
annonce-leur tout ce que le Seigneur
a fait pour toi dans sa miséricorde. »
20 Alors cet homme s'en alla,
il se mit à proclamer dans la région de la *Décapole
tout ce que Jésus avait fait pour lui,
et tout le monde était dans l'admiration.

Guérison d'une femme et résurrection de la fille de Jaïre

21 Jésus regagna en barque l'autre rive,
et une grande foule s'assembla autour de lui.
il était au bord du lac.
22 Arrive un chef de synagogue, nommé Jaïre.

---

13. Le troupeau n'a pas plongé dans la mer du haut de la falaise. Il a dévalé de celle-ci sur la plage et s'est ensuite précipité dans la mer.

15. Les habitants sont "saisis de crainte", par l'éclat du miracle. Mais ils n'ont aucune velléité de conversion. Jésus les impressionne, il ne les attire pas.

18-20. Le possédé guéri n'est pas autorisé à suivre Jésus, mais à proclamer en pays païen le miracle dont il a bénéficié. Ainsi Jésus préserve encore son *secret messianique.

Voyant Jésus, il tombe à ses pieds
et le supplie instamment :
23 « Ma petite fille est à toute extrémité.
Viens lui imposer les mains
pour qu'elle soit sauvée et qu'elle vive. »
24 Jésus partit avec lui,
et la foule qui le suivait était si nombreuse qu'elle l'écrasait.

25 Or, une femme, qui avait des pertes de sang depuis douze ans...
26 — Elle avait beaucoup souffert
du traitement de nombreux médecins,
et elle avait dépensé tous ses biens sans aucune amélioration;
au contraire, son état avait plutôt empiré —
27 ... cette femme donc, ayant appris ce qu'on disait de Jésus,
vint par-derrière dans la foule et toucha son vêtement.
28 Car elle se disait :
« Si je parviens à toucher seulement son vêtement,
je serai sauvée. »
29 A l'instant, l'hémorragie s'arrêta,
et elle ressentit dans son corps qu'elle était guérie de son mal.
30 Aussitôt Jésus se rendit compte qu'une force était sortie de lui.
Il se retourna dans la foule, et il demandait :
« Qui a touché mes vêtements ? »
31 Ses disciples lui répondaient :
« Tu vois bien la foule qui t'écrase,
et tu demandes : ‘ Qui m'a touché ? ’ »
32 Mais lui regardait tout autour
pour voir celle qui avait fait ce geste.
33 Alors la femme, craintive et tremblante,
sachant ce qui lui était arrivé,
vint se jeter à ses pieds et lui dit toute la vérité.
34 Mais Jésus reprit :
« Ma fille, ta foi t'a sauvée.
Va en paix et sois guérie de ton mal. »

35 Comme il parlait encore, des gens arrivent de la maison de Jaïre
pour annoncer à celui-ci :
« Ta fille vient de mourir.
A quoi bon déranger encore le Maître ? »

---

23. Chez Mt la petite fille est déjà morte. Mais, comme chez Mc, on demande à Jésus de lui imposer les mains; il lui était arrivé de guérir par ce geste : Mc 6, 5; Lc 4, 40; etc.

28. La femme attribue une vertu bénéfique au contact physique de Jésus, même à travers son vêtement. (Voir plus loin 6, 56; Lc 6, 19, et concernant les miracles des Apôtres : Ac 5, 15; 19, 11-12.) Non seulement Jésus ne condamne pas cette confiance, mais il semble bien la considérer comme une "foi" et lui attribuer la guérison de cette femme (v. 34). Lui-même s'était "rendu compte qu'une force était sortie de lui" (v. 30).

33. "craintive et tremblante" parce que, son infirmité la rendant impure selon la Loi, elle aurait dû s'abstenir de ce contact.

34. "Ta foi t'a sauvée" et pas seulement guérie. La maladie, l'infirmité symbolisent le péché; la guérison miraculeuse est une image du salut.

36 Jésus, surprenant ces mots, dit au chef de la synagogue :
« Ne crains pas, crois seulement. »
37 Il ne laissa personne l'accompagner,
sinon Pierre, Jacques, et Jean son frère.
38 Ils arrivent à la maison du chef de synagogue.
Jésus voit l'agitation,
et des gens qui pleurent et poussent de grands cris.
39 Il entre et leur dit :
« Pourquoi cette agitation et ces pleurs ?
L'enfant n'est pas morte : elle dort. »
40 Mais on se moquait de lui.
Alors il met tout le monde dehors,
prend avec lui le père et la mère de l'enfant,
et ceux qui l'accompagnent.
Puis il pénètre là où reposait la jeune fille.
41 Il saisit la main de l'enfant, et lui dit :
« *Talitha koum* » ;
ce qui signifie :
« Jeune fille, je te le dis, lève-toi. »
42 Aussitôt la jeune fille se leva et se mit à marcher
— elle avait douze ans —.
Ils en furent complètement bouleversés.
43 Mais Jésus leur recommanda avec insistance
que personne ne le sache ;
puis il leur dit de la faire manger.

Incompris par les gens de Nazareth, Jésus ne peut pas faire de miracle à cause de leur manque de foi

1 Jésus est parti pour son pays, et ses disciples le suivent. 6
2 Le jour du sabbat, il se mit à enseigner dans la synagogue.
Les nombreux auditeurs, frappés d'étonnement, disaient :
« D'où cela lui vient-il ?
Quelle est cette sagesse qui lui a été donnée,
et ces grands miracles qui se réalisent par ses mains ?
3 N'est-il pas le charpentier, le fils de Marie,
et le *frère de Jacques, de José, de Jude et de Simon ?

---

37. "Pierre, Jacques et Jean" seront aussi les témoins choisis de la Transfiguration (9, 2) et de la prière à Gethsémani (14, 33).

39. "elle dort" : dans la Bible, la mort est souvent désignée comme un sommeil (Jean 11, 11-13; 1 Corinthiens 15, 6; 1 Thessaloniciens 4, 13-15); celui-ci évoquant la possibilité de la résurrection, ce mot à l'origine signifiait réveil (Mc 12, 26; Jn 11, 11; 1 Corinthiens 6, 14; etc).

41. *Talitha koum.* L'évangile de Mc a ainsi comme enregistré quelques paroles telles que Jésus les a prononcées, sous leur forme araméenne : *Effata* (7, 34), *Abba* (14, 36), *Eloï, eloï...* (15, 34).

6, 3. "le charpentier, le fils de Marie" : ces expressions peuvent indiquer que Joseph est mort depuis quelque temps; Jésus a continué le métier de "charpentier" (artisan de village pour toute sorte de travaux) et a vécu auprès de sa mère veuve. — "ils étaient profondément choqués", *litt. :* "*scandalisés". La connaissance familière qu'ils ont de Jésus les empêche de l'écouter comme un prophète.

Ses sœurs ne sont-elles pas ici chez nous ? »
Et ils étaient profondément choqués à cause de lui.
4 Jésus leur disait :
« Un prophète n'est méprisé que dans son pays,
sa famille et sa propre maison. »
5 Et là il ne pouvait accomplir aucun miracle;
il guérit seulement quelques malades
en leur imposant les mains.
6 Il s'étonna de leur manque de foi.
Alors il parcourait les villages d'alentour en enseignant.

Envoi des Douze continuant la mission de Jésus

7 Jésus appelle les Douze,
et pour la première fois il les envoie deux par deux.
Il leur donnait pouvoir sur les esprits mauvais,
8 et il leur prescrivit de ne rien emporter pour la route,
si ce n'est un bâton;
de n'avoir ni pain, ni sac, ni pièces de monnaie dans leur ceinture.
9 « Mettez des sandales, ne prenez pas de tunique de rechange. »
10 Il leur disait encore :
« Quand vous avez trouvé l'hospitalité dans une maison,
restez-y jusqu'à votre départ.
11 Si, dans une localité,
on refuse de vous accueillir et de vous écouter,
partez en secouant la poussière de vos pieds :
ce sera pour eux un témoignage. »
12 Ils partirent, et proclamèrent qu'il fallait se convertir.
13 Ils chassaient beaucoup de démons,
faisaient des onctions d'huile à de nombreux malades,
et les guérissaient.

QUI EST JÉSUS ?

Hérode s'inquiète des questions posées sur l'identité de Jésus

14 Comme le nom de Jésus devenait célèbre,
le roi *Hérode en entendit parler.

---

5. Il semble que Mc, comme quelquefois, se reprend après s'être exprimé maladroitement. Les quelques guérisons accomplies par Jésus en imposant les mains sont sans doute des miracles. Sa puissance de guérison n'est donc pas vraiment paralysée par le manque de foi, mais le miracle est un "signe" qui ne peut avoir de signification en dehors de la foi. Jésus ne peut dire ici, comme en 5, 34 : "Ta foi t'a sauvée."

7-11. Voir les notes sur Mt 10, 1-14.

12. "il fallait se convertir" : ils répètent et répandent ce qui a été la première prédication de Jésus lui-même, voyez plus haut 1, 15.

13. "des onctions d'huile" : remède universel de la médecine antique. Ici c'est le signe et le moyen d'une action miraculeuse, et peut-être l'ancêtre lointain du sacrement de l'onction des malades.

14-16. La personnalité de Jésus déconcerte par sa puissance et son originalité, d'où tous ces essais d'identification à des personnages du passé, qui revivraient en lui. Voir plus loin 8, 28 et par.

On disait :
« C'est Jean le Baptiste qui est ressuscité d'entre les morts,
et voilà pourquoi il a le pouvoir de faire des miracles. »
15 Certains disaient : « C'est le prophète *Élie. »
D'autres disaient encore :
« C'est un prophète comme ceux de jadis. »
16 Hérode entendait ces propos et disait :
« Celui que j'ai fait décapiter, Jean, le voilà ressuscité ! »

Retour en arrière :
comment Hérode a fait exécuter Jean Baptiste

17 Car c'était lui, Hérode, qui avait fait arrêter Jean
et l'avait mis en prison.
En effet il avait épousé Hérodiade,
la femme de son frère Philippe,
18 et Jean lui disait :
« Tu n'as pas le droit
de prendre la femme de ton frère. »
19 Hérodiade en voulait donc à Jean,
et elle cherchait à le faire mettre à mort.
Mais elle n'y arrivait pas
20 parce que Hérode avait peur de Jean :
il savait que c'était un homme juste et saint,
et il le protégeait;
quand il l'avait entendu, il était très embarrassé,
et pourtant, il aimait l'entendre.

21 Cependant, une occasion favorable se présenta,
lorsque Hérode, pour son anniversaire,
donna un banquet à ses dignitaires,
aux chefs de l'armée et aux notables de la Galilée.
22 La fille d'Hérodiade fit son entrée et dansa.
Elle plut à Hérode et à ses convives.
Le roi dit à la jeune fille :
« Demande-moi tout ce que tu veux,
et je te le donnerai. »
23 Et il lui fit ce serment :
« Tout ce que tu me demanderas, je te le donnerai,
même si c'est la moitié de mon royaume. »
24 Elle sortit alors pour dire à sa mère :
« Qu'est-ce que je vais demander ? »
Hérodiade répondit :
« La tête de Jean le Baptiste. »
25 Aussitôt la jeune fille s'empressa de retourner auprès du roi,
et lui fit cette demande :
« Je veux que tout de suite
tu me donnes sur un plat la tête de Jean Baptiste. »

26 Le roi fut vivement contrarié;
mais à cause du serment fait devant les convives,
il ne voulut pas lui opposer un refus.
27 Aussitôt il envoya un garde
avec l'ordre d'apporter la tête de Jean.
Le garde s'en alla, et le décapita dans la prison.
28 Il apporta la tête sur un plat,
la donna à la jeune fille,
et la jeune fille la donna à sa mère.

29 Lorsque les disciples de Jean apprirent cela,
ils vinrent prendre son corps et le déposèrent dans un tombeau.

Jésus retrouve les Apôtres à leur retour de mission

30 Les Apôtres se réunissent auprès de Jésus,
et lui rapportent tout ce qu'ils ont fait et enseigné.
31 Il leur dit :
« Venez à l'écart dans un endroit désert,
et reposez-vous un peu. »
De fait, les arrivants et les partants étaient si nombreux
qu'on n'avait même pas le temps de manger.
32 Ils partirent donc dans la barque
pour un endroit désert, à l'écart.
33 Les gens les virent s'éloigner, et beaucoup les reconnurent.
Alors, à pied, de toutes les villes,
ils coururent là-bas et arrivèrent avant eux.

Première multiplication des pains et marche sur les eaux

34 En débarquant, Jésus vit une grande foule.
Il fut saisi de pitié envers eux,
parce qu'ils étaient comme des brebis sans berger.
Alors, il se mit à les instruire longuement.

35 Déjà l'heure était avancée;
ses disciples s'étaient approchés et lui disaient :
« L'endroit est désert et il est tard. Renvoie-les,
36 qu'ils aillent dans les fermes et les villages des environs
s'acheter de quoi manger. »

30-33. Notations propres à Mc, qui aime souligner l'affluence des foules, la vie surmenée de Jésus et des Douze (plus haut 3, 9.20.31; 5, 24.31).

34. La misère de cette foule n'est pas seulement physique. Jésus "saisi de *pitié" commence donc par l' "instruire longuement". Tous les récits de multiplication des pains emploient un vocabulaire eucharistique qu'on retrouvera à la Cène (prendre, bénir, rompre, donner...). Or, dans l'eucharistie, le partage du pain est précédé et préparé par la célébration de la Parole.

35-52. Jésus, à la différence des thaumaturges légendaires, accomplit peu de miracles sur les créatures inanimées, et jamais pour le plaisir d'étonner. La multiplication des pains est inspirée par la miséricorde et a une valeur symbolique. La marche sur les eaux est une épiphanie de la divinité de Jésus. En outre, ce miracle, lié à la multiplication des pains par les trois évangiles qui le racontent, insinue peut-être que dans l'eucharistie Jésus est affranchi des lois ordinaires de la nature.

37 Il leur répondit :
« Donnez-leur vous-mêmes à manger. »
Ils répliquent :
« Allons-nous dépenser le salaire de deux cents journées
pour acheter du pain et leur donner à manger ? »
38 Jésus leur demande :
« Combien avez-vous de pains ? Allez voir. »
S'étant informés, ils lui disent :
« Cinq, et deux poissons. »
39 Il leur ordonna de les faire tous asseoir par groupes
sur l'herbe verte.
40 Ils s'assirent en rond par groupes de cent et de cinquante.
41 Jésus prit les cinq pains et les deux poissons,
et, levant les yeux au ciel,
il prononça la bénédiction, rompit les pains,
et il les donnait aux disciples pour qu'ils les distribuent.
Il partagea aussi les deux poissons entre eux tous.
42 Tous mangèrent à leur faim.
43 Et l'on ramassa
douze paniers pleins de morceaux de pain et de poisson.
44 Ceux qui avaient mangé les pains
étaient au nombre de cinq mille hommes.

45 Aussitôt après, Jésus obligea ses disciples à monter dans la barque
et à le précéder sur l'autre rive, vers *Bethsaïde,
pendant que lui-même renvoyait la foule.
46 Quand il les eut congédiés,
il s'en alla sur la *montagne pour prier.
47 Le soir venu, la barque était au milieu de la mer
et lui, tout seul, à terre.
48 Voyant qu'ils se débattaient avec les rames,
car le vent leur était contraire,
il vient à eux vers la fin de la nuit
en marchant sur la mer,
et il allait les dépasser.
49 En le voyant marcher sur la mer,
les disciples crurent que c'était un fantôme
et ils se mirent à pousser des cris,
50 car tous l'avaient vu et ils étaient bouleversés.
Mais aussitôt Jésus leur parla :
« Confiance ! c'est moi ; n'ayez pas peur ! »
51 Il monta ensuite avec eux dans la barque
et le vent tomba ;
et en eux-mêmes ils étaient complètement bouleversés de stupeur,

---

50. "C'est moi!" On pourrait aussi traduire : "*Je suis", qui est le nom divin (voir Exode 3, 14).

52 car ils n'avaient pas compris la signification du miracle des pains :
leur cœur était aveuglé.

Jésus guérit tous les malades qui viennent à lui

53 Ayant traversé le lac, ils abordèrent à Génésareth
et accostèrent.
54 Ils sortirent de la barque, et aussitôt les gens reconnurent Jésus :
55 ils parcoururent toute la région,
et se mirent à transporter les malades sur des brancards
là où l'on apprenait sa présence.
56 Et dans tous les endroits où il était,
dans les villages, les villes ou les champs,
on déposait les infirmes sur les places.
Ils le suppliaient de leur laisser toucher
ne serait-ce que la *frange de son manteau.
Et tous ceux qui la touchèrent étaient sauvés.

Conflit avec les pharisiens sur la Loi et la véritable pureté

1 Les *pharisiens et quelques *scribes étaient venus de Jérusalem. 7
Ils se réunissent autour de Jésus,
2 et voient quelques-uns de ses disciples prendre leur repas
avec des mains impures, c'est-à-dire non lavées.
3 — Les pharisiens en effet, comme tous les Juifs,
se lavent toujours soigneusement les mains avant de manger,
fidèles à la tradition des anciens;
4 et au retour du marché,
ils ne mangent pas avant de s'être aspergés d'eau,
et ils sont attachés encore par tradition
à beaucoup d'autres pratiques :
lavage de coupes, de cruches et de plats. —
5 Alors les pharisiens et les scribes demandent à Jésus :
« Pourquoi tes disciples ne suivent-ils pas
la tradition des anciens ?
Ils prennent leurs repas sans s'être lavé les mains. »
6 Jésus leur répond :
« Isaïe a fait une bonne prophétie sur vous, *hypocrites,
dans ce passage de l'Écriture :
Ce peuple m'honore des lèvres,
mais son cœur est loin de moi.
7 *Il est inutile, le culte qu'ils me rendent ;*
les doctrines qu'ils enseignent
ne sont que des préceptes humains.
8 Vous laissez de côté le commandement de Dieu
pour vous attacher à la tradition des hommes. »

7, 2-4. Ces v. sont propres à Mc. Écrivant, sans doute à Rome, pour des païens, il explique en détail les usages des Juifs en matière de purifications légales.
6-7. Isaïe 29, 13.

9 Il leur disait encore :
« Vous rejetez bel et bien le commandement de Dieu
pour observer votre tradition.
10 En effet, Moïse a dit :
Honore ton père et ta mère.
Et encore :
Celui qui maudit son père ou sa mère
sera mis à mort.
11 Et vous, vous dites :
' Supposons qu'un homme déclare à son père ou à sa mère :
Les ressources qui m'auraient permis de t'aider
sont *corbane*, c'est-à-dire offrande sacrée. '
12 Vous l'autorisez à ne plus rien faire pour son père ou sa mère,
13 et vous annulez la parole de Dieu
par la tradition que vous transmettez.
Et vous faites beaucoup de choses du même genre. »

14 Il appela de nouveau la foule et lui dit :
« Écoutez-moi tous, et comprenez bien.
15 Rien de ce qui est extérieur à l'homme
et qui pénètre en lui
ne peut le rendre impur.
Mais ce qui sort de l'homme,
voilà ce qui rend l'homme impur. »

17 Quand il eut quitté la foule pour rentrer à la maison,
ses disciples l'interrogeaient sur cette parole énigmatique.
18 Alors il leur dit :
« Ainsi, vous aussi, vous êtes incapables de comprendre ?
Ne voyez-vous pas
que tout ce qui entre dans l'homme,
en venant du dehors,
ne peut pas le rendre impur,
19 parce que cela n'entre pas dans son cœur,
mais dans son ventre, pour être éliminé ? »
C'est ainsi que Jésus déclarait purs tous les aliments.

20 Il leur dit encore :
« Ce qui sort de l'homme, c'est cela qui le rend impur.
21 Car c'est du dedans, du cœur de l'homme,
que sortent les pensées perverses :
inconduite, vols, meurtres,
22 adultères, cupidités, méchancetés,

---

10. "Moïse a dit : Honore..." dans le *Décalogue : Exode 20, 12; Deutéronome 5, 16. — "Celui qui maudit..." : Livre des Lévites 20, 9.

16. Verset de la *Vulgate, absent du texte original grec, répétition de 4, 23.

19. "C'est ainsi que Jésus..." conclusion de Mc. On peut voir dans Ac 11, 8 comment Pierre, même après la Pentecôte, refuse de manger un aliment réputé "impur". L'abolition de ces interdits alimentaires devait pourtant s'imposer pour que l'Église devienne vraiment universelle.

fraude, débauche, envie,
diffamation, orgueil et démesure.
23 Tout ce mal vient du dedans, et rend l'homme impur. »

Guérison de la fille d'une païenne

24 En partant de là, Jésus se rendit dans la région de Tyr.
Il était entré dans une maison,
et il voulait que personne ne sache qu'il était là,;
mais il ne réussit pas à se cacher.
25 En effet, la mère d'une petite fille possédée par un esprit mauvais
avait appris sa présence,
et aussitôt elle vint se jeter à ses pieds.
26 Cette femme était païenne, de nationalité syro-phénicienne,
et elle lui demandait d'expulser le démon hors de sa fille.
27 Il lui dit :
« Laisse d'abord les enfants manger à leur faim,
car il n'est pas bien de prendre le pain des enfants
pour le donner aux petits chiens. »
28 Mais elle lui répliqua :
« C'est vrai, Seigneur,
mais les petits chiens, sous la table,
mangent les miettes des petits enfants. »
Alors il lui dit :
29 « A cause de cette parole, va :
le démon est sorti de ta fille. »
30 Elle rentra à la maison, et elle trouva l'enfant étendue sur le lit :
le démon était sorti d'elle.

Jésus fait entendre les sourds et parler les muets

31 Jésus quitta la région de Tyr;
passant par Sidon, il prit la direction du lac de Galilée
et alla en plein territoire de la *Décapole.
32 On lui amène un sourd-muet,
et on le prie de poser la main sur lui.
33 Jésus l'emmena à l'écart, loin de la foule,
lui mit les doigts dans les oreilles,
et, prenant de la salive, lui toucha la langue.

---

24. Certains commentaires font commencer ici des "voyages de Jésus hors de Galilée", qui se continueraient jusqu'à l'entrée à Jérusalem (ch. 11). En fait, la seconde multiplication des pains (8, 1 s.) semble se situer, comme la première, au bord du lac (voyez Mt 15, 29); et Bethsaïde (8, 22) est en Galilée, etc. Il est donc impossible de reconstituer l'itinéraire de Jésus d'après les indications de Mc. Mais, dans l'ensemble de cette section, il est vrai que Jésus ne connaît plus l'affluence enthousiaste des foules galiléennes, qu'il est en contact avec des populations païennes, et qu'il multiplie les annonces de la Passion en s'approchant de Jérusalem où il doit mourir.

25-30. Voir Mt 15, 21-28 avec les notes.

31-37. Récit propre à Mc.

34 Puis, les yeux levés au ciel,
il soupira et lui dit :
« *Effata !* », c'est-à-dire : « Ouvre-toi. »
35 Ses oreilles s'ouvrirent;
aussitôt sa langue se délia, et il parlait correctement.
36 Alors Jésus leur recommanda de n'en rien dire à personne;
mais plus il le leur défendait, plus ils le proclamaient.
37 Très vivement frappés, ils disaient :
« Tout ce qu'il fait est admirable :
il fait entendre les sourds et parler les muets. »

Seconde multiplication des pains

1 En ces jours-là,
comme il y avait de nouveau une grande foule de gens, **8**
et qu'ils n'avaient pas de quoi manger,
Jésus appelle à lui ses disciples et leur dit :
2 « J'ai pitié de cette foule,
car depuis trois jours déjà ils sont avec moi,
et n'ont rien à manger.
3 Si je les renvoie chez eux à jeun,
ils vont défaillir en route;
or, quelques-uns d'entre eux sont venus de loin. »
4 Ses disciples lui répondirent :
« Où donc pourra-t-on trouver du pain
pour qu'ils en mangent à leur faim, dans ce désert ? »
5 Il leur demanda :
« Combien de pains avez-vous ? »
Ils lui dirent : « Sept. »
6 Alors il ordonna à la foule de s'asseoir par terre.
Puis, prenant les sept pains et rendant grâce,
il les rompit, et il les donnait à ses disciples
pour que ceux-ci les distribuent ;
et ils les distribuèrent à la foule.
7 On avait aussi quelques petits poissons.
Il les bénit et les fit distribuer aussi.

---

34. *Effata* (voir note sur 5, 41). Cette parole a figuré longtemps au rituel du baptême. Depuis la réforme liturgique, elle ne se dit plus que pour le baptême des adultes, où la traduction "Ouvre-toi" est suivie de cette explication : "pour que tu professes la foi, que tu as entendue, à la louange et gloire de Dieu."

8, 1s. Il est possible que le double récit, de Mc et de Mt, ne concerne qu'une seule multiplication des pains, mais qu'ils auraient connue par deux sources différentes. L'unique multiplication rapportée par Jean 6, 1-15 montre, de la part de la foule, tant d'incompréhension qu'un deuxième miracle pareil serait peu vraisemblable.

6. Nous retrouvons, comme au récit précédent, le vocabulaire eucharistique. Mais la "bénédiction" sur le pain est appelée "action de grâce", comme à la Cène selon Lc 22, 19 et Paul 1 Corinthiens 11, 24. C'est justement le mot grec "eucharistie" qui est traduit ici par action de grâce.

8 Ils mangèrent à leur faim,
et des morceaux qui restaient, on ramassa sept corbeilles.
9 Or, ils étaient environ quatre mille.
Puis Jésus les renvoya.
10 Aussitôt, montant dans la barque avec ses disciples,
il alla dans la région de Dalmanoutha.

Conflits avec les pharisiens qui demandent un signe

11 Les pharisiens survinrent
et se mirent à discuter avec Jésus: pour le mettre à l'épreuve,
ils lui demandaient un signe venant du ciel.
12 Jésus soupira au plus profond de lui-même et dit :
« Pourquoi cette génération demande-t-elle un signe ?
Amen, je vous le déclare :
aucun signe ne sera donné à cette génération. »
13 Puis il les quitta, remonta en barque, et il partit vers l'autre rive.

Le levain des pharisiens

14 Les disciples avaient oublié de prendre du pain,
et ils n'avaient qu'un seul pain avec eux dans la barque.
15 Jésus leur faisait cette recommandation :
« Attention! Prenez garde au levain des pharisiens
et à celui d'Hérode! »
16 Ils discutaient entre eux sur ce manque de pain.
17 Il s'en aperçoit et leur dit :
« Pourquoi discutez-vous sur ce manque de pain ?
Vous ne voyez pas ? Vous ne comprenez pas encore ?
Vous avez le cœur aveuglé ?
18 Vous avez des yeux et vous ne regardez pas,
vous avez des oreilles et vous n'écoutez pas ?
Vous ne vous rappelez pas ?
19 Quand j'ai rompu les cinq pains pour cinq mille hommes,
combien avez-vous ramassé
de paniers pleins de morceaux ? »
Ils lui répondirent : « Douze.
20 — Et quand j'en ai rompu sept pour quatre mille,
combien avez-vous rempli de corbeilles
en ramassant les morceaux? »
Ils lui répondirent : « Sept. »

---

10. "Dalmanoutha" : localité inconnue.

11-13. Voir les notes sur Mt 16, 1-4.

15. Le *levain est souvent symbole de vieillerie, de corruption, d'âcreté. Il signifie la doctrine (Mt 16, 12), l'hypocrisie (Lc 12, 1) des pharisiens.

17-18. L'insistance fréquente de Mc sur l'inintelligence des disciples (3, 13; 6, 52; 7, 18; 9, 32; 10, 14) est ici particulièrement accentuée.

19. S'il n'y a eu qu'une seule multiplication des pains, la double question de Jésus serait due à un arrangement de Mc. Ceci ne doit pas inquiéter le lecteur croyant, s'il se rappelle que les évangiles ne sont pas des constats ou des reportages, mais des mémoires de prédication, destinés à nous faire découvrir le mystère de Jésus.

21 Il leur disait : « Vous ne comprenez pas encore ? »

Jésus fait voir les aveugles

22 Jésus et ses disciples arrivent à Bethsaïde.
On lui amène un aveugle et on le supplie de le toucher.
23 Jésus prit l'aveugle par la main
et le conduisit hors du village.
Il lui mit de la salive sur les yeux et lui imposa les mains.
Il lui demandait :
« Est-ce que tu vois quelque chose ? »
24 Ayant ouvert les yeux, l'homme disait :
« Je vois les gens, ils ressemblent à des arbres,
et ils marchent. »
25 Puis Jésus, de nouveau,
imposa les mains sur les yeux de l'homme;
celui-ci se mit à voir normalement,
il se trouva guéri, et ils distinguait tout avec netteté.
26 Jésus le renvoya chez lui en disant :
« Ne rentre même pas dans le village. »

Pierre découvre l'identité de Jésus Messie

27 Jésus s'en alla avec ses disciples
vers les villages situés dans la région de *Césarée-de-Philippe.
Chemin faisant, il les interrogeait :
« Pour les gens, qui suis-je ? »
28 Ils répondirent :
« Jean Baptiste; pour d'autres, *Élie;
pour d'autres, un des prophètes. »
29 Il les interrogeait de nouveau :
« Et vous, que dites-vous ? Pour vous, qui suis-je ? »
Pierre prend la parole et répond :
« Tu es le *Messie. »
30 Il leur défendit alors vivement de parler de lui à personne.

II. JÉSUS FILS DE DIEU

A LA SUITE DU SERVITEUR SOUFFRANT

1re annonce de la Passion ; incompréhension de Pierre

31 Et pour la première fois il leur enseigna
qu'il fallait que le Fils de l'homme souffre beaucoup,
qu'il soit rejeté

22-26. Narration propre à Mc, bien caractéristique de son pittoresque concret.

27-30. Voir les notes sur Mt 16, 13-16.20. Ni Mc ni Lc ne rapportent la déclaration de Jésus à Pierre de Mt 16, 17-19. Mais les 3 Synoptiques ont en commun l'ordre de garder le *secret messianique.

par les anciens, les chefs des prêtres et les scribes,
qu'il soit tué,
et que, trois jours après, il ressuscite.

32 Jésus disait cela ouvertement.
Pierre, le prenant à part, se mit à lui faire de vifs reproches.
33 Mais Jésus se retourna
et, voyant ses disciples, il interpella vivement Pierre :
« Passe derrière moi, Satan!
Tes pensées ne sont pas celles de Dieu,
mais celles des hommes. »

A quel prix on peut suivre Jésus

34 Appelant la foule avec ses disciples, il leur dit :
« Si quelqu'un veut marcher derrière moi,
qu'il renonce à lui-même,
qu'il prenne sa croix, et qu'il me suive.
35 Car celui qui veut sauver sa vie
la perdra;
mais celui qui perdra sa vie pour moi et pour l'Évangile
la sauvera.
36 Quel avantage, en effet, un homme a-t-il
à gagner le monde entier en le payant de sa vie ?
37 Quelle somme pourrait-il verser en échange de sa vie ?
38 Si quelqu'un a honte de moi et de mes paroles
dans cette génération adultère et pécheresse,
le Fils de l'homme aussi aura honte de lui,
quand il viendra dans la gloire de son Père
avec les anges. »
1 Et il leur disait : **9**
« Amen, je vous le dis :
parmi ceux qui sont ici, certains ne connaîtront pas la mort
avant d'avoir vu le *règne de Dieu venir avec puissance. »

La Transfiguration

2 Six jours après,
Jésus prend avec lui Pierre, Jacques et Jean,
et les emmène, eux seuls, à l'écart sur une haute *montagne.
Et il fut transfiguré devant eux.
3 Ses vêtements devinrent resplendissants,
d'une blancheur telle que personne sur terre
ne peut obtenir une blancheur pareille.
4 *Élie leur apparut avec *Moïse, et ils s'entretenaient avec Jésus.

31-33. Voir les notes sur Mt 16, 21-23.
34-38. Voir les notes sur Mt 16, 24-27.
9, 1. Voir la note sur Mt 16, 28.
2-8. Voir Mt 17, 1-8 avec les notes.

5 Pierre alors prend la parole et dit à Jésus :
« *Rabbi, il est heureux que nous soyons ici;
dressons donc trois tentes :
une pour toi, une pour Moïse et une pour Élie. »
6 De fait, il ne savait que dire, tant était grande leur frayeur.
7 Survint une nuée qui les couvrit de son ombre,
et de la nuée une voix se fit entendre :
« Celui-ci est mon Fils bien-aimé. Écoutez-le. »
8 Soudain, regardant tout autour,
ils ne virent plus que Jésus seul avec eux.

9 En descendant de la montagne,
Jésus leur défendit de raconter à personne ce qu'ils avaient vu,
avant que le *Fils de l'homme
soit ressuscité d'entre les morts.
10 Et ils restèrent fermement attachés à cette consigne,
tout en se demandant entre eux ce que voulait dire :
« ressusciter d'entre les morts ».

Élie est déjà venu et a souffert en la personne de Jean Baptiste

11 Ils l'interrogeaient :
« Pourquoi les *scribes disent-ils
que le prophète Élie doit venir d'abord ? »
12 Jésus leur dit :
« Certes, Élie viendra d'abord pour remettre tout en place.
Mais alors, pourquoi l'Écriture dit-elle,
au sujet du Fils de l'homme,
qu'il souffrira beaucoup et sera méprisé ?
13 Eh bien, je vous le déclare : Élie est déjà venu,
et ils lui ont fait tout ce qu'ils ont voulu,
comme l'Écriture le dit à son sujet. »

Délivrance de l'épileptique : nécessité de la foi et de la prière

14 En rejoignant les autres disciples,
ils virent une grande foule qui les entourait,
et des scribes qui discutaient avec eux.
15 Aussitôt qu'elle vit Jésus, toute la foule fut stupéfaite,
et les gens accouraient pour le saluer.
16 Il leur demanda :
« De quoi discutez-vous avec eux ? »
17 Un homme dans la foule lui répondit :
« Maître, je t'ai amené mon fils,

9-13. Voir Mt 17, 9-13 avec les notes.
17. Les symptômes décrits sont ceux de l'épilepsie. Mais pour tous les témoins cette maladie est causée par une possession démoniaque.

il est possédé par un esprit qui le rend muet;
18 cet esprit s'empare de lui n'importe où, il le jette par terre,
l'enfant écume, grince des dents et devient tout raide.
J'ai demandé à tes disciples d'expulser cet esprit
mais ils n'ont pas réussi. »
19 Jésus leur dit :
« *Génération incroyante,
combien de temps devrai-je rester auprès de vous ?
Combien de temps devrai-je vous supporter ?
Amenez-le auprès de moi. »

20 On l'amena auprès de lui.
Dès qu'il vit Jésus, l'esprit secoua violemment l'enfant;
celui-ci tomba, il se roulait par terre en écumant.
21 Jésus interrogea le père :
« Combien y a-t-il de temps que cela lui arrive ? »
Il répondit :
« Depuis sa petite enfance.
22 Et souvent il l'a même jeté dans le feu ou dans l'eau
pour le faire périr.
Mais si tu y peux quelque chose,
viens à notre secours, par pitié pour nous! »
23 Jésus reprit :
« Pourquoi dire : ‘ Si tu peux ’... ?
Tout est possible en faveur de celui qui croit. »
24 Aussitôt le père de l'enfant s'écria :
« Je crois! viens au secours de mon incroyance! »
25 Jésus, voyant que la foule s'attroupait,
interpella vivement l'esprit mauvais :
« Esprit qui rends muet et sourd,
je te l'ordonne, sors de cet enfant
et n'y rentre plus jamais! »
26 L'esprit poussa des cris, secoua violemment l'enfant et sortit.
L'enfant devint comme un cadavre,
de sorte que tout le monde disait : « Il est mort. »
27 Mais Jésus, lui saisissant la main, le releva,
et il se mit debout.

28 Quand Jésus fut rentré à la maison, seul avec ses disciples,
ils l'interrogeaient en particulier :
« Pourquoi est-ce que nous, nous n'avons pas pu l'expulser ? »
29 Jésus leur répondit :
« Rien ne peut faire sortir cette espèce-là, sauf la prière. »

---

19. Le reproche d'incroyance ne vise pas seulement les disciples, mais tous les assistants y compris le père, selon son humble aveu (v. 24).
29. Jésus semble considérer ici la foi et la prière comme synonymes : il y a certainement entre elles une étroite relation réciproque de cause à effet.

2e annonce de la Passion; incompréhension des disciples

30 En partant de là,
Jésus traversait la Galilée avec ses disciples,
et il ne voulait pas qu'on le sache.
31 Car il les instruisait en disant :
« Le Fils de l'homme est livré aux mains des hommes;
ils le tueront
et, trois jours après sa mort, il ressuscitera. »
32 Mais les disciples ne comprenaient pas ces paroles
et ils avaient peur de l'interroger.

Exigences de la vie en communauté chrétienne

33 Ils arrivèrent à Capharnaüm,
et, une fois à la maison, Jésus leur demandait :
« De quoi discutiez-vous en chemin ? »
34 Ils se taisaient, car, sur la route, ils avaient discuté entre eux
pour savoir qui était le plus grand.
35 S'étant assis, Jésus appela les *Douze et leur dit :
« Si quelqu'un veut être le premier,
qu'il soit le dernier de tous et le serviteur de tous. »
36 Prenant alors un enfant,
il le plaça au milieu d'eux, l'embrassa, et leur dit :
37 « Celui qui accueille en mon nom
un enfant comme celui-ci, c'est moi qu'il accueille.
Et celui qui m'accueille ne m'accueille pas moi,
mais Celui qui m'a envoyé. »
38 Jean, l'un des Douze, disait à Jésus :
« Maître, nous avons vu quelqu'un
chasser des esprits mauvais en ton nom;
nous avons voulu l'en empêcher,
car il n'est pas de ceux qui nous suivent. »
39 Jésus répondit :
« Ne l'empêchez pas,
car celui qui fait un miracle en mon nom
ne peut pas, aussitôt après, mal parler de moi;
40 celui qui n'est pas contre nous
est pour nous.

---

31. "Car" : Jésus voulait rester incognito, et il y réussit, non pas parce qu'il "instruisait" ses disciples, mais parce que ceux-ci "ne comprenaient pas ses paroles" (v. 32). — "est livré" : le texte a bien le présent. On peut le comprendre comme signifiant un futur très prochain, ou mieux comme évoquant le plan de salut du Père, invisiblement en cours de réalisation.

34-35. Voir la demande de Jacques et Jean et la réponse de Jésus : 10, 35-45; voir aussi Luc 22, 24-27.

37. "Celui qui m'a envoyé" : sentence voisine en Matthieu 10, 40. Cette expression pour désigner le Père se trouve constamment dans le 4e évangile : 5, 24.30.36.38; 6, 38.44.57; 7, 16; etc.

40. En Mt 12, 30 et Lc 9, 50 Jésus dit : "Celui qui n'est pas avec moi est contre moi", parce qu'à son égard la neutralité est impossible. Il faut opter. Mais la même intransigeance ne vaut pas pour les disciples de Jésus qui risquent de former un parti exclusif et intolérant.

41 Et celui qui vous donnera un verre d'eau
au nom de votre appartenance au Christ,
*amen, je vous le dis,
il ne restera pas sans récompense.
42 Celui qui entraînera la chute
d'un seul de ces petits qui croient en moi,
mieux vaudrait pour lui
qu'on lui attache au cou
une de ces meules que tournent les ânes,
et qu'on le jette à la mer.
43 Et si ta main t'entraîne au péché, coupe-la.
Il vaut mieux entrer manchot dans la vie éternelle
que d'être jeté avec tes deux mains dans la *géhenne,
là où le feu ne s'éteint pas.
45 Si ton pied t'entraîne au péché, coupe-le.
Il vaut mieux entrer estropié dans la vie éternelle
que d'être jeté avec tes deux pieds dans la géhenne.
47 Si ton œil t'entraîne au péché, arrache-le.
Il vaut mieux entrer borgne dans le royaume de Dieu
que d'être jeté avec tes deux yeux dans la géhenne,
48 là où le ver ne meurt pas et où le feu ne s'éteint pas.
49 Car tout homme sera salé au feu.
50 C'est une bonne chose que le sel;
mais si le sel cesse d'être du sel,
avec quoi allez-vous lui rendre sa force ?
Ayez du sel en vous-mêmes et vivez en paix entre vous. »

Controverses sur le divorce

1 En partant de là, Jésus arrive en Judée et en Transjordanie. 10
De nouveau, la foule s'assemble près de lui,
et de nouveau, il les instruisait comme d'habitude.
2 Des pharisiens l'abordèrent

---

42. Voir *Scandale. — "Ces petits" ne désigne pas exclusivement des enfants, mais les plus simples, les plus pauvres parmi les disciples. — Les "meules que tournent les ânes" sont des meules beaucoup plus grosses que les meules tournées à la main par les femmes (Matthieu 24, 42; Luc 17, 35).

44.46. Versets de la *Vulgate qui font triple emploi avec notre v. 48. Ils sont omis dans les éditions critiques du texte grec.

48. Citation d'Isaïe 66, 24.

49-50. Ces deux versets sont très obscurs si on cherche à les interpréter par la parabole de Mt (5, 13) qui utilise la comparaison du sel, mais dans un tout autre sens. Le texte de Mc se comprend assez facilement par lui-même. Il vient de parler de "feu" de la Géhenne. De là il passe au "feu" qui consumait les victimes offertes en sacrifice. Or, les oblations devaient toujours être salees (Livre des Lévites 2, 13) en signe de l'Alliance, dont le sel, qui conserve les aliments, symbolisait la durée, la fidélité. Jésus invite les disciples aux sacrifices qui peuvent être nécessaires pour éviter de faire tomber les "petits", les faibles. Et une telle disposition au sacrifice favorisera la concorde dans une communauté que les disputes de préséance (v. 34) risquent de diviser. On peut comprendre ainsi qu'en Lc 14, 34-35 la saveur du sel représente le renoncement du vrai disciple.

10, 1. "Il les instruisait, comme d'habitude", refrain fréquent chez Mc.

2-11. Voir le parallèle de Mt 19, 3-9 avec les notes.

et, pour le mettre à l'épreuve, ils lui demandaient :
« Est-il permis à un mari de renvoyer sa femme ? »
3 Jésus dit :
« Que vous a prescrit Moïse ? »
4 Ils lui répondirent :
« Moïse a permis de renvoyer sa femme
à condition d'établir un acte de répudiation. »
5 Jésus répliqua :
« C'est en raison de votre endurcissement
qu'il a formulé cette loi.
6 Mais, au commencement de la création,
Il les fit homme et femme.
7 *A cause de cela,*
l'homme quittera son père et sa mère,
8 *il s'attachera à sa femme,*
et tous deux ne feront plus qu'un.
Ainsi, ils ne sont plus deux, mais ils ne font qu'un.
9 Donc, ce que Dieu a uni, que l'homme ne le sépare pas ! »

10 De retour à la maison,
les disciples l'interrogeaient de nouveau sur cette question.
11 Il leur répond :
« Celui qui renvoie sa femme pour en épouser une autre,
est coupable d'adultère envers elle.
12 Si une femme a renvoyé son mari et en épouse un autre,
elle est coupable d'adultère. »

Jésus et les enfants

13 On présentait à Jésus des enfants
pour les lui faire toucher;
mais les disciples les écartaient vivement.
14 Voyant cela, Jésus se fâcha et leur dit :
« Laissez les enfants venir à moi. Ne les empêchez pas,
car le royaume de Dieu est à ceux qui leur ressemblent.
15 Amen, je vous le dis :
celui qui n'accueille pas le royaume de Dieu
à la manière d'un enfant, n'y entrera pas. »
16 Il les embrassait et les bénissait en leur imposant les mains.

---

12. Verset propre à Mc. La coutume juive ne pouvait envisager une répudiation à l'initiative de la femme. Mais Mc pouvait penser à des convertis du paganisme; ou bien il a voulu montrer la volonté absolue des premiers chrétiens de respecter l'indissolubilité du mariage.

13-16. L'affection de Jésus pour les enfants est beaucoup plus démonstrative dans la narration de Mc ("il se fâcha... il les embrassait, les bénissait") que dans les parallèles. Il s'agit d'une parabole en action. Ce n'est pas la grâce ou l'innocence des petits à quoi les anciens étaient peu sensibles, que Jésus admire et donne en exemple; c'est plutôt leur petitesse, leur insignifiance, leur simplicité.

Richesse et détachement

17 Jésus se mettait en route
quand un homme accourut vers lui, se mit à genoux et lui demanda :
« Bon Maître, que dois-je faire
pour avoir en héritage la vie éternelle ? »
18 Jésus lui dit :
« Pourquoi m'appelles-tu bon ?
Personne n'est bon, sinon Dieu seul.
19 Tu connais les commandements :
Ne commets pas de meurtre,
ne commets pas d'adultère,
ne commets pas de vol,
ne porte pas de faux témoignage,
ne fais de tort à personne,
honore ton père et ta mère. »
20 L'homme répondit :
« Maître, j'ai observé tous ces commandements
depuis ma jeunesse. »
21 Posant alors son regard sur lui, Jésus se mit à l'aimer.
Il lui dit :
« Une seule chose te manque :
va, vends tout ce que tu as,
donne-le aux pauvres
et tu auras un trésor au ciel;
puis viens et suis-moi. »
22 Mais lui, à ces mots, devint sombre
et s'en alla tout triste,
car il avait de grands biens.
23 Alors Jésus regarde tout autour de lui
et dit à ses disciples :
« Comme il sera difficile à ceux qui possèdent des richesses
d'entrer dans le royaume de Dieu! »
24 Les disciples étaient stupéfaits de ces paroles.
Mais Jésus reprend :

---

17. "Bon maître" : cette appellation, qui nous semble fade, était en fait très extraordinaire et traduit de l'enthousiasme pour la miséricorde et la mansuétude de Jésus. Jésus renvoie l'éloge à son Père, sans aucune allusion à sa relation avec celui-ci.

19. "Les commandements" du *Décalogue, Exode 20, 12-17. Ce sont cinq commandements de la seconde table (devoirs envers le prochain), mais les devoirs envers les parents sont placés ici en dernier; de même dans les parallèles.

20. On parle habituellement du "jeune homme riche", selon Mt (19, 20.22). En Mc et Lc (qui en fait un notable), il dit avoir "observé tous ces commandements depuis (sa) jeunesse". Mais l'antiquité donnait souvent à la "jeunesse" un sens assez extensible.

21. Mc est le seul à noter le regard et l'affection de Jésus.

22. "Un trésor dans le ciel" voir Lc 12, 33 : c'est un trésor gardé par Dieu, et qui ne peut être perdu.

23. C'est encore Mc seul qui note le regard circulaire de Jésus, comme en 4, 34.

24. "Les disciples étaient stupéfaits" : la doctrine de Jésus contrarie la notion courante dans le judaïsme de la récompense temporelle due à l'homme juste (voyez par exemple la conclusion du livre du Job). Ils sont également effrayés par l'austérité d'une telle doctrine.

« Mes enfants, comme il est difficile
d'entrer dans le royaume de Dieu!
25 Il est plus facile à un chameau
de passer par le trou d'une aiguille
qu'à un riche d'entrer dans le royaume de Dieu. »
26 De plus en plus déconcertés,
les disciples se demandaient entre eux :
« Mais alors, qui peut être sauvé ? »
27 Jésus les regarde et répond :
« Pour les hommes, cela est impossible,
mais pas pour Dieu; car tout est possible à Dieu. »

28 Pierre se mit à dire à Jésus :
« Voilà que nous avons tout quitté pour te suivre. »
29 Jésus déclara :
« Amen, je vous le dis :
personne n'aura quitté,
à cause de moi et de l'Évangile,
une maison, des frères, des sœurs,
une mère, un père, des enfants ou une terre,
30 sans qu'il reçoive, en ce temps déjà, le centuple :
maisons, frères, sœurs, mères, enfants et terres,
avec des persécutions
et, dans le monde à venir, la vie éternelle.

31 Beaucoup de premiers seront derniers,
et les derniers seront les premiers. »

3e annonce de la Passion; incompréhension de Jacques et de Jean

32 Les disciples étaient en route avec Jésus pour monter à Jérusalem;
Jésus les précédait;
ils étaient effrayés,
et ceux qui suivaient étaient aussi dans la crainte.
Prenant de nouveau les Douze avec lui,
il se mit à leur dire ce qui allait lui arriver :

---

25. Comparaison populaire exprimant une impossibilité totale.

26. "Qui peut être sauvé ?" Jésus répond ici en faisant appel à la puissance de Dieu, nous dirions aujourd'hui : à la grâce. Ailleurs, il répond à cette question en confirmant que la porte qui mène au salut est étroite, c'est-à-dire exige des renoncements (Lc 13, 23-24; Mt 7, 13-14).

28. Mt formule explicitement la question posée par Pierre : "Alors, qu'est-ce qu'il y aura pour nous ?"

29. "à cause... de l'Évangile" : propre à Mc.

30. "en ce temps déjà" : par la liberté d'esprit et la communion fraternelle, fruits du renoncement. "Le centuple" c'est-à-dire "bien davantage" (parallèles). "Avec des persécutions" propre à Mc.

31. Adage fréquemment répété dans les évangiles et bien en situation ici pour résumer le renversement *eschatologique des situations terrestres.

32. "Effrayés... dans la crainte" parce que Jésus "monte à Jérusalem" où il a tant d'ennemis puissants.

33 « Voici que nous montons à Jérusalem.
Le Fils de l'homme sera livré
aux chefs des prêtres et aux scribes,
ils le condamneront à mort, ils le livreront aux païens,
34 ils se moqueront de lui, ils cracheront sur lui,
ils le flagelleront et le tueront,
et trois jours après, il ressuscitera. »

35 Jacques et Jean, les fils de Zébédée,
s'approchent de Jésus et lui disent :
« Maître, nous voudrions que tu exauces notre demande. »
36 Il leur dit :
« Que voudriez-vous que je fasse pour vous ? »
37 Ils lui répondirent :
« Accorde-nous de siéger,
l'un à ta droite et l'autre à ta gauche, dans ta gloire. »
38 Jésus leur dit :
« Vous ne savez pas ce que vous demandez.
Pouvez-vous boire à la coupe que je vais boire,
recevoir le baptême dans lequel je vais être plongé ? »
39 Ils lui disaient :
« Nous le pouvons. »
Il répond :
« La coupe que je vais boire, vous y boirez;
et le baptême dans lequel je vais être plongé, vous le recevrez.
40 Quant à siéger à ma droite ou à ma gauche,
il ne m'appartient pas de l'accorder,
il y a ceux pour qui ces places sont préparées. »

L'autorité comme service

41 Les dix autres avaient entendu,
et ils s'indignaient contre Jacques et Jean.
42 Jésus les appelle et leur dit :
« Vous le savez :
ceux que l'on regarde comme chefs des nations païennes
commandent en maîtres; les grands font sentir leur pouvoir.
43 Parmi vous, il ne doit pas en être ainsi.
Celui qui veut devenir grand sera votre serviteur.
44 Celui qui veut être le premier sera l'esclave de tous :
45 car le Fils de l'homme n'est pas venu pour être servi,
mais pour servir, et donner sa vie en rançon pour la multitude. »

Guérison de l'aveugle de Jéricho

46 Jésus et ses disciples arrivent à Jéricho.
Et tandis que Jésus sortait de Jéricho

33-34. Voir Mt 20, 17-19 et la note.
35-45. Voir Mt 20, 20-28 et les notes.
46. Jéricho : une des dernières étapes avant Jérusalem.

avec ses disciples et une foule nombreuse,
un mendiant aveugle, Bartimée, le fils de Timée,
était assis au bord de la route.
47 Apprenant que c'était Jésus de Nazareth,
il se mit à crier :
« Jésus, *fils de David, aie pitié de moi! »
48 Beaucoup de gens l'interpellaient vivement pour le faire taire,
mais il criait de plus belle :
« Fils de David, aie pitié de moi! »
49 Jésus s'arrête et dit : « Appelez-le. »
On appelle donc l'aveugle, et on lui dit :
« Confiance, lève-toi; il t'appelle. »
50 L'aveugle jeta son manteau, bondit et courut vers Jésus.
51 Jésus lui dit :
« Que veux-tu que je fasse pour toi ?
— Rabbouni, que je voie. »
52 Et Jésus lui dit :
« Va, ta foi t'a sauvé. »
Aussitôt l'homme se mit à voir, et il suivait Jésus sur la route.

JÉSUS ET LE TEMPLE

A Jérusalem et au Temple, Jésus accomplit les prophéties messianiques

1 Jésus et ses disciples approchent de Jérusalem, **11**
de Bethphagé et de *Béthanie,
près du mont des *Oliviers.
Jésus envoie deux de ses disciples :
2 « Allez au village qui est en face de vous.
Dès l'entrée, vous y trouverez un petit *âne attaché,
que personne n'a encore monté. Détachez-le et amenez-le.
3 Si l'on vous demande :
‘ Que faites-vous là ? ’
répondez :
‘ Le Seigneur en a besoin : il vous le renverra aussitôt. ’ »
4 Ils partent,
trouvent un petit âne attaché près d'une porte,
dehors, dans la rue, et ils le détachent.
5 Des gens qui se trouvaient là leur demandaient :
« Qu'avez-vous à détacher cet ânon ? »

48-50. Les trois Synoptiques notent l'obstination de l'aveugle à implorer Jésus par son titre messianique. Seul, Mc le décrit bondissant vers Jésus. Le fait n'est pas invraisemblable : l'aveugle pouvait être guidé par les voix et les bruits. Et ces traits concrets mettent en valeur la vigueur et la spontanéité de sa foi.

51. *Rabbouni*, mot araméen, gardé par Mc seul, comme souvent. Il se traduit "mon maître" (voir Jean 20, 19). Mt et Lc ont "Seigneur", qui a ici le même sens.

11, 1-10. Voir Mt 21, 1-9 et les notes.

6 Ils répondirent ce que Jésus leur avait dit,
et on les laissa faire.
7 Ils amènent le petit âne à Jésus,
le couvrent de leurs manteaux, et Jésus s'assoit dessus.
8 Alors, beaucoup de gens étendirent sur le chemin leurs manteaux,
d'autres, des feuillages coupés dans la campagne.
9 Ceux qui marchaient devant et ceux qui suivaient, criaient :
« *Hosanna ! Béni soit celui qui vient au nom du Seigneur !*
10 Béni le Règne qui vient, celui de notre Père *David.
*Hosanna au plus haut des cieux ! »

11 Jésus entra à Jérusalem, dans le *Temple.
Il inspecta du regard toutes choses
et, comme c'était déjà le soir,
il sortit avec les Douze pour aller à Béthanie.

Le figuier stérile

12 Le lendemain, quand ils quittèrent Béthanie, il eut faim.
13 Voyant de loin un figuier qui avait des feuilles,
il alla voir s'il y trouverait quelque chose;
mais, en s'approchant, il ne trouva que des feuilles,
car ce n'était pas la saison des figues.
14 Alors il dit au figuier :
« Que jamais plus personne ne mange de tes fruits ! »
Et ses disciples écoutaient.

Les vendeurs chassés du Temple

15 Ils arrivent à Jérusalem.
Alors Jésus entra dans le Temple
et se mit à expulser
ceux qui vendaient et ceux qui achetaient dans le Temple.
Il renversa les comptoirs des changeurs
et les sièges des marchands de colombes,
16 et il ne laissait personne traverser le Temple
en portant quoi que ce soit.
17 Il enseignait, et il déclarait aux gens :
« L'Écriture ne dit-elle pas :
Ma maison s'appellera
maison de prière pour toutes les nations ?
Or vous, vous en avez fait une *caverne de bandits.* »
18 Les *chefs des prêtres et les *scribes apprirent la chose,
et ils cherchaient comment le faire mourir.

---

11. Notation propre à Mc : Jésus qui s'est comporté en Messie et s'est laissé acclamer (voir Mt 21, 15; Lc 19, 40) en entrant à Jérusalem, se rend directement au Temple et se prépare à y manifester son autorité.

12-14. Jésus accomplit une parabole en action, à la manière des anciens prophètes. Puisque "ce n'était pas la saison des figues", son action a nécessairement valeur de symbole; ce figuier qui le déçoit évoque la mauvaise volonté de Jérusalem envers lui.

15-19. Voir Mt 21, 12-17 et les notes.

En effet, ils avaient peur de lui,
car toute la foule était frappée par son enseignement.
19 Et quand le soir tombait,
Jésus et ses disciples s'en allaient hors de la ville.

Le figuier desséché. Foi et Prière

20 Le lendemain matin, en passant,
ils virent le figuier qui était desséché jusqu'aux racines.
21 Pierre, se rappelant ce qui s'était passé, dit à Jésus :
« Rabbi, regarde :
le figuier que tu as maudit est desséché. »
22 Alors Jésus leur déclare :
« Ayez foi en Dieu.
23 Amen, je vous le dis :
Tout homme qui dira à cette montagne :
'Enlève-toi de là,
et va te jeter dans la mer',
s'il ne doute pas dans son cœur,
mais croit que ce qu'il dit va arriver,
cela lui sera accordé!
24 C'est pourquoi, je vous le dis :
tout ce que vous demandez dans la prière,
croyez que vous l'avez déjà reçu, cela vous sera accordé.
25 Et quand vous êtes là, en train de prier,
si vous avez quelque chose contre quelqu'un,
pardonnez-lui,
pour que votre Père qui est aux cieux
vous pardonne aussi vos fautes. »

Controverses et rupture avec les autorités du judaïsme

Par quelle autorité ?

27 Jésus et ses disciples reviennent à Jérusalem.
Et comme Jésus allait et venait dans le Temple,
les chefs des prêtres, les scribes et les anciens viennent le trouver.
28 Ils lui demandaient :
« Par quelle autorité fais-tu cela ?
Ou bien qui t'a donné autorité pour le faire ? »

---

23. "Cette montagne" : peut-être le mont des *Oliviers, mais plutôt une montagne proverbiale : voyez 1 Corinthiens 13, 2 : "J'aurais beau... avoir... toute la foi jusqu'à transporter les montagnes."

24. La puissance de la foi a sa source dans la prière (déjà 9, 23-24.29).

25. Le lien nécessaire entre prière et charité fraternelle est souligné, beaucoup plus que dans cet unique verset de Mc, chez Mt 5, 23-24; 6, 12.14-15; 18, 21-35.

26. Verset de la *Vulgate, absent du texte original, reprenant Matthieu 6, 15.

27. "Les chefs des prêtres, les scribes et les anciens" composent le grand *conseil. C'est aux "chefs des prêtres et aux anciens du peuple" qu'il appartient de maintenir l'ordre dans l'enceinte du *Temple.

28. "Cela", c'est-à-dire l'entrée messianique, l'enthousiasme des disciples et de la foule, l'expulsion des vendeurs, les miracles de guérison et les cris des enfants (Mt 21, 14-15). Tout cela fait du désordre et défie l'autorité des responsables.

29 Jésus leur dit :
« Je vais vous poser une seule question.
Répondez-moi, et je vous dirai par quelle autorité je fais cela.
30 Le baptême de Jean venait-il du ciel ou des hommes ?
Répondez-moi. »
31 Ils faisaient en eux-mêmes ce raisonnement :
« Si nous disons : ‘ Du ciel ’, il va dire :
‘ Pourquoi donc n’avez-vous pas cru à sa parole ? ’
32 Mais allons-nous dire : ‘ Des hommes ’ ? »
Ils redoutaient la foule,
car tout le monde estimait que Jean était réellement un prophète.
33 Ils répondent donc à Jésus :
« Nous ne savons pas ! »
Alors Jésus leur dit :
« Moi non plus, je ne vous dirai pas
par quelle autorité je fais cela. »

Parabole des vignerons meurtriers

1 Jésus se mit à leur parler en paraboles : 12
« Un homme planta une *vigne,
il l’entoura d’une clôture,
y creusa un pressoir et y bâtit une tour de garde.
Puis il la donna en fermage à des vignerons,
et partit en voyage.
2 Le moment venu, il envoya son serviteur auprès des vignerons
pour se faire remettre par ceux-ci
ce qui lui revenait du produit de la vigne.
3 Mais les vignerons se saisirent du serviteur,
le frappèrent, et le renvoyèrent sans rien lui donner.
4 De nouveau, il leur envoya un autre serviteur ;
et celui-là, ils l’assommèrent et l’insultèrent.
5 Il en envoya encore un autre, et celui-là, ils le tuèrent ;
puis beaucoup d’autres serviteurs :
ils frappèrent les uns et tuèrent les autres.

---

29. Selon un procédé rabbinique, Jésus répond à une question par une autre.

30. “Le baptême de Jean” préparait la venue de Jésus. L’autorité de l’un est donc liée à l’autorité de l’autre. “Du ciel”, c’est-à-dire de Dieu.

31-32. Les évangélistes ont souvent noté le contraste entre la tiédeur des dirigeants et l’enthousiasme du peuple à l’égard du Baptiste : Mt 3, 5-10; 14, 5; 21, 32; Lc 3, 15; 7, 30; Jean 1, 24. La délibération des dirigeants montre bien qu’ils cherchent non pas une réponse loyale sur le fond, mais le moyen de sauver leur prestige.

12, 1. Cette parabole-allégorie est commune aux trois Synoptiques où elle annonce la mort prochaine de Jésus. Mt et Mc citent longuement le cantique de la vigne (Isaïe 5, 2) dont les auditeurs de Jésus connaissaient tous la conclusion (v. 7) : “la vigne de Yahweh Sabaoth, c’est la maison d’Israël”. Le propriétaire de la vigne représente donc Dieu, et les vignerons sont les dirigeants du peuple juif. — “Partit pour l’étranger” : beaucoup de terres, en Israël, appartenaient à des propriétaires lointains. En cas de mort et en l’absence d’un héritier, la terre revenait à ceux qui la travaillaient. Le complot des vignerons est tout à fait vraisemblable dans les conditions réelles de la propriété à cette époque.

2. Le maître envoie successivement plusieurs serviteurs, qui représentent les prophètes envoyés par Dieu et malmenés ou même tués par les vignerons (voyez Mt 23, 34.37 : “Jérusalem, toi qui tues les prophètes, toi qui lapides ceux qui te sont envoyés...”).

6 Il lui restait encore quelqu'un : son fils bien-aimé.
Il l'envoya vers eux en dernier. Il se disait :
‘ Ils respecteront mon fils ’.
7 Mais ces vignerons-là se dirent entre eux :
‘ Voici l'héritier : allons-y ! tuons-le,
et l'héritage va être à nous ! ’
8 Ils se saisirent de lui, le tuèrent, et le jetèrent hors de la vigne.

9 Que fera le maître de la vigne ?
Il viendra, fera périr les vignerons,
et donnera la vigne à d'autres.
10 N'avez-vous pas lu ce passage de l'Écriture :
La pierre qu'ont rejetée les bâtisseurs
est devenue la pierre angulaire.
11 *C'est là l'œuvre du Seigneur,*
une merveille sous nos yeux ? »
12 Les chefs des Juifs cherchaient à arrêter Jésus,
mais ils eurent peur de la foule.
(Ils avaient bien compris que c'était pour eux
qu'il avait dit cette *parabole.)
Ils le laissèrent donc et s'en allèrent.

L'impôt dû à César

13 On envoya à Jésus des pharisiens et des hérodiens
pour le prendre au piège en le faisant parler,
14 et ceux-ci viennent lui dire :
« Maître, nous le savons : tu es toujours vrai ;
tu ne te laisses influencer par personne,
car tu ne fais pas de différence entre les gens,
mais tu enseignes le vrai chemin de Dieu.
Est-il permis, oui ou non,
de payer l'impôt à l'empereur ?
Devons-nous payer, oui ou non ? »
15 Mais lui, sachant leur hypocrisie, leur dit :
« Pourquoi voulez-vous me mettre à l'épreuve ?
Faites-moi voir une pièce d'argent. »

---

6. Mc et Lc : “Son fils bien-aimé” : le Père avait ainsi désigné Jésus lors de son baptême (Mc 1, 11 par.), et de la Transfiguration (Mc 9, 7 par.).

9. Jésus conclut la parabole par une question à laquelle les auditeurs répondent chez Mt et Lc : les vignerons seront mis à mort, mais surtout Dieu “donnera la vigne à d'autres” : le royaume de Dieu ne sera plus le peuple juif, mais le nouveau peuple de Dieu, l'Église.

10-11. Citation du psaume 117/118, 22-23, considéré par l'Église primitive (par exemple Ac 4, 11) comme une prophétie du mystère pascal : Jésus est la pierre rejetée par la condamnation de son peuple, puis élevée dans la gloire.

12. Les dirigeants juifs ont fort bien compris la parabole, mais elle les confirme dans leur hostilité.

13. Les destinataires de la parabole des vignerons se sont éloignés, mais ils ne désarment pas. Ils “envoient” des pharisiens, des purs, opposés sans violence à la puissance d'occupation, et des “hérodiens” (voir *Hérode), pour “prendre au piège” Jésus : s'il enseigne le refus de l'impôt, les Romains le châtieront comme résistant et agitateur; s'il conseille de le payer, ce qui est reconnaître le pouvoir romain, il perd auprès du peuple tout son prestige de Messie.

16 Ils le firent, et Jésus leur dit :
« Cette effigie et cette légende, de qui sont-elles ?
— De l'empereur César », répondent-ils.
17 Jésus leur dit :
« A César, rendez ce qui est à César,
et à Dieu, ce qui est à Dieu. »
Et ils étaient remplis d'étonnement à son sujet.

La résurrection des morts

18 Des *sadducéens
— ceux qui affirment qu'il n'y a pas de résurrection —
viennent trouver Jésus, et ils l'interrogeaient :
19 « Maître, Moïse nous a donné cette loi :
Si un homme a un frère qui meurt
en laissant une femme, mais aucun enfant,
qu'il épouse la veuve
pour donner une descendance à son frère.
20 Il y avait sept frères :
le premier se maria, et mourut sans laisser de descendance.
21 Le deuxième épousa la veuve,
et mourut sans laisser de descendance.
Le troisième pareillement.
22 Et aucun des sept ne laissa de descendance.
Et finalement, la femme mourut aussi.
23 A la résurrection, quand ils ressusciteront,
de qui sera-t-elle l'épouse,
puisque les sept l'ont eue pour femme ? »

24 Jésus leur dit :
« N'êtes-vous pas dans l'erreur,
en méconnaissant les Écritures, et la puissance de Dieu ?
25 Lorsqu'on ressuscite d'entre les morts,
on ne se marie pas,
mais on est comme les anges dans les cieux.
26 Quant à dire que les morts doivent ressusciter,

---

16. "Faites-moi voir" : propre à Mc. "Une pièce d'argent", *litt. :* "un denier". Jésus n'a pas d'argent sur lui. Ses adversaires, malgré l'interdiction des images, ont sur eux un denier d'argent, portant l'effigie de l'empereur romain divinisé. C'est donc qu'ils acceptent l'ordre romain et les bienfaits de son administration.

17. "L'empereur", *litt. :* "César". Il ne s'agit pas de Jules César, mais de l'empereur régnant (alors Tibère) qui portait aussi le titre d' "Auguste". Jésus ne met pas sur le même plan César et Dieu ! Tout est dû à Dieu finalement, et toute autorité vient de Dieu (voyez Romains 13, 1-7), mais le culte rendu à Dieu ne détruit pas le devoir d'obéissance au pouvoir temporel.

19. "Cette loi" (Deutéronome 25, 5-10) du *lévirat.* Le *levir* (beau-frère en latin) devait épouser la veuve de son frère mort sans descendance. Le premier enfant né de cette union était considéré comme le fils du défunt.

24-25. Les sadducéens sont "dans l'erreur", avec, d'ailleurs, certains partisans de la résurrection, en se représentant celle-ci comme une reprise de la vie terrestre. Ils " méconnaissent la puissance de Dieu" qui créera une vie toute nouvelle, où les hommes ressuscités seront "comme les anges" en étant affranchis des nécessités humaines.

26. "le livre de Moïse", le *Pentateuque, qui avait seul autorité pour les sadducéens. — Le "récit du buisson" : Exode 3, 6. Dans son sens immédiat, ce texte signifie simplement

n'avez-vous pas lu dans le livre de Moïse,
au récit du buisson ardent,
comment Dieu lui a dit :
Moi, je suis le Dieu d'Abraham,
le Dieu d'Isaac,
le Dieu de Jacob ?
27 Il n'est pas le Dieu des morts, mais des vivants.
Vous êtes complètement dans l'erreur. »

Le premier commandement

28 Un scribe qui avait entendu la discussion,
et remarqué que Jésus avait bien répondu,
s'avança pour lui demander :
« Quel est le premier de tous les commandements ? »
29 Jésus lui fit cette réponse :
« Voici le premier :
Écoute, Israël :
le Seigneur notre Dieu
est l'unique Seigneur.
30 *Tu aimeras le Seigneur ton Dieu*
de tout ton cœur, de toute ton âme,
de tout ton esprit et de toute ta force.
31 Voici le second :
Tu aimeras ton prochain comme toi-même.
Il n'y a pas de commandement plus grand que ceux-là. »
32 Le scribe reprit :
« Fort bien, Maître,
tu as raison de dire que Dieu est l'Unique
et qu'il n'y en a pas d'autre que lui.
33 L'aimer de tout son cœur,
de toute son intelligence, de toute sa force,
et aimer son prochain comme soi-même,
vaut mieux que toutes les offrandes et tous les sacrifices. »

---

que le Dieu qui se manifeste à Moïse est celui qu'adoraient les Patriarches. Mais son sens profond est que Dieu, fidèle à ses promesses, ne peut laisser dans la mort ceux qui l'ont adoré. C'est "méconnaître les Écritures" que les interpréter littéralement en oubliant leur visée profonde.

28. Dans Mc la démarche de ce scribe n'apparaît pas malveillante comme dans Mt et Lc : la réplique de Jésus aux sadducéens l'avait satisfait. Sa question est naturelle, car les rabbis comptaient dans la Loi 613 commandements : ils pouvaient bien chercher à y établir un ordre!

29-30. Jésus cite le *Shema Israël*, avec son début : "Écoute, Israël, le Seigneur notre Dieu est l'unique Seigneur" dans Mc seulement (Deutéronome 6, 4-5). Le Juif doit réciter deux fois par jour cette profession de foi.

31. De lui-même, Jésus ajoute le précepte d'aimer le prochain. C'est aussi un précepte de l'Ancien Testament (Livre des Lévites 19, 18). Peut-être Jésus est-il le premier à avoir uni ces deux préceptes ? En tout cas, dans le livre des Lévites, le "prochain" semble bien le compatriote. C'est pourquoi le dialogue parallèle de Lc est complété par la parabole du bon Samaritain (Lc 10, 29-37).

32-33. L'approbation du scribe est propre à Mc. La primauté de l'amour sur les pratiques cultuelles est une doctrine constante chez les prophètes (1 Samuel 15, 22; mais surtout Osée, 6, 6).

34 Jésus, voyant qu'il avait fait une remarque judicieuse, lui dit :
« Tu n'es pas loin du royaume de Dieu. »
Et personne n'osait plus l'interroger.

Le Christ fils et Seigneur de David

35 Quand Jésus enseignait dans le Temple,
il déclarait :
« Comment les scribes peuvent-ils dire
que le *Messie est le fils de *David ?
36 David lui-même a dit sous l'inspiration de l'Esprit Saint :
Le Seigneur a dit à mon Seigneur :
'Siège à ma droite
jusqu'à ce que j'aie mis tes ennemis sous tes pieds !'
David lui-même le nomme Seigneur.
37 D'où vient qu'il est également son fils ? »
Et la foule, qui était nombreuse, l'écoutait avec plaisir.

Jugement sur les scribes

38 Dans son enseignement, il disait :
« Méfiez-vous des scribes,
qui tiennent à sortir en robes solennelles
et qui aiment les salutations sur les places publiques,
39 les premiers rangs dans les synagogues
et les places d'honneur dans les dîners.
40 Ils dévorent les biens des veuves
et affectent de prier longuement :
ils seront d'autant plus sévèrement condamnés. »

L'offrande de la veuve

41 Jésus s'était assis dans le Temple en face de la salle du trésor,
et regardait la foule déposer de l'argent dans le tronc.
Beaucoup de gens riches y mettaient de grosses sommes.
42 Une pauvre *veuve s'avança et déposa deux piécettes.
43 Jésus s'adressa à ses disciples :
« Amen, je vous le dis :

---

35. "Le Messie est le fils (descendant) de David" selon la prophétie de Nathan (2 Samuel 7, 12-16), sous-entendue dans les récits de l'enfance du Christ (Matthieu 1, 20; Luc 1, 32). Cette conviction populaire n'est pas fausse (voyez Mc 11, 10 et parallèles) mais risque de réduire le Messie à un héros national. Or David lui-même (à qui tous les psaumes étaient attribués) appelle le Messie "mon Seigneur" au début du ps 109/110. On retrouve une argumentation semblable, montrant la supériorité du Messie sur David, dans les discours apostoliques des Actes : 2, 25-35; 13, 32-37. Jésus ne veut pas nier que le Messie soit vraiment descendant de David; mais il veut suggérer qu'en même temps il relève d'un ordre très supérieur à la filiation charnelle.

38-40. Mc et Lc 20, 45-47 sont ici étroitement parallèles. 38-39 reprochent aux scribes leur prétention, leur soif d'honneurs. 40 présente une accusation plus grave : cupidité envers des femmes démunies, impressionnées par leur affectation de piété. Voir le réquisitoire très étendu de Mt 23.

41. *Veuve. Celle-ci est particulièrement indigente et Jésus fait remarquer à ses disciples (dans Mc) la supériorité de sa toute petite aumône sur les dons abondants des riches.

cette pauvre veuve a mis dans le tronc
plus que tout le monde.
44 Car tous, ils ont pris sur leur superflu,
mais elle, elle a pris sur son indigence :
elle a tout donné, tout ce qu'elle avait pour vivre. »

Discours apocalyptique : destruction du Temple et venue du Fils de l'homme

1 Comme Jésus sortait du Temple, 13
un de ses disciples lui dit :
« Maître, regarde :
quelles belles pierres ! quelles belles constructions ! »
2 Mais Jésus lui dit :
« Tu vois ces grandes constructions ?
Il n'en restera pas pierre sur pierre : tout sera détruit. »
3 Et comme il s'était assis au mont des Oliviers,
en face du Temple,
Pierre, Jacques, Jean et André l'interrogeaient à part :
4 « Dis-nous quand cela arrivera,
dis-nous quel sera le *signe que tout cela va finir ? »

Le début des douleurs

5 Alors Jésus se mit à leur dire :
« Prenez garde que personne ne vous égare.
6 Beaucoup viendront sous mon nom, en disant : ‘ C'est moi ’,
et ils égareront bien des gens.
7 Quand vous entendrez parler de guerres et de rumeurs de guerre,
ne vous laissez pas effrayer ;
il faut que cela arrive,
mais ce ne sera pas encore la fin.
8 Car on se dressera nation contre nation, royaume contre royaume,
il y aura des tremblements de terre çà et là,
il y aura des famines ;
c'est le début des douleurs de l'enfantement.
9 Soyez sur vos gardes ;
on vous livrera aux tribunaux et aux synagogues ;
on vous frappera,
on vous traduira devant des gouverneurs et des rois
à cause de moi ;
il y aura là un témoignage pour eux.
10 Mais il faut d'abord que la Bonne Nouvelle
soit proclamée à toutes les nations.
11 Et lorsqu'on vous emmènera pour vous livrer,

13, 1-4. Voir les annotations sur Mt 24, 1-3.
5-8. Voir les annotations sur Mt 24, 4-8.
9-13. Voir les annotations sur Mt 10, 17-22.

ne vous tourmentez pas d'avance pour savoir ce que vous direz,
mais ce qui vous sera donné à cette heure-là, dites-le.
Car ce n'est pas vous qui parlerez,
c'est le Saint-Esprit.
12 Le frère livrera son frère à la mort,
et le père, son enfant;
les enfants se dresseront contre leurs parents
et les feront mettre à mort.
13 Vous serez détestés de tous à cause de mon nom.
Mais celui qui aura persévéré jusqu'au bout,
celui-là sera sauvé.

La grande détresse

14 Lorsque vous verrez le *Sacrilège Dévastateur
installé là où il ne faut pas
— que le lecteur de l'Écriture comprenne! —
alors ceux qui seront en Judée,
qu'ils s'enfuient dans la montagne;
15 celui qui sera sur sa terrasse,
qu'il n'en descende pas et ne rentre pas
pour emporter quelque chose de sa maison;
16 Celui qui sera dans son champ,
qu'il ne retourne pas en arrière pour emporter son manteau.
17 *Malheureuses les femmes qui seront enceintes,
et celles qui allaiteront en ces jours-là.
18 Priez pour que cela n'arrive pas en hiver,
19 car en ces jours-là il y aura une détresse
comme il n'y en a jamais eu
depuis le commencement, quand Dieu créa le monde,
jusqu'à maintenant,
et comme il n'y en aura jamais plus.
20 Et si le Seigneur n'abrégeait pas le nombre des jours,
personne n'aurait la vie sauve;
mais à cause des élus, de ceux qu'il a choisis,
il a abrégé ces jours-là.
21 Et alors, si quelqu'un vous dit :
'Voilà le Messie! Il est ici! Il est là!'
ne le croyez pas.
22 Il surgira des faux messies et des faux prophètes
qui feront des signes et des prodiges
afin d'égarer les élus, si c'est possible.
23 Quant à vous, prenez garde : je vous ai tout dit à l'avance.

La venue du Fils de l'homme

24 En ces temps-là, après une terrible détresse,
le soleil s'obscurcira et la lune perdra son éclat.

14-23. Voir les annotations sur Mt 24, 15-25.
24-27. Voir les annotations sur Mt 24, 29-31.

25 Les étoiles tomberont du ciel,
et les puissances célestes seront ébranlées.
26 Alors on verra le Fils de l'homme venir sur les nuées
avec grande puissance et grande gloire.
27 Il enverra les anges
pour rassembler les élus des quatre coins du monde,
de l'extrémité de la terre à l'extrémité du ciel.

Le signe du figuier

28 Que la comparaison du figuier vous instruise :
Dès que ses branches deviennent tendres
et que sortent les feuilles,
vous savez que l'été est proche.
29 De même, vous aussi, lorsque vous verrez arriver cela,
sachez que le Fils de l'homme est proche, à votre porte.
30 Amen, je vous le dis :
cette génération ne passera pas avant que tout cela n'arrive.
31 Le ciel et la terre passeront,
mes paroles ne passeront pas.
32 Quant au jour et à l'heure,
nul ne les connaît, pas même les anges dans le ciel,
pas même le Fils, mais seulement le Père.

Veillez

33 Prenez garde, veillez :
car vous ne savez pas quand viendra le moment.
34 Il en est comme d'un homme parti en voyage :
en quittant sa maison,
il a donné tout pouvoir à ses serviteurs,
fixé à chacun son travail,
et recommandé au portier de veiller.
35 Veillez donc,
car vous ne savez pas quand le maître de la maison reviendra,
le soir ou à minuit, au chant du coq ou le matin.
36 Il peut arriver à l'improviste et vous trouver endormis.
37 Ce que je vous dis là, je le dis à tous : Veillez! »

28-32. Voir les annotations sur Mt 24, 32-36.

33-37. Conclusion du discours par une petite parabole propre à Mc (mais dont on retrouve le début, avec le départ du maître pour une durée indéterminée, chez Mt 25, 14 et Lc 19, 13; voir aussi Lc 12, 36 s.). La vigilance, avec la sobriété (voir Lc 12, 34 et 1 Pierre 5, 8) est un devoir essentiel du chrétien qui ne doit pas s'installer ici-bas, mais vivre dans l'attente du *jour du Seigneur, de son avènement ou parousie.

35. Mc désigne ici les quatre divisions de la nuit, que les Juifs, à la suite des Romains, appelaient aussi première, deuxième, troisième et quatrième veille. Voir *Heures.

PASSION ET RÉSURRECTION

La mort imminente : trahison et fidélité

Complot contre Jésus

14

1 La fête de la Pâque et des pains sans levain
allait avoir lieu dans deux jours.
Les chefs des prêtres et les scribes
cherchaient le moyen d'arrêter Jésus par ruse,
pour le faire mourir.
2 Car ils se disaient :
« Pas en pleine fête,
pour éviter une émeute dans le peuple. »

L'onction à Béthanie

3 Jésus se trouvait à *Béthanie, chez Simon le lépreux.
Pendant qu'il était à table, une femme entra,
avec un flacon d'albâtre
contenant un parfum très pur et de grande valeur.
Brisant le flacon, elle le lui versa sur la tête.
4 Or, quelques-uns s'indignaient :
« A quoi bon gaspiller ce parfum ?
5 on aurait pu le vendre pour plus de trois cents pièces d'argent
et en faire don aux pauvres. »
Et ils la critiquaient.
6 Mais Jésus leur dit :
« Laissez-la !
Pourquoi la tourmenter ?
C'est une action charitable qu'elle a faite envers moi.
7 Des pauvres, vous en aurez toujours avec vous,
et, quand vous voudrez, vous pourrez les secourir ;
mais moi, vous ne m'aurez pas toujours.
8 Elle a fait tout ce qu'elle pouvait faire.
D'avance, elle a parfumé mon corps pour mon ensevelissement.
9 Amen, je vous le dis :
partout où la Bonne Nouvelle sera proclamée
dans le monde entier,
on racontera, en souvenir d'elle, ce qu'elle vient de faire. »

Trahison de Judas

10 Judas Iscariote, l'un des Douze,
alla trouver les chefs des prêtres pour leur livrer Jésus.
11 A cette nouvelle, ils se réjouirent
et promirent de lui donner de l'argent.
Dès lors Judas cherchait une occasion favorable pour le livrer.

14-15. Se reporter aux annotations sur les parties parallèles du récit de Mt, où sont signalés les détails propres à Mc.

Le repas du Seigneur

Préparatifs de la Pâque

12 Le premier jour de la fête des pains sans *levain,
où l'on immolait l'*agneau pascal,
les disciples de Jésus lui disent :
« Où veux-tu que nous allions faire les préparatifs
pour ton repas pascal ? »
13 Il envoie deux disciples :
« Allez à la ville;
vous y rencontrerez un homme portant une cruche d'eau.
14 Suivez-le. Et là où il entrera, dites au propriétaire :
'Le maître te fait dire : Où est la salle
où je pourrai manger la *Pâque avec mes disciples ?'
15 Il vous montrera, à l'étage,
une grande pièce toute prête pour un repas.
Faites-y pour nous les préparatifs. »
16 Les disciples partirent, allèrent en ville;
tout se passa comme Jésus le leur avait dit;
et ils préparèrent la Pâque.

Annonce de la trahison

17 Le soir venu, Jésus arrive avec les Douze.
18 Pendant qu'ils étaient à table et mangeaient,
Jésus leur déclara :
« Amen, je vous le dis :
l'un de vous, qui mange avec moi, va me livrer. »
19 Ils devinrent tout tristes,
et ils lui demandaient l'un après l'autre :
« Serait-ce moi ? »
20 Il leur répondit :
« C'est l'un des *Douze, qui se sert au même plat que moi.
21 Le Fils de l'homme s'en va, comme il est écrit à son sujet;
mais *malheureux celui qui le livre!
Il vaudrait mieux pour lui qu'il ne soit pas né. »

Institution de l'Eucharistie

22 Pendant le repas,
Jésus prit du pain, prononça la bénédiction, le rompit,
et le leur donna, en disant :
« Prenez, ceci est mon corps. »
23 Puis, prenant une coupe et rendant grâce,
il la leur donna, et ils en burent tous.
24 Et il leur dit :
« Ceci est mon sang, le sang de l'alliance,
répandu pour la multitude.
25 Amen, je vous le dis : je ne boirai plus du fruit de la vigne,

jusqu'à ce jour où je boirai un vin nouveau
dans le royaume de Dieu. »

Annonce du reniement de Pierre

26 Après le chant d'action de grâce,
ils partent pour le mont des *Oliviers.
27 Jésus leur dit :
« Vous allez tous être exposés à tomber,
car il est écrit :
Je frapperai le berger
et les brebis seront dispersées.
28 Mais, après que je serai ressuscité,
je vous précéderai en Galilée. »
29 Pierre lui dit alors :
« Même si tous viennent à tomber,
moi, je ne tomberai pas. »
30 Jésus lui répond :
« Amen, je te le dis :
toi, aujourd'hui, cette nuit même,
avant que le coq chante deux fois,
tu m'auras renié trois fois. »
31 Mais lui reprenait de plus belle :
« Même si je dois mourir avec toi,
je ne te renierai pas. »
Et tous disaient de même.

Gethsémani : prière angoissée et arrestation

La prière à Gethsémani

32 Ils parviennent à un domaine appelé Gethsémani.
Jésus dit à ses disciples :
« Restez ici ; moi, je vais prier. »
33 Puis il emmène avec lui Pierre, Jacques et Jean,
et commence à ressentir frayeur et angoisse.
34 Il leur dit :
« Mon âme est triste à mourir.
Demeurez ici et veillez. »
35 S'écartant un peu, il tombait à terre et priait
pour que, s'il était possible, cette heure s'éloigne de lui.
36 Il disait :
« *Abba*... Père, tout est possible pour toi.
Éloigne de moi cette coupe.
Cependant, non pas ce que je veux,
mais ce que tu veux ! »
37 Puis il revient et trouve les disciples endormis.
Il dit à Pierre :
« Simon, tu dors ! Tu n'as pas eu la force de veiller une heure ?

38 Veillez et priez pour ne pas entrer en tentation :
l'esprit est ardent, mais la chair est faible. »
39 Il retourna prier, en répétant les mêmes paroles.
40 Quand il revint près des disciples,
il les trouva endormis, car leurs yeux étaient alourdis.
Et ils ne savaient que lui dire.
41 Une troisième fois, il revient et leur dit :
« Désormais vous pouvez dormir et vous reposer.
C'est fait; l'heure est venue :
voici que le Fils de l'homme est livré aux mains des pécheurs.
42 Levez-vous ! Allons ! Le voici tout proche, celui qui me livre. »

L'arrestation

43 Jésus parlait encore
quand Judas, l'un des Douze, arriva
avec une bande armée d'épées et de bâtons,
envoyée par les chefs des prêtres, les scribes et les anciens.
44 Or, le traître leur avait donné un signe convenu :
« Celui que j'embrasserai, c'est lui :
arrêtez-le, et emmenez-le sous bonne garde. »
45 A peine arrivé, Judas, s'approchant de Jésus, lui dit :
« *Rabbi ! » Et il l'embrassa.
46 Les autres lui mirent la main dessus et l'arrêtèrent.
47 Un de ceux qui étaient là tira son épée,
frappa le serviteur du grand prêtre et lui trancha l'oreille.
48 Alors Jésus leur déclara :
« Suis-je donc un bandit
pour que vous soyez venus m'arrêter
avec des épées et des bâtons ?
49 Chaque jour, j'étais parmi vous dans le Temple,
où j'enseignais; et vous ne m'avez pas arrêté.
Mais il faut que les Écritures s'accomplissent. »
50 Les disciples l'abandonnèrent et s'enfuirent tous.
51 Or, un jeune homme suivait Jésus;
il n'avait pour vêtement qu'un drap.
On le saisit.
52 Mais lui, lâchant le drap, se sauva tout nu.

Chez le grand prêtre : procès de Jésus et reniement de Pierre

Jésus devant le grand conseil

53 Ils emmenèrent Jésus chez le grand prêtre,
et tous les *chefs des prêtres, les *anciens et les *scribes
se rassemblent.
54 Pierre avait suivi Jésus de loin,
jusqu'à l'intérieur du palais du grand prêtre,
et là, assis parmi les gardes, il se chauffait près du feu.

55 Les chefs des prêtres et tout le grand *conseil
cherchaient un témoignage contre Jésus
pour le faire condamner à mort,
et ils n'en trouvaient pas.
56 De fait, plusieurs portaient de faux témoignages contre Jésus,
et ces témoignages ne concordaient même pas.
57 Quelques-uns se levaient pour porter contre lui ce faux témoignage :
58 « Nous l'avons entendu dire :
' Je détruirai ce temple fait de main d'homme,
et en trois jours j'en rebâtirai un autre
qui ne sera pas fait de main d'homme. ' »
59 Et même sur ce point, ils n'étaient pas d'accord.
60 Alors le grand prêtre se leva devant l'assemblée
et interrogea Jésus :
« Tu ne réponds rien à ce que ces gens déposent contre toi ? »
61 Mais lui gardait le silence, et il ne répondait rien.
Le grand prêtre l'interroge de nouveau :
« Es-tu le Messie, le Fils du Dieu béni ? »
62 Jésus lui dit :
« Je le suis, et vous verrez *le Fils de l'homme*
siéger à la droite du Tout-Puissant,
et venir parmi les nuées du ciel. »
63 Alors, le grand prêtre déchire ses vêtements et dit :
« Pourquoi nous faut-il encore des témoins ?
64 Vous avez entendu le blasphème.
Quel est votre avis ? »
Tous prononcèrent qu'il méritait la mort.
65 Quelques-uns se mirent à cracher sur lui,
couvrirent son visage d'un voile,
et le rouèrent de coups, en disant :
« Fais le prophète ! »
Et les gardes lui donnèrent des gifles.

Reniements de Pierre

66 Comme Pierre était en bas, dans la cour,
arrive une servante du grand prêtre.
67 Elle le voit qui se chauffe,
le dévisage et lui dit :
« Toi aussi, tu étais avec Jésus de Nazareth. »
68 Pierre le nia.
« Je ne sais pas, je ne comprends pas ce que tu veux dire. »
Puis il sortit dans le vestibule.
69 La servante, l'ayant vu,
recommença à dire à ceux qui se trouvaient là :
« En voilà un qui est des leurs ! »
70 De nouveau, Pierre le niait.
Un moment après, ceux qui étaient là lui disaient :

« Sûrement tu en es!
D'ailleurs, tu es Galiléen. »
71 Alors il se mit à jurer en appelant sur lui la malédiction :
« Je ne connais pas l'homme dont vous parlez. »
72 Et aussitôt, un coq chanta pour la seconde fois.
Alors Pierre se souvint de la parole de Jésus :
« Avant que le coq chante deux fois,
tu m'auras renié trois fois. »
Et il se mit à pleurer.

Chez le gouverneur : procès, condamnation et outrages

Jésus devant Pilate

1 Dès le matin,
les chefs des prêtres convoquèrent les anciens et les scribes, 15
et tout le grand conseil.
Puis ils enchaînèrent Jésus
et l'emmenèrent pour le livrer à Pilate.
2 Celui-ci l'interrogea :
« Es-tu le roi des Juifs ? »
Jésus répond :
« C'est toi qui le dis. »
3 Les chefs des prêtres multiplièrent contre lui les accusations.
4 Pilate lui demandait à nouveau :
« Tu ne réponds rien ?
Vois toutes les accusations qu'ils portent contre toi. »
5 Mais Jésus ne répondit plus rien,
si bien que Pilate s'en étonnait.
6 A chaque fête de Pâque, il relâchait un prisonnier,
celui que la foule demandait.
7 Or, il y avait en prison un dénommé Barabbas,
arrêté avec des émeutiers
pour avoir tué un homme lors de l'émeute.
8 La foule monta donc, et se mit à demander à Pilate
la grâce qu'il accordait d'habitude.
9 Pilate leur répondit :
« Voulez-vous que je vous relâche le roi des Juifs ? »
10 (Il se rendait bien compte
que c'était par jalousie que les chefs des prêtres l'avaient livré.)
11 Ces derniers excitèrent la foule
à demander plutôt la grâce de Barabbas.
12 Et comme Pilate reprenait :
« Que ferai-je donc de celui que vous appelez le roi des Juifs ? »
13 ils crièrent de nouveau :
« Crucifie-le! »
14 Pilate leur disait :
« Qu'a-t-il donc fait de mal ? »

Mais ils crièrent encore plus fort :
« Crucifie-le! »
15 Pilate, voulant contenter la foule, relâcha Barabbas.
Et après avoir fait flageller Jésus,
il le livra pour qu'il soit crucifié.

Outrages au roi des Juifs

16 Les soldats l'emmenèrent à l'intérieur du Prétoire,
c'est-à-dire dans le palais du gouverneur.
Ils appellent toute la garde,
17 ils lui mettent un manteau rouge,
et lui posent sur la tête une couronne d'épines qu'ils ont tressée.
18 Puis ils se mirent à lui faire des révérences :
« Salut, roi des Juifs. »
19 Ils lui frappaient la tête avec un roseau,
crachaient sur lui, et s'agenouillaient pour lui rendre hommage.
20 Quand ils se furent bien moqués de lui,
ils lui ôtèrent le manteau rouge, et lui remirent ses vêtements.

Crucifixion et mort de Jésus, Fils de Dieu

Jésus est crucifié

21 Puis ils l'emmenèrent pour le crucifier,
et ils réquisitionnent, pour porter la croix,
un passant, Simon de Cyrène, le père d'Alexandre et de Rufus,
qui revenait des champs.
22 Et ils amènent Jésus à l'endroit appelé Golgotha,
c'est-à-dire Lieu-du-Crâne ou *Calvaire.
23 Ils lui offraient du vin aromatisé de myrrhe;
mais il n'en prit pas.
24 Alors ils le crucifient,
puis se partagent ses vêtements,
en tirant au sort pour savoir la part de chacun.
25 Il était neuf heures lorsqu'on le crucifia.
26 L'inscription indiquant le motif de sa condamnation
portait ces mots :
« Le roi des Juifs ».
27 Avec lui on crucifie deux bandits,
l'un à sa droite, l'autre à sa gauche.

29 Les passants l'injuriaient en hochant la tête :
« Hé! toi qui détruis le Temple et le rebâtis en trois jours,
30 sauve-toi toi-même, descends de la croix! »
31 De même, les chefs des prêtres se moquaient de lui
avec les scribes, en disant entre eux :
« Il en a sauvé d'autres,
et il ne peut pas se sauver lui-même!

32 Que le Messie, le roi d'Israël, descende maintenant de la croix;
alors nous verrons et nous croirons. »
Même ceux qui étaient crucifiés avec lui l'insultaient.

Mort de Jésus

33 Quand arriva l'heure de midi,
il y eut des ténèbres sur toute la terre jusque vers trois heures.
34 Et à trois heures, Jésus cria d'une voix forte :
« *Éloï, Éloï, lama sabactani?* »
ce qui veut dire :
« *Mon Dieu, mon Dieu, pourquoi m'as-tu abandonné?* »
35 Quelques-uns de ceux qui étaient là
disaient en l'entendant :
« Voilà qu'il appelle le prophète Élie! »
36 L'un d'eux courut tremper une éponge dans une boisson vinaigrée,
il la mit au bout d'un roseau,
et il lui donnait à boire, en disant :
« Attendez! Nous verrons bien
si Élie vient le descendre de là! »
37 Mais Jésus, poussant un grand cri, expira.
38 Le rideau du Temple se déchira en deux,
depuis le haut jusqu'en bas.
39 Le centurion qui était là en face de Jésus,
voyant comment il avait expiré, s'écria :
« Vraiment, cet homme était le Fils de Dieu! »

La mise au tombeau : Joseph d'Arimathie et les femmes

40 Il y avait aussi des femmes, qui regardaient de loin,
et parmi elles, Marie Madeleine,
Marie, mère de Jacques le petit et de José, et Salomé,
41 qui suivaient Jésus et le servaient quand il était en Galilée,
et encore beaucoup d'autres,
qui étaient montées avec lui à Jérusalem.

42 Déjà le soir était venu;
or, comme c'était la veille du sabbat,
le jour où il faut tout préparer,
43 Joseph d'Arimathie intervint.
C'était un homme influent, membre du *Conseil,
et il attendait lui aussi le royaume de Dieu.
Il eut le courage d'aller chez Pilate
pour demander le corps de Jésus.
44 Pilate, s'étonnant qu'il soit déjà mort,
fit appeler le centurion,
pour savoir depuis combien de temps Jésus était mort.
45 Sur le rapport du centurion,
il permit à Joseph de prendre le corps.
46 Joseph acheta donc un linceul,

il descendit Jésus de la croix, l'enveloppa dans le linceul
et le déposa dans un sépulcre qui était creusé dans le roc.
Puis il roula une pierre contre l'entrée du tombeau.
47 Or, Marie Madeleine et Marie, mère de José,
regardaient l'endroit où on l'avait mis.

La résurrection de Jésus annoncée aux femmes

1 Le sabbat terminé, **16**
Marie Madeleine, Marie, mère de Jacques, et Salomé
achetèrent des parfums pour aller embaumer le corps de Jésus.
2 De grand matin, le premier jour de la semaine,
elles se rendent au sépulcre
au lever du soleil.
3 Elles se disaient entre elles :
« Qui nous roulera la pierre
pour dégager l'entrée du tombeau ? »
4 Au premier regard, elles s'aperçoivent qu'on a roulé la pierre,
qui était pourtant très grande.
5 En entrant dans le tombeau,
elles virent, assis à droite, un jeune homme vêtu de blanc.
6 Elles furent saisies de peur. Mais il leur dit :
« N'ayez pas peur!
Vous cherchez Jésus de Nazareth, le Crucifié!
Il est ressuscité : il n'est pas ici.
Voici l'endroit où on l'avait déposé.
7 Et maintenant, allez dire à ses disciples et à Pierre :
' Il vous précède en Galilée. '
Là vous le verrez, comme il vous l'a dit. »
8 Elles sortirent et s'enfuirent du tombeau,
parce qu'elles étaient toutes tremblantes et hors d'elles-mêmes.
Elles ne dirent rien à personne, car elles avaient peur.

16, 1. Le sabbat avait interdit tout travail, toute démarche et tout achat. Les aromates permettront de compléter les funérailles hâtives du vendredi soir.

3. Le tombeau est une excavation, dont la porte verticale est fermée par une grosse pierre roulée devant l'ouverture.

5. "Un jeune homme" : la Bible note souvent que les anges se manifestent sous une apparence humaine (ainsi Genèse 18, 2 et 19, 1; Juges 13, 6; Ac 1, 10).

8. Leur "peur" n'a pas un objet précis : c'est le saisissement produit par la découverte du tombeau vide et par l'annonce que Jésus est ressuscité, *litt. :* "a été ressuscité" (sous-entendu : par Dieu. Voyez Ac 2, 32; 3, 15 etc.).

Appendice de Mc.

Beaucoup de manuscrits de notre évangile s'arrêtent au v. 8 et quelques copistes ont marqué que l'évangile s'arrêtait là. D'autres ont la finale reproduite ici et, parfois, en même temps, une autre finale plus courte. Il semble que la finale authentique ait été perdue, car il serait étrange que les femmes n'aient pas fini par accomplir le message donné par l'ange.

Si la fin du 2e évangile, à partir du v. 9, n'est pas authentique, c'est-à-dire n'est pas l'œuvre de Marc, elle est néanmoins considérée par l'Église comme *canonique, en vertu de son usage immémorial dans la liturgie : le chrétien doit donc la considérer comme Parole de Dieu.

En fait, elle apporte peu de renseignements nouveaux : elle rassemble et condense des faits repris des autres évangélistes, ou même des Actes, comme les notes qui suivent le montreront.

Appendice : les apparitions du Ressuscité et l'Ascension

9 Ressuscité de grand matin, le premier jour de la semaine,
Jésus apparut d'abord à Marie Madeleine,
de laquelle il avait expulsé sept démons.
10 Celle-ci partit annoncer la nouvelle
à ceux qui, ayant vécu avec lui,
s'affligeaient et pleuraient.
11 Quand ils entendirent qu'il était vivant et qu'elle l'avait vu,
ils refusèrent de croire.

12 Après cela, il se manifesta sous un aspect inhabituel
à deux d'entre eux qui étaient en chemin pour aller à la campagne.
13 Ceux-ci revinrent l'annoncer aux autres,
qui ne les crurent pas non plus.

14 Enfin, il se manifesta aux Onze eux-mêmes
pendant qu'ils étaient à table;
il leur reprocha leur incrédulité et leur endurcissement
parce qu'ils n'avaient pas cru ceux qui l'avaient vu ressuscité.

15 Puis il leur dit :
« Allez dans le monde entier.
Proclamez la Bonne Nouvelle à toute la création.
16 Celui qui croira et sera baptisé sera sauvé;
celui qui refusera de croire sera condamné.
17 Voici les signes qui accompagneront
ceux qui deviendront croyants :
en mon nom, ils chasseront les esprits mauvais;
18 ils parleront un langage nouveau;
ils prendront des serpents dans leurs mains,
et, s'ils boivent un poison mortel,
il ne leur fera pas de mal;
ils imposeront les mains aux malades,
et les malades s'en trouveront bien. »

---

9. Voyez Jn 20, 11-18. Les "sept démons" de Madeleine proviennent de Lc 8, 2.

10-11. Sur le message des femmes aux "compagnons" de Jésus, et l'incrédulité de ceux-ci, voyez Lc 24, 10-11, et aussi les déclarations de Cléophas à Jésus : Lc 24, 22-24.

12. Résumé de l'apparition aux disciples d'Emmaüs : Lc 24, 13-35.

13. Lc n'a pas dit que les disciples d'Emmaüs n'ont pas été crus. Au contraire, les Onze leur ont dit (24, 34) : "C'est vrai! le Seigneur est ressuscité : il est apparu à Simon-Pierre."

14. Cette manifestation "aux Onze pendant qu'ils étaient à table" doit correspondre à l'apparition au Cénacle, le soir de Pâques, en Lc 24, 36-49 et Jn 20, 19-23.

15. Ceci correspond bien à l'unique apparition racontée à la fin de Mt et qui semble avoir eu lieu en Galilée : Jésus envoie les Onze prêcher dans le monde entier et baptiser.

17-18. Voir Lc 10, 19. Les Actes citent nombre de ces miracles accomplis par les Apôtres et les croyants : chasser les esprits mauvais 5, 16; 19, 12 (déjà Mc 6, 7); parler un langage nouveau 2, 4; 10, 46. Paul, à Malte, a pris dans ses mains un serpent et a guéri Publius en lui imposant les mains 27, 3-9. Les *Actes de Jean* (apocryphe du IIe siècle) racontent que l'évangéliste dut boire, sur l'ordre de Domitien, un breuvage empoisonné qui ne lui fit aucun mal.

19 Le Seigneur Jésus, après leur avoir parlé,
fut enlevé au ciel et s'assit à la droite de Dieu.
20 Quant à eux, ils s'en allèrent proclamer partout la Bonne Nouvelle.
Le Seigneur travaillait avec eux
et confirmait la Parole par les signes qui l'accompagnaient.

---

19. Cette présentation de l'Ascension s'inspire sans doute de Lc 24, 50-53 et Ac 1, 4-14, mais aussi de la prédiction de Jésus devant le grand prêtre : Mc 14, 62.

20. "Le Seigneur travaille avec" les Onze : belle définition de l'apostolat, que l'on trouve inversée dans 1 Corinthiens 3, 9, où Paul dit, au nom des apôtres : "Nous sommes les collaborateurs de Dieu." Ici, Dieu collabore avec ses envoyés en confirmant la Parole par des miracles. Cette idée revient souvent dans les Actes, notamment 14, 3 : Paul et Barnabé, à Iconium, étaient "pleins d'assurance dans le Seigneur, qui rendait témoignage à la parole de sa grâce en opérant signes et prodiges par leurs mains."

EVANGILE SELON SAINT LUC

« Le Fils de l'homme
est venu chercher
ce qui était perdu. »

Luc 19,10

Prologue

1 Plusieurs ont entrepris de composer un récit 1
des événements qui se sont accomplis parmi nous,
2 tels que nous les ont transmis
ceux qui, dès le début, furent les témoins oculaires
et sont devenus les serviteurs de la *Parole.
3 C'est pourquoi j'ai décidé, moi aussi,
après m'être informé soigneusement de tout depuis les origines,
d'en écrire pour toi, cher Théophile, un exposé suivi,
4 afin que tu te rendes bien compte
de la solidité des enseignements que tu as reçus.

I. JÉSUS ET JEAN BAPTISTE

NAISSANCE ET VIE CACHÉE DU PRÉCURSEUR ET DU MESSIE

Annonce à Zacharie

5 Il y avait, au temps d'*Hérode le Grand, roi de Judée,
un prêtre nommé Zacharie, du groupe d'Abia.
Sa femme aussi était descendante d'Aaron;
elle s'appelait Élisabeth.
6 Tous les deux vivaient comme des *justes devant Dieu :
ils suivaient tous les commandements et les préceptes du Seigneur
d'une manière irréprochable.
7 Ils n'avaient pas d'enfant, car Élisabeth était stérile,
et tous deux étaient âgés.

8 Or, tandis que Zacharie,
au jour fixé pour les prêtres de son groupe,
assurait le service du culte devant Dieu,
9 il fut désigné par le sort, suivant l'usage liturgique,
pour aller offrir l'encens dans le sanctuaire du Seigneur.
10 Toute l'assemblée du peuple se tenait dehors en prière
à l'heure de l'offrande de l'encens.
11 L'*Ange du Seigneur lui apparut
debout à droite de l'autel de l'encens.
12 En le voyant, Zacharie fut bouleversé et saisi de crainte.

1, 1-4. Prologue d'un élégant classicisme, révélant le bon écrivain que fut saint Luc. Il a eu des prédécesseurs, notamment le récit de Mc; mais tout remonte aux traditions orales "transmises" par "les témoins oculaires... devenus les serviteurs de la Parole" : les premiers disciples. Lc appartient à la génération suivante. Il s'est soigneusement informé, en recourant à des sources qui souvent lui sont propres. Il a écrit un "exposé suivi" qui recherche davantage les enchaînements logiques que l'ordre strictement chronologique.

5. Tous les prêtres se rattachaient à Aaron, de la tribu de Lévi, et se mariaient dans leur tribu.

7. La stérilité était, pour la femme surtout, une grande cause de tristesse et de honte (voyez v. 25).

8-10. L'offrande de l'encens, dans le Temple, avait lieu deux fois par jour, après le sacrifice du matin et après celui du soir.

13 L'Ange lui dit :
« Sois sans *crainte, Zacharie,
car ta supplication a été entendue :
ta femme Élisabeth te donnera un fils,
et tu le nommeras Jean.
14 Tu seras dans la joie et l'allégresse,
beaucoup d'hommes se réjouiront de sa naissance,
15 car il sera grand devant le Seigneur.
Il ne boira pas de vin ni de boissons fermentées,
et il sera rempli de l'Esprit Saint dès avant sa naissance;
16 il fera revenir de nombreux fils d'Israël au Seigneur leur Dieu,
17 il marchera devant le Seigneur,
avec l'esprit et la puissance du prophète *Élie,
pour faire revenir le cœur des pères vers leurs enfants,
convertir les rebelles à la sagesse des hommes droits,
et préparer au Seigneur un peuple capable de l'accueillir. »
18 Mais Zacharie dit à l'Ange :
« Comment vais-je savoir que cela arrivera ?
Moi, je suis un vieil homme, et ma femme aussi est âgée. »
19 L'Ange lui répondit :
« Je suis Gabriel; je me tiens en présence de Dieu,
et j'ai été envoyé pour te parler
et pour t'annoncer cette bonne nouvelle.
20 Mais voici que tu devras garder le silence
et tu ne pourras plus parler
jusqu'au jour où cela se réalisera,
parce que tu n'as pas cru à mes paroles :
elles s'accompliront lorsque leur temps viendra. »
21 Le peuple attendait Zacharie
et s'étonnait de voir qu'il restait si longtemps dans le sanctuaire.
22 Quand il sortit, il ne pouvait pas leur parler,
et ils comprirent qu'il avait eu une vision dans le sanctuaire.
Il leur faisait des signes, car il demeurait muet.
23 Lorsqu'il eut achevé son temps de service au Temple,
il repartit chez lui.
24 Quelque temps plus tard, sa femme Élisabeth devint enceinte.

---

13. Jean, *Yôhânân*, signifie "Yahweh (nom propre à Dieu) fait grâce."

15. Cette abstinence convient à un être consacré à Dieu et est comme compensée par la plénitude de l'Esprit Saint (voir v. 41).

16-17. Citation de Malachie 3, 23. Le retour d'Élie devait, croyait-on, préparer l'avènement du Messie : ainsi Jean sera le précurseur du Christ Jésus, voir Mt 17, 9-13.

18. La question de Zacharie rappelle un propos semblable d'Abraham (Genèse 15, 2.8); mais alors qu'Abraham crut Dieu (Genèse 15, 6), Zacharie manifeste un scepticisme qui sera puni (v. 20).

19. Gabriel est spécialement chargé, en Daniel 8, 16; 9, 21, de révéler au "peuple des saints" le salut de Dieu. — "Je me tiens en présence de Dieu" : il fait partie des anges qui forment sa cour et peuvent contempler sa face (voir Mt 18, 10). — "t'annoncer cette bonne nouvelle", *litt. :* "t'évangéliser cela". Évangile, évangéliser, sont des mots chers à Lc, dans ce livre (voir 2, 10) et dans Ac.

Pendant cinq mois, elle garda le secret. Elle se disait :
25 « Voilà ce que le Seigneur a fait pour moi,
lorsqu'il a daigné mettre fin
à ce qui faisait ma honte aux yeux des hommes. »

Annonce à Marie

26 Le sixième mois, l'ange Gabriel fut envoyé par Dieu
dans une ville de Galilée, appelée *Nazareth,
27 à une jeune fille, une vierge,
accordée en mariage à un homme de la maison de David, appelé Joseph;
et le nom de la jeune fille était Marie.

28 L'ange entra chez elle et dit :
« Je te salue, Comblée-de-grâce, le Seigneur est avec toi. »
29 A cette parole, elle fut toute bouleversée,
et elle se demandait ce que pouvait signifier cette salutation.
30 L'ange lui dit alors :
« Sois sans *crainte, Marie,
car tu as trouvé grâce auprès de Dieu.
31 Voici que tu vas concevoir et enfanter un fils;
tu lui donneras le *nom de Jésus.
32 Il sera grand, il sera appelé Fils du Très-Haut;
le Seigneur Dieu lui donnera le trône de *David son père;
33 il régnera pour toujours sur la maison de Jacob,
et son règne n'aura pas de fin. »

34 Marie dit à l'ange :

---

26. "Le sixième mois" de la grossesse d'Élisabeth.

27. "A une jeune fille, une vierge" : le mot grec a ces deux sens. — "Accordée en mariage" : "fiancée" est une traduction matériellement exacte; mais, chez les Juifs, les fiançailles équivalaient pratiquement au mariage, qui était accompli par l'entrée de la femme dans la maison de son époux (voir Mt 1, 20.24). — "Un homme de la maison (descendance) de David." La narration de Lc se rencontre ici avec celle de Mt, malgré la différence de leurs points de vue. C'est parce que Jésus est légalement fils de Joseph qu'on l'appellera si souvent "fils (descendant) de David".

28. "Je te salue", *litt. :* "Réjouis-toi". Cette traduction littérale évoque des textes messianiques adressés à la "Fille de Sion", c'est-à-dire à Jérusalem (Sophonie 3, 14; Zacharie 9, 9). Mais, alors que les Juifs saluent en souhaitant la paix, les Grecs souhaitaient la joie; il est donc possible que cette salutation ait perdu de sa force originelle. — "Comblée de grâce". C'est en grec le participe parfait passif d'un verbe signifiant favoriser, gratifier. Le parfait indique que c'est là une action passée, mais qui demeure définitivement; la forme passive, que Dieu en est l'auteur. — "Plein de grâce" traduit exactement ce que Jn 1, 14 dit du Verbe, qui est Dieu. — "Le Seigneur est avec toi": parole apparemment banale, mais au sens très fort. Voyez Juges 6, 12; Psaumes 22/23, 4; 72/73, 25; Jn 8, 29; 16, 32.

31. "Le *nom de Jésus." C'est à Joseph qu'en Mt 1, 21 l'ange prescrit de nommer ainsi l'enfant : les récits de l'enfance sont rédigés par Mt du point de vue de Joseph, par Lc du point de vue de Marie : une des sources de son évangile provenait sans doute de milieux proches de celle-ci. Le nom de Jésus, fréquent dans la Bible, est porté notamment par le continuateur de Moïse que l'on appelle ordinairement Josué. En hébreu *Yéchoua* = "Yahweh sauve" : Mt 1, 21.

32-33. Cette grandeur royale promise au fils de Marie est énoncée en termes venus de l'A.T., surtout de la prophétie de Nathan, annonçant à David les gloires de sa descendance (2 Samuel 7, 12-16).

34. "Je suis vierge", *litt. :* "Je ne connais pas d'homme". Connaître signifie souvent

« Comment cela va-t-il se faire,
puisque je suis vierge ? »
35 L'ange lui répondit :
« L'Esprit Saint viendra sur toi,
et la puissance du Très-Haut
te prendra sous son ombre;
c'est pourquoi celui qui va naître sera saint,
et il sera appelé Fils de Dieu.
36 Et voici qu'Élisabeth, ta cousine,
a conçu, elle aussi, un fils dans sa vieillesse
et elle en est à son sixième mois,
alors qu'on l'appelait ' la femme stérile '.
37 Car rien n'est impossible à Dieu. »
38 Marie dit alors :
« Voici la servante du Seigneur;
que tout se passe pour moi selon ta parole. »
Alors l'ange la quitta.

Rencontre de la mère du Messie et de la mère du Précurseur — Action de grâce de Marie.

La Visitation

39 En ces jours-là, Marie se mit en route rapidement
vers une ville de la montagne de Judée.
40 Elle entra dans la maison de Zacharie et salua Élisabeth.
41 Or, quand Élisabeth entendit la salutation de Marie,
l'enfant tressaillit en elle.
Alors, Élisabeth fut remplie de l'Esprit Saint,
42 et s'écria d'une voix forte :
« Tu es bénie entre toutes les femmes,
et le fruit de tes entrailles est béni.
43 Comment ai-je ce bonheur
que la mère de mon Seigneur vienne jusqu'à moi ?

---

dans la Bible, l'acte conjugal. Pour Marie, il y a là un fait, impossible à concilier avec la possibilité d'une maternité.

35. Comme en Mt 1, 20, la conception est l'œuvre de l'Esprit Saint. — "Son ombre" : allusion à la nuée. Voir Exode 40, 34-35, etc. et Mt 17, 5 avec la note. — "Saint... et appelé Fils de Dieu." La sainteté, attribut propre à Dieu, contribue à donner ici au titre de Fils de Dieu la plus grande force.

36. Marie n'a pas demandé de signe comme Zacharie, mais l'ange lui donne celui d'une autre maternité que la puissance de Dieu pouvait seule réaliser.

37. "Rien n'est impossible à Dieu", citation de Gn 18, 14, au sujet de la maternité accordée à Sarah, restée longtemps stérile.

39. Marie se hâte d'aller constater le "signe" annoncé par l'Ange. — "Une ville..." peut-être Aïn Karim, dans la région montagneuse, à 6 km à l'ouest de Jérusalem et donc assez loin de Nazareth.

40. "Salua" par tout un discours de félicitation et non par un simple geste.

42. "bénie entre toutes les femmes" : louange adressée à Judith (13, 18) après sa victoire.

43. "La mère de mon Seigneur" : du Messie. Cette révélation peut être attribuée à l'Esprit Saint; de même pour Syméon 2, 26.

44 Car, lorsque j'ai entendu tes paroles de salutation,
l'enfant a tressailli d'allégresse au-dedans de moi.
45 Heureuse celle qui a cru à l'accomplissement des paroles
qui lui furent dites de la part du Seigneur. »

Le Magnificat

46 Marie dit alors :
« Mon âme exalte le Seigneur,
47 mon esprit exulte en Dieu mon Sauveur.
48 Il s'est penché sur son humble servante;
désormais tous les âges me diront bienheureuse.
49 Le Puissant fit pour moi des merveilles;
Saint est son nom!
50 Son amour s'étend d'âge en âge
sur ceux qui le craignent.
51 Déployant la force de son bras,
il disperse les superbes.
52 Il renverse les puissants de leurs trônes,
il élève les humbles.
53 Il comble de biens les affamés,
renvoie les riches les mains vides.
54 Il relève Israël son serviteur,
il se souvient de son amour,
55 de la promesse faite à nos pères,
en faveur d'Abraham et de sa race à jamais. »

56 Marie demeura avec Élisabeth environ trois mois,
puis elle s'en retourna chez elle.

Naissance de Jean Baptiste et visite des voisins

57 Quand arriva le moment où Élisabeth devait enfanter,
elle mit au monde un fils.
58 Ses voisins et sa famille
apprirent que le Seigneur lui avait prodigué sa miséricorde,
et ils se réjouissaient avec elle.

Circoncision de Jean Baptiste
Action de grâce de Zacharie

59 Le huitième jour, ils vinrent pour la *circoncision de l'enfant.
Ils voulaient le nommer Zacharie comme son père.

---

45. "Heureuse celle qui a cru..." à la différence de Zacharie.

46-55. Chant de louange et d'action de grâce, tissé d'innombrables réminiscences de l'A.T. L'ensemble est voisin du cantique d'Anne (1 Samuel 2, 1-10) et aussi du Ps 112/113. On y retrouve un des motifs favoris de Lc : la prédilection de Dieu pour les humbles, qui seront exaltés, tandis que les orgueilleux seront abaissés. Voir par exemple Lc 6, 20-26.

56. Lc a l'habitude d'en finir avec un récit ou un thème avant de passer au suivant. Marie a dû rester auprès de sa parente jusqu'à la naissance de Jean, sur laquelle Lc s'arrêtera ensuite.

60 Mais sa mère déclara :
« Non, il s'appellera Jean. »
61 On lui répondit :
« Personne dans ta famille ne porte ce nom-là ! »
62 On demandait par signes au père comment il voulait l'appeler.
63 Il se fit donner une tablette sur laquelle il écrivit :
« Son *nom est Jean. »
Et tout le monde en fut étonné.
64 A l'instant même sa bouche s'ouvrit, sa langue se délia :
il parlait et il bénissait Dieu.
65 La crainte saisit alors les gens du voisinage,
et dans toute la montagne de Judée
on racontait tous ces événements.
66 Tous ceux qui les apprenaient en étaient frappés et disaient :
« Que sera donc cet enfant ? »
En effet, la main du Seigneur était avec lui.

Le Benedictus

67 Zacharie, son père, fut rempli de l'Esprit Saint
et prononça ces paroles prophétiques :
68 « Béni soit le Seigneur, le Dieu d'Israël,
parce qu'il a visité son peuple
pour accomplir sa libération.
69 Dans la maison de *David, son serviteur,
il a fait se lever une force qui nous sauve.
70 C'est ce qu'il avait annoncé autrefois
par la bouche de ses saints prophètes :
71 le salut qui nous délivre de nos adversaires,
des mains de tous nos ennemis.
72 Il a montré sa miséricorde envers nos pères,
il s'est rappelé son *Alliance sainte :
73 il avait juré à notre père *Abraham
74 qu'il nous arracherait aux mains de nos ennemis,
75 et nous donnerait de célébrer sans crainte
notre culte devant lui,
dans la piété et la justice,
tout au long de nos jours.

---

60. "Jean" : voir la note sur 1, 13.
66. "La main du Seigneur", locution biblique. La main symbolise l'action, la puissance, la protection.
67. Zacharie prophétise (voir *prophète) parce qu'il est "rempli de l'Esprit Saint". De même Élisabeth 1, 41 ; Syméon 2, 25-27 ; Anne 2, 36 ; Étienne Ac 7, 55 ; etc.
68-75. La première partie de ce cantique est une action de grâce pour l'accomplissement des prophéties concernant David et sa "maison" (descendance), l'Alliance et les promesses faites à Abraham.

76 Et toi, petit enfant,
on t'appellera *prophète du Très-Haut,
car tu marcheras devant le Seigneur
pour lui préparer le chemin,
77 pour révéler à son peuple qu'il est sauvé,
que ses péchés sont pardonnés.
78 Telle est la tendresse du cœur de notre Dieu;
grâce à elle, du haut des cieux, un astre est venu nous visiter;
79 il est apparu à ceux qui demeuraient dans les ténèbres
et dans l'ombre de la mort,
pour guider nos pas sur le chemin de la *paix. »

Enfance et vie cachée de Jean Baptiste

80 L'enfant grandit et son esprit se fortifiait.
Il alla vivre au *désert
jusqu'au jour où il devait être manifesté à Israël.

Naissance de Jésus et visite des bergers

1 En ces jours-là, 2
parut un édit de l'empereur Auguste,
ordonnant de recenser toute la terre.
2 — Ce premier recensement eut lieu
lorsque Quirinius était gouverneur de Syrie. —
3 Et chacun allait se faire inscrire dans sa ville d'origine.

4 Joseph, lui aussi, quitta la ville de *Nazareth en Galilée,
pour monter en Judée, à la ville de David appelée *Bethléem,
car il était de la maison et de la descendance de David.
5 Il venait se faire inscrire avec Marie, son épouse,
qui était enceinte.
6 Or, pendant qu'ils étaient là,
arrivèrent les jours où elle devait enfanter.
7 Et elle mit au monde son fils premier-né;
elle l'emmaillota et le coucha dans une mangeoire,
car il n'y avait pas de place pour eux dans la salle commune.

76-79. Le "petit enfant" marchera "devant le Seigneur", accomplissant les prophéties de Malachie 3, 1 et Isaïe 40, 3. "Le Seigneur", ici, est Dieu comme en 1, 16-17. Zacharie ne peut pas encore savoir que Jean sera le précurseur du Messie.

80. "L'enfant grandit" : Lc est attentif à la croissance de Jean et de Jésus (2, 40) Il le sera aux progrès de l'Église naissante (Ac 2, 41.47; 4, 4; 5, 14; 6, 1, etc.).

2, 1. "L'empereur (*litt. :* César) Auguste", 30 av. J.-C. — 14 ap. J.-C.

2. Ce recensement, destiné à établir l'assiette de l'impôt, est appelé "premier" par rapport à d'autres que nous ne connaissons pas.

4. "De la descendance de David" voir Mt 1, 1 et la note.

7. "Son fils premier-né" : cette appellation ne signifie pas que Marie en eut d'autres puisque le "premier-né" devait être consacré à Dieu quarante jours après sa naissance (2, 23).
Le texte ne favorise pas l'image folklorique de la Sainte Famille ne trouvant pas d'abri. Le mot traduit souvent par "hôtellerie" désigne ailleurs la "salle" où Jésus mange la Pâque avec ses disciples (Mc 14, 14; Lc 22, 11).

8 Dans les environs se trouvaient des bergers
qui passaient la nuit dans les champs
pour garder leurs troupeaux.
9 L'Ange du Seigneur s'approcha,
et la gloire du Seigneur les enveloppa de sa lumière.
Ils furent saisis d'une grande *crainte,
10 mais l'ange leur dit :
« Ne craignez pas,
car voici que je viens vous annoncer une bonne nouvelle,
une grande joie pour tout le peuple :
11 Aujourd'hui vous est né un Sauveur,
dans la ville de David.
Il est le *Messie, le *Seigneur.
12 Et voilà le signe qui vous est donné :
vous trouverez un nouveau-né
emmailloté et couché dans une mangeoire. »
13 Et soudain,
il y eut avec l'ange une troupe céleste innombrable,
qui louait Dieu en disant :
14 « Gloire à Dieu au plus haut des cieux,
et paix sur la terre aux hommes qu'il aime. »

15 Lorsque les anges eurent quitté les bergers pour le ciel,
ceux-ci se disaient entre eux :
« Allons jusqu'à Bethléem
pour voir ce qui est arrivé,
et que le Seigneur nous a fait connaître. »
16 Ils se hâtèrent d'y aller,
et ils découvrirent Marie et Joseph,
avec le nouveau-né couché dans une mangeoire.
17 Après l'avoir vu, ils racontèrent ce qui leur avait été annoncé
au sujet de cet enfant.
18 Et tout le monde s'étonnait de ce que racontaient les bergers.
19 Marie, cependant, retenait tous ces événements
et les méditait dans son *cœur.

---

8. Ces bergers étaient des mercenaires souvent malhonnêtes, et méprisés aussi parce que leur vie à l'écart les empêchait de connaître la Loi et de fréquenter les synagogues.
10. *Litt.* : "Voici que je vous évangélise une grande joie." Voir 1, 19 et la note.
12. *Signe a ici un sens faible : un indice matériel confirmant le propos des anges.
13. "Une troupe céleste" : voir Mt 26, 53 et la note.
14. "Aux hommes qu'il aime." *Litt.* : "aux hommes (objets) de bienveillance." La voix du Père, au baptême de Jésus (Mt 3, 17 par.), disait avec le verbe apparenté : "Celui-ci est mon bien-aimé, en qui j'ai mis ma bienveillance." Il ne s'agit donc pas de la "bonne volonté" des hommes. Mais celle-ci peut être suscitée par la "bienveillance" de Dieu, qui ne se limite pas à un petit nombre d'hommes choisis, mais s'étend à tous : Dieu aime les hommes.
16. "Ils se hâtèrent" d'aller voir le "signe" annoncé, comme Marie était allée rapidement (*litt.* : avec hâte) voir Élisabeth.
19. Ce trait sera répété au v. 51. Ici, en outre : "et les méditait...", *litt.* : "les rapprochant" : elle confronte les événements avec l'Écriture.

20 Les bergers repartirent; ils glorifiaient et louaient Dieu
pour tout ce qu'ils avaient entendu et vu
selon ce qui leur avait été annoncé.

Circoncision de Jésus

21 Quand fut arrivé le huitième jour,
celui de la *circoncision,
l'enfant reçut le *nom de Jésus,
le nom que l'Ange lui avait donné avant sa conception.

Présentation de Jésus au Temple et rencontres prophétiques

22 Quand arriva le jour fixé par la loi de Moïse
pour la purification,
les parents de Jésus le portèrent à Jérusalem
pour le présenter au Seigneur,
23 selon ce qui est écrit dans la Loi :
Tout premier-né de sexe masculin
sera consacré au Seigneur.
24 Ils venaient aussi présenter en offrande
le sacrifice prescrit par la loi du Seigneur :
un couple de tourterelles
ou deux petites colombes.

25 Or, il y avait à Jérusalem un homme appelé Syméon.
C'était un homme *juste et religieux,
qui attendait la Consolation d'Israël,
et l'Esprit Saint était en lui.
26 L'Esprit lui avait révélé qu'il ne verrait pas la mort
avant d'avoir vu le *Messie du Seigneur.
27 Poussé par l'Esprit, Syméon vint au Temple.
Les parents y entraient avec l'enfant Jésus
pour accomplir les rites de la Loi qui le concernaient.
28 Syméon prit l'enfant dans ses bras,
et il bénit Dieu en disant :

---

21. "Le nom que l'Ange..." voir 1, 31 et aussi Mt 1, 21.
22. "La purification". *Litt.* : "leur purification" En réalité, la purification ne concerne que la mère; elle était obligatoire au 40e jour pour un garçon. La présentation de l'enfant n'était pas un rite obligatoire, mais c'est à elle que Lc attache de l'importance.
23. "Selon ce qui est écrit dans la Loi" au sujet du rachat des premiers-nés : Exode 13, 2.
24. "Le sacrifice prescrit" pour la purification de la mère au livre des Lévites 12, 8.
25. "La consolation d'Israël" : le *Messie qui relèverait Israël de son humiliation, voir Isaïe 40, 1-2; 49, 13, etc.

Le Nunc dimittis

29 « Maintenant, ô Maître,
tu peux laisser ton serviteur s'en aller dans la paix,
selon ta parole.
30 Car mes yeux ont vu ton salut,
31 que tu as préparé à la face de tous les peuples :
32 lumière pour éclairer les nations païennes,
et gloire d'Israël ton peuple. »
33 Le père et la mère de l'enfant
s'étonnaient de ce qu'on disait de lui.
34 Syméon les bénit,
puis il dit à Marie sa mère :
« Vois, ton fils qui est là
provoquera la chute et le relèvement de beaucoup en Israël.
Il sera un signe de division.
35 — Et toi-même, ton cœur sera transpercé par une épée. —
Ainsi seront dévoilées les pensées secrètes d'un grand nombre. »
36 Il y avait là une femme qui était *prophète,
Anne, fille de Phanuel, de la tribu d'Aser.
37 Demeurée veuve après sept ans de mariage,
elle avait atteint l'âge de quatre-vingt-quatre ans.
Elle ne s'éloignait pas du Temple,
servant Dieu jour et nuit dans le jeûne et la prière.
38 S'approchant d'eux à ce moment,
elle proclamait les louanges de Dieu
et parlait de l'enfant
à tous ceux qui attendaient la délivrance de Jérusalem.

Enfance de Jésus

39 Lorsqu'ils eurent accompli tout ce que prescrivait la loi du Seigneur,
ils retournèrent en Galilée, dans leur ville de Nazareth.
40 L'enfant grandissait et se fortifiait,
tout rempli de sagesse, et la grâce de Dieu était sur lui.

---

29. Troisième de ces cantiques insérés par Lc dans ses récits de l'enfance, et que l'Église chante tous les jours (le *Magnificat* à l'office du soir, le *Benedictus* à l'aurore, le *Nunc Dimittis* avant le coucher). Ils pourraient aussi bien être des psaumes, des cantiques de l'A.T. mais, dits ou chantés par des personnages du N.T. en relation avec la naissance, de l'enfance de Jésus, des images aussi usuelles que "la tendresse du cœur de notre Dieu", ou la "lumière pour éclairer les nations" prennent un sens nouveau.

31-32. Ces versets s'inspirent d'Isaïe 42, 6; 49, 6; 52, 10. On en retrouve des échos dans Ac, au sujet du Christ : 26, 23; des Apôtres : 1, 8; de Paul : 13, 47.

34. Jésus dira qu'il n'est pas venu apporter la paix, mais le glaive, la division : Lc 12, 51-53.

35. Marie souffrira elle-même de la division d'Israël et de l'hostilité à Jésus qui les mènera tous deux au Calvaire (Jn 19, 25). — "Ainsi seront dévoilées..." Dans les Synoptiques, Jésus perce les raisonnements de ses adversaires, discerne entre la foi des simples et les intentions hypocrites. Chez Jn il accomplit un "jugement"; étant lui-même "la lumière", il discerne déjà, par sa présence, entre elle et "les ténèbres".

38. "La délivrance", *litt. :* "le rachat". Jésus est amené au Temple précisément pour être "racheté", les premiers-nés appartenant à Dieu (Exode 13, 11-15, etc.). Un mot apparenté est traduit par "rançon" (Mt 20, 28; Mc 10, 45). On a là l'origine de la notion chrétienne de rédemption. — Jérusalem désigne ici tout le peuple de Dieu.

Jésus au Temple chez son Père

41 Chaque année,
les parents de Jésus allaient à Jérusalem pour la fête de la *Pâque.
42 Quand il eut douze ans,
ils firent le pèlerinage suivant la coutume.
43 Comme ils s'en retournaient à la fin de la semaine,
le jeune Jésus resta à Jérusalem
sans que ses parents s'en aperçoivent.
44 Pensant qu'il était avec leurs compagnons de route,
ils firent une journée de chemin
avant de le chercher parmi leurs parents et connaissances.
45 Ne le trouvant pas,
ils revinrent à Jérusalem en continuant à le chercher.

46 C'est au bout de trois jours qu'ils le trouvèrent dans le *Temple,
assis au milieu des *docteurs de la Loi :
il les écoutait et leur posait des questions,
47 et tous ceux qui l'entendaient
s'extasiaient sur son intelligence et sur ses réponses.
48 En le voyant, ses parents furent stupéfaits,
et sa mère lui dit :
« Mon enfant, pourquoi nous as-tu fait cela ?
Vois comme nous avons souffert en te cherchant,
ton père et moi ! »
49 Il leur dit :
« Comment se fait-il que vous m'ayez cherché ?
Ne le saviez-vous pas ?
C'est chez mon Père que je dois être. »
50 Mais ils ne comprirent pas ce qu'il leur disait.

51 Il descendit avec eux pour rentrer à Nazareth,
et il leur était soumis.
Sa mère gardait dans son cœur tous ces événements.
52 Quant à Jésus, il grandissait en sagesse, en taille et en grâce
sous le regard de Dieu et des hommes.

---

42. Jésus pouvait avoir déjà participé à ce pèlerinage. Mais celui-ci est marqué par l'âge où un jeune Juif accède à sa maturité religieuse.

46. L'enseignement des Rabbis prenait souvent la forme dialoguée, qui sera employée par Jésus, par exemple Lc 6, 9; 7, 24.40-42; 10, 25-29.36; etc.

48. "Ton père" : Marie parle comme tout le monde, et d'ailleurs la paternité légale de Joseph n'est pas une fiction : voir Mt 1, 1 avec la note.

49. "Chez mon Père", car le Temple est la "maison de Dieu".

50. "Ils ne comprirent pas" parce que Marie ayant parlé du père (terrestre) de Jésus, celui-ci parle de son Père (céleste). La foi de Marie et de Joseph, certainement très pure et très forte, était encore obscure, et Jésus leur apparaissait comme un enfant pareil aux autres.

52. Cette croissance de Jésus "en sagesse" "et en grâce" doit être aussi réelle que sa croissance "en taille". Les théologiens ont eu souvent du mal à l'admettre. Jésus est un homme véritable; on ne peut imaginer qu'il ait fait semblant de grandir en se dévoilant progressivement.

LE TEMPS DU DÉSERT

Prédication de Jean Baptiste

1 L'an quinze du règne de l'empereur Tibère, 3
Ponce-Pilate étant gouverneur de la Judée,
*Hérode, prince de Galilée,
son frère Philippe, prince du pays d'Iturée et de Traconitide,
Lysanias, prince d'Abilène,
2 les *grands prêtres étant Anne et Caïphe,
la parole de Dieu fut adressée dans le désert
à Jean, fils de Zacharie.

3 Il parcourut toute la région du *Jourdain;
il proclamait un *baptême de *conversion
pour le pardon des péchés,
4 comme il est écrit dans le livre du prophète Isaïe :
*A travers le *désert, une voix crie :*
Préparez le chemin du Seigneur,
aplanissez sa route.
5 *Tout ravin sera comblé,*
toute montagne et toute colline seront abaissées ;
les passages tortueux deviendront droits,
les routes déformées seront aplanies ;
6 *et tout homme verra le salut de Dieu.*

7 Jean disait aux foules
qui arrivaient pour se faire baptiser par lui :
« Engeance de vipères!
Qui vous a appris à fuir la colère qui vient ?
8 Produisez donc des *fruits qui expriment votre conversion,
et ne vous mettez pas à dire en vous-mêmes :
' Nous avons *Abraham pour père '.
Car, je vous le dis : avec les pierres que voici,
Dieu peut faire surgir des enfants à Abraham.
9 Déjà la cognée se trouve à la racine des arbres :
tout arbre qui ne produit pas de bons fruits
va être coupé et jeté au feu. »

3, 1. Les deux premiers chapitres de Lc (comme ceux de Mt) sont plutôt un prologue théologique qu'un "évangile" proprement dit. C'est ici le "commencement" de la mission de Jésus révélateur du Royaume (voir Lc 3, 23; Ac 1, 1.22; 10, 37). Lc donne ici les coordonnées de l'Évangile dans l'histoire politique et l'histoire religieuse.

1. Tibère a régné de 14 à 37. "L'an quinze" se situe donc en 28. — Philippe, autre fils d'Hérode le Grand. L'Iturée et la Traconitide, territoires païens au nord-est de la Palestine, au-delà du Jourdain. Nous ne savons guère qui est Lysanias. L'Abilène était une petite principauté en Syrie.

2. "La parole de Dieu fut adressée..." formule fréquente pour dire qu'un prophète reçoit un message qu'il est chargé de transmettre : Jérémie 1, 2.4; 2, 1; 7, 1, etc. Ézékiel 3, 16; 6, 1; 7, 1, etc.

4-6. Isaïe 40, 3-5, cité plus longuement dans Lc. Le texte hébreu dit : "Préparez à travers le désert le chemin du Seigneur." Les quatre évangiles citent la traduction de la *Septante, qui n'est pas absurde puisque des foules peuvent facilement venir dans ce désert proche du Jourdain.

7-9. Voir le texte semblable de Mt 3, 7-10, avec les notes.

10 Les foules lui demandaient :
« Que devons-nous faire ? »
11 Jean leur répondait :
« Celui qui a deux vêtements,
qu'il partage avec celui qui n'en a pas;
et celui qui a de quoi manger,
qu'il fasse de même! »
12 Des *publicains vinrent aussi se faire baptiser et lui dirent :
« Maître, que devons-nous faire ? »
13 Il leur répondit :
« N'exigez rien de plus que ce qui vous est fixé. »
14 A leur tour, des soldats lui demandaient :
« Et nous, que devons-nous faire ? »
Il leur répondit :
« Ne faites ni violence ni tort à personne;
et contentez-vous de votre solde. »

15 Or, le peuple était en attente,
et tous se demandaient en eux-mêmes
si Jean n'était pas le *Messie.
16 Jean s'adressa alors à tous :
« Moi, je vous baptise avec de l'eau;
mais il vient, celui qui est plus puissant que moi.
Je ne suis pas digne de défaire la courroie de ses sandales.
Lui vous baptisera dans l'Esprit Saint et dans le feu.
17 Il tient à la main la pelle à vanner
pour nettoyer son aire à battre le blé,
et il amassera le grain dans son grenier;
quant à la paille, il la brûlera dans un feu qui ne s'éteint pas. »

18 Par ces exhortations et bien d'autres encore,
il annonçait au peuple la Bonne Nouvelle.

Fin du ministère de Jean

19 *Hérode, prince de Galilée, avait reçu des reproches de Jean
au sujet d'Hérodiade, la femme de son frère,
et au sujet de tout ce que lui, Hérode, avait fait de mal.
20 A tout le reste il ajouta encore ceci :
il fit enfermer Jean Baptiste en prison.

10-14. Exhortations propres à Lc, plus positives que les précédentes. Les directives de charité, d'intégrité (voir *publicains) et d'humanité (les soldats sont ceux d'une armée d'occupation) préparent à l'idéal évangélique.

15. Tous les évangélistes soulignent le désintéressement de Jean Baptiste et sa volonté de ne pas être pris pour le Messie. Certains de ses disciples devaient être moins discrets.

16-17. Voir Mt 3, 11-12 avec la note.

19-20. Selon son habitude (voir la note sur 1, 56) Lc achève de nous parler du Baptiste avant de mentionner le baptême de Jésus, dont il est évident qu'il fut accompli par Jean. Lc ne signale ici que son emprisonnement et le motif de celui-ci. Il fera ensuite une brève allusion à sa mort, mais en référence à Jésus. La mort de Jean est racontée à sa place en Mt 14, 3-12, et avec plus de détail en Mc 6, 17-29.

Le Père et l'Esprit Saint se manifestent après le baptême de Jésus

21 Comme tout le peuple se faisait baptiser
et que Jésus priait, après avoir été baptisé lui aussi,
alors le ciel s'ouvrit.
22 L'Esprit Saint descendit sur Jésus,
sous une apparence corporelle, comme une *colombe.
Du ciel une voix se fit entendre :
« C'est toi mon Fils : Moi, aujourd'hui, je t'ai engendré. »

Généalogie de Jésus : de Joseph à Adam

23 Au moment de ce début, Jésus avait environ trente ans;
24 il était considéré comme fils de Joseph, fils d'Éli, | fils de Matthate,
25 fils de Lévi, fils de Melki, fils de Jannaï, fils de Joseph, | fils de
Mattathias, fils d'Amos, fils de Nahoum, fils de Hesli, fils de
26 Naggaï, | fils de Maath, fils de Matthathias, fils de Seméine, fils de
27 Josek, fils de Joda, | fils de Joanane, fils de Résa, fils de Zorobabel,
28 fils de Salathiel, fils de Néri, | fils de Melki, fils d'Addi, fils de
29 Kosam, fils d'Elmadam, fils d'Er, | fils de Jésus, fils d'Éliézer, fils
30 de Jorim, fils de Mattath, fils de Lévi, | fils de Syméon, fils de Juda,
31 fils de Joseph, fils de Jonam, fils d'Éliakim, | fils de Méléa,
fils de Menna, fils de Mattatha, fils de Natham, fils de David,
32 | fils de Jessé, fils de Jobed, fils de Booz, fils de Sala, fils de Naas-
33 sone, | fils d'Aminadab, fils d'Admine, fils d'Arni, fils d'Esrom,
34 fils de Pharès, fils de Juda, | fils de Jacob, fils d'Isaac, fils d'Abraham,
35 fils de Thara, | fils de Nakor, fils de Sérouk, fils de Ragaou, fils de
36 Phalek, fils d'Éber, fils de Sala, | fils de Kaïnam, fils d'Arphaxad,
37 fils de Sem, fils de Noé, fils de Lamek, | fils de Mathusalem, fils

---

21. Lc est le seul à signaler ici la prière de Jésus, ce qui lui arrive d'autres fois, en particulier à la Transfiguration, 9, 28-29.

22. Lc compare l'Esprit Saint à une *colombe avec beaucoup de réserve; il s'exprimera de manière analogue pour le vent et les langues de feu de la Pentecôte Ac 2, 2-3. La voix du Père, en Lc, cite le Ps 2, 7 qui était considéré comme une prophétie messianique, et que Paul allègue à l'appui de la résurrection de Jésus (Ac 13, 33). Cet emploi du Psaume étant un peu difficile, un grand nombre de manuscrits ont aligné Lc sur Mc : "En toi j'ai mis tout mon amour."

23. "Environ trente ans." Jésus est né environ 2 ans avant la mort d'Hérode (Mt 2, 16.19), qui se place en 4 av. J.-C. La 15e année de Tibère correspond à 28 ou 29; au moment de son baptême, Jésus avait donc au moins trente-deux ans. Le moine du VIe siècle qui a fixé l'ère chrétienne s'est trompé dans ses calculs et a pris trop rigoureusement le chiffre de 30 ans. — "Il était considéré ..." allusion à la naissance virginale.

23-38. Cette généalogie, à l'inverse de celle de Mt, va en remontant. Elle n'est pas partagée en trois périodes, comme celle de Mt. Entre David et Joseph, les deux listes n'ont que deux noms en commun. Cela ne doit pas nous étonner, chacune des deux omettant certains noms et observant des principes de succession que nous ignorons. L'important, dans celle de Lc, est que Jésus est présenté comme le nouvel Adam et, par là même, comme le fils de Dieu, conformément à ce que nous savons déjà par ses récits de l'Annonciation et du baptême.

38 de Hénok, fils de Jareth, fils de Maléléel, fils de Kaïnam, | fils
d'Énos, fils de Seth,

fils d'Adam, fils de Dieu.

Jésus résiste au tentateur

1 Jésus, rempli de l'Esprit Saint, quitta les bords du *Jourdain; **4**
il fut conduit par l'Esprit à travers le *désert
2 où, pendant quarante jours, il fut mis à l'épreuve par le démon.
Il ne mangea rien durant ces jours-là,
et, quand ce temps fut écoulé, il eut faim.

3 Le démon lui dit alors :
« Si tu es le Fils de Dieu,
ordonne à cette pierre de devenir du pain. »
4 Jésus répondit :
« Il est écrit :
Ce n'est pas seulement de pain
que l'homme doit vivre. »

5 Le démon l'emmena alors plus haut,
et lui fit voir d'un seul regard tous les royaumes de la terre.
6 Il lui dit :
« Je te donnerai tout ce pouvoir,
et la gloire de ces royaumes,
car cela m'appartient et je le donne à qui je veux.
7 Toi donc, si tu te prosternes devant moi, tu auras tout cela. »
8 Jésus lui répondit :
« Il est écrit :
Tu te prosterneras devant le Seigneur ton Dieu,
et c'est lui seul que tu adoreras. »

9 Puis le démon le conduisit à Jérusalem,
il le plaça au sommet du Temple et lui dit :
« Si tu es le Fils de Dieu, jette-toi en bas;
10 car il est écrit :
Il donnera pour toi à ses anges
l'ordre de te garder ;

4, 1-13. Voir le texte parallèle de Mt, avec les notes et les références à l'A.T. On ne signale ici que les particularités de Lc.

1. Lc insiste, plus que Mt, sur l'action de l'Esprit Saint, qui s'est manifesté au baptême.

5. Lc donne en deuxième lieu la tentation que Mt donne en dernier. "D'un seul regard", propre à Lc, montre bien qu'il s'agit d'une vison intellectuelle.

11 et encore :
Ils te porteront sur leurs mains,
de peur que ton pied ne heurte une pierre. »
12 Jésus répondit :
« Il est dit :
Tu ne mettras pas à l'épreuve le Seigneur ton Dieu. »
13 Ayant ainsi épuisé toutes les formes de tentation,
le démon s'éloigna de Jésus jusqu'au moment fixé.

II. LA MISSION INITIALE EN GALILÉE

Dans la synagogue de Nazareth, Jésus inaugure sa mission universelle

14 Lorsque Jésus, avec la puissance de l'Esprit,
revint en Galilée,
sa renommée se répandit dans toute la région.
15 Il enseignait dans les *synagogues des Juifs,
et tout le monde faisait son éloge.
16 Il vint à *Nazareth, où il avait grandi.
Comme il en avait l'habitude,
il entra dans la synagogue le jour du *sabbat,
et il se leva pour faire la lecture.
17 On lui présenta le livre du prophète Isaïe.
Il ouvrit le livre et trouva le passage où il est écrit :
18 *L'Esprit du Seigneur est sur moi*
parce que le Seigneur m'a consacré par l'onction.
Il m'a envoyé porter la Bonne Nouvelle aux pauvres,
annoncer aux prisonniers qu'ils sont libres,
et aux aveugles qu'ils verront la lumière,
apporter aux opprimés la libération,
19 *annoncer une année de bienfaits*
accordée par le Seigneur.
20 Jésus referma le livre, le rendit au servant et s'assit.
Tous, dans la synagogue, avaient les yeux fixés sur lui.

---

13. "Jusqu'au moment fixé..." c'est-à-dire jusqu'à "l'*Heure" où Jésus subira la grande tentation (ou épreuve) de la Passion; c'est alors que "Satan entra dans Judas" (22, 3).

14-15. Ces débuts de la prédication de Jésus à Nazareth ont des parallèles chez Mt et Mc qui la placent beaucoup plus loin dans leurs récits.

16. Tout Juif adulte peut faire la lecture à la synagogue et, s'il en est capable, commenter le texte.

18-19. Oracle messianique d'Isaïe 61, 1-2a. "L'Esprit du Seigneur est sur moi" : nouveau rappel du baptême. — "Le Seigneur m'a consacré par l'onction" : a fait de moi son Messie. — "Une année de bienfaits" : l'année jubilaire (Livre des Lévites 25, 10-13) où, tous les cinquante ans, on devait remettre les dettes et libérer les esclaves.

20-22. Jésus annonce que la prophétie messianique se réalise actuellement, donc en sa personne. L'accueil de l'auditoire est favorable, mais un peu étonné. "Le fils de Joseph" : leur concitoyen, qu'ils ont vu "grandir".

21 Alors il se mit à leur dire :
« Cette parole de l'Écriture, que vous venez d'entendre,
c'est aujourd'hui qu'elle s'accomplit. »
22 Tous lui rendaient témoignage;
et ils s'étonnaient du message de grâce qui sortait de sa bouche.
Ils se demandaient :
« N'est-ce pas là le fils de Joseph ? »
23 Mais il leur dit :
« Sûrement vous allez me citer le dicton :
' Médecin, guéris-toi toi-même.
Nous avons appris
tout ce qui s'est passé à *Capharnaüm :
fais donc de même ici dans ton pays ! ' »
24 Puis il ajouta :
« Amen, je vous le dis :
aucun prophète n'est bien accueilli dans son pays.
25 En toute vérité, je vous le déclare :
Au temps du prophète *Élie,
lorsque la sécheresse et la famine
ont sévi pendant trois ans et demi,
il y avait beaucoup de veuves en Israël;
26 pourtant Élie n'a été envoyé vers aucune d'entre elles,
mais bien à une veuve étrangère,
de la ville de Sarepta, dans le pays de Sidon.
27 Au temps du prophète Élisée,
il y avait beaucoup de lépreux en Israël;
pourtant aucun d'eux n'a été purifié,
mais bien Naaman, un Syrien. »

28 A ces mots, dans la synagogue, tous devinrent furieux.
29 Ils se levèrent, poussèrent Jésus hors de la ville,
et le menèrent jusqu'à un escarpement de la colline
où la ville est construite,
pour le précipiter en bas.
30 Mais lui, passant au milieu d'eux, allait son chemin.

Jésus enseigne et guérit

31 Jésus descendit à Capharnaüm, ville de Galilée,
et il y enseignait, le jour du sabbat.

---

23. "Ce qui s'est passé à Capharnaüm" : des miracles... que Lc ne nous a pas encore racontés (voir v. 31-41).
25-26. Lire 1 Rois 17, 7-24.
27. Lire 2 Rois 5.
28-29. Cette colère subite après un accueil bienveillant laisse à penser que Lc a bloqué plusieurs visites de Jésus à Nazareth en une seule. Le thème du refus des Juifs et de l'appel des païens aura une grande importance chez Paul (Ac 13, 46; 28, 28).
30. Il n'est pas sûr qu'il y ait eu là un miracle. Ce que Lc veut montrer, c'est que Jésus poursuit sa route sans se laisser arrêter par l'hostilité qu'il rencontre.
31-44. Voir Mc 1, 21-39 avec les notes.

32 On était frappé par son enseignement
parce que sa parole était pleine d'autorité.
33 Or, il y avait dans la synagogue
un homme *possédé par un esprit démoniaque,
34 qui se mit à crier d'une voix forte :
« Ah! que nous veux-tu, Jésus de Nazareth ?
Es-tu venu pour nous perdre ?
Je sais fort bien qui tu es : le Saint, le Saint de Dieu! »
35 Jésus l'interpella vivement :
« Silence! Sors de cet homme! »
Alors le démon le jeta par terre devant tout le monde
et sortit de lui sans lui faire aucun mal.
36 Tous furent effrayés, et ils se disaient entre eux :
« Quelle est cette parole ?
Car il commande avec autorité et puissance
aux esprits mauvais, et ils sortent! »
37 Et la réputation de Jésus se propagea dans toute la région.
38 En quittant la synagogue, Jésus entra chez *Simon.
Or, la belle-mère de Simon était oppressée par une forte fièvre,
et on implora Jésus en sa faveur.
39 Il se pencha sur elle,
interpella vivement la fièvre, et celle-ci quitta la malade.
A l'instant même, elle se leva, et elle les servait.
40 Au coucher du soleil,
tous ceux qui avaient des infirmes atteints de diverses maladies
les lui amenèrent.
Et Jésus, imposant les mains à chacun d'eux, les guérissait.
41 Des esprits mauvais sortaient de beaucoup d'entre eux en criant :
« Tu es le Fils de Dieu! »
Mais Jésus les interpellait vivement et leur interdisait de parler
parce qu'ils savaient, eux, qu'il était le Messie.
42 Quand il fit jour, il sortit et se retira dans un endroit désert.
Les foules le cherchaient; elles arrivèrent jusqu'à lui,
et elles le retenaient pour l'empêcher de les quitter.
43 Mais il leur dit :
« Il faut que j'aille aussi dans les autres villes
pour leur annoncer la Bonne Nouvelle du règne de Dieu,
car c'est pour cela que j'ai été envoyé. »
44 Et il se rendait dans les synagogues de Judée
pour y proclamer la Bonne Nouvelle.

Pêche miraculeuse :
appel de Simon-Pierre et de ses compagnons

1 Un jour, Jésus se trouvait sur le bord du *lac de Génésareth; 5
la foule se pressait autour de lui pour écouter la parole de Dieu.

5, 1. Épisode propre à Lc, à moins que la "pêche miraculeuse" de Jn 21, 1-14 n'en

2 Il vit deux barques amarrées au bord du lac;
les pêcheurs en étaient descendus et lavaient leurs filets.
3 Jésus monta dans une des barques qui appartenait à *Simon,
et lui demanda de s'éloigner un peu du rivage.
Puis il s'assit et, de la barque, il enseignait la foule.

4 Quand il eut fini de parler, il dit à Simon :
« Avance au large,
et jetez les filets pour prendre du poisson. »
5 Simon lui répondit :
« Maître, nous avons peiné toute la nuit sans rien prendre;
mais, sur ton ordre, je vais jeter les filets. »
6 Ils le firent, et ils prirent une telle quantité de poissons
que leurs filets se déchiraient.
7 Ils firent signe à leurs compagnons de l'autre barque
de venir les aider.
Ceux-ci vinrent, et ils remplirent les deux barques,
à tel point qu'elles enfonçaient.

8 A cette vue, Simon-Pierre tomba aux pieds de Jésus, en disant :
« Seigneur, éloigne-toi de moi,
car je suis un homme pécheur. »
9 L'effroi, en effet, l'avait saisi,
lui et ceux qui étaient avec lui,
devant la quantité de poissons qu'ils avaient prise;
10 et de même Jacques et Jean, fils de Zébédée, ses compagnons.
Jésus dit à Simon :
« Sois sans crainte,
désormais ce sont des hommes que tu prendras. »
11 Alors ils ramenèrent les barques au rivage
et, laissant tout, ils le suivirent.

Purification d'un lépreux

12 Jésus était dans une ville
quand survint un homme couvert de *lèpre;

---

soit une reprise et une transposition. Mt et Mc présentent l'appel des mêmes quatre premiers disciples. Mais Lc a préparé cet appel par le récit de plusieurs miracles, ce qui fait mieux comprendre la réponse immédiate des appelés.

3. "De la barque il enseignait la foule..." Autre cas semblable : le discours en paraboles, Mt 13, 2-3; Mc 4, 1-2.

5. Si la pêche nocturne n'a rien donné, à plus forte raison la pêche en plein jour. Pierre accomplit donc un véritable acte de foi.

7. "Leurs compagnons", on pourrait traduire "associés". L'entreprise de Simon avait une certaine importance et "tout laisser" pour "suivre" Jésus (v. 11) n'est pas sans mérite.

8-9. Le miracle qui révèle une action directe de Dieu produit de l'étonnement mais surtout une crainte sacrée, qui s'exprime dans l'appellation de "Seigneur", après celle de "Maître" (v. 5), et dans la conscience d'être un pécheur.

10. La comparaison entre pêche et apostolat peut paraître boiteuse; on la trouve en Mc 1, 17; Mt 4, 19. Elle s'éclaire peut-être par la parabole du filet (Mt 13, 47-50). Les pêcheurs, rassemblant les bons poissons en les séparant de ce qui ne vaut rien, préparent le jugement qu'ils exerceront à la fin des temps (Lc 22, 30).

celui-ci, en voyant Jésus, tomba la face contre terre
et lui demanda :
« Seigneur, si tu le veux, tu peux me purifier. »
13 Jésus étendit la main, le toucha et lui dit :
« Je le veux, sois purifié. »
A l'instant même, sa lèpre le quitta.
14 Alors Jésus lui ordonna de ne le dire à personne :
« Va plutôt te montrer au prêtre
et donne pour ta purification ce que Moïse a prescrit;
ta guérison sera pour les gens un témoignage. »
15 On parlait de lui de plus en plus.
De grandes foules accouraient pour l'entendre
et se faire guérir de leurs maladies.
16 Mais lui se retirait dans les endroits déserts, et il priait.

Guérison d'un paralytique : le pardon des péchés

17 Un jour que Jésus enseignait,
il y avait dans l'assistance des *pharisiens et des *docteurs de la Loi,
venus de tous les villages de Galilée et de Judée,
ainsi que de Jérusalem;
et la puissance du Seigneur était à l'œuvre
pour lui faire opérer des guérisons.
18 Arrivent des gens, portant sur une civière
un homme qui était paralysé;
ils cherchaient à le faire entrer pour le placer devant Jésus.
19 Mais ne voyant pas comment faire à cause de la foule,
ils montèrent sur le toit et, en écartant les tuiles,
ils le firent descendre avec sa civière
en plein milieu devant Jésus.
20 Voyant leur foi, il dit :
« Tes péchés te sont pardonnés. »
21 Les scribes et les pharisiens se mirent à penser :
« Quel est cet homme qui dit des blasphèmes ?
Qui donc peut pardonner les péchés, sinon Dieu seul ? »
22 Mais Jésus, saisissant leurs raisonnements, leur répondit :
« Pourquoi tenir ces raisonnements ?
23 Qu'est-ce qui est le plus facile ?
De dire : ‘ Tes péchés te sont pardonnés ’,
ou bien de dire : ‘ Lève-toi et marche ’ ?
24 Eh bien! pour que vous sachiez que le Fils de l'homme
a sur terre le pouvoir de pardonner les péchés,

---

13. Voir la note sur Mt 8, 3.
16. Propre à Lc, évangéliste de la prière, et d'abord de la prière de Jésus.
17-26. Voir Mc 2, 1-12 avec les notes.
19. “En écartant les tuiles” : Lc semble oublier que la maison juive est couverte d'une terrasse en torchis et non de tuiles comme la maison gréco-romaine.

je te l'ordonne, dit-il au paralysé :
Lève-toi, prends ta civière et retourne chez toi. »
25 A l'instant même, celui-ci se leva devant eux,
il prit ce qui lui servait de lit
et s'en alla chez lui en rendant gloire* à Dieu.
26 Tous furent saisis de stupeur et ils rendaient gloire à Dieu.
Remplis de *crainte, ils disaient :
« Aujourd'hui nous avons vu des choses extraordinaires! »

A quatre reprises, Jésus répond aux critiques des pharisiens

Vocation de Lévi-Matthieu

27 Après cela, Jésus sortit
et il remarqua un *publicain
du nom de Lévi assis à son bureau de publicain.
Il lui dit : « Suis-moi. »
28 Abandonnant tout, l'homme se leva et se mit à le suivre.
29 Lévi lui offrit un grand festin dans sa maison;
il y avait une grande foule de publicains et d'autres gens
attablés avec eux.
30 Les *pharisiens et les *scribes de leur parti récriminaient
en disant à ses disciples :
« Pourquoi mangez-vous et buvez-vous
avec les publicains et les pécheurs ? »
31 Jésus leur répondit :
« Ce ne sont pas les gens en bonne santé
qui ont besoin du médecin, mais les malades.
32 Je suis venu appeler non pas les justes mais les pécheurs,
pour qu'ils se convertissent. »

Le jeûne. Le vieux et le neuf

33 On disait un jour à Jésus :
« Les disciples de Jean jeûnent souvent et font des prières;
de même ceux des pharisiens.
Au contraire, tes disciples mangent et boivent! »
34 Jésus leur dit :
« Est-ce que vous pouvez faire jeûner
les invités de la noce,
pendant que l'*Époux est avec eux ?
35 Mais un temps viendra où l'Époux leur sera enlevé :
ces jours-là, ils jeûneront. »
36 Et il dit pour eux une *parabole :
« Personne ne déchire un morceau à un vêtement neuf
pour le coudre sur un vieux vêtement.

27-38. Voir Mc 2, 13-22 avec les notes.

32. "Pour qu'ils se convertissent" précision propre à Lc. Elle est logique : Jésus n'a pas une préférence pour les pécheurs en tant que tels. Voir tout son ch. 15. La conclusion de son évangile donne l'appel à la *conversion comme le but de la mission (24, 47).

Autrement, on aura déchiré le neuf,
et le morceau ajouté, qui vient du neuf,
ne s'accordera pas avec le vieux.
37 Et personne ne met du *vin nouveau dans de vieilles outres;
autrement, le vin nouveau fera éclater les outres,
il se répandra et les outres seront perdues.
38 Mais il faut mettre le vin nouveau dans des outres neuves.
39 Jamais celui qui a bu du vieux ne désire du nouveau.
Car il dit : ‘ C'est le vieux qui est bon ’. »

Les épis arrachés

6

1 Un jour de *sabbat, Jésus traversait des champs de blé;
ses disciples arrachaient et mangeaient des épis,
après les avoir froissés dans leurs mains.
2 Des pharisiens lui dirent :
« Pourquoi faites-vous
ce qui n'est pas permis le jour du sabbat ? »
3 Jésus leur répondit :
« N'avez-vous pas lu ce que fit David
un jour qu'il eut faim, lui et ses compagnons ?
4 Il entra dans la maison de Dieu,
prit les pains de l'offrande, en mangea,
et en donna à ses compagnons,
alors que les prêtres seuls ont la permission d'en manger. »
5 Jésus leur disait encore :
« Le *Fils de l'homme est maître du sabbat. »

Guérison d'une main paralysée

6 Un autre jour de sabbat,
Jésus était entré dans la synagogue et enseignait.
Il y avait là un homme dont la main droite était paralysée.
7 Les scribes et les pharisiens observaient Jésus
afin de voir s'il ferait une guérison le jour du sabbat;
ils auraient ainsi un motif pour l'accuser.
8 Mais il connaissait leurs pensées,
et il dit à l'homme qui avait la main paralysée :
« Lève-toi, et reste debout devant tout le monde. »
L'homme se leva et se tint debout.
9 Jésus leur dit :
« Je vous le demande :
Est-il permis, le jour du sabbat,
de faire le bien, ou de faire le mal ?
de sauver une vie, ou de la perdre ? »
10 Alors, promenant son regard sur eux tous, il dit à l'homme :

---

39. Propre à Lc. Jésus constate avec tristesse que ceux qui sont habitués au vin d'autrefois, à la Loi ancienne, ont peu de goût pour le vin nouveau qu'il apporte.

6, 1-11. Voir Mt 12, 1-14 avec les notes.

« Étends ta main. »
Il le fit, et sa main redevint normale.
11 Quant à eux, ils furent remplis de fureur
et ils discutaient entre eux sur ce qu'ils allaient faire à Jésus.

Choix des Douze

12 En ces jours-là, Jésus s'en alla dans la montagne pour prier,
et il passa la nuit à prier Dieu.
13 Le jour venu, il appela ses *disciples, en choisit *douze,
et leur donna le nom d'*Apôtres :
14 Simon, auquel il donna le nom de *Pierre,
*André, son frère,
*Jacques, *Jean, Philippe, Barthélemy,
15 Matthieu, Thomas,
Jacques, fils d'Alphée,
Simon, appelé le *Zélote,
16 Jude, fils de Jacques,
et Judas Iscariote, celui qui fut le traître.

Discours dans la plaine

Jésus et la foule

17 Jésus descendit de la montagne avec les douze Apôtres
et s'arrêta dans la plaine.
Il y avait là un grand nombre de ses *disciples,
et une foule de gens venus de toute la Judée, de Jérusalem,
et du littoral de Tyr et de Sidon,
18 qui étaient venus l'entendre et se faire guérir de leurs maladies.
Ceux qui étaient tourmentés par des esprits mauvais
en étaient délivrés.
19 Et toute la foule cherchait à le toucher,
parce qu'une force sortait de lui
et les guérissait tous.

Les heureux et les malheureux

20 Regardant alors ses disciples, Jésus dit :

---

12. Cette *péricope est située dans Lc à peu près comme en Mc. Elle précède le Discours dans la plaine. Mt la place beaucoup plus loin, en prélude à son Discours d'envoi en mission. — Lc est le seul à noter cette prière préalable de Jésus.

13-16. Voir Mt 10, 1-4 et Mc 3, 13-19.

17-19. Voir Mc 3, 7-12 et les notes.

20. Ce discours inaugural a beaucoup de points communs avec celui de Mt. Il n'y a pas contradiction à ce que l'un soit "sur la *montagne" et l'autre "dans la plaine". Pour Mt la montagne a une signification symbolique qui n'a pas d'intérêt pour les lecteurs de Lc venus du paganisme. Dans Lc, Jésus redescend de la montagne pour parler aux foules, peut-être sur une hauteur à mi-côte.
Le discours de Lc est beaucoup plus court que celui de Mt. D'abord parce que celui-ci est surchargé de propos que Lc situe ailleurs, souvent de façon plus vraisemblable. Ensuite parce que Lc laisse de côté tout ce que dit Mt sur le perfectionnement de la Loi juive et les pratiques pharisaïques.
L'énoncé des béatitudes dans Mt constitue une présentation objective et intemporelle des dispositions intérieures du vrai chrétien. Chez Lc ce sont des énoncés à la 2e per-

« Heureux, vous les pauvres :
le royaume de Dieu est à vous!
21 Heureux, vous qui avez faim maintenant :
vous serez rassasiés!
Heureux, vous qui pleurez maintenant :
vous rirez!
22 Heureux êtes-vous quand les hommes vous haïssent
et vous repoussent,
quand ils insultent
et rejettent votre nom comme méprisable,
à cause du Fils de l'homme.
23 Ce jour-là, soyez heureux et sautez de joie,
car votre récompense est grande dans le ciel :
c'est ainsi que leurs pères traitaient les prophètes.
24 Mais *malheureux, vous les riches :
vous avez votre consolation!
25 Malheureux, vous qui êtes repus maintenant :
vous aurez faim!
Malheureux, vous qui riez maintenant :
vous serez dans le deuil et vous pleurerez.
26 Malheureux êtes-vous
quand tous les hommes disent du bien de vous :
c'est ainsi que leurs pères traitaient les faux prophètes.

L'amour des ennemis

27 Je vous le dis, à vous qui m'écoutez :
Aimez vos ennemis,
faites du bien à ceux qui vous haïssent.
28 Souhaitez du bien à ceux qui vous maudissent,
priez pour ceux qui vous calomnient.
29 A celui qui te frappe sur une joue,
présente l'autre.
A celui qui te prend ton manteau,
laisse prendre aussi ta tunique.
30 Donne à quiconque te demande,
et ne réclame pas à celui qui te vole.
31 Ce que vous voulez que les autres fassent pour vous,
faites-le aussi pour eux.
32 Si vous aimez ceux qui vous aiment,
quelle reconnaissance pouvez-vous attendre ?
Même les pécheurs aiment ceux qui les aiment.

---

sonne, signalant chez les auditeurs de Jésus des situations actuelles favorables à l'accueil de l'Évangile. Lc n'a que 4 béatitudes pour 8 chez Mt. Mais plusieurs de celles-ci sont des variantes de la première : voir la note sur Mt 5, 3.

22. "Votre nom" : celui de nazaréen, ou celui de chrétien, considérés comme des sobriquets méprisants (voir Mt 2, 23 et peut-être Ac 26, 24.28).

27-30. Voir le parallèle de Mt 5, 43-48.

31. C'est la "règle d'or". Voir la note sur Mt 7, 12.

33 Si vous faites du bien à ceux qui vous en font,
quelle reconnaissance pouvez-vous attendre ?
Même les pécheurs en font autant.
34 Si vous prêtez quand vous êtes sûrs qu'on vous rendra,
quelle reconnaissance pouvez-vous attendre ?
Même les pécheurs prêtent aux pécheurs
pour qu'on leur rende l'équivalent.
35 Au contraire, aimez vos ennemis,
faites du bien et prêtez sans rien espérer en retour.
Alors votre récompense sera grande,
et vous serez les *fils du Dieu très-haut,
car il est bon, lui, pour les ingrats et les méchants.

Ne pas juger

36 Soyez miséricordieux comme votre Père est miséricordieux.
37 Ne jugez pas, et vous ne serez pas jugés;
ne condamnez pas, et vous ne serez pas condamnés.
Pardonnez, et vous serez pardonnés.
38 Donnez, et vous recevrez
une mesure bien pleine, tassée, secouée, débordante,
qui sera versée dans votre tablier;
car la mesure dont vous vous servez pour les autres
servira aussi pour vous. »
39 Il leur dit encore en *paraboles :
« Un aveugle peut-il guider un autre aveugle ?
Ne tomberont-ils pas tous deux dans un trou ?
40 Le disciple n'est pas au-dessus du maître;
mais celui qui est bien formé sera comme son maître.

41 Qu'as-tu à regarder la paille dans l'œil de ton frère,
alors que la poutre qui est dans ton œil à toi,
tu ne la remarques pas ?
42 Comment peux-tu dire à ton frère :
' Frère, laisse-moi retirer la paille qui est dans ton œil ',
alors que tu ne vois pas la poutre qui est dans le tien ?
Esprit faux! enlève d'abord la poutre de ton œil;
alors tu verras clair
pour retirer la paille qui est dans l'œil de ton frère.

Tel arbre, tels fruits

43 Jamais un bon arbre ne donne de mauvais *fruits;

---

36. Voir la note sur Mt 5, 48.

37-38. "Ne jugez pas (les hommes) et vous ne serez pas jugés (par Dieu)." Les verbes au passif désignent l'action de Dieu.

39-42. Cette petite parabole, en Mt 15, 14, condamne les pharisiens. Ici elle semble inviter les disciples à l'humilité, comme celle de la paille et de la poutre. — "Esprit faux", *litt.* : *Hypocrite.

43-45. Voir Mt 12, 33-37. Cet appel à la sincérité profonde, sans laquelle le disciple risque d'être fidèle en paroles plus qu'en réalité, introduit la parabole suivante.

jamais non plus un arbre mauvais ne donne de bons fruits.
44 Chaque arbre se reconnaît à son fruit :
on ne cueille pas des figues sur des épines;
on ne vendange pas non plus du raisin sur des ronces.
45 L'homme bon tire le bien
du trésor de son cœur qui est bon;
et l'homme mauvais tire le mal
de son cœur qui est mauvais :
car ce que dit la bouche,
c'est ce qui déborde du cœur.

Le vrai disciple

46 Et pourquoi m'appelez-vous en disant : ‘ Seigneur! Seigneur! ’
et ne faites-vous pas ce que je dis ?
47 Tout homme qui vient à moi,
qui écoute mes paroles et qui les met en pratique,
je vais vous montrer à qui il ressemble.
48 Il ressemble à un homme qui bâtit une maison.
Il a creusé très profond, et il a posé les fondations sur le roc.
Quand est venue l'inondation,
le torrent s'est précipité sur cette maison,
mais il n'a pas pu l'ébranler
parce qu'elle était bien bâtie.

49 Mais celui qui a écouté sans mettre en pratique
ressemble à l'homme qui a bâti sa maison
à même le sol, sans fondations.
Le torrent s'est précipité sur elle,
et aussitôt elle s'est effondrée;
la destruction de cette maison a été complète. »

La foi du centurion 7

1 Après avoir parlé à la foule,
Jésus entra dans *Capharnaüm.
2 Un *centurion de l'armée romaine
avait un esclave auquel il tenait beaucoup;
celui-ci était malade, sur le point de mourir.
3 Le centurion avait entendu parler de Jésus;
alors il lui envoya quelques notables juifs
pour le prier de venir sauver son esclave.
4 Arrivés près de Jésus, ceux-ci le suppliaient :
« Il mérite que tu lui accordes cette guérison.
5 Il aime notre nation :

46-49. Voir Mt 7, 24-27 avec les notes.

7, 2-10. Le parallèle est très étroit entre Lc et Mt 8, 5-10. La parole de Jésus sur le festin (Mt 8, 11-12) se retrouve ailleurs chez Lc : 13, 28-29. Lc est seul à noter la sympathie du centurion pour le judaïsme, ce qui le rapproche d'un autre centurion : Corneille (Ac 10, 1-2).

c'est lui qui nous a construit la synagogue. »

6 Jésus était en route avec eux,
et déjà il n'était plus loin de la maison,
quand le centurion lui fit dire par des amis :
« Seigneur, ne prends pas cette peine,
car je ne suis pas digne que tu entres sous mon toit.
7 Moi-même, je ne me suis pas senti le droit de venir te trouver.
Mais dis seulement un mot, et mon serviteur sera guéri.
8 Moi qui suis un subalterne, j'ai des soldats sous mes ordres :
à l'un, je dis : ' Va ', et il va;
à l'autre : ' Viens ', et il vient;
et à mon esclave : ' Fais ceci ', et il le fait. »

9 Entendant cela, Jésus fut dans l'admiration.
Il se tourna vers la foule qui le suivait :
« Je vous le dis,
même en Israël, je n'ai pas trouvé une telle foi! »
10 De retour à la maison,
les envoyés trouvèrent l'esclave en bonne santé.

Résurrection du fils unique d'une veuve

11 Jésus se rendait dans une ville appelée Naïm.
Ses disciples faisaient route avec lui, ainsi qu'une grande foule.
12 Il arriva près de la porte de la ville
au moment où l'on transportait un mort pour l'enterrer;
c'était un fils unique, et sa mère était *veuve.
Une foule considérable accompagnait cette femme.
13 En la voyant, le Seigneur fut saisi de *pitié pour elle, et lui dit :
« Ne pleure pas. »
14 Il s'avança et toucha la civière;
les porteurs s'arrêtèrent, et Jésus dit :
« Jeune homme, je te l'ordonne, lève-toi. »
15 Alors le mort se redressa, s'assit et se mit à parler.
Et Jésus le rendit à sa mère.

16 La *crainte s'empara de tous, et ils rendaient gloire à Dieu :
« Un grand prophète s'est levé parmi nous,
et Dieu a visité son peuple. »
17 Et cette parole se répandit
dans toute la Judée et dans les pays voisins.

Jésus et Jean Baptiste

18 Les disciples de Jean lui rapportèrent tout cela.
Alors, il appela deux d'entre eux,

11-17. Épisode propre à Lc, qui présente souvent Jésus comme un prophète (ici, v. 16) comparé en particulier à Élie. Celui-ci ressuscita le fils unique d'une veuve à Sarepta "et le rendit à sa mère" (1 Rois 17, 17-24). Jésus avait fait allusion à celle-ci dans la synagogue de Nazareth (4, 25-26).

18-35. Voir Mt 11, 2-19 avec les notes.

19 et les envoya demander au Seigneur :
« Es-tu celui qui doit venir,
ou devons-nous en attendre un autre ? »
20 Arrivés près de Jésus, ils lui dirent :
« Jean Baptiste nous a envoyés te demander :
Es-tu celui qui doit venir,
ou devons-nous en attendre un autre ? »
21 A ce moment-là,
Jésus guérit beaucoup de malades, d'infirmes et de possédés,
et il rendit la vue à beaucoup d'aveugles.
22 Puis il répondit aux envoyés :
« Allez rapporter à Jean ce que vous avez vu et entendu :
les aveugles voient, les boiteux marchent,
les lépreux sont purifiés, les sourds entendent,
les morts ressuscitent,
la Bonne Nouvelle est annoncée aux pauvres.
23 Heureux celui qui ne tombera pas à cause de moi ! »

24 Après le départ des envoyés de Jean Baptiste,
Jésus se mit à parler de lui aux foules :
« Qu'êtes-vous allés voir au *désert ?
Un roseau agité par le vent ?...
25 Alors, qu'êtes-vous allés voir ?
Un homme aux vêtements luxueux ?
Mais ceux qui portent des vêtements magnifiques
et mènent une vie de plaisir
sont dans les palais des rois.
26 Alors, qu'êtes-vous allés voir ? Un *prophète ?
Oui, je vous le dis ; et bien plus qu'un prophète !
27 C'est de lui qu'il est écrit :
Voici que j'envoie mon messager en avant de toi,
pour qu'il prépare le chemin devant toi.
28 Je vous le dis : Parmi les hommes,
aucun n'est plus grand que Jean ;
et cependant le plus petit dans le Royaume de Dieu
est plus grand que lui.
29 Tout le peuple qui a écouté Jean, y compris les *publicains,
a reconnu la justice de Dieu
en recevant le baptême de Jean.
30 Mais les *pharisiens et les *docteurs de la Loi,
en ne recevant pas ce baptême,
ont rejeté le dessein que Dieu avait sur eux.

31 A qui donc vais-je comparer les hommes de cette génération ?
A qui ressemblent-ils ?
32 Ils ressemblent à des gamins assis sur la place,
qui s'interpellent entre eux :
'Nous avons joué de la flûte,

et vous n'avez pas dansé.
Nous avons entonné des chants de deuil,
et vous n'avez pas pleuré. '
33 Jean Baptiste est venu, en effet;
il ne mange pas de pain, il ne boit pas de vin,
et vous dites : ' C'est un possédé! '
34 Le Fils de l'homme est venu;
il mange et il boit,
et vous dites : ' C'est un glouton et un ivrogne,
un ami des publicains et des pécheurs. '
35 Mais la sagesse de Dieu se révèle juste auprès de tous ses enfants. »

Chez un pharisien, Jésus pardonne à une pécheresse

36 Un pharisien avait invité Jésus à manger avec lui.
Jésus entra chez lui et prit place à table.
37 Survint une femme de la ville, une pécheresse.
Elle avait appris que Jésus mangeait chez le pharisien,
et elle apportait un vase précieux plein de parfum.
38 Tout en pleurs, elle se tenait derrière lui, à ses pieds,
et ses larmes mouillaient les pieds de Jésus.
Elle les essuyait avec ses cheveux,
les couvrait de baisers et y versait le parfum.

39 En voyant cela, le pharisien qui avait invité Jésus
se dit en lui-même :
« Si cet homme était prophète,
il saurait qui est cette femme qui le touche,
et ce qu'elle est : une pécheresse. »
40 Jésus prit la parole :
« Simon, j'ai quelque chose à te dire.
— Parle, Maître. »
41 Jésus reprit :
« Un créancier avait deux débiteurs;
le premier lui devait cinq cents pièces d'argent,
l'autre cinquante.
42 Comme ni l'un ni l'autre ne pouvait rembourser,
il remit à tous deux leur dette.
Lequel des deux l'aimera davantage ? »
43 Simon répondit :
« C'est celui à qui il a remis davantage, il me semble.
— Tu as raison », lui dit Jésus.

---

36. Épisode propre à Lc qui s'enchaîne bien avec le v. 34. — Lc est le seul évangéliste qui nous montre Jésus invité à la table de certains pharisiens (11, 37; 14, 1). Dans les Actes il montrera le pharisien Gamaliel (maître du futur saint Paul : 22, 3), demander la patience envers les chrétiens (5, 34-39). — "Prit place à table », *litt.* "se coucha". On s'étendait sur des lits pour les repas solennels. Cette attitude de Jésus favorise les gestes de la pécheresse.

39. "Si cet homme était prophète", comme on le dit (v. 16), il repousserait la souillure de ce contact.

41. Les dettes sont le symbole des péchés (voir Mt 5, 12; 19, 23-35).

44 Il se tourna vers la femme, en disant à Simon :
« Tu vois cette femme ?
Je suis entré chez toi,
et tu ne m'as pas versé d'eau sur les pieds;
elle, elle les a mouillés de ses larmes
et essuyés avec ses cheveux.
45 Tu ne m'as pas embrassé;
elle, depuis son entrée, n'a pas cessé d'embrasser mes pieds.
46 Tu ne m'as pas versé de parfum sur la tête;
elle, elle m'a versé un parfum précieux sur les pieds.
47 Je te le dis : si ses péchés, ses nombreux péchés,
sont pardonnés,
c'est à cause de son grand amour.
Mais celui à qui on pardonne peu montre peu d'amour. »
48 Puis il s'adressa à la femme :
« Tes péchés sont pardonnés. »
49 Les invités se dirent :
« Qui est cet homme, qui va jusqu'à pardonner les péchés ? »
50 Jésus dit alors à la femme :
« Ta foi t'a sauvée. Va en *paix! »

Les femmes qui accompagnent Jésus

1 Ensuite Jésus passait à travers villes et villages, 8
proclamant la Bonne Nouvelle du *règne de Dieu.
Les *Douze l'accompagnaient,
2 ainsi que des femmes qu'il avait délivrées d'esprits mauvais et guéries de leurs maladies :
Marie, appelée Madeleine (qui avait été libérée de sept démons),
3 Jeanne, femme de Kouza, l'intendant d'Hérode,
Suzanne, et beaucoup d'autres,
qui les aidaient de leurs ressources.

44-46. Jésus oppose les attentions de cette femme à la froideur du pharisien qui n'a pas accompli les gestes courants de l'hospitalité orientale.

47. Beaucoup de traductions et de commentaires ont essayé de traduire la première partie de la phrase de façon à l'accorder avec la parabole des deux débiteurs, en disant : "Ses nombreux péchés sont pardonnés, *puisqu*'elle a beaucoup aimé." La pécheresse aurait donc été absoute en raison de son repentir et serait venue ensuite manifester sa gratitude. Or le texte, grammaticalement, ne permet pas d'éviter *parce que*. Il faut reconnaître que si chacune des moitiés de ce v. est claire, elles ne s'accordent pas très bien entre elles. N'y a-t-il pas un renversement analogue, et qui déconcerte notre logique occidentale, entre la question du Docteur de la Loi, et celle de Jésus qui conclut la parabole du bon Samaritain (10, 29.36-37) ?

8, 1. Notation propre à Lc, qu'on a nommé "l'évangéliste des femmes".

2-3. Cette escorte de femmes est tout à fait inhabituelle alors. Lc n'en nomme que trois, mais elles sont "beaucoup". En premier, Marie "Madeleine" (originaire de Magdala, sur la rive ouest du lac de Tibériade). Ces femmes ont été malades, ou possédées, ce qui semble avoir été le cas de Madeleine; "sept démons" indique sans doute une possession particulièrement grave et tenace. Jeanne viendra au tombeau. Kouza et Suzanne sont inconnus en dehors de notre passage.
Lc nous fera retrouver au Calvaire ce groupe de femmes "qui suivaient (Jésus) depuis la Galilée" (23, 49). "Elles suivirent Joseph" jusqu'au tombeau (23, 55), où "les femmes" retournent le matin du premier jour de la semaine (24, 1) et d'où elles portent le message de l'Ange aux Onze : "c'étaient Marie Madeleine, Jeanne (comme en 8, 2) et Marie,

Entendre la Parole et la mettre en pratique

Parabole de la semence

4 Comme une grande foule se rassemblait,
et que de toutes les villes on venait vers Jésus,
il dit en *parabole :
5 « Le semeur est sorti pour semer la semence.
Comme il semait, du grain est tombé au bord du chemin,
les passants l'ont piétiné,
et les oiseaux du ciel ont tout mangé.
6 Du grain est tombé aussi dans les pierres,
il a poussé, et il a séché parce qu'il n'avait pas d'humidité.
7 Du grain est tombé aussi au milieu des ronces,
et, en poussant, les ronces l'ont étouffé.
8 Enfin du grain est tombé dans la bonne terre,
il a poussé, et il a porté du fruit au centuple. »
En disant cela, il élevait la voix :
« Celui qui a des oreilles pour entendre, qu'il entende ! »

Pourquoi Jésus parle en paraboles

9 Ses disciples lui demandaient
quel était le sens de cette *parabole.
10 Il leur déclara :
« A vous il est donné
de connaître les mystères du *royaume de Dieu,
mais les autres n'ont que les paraboles,
afin que se réalise la prophétie :
Ils regarderont sans regarder,
ils écouteront sans comprendre.

Explication de la parabole de la semence

11 Voici le sens de la parabole.
La semence, c'est la parole de Dieu.
12 Ceux qui sont au bord du chemin,
ce sont ceux qui ont entendu ;
puis le démon survient et il enlève de leur cœur la Parole,
pour les empêcher de croire et d'être sauvés.
13 Ceux qui sont dans les pierres,
lorsqu'ils entendent, il accueillent la Parole avec joie.
Mais ils n'ont pas de racines, ils croient pour un moment,
et au moment de l'epreuve, ils abandonnent.
14 Ce qui est tombé dans les ronces, ce sont ceux qui ont entendu,
mais qui sont étouffés, chemin faisant,

---

mère de Jacques", et "les autres femmes qui les accompagnaient" (24, 9-10). Les disciples d'Emmaüs les citent aux v. 22-24. Est-ce encore d'elles que parle Lc en Ac 1, 14 ?

4-8. Voir Mt 13, 1-9 avec les notes.

9-10. Voir Mc 4, 10-12.

par les soucis, la richesse et les plaisirs de la vie,
et ne parviennent pas à maturité.
15 Et ce qui est tombé dans la bonne terre,
ce sont ceux qui, ayant entendu la Parole
dans un cœur bon et généreux, la retiennent,
et portent du fruit par leur persévérance.

Parabole de la lampe

16 Personne, après avoir allumé une lampe,
ne la cache sous un couvercle
ou ne la met en dessous du lit;
on la met sur le lampadaire
pour que ceux qui entrent voient la lumière.
17 Car rien n'est caché qui ne doive paraître au grand jour;
rien n'est secret qui ne doive être connu et venir au grand jour.
18 Faites attention à la manière dont vous écoutez.
Car celui qui a, recevra encore;
et celui qui n'a rien, se fera enlever même ce qu'il paraît avoir. »

La vraie famille de Jésus

19 Sa mère et ses *frères vinrent le trouver,
mais ils ne pouvaient pas arriver jusqu'à lui à cause de la foule.
20 On le fit savoir à Jésus :
« Ta mère et tes frères sont là dehors,
qui veulent te voir. »
21 Il leur répondit :
« Ma mère et mes frères,
ce sont ceux qui entendent la parole de Dieu,
et qui la mettent en pratique. »

Quatre grands miracles de Jésus

La tempête apaisée

22 Un jour, Jésus monta en barque avec ses disciples,
et il leur dit :
« Passons sur l'autre rive du lac. »
Et ils prirent le large.
23 Pendant qu'ils naviguaient, Jésus s'endormit.

---

16. "Pour que ceux qui entrent voient la lumière." Trait caractéristique de la perspective missionnaire de Lc. Mt, évangéliste de l'Église, parlait de "ceux qui sont dans la maison". La même parabole sera reprise par Lc 11, 33.

17. Sentence de Jésus qui condamne tout ésotérisme. Il n'y a pas dans le christianisme de tradition secrète ni de doctrine réservée à une classe spéciale d'initiés (par. : Mt 10, 26; Mc 4, 22; Lc 12, 2).

18. Sur cette sentence paradoxale voir la note sur Mc 4, 25 et sur Mt 13, 12.

19-21. Cet épisode est commun aux 3 Synoptiques. Lc a en propre un épisode de même sens en 11, 27-28 : là Jésus ne rabaisse pas plus sa mère qu'il ne la repousse ici. Mais il n'accorde pas de privilège à la proximité charnelle. Marie est devenue mère de Jésus sans aucun mérite de sa part; sa grandeur vient de son attention et de sa fidélité à la parole de Dieu.

22-25. Voir Mt 8, 26 avec la note.

Une tempête s'abattit sur le lac.
Ils étaient submergés et en grand péril.
24 Ses compagnons s'approchèrent et le réveillèrent en disant :
« Maître, maître! Nous sommes perdus! »
et lui, réveillé, interpella avec vivacité
le vent et le déferlement des flots.
Ils s'apaisèrent et le calme se fit.

25 Alors Jésus leur dit :
« Où est donc votre foi ? »
Remplis de crainte, ils furent saisis d'étonnement
et se disaient entre eux :
« Qui est-il donc ?
Car il commande même aux vents et aux flots,
et ceux-ci lui obéissent! »

Le possédé gérasénien

26 Ils abordèrent au pays des Géraséniens
qui est en face de la Galilée.
27 Comme Jésus descendait à terre,
un homme de la ville, qui était possédé par des démons,
sortit à sa rencontre.
Depuis longtemps il n'avait pas mis de vêtements;
il n'habitait pas dans une maison, mais dans les tombeaux.

28 Voyant Jésus, il poussa des cris, tomba à ses pieds,
et dit d'une voix forte :
« Que me veux-tu, Jésus, fils du Dieu Très-Haut ?
Je t'en prie, ne me fais pas souffrir. »
29 En effet, Jésus commandait à l'esprit mauvais
de sortir de cet homme.
Car bien des fois l'esprit s'était emparé de lui.
On le gardait attaché avec des chaînes et avec des fers aux pieds,
mais il rompait ses liens
et le démon l'entraînait vers les endroits déserts.
30 Jésus lui demanda :
« Quel est ton nom ? »
L'homme répondit : « Légion »,
car beaucoup de démons étaient entrés en lui.
31 Et ces démons suppliaient Jésus de ne pas leur ordonner
de s'en aller dans l'abîme.

32 Or, il y avait là un important troupeau de porcs,
qui cherchaient leur nourriture sur la colline.
Les démons supplièrent Jésus
de leur permettre d'entrer dans ces porcs,
et il le leur permit.

26-39. Voir Mc 5, 1-20 avec les notes.

33 Ils sortirent de l'homme et entrèrent dans les porcs.
Du haut de la falaise, le troupeau se précipita dans le lac,
et il s'y étouffa.

34 Les gardiens, voyant cela, prirent la fuite;
ils annoncèrent la nouvelle dans la ville et dans la campagne,
35 et les gens sortirent pour voir ce qui s'était passé.
Arrivés auprès de Jésus,
ils trouvèrent assis à ses pieds
l'homme que les démons avaient quitté,
habillé et devenu raisonnable,
et ils furent saisis de crainte.
36 Les témoins leur annoncèrent
comment le possédé avait été sauvé.
37 Alors toute la population du territoire des Géraséniens
demanda à Jésus de partir de chez eux,
parce qu'ils étaient en proie à une grande crainte.
Jésus remonta dans la barque, et s'en retourna.

38 L'homme que les démons avaient quitté
lui demandait de le garder avec lui.
Mais Jésus le renvoya en disant :
39 « Retourne chez toi,
et raconte tout ce que Dieu a fait pour toi. »
Alors cet homme partit proclamer dans toute la ville
tout ce que Jésus avait fait pour lui.

Guérison d'une femme
et résurrection de la fille de Jaïre

40 Quand Jésus revint, il fut accueilli par la foule,
car tous l'attendaient.
41 Et voici qu'arriva un homme du nom de Jaïre;
c'était le chef de la synagogue.
Tombant aux pieds de Jésus,
il le suppliait de venir dans sa maison,
42 parce qu'il avait une fille unique, d'environ douze ans,
qui était en train de mourir.
Et tandis que Jésus s'y rendait,
la foule le pressait à l'étouffer.

43 Or, une femme qui avait des pertes de sang depuis douze ans
et que personne n'avait pu guérir,
44 s'approcha par-derrière et toucha la frange de son vêtement.
A l'instant même, sa perte de sang s'arrêta.
45 Mais Jésus dit :
« Qui est-ce qui m'a touché ? »
Comme tous s'en défendaient, Pierre lui dit :
« Maître, la foule t'écrase de tous côtés. »

40-56. Voir Mc 5, 21-43.

46 Mais Jésus reprit :
« Quelqu'un m'a touché.
Car je me suis rendu compte qu'une force était sortie de moi. »
47 La femme, se voyant découverte,
vint, toute tremblante, se jeter à ses pieds ;
elle raconta devant tout le peuple pourquoi elle l'avait touché,
et comment elle avait été guérie à l'instant même.
48 Jésus lui dit :
« Ma fille, ta foi t'a sauvée. Va en paix. »

49 Comme il parlait encore,
quelqu'un arrive de la maison de Jaïre pour lui dire :
« Ta fille est morte. Ne dérange plus le maître. »
50 Jésus, qui avait entendu, répondit :
« Ne crains pas. Crois seulement, et elle sera sauvée. »
51 En arrivant à la maison, il ne laissa personne entrer avec lui,
sinon Pierre, Jean et Jacques,
ainsi que le père et la mère de l'enfant.
52 Tous pleuraient sa mort en se frappant la poitrine.
Mais Jésus dit :
« Ne pleurez pas ; elle n'est pas morte : elle dort. »
53 Mais on se moquait de lui,
en voyant qu'elle venait de mourir.
54 Quant à lui, saisissant sa main, il dit d'une voix forte :
« Mon enfant, lève-toi. »
55 L'esprit lui revint, à l'instant même elle se mit debout,
et Jésus ordonna de lui donner à manger.
56 Ses parents furent bouleversés,
mais Jésus leur commanda de ne dire à personne ce qui était arrivé.

Envoi des Douze en mission

1 Jésus convoqua les *Douze, 9
et il leur donna pouvoir et autorité
pour dominer tous les esprits mauvais
et guérir les maladies ;
2 il les envoya proclamer le règne de Dieu
et faire des guérisons.
3 Il leur dit :
« N'emportez rien pour la route,
ni bâton, ni sac, ni pain, ni argent ;
n'ayez pas chacun une tunique de rechange.
4 Si vous trouvez l'hospitalité dans une maison,
restez-y ; c'est de là que vous repartirez.
5 Et si les gens refusent de vous accueillir,
sortez de la ville en secouant la poussière de vos pieds :
ce sera pour eux un témoignage. »

9, 1-6. Voir Mt 10, 1-14 avec les notes.

6 Ils partirent, et ils allaient de village en village,
annonçant la Bonne Nouvelle et faisant partout des guérisons.

Hérode cherche à savoir qui est Jésus

7 *Hérode, prince de Galilée, apprit tout ce qui se passait,
et il ne savait que penser,
parce que certains disaient que Jean le Baptiste
était ressuscité d'entre les morts.
8 D'autres disaient :
« C'est le prophète Élie qui est apparu. »
D'autres encore :
« C'est un prophète d'autrefois qui est ressuscité. »
9 Quant à Hérode, il disait :
« Jean, je l'ai fait décapiter ;
mais qui est cet homme dont j'entends tellement parler ? »
Et il cherchait à le voir.

La multiplication des pains

10 Quand les Apôtres revinrent,
ils racontèrent à Jésus tout ce qu'ils avaient fait.
Alors Jésus, les prenant avec lui, partit à l'écart
dans une ville appelée Bethsaïde.
11 La foule s'en aperçut et le suivit.
Il leur fit bon accueil;
il leur parlait du règne de Dieu.
et il guérissait ceux qui en avaient besoin.
12 Le jour commençait à baisser.
Les Douze s'approchèrent de lui et lui dirent :
« Renvoie cette foule,
ils pourront aller dans les villages et les fermes des environs
pour y loger et trouver de quoi manger :
ici nous sommes dans un endroit désert. »
13 Mais il leur dit :
« Donnez-leur vous-mêmes à manger. »
Ils répondirent :
« Nous n'avons pas plus de cinq pains et deux poissons...
à moins d'aller nous-mêmes acheter de la nourriture
pour tout ce monde. »
14 Il y avait bien cinq mille hommes.
Jésus dit à ses disciples :
« Faites-les asseoir par groupes de cinquante. »

7-9. Voir Mc 6, 14-16 avec la note. — "Et il cherchait à le voir." Notation propre à Lc préparant ainsi un épisode de la Passion qui lui est propre : 23, 8-12.
10-17. Voir Mt 14, 13-21 avec les notes.
10. *Bethsaïde. Localisation propre à Lc.
12. "Le jour commençait à baisser" : même notation au sujet des disciples d'Emmaüs, dont le repas avec Jésus évoque lui aussi l'eucharistie (Lc 24, 29).

15 Ils obéirent et firent asseoir tout le monde.
16 Jésus prit les cinq pains et les deux poissons,
et, levant les yeux au ciel, il les bénit, les rompit
et les donna à ses disciples
pour qu'ils les distribuent à tout le monde.
17 Tous mangèrent à leur faim,
et l'on ramassa les morceaux qui restaient :
cela remplit douze paniers.

Confession de foi de Pierre, première annonce de la Passion et appel au renoncement

18 Un jour, Jésus priait à l'écart.
Comme ses disciples étaient là, il les interrogea :
« Pour la foule, qui suis-je ? »
19 Ils répondirent :
« Jean Baptiste;
pour d'autres, *Élie;
pour d'autres, un *prophète d'autrefois qui serait ressuscité. »
20 Jésus leur dit :
« Et vous, que dites-vous ?
Pour vous, qui suis-je ? »
Pierre prit la parole et répondit :
« Le *Messie de Dieu ».

21 Et Jésus leur défendit vivement de le révéler à personne,
22 en expliquant :
« Il faut que le Fils de l'homme souffre beaucoup,
qu'il soit rejeté
par les Anciens, les chefs des prêtres et les scribes,
qu'il soit tué,
et que, le troisième jour, il ressuscite. »

23 Il leur disait à tous :
« Celui qui veut marcher à ma suite,
qu'il renonce à lui-même,
qu'il prenne sa croix chaque jour, et qu'il me suive.
24 Car celui qui veut sauver sa vie la perdra;
mais celui qui perdra sa vie pour moi la sauvera.
25 Quel avantage un homme aura-t-il à gagner le monde entier,
si c'est en se perdant lui-même
et en le payant de sa propre existence ?
26 Si quelqu'un a honte de moi et de mes paroles,

18-22. Lc est encore ici le seul à signaler la prière de Jésus. Pour la suite voir Mt 16, 13-20. Mais Lc ne rapporte ni la déclaration de Jésus donnant son nouveau nom à Pierre, ni la protestation de celui-ci, ni le violent reproche que lui fait Jésus.

23-26. Voir Mt 16, 24-27. En 23, "chaque jour" est une addition propre à Lc. Chez Mt et Mc "la croix" peut évoquer le martyre auquel seront exposés les disciples de Jésus (ainsi Étienne Ac 7, 60, Jacques et Pierre Ac 12, 1-3). "Chaque jour" suggère un sens figuré : l'invitation au renoncement total, fréquente chez Lc.

le Fils de l'homme aura honte de lui,
quand il viendra dans sa gloire
et dans celle du Père et des anges.

27 Je vous le dis en vérité :
parmi ceux qui sont ici certains ne connaîtront pas la mort
avant d'avoir vu le règne de Dieu. »

La Transfiguration

28 Et voici qu'environ huit jours après avoir prononcé ces paroles,
Jésus prit avec lui Pierre, Jean et Jacques,
et il alla sur la montagne pour prier.
29 Pendant qu'il priait, son visage apparut tout autre,
ses vêtements devinrent d'une blancheur éclatante.
30 Et deux hommes s'entretenaient avec lui :
31 c'étaient *Moïse et *Élie, apparus dans la gloire.
Ils parlaient de son départ qui allait se réaliser à Jérusalem.
32 Pierre et ses compagnons étaient accablés de sommeil;
mais, se réveillant, ils virent la gloire de Jésus,
et les deux hommes à ses côtés.
33 Ces derniers s'en allaient, quand Pierre dit à Jésus :
« Maître, il est heureux que nous soyons ici;
dressons trois tentes :
une pour toi, une pour Moïse, et une pour Élie. »
Il ne savait pas ce qu'il disait.

34 Pierre n'avait pas fini de parler,
qu'une nuée survint et les couvrit de son ombre;
ils furent saisis de frayeur lorsqu'ils y pénétrèrent.
35 Et, de la nuée, une voix se fit entendre :
« Celui-ci est mon Fils, celui que j'ai choisi,
écoutez-le. »
36 Quand la voix eut retenti, on ne vit plus que Jésus seul.

Les disciples gardèrent le silence
et, de ce qu'ils avaient vu,
ils ne dirent rien à personne à ce moment-là.

Délivrance de l'épileptique

37 Le lendemain, quand ils descendirent de la montagne,
une grande foule vint à la rencontre de Jésus.
38 Et voilà qu'un homme, dans la foule, se mit à crier :

---

27. Voir Mt 16, 28 et la note.

28-36. Voir Mt 17, 1-8 avec les notes.

30. "Ils parlaient de son départ..." *litt.* : "de son exode", car Jésus va monter à Jérusalem (à partir de 9, 51) pour y mourir en célébrant sa Pâque. On sait que les Juifs faisaient par cette fête mémoire de leur exode, c'est-à-dire de leur délivrance par la sortie d'Égypte.

37-43. Voir le récit beaucoup plus detaillé de Mc 9, 14-27.

« Maître, je t'en supplie,
regarde mon enfant, c'est mon fils unique!
39 Voilà ce qui se passe : un esprit s'en empare,
et soudain il pousse des cris
et il le secoue en le faisant écumer;
il met longtemps à le quitter quand il le maltraite.
40 J'ai supplié tes disciples d'expulser cet esprit,
mais ils n'ont pas pu. »
41 Jésus leur dit :
« *Génération incroyante et dévoyée,
combien de temps devrai-je rester auprès de vous
et vous supporter ?
Fais avancer ton fils jusqu'ici. »
42 A peine l'enfant arrivait-il
que le démon le jeta par terre et le secoua violemment.
Jésus menaça l'esprit mauvais,
guérit l'enfant et le rendit à son père.
43 Et tous étaient frappés d'étonnement devant la grandeur de Dieu.

**Deuxième annonce de la Passion;
appel à l'humilité et à la tolérance**

Comme tout le monde était dans l'admiration
devant tout ce que faisait Jésus,
il dit à ses disciples :
44 « Mettez-vous bien en tête ce que je vous dis là :
le *Fils de l'homme va être livré aux mains des hommes. »
45 Mais les disciples ne comprenaient pas ces paroles,
elles restaient voilées pour eux,
si bien qu'ils n'en saisissaient pas le sens,
et ils avaient peur de l'interroger sur ces paroles.

46 Une discussion s'éleva entre les disciples
pour savoir qui était le plus grand parmi eux.
47 Mais Jésus, connaissant la discussion qui occupait leur pensée,
prit un enfant, le plaça à côté de lui
48 et leur dit :
« Celui qui accueille en mon nom cet enfant,
c'est moi qu'il accueille.
Et celui qui m'accueille
accueille aussi celui qui m'a envoyé.
Et celui d'entre vous qui est le plus petit,
c'est celui-là qui est grand. »

49 Jean, l'un des Douze, dit à Jésus :
« Maître, nous avons vu quelqu'un

49-50. Voir la note sur Mc 9, 40. Le texte de Mc porte "vous", là où Lc a "nous". Le sens n'en est pas changé, mais la version de Lc est plus touchante : Jésus se confond avec ses disciples.

chasser les esprits mauvais en ton nom,
et nous avons voulu l'en empêcher,
car il n'est pas avec nous pour te suivre. »
50 Jésus lui répondit :
« Ne l'empêchez pas :
celui qui n'est pas contre vous est pour vous. »

III. MONTÉE VERS JÉRUSALEM

PREMIÈRE ÉTAPE

51 Comme le temps approchait
où Jésus allait être enlevé de ce monde,
il prit avec courage la route de *Jérusalem.

Les disciples de Jésus face à l'opposition des Samaritains

52 Il envoya des messagers devant lui;
ceux-ci se mirent en route
et entrèrent dans un village de *Samaritains
pour préparer sa venue.
53 Mais on refusa de le recevoir,
parce qu'il se dirigeait vers Jérusalem.
54 Devant ce refus, les disciples *Jacques et *Jean intervinrent :
« Seigneur, veux-tu que nous ordonnions
que le feu tombe du ciel pour les détruire ? »
55 Mais Jésus se retourna et les interpella vivement.
56 Et ils partirent pour un autre village.

Exigences de Jésus envers ceux qui veulent le suivre

57 En cours de route, un homme dit à Jésus :
« Je te suivrai partout où tu iras. »

---

51. Avec ce v. commence une ample section du 3e évangile (9, 51 — 19 2,8) décrivant une grande partie de la vie publique de Jésus comme une montée vers Jérusalem où il va accomplir sa Pâque (son exode : 9, 31) et où tout l'évangile se terminera. Le texte rappellera souvent que Jésus, avec ses disciples, est en marche, est en route, sans qu'on puisse préciser son itinéraire : 9, 57; 10, 38; 13, 22.33; 14, 25; 17, 11-12; 18, 31.35; 19, 31 (approche puis entrée dans Jéricho); 19, 11 (proximité de Jérusalem); 28 (entrée à Jérusalem). Dans cette longue section Lc suit un plan personnel et rassemble beaucoup des éléments qui lui sont propres, notamment ses plus belles paraboles. Le v. 51 qui la commence est très solennel, mais de traduction difficile. On peut tenter ce mot-à-mot : "Et il arriva, comme s'accomplissaient les jours de son enlèvement, qu'il affermit son visage pour partir vers Jérusalem." Son "enlèvement" peut désigner sa disparition par la mort. Pourtant le mot évoque, aussi chez Lc, l'Ascension (Ac 1, 2.11.22). "Il affermit son visage" peut avoir un sens relativement banal : "Il prit résolument la direction de Jérusalem", ou bien un sens plus pathétique : "Il durcit son visage" comme dans le 3e chant du Serviteur souffrant (Isaïe 50, 7).

52-56. Récit propre à Lc.

54. "Que le feu tombe du ciel" comme pour le châtiment de Sodome (Genèse 19, 23), ou la destruction des envoyés du roi de Samarie Okhozias à la prière d'Élie (1 Rois 1, 10-12; voir aussi Sirac 48, 1.3). Jean, "fils du Tonnerre" (Mc 3, 17), vient de montrer son tempérament violent au v. 49.

57. Les deux premiers cas de "vocations" se trouvent aussi dans Mt, qui les situe au début de l'apostolat en Galilée. Lc y joint un troisième cas qui lui est propre, et il place l'ensemble au moment du départ pour Jérusalem.

58 Jésus lui déclara :
« Les renards ont des terriers,
les oiseaux du ciel ont des nids;
mais le Fils de l'homme n'a pas d'endroit où reposer la tête. »
59 Il dit à un autre : « Suis-moi. »
L'homme répondit :
« Permets-moi d'aller d'abord enterrer mon père. »
60 Mais Jésus répliqua :
« Laisse les *morts enterrer leurs morts.
Toi, va annoncer le règne de Dieu. »
61 Un autre encore lui dit :
« Je te suivrai, Seigneur;
mais laisse-moi d'abord faire mes adieux
aux gens de ma maison. »
62 Jésus lui repondit :
« Celui qui met la main à la charrue et regarde en arrière
n'est pas fait pour le royaume de Dieu. »

Mission des soixante-douze

10

1 Après cela, le Seigneur en désigna encore soixante-douze,
et il les envoya deux par deux devant lui
dans toutes les villes et localités où lui-même devait aller.
2 Il leur dit :
« La *moisson est abondante,
mais les ouvriers sont peu nombreux.
Priez donc le maître de la moisson
d'envoyer des ouvriers pour sa moisson.
3 Allez! Je vous envoie comme des agneaux au milieu des loups.
4 N'emportez ni argent, ni sac, ni sandales,
et ne vous attardez pas en salutations sur la route.
5 Dans toute maison où vous entrerez, dites d'abord :

---

58. Chez Lc la réponse de Jésus est en situation, puisqu'on vient justement de lui refuser l'hospitalité.

59. Ici, c'est Jésus qui appelle. "Enterrer son père" était un devoir primordial pour un Juif. La réponse de Jésus joue sur le double sens, physique et spirituel, du mot *mort. On trouve la même équivoque voulue en Jn 5, 24-28.

62. Ceci rappelle la vocation d'Élie par Élisée 1 Rois 19, 19-21, d'autant plus qu'Élisée était alors en train de labourer.

10, 1. Lc est le seul à parler de cette mission des soixante-douze après celle des Douze de 9, 1-6. Mt et Mc ont pu fondre en une seule deux traditions que Lc a maintenues distinctes. Alors que les Douze correspondaient aux douze tribus d'Israël, le chiffre de soixante-douze est celui de l'ensemble des peuples du monde d'après le texte grec de Genèse 10. Pour Lc, cette mission en Palestine annonce déjà celle qu'il décrira dans Ac, et qui doit aller "jusqu'aux extrémités de la terre" (1, 8). En fait, ces deux "discours de mission" ont beaucoup d'éléments communs. On signale les particularités que Lc comporte ici, et on renvoie aux parallèles pour certains détails. — "Deux par deux" : Ac nous montre souvent cette pratique : Pierre et Jean 8, 14; Barnabé et Paul 13, 2; Barnabé et Marc, Paul et Silas 15, 39-40, etc. — "Devant lui." La mission des soixante-douze prépare la venue de Jésus, alors que les Douze apparaissaient plutôt comme ses porte-parole.

4. Sur les salutations, voir Mt 5, 47 et la note.

5. Les Juifs saluent en souhaitant la *paix.

‘ Paix à cette maison. ’
6 S’il y a là un ami de la *paix,
votre paix ira reposer sur lui;
sinon, elle reviendra sur vous.
7 Restez dans cette maison,
mangeant et buvant ce que l’on vous servira;
car le travailleur mérite son salaire.
Ne passez pas de maison en maison.

8 Dans toute ville où vous entrerez et où vous serez accueillis,
mangez ce qu’on vous offrira.
9 Là, guérissez les malades, et dites aux habitants :
‘ Le règne de Dieu est tout proche de vous. ’
10 Mais dans toute ville où vous entrerez
et où vous ne serez pas accueillis,
sortez sur les places et dites :
11 ‘ Même la poussière de votre ville, collée à nos pieds,
nous la secouons pour vous la laisser.
Pourtant sachez-le : le règne de Dieu est tout proche. ’
12 Je vous le déclare : au jour du Jugement,
*Sodome sera traitée moins sévèrement que cette ville.

13 Malheureuse es-tu, Corazine! Malheureuse es-tu, Bethsaïde!
Car, si les miracles qui ont eu lieu chez vous
avaient eu lieu à Tyr et à Sidon,
il y a longtemps que les gens
y auraient pris le vêtement de deuil,
et se seraient assis dans la cendre en signe de pénitence.
14 En tout cas, Tyr et Sidon seront traitées moins sévèrement que vous
lors du Jugement.
15 Et toi, Capharnaüm, seras-tu donc élevée jusqu’au ciel ?
Non, tu descendras jusqu’au séjour des morts!

16 Celui qui vous écoute m’écoute;
celui qui vous rejette me rejette;
et celui qui me rejette rejette celui qui m’a envoyé. »

17 Les soixante-douze disciples revinrent tout joyeux.
Ils racontaient :
« Seigneur, même les esprits mauvais
nous sont soumis en ton nom. »
18 Jésus leur dit :

---

6. “Un ami de la paix”, *litt. :* “un *fils de paix”.

8. “Mangez ce qu’on vous offrira”, non pas seulement par simplicité, mais, chez les païens, en ne craignant pas de manger des aliments tenus pour impurs par les Juifs.

13-15. Voir les notes sur Mt 11, 21-24.

16. Sentence qu’on retrouve souvent dans les évangiles sous différentes formes et qui souligne la grandeur de l’apôtre, substitut de celui qui l’a envoyé : Mt 10, 40; Mc 9, 37; Lc 9, 48; Jn 13, 20.

17-20. Ce retour de mission est propre à Lc.

18. Manière figurée de dire que Jésus constate la défaite de Satan (voir 11, 20).

« Je voyais Satan tomber du ciel comme l'éclair.
19 Vous, je vous ai donné pouvoir
d'écraser serpents et scorpions,
et pouvoir sur toute la puissance de l'Ennemi;
et rien ne pourra vous faire du mal.
20 Cependant, ne vous réjouissez pas
parce que les esprits vous sont soumis;
mais réjouissez-vous
parce que vos noms sont inscrits dans les cieux. »

21 A ce moment, Jésus exulta de joie sous l'action de l'Esprit Saint,
et il dit :
« Père, Seigneur du ciel et de la terre,
je proclame ta louange :
ce que tu as caché aux sages et aux savants,
tu l'as révélé aux tout-petits.
Oui, Père, tu l'as voulu ainsi dans ta bonté.
22 Tout m'a été confié par mon Père;
personne ne connaît qui est le Fils, sinon le Père,
et personne ne connaît qui est le Père, sinon le Fils
et celui à qui le Fils veut le révéler. »

23 Puis il se tourna vers ses disciples
et leur dit en particulier :
« Heureux les yeux qui voient ce que vous voyez!
24 Car, je vous le déclare :
Beaucoup de prophètes et de rois
ont voulu voir ce que vous voyez, et ne l'ont pas vu,
entendre ce que vous entendez, et ne l'ont pas entendu. »

Le grand commandement : le bon Samaritain, Marthe et Marie

25 Pour mettre Jésus à l'épreuve,
un *docteur de la Loi lui posa cette question :
« Maître, que dois-je faire
pour avoir part à la vie éternelle ? »
26 Jésus lui demanda :
« Dans la *Loi, qu'y a-t-il d'écrit ? Que lis-tu ? »

---

19. Réminiscence du Ps 90/91, 3.

20. Les pouvoirs donnés à l'apôtre pour le bien commun ne lui confèrent aucun mérite personnel. Voir Mt 7, 22 avec la note. — "Inscrits dans les cieux" : sur les livres du jugement de Dieu, dans le langage des *apocalypses (Daniel 12, 1; Apocalypse 3, 5; 13, 8, etc.).

21-22. Voir Mt 11, 2-3 avec les notes.

23-24. Voir la note sur Mt 13, 16-17.

25-28. Voir Mc 12, 28-31 avec les notes. Dans Lc, le docteur de la Loi ne demande pas, comme dans Mt et Mc, quel est le premier commandement (problème qui ne pouvait intéresser les non-juifs pour lesquels Lc écrit), mais comment parvenir à la vie éternelle (même question, dans une tout autre perspective : Lc 18, 18). Dans Mt et Mc la réponse est donnée par Jésus lui-même, ici par le docteur de la Loi.

27 L'autre répondit :
« *Tu aimeras le Seigneur ton Dieu*
de tout ton cœur, de toute ton âme,
de toute ta force et de tout ton esprit,
et *ton prochain comme toi-même.* »
28 Jésus lui dit :
« Tu as bien répondu.
Fais ainsi et tu auras la vie. »

Parabole du bon Samaritain

29 Mais lui, voulant montrer qu'il était un homme juste,
dit à Jésus :
« Et qui donc est mon prochain ? »
30 Jésus reprit :
« Un homme descendait de Jérusalem à Jéricho,
et il tomba sur des bandits ;
ceux-ci, après l'avoir dépouillé, roué de coups,
s'en allèrent en le laissant à moitié mort.
31 Par hasard, un prêtre descendait par ce chemin ;
il le vit et passa de l'autre côté.
32 De même un *lévite arriva à cet endroit ;
il le vit et passa de l'autre côté.
33 Mais un *Samaritain, qui était en voyage,
arriva près de lui ; il le vit et fut saisi de pitié.
34 Il s'approcha, pansa ses plaies
en y versant de l'huile et du vin ;
puis il le chargea sur sa propre monture,
le conduisit dans une auberge et prit soin de lui.
35 Le lendemain, il sortit deux pièces d'argent,
et les donna à l'aubergiste, en lui disant :
' Prends soin de lui ;
tout ce que tu auras dépensé en plus,
je te le rendrai quand je repasserai. '
36 Lequel des trois, à ton avis, a été le prochain
de l'homme qui était tombé entre les mains des bandits ? »
37 Le docteur de la Loi répond :

---

29. Une des plus belles paraboles, propre à Lc. On remarquera que toutes les paraboles qui lui sont propres sont de petits drames entre personnages humains. — Pour beaucoup de Juifs, le "prochain" était le semblable, le frère, le compatriote. Jésus va montrer un *Samaritain, c'est-à-dire l'étranger par excellence, comme celui qui voit en tout malheureux son prochain.

30. "descendait" : en 30 km, cette route descend de 1 100 m. Elle était infestée de brigands.

31-32. "Passa de l'autre côté", peut-être pour ne pas être souillé par le contact d'un mort. Mais l'important est qu'ils prennent de la distance : ils ne veulent pas faire de cet homme leur "prochain".

33. "de l'huile et du vin" : les grands remèdes de l'époque et du pays.

36. La question du docteur de la Loi était théorique et attendait une limite : Qui dois-je secourir au titre de prochain ? Jésus conclut la parabole en inversant la question : Lequel s'est fait le prochain du malheureux ? Ainsi posée, la question invite à une action concrète et à une charité créatrice.

« Celui qui a fait preuve de bonté envers lui. »
Jésus lui dit :
« Va, et toi aussi, fais de même. »

Marthe et Marie

38 Alors qu'il était en route avec ses disciples,
Jésus entra dans un village.
Une femme appelée Marthe
le reçut dans sa maison.
39 Elle avait une sœur, nommée Marie,
qui, se tenant assise aux pieds du Seigneur, écoutait sa parole.
40 Marthe était accaparée par les multiples occupations du service.
Elle intervint et dit :
« Seigneur, cela ne te fait rien ?
Ma sœur me laisse seule à faire le service.
Dis-lui donc de m'aider. »
41 Le Seigneur lui répondit :
« Marthe, Marthe,
tu t'inquiètes et tu t'agites pour bien des choses.
42 Une seule est nécessaire.
Marie a choisi la meilleure part : elle ne lui sera pas enlevée. »

Enseignement sur la prière

11

1 Un jour, quelque part, Jésus était en prière.
Quand il eut terminé, un de ses disciples lui demanda :
« Seigneur, apprends-nous à prier,
comme Jean Baptiste l'a appris à ses disciples. »
2 Il leur répondit :
« Quand vous priez, dites :
'Père,
que ton *nom soit sanctifié,
que ton règne vienne.
3 Donne-nous le pain
dont nous avons besoin pour chaque jour.
4 Pardonne-nous nos péchés,

---

38. "Un village". Lc ne parle pas ailleurs de ces femmes. Jn nous apprend qu'elles habitaient Béthanie et que leur frère était Lazare (11, 1-46; 12, 1-10).

39. L'attitude de Marie est celle du vrai disciple envers son Rabbi.

41-42. Jésus transforme en parabole ce petit incident domestique. De la préparation du repas, activité passagère, il passe à l'unique nécessaire et à la meilleure part, qui demeurera toujours.

11, 1. Mt a inséré son Notre Père dans le discours sur la montagne. Lc le situe par une question des disciples qui voient Jésus prier, comme c'est noté si souvent par cet évangéliste, qui a déjà noté la prière des disciples de Jean (5, 33). La version de Lc est plus brève que celle de Mt. Il est difficile de déterminer si l'une est plus primitive que l'autre.

2. "Père" : la prière de Jésus commence ainsi chez Lc lors de la Passion (22, 42; 23, 34.46) et aussi chez Jn : 17, 1, etc. — "Que ton nom soit sanctifié" : voir la note sur Mt 6, 9.

3. "Le pain dont nous avons besoin pour chaque jour" : la demande correspondante dans Mt se limitait, peut-être en souvenir de la manne (Exode 16, 4), au pain du jour ou du lendemain.

4. Lc traduit en clair par "péchés" les "dettes" de Mt 6, 12, mais la fin du v. retrouve

car nous-mêmes nous pardonnons
à tous ceux qui ont des torts envers nous.
Et ne nous soumets pas à la *tentation. ' »

Parabole de l'ami importuné

5 Jésus leur dit encore :
« Supposons que l'un de vous ait un ami
et aille le trouver en pleine nuit pour lui demander :
' Mon ami, prête-moi trois pains :
6 un de mes amis arrive de voyage,
et je n'ai rien à lui offrir. '
7 Et si, de l'intérieur, l'autre lui répond :
' Ne viens pas me tourmenter!
Maintenant, la porte est fermée;
mes enfants et moi, nous sommes couchés.
Je ne puis pas me lever pour te donner du pain. '
8 Moi je vous l'affirme :
même s'il ne se lève pas pour les donner par amitié,
il se lèvera à cause du sans-gêne de cet ami,
et il lui donnera tout ce qu'il lui faut.

9 Eh bien, moi, je vous dis :
Demandez, vous obtiendrez;
cherchez, vous trouverez;
frappez, la porte vous sera ouverte.
10 Celui qui demande, reçoit;
celui qui cherche, trouve;
et pour celui qui frappe, la porte s'ouvre.
11 Quel père parmi vous donnerait un serpent à son fils
qui lui demande un poisson ?
12 ou un scorpion,
quand il demande un œuf ?
13 Si donc vous, qui êtes mauvais,
vous savez donner de bonnes choses à vos enfants,
combien plus le Père céleste donnera-t-il l'Esprit Saint
à ceux qui le lui demandent ! »

---

l'image de la remise de dettes, *litt. :* "car nous-mêmes remettons à tout (homme) qui nous doit." "Et ne nous soumets pas..." comme Mt 6, 13 : voir la note.

5-8. Parabole propre à Lc.

8. Sous-entendu : si les hommes agissent ainsi, à plus forte raison "le Père céleste" exaucera la prière instante (v. 13). Même raisonnement dans une autre parabole sur la prière instante en 18, 6-8.

9-10. "Vous obtiendrez", *litt. :* "il vous sera donné"; "la porte vous sera ouverte", "la porte s'ouvre", *litt. :* "il vous sera ouvert". Ces passifs suggèrent une action divine; de même dans Mt 7, 7-8.

11-12. Mt : "une pierre... du pain" : les pierres du désert de Juda ressemblent à des boules de pain (ainsi Lc 4, 3 et Mt 4, 3). Mt et Lc : "Un serpent... un poisson." Propre à Lc : « Un scorpion... un œuf", car le scorpion enroulé sur lui-même a la forme d'un œuf.

13. Mt 7, 11 : "de bonnes (choses)"; Lc "l'Esprit Saint", *litt. :* "l'Esprit bon". Pour Lc, l'Esprit Saint est le don par excellence.

Ceux qui refusent Jésus et ceux qui l'accueillent

Jésus et Béelzéboul

14 Jésus expulsait un démon
qui rendait un homme muet.
Lorsque le démon fut sorti,
le muet se mit à parler,
et la foule fut dans l'admiration.
15 Mais certains se mirent à dire :
« C'est par *Béelzéboul, le chef des démons,
qu'il expulse les démons. »
16 D'autres, pour le mettre à l'épreuve,
lui réclamaient un *signe venant du ciel.

17 Jésus, connaissant leurs intentions, leur dit :
« Tout royaume divisé devient un désert,
ses maisons s'écroulent les unes sur les autres.
18 Si Satan, lui aussi, est divisé,
comment son royaume tiendra-t-il ?
Vous dites que c'est par Béelzéboul que j'expulse les démons.
19 Et si c'est par Béelzéboul que moi, je les expulse,
vos disciples, par qui les expulsent-ils ?
C'est pourquoi ils seront eux-mêmes vos juges.
20 Mais si c'est par le doigt de Dieu que j'expulse les démons,
c'est donc que le règne de Dieu est survenu pour vous.
21 Quand l'homme fort et bien armé garde son palais,
tout ce qui lui appartient est en sécurité.
22 Mais si un plus fort intervient et triomphe de lui,
il lui enlève l'équipement de combat qui lui donnait confiance,
et il distribue tout ce qu'il lui a pris.
23 Celui qui n'est pas avec moi est contre moi;
celui qui ne rassemble pas avec moi disperse.

Retour offensif de l'esprit mauvais

24 Quand l'esprit mauvais est sorti d'un homme,
il parcourt les terres desséchées
en cherchant un lieu de repos.
Et comme il n'en trouve pas, il se dit :
' Je vais retourner
dans ma maison, d'où je suis sorti. '
25 En arrivant, il la trouve balayée et bien rangée.
26 Alors, il s'en va,

14-23. Voir Mt 12, 22-29.

20. "par le doigt de Dieu". Expression de l'A.T. désignant l'intervention active de Dieu : Exode 8, 19; 31, 18; Deutéronome 9, 10. Parallèle de Mt 12, 28 : "par l'Esprit de Dieu". D'où l'appellation du Saint-Esprit, dans l'hymne chrétienne "Viens, Esprit créateur", comme "le doigt de la droite du Père." Voir aussi 2 Corinthiens 3, 3.

23. Voir les notes sur Mt 12, 30 et Mc 9, 40.

24-26. Voir la note sur Mt 12, 43 et 45.

et il prend sept autres esprits encore plus mauvais que lui,
ils y entrent, et ils s'y installent.
Ainsi, l'état de cet homme est pire à la fin qu'au début. »

La vraie béatitude

27 Comme Jésus était en train de parler,
une femme éleva la voix au milieu de la foule
pour lui dire :
« Heureuse la mère qui t'a porté dans ses entrailles,
et qui t'a nourri de son lait! »
28 Alors Jésus lui déclara :
« Heureux plutôt ceux qui entendent la parole de Dieu,
et qui la gardent! »

Le signe de Jonas

29 Comme la foule s'amassait, Jésus se mit à dire :
« Cette génération est une génération mauvaise :
elle demande un signe,
mais en fait de signe il ne lui sera donné que celui de Jonas.
30 Car Jonas a été un signe pour les habitants de Ninive :
il en sera de même avec le Fils de l'homme pour cette génération.

31 Lors du jugement, la reine de Saba se dressera
en même temps que les hommes de cette génération,
et elle les condamnera.
En effet, elle est venue de l'extrémité du monde
pour écouter la sagesse de Salomon,
et il y a ici bien plus que Salomon.
32 Lors du jugement, les habitants de Ninive se lèveront
en même temps que cette génération,
et ils la condamneront;
en effet, ils se sont convertis
en réponse à la proclamation faite par Jonas,
et il y a ici bien plus que Jonas. »

Double parabole de la lampe

33 Personne, après avoir allumé une lampe,
ne la met dans une cachette ou bien sous le boisseau :
on la met sur le lampadaire
pour que ceux qui entrent voient la clarté.

34 La lampe de ton corps, c'est ton œil.

27-28. On retrouve ici la supériorité de l'union spirituelle sur les relations de parenté déjà manifestée en 8, 21.

29-32. Voir Mt 12, 38-42 avec les notes. Pour Lc "le signe de Jonas" ne concerne pas comme chez Mt son séjour "dans le ventre du monstre marin", mais seulement le succès de sa prédication à Ninive.

33. Répétition de 8, 16. La lampe symbolise la prédication, plutôt que le bon exemple comme en Mt 5, 15.

34-36. Comme Mt 6, 22-23, voir la note.

Quand ton œil est vraiment clair,
ton corps tout entier est aussi dans la lumière;
mais quand ton œil est mauvais,
ton corps aussi est plongé dans les ténèbres.
35 Examine donc si la lumière qui est en toi n'est pas ténèbres;
36 alors si ton corps tout entier est dans la lumière
sans aucune part de ténèbres,
il sera tout entier dans la lumière,
comme lorsque la lampe t'illumine de son éclat. »

Contre les pharisiens et les docteurs de la Loi

37 Comme Jésus parlait, un pharisien l'invita pour le repas de midi.
Jésus entra chez lui et se mit à table.
38 Le pharisien fut étonné
en voyant qu'il n'avait pas d'abord fait son ablution
avant le repas.

39 Le Seigneur lui dit :
« Bien sûr, vous les pharisiens,
vous purifiez l'extérieur de la coupe et du plat,
mais à l'intérieur vous êtes remplis de cupidité et de méchanceté.
40 Insensés! Celui qui a fait l'extérieur
n'a-t-il pas fait aussi l'intérieur ?
41 Donnez plutôt en aumônes ce que vous avez,
et alors tout sera pur pour vous.

42 *Malheureux êtes-vous, pharisiens,
parce que vous payez la dîme sur toutes les plantes du jardin,
comme la menthe et la rue,
et vous laissez de côté la justice et l'amour de Dieu.
Voilà ce qu'il fallait pratiquer, sans abandonner le reste.

43 Malheureux êtes-vous, pharisiens,
parce que vous aimez les premiers rangs dans les synagogues,
et les salutations sur les places publiques.

44 Malheureux êtes-vous,
parce que vous êtes comme ces tombeaux qu'on ne voit pas
et sur lesquels on marche sans le savoir. »

45 Alors un *docteur de la Loi prit la parole :
« Maître, en parlant ainsi, c'est nous aussi que tu insultes. »

---

37. Jésus ne refuse pas les invitations des pharisiens (chez Lc seul : 7, 36, ici et 14, 1).
38. Cet étonnement scandalisé est le point de départ d'un grand discours de Jésus sur le pur et l'impur, et sur les traditions humaines qui annulent la Loi, en Mc 7, 1-23.
39. = Mt 23, 25.
41. Propre à Lc.
42. = Mt 23, 23.
43. = Mt 23, 26.
44. = Mt 23, 27.
45. Propre à Lc.

46 Jésus reprit :
« Vous aussi, les docteurs de la Loi, malheureux êtes-vous,
parce que vous chargez les gens de fardeaux impossibles à porter,
et vous-mêmes, vous ne touchez même pas ces fardeaux
d'un seul doigt.
47 Malheureux êtes-vous,
parce que vous bâtissez les tombeaux des prophètes,
alors que vos pères les ont tués.
48 Ainsi vous témoignez que vous approuvez les actes de vos pères,
puisque eux, ils ont tué les prophètes,
et vous, vous bâtissez leurs tombeaux.
49 C'est pourquoi la Sagesse de Dieu elle-même a dit :
Je leur enverrai des prophètes et des apôtres,
ils tueront les uns et en persécuteront d'autres.
50 Ainsi cette *génération devra rendre compte
du sang de tous les prophètes
qui a été versé depuis la création du monde,
51 depuis le sang d'Abel jusqu'au sang de Zacharie,
qui a péri entre l'autel et le sanctuaire.
Oui, je vous le déclare :
cette génération devra en rendre compte.
52 Malheureux êtes-vous, *docteurs de la Loi,
parce que vous avez enlevé la clé de la connaissance;
vous-mêmes n'êtes pas entrés,
et ceux qui essayaient d'entrer, vous les en avez empêchés. »
53 Après que Jésus fut parti de là,
les scribes et les pharisiens se mirent à lui en vouloir terriblement
et ils le harcelaient de questions;
54 ils étaient à l'affût pour s'emparer d'une de ses paroles.

Se tenir prêt pour le retour du Seigneur et le jugement

Confesser ouvertement le Fils de l'homme

1 Comme la foule s'était rassemblée par dizaines de milliers, 12
au point qu'on s'écrasait,
Jésus se mit à dire, en s'adressant d'abord à ses disciples :
« Méfiez-vous bien
à cause du *levain des pharisiens,
c'est-à-dire de leur *hypocrisie.
2 Tout ce qui est voilé sera dévoilé,
tout ce qui est caché sera connu.

---

46. = Mt 23, 4.
47-48. = Mt 23, 29-31.
49-51. = Mt 23, 34-36. En Lc "la Sagesse de Dieu" désigne Jésus lui-même en tant qu'il appartient au plan de Dieu : voir Lc 7, 35 et la note sur Mt 11, 19.
52. = Mt 23, 13.
53-54. Lc note la progression de l'hostilité contre Jésus. Précédemment 6, 11; plus loin 19, 47; 20, 19-20; 22, 2.
12, 1. Comme en Mt 16, 6 et Mc 8, 15 avec la note.
2-9. Voir les notes sur Mt 10, 26-33.

3 Aussi, tout ce que vous aurez dit dans l'ombre
sera entendu au grand jour,
ce que vous aurez dit à l'oreille dans le fond de la maison
sera proclamé sur les toits.

4 Je vous le dis, à vous mes amis :
ne craignez pas ceux qui tuent le corps,
et après cela ne peuvent rien faire de plus.
5 Je vais vous montrer qui vous devez craindre :
craignez celui qui, après avoir tué,
a le pouvoir d'envoyer dans la *géhenne.
Oui, je vous le dis, c'est celui-là que vous devez craindre.
6 Est-ce qu'on ne vend pas cinq moineaux pour deux sous ?
et pas un seul n'est indifférent aux yeux de Dieu.
7 Quant à vous, même vos cheveux sont tous comptés.
Soyez sans crainte :
vous valez plus que tous les moineaux du monde.
8 Je vous le déclare :
Celui qui se sera prononcé pour moi devant les hommes,
le *Fils de l'homme se prononcera aussi pour lui
devant les anges de Dieu.
9 Mais celui qui m'aura renié en face des hommes
sera renié en face des anges de Dieu.
10 Et celui qui dira une parole contre le Fils de l'homme,
cela lui sera pardonné;
mais si quelqu'un blasphème contre l'Esprit Saint,
cela ne lui sera pas pardonné.
11 Quand on vous traduira devant les synagogues,
les puissances et les autorités,
ne vous tourmentez pas
pour savoir comment vous défendre ou comment parler.
12 Car l'Esprit Saint vous enseignera à cette heure même
ce qu'il faudra dire. »

Parabole du riche insensé

13 Du milieu de la foule, un homme demanda à Jésus :
« Maître, dis à mon frère
de partager avec moi notre héritage. »
14 Jésus lui répondit :
« Qui m'a établi
pour être votre juge ou pour faire vos partages ? »
15 Puis, s'adressant à la foule :
« Gardez-vous bien de toute âpreté au gain;

---

10. Voir la note sur Mt 12, 32.
11-12. Voir la note sur Mt 10, 19-20.
13-21. Péricope propre à Lc.
14. Jésus refuse d'intervenir dans les litiges d'ordre temporel. La parabole et les propos qui la suivent suggèrent que la requête est motivée par le désir du gain.

car la vie d'un homme, fût–il dans l'abondance,
ne dépend pas de ses richesses. »
16 Et il leur dit cette *parabole :
« Il y avait un homme riche,
dont les terres avaient beaucoup rapporté.
17 Il se demandait :
' Que vais-je faire ? je ne sais pas où mettre ma récolte.
18 Puis il se dit :
' Voici ce que je vais faire :
je vais démolir mes greniers,
j'en construirai de plus grands
et j'y entasserai tout mon blé et tout ce que je possède.
19 Alors je me dirai à moi-même :
Te voilà avec des réserves en abondance
pour de nombreuses années.
Repose-toi, mange, bois, jouis de l'existence. '
20 Mais Dieu lui dit :
' Tu es fou : cette nuit même, on te redemande ta vie.
Et ce que tu auras mis de côté, qui l'aura ? '
21 Voilà ce qui arrive à celui qui amasse pour lui-même,
au lieu d'être riche en vue de Dieu. »

Se confier à la Providence

22 Puis il dit à ses disciples :
« C'est pourquoi, je vous le dis :
Ne vous faites pas tant de souci
pour votre vie, au sujet de la nourriture,
ni pour votre corps, au sujet des vêtements.
23 La vie vaut plus que la nourriture,
et le corps plus que le vêtement.
24 Voyez les corbeaux : ils ne font ni semailles ni moisson,
ils n'ont ni greniers ni magasins, et Dieu les nourrit.
Vous valez tellement plus que les oiseaux!
25 D'ailleurs qui d'entre vous, à force de souci,
peut prolonger tant soit peu son existence ?
26 Si donc vous ne pouvez rien pour une si petite chose,
pourquoi vous faire du souci pour tout le reste ?
27 Voyez les lis : ils ne filent pas, ils ne tissent pas.
Or je vous dis que *Salomon lui-même, dans toute sa gloire,
n'était pas habillé comme l'un d'eux.
28 Si Dieu habille ainsi l'herbe dans les champs,
elle qui est là aujourd'hui et qui demain sera jetée au feu,
il fera tellement plus pour vous, hommes de peu de foi!
29 Quant à vous, ne cherchez pas ce que vous pourrez manger et boire;
ne soyez pas inquiets.

---

21. Ceci sera repris bientôt (v. 33-34) avec l'image du "trésor dans le ciel".
22-31. Voir la note sur Mt 6, 25-34.

30 Tout cela, les païens de ce monde le recherchent.
Mais votre Père sait que vous en avez besoin.
31 Cherchez plutôt son Royaume,
et tout cela vous sera donné par-dessus le marché.
32 Sois sans crainte, petit troupeau,
car votre Père a trouvé bon de vous donner le Royaume.

Le trésor céleste

33 Vendez ce que vous avez et donnez-le en aumône.
Faites-vous une bourse qui ne s'use pas,
un trésor inépuisable dans les cieux,
là où le voleur n'approche pas, où la mite ne ronge pas.
34 Car là où est votre trésor, là aussi sera votre cœur.

Paraboles sur la vigilance

35 Restez en tenue de service, et gardez vos lampes allumées.
36 Soyez comme des gens qui attendent leur maître
à son retour des noces
pour lui ouvrir dès qu'il arrivera et frappera à la porte.
37 Heureux les serviteurs que le maître, à son arrivée,
trouvera en train de veiller.
Amen, je vous le dis : il prendra la tenue de service,
les fera passer à table et les servira chacun à son tour.
38 S'il revient vers minuit ou plus tard encore
et qu'il les trouve ainsi, heureux sont-ils !
39 Vous le savez bien : si le maître de maison
connaissait l'heure où le voleur doit venir,
il ne laisserait pas percer le mur de sa maison.
40 Vous aussi, tenez-vous prêts :
c'est à l'heure où vous n'y penserez pas
que le Fils de l'homme viendra. »

41 Pierre dit alors :
« Seigneur, cette parabole s'adresse-t-elle à nous,
ou à tout le monde ? »
42 Le Seigneur répond :
« Quel est donc l'intendant fidèle et sensé

---

32. Conclusion propre à Lc. Les disciples forment un "petit troupeau" parce qu'ils sont peu nombreux, mais surtout parce qu'ils sont pauvres et humbles. Ils n'ont pas à craindre, "agneaux au milieu des loups" (Lc 10, 3), ni à s'inquiéter, car le Père, dans son amour bienveillant (même mot qu'en 2, 14), leur a déjà donné le Royaume.

33-34. Nombreux parallèles, mais Lc seul parle d'"aumône", comme en 11, 41. Même idée en 16, 9; 19, 8.

35. "Restez en tenue de service", *litt.* : "Que vos reins soient ceints." — "Lampes allumées" : les noces durent plusieurs jours, et le maître peut revenir de nuit.

37. "Il prendra la tenue de service", *litt.* : "il se ceindra". Jésus s'applique la même image, du maître qui sert ses serviteurs en 22, 27.

39. Voir la note sur Mt 24, 43-44.

41. Cette intervention de Pierre est propre à Lc. Jésus y répond en parlant d'un "intendant", c'est-à-dire d'un serviteur constitué en autorité.

42-46. Voir les notes sur Mt 24, 45-51.

à qui le maître confiera la charge de ses domestiques
pour leur donner, en temps voulu, leur part de blé ?
43 Heureux le serviteur,
que son maître, en arrivant, trouvera à son travail.
44 Vraiment, je vous le déclare :
il lui confiera la charge de tous ses biens.
45 Mais si le même serviteur se dit :
‘ Mon maître tarde à venir ’,
et s'il se met à frapper serviteurs et servantes,
à manger, à boire et à s'enivrer,
46 son maître viendra le jour où il ne l'attend pas
et à l'heure qu'il n'a pas prévue :
il se séparera de lui
et le mettra parmi les infidèles.
47 Le serviteur qui, connaissant la volonté de son maître,
n'a pourtant rien préparé, ni accompli cette volonté,
recevra un grand nombre de coups.
48 Mais celui qui ne la connaissait pas,
et qui a mérité des coups pour sa conduite,
n'en recevra qu'un petit nombre.
A qui l'on a beaucoup donné, on demandera beaucoup;
à qui l'on a beaucoup confié, on réclamera davantage. »

Pourquoi Jésus est venu

49 Je suis venu apporter un feu sur la terre,
et comme je voudrais qu'il soit déjà allumé!
50 Je dois recevoir un baptême,
et comme il m'en coûte d'attendre qu'il soit accompli!
51 Pensez-vous que je sois venu mettre la paix dans le monde ?
Non, je vous le dis, mais plutôt la division.
52 Car désormais cinq personnes de la même famille
seront divisées :
trois contre deux et deux contre trois;
53 ils se diviseront :
le père contre le fils et le fils contre le père,
la mère contre la fille et la fille contre la mère,
la belle-mère contre la belle-fille
et la belle-fille contre la belle-mère. »

47-48. Conclusion propre à Lc, toujours attentif à la miséricorde de Jésus envers les pécheurs.

49-50. Parole propre à Lc. Le “feu” et le “baptême” sont deux images du jugement (voir 3, 9.16-17), qui se réalisera déjà dans la passion de Jésus. Lui-même la compare à un baptême dans sa réponse à la requête des fils de Zébédée (Mc 10, 38). Voir la note sur Mt 20, 22.

51-53. Voir les notes sur Mt 10, 32-36.

Reconnaître dans les événements l'appel de Dieu à la conversion

Les signes des temps

54 Jésus disait encore à la foule :
« Quand vous voyez un nuage monter au couchant,
vous dites aussitôt qu'il va pleuvoir, et c'est ce qui arrive.
55 Et quand vous voyez souffler le vent du sud,
vous dites qu'il fera très chaud, et cela arrive.
56 Esprits faux! l'aspect de la terre et du ciel,
vous savez le juger,
mais le temps où nous sommes,
pourquoi ne savez-vous pas le juger ?

Ne pas attendre le jugement

57 Et pourquoi aussi ne jugez-vous pas par vous-mêmes
ce qui est juste ?
58 Ainsi, quand tu vas avec ton adversaire devant le magistrat,
pendant que tu es en chemin
efforce-toi de te libérer envers lui,
pour éviter qu'il ne te traîne devant le juge,
que le juge ne te livre au percepteur des amendes,
et que celui-ci ne te jette en prison.
59 Je te le dis : tu n'en sortiras pas
avant d'avoir payé jusqu'au dernier centime. »

Invitation à la conversion

1 A ce moment, des gens vinrent rapporter à Jésus 13
l'affaire des Galiléens que Pilate avait fait massacrer
pendant qu'ils offraient un sacrifice.
2 Jésus leur répondit :
« Pensez-vous que ces Galiléens étaient de plus grands pécheurs
que tous les autres Galiléens,
pour avoir subi un tel sort ?
3 Eh bien non, je vous le dis;
et si vous ne vous convertissez pas,
vous périrez tous comme eux.
4 Et ces dix-huit personnes tuées par la chute de la tour de Siloé,
pensez-vous qu'elles étaient plus coupables
que tous les autres habitants de Jérusalem ?

54-56. Voir les notes sur Mt 16, 1-3.
57-59. Voir la note sur Mt 5, 25-26.
13, 1-5. Péricope propre à Lc.
1-2. Ce fait divers, conforme à ce que nous savons de la cruauté de Pilate, ne nous est connu que par ce texte.
4. De même pour l'écroulement de la tour de Siloé.

5 Eh bien non, je vous le dis;
et si vous ne vous convertissez pas,
vous périrez tous de la même manière. »

Parabole du figuier stérile

6 Jésus leur disait encore cette parabole :
« Un homme avait un figuier planté dans sa vigne.
Il vint chercher du fruit sur ce figuier,
et n'en trouva pas.
7 Il dit alors à son vigneron :
' Voilà trois ans que je viens chercher du fruit sur ce figuier,
et je n'en trouve pas.
Coupe-le. A quoi bon le laisser épuiser le sol ? '
8 Mais le vigneron lui répondit :
' Seigneur, laisse-le encore cette année,
le temps que je bêche autour pour y mettre du fumier.
9 Peut-être donnera-t-il du fruit à l'avenir.
Sinon, tu le couperas. ' »

Guérison un jour de sabbat

10 Jésus était en train d'enseigner dans une *synagogue,
le jour du *sabbat.
11 Il y avait là une femme, possédée par un esprit mauvais
qui la rendait infirme depuis dix-huit ans;
elle était toute courbée et absolument incapable de se redresser.
12 Quand Jésus la vit, il l'interpella :
« Femme, te voilà délivrée de ton infirmité. »
13 Puis, il lui imposa les mains;
à l'instant même elle se trouva toute droite,
et elle rendait gloire à Dieu.
14 Le chef de la synagogue fut indigné
de voir Jésus faire une guérison le jour du sabbat.
Il prit la parole pour dire à la foule :
« Il y a six jours pour travailler;
venez donc vous faire guérir ces jours-là,
et non pas le jour de sabbat. »
15 Le Seigneur lui répliqua :
« Esprits faux que vous êtes!
N'est-il pas vrai que le jour du sabbat

---

5. Jésus nous détourne de voir là un châtiment personnel (de même Jn 9, 3). Les malheurs de la condition humaine, en soulignant notre fragilité, nous appellent à la *conversion.

6-9. A ne pas confondre avec la malédiction d'un figuier stérile en Mt 21, 18-22 = Mc 11, 12-14.20-21. La parabole, elle aussi, est menaçante, mais sa pointe est dans le délai accordé par la patience de Dieu.

10-17. Narration propre à Lc, mais voisine d'autres miracles accomplis le jour du sabbat : l'homme à la main paralysée 6, 6-11; l'hydropique 14, 1-6. Ici, Jésus présente le sabbat comme un jour de libération, selon la version du *Décalogue dans le Deutéronome 5, 12-15.

chacun de vous détache de la mangeoire son bœuf ou son âne
pour le mener boire ?
16 Et cette femme, une fille d'Abraham,
que Satan avait liée il y a dix-huit ans,
n'est-il pas vrai que le jour du sabbat
il fallait la délivrer de ce lien ? »
17 Ces paroles de Jésus couvraient de honte tous ses adversaires,
et toute la foule était dans la joie
à cause de toutes les actions éclatantes qu'il faisait.

Deux paraboles du Royaume

La graine de moutarde et le levain

18 Jésus disait :
« A quoi le règne de Dieu est-il comparable,
à quoi vais-je le comparer ?
19 Il est comparable à une graine de moutarde
qu'un homme a jetée dans son jardin.
Elle a poussé, elle est devenue un arbre,
et les oiseaux du ciel ont fait leur nid dans ses branches. »
20 Il dit encore :
« A quoi vais-je comparer le règne de Dieu ?
21 Il est comparable à du levain
qu'une femme enfouit dans trois grandes mesures de farine,
jusqu'à ce que toute la pâte ait levé. »

DEUXIÈME ÉTAPE

22 Dans sa marche vers Jérusalem,
Jésus passait par les villes et les villages en enseignant.

Rejet des Juifs et appel des païens

23 Quelqu'un lui demanda :
« Seigneur, n'y aura-t-il que peu de gens à être sauvés ? »
Jésus leur dit :
24 « Efforcez-vous d'entrer par la porte étroite,
car, je vous le déclare,
beaucoup chercheront à entrer
et ne le pourront pas.
25 Quand le maître de la maison se sera levé
et aura fermé la porte,
si vous, du dehors, vous vous mettez à frapper à la porte,
en disant :
' Seigneur, ouvre-nous ',

18-21. Voir les notes sur Mt 13, 31-33.
22. Voir la note sur 9, 51.
23-24. Voir la note sur Mt 7, 13-14.
25. Voir Mt 25, 10-12 (parabole des dix jeunes filles).

il vous répondra :
‘ Je ne sais pas d’où vous êtes. ’
26 Alors vous vous mettrez à dire :
‘ Nous avons mangé et bu en ta présence,
et tu as enseigné sur nos places. ’
27 Il vous répondra :
‘ Je ne sais pas d’où vous êtes.
Éloignez-vous de moi,
vous tous qui faites le mal. ’
28 Il y aura des pleurs et des grincements de dents
quand vous verrez Abraham, Isaac et Jacob
et tous les prophètes
dans le royaume de Dieu,
et que vous serez jetés dehors.
29 Alors on viendra de l’orient et de l’occident,
du nord et du midi,
30 prendre place au *festin dans le royaume de Dieu.
Oui, il y a des derniers qui seront premiers,
et des premiers qui seront derniers. »

Jésus devant sa mort prochaine

Le dessein de Dieu

31 A ce moment-là,
quelques pharisiens s’approchèrent de Jésus pour lui dire :
« Va-t’en, pars d’ici : Hérode veut te faire mourir. »
32 Il leur répliqua :
« Allez dire à ce renard :
Aujourd’hui et demain, je chasse les démons et je fais des guérisons ;
le troisième jour, je suis au but.
33 Mais il faut que je continue ma route
aujourd’hui, demain et le jour suivant,
car il n’est pas possible
qu’un prophète meure en dehors de Jérusalem.

Lamentation sur Jérusalem

34 Jérusalem, Jérusalem,
toi qui tues les prophètes,

26-27. Très proche de Mt 7, 22-23, qui concerne des disciples envoyés par Jésus; ici, il s’agit de Juifs témoins de son activité. “Éloignez-vous de moi...” citation du Ps 9, 6.

28-29. = Mt 8, 11-12.

30. = Mt 19, 30; 20, 16; Mc 10, 31 avec la note.

31-33. Péricope propre à Lc. — Ces pharisiens semblent favorables à Jésus.

32. “Ce renard” : Hérode est hostile, mais peu redoutable; il n’empêchera pas Jésus d’accomplir sa mission. “Aujourd’hui et demain... le troisième jour” : locutions exprimant un bref délai.

33. “Il faut” expression significative du plan de Dieu, qui doit de toute façon s’accomplir. Voir 2, 49; 4, 43; 22, 37; 24, 26.44. Jésus se donne comme “prophète”. — “Il n’est pas possible...” est explicité par le v. suivant.

34-35. Voir Mt 23, 37-39 avec les notes.

toi qui lapides ceux qui te sont envoyés,
combien de fois j'ai voulu rassembler tes enfants
comme la poule rassemble ses poussins sous ses ailes,
et vous n'avez pas voulu !
35 Maintenant, Dieu abandonne votre temple entre vos mains.
Je vous le déclare :
vous ne me verrez plus jusqu'au jour où vous direz :
' Béni soit celui qui vient au nom du Seigneur ! ' »

Repas chez un pharisien

Guérison un jour de sabbat 14

1 Un jour de sabbat, Jésus était entré chez un chef des pharisiens
pour y prendre son repas, et on l'observait.
2 Justement, un homme atteint d'hydropisie était là devant lui.
3 Jésus s'adressa aux docteurs de la Loi et aux pharisiens
pour leur demander :
« Est-il permis, oui ou non,
de faire une guérison le jour du sabbat ? »
4 Ils gardèrent le silence.
Jésus saisit alors le malade, le guérit et le renvoya.
5 Puis il leur dit :
« Si l'un de vous a son fils ou son bœuf
qui tombe dans un puits,
ne va-t-il pas l'en retirer aussitôt,
le jour même du sabbat ? »
6 Et ils furent incapables de trouver une réponse.

Choisir la dernière place

7 Remarquant que les invités choisissaient les premières places,
il leur dit cette parabole :
8 « Quand tu es invité à des noces,
ne va pas te mettre à la première place,
car on peut avoir invité quelqu'un de plus important que toi.
9 Alors, celui qui vous a invités, toi et lui,
viendrait te dire :
' Cède-lui ta place ',
10 et tu irais, plein de honte, prendre la dernière place.
Au contraire, quand tu es invité, va te mettre à la dernière place.
Alors, quand viendra celui qui t'a invité, il te dira :
' Mon ami, avance plus haut ',

---

14. Lc a groupé dans ce chapitre, dont le contenu lui est presque entièrement propre, une série de faits et de paroles se rattachant aux repas. Il a certainement été frappé par le mystère de communion que représentent les repas de Jésus avec les hommes, avant sa mort, mais aussi après sa résurrection : 24, 30.42 ; Ac 1, 4 ; 10, 41.

1. Encore un repas de Jésus chez un pharisien, mais où "on l'observait" avec malveillance. Voir la note sur 13, 10.

5. Question analogue en Mt 12, 11 ; Lc 13, 15.

7-10. Jésus ne peut conseiller une ruse favorisant la vanité. D'ailleurs, puisqu'il parle d'un "repas de noces" et non du présent repas, il s'agit bien d'une "parabole".

et ce sera pour toi un honneur
11 aux yeux de tous ceux qui sont à table avec toi.
Qui s'élève sera abaissé; qui s'abaisse sera élevé. »

Inviter les pauvres

12 Jésus disait aussi à celui qui l'avait invité :
« Quand tu donnes un déjeuner ou un dîner,
n'invite pas tes amis, ni tes frères,
ni tes parents, ni de riches voisins;
sinon, eux aussi t'inviteraient en retour,
13 et la politesse te serait rendue.
Au contraire, quand tu donnes un festin,
invite des pauvres, des estropiés, des boiteux, des aveugles;
14 et tu seras heureux, parce qu'ils n'ont rien à te rendre :
cela te sera rendu à la résurrection des justes. »

Parabole des invités remplacés par les pauvres

15 En entendant parler Jésus, un des convives lui dit :
« Heureux celui qui participera au repas
dans le royaume de Dieu! »
16 Jésus lui dit :
« Un homme donnait un grand dîner,
et il avait invité beaucoup de monde.
17 A l'heure du dîner, il envoya son serviteur
dire aux invités :
' Venez, maintenant le repas est prêt. '
18 Mais tous se mirent à s'excuser de la même façon.
Le premier lui dit :
' J'ai acheté un champ, et je suis obligé d'aller le voir;
je t'en prie, excuse-moi. '
19 Un autre dit :
' J'ai acheté cinq paires de bœufs, et je pars les essayer;
je t'en prie, excuse-moi. '
20 Un troisième dit :
' Je viens de me marier,
et, pour cette raison, je ne peux pas venir. '
21 A son retour,
le serviteur rapporta ces paroles à son maître.

---

11. = Mt 23, 12 = Lc 18, 14.

12-13. Il faut donner sans attendre de retour. Voir déjà 6, 32-35.

14. "La résurrection des justes" : beaucoup croyaient, chez les Juifs, que seuls les justes ressusciteraient. Paul (Ac 24, 15) affirme "qu'il y aura une résurrection des justes et des injustes". Mais seule la résurrection des justes introduit à la vraie vie (voir 2 Martyrs d'Israël 7, 14).

15. Béatitude de ceux qui vivent dans l'intimité de Dieu, symbolisée par le *festin messianique. Voir 13, 29.

16. Mt a une parabole analogue, mais à laquelle il en a sans doute amalgamé une autre : voir les notes sur Mt 22, 2-10. 11-13.

17. Suivant un usage des anciens, le maître de maison, qui a lancé ses invitations de longue date, envoie un serviteur appeler les convives au moment du repas.

Plein de colère, le maître de maison dit à son serviteur :
‘ Dépêche-toi d'aller sur les places et dans les rues de la ville,
et amène ici les pauvres, les estropiés,
les aveugles et les boiteux. ’
22 Le serviteur revint lui dire :
‘ Maître, ce que tu as ordonné est fait,
et il reste de la place. ’
23 Le maître dit alors au serviteur :
‘ Va sur les routes et dans les sentiers,
et insiste pour faire entrer les gens,
afin que ma maison soit remplie.
24 Car, je vous le dis,
aucun de ces hommes qui avaient été invités
ne profitera de mon dîner. ’ »

Appel au renoncement

25 De grandes foules faisaient route avec Jésus;
il se retourna et leur dit :
26 « Si quelqu'un vient à moi
sans me préférer à son père, sa mère, sa femme,
ses enfants, ses frères et sœurs,
et même à sa propre vie,
il ne peut pas être mon disciple.
27 Celui qui ne porte pas sa croix pour marcher derrière moi
ne peut pas être mon disciple.
28 Quel est celui d'entre vous qui veut bâtir une tour,
et qui ne commence pas par s'asseoir
pour calculer la dépense
et voir s'il a de quoi aller jusqu'au bout ?
29 Car, s'il pose les fondations et ne peut pas achever,
tous ceux qui le verront se moqueront de lui :
30 ‘ Voilà un homme qui commence à bâtir
et qui ne peut pas achever ! ’
31 Et quel est le roi qui part en guerre contre un autre roi,
et qui ne commence pas par s'asseoir

---

21. La deuxième série d'invitations concerne encore des habitants de la ville, mais des mendiants, qui représentent les pauvres du peuple juif, l'auditoire favori de Jésus.

22. “Il reste de la place...” : cette parabole ne peut pas être invoquée en faveur du “petit nombre des élus”!

23. La dernière série d'invitations se fait hors de la ville, auprès des étrangers, qui prendront la place des Juifs de mauvaise volonté. — “Insiste pour faire entrer les gens”, *litt. :* “force-les à entrer.” On a voulu fonder sur ce texte une pratique de conversions par la force qui est radicalement contraire à l'esprit de l'Évangile. Cette parole du maître témoigne du désir ardent, chez Dieu, de procurer le salut au plus grand nombre.

26. “Si quelqu'un vient à moi sans me préférer à son père...” La traduction atténue le texte de Lc qui est littéralement : “sans haïr son père...”, et rejoint ainsi Mt 10, 37 : “celui qui aime son père ou sa mère plus que moi...”.

27. Voir la note sur Mt 10, 38.

28-33. Double parabole propre à Lc. Elle semble d'abord une exhortation raisonnable à la prévoyance. Mais sa conclusion est radicale : impossible d'être le disciple de Jésus si l'on ne se décide pas au renoncement total.

pour voir s'il peut, avec dix mille hommes,
affronter l'autre qui vient l'attaquer avec vingt mille ?
32 S'il ne le peut pas,
il envoie, pendant que l'autre est encore loin,
une délégation pour demander la paix.
33 De même, celui d'entre vous qui ne renonce pas à tous ses biens,
ne peut pas être mon disciple.

34 C'est une bonne chose que le sel;
mais si le sel lui-même se dénature,
avec quoi lui rendra-t-on sa force ?
35 Il ne peut servir ni pour la terre, ni pour le fumier :
on le jette dehors!
Celui qui a des oreilles pour entendre, qu'il entende! »

Paraboles de la miséricorde

1 Les publicains et les pécheurs
venaient tous à Jésus pour l'écouter. 15
2 Les pharisiens et les scribes récriminaient contre lui :
« Cet homme fait bon accueil aux pécheurs,
et il mange avec eux! »

La brebis perdue

3 Alors Jésus leur dit cette parabole :
4 « Si l'un de vous a cent brebis et en perd une,
ne laisse-t-il pas les quatre-vingt-dix-neuf autres dans le désert
pour aller chercher celle qui est perdue,
jusqu'à ce qu'il la retrouve ?
5 Quand il l'a retrouvée, tout joyeux, il la prend sur ses épaules,
6 et, de retour chez lui, il réunit ses amis et ses voisins;
il leur dit :
'Réjouissez-vous avec moi,
car j'ai retrouvé ma brebis,
celle qui était perdue!'
7 Je vous le dis :
C'est ainsi qu'il y aura de la joie dans le ciel
pour un seul pécheur qui se convertit,
plus que pour quatre-vingt-dix-neuf justes
qui n'ont pas besoin de conversion.

34-35. Voir la note sur Mc 9, 49-50.

15. Ensemble propre à Lc et bien caractéristique d'un de ses thèmes dominants : le pardon divin offert aux pécheurs.

1-2. Nous connaissons déjà ce reproche des pharisiens : 5, 29-30. Cette introduction prépare surtout la parabole du fils perdu, où la jalousie du fils aîné correspond à la critique des pharisiens.

3-6. Dans Mt 18, 12-14, la brebis "égarée" ne représente pas comme ici le pécheur, mais le disciple fragile dont "le Père qui est dans les cieux" ne veut pas qu'il se perde.

7. "dans le ciel", périphrase respectueuse : chez Dieu même.

La pièce d'argent perdue

8 Ou encore, si une femme a dix pièces d'argent et en perd une,
ne va-t-elle pas allumer une lampe, balayer la maison,
et chercher avec soin jusqu'à ce qu'elle la retrouve ?
9 Quand elle l'a retrouvée, elle réunit ses amies et ses voisines
et leur dit :
' Réjouissez-vous avec moi,
car j'ai retrouvé la pièce d'argent que j'avais perdue ! '
10 De même, je vous le dis :
Il y a de la joie chez les anges de Dieu
pour un seul pécheur qui se convertit. »

Le fils perdu

11 Jésus dit encore :
« Un homme avait deux fils.
12 Le plus jeune dit à son père :
' Père, donne-moi la part d'héritage qui me revient. '
Et le père fit le partage de ses biens.
13 Peu de jours après, le plus jeune rassembla tout ce qu'il avait,
et partit pour un pays lointain
où il gaspilla sa fortune en menant une vie de désordre.
14 Quand il eut tout dépensé,
une grande famine survint dans cette région,
et il commença à se trouver dans la misère.
15 Il alla s'embaucher chez un homme du pays
qui l'envoya dans ses champs garder les porcs.
16 Il aurait bien voulu se remplir le ventre
avec les gousses que mangeaient les porcs,
mais personne ne lui donnait rien.
17 Alors il réfléchit :
' Tant d'ouvriers chez mon père ont du pain en abondance,
et moi, je meurs de faim !
18 Je vais retourner chez mon père, et je lui dirai :
Père, j'ai péché contre le ciel et contre toi.
19 Je ne mérite plus d'être appelé ton fils.
Prends-moi comme l'un de tes ouvriers.'
20 Il partit donc pour aller chez son père.

8-9. Strict parallélisme entre cette parabole et la précédente : perte, recherche laborieuse, découverte, joie collective.

10. "chez les anges de Dieu" : chez Dieu même.

15. "Garder les porcs" : travail particulièrement humiliant pour un Juif et qui le suppose exilé en pays païen.

17-19. On peut noter que ces motifs pour rentrer à la maison paternelle sont de nature très intéressée.

20. "Encore loin" : le père devait donc le guetter depuis longtemps. — "Saisi de *pitié" d'un mot qui veut dire "pris aux entrailles", et que les évangélistes appliquent souvent à Jésus ou à des personnages qui le représentent : 7, 13 ; 10, 33 ; et aussi Mt 9, 36 ; 15, 32 ; 18, 27 ; 20, 34 ; etc. — "Il courut" : démarche inusitée chez un homme d'âge, et envers son jeune fils.

Comme il était encore loin,
son père l'aperçut et fut saisi de pitié;
il courut se jeter à son cou
et le couvrit de baisers.
21 Le fils lui dit :
' Père, j'ai péché contre le ciel et contre toi.
Je ne mérite plus d'être appelé ton fils... '
22 Mais le père dit à ses domestiques :
' Vite, apportez le plus beau vêtement pour l'habiller.
Mettez-lui une bague au doigt et des sandales aux pieds.
23 Allez chercher le veau gras, tuez-le; mangeons et festoyons.
24 Car mon fils que voilà était mort, et il est revenu à la vie;
il était perdu, et il est retrouvé. '
Et ils commencèrent la fête.

25 Le fils aîné était aux champs.
A son retour, quand il fut près de la maison,
il entendit la musique et les danses.
26 Appelant un des domestiques,
il demanda ce qui se passait.
27 Celui-ci répondit :
' C'est ton frère qui est de retour.
Et ton père a tué le veau gras,
parce qu'il a vu revenir son fils en bonne santé. '
28 Alors le fils aîné se mit en colère, et il refusait d'entrer.
Son père, qui était sorti, le suppliait.
29 Mais il répliqua :
' Il y a tant d'années que je suis à ton service
sans avoir jamais désobéi à tes ordres,
et jamais tu ne m'as donné un chevreau
pour festoyer avec mes amis.
30 Mais, quand ton fils que voilà est arrivé,
après avoir dépensé ton bien avec des filles,
tu as fait tuer pour lui le veau gras! '
31 Le père répondit :
' Toi, mon enfant, tu es toujours avec moi,
et tout ce qui est à moi est à toi.
32 Il fallait bien festoyer et se réjouir;
car ton frère que voilà était mort, et il est revenu à la vie;
il était perdu, et il est retrouvé! ' »

22-24. Le père ne se contente pas de pardonner la faute, dont il n'a même pas parlé; il est tout entier à la joie et à la fête.

30. "Ton fils que voilà", au lieu de : "mon frère". Ainsi ceux qui se croient justes prennent leurs distances à l'égard des pécheurs. Voir 18, 11.

31. "Tout ce qui est à moi est à toi" : le père reconnaît que l'aîné n'a pas retiré sa part de l'entreprise commune. Son intimité avec le père ne doit pas être altérée par la grâce accordée au frère perdu et retrouvé.

Parabole de l'économe habile; réflexions sur l'argent

16

1 Jésus disait encore à ses disciples :
« Un homme riche avait un gérant
qui lui fut dénoncé parce qu'il gaspillait ses biens.
2 Il le convoqua et lui dit :
' Qu'est-ce que j'entends dire de toi ?
Rends-moi les comptes de ta gestion,
car désormais tu ne pourras plus gérer mes affaires. '
3 Le gérant pensa :
' Que vais-je faire, puisque mon maître me retire la gérance ?
Travailler la terre ? Je n'ai pas la force.
Mendier ? J'aurais honte.
4 Je sais ce que je vais faire,
pour qu'une fois renvoyé de ma gérance,
je trouve des gens pour m'accueillir. '

5 Il fit alors venir, un par un,
ceux qui avaient des dettes envers son maître.
Il demanda au premier :
' Combien dois-tu à mon maître ?
6 — Cent barils d'huile. '
Le gérant lui dit :
' Voici ton reçu; vite, assieds-toi et écris cinquante. '
7 Puis il demanda à un autre :
' Et toi, combien dois-tu ?
— Cent sacs de blé. '
Le gérant lui dit :
' Voici ton reçu, écris quatre-vingts. '
8 Ce gérant trompeur, le maître fit son éloge :
effectivement, il s'était montré habile,
car les fils de ce monde sont plus habiles entre eux
que les fils de la lumière.

9 Eh bien moi, je vous le dis :
Faites-vous des amis avec l'Argent trompeur,
afin que, le jour où il ne sera plus là,
ces amis vous accueillent dans les demeures éternelles.

---

16. Sauf les v. 14-18, paroles disparates de Jésus qu'on retrouve ailleurs, tout ce chapitre est propre à Lc et se rapporte à la malfaisance de l'Argent.

8. "Le maître fit son éloge". Trait ironique, sinon humoristique, et qui montre bien que la parabole a pour but d'inciter "les fils de la lumière" à rivaliser de zèle et d'imagination avec "les fils de ce monde".

9. "Eh bien moi, je vous le dis". La parabole achevée, Jésus y ajoute un nouvel enseignement par un enchaînement plus verbal que vraiment logique. — "L'argent trompeur", *litt. :* "le Mammon d'injustice", de malhonnêteté. "Mammon", mot araméen qu'on retrouve en 11, 13 et Mt 6, 24, a la même racine que *Amen :* c'est l'argent, la richesse, en tant qu'elle engendre la sécurité, et donc l'insensibilité et l'orgueil. — Idée familière à Lc : l'impureté radicale de l'argent se rachète par l'aumône (voir 11, 41; 12, 33).

10 Celui qui est digne de confiance dans une toute petite affaire
est digne de confiance aussi dans une grande.
Celui qui est trompeur dans une petite affaire
est trompeur aussi dans une grande.
11 Si vous n'avez pas été dignes de confiance
avec l'Argent trompeur,
qui vous confiera le bien véritable ?
12 Et si vous n'avez pas été dignes de confiance
pour des biens étrangers,
le vôtre, qui vous le donnera ?
13 Aucun domestique ne peut servir deux maîtres :
ou bien il détestera le premier, et aimera le second;
ou bien il s'attachera au premier, et méprisera le second.
Vous ne pouvez pas servir à la fois Dieu et l'Argent. »

Paraboles diverses

14 Les pharisiens, eux qui aimaient l'argent, entendaient tout cela,
et ils ricanaient à son sujet.
15 Il leur dit alors :
« Vous êtes, vous, ceux qui se présentent comme des *justes
aux yeux des hommes,
mais Dieu connaît vos cœurs,
car ce qui est prestigieux chez les hommes
est une chose abominable aux yeux de Dieu.
16 Jusqu'à Jean Baptiste, il y a eu la *Loi et les prophètes :
depuis lors, le royaume de Dieu est annoncé,
et chacun emploie toute sa force pour y entrer.
17 Plus facilement disparaîtront le ciel et la terre
que ne tombera un seul petit trait de la Loi.
18 Tout homme qui renvoie sa femme pour en épouser une autre
commet l'adultère;
et celui qui épouse une femme renvoyée par son mari
commet l'adultère;

Parabole de Lazare et du riche

19 « Il y avait un homme riche,

10-12. Le mot Mammon qui signifie sûr, fiable, amène cette réflexion antithétique : digne de confiance/trompeur, dans une petite/une grande affaire.

13. = Mt 6, 24 avec la note.

14. Les pharisiens avaient souvent une situation modeste et honoraient le travail manuel. Mais ils considéraient la richesse comme un signe de la bénédiction divine accordée au mérite.

15. Jésus, au-delà du problème de l'argent, refuse toute une échelle de valeurs qui s'attache aux estimations humaines.

16. Voir la note sur Mt 11, 12.

17. Voir la note sur Mt 5, 18.

18. = Mt 5, 32; 19, 9; Mc 10, 11-12.

19. Parabole propre à Lc. — Il n'est pas dit explicitement que c'était un "mauvais riche". L'accent est mis sur le contraste entre sa vie luxueuse et la misère du pauvre Lazare, pourtant tout proche.

qui portait des vêtements de luxe
et faisait chaque jour des festins somptueux.
20 Un pauvre, nommé Lazare,
était couché devant le portail, couvert de plaies.
21 Il aurait bien voulu se rassasier
de ce qui tombait de la table du riche;
mais c'étaient plutôt les chiens qui venaient lécher ses plaies.

22 Or le pauvre mourut,
et les anges l'emportèrent auprès d'Abraham.
Le riche mourut aussi, et on l'enterra.
23 Au séjour des morts, il était en proie à la torture;
il leva les yeux
et vit de loin Abraham avec Lazare tout près de lui.
24 Alors il cria :
'Abraham, mon père,
prends pitié de moi
et envoie Lazare tremper dans l'eau le bout de son doigt,
pour me rafraîchir la langue,
car je souffre terriblement dans cette fournaise.
25 — Mon enfant, répondit Abraham, rappelle-toi :
Tu as reçu le bonheur pendant ta vie,
et Lazare, le malheur.
Maintenant il trouve ici la consolation,
et toi, c'est ton tour de souffrir.
26 De plus, un grand abîme a été mis entre vous et nous,
pour que ceux qui voudraient aller vers vous
ne le puissent pas,
et que, de là-bas non plus, on ne vienne pas vers nous.'

27 Le riche répliqua :
'Eh bien! père,
je te prie d'envoyer Lazare dans la maison de mon père.
28 J'ai cinq frères : qu'il les avertisse
pour qu'ils ne viennent pas, eux aussi, dans ce lieu de torture!'
29 Abraham lui dit :
'Ils ont Moïse et les prophètes : qu'ils les écoutent!

---

22. "Auprès d'Abraham", *litt. :* "dans le sein d'Abraham", c'est-à-dire tout près d'Abraham au festin messianique. De même, il est dit que Jean, à la Cène, était couché "dans le sein de Jésus", qu'on a traduit "tout contre lui" (Jn 13, 23).

23. Le "*séjour des morts", en grec l'*Hadès*, traduisant l'hébreu *Sheol*, fut d'abord conçu comme un habitat commun à tous les morts. A l'époque de Jésus, on le croyait partagé en deux régions, même avant le jugement final. Elles sont séparées par un grand abîme (v. 26); mais, de l'une à l'autre on se voit et on se parle, dans cette parabole qui n'a pas pour but de nous révéler la topographie de l'au-delà.

25. Abraham se contente de faire remarquer le renversement des situations, selon une vision habituelle à Lc (le *Magnificat :* 2, 51-53; les "Bienheureux" et "Malheureux" : 6, 20-26; "Qui s'élève sera abaissé" : 14, 11).

27. La parabole comporte une deuxième leçon donnée aussi par Abraham : ceux qui n'écoutent pas la parole de Dieu ne seront pas convertis par des prodiges. L'inquiétude du riche pour ses frères implique que lui-même n'obéissait pas à la Loi.

30 —Non, père Abraham, dit le riche,
mais si quelqu'un de chez les morts vient les trouver,
ils se convertiront. '
31 Abraham répondit :
' S'ils n'écoutent pas Moïse ni les prophètes,
quelqu'un pourra bien ressusciter d'entre les morts :
ils ne seront pas convaincus. ' »

La vie fraternelle

Le scandale

1 Jésus disait à ses disciples : 17
« Il est inévitable
qu'il arrive des *scandales qui entraînent au péché,
mais malheureux celui par qui ils arrivent.
2 Si on lui attachait au cou une meule de moulin
et qu'on le précipite à la mer,
ce serait mieux pour lui que d'entraîner au péché
un seul de ces petits.
3 Tenez-vous sur vos gardes!

Le pardon entre frères

Si ton frère a commis une faute contre toi,
fais-lui de vifs reproches,
et, s'il se repent, pardonne-lui.
4 Même si sept fois par jour il commet une faute contre toi,
et que sept fois de suite il revienne à toi
en disant : ' Je me repens ',
tu lui pardonneras. »

Puissance de la foi

5 Les Apôtres dirent au Seigneur :
« Augmente en nous la foi! »
6 Le Seigneur répondit :
« La foi,
si vous en aviez gros comme une graine de moutarde,
vous diriez au grand arbre que voici :
' Déracine-toi et va te planter dans la mer ';
et il vous obéirait.

Simples serviteurs du Seigneur

7 Lequel d'entre vous,
quand son serviteur vient de labourer ou de garder les bêtes,
lui dira à son retour des champs : ' Viens vite à table ' ?

---

31. "Moïse", c'est-à-dire la Loi, dont il a été le révélateur.

17. 3-4. Précepte analogue, adressé à Pierre, en Mt 18, 15.21-22.

5-6. Voir les parallèles. Le "grand arbre que voici", *litt.* : "ce mûrier", au lieu de "cette montagne" de tous les parallèles. Contraste entre la petitesse de la "graine de moutarde" (voir 13, 18-19 et la note sur Mt 13, 31-32), et la grandeur de la montagne ou de l'arbre.

7. Parabole propre à Lc.

8 Ne lui dira-t-il pas plutôt : ‘ Prépare-moi à dîner,
mets-toi en tenue pour me servir,
le temps que je mange et que je boive.
Ensuite tu pourras manger et boire à ton tour. ’
9 Sera-t-il reconnaissant envers ce serviteur
d'avoir exécuté ses ordres ?
10 De même vous aussi,
quand vous aurez fait tout ce que Dieu vous a commandé,
dites-vous :
‘ Nous sommes des serviteurs quelconques :
nous n'avons fait que notre devoir. ’ »

TROISIÈME ÉTAPE

11 Jésus, marchant vers Jérusalem,
traversait la Samarie et la Galilée.

Reconnaissance de l'étranger guéri

12 Comme il entrait dans un village,
dix *lépreux vinrent à sa rencontre.
13 Ils s'arrêtèrent à distance et lui crièrent :
« Jésus, maître, prends pitié de nous. »
14 En les voyant, Jésus leur dit :
« Allez vous montrer aux prêtres. »
En cours de route, ils furent purifiés.
15 L'un d'eux, voyant qu'il était guéri,
revint sur ses pas, en glorifiant Dieu à pleine voix.
16 Il se jeta la face contre terre aux pieds de Jésus
en lui rendant grâce. Or, c'était un *Samaritain.
17 Alors Jésus demanda :
« Est-ce que tous les dix n'ont pas été purifiés ?
Et les neuf autres, où sont-ils ?
18 On ne les a pas vus revenir pour rendre gloire à Dieu;
il n'y a que cet étranger ! »
19 Jésus lui dit :
« Relève-toi et va : ta foi t'a sauvé. »

---

8. "Mets-toi en tenue pour me servir", *litt. :* "t'étant ceint, sers-moi."
10. "Quelconques", *litt. :* "bons à rien", qui a été gardé dans la traduction de Mt 25, 30 où il s'agit d'un "serviteur mauvais et paresseux" (v. 26). Ici, il s'agit de bons serviteurs, mais dont Dieu pourrait se passer. Cette parabole semble rude. Elle rejoint celle du maître de la vigne en Mt 20, 1-16 : les hommes n'ont pas de comptes à demander à Dieu; elle rejoint aussi la critique des pharisiens, si fiers de leurs pratiques pieuses, et toute la doctrine de Paul (Romains, p. ex. 4, 1-8) pour qui les hommes deviennent "justes" aux yeux de Dieu non par leurs œuvres, mais par leur foi. Par ailleurs, une autre parabole nous a dit que le maître, à son retour, servirait lui-même ses serviteurs vigilants (12, 37). Jésus enfin se présente à ses disciples comme celui qui les sert (22, 27). L'enseignement des paraboles a une valeur de suggestion qu'il ne faut pas durcir en théories.
11. Rappel de la marche vers Jérusalem; l'itinéraire reste très vague.
12-19. Épisode propre à Lc.
19. "Ta foi t'a sauvé." Souvent, cette phrase de Jésus semble concerner seulement la guérison corporelle, par ex. 8, 48. Ici, la guérison est déjà acquise : il s'agit donc bien d'être sauvé de ses péchés; de même 7, 50.

Le jour du Fils de l'homme

20 Comme les pharisiens demandaient à Jésus
quand viendrait le règne de Dieu,
il leur répondit :
« Le règne de Dieu ne vient pas d'une manière visible.
21 On ne dira pas : ‘ Le voilà, il est ici ! ’ ou bien : ‘ Il est là ’.
En effet, voilà que le règne de Dieu est au milieu de vous. »
22 Et il dit aux disciples :
« Des jours viendront
où vous désirerez voir un seul des jours du Fils de l'homme,
et vous ne le verrez pas.
23 On vous dira : ‘ Le voilà, il est ici ! il est là ! ’
N'y allez pas, n'y courez pas.
24 En effet, comme l'éclair qui jaillit
illumine l'horizon d'un bout à l'autre,
ainsi le *Fils de l'homme, quand son *Jour sera là.
25 Mais auparavant, il faut qu'il souffre beaucoup
et qu'il soit rejeté par cette *génération.
26 Ce qui se passera dans les jours du Fils de l'homme
ressemblera à ce qui est arrivé dans les jours de Noé.
27 On mangeait, on buvait, on se mariait,
jusqu'au jour où Noé entra dans l'arche.
Puis le déluge arriva, qui les a tous fait mourir.
28 Ce sera aussi comme dans les jours de Loth :
on mangeait, on buvait,
on achetait, on vendait,
on plantait, on bâtissait ;
29 mais le jour où Loth sortit de Sodome,
Dieu fit tomber du ciel une pluie de feu et de soufre
qui les a tous fait mourir ;
30 il en sera de même
le jour où le Fils de l'homme se révélera.
31 Ce jour-là, celui qui sera sur sa terrasse,

---

21. Parole de Jésus rapportée par Lc seul. — "Au milieu de vous", comme une réalité déjà présente et agissante. La traduction fréquente "au-dedans de vous" suggère une intériorité psychologique familière aux modernes, mais étrangère à la mentalité biblique.

22. "Et vous ne le verrez pas." Peut-être Jésus met-il en garde les disciples contre la croyance à un retour prochain (ainsi 19, 11 ; Mc 13, 32 ; Mt 24, 36 ; Ac 1, 7 ; 2 Thessaloniciens 2, 1-2).

23-24. = Mt 24, 26-27 avec la note.

25. Rappel condensé des diverses annonces de la Passion, comme 9, 22.

26-27. = Mt 24, 37-39 avec la note.

28-30. Lc ajoute en parallèle le châtiment de *Sodome auquel Loth échappa, avec citation de Genèse 19, 24.

31. = Mt 24, 17-18 = Mc 13, 15. Dans ces trois parallèles, "qu'il ne retourne pas en arrière" est une citation de Genèse 19, 26, concernant "la femme de Loth" qui "devint une statue de sel". Les colonnes de sel, assez nombreuses auprès de la mer Morte, peuvent avoir suggéré cette légende. Jésus parle comme tout le monde et ne garantit pas la réalité du fait, pas plus que lorsqu'il parle de Jonas passant trois jours et trois nuits dans le ventre du monstre marin (Mt 12, 40).

et qui aura ses affaires dans sa maison,
qu'il ne descende pas pour les emporter;
et de même celui qui sera dans son champ,
qu'il ne retourne pas en arrière.
32 Rappelez-vous la femme de Loth.

33 Qui cherchera à conserver sa vie la perdra.
Et qui la perdra la sauvegardera.
34 Je vous le dis :
Cette nuit-là, deux personnes seront dans le même lit :
l'une sera prise, l'autre laissée.
35 Deux femmes seront ensemble en train de moudre du grain :
l'une sera prise, l'autre laissée. »

37 Les disciples lui demandèrent :
« Où donc, Seigneur ? »
Il leur répondit :
« Là où il y a un corps,
là aussi se rassembleront les vautours. »

Parabole du juge inique

1 Jésus dit une parabole **18**
pour montrer à ses disciples
qu'il faut toujours prier sans se décourager :
2 « Il y avait dans une ville
un juge qui ne respectait pas Dieu
et se moquait des hommes.
3 Dans cette même ville,
il y avait une *veuve qui venait lui demander :
' Rends-moi justice contre mon adversaire. '
4 Longtemps il refusa; puis il se dit :
' Je ne respecte pas Dieu,
et je me moque des hommes,
mais cette femme commence à m'ennuyer :
5 je vais lui rendre justice
pour qu'elle ne vienne plus sans cesse me casser la tête. ' »
6 Le Seigneur ajouta :
« Écoutez bien ce que dit ce juge sans justice!

---

33. = Mt 16, 25 avec la note = Mc 8, 35.
34-35. = Mt 24, 40-41 avec la note.
36. Verset de la *Vulgate, absent du texte original, répétition de Mt 24, 40.
37. = Mt 24, 28 avec la note.
18, 1. Parabole propre à Lc. Il indique à l'avance le but de la parabole; de même 15, 1; 18, 9; 19, 11.
4. Monologue intérieur peu vraisemblable, mais fréquent dans les paraboles de Lc : 12, 17.45; 15, 17; 16, 3; 18, 11; 20, 13.
6. "Le Seigneur ajouta" : Jésus montre lui-même la portée de la parabole, comme en 16, 9.

7 Dieu ne fera-t-il pas justice à ses élus,
qui crient vers lui jour et nuit ?
Est-ce qu'il les fait attendre ?
8 Je vous le déclare : sans tarder, il leur fera justice.
Mais le Fils de l'homme, quand il viendra,
trouvera-t-il la foi sur terre ? »

Le royaume de Dieu est pour les petits ; le pharisien et le publicain

9 Jésus dit une parabole
pour certains hommes
qui étaient convaincus d'être *justes
et qui méprisaient tous les autres :
10 « Deux hommes montèrent au Temple pour prier.
L'un était *pharisien et l'autre, *publicain.
11 Le pharisien se tenait là et priait en lui-même :
' Mon Dieu, je te rends grâce
parce que je ne suis pas comme les autres hommes :
voleurs, injustes, adultères,
ou encore comme ce publicain.
12 Je jeûne deux fois par semaine
et je verse le dixième de tout ce que je gagne. '
13 Le publicain, lui, se tenait à distance
et n'osait même pas lever les yeux vers le ciel;
mais il se frappait la poitrine, en disant :
' Mon Dieu, prends pitié du pécheur que je suis ! '
14 Quand ce dernier rentra chez lui,
c'est lui, je vous le déclare, qui était devenu juste,
et non pas l'autre.
Qui s'élève sera abaissé; qui s'abaisse sera élevé. »

15 On présentait à Jésus même les nourrissons,
afin qu'il les touche.
En voyant cela, les disciples les écartaient vivement.

---

7. Dieu est comparé à un juge inique : c'est un raisonnement a fortiori comme en 11,8.13. La parabole, présentée d'abord comme exhortant à la prière assidue, prend maintenant une orientation *eschatologique que justifie sa place dans le texte de Lc, après 17, 20-37.

8. La venue du Fils de l'homme succédera à un temps d'apostasie : voir Mt 24, 12; 2 Thessaloniciens 2, 3b-12.

10. Parabole propre à Lc. — "Pour prier" : on y montait non seulement pour la prière liturgique (Ac 3, 1) mais aussi pour la prière privée, afin d'être plus sûr d'être exaucé (voir 1 Rois 8, 29-30).

12. Jeûner deux fois la semaine, donner la dîme de tous ses biens étaient les pratiques de Juifs particulièrement fervents.

13. "Mon Dieu, prends pitié..." est à l'origine de la "prière de Jésus" si importante dans la piété des Églises d'Orient.

14. "Devenu juste, et non pas l'autre." *litt.* : "justifié à la différence de celui-là". En effet, étant "convaincu d'être juste", il ne pouvait être "justifié". C'est ici le seul endroit dans les évangiles où "justifié" ait le même sens technique que dans la théologie de saint Paul : Romains 2, 13; 3, 24.26.28.30 où il désigne l'action divine par laquelle un pécheur devient juste aux yeux de Dieu et en lui-même.

15-17. Les par. parlent de "petits enfants", Lc de "nourrissons", de bébés. Voir la note sur Mc 10, 13-16.

16 Mais Jésus les appela en disant :
« Laissez les enfants venir à moi, ne les empêchez pas,
car le royaume de Dieu est à ceux qui leur ressemblent.
17 Amen, je vous le dis :
celui qui n'accueille pas le royaume de Dieu
à la manière d'un enfant
n'y entrera pas. »

Richesse et détachement

18 Un chef lui demanda :
« Bon maître, que dois-je faire
pour avoir en héritage la vie éternelle ? »
19 Jésus lui dit :
« Pourquoi m'appelles-tu bon ?
Personne n'est bon, sinon Dieu seul.
20 Tu connais les commandements :
Ne commets pas d'adultère,
ne commets pas de meurtre,
ne commets pas de vol,
ne porte pas de faux témoignage,
honore ton père et ta mère. »
21 L'homme répondit :
« Tout cela, je l'ai observé depuis ma jeunesse. »
22 A ces mots Jésus lui dit :
« Une seule chose te fait encore défaut :
Vends tout ce que tu as, distribue-le aux pauvres
et tu auras un trésor dans les cieux.
Puis viens, suis-moi. »
23 Mais en entendant ces paroles,
l'homme devint profondément triste, car il était très riche.

24 En le voyant, Jésus dit :
« Comme il sera difficile à ceux qui possèdent des richesses
de pénétrer dans le royaume de Dieu!
25 Car il est plus facile à un chameau
de passer par un trou d'aiguille
qu'à un riche d'entrer dans le royaume de Dieu. »
26 Ceux qui l'entendaient lui demandèrent :
« Mais alors, qui peut être sauvé ? »
27 Jésus répondit :
« Ce qui est impossible pour les hommes
est possible pour Dieu. »
28 Alors Pierre lui dit :
« Voilà que nous, en quittant tout ce qui nous appartenait,
nous t'avons suivi. »

18-30. Voir les notes sur Mc 10, 17-31.

29 Jésus déclara :
« Amen, je vous le dis :
personne n'aura quitté à cause du royaume de Dieu
une maison, une femme, des frères, des parents, des enfants,
30 sans qu'il reçoive en ce temps-ci bien davantage
et, dans le monde à venir, la vie éternelle. »

Troisième annonce de la Passion

31 Prenant les *Douze avec lui,
il leur dit :
« Voici que nous montons à Jérusalem,
et tout ce qui a été écrit par les prophètes
sur le *Fils de l'homme
s'accomplira.
32 En effet, il sera livré aux païens,
on se moquera de lui, on le maltraitera,
on crachera sur lui;
33 après l'avoir flagellé, on le tuera
et, le troisième jour, il ressuscitera. »
34 Mais eux n'y comprirent rien,
le sens de cette parole leur restait caché,
et ils ne voyaient pas de quoi Jésus parlait.

Guérison de l'aveugle à Jéricho

35 Comme Jésus approchait de Jéricho,
un aveugle qui mendiait était assis au bord de la route.
36 Entendant une foule arriver, il demanda ce qu'il y avait.
37 On lui apprit que c'était Jésus le Nazaréen qui passait.
38 Il s'écria :
« Jésus, *fils de David, aie pitié de moi! »
39 Ceux qui marchaient en tête l'interpellaient pour le faire taire.
Mais lui criait de plus belle :
« Fils de David, aie pitié de moi! »
40 Jésus s'arrêta et ordonna qu'on le lui amène.
Quand il se fut approché, Jésus lui demanda :
41 « Que veux-tu que je fasse pour toi ?
— Seigneur, que je voie. »
42 Et Jésus lui dit :
« Vois. Ta foi t'a sauvé. »
43 A l'instant même, l'homme se mit à voir,
et il suivait Jésus en rendant gloire à Dieu.
Et tout le peuple, voyant cela, adressa ses louanges à Dieu.

31-34. Voir la note sur Mt 20, 17-19.

35-43. Voir les notes sur Mc 10, 46-52, dont Lc est très proche, sauf au v. 43, où il souligne par deux fois la louange adressée à Dieu, selon sa nature portée à l'enthousiasme; ainsi 7, 16; 13, 17; 24, 53.

Conversion de Zachée

19

1 Jésus traversait la ville de Jéricho.
2 Or il y avait un homme du nom de Zachée;
il était le chef des collecteurs d'impôts,
et c'était quelqu'un de riche.
3 Il cherchait à voir qui était Jésus,
mais il n'y arrivait pas à cause de la foule,
car il était de petite taille.
4 Il courut donc en avant et grimpa sur un sycomore
pour voir Jésus qui devait passer par là.
5 Arrivé à cet endroit, Jésus leva les yeux et l'interpella :
« Zachée, descends vite :
aujourd'hui il faut que j'aille demeurer chez toi. »
6 Vite, il descendit, et reçut Jésus avec joie.

7 Voyant cela, tous récriminaient :
« Il est allé loger chez un pécheur. »
8 Mais Zachée, s'avançant, dit au Seigneur :
« Voilà, Seigneur :
je fais don aux pauvres de la moitié de mes biens,
et si j'ai fait du tort à quelqu'un,
je vais lui rendre quatre fois plus. »
9 Alors Jésus dit à son sujet :
« Aujourd'hui, le salut est arrivé pour cette maison,
car lui aussi est un fils d'Abraham.
10 En effet, le Fils de l'homme est venu chercher et sauver
ce qui était perdu. »

Parabole des dix pièces d'or

11 Comme on écoutait Jésus, il ajouta une parabole,
parce qu'il était près de Jérusalem
et que ses auditeurs pensaient voir le royaume de Dieu
se manifester à l'instant même.
12 Voici donc ce qu'il dit :

19, 1-6. Épisode propre à Lc.

7. "Il est allé loger chez les pécheurs", et donc contracter une souillure (voir 5, 30; 7, 39; 15, 2 et aussi Ac 10, 28; 11, 3).

8. "Je fais don..." ce présent n'exprime pas la conduite habituelle de Zachée qui, en ce cas, parlerait comme le pharisien en 18, 12, mais la résolution qu'il va exécuter après sa rencontre avec Jésus.

10. Sentence propre à Lc, qui évoque la parabole de la brebis perdue (15, 4, voir Ézékiel 34, 16) et qui exprime le thème majeur de son évangile.

11-26. Cette parabole a la même signification que celle des talents en Mt 25, 14-30. — "pièces d'or", *litt.:* des "mines" : voir *Monnaies. Alors que les talents sont distribués inégalement, ici chacun reçoit une mine. — Lc a mêlé à cette parabole des pièces d'or le souvenir du prétendant à la royauté, qui émerge aux versets 11-12, 14-15a, 27. C'est un fait historique. Arkélaüs, fils d'Hérode le Grand, à la mort de celui-ci (4 av. J.-C.), était allé à Rome faire confirmer le testament qui le nommait ethnarque de Judée, de Samarie et d'Idumée. Une délégation juive l'avait suivi à Rome pour s'y opposer, sans succès. (Mais sa cruauté — voir Mt 2, 22 — devait le faire déposer par Auguste en 6 ap. J.-C.) Il s'était fait bâtir un splendide palais à Jéricho, où Jésus se trouve sans doute.

« Un homme de la grande noblesse
partit dans un pays lointain
pour se faire nommer roi et rentrer ensuite chez lui.
13 Il appela dix de ses serviteurs,
leur distribua dix pièces d'or et leur dit :
‘ Faites-les fructifier pendant mon voyage. ’
14 Mais ses concitoyens le détestaient,
et ils envoyèrent derrière lui une délégation
chargée de dire :
‘ Nous ne voulons pas qu'il règne sur nous. ’
15 Mais quand il revint après avoir été nommé roi,
il convoqua les serviteurs auxquels il avait distribué l'argent,
afin de savoir comment chacun l'avait fait fructifier.
16 Le premier se présenta et dit :
‘ Seigneur, ta pièce d'or en a rapporté dix. ’
17 Le roi lui dit :
‘ Très bien, bon serviteur!
Puisque tu as été fidèle en si peu de chose,
reçois l'autorité sur dix villes. ’
18 Le second vint dire :
‘ Ta pièce d'or, Seigneur, en a rapporté cinq. ’
19 A celui-là, le roi dit encore :
‘ Toi, tu seras gouverneur de cinq villes. ’

20 Un autre encore vint dire :
‘ Seigneur, voici ta pièce d'or,
je l'avais mise de côté dans un linge.
21 En effet, j'avais peur de toi :
tu es un homme exigeant, tu retires ce que tu n'as pas déposé,
tu moissonnes ce que tu n'as pas semé. ’
22 Le roi lui dit :
‘ Je vais te juger d'après tes propres paroles,
serviteur mauvais :
tu savais que je suis un homme exigeant,
que je retire ce que je n'ai pas déposé,
que je moissonne ce que je n'ai pas semé;
23 alors pourquoi n'as-tu pas mis mon argent à la banque ?
A mon arrivée, je l'aurais repris avec les intérêts. ’
24 Et le roi dit à ceux qui étaient là :
‘ Retirez-lui la pièce d'or,
et donnez-la à celui qui en a dix. ’
25 On lui dit :
‘ Seigneur, il en a déjà dix! ’

26 — Je vous le déclare :
celui qui a, recevra encore;
celui qui n'a rien, se fera enlever même ce qu'il a.
27 Quant à mes ennemis,

ceux qui n'ont pas voulu que je règne sur eux,
amenez-les ici et mettez-les à mort devant moi. »

Cortège messianique et lamentation sur Jérusalem

28 Après avoir dit ces paroles,
Jésus marchait en avant de ses disciples pour monter à Jérusalem.
29 A l'approche de Bethphagé et de *Béthanie,
sur les pentes du mont des *Oliviers,
il envoya deux disciples :
30 « Allez au village qui est en face.
A l'entrée, vous trouverez un petit *âne attaché :
personne ne l'a encore monté.
Détachez-le et amenez-le.
31 Si l'on vous demande :
' Pourquoi le détachez-vous ? '
vous répondrez :
' Le Seigneur en a besoin '. »
32 Les disciples partirent
et trouvèrent tout comme Jésus leur avait dit.
33 Au moment où ils détachaient le petit âne,
ses maîtres demandèrent :
« Pourquoi détachez-vous cet âne ? »
34 Ils répondirent :
« Le Seigneur en a besoin. »
35 Ils amenèrent l'âne à Jésus,
jetèrent leurs vêtements dessus, et firent monter Jésus.
36 A mesure qu'il avançait,
les gens étendaient leurs vêtements sur le chemin.
37 Déjà Jésus arrivait à la descente du mont des Oliviers,
quand toute la foule des disciples, remplie de joie,
se mit à louer Dieu à pleine voix
pour tous les miracles qu'ils avaient vus :
38 « *Béni soit celui qui vient,*
lui, notre Roi,
au nom du Seigneur.
Paix dans le ciel et gloire au plus haut des cieux! »
39 Quelques pharisiens, qui se trouvaient dans la foule,
dirent à Jésus :
« Maître, arrête tes disciples! »
40 Mais il leur répondit :

---

28. La marche vers Jérusalem, commencée en 9, 51, s'achève ici.
28-40. Voir les notes sur Mt 21, 1-11.
38. L'acclamation que Lc attribue à "la foule des disciples" comporte une incise qui lui est propre : "lui, notre Roi..." et se termine par la reprise de l'acclamation des anges à Noël (2, 14).
39-40. Reproche des pharisiens et réponse de Jésus, propres à Lc. "Les pierres crieront", peut-être une hyperbole proverbiale, peut-être aussi une allusion à la destruction prochaine de Jérusalem (v. 44).

« Je vous le dis :
s'ils se taisent, les pierres crieront. »

Jésus pleure sur Jérusalem

41 Quand Jésus fut près de Jérusalem,
en voyant la ville, il pleura sur elle; il disait :
42 « Si toi aussi, tu avais reconnu en ce jour
ce qui peut te donner la paix!
Mais hélas, cela est resté caché à tes yeux.
43 Oui, il arrivera pour toi des jours
où tes ennemis viendront mettre le siège devant toi,
t'encercleront et te presseront de tous côtés;
44 ils te jetteront à terre, toi et tes enfants qui sont chez toi,
et ils ne laisseront pas chez toi pierre sur pierre,
parce que tu n'as pas reconnu le moment où Dieu te visitait. »

IV. JÉSUS A JÉRUSALEM PASSION ET RÉSURRECTION

Controverses et rupture avec les autorités du judaïsme

Purification du Temple

45 Jésus entra dans le *Temple,
et se mit à expulser les marchands.
Il leur déclarait :
46 « L'Écriture dit :
Ma maison sera une maison de prière.
Or vous, vous en avez fait *une caverne de bandits.* »
47 Il était chaque jour dans le Temple pour enseigner.
Les *chefs des prêtres et les *scribes, ainsi que les notables,
cherchaient à le faire mourir,
48 mais ils ne trouvaient pas le moyen d'y arriver;
en effet, le peuple tout entier était suspendu à ses lèvres.

Par quelle autorité ? **20**

1 Un jour où Jésus, dans le Temple, instruisait le peuple

---

41. Jusqu'à 44, propre à Lc. En s'avançant sur la descente du mont des *Oliviers, Jésus voit la ville s'étaler devant lui dans toute sa beauté.

42. Phrase obscure. "Toi aussi" peut assimiler Jérusalem aux villes du lac, qui seront châtiées (10, 13), ou l'opposer aux disciples qui, eux, ont trouvé la paix.

43. Annonce du siège de Jérusalem en 70, qui préfigurera le jugement. Lc y reviendra 21, 20.

44. "le moment où Dieu te visitait" par la venue de Jésus (ainsi 7, 16). Alors qu'il accomplit en roi une visite officielle, une joyeuse entrée, il est acclamé par la foule de ses disciples et des pèlerins, mais non par les dirigeants de Jérusalem.

45-48. Voir Mt 21, 12-13 et les notes. Le récit de Lc est, entre les quatre évangiles, le plus rapide et le moins évocateur.

47. L'enseignement "dans le Temple" avait lieu, comme la scène qui précède, dans les parvis et les galeries, non dans le lieu de la prière et des sacrifices.

20, 1-8. Voir Mc 11, 27-33 avec les notes.

et proclamait la Bonne Nouvelle,
survinrent les *chefs des prêtres et les *scribes
avec les *anciens.
2 Ils lui demandèrent :
« Dis-nous par quelle autorité tu fais cela,
ou bien qui est celui qui t'a donné cette autorité ? »
3 Il leur répliqua :
« Moi aussi, je vais vous poser une question.
Dites-moi : Le baptême de Jean
4 venait-il du ciel, ou des hommes ? »
5 Ils firent en eux-mêmes ce raisonnement :
« Si nous disons : ' Du ciel ',
il va dire :
' Pourquoi n'avez-vous pas cru à sa parole ? '
6 Si nous disons : ' Des hommes ',
tout le peuple va nous lapider,
car il est persuadé que Jean est un prophète. »
7 Et ils répondirent qu'ils ne savaient pas d'où il venait.
8 Alors Jésus leur dit :
« Moi non plus, je ne vous dirai pas
par quelle autorité je fais cela. »

Parabole des vignerons meurtriers

9 Il se mit à dire au peuple la parabole que voici :
« Un homme planta une *vigne,
il la donna en fermage à des vignerons
et partit en voyage pour très longtemps.
10 Le moment venu, il envoya son serviteur auprès des vignerons
afin que ceux-ci lui remettent
ce qui lui revenait du produit de la vigne.
Mais les vignerons renvoyèrent le serviteur, après l'avoir frappé,
sans rien lui donner.
11 Le maître recommença, en envoyant un autre serviteur;
celui-là aussi, après l'avoir frappé et insulté,
ils le renvoyèrent sans rien lui donner.
12 Le maître recommença, en envoyant un troisième serviteur;
mais après l'avoir blessé, ils le jetèrent dehors.
13 Le maître de la vigne dit alors :
' Que vais-je faire ?
J'enverrai mon fils bien-aimé :
peut-être le respecteront-ils ! '
14 En le voyant, les vignerons firent entre eux ce raisonnement :
' Voici l'héritier.
Tuons-le, pour que l'héritage soit à nous. '

9-19. Voir Mc 12, 1-12 avec les notes.

15 Et, après l'avoir jeté hors de la vigne,
ils le tuèrent.
Qu'est-ce que le maître de la vigne fera donc à ces gens ?
16 Il viendra, fera périr ces vignerons
et donnera la vigne à d'autres. »
Les auditeurs dirent à Jésus :
« Jamais de la vie ! »
17 Mais lui, posant son regard sur eux, leur dit :
« Que signifie donc ce qui est écrit :
La pierre qu'ont rejetée les bâtisseurs
est devenue la pierre angulaire.
18 *Tout homme qui tombera sur cette pierre*
sera brisé ;
celui sur qui elle tombera
elle le pulvérisera ! »
19 Les scribes et les chefs des prêtres
cherchaient à mettre la main sur Jésus à l'instant même ;
mais ils eurent peur du peuple.
(Ils avaient bien compris que c'était pour eux
qu'il avait dit cette parabole.)

Dieu et César

20 Ils se mirent alors à le guetter
et lui envoyèrent des espions.
Ceux-ci jouaient le rôle d'hommes *justes
pour le prendre en défaut en le faisant parler,
afin de le livrer au pouvoir et à l'autorité du gouverneur.
21 Ils l'interrogèrent ainsi :
« Maître, nous le savons :
tu parles et tu enseignes avec droiture,
et tu ne fais pas de différence entre les hommes,
mais tu enseignes le vrai chemin de Dieu.
22 Nous est-il permis, oui ou non,
de payer l'impôt à l'empereur ? »
23 Mais Jésus, pénétrant leur fourberie, leur dit :
24 « Montrez-moi une pièce d'argent.
De qui porte-t-elle l'effigie et la légende ?
— De l'empereur César », répondirent-ils.
25 Il leur dit :
« Alors rendez à César ce qui est à César,
et à Dieu ce qui est à Dieu. »
26 Ils furent incapables de le prendre en défaut
devant le peuple en le faisant parler,
et, tout étonnés de sa réponse, ils gardèrent le silence.

---

20. Notation propre à Lc.
21-27. Voir Mc 12, 13-17 avec les notes.

La résurrection des morts

27 Des *sadducéens
— ceux qui prétendent qu'il n'y a pas de résurrection —
28 vinrent trouver Jésus, et ils l'interrogèrent :
« Maître, Moïse nous a donné cette loi :
Si un homme a un frère marié
mais qui meurt sans enfant,
qu'il épouse la veuve pour donner une descendance à son frère.
29 Or, il y avait sept frères :
le premier se maria et mourut sans enfant;
30 31 le deuxième, puis le troisième épousèrent la veuve,
et ainsi tous les sept :
ils moururent sans laisser d'enfants.
32 Finalement la femme mourut aussi.
33 Eh bien, à la résurrection,
cette femme, de qui sera-t-elle l'épouse,
puisque les sept l'ont eue pour femme ? »

34 Jésus répond :
« Les enfants de ce monde se marient.
35 Mais ceux qui seront jugés dignes
d'avoir part au monde à venir
et à la résurrection d'entre les morts
ne se marient pas,
36 car ils ne peuvent plus mourir :
ils sont semblables aux anges,
ils sont fils de Dieu, en étant héritiers de la résurrection.
37 Quant à dire que les morts doivent ressusciter,
Moïse lui-même le fait comprendre
dans le récit du buisson ardent,
quand il appelle le Seigneur :
le Dieu d'Abraham, le Dieu d'Isaac, le Dieu de Jacob.
38 Il n'est pas le Dieu des morts, mais des vivants;
tous vivent en effet pour lui. »
39 Alors certains scribes prirent la parole pour dire :
« Maître, tu as bien parlé. »
40 Et ils n'osaient plus l'interroger sur quoi que ce soit.

Le Christ, fils et Seigneur de David

41 Jésus leur dit :
« Comment peut-on dire que le Messie est fils de David ?

27-37. Voir Mc 12, 18-27 avec les notes.

38. "Tous vivent en effet pour lui." Conclusion propre à Lc. Son sens paraît être : Ceux qui ont disparu à nos yeux, que nous jugeons morts, sont vivants aux yeux de Dieu (et donc en réalité). On l'a rapprochée de sentences pauliniennes où "vivre pour Dieu" signifie lui consacrer sa vie (Romains 6, 10; Galates 2, 19). Ce sens est moins en situation.

39. Propre à Lc. Des scribes approuvent Jésus, car les pharisiens étaient partisans de la résurrection (voir Ac 23, 6-8).

41-44. Voir la note sur Mc 12, 35.

42 David lui-même écrit, dans le livre des Psaumes :
Le Seigneur a dit à mon Seigneur :
Siège à ma droite
43 *jusqu'à ce que j'aie mis tes ennemis*
comme un escabeau sous tes pieds.
44 David l'appelle donc Seigneur.
Comment peut-il être également son fils ? »

Critique des scribes

45 Comme tout le peuple l'écoutait,
il dit à ses disciples :
46 « Méfiez-vous des scribes
qui tiennent à sortir en robes solennelles
et qui aiment les salutations sur les places publiques,
les premiers rangs dans les synagogues
et les places d'honneur dans les dîners.
47 Ils dévorent les biens des veuves
et affectent de prier longuement :
ils seront d'autant plus sévèrement condamnés. »

L'offrande de la veuve

21

1 Levant les yeux, il vit les gens riches
qui mettaient leurs offrandes dans le tronc du trésor.
2 Il vit aussi une *veuve misérable y déposer deux piécettes.
3 Alors il déclara :
« En vérité, je vous le dis :
cette pauvre veuve a mis plus que tout le monde.
4 Car tous ceux-là ont pris sur leur superflu
pour faire leur offrande,
mais elle, elle a pris sur son indigence :
elle a donné tout ce qu'elle avait pour vivre. »

Discours sur la ruine de Jérusalem et la venue du Fils de l'homme

5 Certains parlaient du Temple,
admirant la beauté des pierres et les dons des fidèles.
Jésus leur dit :
6 « Ce que vous contemplez,
des jours viendront où il n'en restera pas pierre sur pierre :
tout sera détruit. »
7 Ils lui demandèrent :
« Maître, quand cela arrivera-t-il,
et quel sera le *signe que cela va se réaliser ? »

45-47. Voir la note sur Mc 12, 38-40.
21, 1-4. Voir la note sur Mc 12, 41.
5. Lc a déjà eu un discours sur la venue du Fils de l'homme en 17, 22-37, comportant de nombreux parallèles avec le grand discours de Mt 24. De même ici, et l'on voudra bien se reporter aux notes sur ce chapitre de Mt.
5-7. = Mt 24, 1-3 = Mc 13, 1-4.

8 Jésus répondit :
« Prenez garde de ne pas vous laisser égarer,
car beaucoup viendront sous mon nom
en disant : ‘ C'est moi ’,
ou encore : ‘ Le moment est tout proche ’.
Ne marchez pas derrière eux!
9 Quand vous entendrez parler de guerres et de soulèvements,
ne vous effrayez pas :
il faut que cela arrive d'abord,
mais ce ne sera pas tout de suite la fin. »
10 Alors Jésus ajouta :
« On se dressera nation contre nation,
royaume contre royaume.
11 Il y aura de grands tremblements de terre,
et çà et là des épidémies de peste et des famines;
des faits terrifiants surviendront,
et de grands signes dans le ciel.

12 Mais avant tout cela,
on portera la main sur vous et on vous persécutera;
on vous livrera aux synagogues, on vous jettera en prison,
on vous fera comparaître devant des rois et des gouverneurs,
à cause de mon Nom.
13 Ce sera pour vous l'occasion de rendre témoignage.
14 Mettez-vous dans la tête
que vous n'avez pas à vous soucier de votre défense.
15 Moi-même, je vous inspirerai un langage et une sagesse
à laquelle tous vos adversaires ne pourront opposer
ni résistance ni contradiction.
16 Vous serez livrés même par vos parents,
vos frères, votre famille et vos amis,
et ils feront mettre à mort certains d'entre vous.
17 Vous serez détestés de tous, à cause de mon *Nom.
18 Mais pas un cheveu de votre tête ne sera perdu.
19 C'est par votre persévérance que vous obtiendrez la vie.

20 Lorsque vous verrez Jérusalem encerclée par des armées,
sachez alors que sa dévastation est toute proche.
21 Alors, ceux qui seront en Judée,
qu'ils s'enfuient dans la montagne;
ceux qui seront à l'intérieur de la ville,
qu'ils s'en éloignent;
ceux qui seront à la campagne,
qu'ils ne rentrent pas en ville,

8-11. = Mt 24, 4-14 = Mc 13, 5-8.
12-19. = Mt 10, 17-22 = Mc 13, 9-13.
20-24. = Mt 24, 15-22 = Mc 13, 14-20.

22 car ce seront des jours où Dieu fera justice
pour accomplir toute l'Écriture.
23 *Malheureuses les femmes qui seront enceintes
et celles qui allaiteront en ces jours-là,
car il y aura une grande misère dans le pays,
une grande colère contre ce peuple.
24 Ils tomberont sous le tranchant de l'épée,
ils seront emmenés en captivité chez toutes les nations païennes;
Jérusalem sera piétinée par les païens,
jusqu'à ce que le temps des païens soit achevé.
25 Il y aura des signes dans le soleil, la lune et les étoiles.
Sur terre, les nations seront affolées
par le fracas de la mer et de la tempête.
26 Les hommes mourront de peur
dans la crainte des malheurs arrivant sur le monde,
car les puissances des cieux seront ébranlées.
27 Alors, on verra le *Fils de l'homme venir dans la *nuée,
avec grande puissance et grande gloire.
28 Quand ces événements commenceront,
redressez-vous et relevez la tête,
car votre rédemption approche. »
29 Et il leur dit cette parabole :
« Voyez le figuier et tous les autres arbres.
30 Dès qu'ils bourgeonnent,
vous n'avez qu'à les regarder pour savoir que l'été est déjà proche.
31 De même, vous aussi, lorsque vous verrez arriver cela,
sachez que le royaume de Dieu est proche.
32 Amen, je vous le dis :
cette *génération ne passera pas sans que tout arrive.
33 Le ciel et la terre passeront, mes paroles ne passeront pas.
34 Tenez-vous sur vos gardes,
de crainte que votre cœur ne s'alourdisse
dans la débauche, l'ivrognerie et les soucis de la vie,
et que ce jour-là ne tombe sur vous à l'improviste.
35 Comme un filet, il s'abattra sur tous les hommes de la terre.
36 Restez éveillés et priez en tout temps :
ainsi vous serez jugés dignes
d'échapper à tout ce qui doit arriver,
et de paraître debout devant le Fils de l'homme. »
37 Le jour, il était dans le *Temple et il enseignait.
La nuit, il restait hors de la ville,
à l'endroit appelé mont des *Oliviers.

25-28. = Mt 24, 29-30 = Mc 13, 24-27.
29-33. = Mt 24, 32-35 = Mc 13, 28-29.
34-36. = Mc 13, 33, voir la note.
37-38. = Mt 21, 17 = Mc 11, 11.18-19 = Jn 8, 1-2.
Plus que les parallèles de Mt et Mc, Lc semble caractériser les habitudes de Jésus pendant

38 Et tout le peuple, dès l'aurore,
venait à lui dans le Temple pour l'écouter.

Trahison de Judas

1 La fête des pains sans *levain, qu'on appelle la *Pâque, **22**
était proche;
2 les chefs des prêtres et les scribes
cherchaient le moyen de le supprimer,
car ils avaient peur du peuple.

3 Satan entra en Judas, appelé Iscariote,
qui était au nombre des Douze;
4 Judas s'en alla parler avec les chefs des prêtres
et les officiers de la garde du Temple,
pour voir comment il leur livrerait Jésus.
5 Ils se réjouirent et ils décidèrent de lui donner de l'argent.
6 Judas fut d'accord, et il cherchait une occasion favorable
pour le leur livrer quand il serait en dehors de la foule.

Le repas du Seigneur

Préparatifs de la Pâque

7 Arriva le jour des pains sans levain
où il fallait immoler *l'agneau pascal.
8 Jésus envoya Pierre et Jean, en leur disant :
« Allez faire les préparatifs de notre repas pascal. »
9 Ils lui dirent :
« Où veux-tu que nous les fassions ? »
10 Jésus leur répondit :
« Voici : quand vous entrerez en ville,
vous y rencontrerez un homme portant une cruche d'eau;
suivez-le dans la maison où il pénétrera,
11 et vous direz au propriétaire de la maison :
'Le maître te fait dire : Où est la salle
où je pourrai manger la *Pâque avec mes disciples ? '
12 Cet homme vous montrera, à l'étage,
une grande pièce aménagée pour les repas.
Faites-y les préparatifs. »

---

une certaine période; alors qu'ils montrent Jésus se retirant à Béthanie, Lc, en mentionnant le mont des Oliviers, évoque davantage un séjour nocturne en plein air, sans doute pour prier (voir 6, 12; 9, 28; 22, 39).

22, 1-2. "Car ils avaient peur du peuple" qu'ils savaient attaché à Jésus : 19, 48; 20, 19.45; 21, 38. Voir aussi Jn 12, 19.

3. "Satan entra en Judas" : expression frappante, comme Jn 13, 27. C'est le retour de Satan "au moment fixé" que Lc avait fait prévoir en 4, 13.

6. "En dehors de la foule" des jours de fête et des pèlerinages, qui pourrait se soulever (voir Mt 26, 5). D'où l'arrestation hors de Jérusalem, dans le domaine privé de Gethsémani.

7. Reprise du v. 1. "L'agneau pascal" *litt. :* " la Pâque".

8. Dans Lc seul, Jésus en charge Pierre et Jean. Dans le début des Ac, Lc les associera souvent (3, 1-11; 4, 1-19; 8, 14-17). C'est un des points de contact entre Lc et le 4e évangile (Jn 13, 23-24; 18, 15-16; 20, 2-10; 21, 15-23).

9-13. Voir les notes sur Mt 26, 17-19.

13 Ils partirent donc;
tout se passa comme Jésus le leur avait dit,
et ils préparèrent la Pâque.

14 Quand l'heure fut venue,
Jésus se mit à table, et les Apôtres avec lui.
15 Il leur dit :
« J'ai ardemment désiré manger cette Pâque avec vous
avant de souffrir!
16 Car je vous le déclare :
jamais plus je ne la mangerai
jusqu'à ce qu'elle soit pleinement réalisée
dans le royaume de Dieu. »
17 Il prit alors une coupe, il rendit grâce et dit :
« Prenez, partagez entre vous.
18 Car, je vous le déclare :
jamais plus désormais je ne boirai du fruit de la vigne
jusqu'à ce que vienne le règne de Dieu. »

Institution de l'Eucharistie

19 Puis il prit du pain;
après avoir rendu grâce, il le rompit
et le leur donna, en disant :
« Ceci est mon corps, donné pour vous.
Faites cela en mémoire de moi. »
20 Et pour la coupe, il fit de même à la fin du repas, en disant :

15-18. Versets propres à Lc. Ils ne concernent pas l'institution de l'eucharistie, mais la préparent et l'expliquent. "J'ai ardemment désiré..." Brève échappée sur les sentiments intimes de Jésus, analogue à 12, 49-50. — "... manger cette Pâque avec vous..." Il s'agit de manger l'Agneau pascal (comme on l'a traduit au v. 7), et donc de célébrer la Pâque juive avec la famille des disciples pour la dernière fois, puisque Jésus ne la mangera plus "jusqu'à ce qu'elle soit pleinement réalisée dans le royaume de Dieu". Alors, Jésus ne va pas "abolir, mais accomplir", car, en même temps il institue la Pâque nouvelle : l'eucharistie. Or, celle-ci, quoi qu'il en soit de son réalisme, est encore figurative; il lui reste, à elle aussi, à être "pleinement réalisée dans le royaume de Dieu", où elle sera remplacée par le *festin céleste. "Le royaume de Dieu" au v. 16, et "le règne de Dieu" au v. 18 peuvent désigner soit le royaume instauré sur terre par la Pentecôte (l'Église), soit le Royaume céleste. Mais il n'est pas nécessaire de choisir entre ces deux sens puisque le Royaume terrestre préfigure et commence à réaliser celui du ciel.

19. Le récit de l'institution eucharistique chez Lc est assez différent de ceux de Mt-Mc, mais proche de celui de Paul, 1 Corinthiens 11, 23-26. — "Après avoir rendu grâce" (de même Paul) "*eucharistèsas*", d'où le nom d'eucharistie. Mt-Mc ont "prononça la bénédiction", ce qui a le même sens, car cette bénédiction est une louange adressée à Dieu. — "Ceci est mon corps", comme Mt-Mc, mais Lc ajoute : "donné pour vous" (Paul, littéralement : "lequel pour vous"). La réforme liturgique du 2e concile du Vatican a ajouté les mots "livré pour vous" à la formule consécratoire du pain dans la liturgie romaine. C'est un grand progrès fondé sur le texte biblique, car la formule ainsi complétée prend une signification sacrificielle qui était seulement implicite dans "Ceci est mon corps." — "Faites cela en mémoire de moi" (*litt. :* "pour mon mémorial"). Formule propre à Lc-Paul (et celui-ci la répète après la consécration de la coupe). Elle est de la plus haute importance : Jésus n'aurait pas institué l'eucharistie s'il s'était contenté de la célébrer sans donner à la fois l'ordre et le pouvoir de la réitérer.

20. Mt-Mc disent : "Ceci est mon sang de l'Alliance", citation d'Exode 24, 8, lorsque Moïse au Sinaï conclut l'alliance de Yahweh avec son peuple. Lc-Paul parlent de la "nouvelle Alliance" annoncée par Jérémie 31, 31.

« Cette coupe est la nouvelle Alliance en mon sang
répandu pour vous.

Annonce de la trahison

21 Cependant la main de celui qui me livre est là,
à côté de moi, sur la table.
22 En effet, le Fils de l'homme s'en va
selon ce qui a été fixé.
Mais malheureux l'homme qui le livre! »
23 Les Apôtres commencèrent à se demander les uns aux autres
lequel d'entre eux allait faire cela.

Qui est le plus grand ?

24 Ils en arrivèrent à se quereller :
lequel d'entre eux, à leur avis, était le plus grand ?
25 Mais il leur dit :
« Les rois des nations païennes
leur commandent en maîtres,
et ceux qui exercent le pouvoir sur elles
se font appeler bienfaiteurs.
26 Pour vous, rien de tel!
Au contraire, le plus grand d'entre vous
doit prendre la place du plus jeune,
et celui qui commande, la place de celui qui sert.
27 Quel est en effet le plus grand :
celui qui est à table, ou celui qui sert ?
N'est-ce pas celui qui est à table ?
Eh bien moi, je suis au milieu de vous comme celui qui sert.

La récompense des Douze

28 Vous, vous avez tenu bon avec moi dans mes épreuves.
29 Et moi, je dispose pour vous du Royaume,
comme mon Père en a disposé pour moi.
30 Ainsi vous mangerez et boirez à ma table dans mon Royaume
et vous siégerez sur des trônes
pour juger les douze tribus d'Israël.

Annonce du reniement de Pierre

31 *Simon, Simon, Satan vous a réclamés
pour vous passer au crible comme le froment.

21-23. Voir les notes sur Mt 26, 23-25. Mais Mt-Mc placent cette dénonciation avant l'institution eucharistique. Cet ordre semble vraisemblable. Lc ne craint pas de paraître modifier l'ordre des faits pour grouper ceux-ci de façon plus logique (ainsi 1, 56-57; 3, 20-21). N'avait-il pas annoncé "un exposé suivi" (1, 3) ? Il n'est donc pas certain que Judas, s'il a participé à la Pâque, ait participé aussi à l'Eucharistie.

24-27. Lc a été impressionné par ces rivalités, déjà en 9, 46. Il est le seul à rappeler qu'elles se sont manifestées au moment même où Jésus venait de se montrer "celui qui sert" en leur donnant sa chair et son sang. L'expression "celui qui sert" évoque en outre le "*Serviteur* souffrant" des cantiques d'Isaïe, surtout au ch. 53 qui prophétise la Passion.

28-30. Voir la note sur Mt 19, 28.

31-32. Lc annonce le reniement de Pierre, dans une version qui lui est propre. Les disciples seront secoués par Satan, dans la passion de Jésus, comme le froment qu'on

32 Mais j'ai prié pour toi, afin que ta foi ne sombre pas.
Toi donc, quand tu seras revenu, affermis tes frères. »

33 Pierre lui dit :
« Seigneur, avec toi, je suis prêt à aller en prison et à la mort. »
34 Jésus reprit :
« Je te le déclare, Pierre :
le coq ne chantera pas aujourd'hui
avant que, par trois fois,
tu aies affirmé que tu ne me connais pas. »

Imminence de l'épreuve

35 Puis il leur dit :
« Quand je vous ai envoyés sans argent, ni sac, ni sandales,
avez-vous manqué de quelque chose ? »
36 Ils lui répondirent :
« Mais non. »
Jésus leur dit :
« Eh bien maintenant, celui qui a de l'argent,
qu'il en prenne,
de même celui qui a un sac;
et celui qui n'a pas d'épée,
qu'il vende son manteau pour en acheter une.
37 Car, je vous le déclare :
il faut que s'accomplisse en moi ce texte de l'Écriture :
Il a été compté avec les pécheurs.
De fait, ce qui me concerne va se réaliser. »
38 Ils lui dirent :
« Seigneur, voici deux épées. »
Il leur répondit :
« Cela suffit. »

Au mont des Oliviers : prière, angoisse et arrestation

39 Jésus sortit pour se rendre, comme d'habitude,
au mont des Oliviers,
et ses disciples le suivirent.

---

passe au crible. Jésus a prié pour Pierre, afin que sa foi ne sombre pas, cette foi qui lui a valu le nom de Pierre. Et il exercera cette primauté, après son retour (sa conversion), en affermissant ses frères. Ce texte est un des témoignages les plus forts en faveur de la primauté de Pierre.

35. Dialogue propre à Lc, avec un retour sur les envois en mission de 9, 2 et 10, 4.

36. Expressions symboliques sur les précautions à prendre en temps de crise et de combat. Mais les Douze les entendent à la lettre et Jésus arrête là son propos (v.38).

37. "Ce texte de l'Écriture" est Isaïe 53, 12 et Lc est le seul évangéliste à le citer. Il se réalisera de façon particulièrement frappante par le crucifiement de Jésus entre deux malfaiteurs, qui donne lieu à un des plus beaux épisodes de la Passion selon Lc (23, 39-43).

39. Voir les notes sur le parallèle de Mt. On signale ici les particularités de Lc. — "Comme d'habitude" : de même Jn 18, 2. — "Au mont des Oliviers" : Mt-Mc précisent : "à un domaine appelé Gethsémani." — "Ses disciples le suivirent" : Lc ne montre pas Pierre, Jacques et Jean se détachant du groupe pour suivre Jésus.

40 Arrivé là, il leur dit :
« Priez, pour ne pas entrer en tentation. »
41 Puis il s'écarta à la distance d'un jet de pierre environ.
Se mettant à genoux, il priait :
42 « Père, si tu veux, éloigne de moi cette coupe;
cependant, que ce ne soit pas ma volonté qui se fasse,
mais la tienne. »
43 Alors du ciel, lui apparut un ange qui le réconfortait.
44 Dans l'angoisse, Jésus priait avec plus d'insistance;
et sa sueur devint comme des gouttes de sang
qui tombaient jusqu'à terre.
45 Après cette prière, Jésus se leva et rejoignit ses disciples
qu'il trouva endormis à force de tristesse.
46 Il leur dit :
« Pourquoi dormez-vous ?
Levez-vous et priez, pour ne pas entrer en tentation. »

47 Il parlait encore quand parut une foule de gens.
Le nommé Judas, l'un des Douze, marchait à leur tête.
Il s'approcha de Jésus pour l'embrasser.
48 Jésus lui dit :
« Judas,
c'est par un baiser que tu livres le Fils de l'homme ? »

49 Voyant ce qui allait se passer,
ceux qui entouraient Jésus lui dirent :
« Seigneur, faut-il frapper avec l'épée ? »
50 L'un d'eux frappa le serviteur du grand prêtre
et lui trancha l'oreille droite.
51 Jésus répondit :
« Laissez donc faire! »
Et, touchant l'oreille de l'homme, il le guérit.

52 Jésus dit alors à ceux qui étaient venus l'arrêter,
chefs des prêtres, officiers de la garde du Temple et anciens :
« Suis-je donc un bandit,
pour que vous soyez venus avec des épées et des bâtons ?

---

40. "Priez..." Lc place ici ces paroles de Jésus à ses disciples que Mt-Mc placent seulement en conclusion; Lc les répétera au v. 46. Elles rappellent la fin du Notre Père.
41. "Se mettant à genoux", attitude rare dans la prière ancienne. Lc la note aussi dans Ac 7, 60; 9, 40; 20, 36; 21, 5.
42. Comme les parallèles. "La coupe" : voir la note sur Mt 26, 39.
43-44. Propres à Lc. Jésus a été "servi" par les Anges après sa tentation Mt 4, 11 (voir Ps 90/91, 11-12). Dans l'épisode, en Jn 12, 29, qui annonce l'angoisse de Gethsémani, certains disent qu'un ange lui a parlé.
45. Lc, toujours indulgent, attribue leur sommeil à la tristesse, comme il attribuera leur incrédulité à la joie de le voir ressuscité (24, 41).
47. Le récit de l'arrestation est particulièrement bref chez Lc.
48. Ce reproche de Jésus n'est cité que par Lc.
51. Lc est le seul à relater cette guérison miséricordieuse.

53 Chaque jour, j'étais avec vous dans le Temple,
et vous ne m'avez pas arrêté.
Mais c'est maintenant votre heure,
c'est la domination des ténèbres. »

Chez le grand prêtre : reniement de Pierre et interrogatoire de Jésus

54 Ils se saisirent de Jésus pour l'emmener
et ils le firent entrer dans la maison du grand prêtre.
Pierre suivait de loin.
55 Ils avaient allumé un feu au milieu de la cour
et ils s'étaient tous assis là.
Pierre était parmi eux.
56 Une servante le vit assis près du feu;
elle le dévisagea et dit :
« Celui-là aussi était avec lui. »
57 Mais il nia :
« Femme, je ne le connais pas. »
58 Peu après, un autre dit en le voyant :
« Toi aussi, tu en fais partie. »
Pierre répondit :
« Non, je n'en suis pas. »
59 Environ une heure plus tard, un autre insistait :
« C'est sûr : celui-là était avec lui,
et d'ailleurs il est Galiléen. »
60 Pierre répondit :
« Je ne vois pas ce que tu veux dire. »
Et à l'instant même, comme il parlait encore,
un coq chanta.
61 Le Seigneur, se retournant, posa son regard sur Pierre;
et Pierre se rappela la parole que le Seigneur lui avait dite :
« Avant que le coq chante aujourd'hui,
tu m'auras renié trois fois. »
62 Il sortit et pleura amèrement.

63 Les hommes qui gardaient Jésus
se moquaient de lui et le maltraitaient.

---

53. "C'est maintenant votre heure, c'est la domination des ténèbres." Propre à Lc, mais dans le langage de Jn.

54-62. D'après Mt-Mc, Jésus aurait comparu devant le *Sanhédrin aussitôt après son arrestation, donc en pleine nuit, ce qui aurait été contraire au droit. L'ordre des faits qu'on peut tirer de Jn et Lc est meilleur. Jésus est conduit "dans la maison du grand prêtre", *Caïphe, mais où habitaient plusieurs "*grands prêtres" honoraires. Jésus est introduit d'abord "chez Anne, beau-père de Caïphe, le grand prêtre de cette année-là" (Jn 18, 13), pour un interrogatoire informel. C'est pendant ce temps que Pierre, dans la cour, renie Jésus qui, en revenant de chez Anne, "pose son regard" sur lui. Dans le récit de Lc les dénégations de Pierre sont beaucoup moins véhémentes que chez Mt-Mc.

63-65. D'après Mt-Mc, on croirait que les premiers outrages infligés à Jésus, avec soufflets, crachats, etc. sont l'œuvre des membres du Sanhédrin, ce qui est peu croyable. Chez Lc, ils viennent des soldats et valets qui ont arrêté Jésus. Ils semblent d'ailleurs

64 Ils lui avaient voilé le visage, et ils l'interrogeaient :
« Fais le prophète! Qui est-ce qui t'a frappé ? »
65 Et ils lançaient contre lui beaucoup d'autres insultes.

66 Lorsqu'il fit jour,
les anciens du peuple, chefs des prêtres et scribes, se réunirent,
et ils l'emmenèrent devant leur grand *conseil.
67 Ils lui dirent :
« Si tu es le *Messie, dis-le-nous. »
Il leur répondit :
« Si je vous le dis, vous ne me croirez pas;
68 et si j'interroge, vous ne répondrez pas.
69 Mais désormais le Fils de l'homme
sera assis à la droite du Dieu Puissant. »

70 Tous lui dirent alors :
« Tu es donc le Fils de Dieu ? »
Il leur répondit :
« C'est vous qui dites que je le suis. »
71 Ils dirent alors :
« Pourquoi nous faut-il encore un témoignage ?
Nous-mêmes nous l'avons entendu de sa bouche. »

Chez le gouverneur et chez Hérode : procès, condamnation et outrages

Devant Pilate

1 Ils se levèrent tous ensemble 23
et l'emmenèrent chez Pilate.
2 Ils se mirent alors à l'accuser :
« Nous avons trouvé cet homme
en train de semer le désordre dans notre nation :

---

se borner à un jeu assez peu méchant en lui-même, qui est une raillerie pour celui que Lc a si souvent présenté comme un prophète. Lc ne parle pas de la couronne d'épines.

66. "Lorsqu'il fit jour", et alors seulement, peut se tenir le procès officiel présidé, celui-là, par Caïphe, devant tout le Sanhédrin.

67-68. Ce récit est très bref. Il ne comporte pas l'audition des faux témoins de Mt 26, 59-62. Elle est pourtant supposée au v. 71. Le grand conseil pose d'emblée la question essentielle : "Si tu es le Messie, dis-le-nous." La réponse de Jésus est d'abord évasive : il ne croit pas à la bonne foi de ses juges.

69. Mais il ajoute la prophétie du Ps 109/110, 1, en disant qu'elle concerne le *Fils de l'homme.

70. Le Sanhédrin comprend immédiatement cette prétention, et donne alors à "Fils de Dieu" son sens le plus fort, le sens qu'il avait déjà chez les chrétiens au moment où Lc écrivait. Jésus, avec une certaine ironie, enregistre qu'il est reconnu tel par ses adversaires eux-mêmes.

71. C'est là "le blasphème" (Mt-Mc) qui emporte la condamnation.

23, 1. La condamnation capitale prononcée par le Sanhédrin, sous l'occupation romaine, n'est pas exécutoire : seul, le gouverneur peut condamner à mort.

2. Le motif religieux est dissimulé derrière des prétextes d'ordre public, les seuls auxquels Pilate est sensible : "désordre", "refus d'impôt" (mensonge flagrant : 20, 20-26 et par.). Devant "Messie" on ajoute "Roi", seul mot que Pilate retiendra (v. 3). Lc dégage autant qu'il peut la responsabilité de Pilate. On retrouve la même note de loyalisme envers les autorités romaines dans Ac, où les Juifs veulent faire condamner Paul par les mêmes procédés déloyaux (comparer Ac 21, 28-31 et 24, 5-9).

il empêche de payer l'impôt à l'empereur,
et se dit le Roi Messie. »
3 Pilate l'interrogea :
« Es-tu le roi des Juifs ? »
Jésus répondit :
« C'est toi qui le dis. »
4 Pilate s'adressa aux chefs des prêtres et à la foule :
« Je ne trouve chez cet homme
aucun motif de condamnation. »
5 Mais ils insistaient :
« Il soulève le peuple
en enseignant dans tout le pays des Juifs,
à partir de la Galilée jusqu'ici. »

Devant Hérode

6 A ces mots, Pilate demanda si l'homme était Galiléen.
7 Apprenant qu'il relevait de l'autorité d'*Hérode,
il le renvoya à ce dernier,
qui se trouvait lui aussi à Jérusalem en ces jours-là.
8 A la vue de Jésus, Hérode éprouva une grande joie :
depuis longtemps il désirait le voir
à cause de ce qu'il entendait dire de lui,
et il espérait lui voir faire un miracle.
9 Il lui posa beaucoup de questions,
mais Jésus ne lui répondit rien.
10 Les chefs des prêtres et les scribes étaient là,
et l'accusaient avec violence.
11 Hérode, ainsi que ses gardes,
le traita avec mépris et se moqua de lui :
il le revêtit d'un manteau de couleur éclatante
et le renvoya à Pilate.
12 Ce jour-là, Hérode et Pilate devinrent des amis,
alors qu'auparavant ils étaient ennemis.

La condamnation

13 Alors Pilate convoqua
les chefs des prêtres, les dirigeants et le peuple.
14 Il leur dit :
« Vous m'avez amené cet homme
en l'accusant de mettre le désordre dans le peuple.
Or, j'ai moi-même instruit l'affaire devant vous,

---

7. Épisode propre à Lc, qui l'a préparé en 9, 9. — Hérode est à Jérusalem pour le pèlerinage de la Pâque.

8-9. Sa curiosité est si frivole que Jésus juge inutile de répondre.

11. Le "manteau de couleur éclatante" est une dérision envers ce prétendant à la royauté.

12. Cette complicité d'Hérode et Pilate sera évoquée, comme prophétisée par le Ps 2, en Ac 4, 27.

13-15. Pilate déclare Jésus innocent de tout crime politique.

et, parmi les faits dont vous l'accusez,
je n'ai trouvé chez cet homme aucun motif de condamnation.
15 D'ailleurs, Hérode non plus, puisqu'il nous l'a renvoyé.
En somme, cet homme n'a rien fait qui mérite la mort.
16 Je vais donc le faire châtier et le relâcher. »
18 Ils se mirent à crier tous ensemble :
« Mort à cet homme!
Relâche-nous Barabbas. »
19 Ce dernier avait été emprisonné pour un meurtre
et pour une émeute survenue dans la ville.
20 Pilate, dans son désir de relâcher Jésus,
leur adressa de nouveau la parole.
21 Mais ils criaient :
« Crucifie-le! Crucifie-le! »
22 Pour la troisième fois, il leur dit :
« Quel mal a donc fait cet homme ?
Je n'ai trouvé en lui aucun motif de condamnation à mort.
Je vais donc le faire châtier, puis le relâcher. »
23 Mais eux insistaient à grands cris,
réclamant qu'il soit crucifié;
et leurs cris s'amplifiaient.
24 Alors Pilate décida de satisfaire leur demande.
25 Il relâcha le prisonnier condamné pour émeute et pour meurtre,
celui qu'ils réclamaient,
et il livra Jésus à leur bon plaisir.

Marche vers le supplice, crucifixion et mort de Jésus

Le chemin du Calvaire

26 Pendant qu'ils l'emmenaient,
ils prirent un certain Simon de Cyrène,
qui revenait des champs,
et ils le chargèrent de la croix
pour qu'il la porte derrière Jésus.
27 Le peuple, en grande foule, le suivait,

---

16. "Après l'avoir châtié". Il s'agit de la flagellation. Ici comme chez Jn 19, 1-5, elle est présentée comme un châtiment mineur, dispensant de la peine de mort. Au contraire, dans Mt-Mc elle est infligée comme le préalable légal et obligatoire à la crucifixion.

17. Verset de la *Vulgate, absent du texte original : "Mais il devait, pour la fête, leur relâcher quelqu'un" : glose explicative d'après Mc 15, 6.

25. "Il livra Jésus à leur bon plaisir." Par cette formule (voisine de Mt 17, 13 et Mc 9, 13) Lc souligne la responsabilité des Juifs, plus grave que celle de Pilate, à qui ils ont forcé la main. En outre elle laisse supposer une nouvelle scène d'outrages, peut-être le couronnement d'épines. Mais Lc ne parle pas de celui-ci, ni même de la flagellation, qui semble chez lui n'avoir été qu'une velléité de Pilate.

26. "Derrière Jésus", précision propre à Lc, qui se souvient sans doute de 9, 23 et voit en Simon de Cyrène le modèle symbolique du vrai disciple.

27-32. Propre à Lc, évangéliste de la conversion. Il mentionne la "grande foule" qui suivait Jésus, et " des femmes qui se frappaient la poitrine". Il reviendra sur ce geste de deuil et de repentir au v. 48. Ces femmes étaient sans doute de pieuses habitantes de Jérusalem qui assistaient les condamnés.

ainsi que des femmes qui se frappaient la poitrine
et se lamentaient sur Jésus.
28 Il se retourna et leur dit :
« Femmes de Jérusalem, ne pleurez pas sur moi!
Pleurez sur vous-mêmes et sur vos enfants!
29 Voici venir des jours où l'on dira :
' Heureuses les femmes stériles,
celles qui n'ont pas enfanté,
celles qui n'ont pas allaité! '
30 *Alors on dira aux montagnes :*
' Tombez sur nous ',
et aux collines :
' Cachez-nous. '
31 Car si l'on traite ainsi l'arbre vert,
que deviendra l'arbre sec ? »

Le crucifiement

32 On emmenait encore avec Jésus
deux autres, des malfaiteurs, pour les exécuter.
33 Lorsqu'on fut arrivé au lieu dit « le Crâne » ou *Calvaire,
on mit Jésus en croix,
avec les deux malfaiteurs, l'un à droite et l'autre à gauche.
34 Jésus disait :
« Père, pardonne-leur :
ils ne savent pas ce qu'ils font. »
Ils partagèrent ses vêtements
et les tirèrent au sort.
35 Le peuple restait là à regarder.
Les chefs ricanaient en disant :
« Il en a sauvé d'autres :
qu'il se sauve lui-même,
s'il est le Messie de Dieu, l'Élu! »
36 Les soldats aussi se moquaient de lui.
S'approchant pour lui donner de la boisson vinaigrée,
37 ils lui disaient :
« Si tu es le roi des Juifs,
sauve-toi toi-même! »

---

28. Lc a déjà mentionné la compassion de Jésus pour Jérusalem en 13, 34; 19, 41-44.
29. Réminiscence d'Osée 9, 14.
30. Citation d'Osée 10, 8.
31. "Le bois vert" : l'arbre vivant et fécond. — "Le bois sec" : l'arbre stérile destiné au feu (3, 9; 13, 6-9).
34. Parole de Jésus, rapportée par Lc seul et à laquelle Étienne fera écho dans son martyre (Ac 6, 60). Ce pardon vise tous les responsables de la mort de Jésus. Pierre reviendra sur cette "ignorance" des chefs eux-mêmes en Ac 3, 17. De même Paul : 1 Corinthiens 2, 8.
35. Lc distingue entre le peuple qui regarde silencieusement, et les chefs qui se moquent. Mêmes railleries qu'en Mt 27, 41-42 par.
36. "de la boisson vinaigrée" : voir la note sur Mt 27, 48.

38 Une inscription était placée au-dessus de sa tête :
« Celui-ci est le roi des Juifs. »

39 L'un des malfaiteurs suspendus à la croix l'injuriait :
« N'es-tu pas le Messie ?
Sauve-toi toi-même, et nous avec! »

40 Mais l'autre lui fit de vifs reproches :
« Tu n'as donc aucune crainte de Dieu!
Tu es pourtant un condamné, toi aussi!
41 Et puis, pour nous, c'est juste :
après ce que nous avons fait,
nous avons ce que nous méritons.
Mais lui, il n'a rien fait de mal. »
42 Et il disait :
« Jésus, souviens-toi de moi
quand tu viendras inaugurer ton Règne. »
43 Jésus lui répondit :
« Amen, je te le déclare :
aujourd'hui, avec moi, tu seras dans le Paradis. »

La mort de Jésus

44 Il était déjà presque midi;
l'obscurité se fit dans tout le pays jusqu'à trois heures
car le soleil s'était caché.
45 Le rideau du Temple se déchira par le milieu.
46 Alors Jésus poussa un grand cri :
« Père, *entre tes mains je remets mon esprit.* »
Et après avoir dit cela, il expira.

47 A la vue de ce qui s'était passé, le centurion rendait gloire à Dieu :
« Sûrement, cet homme était un juste. »
48 Et tous les gens qui s'étaient rassemblés pour ce spectacle,

---

39-43. Épisode propre à Lc. Mt-Mc confondent les deux malfaiteurs dans la même hostilité.

41. "Lui, il n'a rien fait de mal" : même jugement chez le centurion au v. 47.

42. On a voulu ponctuer ainsi : "Je te le déclare aujourd'hui : tu seras avec moi dans le Paradis", ce qui aboutit à une banalité, sous prétexte qu'on est au vendredi saint et que le ciel ne sera ouvert que par la résurrection et l'ascension de Jésus. Mais "aujourd'hui" a le même sens que "l'heure" chez Jn, qui englobe tout le mystère pascal. Le "paradis" (seul cas où ce mot soit employé dans les évangiles) désigne sans doute, comme le sein d'Abraham en 16, 22, la partie du séjour des morts réservée aux justes. Jésus promet au malfaiteur repentant qu'il sera "avec lui" aussitôt après leur mort à tous deux.

44. Voir la note sur Mt 27, 45.

45. Lc note le déchirement du rideau du Temple avant la mort de Jésus, pour associer ce "signe" à l'obscurité qui l'a précédé. Mais la signification est la même que dans Mt-Mc. Voir la note sur Mt 27, 51.

46. "Poussa un grand cri" : voir la note sur Mt 27, 46. Alors qu'en Mt-Mc Jésus cite littéralement le début du Ps 21/22, ce qui peut renvoyer au Ps tout entier, ici, Jésus a choisi le verset 6 du Ps 30/31, et il l'a modifié en remplaçant "Dieu" par "Père", selon sa façon habituelle de prier.

48. "Un juste" : voir les notes sur le v. 41 et sur Mt 27, 54.

voyant ce qui était arrivé,
s'en retournaient en se frappant la poitrine.

La mise au tombeau : Joseph d'Arimathie et les femmes

49 Tous ses amis se tenaient à distance,
ainsi que les femmes qui le suivaient depuis la Galilée,
et qui regardaient.

50 Alors arriva un membre du conseil, nommé Joseph ;
c'était un homme bon et juste.
51 Il n'avait donné son accord
ni à leur délibération, ni à leurs actes.
Il était d'Arimathie, ville de Judée,
et il attendait le royaume de Dieu.
2 Il alla trouver Pilate et demanda le corps de Jésus.
3 Puis il le descendit de la croix, l'enveloppa dans un linceul
et le mit dans un sépulcre taillé dans le roc,
où personne encore n'avait été déposé.
4 C'était le vendredi, et déjà brillaient les lumières du sabbat.

5 Les femmes qui accompagnaient Jésus depuis la Galilée
suivirent Joseph.
Elles regardèrent le tombeau
pour voir comment le corps avait été placé.
56 Puis elles s'en retournèrent et préparèrent aromates et parfums.
Et, durant le sabbat, elles observèrent le repos prescrit.

La résurrection de Jésus annoncée aux femmes : Pierre au tombeau

1 Le premier jour de la semaine, de grand matin, 24
les femmes se rendirent au sépulcre,
portant les aromates qu'elles avaient préparés.
2 Elles trouvèrent la pierre roulée sur le côté du tombeau.
3 Elles entrèrent, mais ne trouvèrent pas le corps du Seigneur Jésus.
4 Elles ne savaient que penser,
lorsque deux hommes se présentèrent à elles,
avec un vêtement éblouissant.

---

49. "Tous ses amis se tenaient à distance" alors que, selon Jn 19, 25 plusieurs se tenaient "près de la croix". La phrase de Lc est peut-être une réminiscence de psaumes de la Passion : 37/38, 12 ; 87/88, 9. — "les femmes qui le suivaient depuis la Galilée" : celles que Lc a présentées en 8, 2-3.

50-51. Lc insiste sur les vertus de Joseph d'Arimathie et son indépendance au sein du Sanhédrin.

52. "demanda le corps de Jésus", voir la note sur Mt 27, 58.

54. Voir la note sur Mt 27, 57. — "le vendredi", *litt.* : "la préparation" du sabbat : voir Mc 15, 42. — "Déjà brillaient les lumières du sabbat" : les lampes dont l'allumage faisait partie de la liturgie domestique de ce jour, qui commençait à la nuit tombante.

24, 1-3. = Mc 16, 1-5, plus concret et plus détaillé.

4. "Deux hommes... avec un vêtement éblouissant" : deux anges comme en Jn 20, 12 et Ac 1, 10.

5 Saisies de crainte, elles baissaient le visage vers le sol.
Ils leur dirent :
« Pourquoi cherchez-vous le Vivant parmi les morts ?
6 Il n'est pas ici, il est ressuscité.
Rappelez-vous ce qu'il vous a dit
quand il était encore en Galilée :
7 ‘ Il faut que le Fils de l'homme
soit livré aux mains des pécheurs, qu'il soit crucifié
et que, le troisième jour, il ressuscite. ' »
8 Alors elles se rappelèrent ses paroles.

9 Revenues du tombeau
elles rapportèrent tout cela aux Onze et à tous les autres.
10 C'étaient Marie Madeleine, Jeanne, et Marie mère de Jacques;
les autres femmes qui les accompagnaient
disaient la même chose aux Apôtres.
11 Mais ces propos leur semblèrent délirants,
et ils ne les croyaient pas.

12 Pierre cependant courut au tombeau;
mais en se penchant, il ne vit que le linceul.
Il s'en retourna chez lui, tout étonné de ce qui était arrivé.

Apparitions de Jésus ressuscité et Ascension

Les disciples d'Emmaüs

13 Le même jour,
deux disciples faisaient route vers un village appelé Emmaüs, —
à deux heures de marche de Jérusalem,
14 et ils parlaient ensemble de tout ce qui s'était passé.

15 Or, tandis qu'ils parlaient et discutaient,
Jésus lui-même s'approcha, et il marchait avec eux.
16 Mais leurs yeux étaient aveuglés,
et ils ne le reconnaissaient pas.

---

6. "Quand il était encore en Galilée". Selon Mt-Mc c'est en Galilée qu'on pourra voir Jésus. Lc modifie le message parce que Jérusalem est au point de départ et à la conclusion de son évangile.

7. "Il faut..." Expression qui caractérise le plan de Dieu annoncé par les prophètes et qui revient aux vv. 26 et 44. Énoncé du mystère pascal qui se trouvait dans la première et la troisième annonce de la Passion : 9, 22 et 18, 31-33, et plus loin vv. 46-47.

10. "Marie Madeleine, Jeanne..." nommées en 8, 2-3 en tête des "femmes qui accompagnaient Jésus depuis la Galilée" (23, 49.55).

9-11. Voir plus loin vv. 22-24.

12. Cet unique v. correspond sans doute au récit de Jn 20, 2-10.

13. Récit propre à Lc. "Deux disciples" inconnus par ailleurs. Ils reviennent du pèlerinage de la Pâque. La localisation d'Emmaüs est incertaine, car certains manuscrits portent "soixante stades" et d'autres cent soixante. Le stade mesurant 185 m., le premier chiffre équivaut à quelque 12 km (traduit ici par "deux heures de marche"), et le second à 30 km. Cette distance correspondrait au village d'Amwas. Mais alors les disciples auraient parcouru 60 km en quelques heures...

16. "leurs yeux étaient aveuglés..." Toutes les apparitions du Ressuscité commencent par sa non-reconnaissance, due à ce qu'il apparaît "sous un aspect inhabituel" (Mc 16, 12), parce que la résurrection a changé sa condition; ensuite son identité est reconnue : "C'est bien moi." (Lc 24, 39).

17 Jésus leur dit :
« De quoi causiez-vous donc, tout en marchant ? »
Alors ils s'arrêtèrent, tout tristes.
18 L'un des deux, nommé Cléophas, répondit :
« Tu es bien le seul,
de tous ceux qui étaient à Jérusalem,
à ignorer les événements de ces jours-ci. »
19 Il leur dit :
« Quels événements ? »
Ils lui répondirent :
« Ce qui est arrivé à Jésus de Nazareth :
cet homme était un prophète
puissant par ses actes et ses paroles
devant Dieu et devant tout le peuple.
20 Les chefs des prêtres et nos dirigeants l'ont livré,
ils l'ont fait condamner à mort et ils l'ont crucifié.
21 Et nous qui espérions qu'il serait le libérateur d'Israël!
Avec tout cela,
voici déjà le troisième jour qui passe depuis que c'est arrivé.
22 A vrai dire, nous avons été bouleversés
par quelques femmes de notre groupe.
Elles sont allées au tombeau de très bonne heure,
23 et elles n'ont pas trouvé son corps;
elles sont même venues nous dire
qu'elles avaient eu une apparition :
des anges, qui disaient qu'il est vivant.
24 Quelques-uns de nos compagnons sont allés au tombeau,
et ils ont trouvé les choses comme les femmes l'avaient dit;
mais lui, ils ne l'ont pas vu. »

25 Il leur dit alors :
« Vous n'avez donc pas compris!
Comme votre *cœur est lent à croire
tout ce qu'ont dit les prophètes!
26 Ne fallait-il pas que le *Messie
souffrît tout cela pour entrer dans sa gloire ? »
27 Et, en partant de Moïse et de tous les prophètes,
il leur expliqua, dans toute l'Écriture, ce qui le concernait.

28 Quand ils approchèrent du village où ils se rendaient,
Jésus fit semblant d'aller plus loin.
29 Mais ils s'efforcèrent de le retenir :

---

20. Lc insiste à son habitude sur la responsabilité des dirigeants juifs.
21. "le libérateur d'Israël". Déjà Anne "parlait de l'enfant à tous ceux qui attendaient la délivrance de Jérusalem" : 2, 38. Même attente après la résurrection : Ac 1, 6.
27. "Moïse et tous les prophètes" équivalent à "toute l'Écriture".
29. "Le jour baisse" : même notation que lors de la multiplication des pains (9, 12).

« Reste avec nous :
le soir approche et déjà le jour baisse. »
Il entra donc pour rester avec eux.
30 Quand il fut à table avec eux,
il prit le pain, dit la bénédiction,
le rompit et le leur donna.
31 Alors leurs yeux s'ouvrirent, et ils le reconnurent,
mais il disparut à leurs regards.
32 Alors ils se dirent l'un à l'autre :
« Notre cœur n'était-il pas brûlant en nous,
tandis qu'il nous parlait sur la route,
et qu'il nous faisait comprendre les Écritures ? »
33 A l'instant même, ils se levèrent et retournèrent à Jérusalem.
Ils y trouvèrent réunis les onze Apôtres et leurs compagnons,
qui leur dirent :
34 « C'est vrai ! le Seigneur est ressuscité :
il est apparu à Simon-Pierre. »
35 A leur tour, ils racontaient ce qui s'était passé sur la route,
et comment ils l'avaient reconnu quand il avait rompu le pain.

Apparition aux Apôtres

36 Comme ils en parlaient encore,
lui-même était là au milieu d'eux,
et il leur dit :
« La paix soit avec vous. »
37 Frappés de stupeur et de crainte, ils croyaient voir un esprit.
38 Jésus leur dit :
« Pourquoi êtes-vous bouleversés ?
Et pourquoi ces pensées qui surgissent en vous ?
39 Voyez mes mains et mes pieds : c'est bien moi !
Touchez-moi, regardez :
un esprit n'a pas de chair ni d'os,
et vous constatez que j'en ai. »

---

30. "Rompre le pain" (ici et v. 35) est devenu une expression technique pour désigner l'eucharistie. Voir Ac 2, 42 ; 20, 7 et 1 Corinthiens 10, 16. Les disciples d'Emmaüs n'ayant pas assisté à la Cène, il est peu vraisemblable que Jésus ait célébré avec eux l'eucharistie. Mais le vocabulaire (bénir, rompre, donner), ici comme à la multiplication des pains, fait de ce repas une frappante évocation de l'eucharistie. On a remarqué que l'on retrouve ici la grande structure de la messe : liturgie de la Parole par l'interprétation et l'actualisation de l'Écriture, préparant la liturgie du repas partagé.

34. L'apparition à Simon-Pierre occupe aussi la première place dans l'énumération des apparitions donnée par Paul, "transmettant ce qu'il a reçu" en 1 Corinthiens 15, 5.

36. Sans qu'on puisse parler vraiment de parallèle, ce récit a de nombreux points de contacts avec ceux de Jn 20, 19-29 et 21, 5-13.

36. "Lui-même était là..." Noter, comme au v. 15, l'absence de toute mise en scène dans ces "apparitions" du Ressuscité. — "La paix soit avec vous", comme en Jn 20, 19.21. C'est la salutation usuelle des Juifs, qui prend en cette circonstance une portée nouvelle.

37. "Un esprit", c'est-à-dire un fantôme, un revenant. Jésus insiste sur sa réalité corporelle, qu'il invite à "toucher", comme en Jn 20, 27. Mais ici, en outre, il demande à manger. En Jn 21, 5, malgré sa demande, il n'est pas dit que Jésus lui-même ait mangé.

40 Après cette parole, il leur montra ses mains et ses pieds.
41 Dans leur joie, ils n'osaient pas encore y croire,
et restaient saisis d'étonnement.
Jésus leur dit :
« Avez-vous ici quelque chose à manger ? »
42 Ils lui offrirent un morceau de poisson grillé.
43 Il le prit et le mangea devant eux.
44 Puis il déclara :
« Rappelez-vous les paroles que je vous ai dites
quand j'étais encore avec vous :
Il fallait que s'accomplisse
tout ce qui a été écrit de moi
dans la *Loi de Moïse, les Prophètes et les Psaumes. »
45 Alors il leur ouvrit l'esprit
à l'intelligence des Écritures.
46 Il conclut :
« C'est bien ce qui était annoncé par l'Écriture :
les souffrances du Messie,
sa résurrection d'entre les morts le troisième jour,
47 et la conversion proclamée en son nom
pour le pardon des péchés,
à toutes les nations,
en commençant par Jérusalem.
48 C'est vous qui en êtes les témoins.
49 Et moi, je vais envoyer sur vous
ce que mon Père a promis.
Quant à vous, demeurez dans la ville
jusqu'à ce que vous soyez revêtus
d'une force venue d'en haut. »

50 Puis il les emmena jusque vers Béthanie
et, levant les mains, il les bénit.

---

44. "Il fallait..." voir la note sur le v. 7. — "... et les Psaumes". La Bible hébraïque ne comporte pas seulement la Loi (le Pentateuque) de Moïse, et les Prophètes (incluant des livres historiques de valeur prophétique), mais encore une troisième section : les "Écrits", dont le premier et le plus important est le recueil des Psaumes. Il faut noter que les récits de la Passion font constamment appel aux Psaumes, par citations ou par allusion, de même que les discours des Apôtres dans les Actes, pour prouver aux Juifs que leurs Écritures annonçaient la mort et la résurrection de Jésus.

47. Cette apparition qui était jusqu'ici une "apparition de reconnaissance" devient maintenant une "apparition de mission". Les Apôtres n'ont pas seulement à annoncer le mystère pascal, ils doivent exhorter à la conversion. Voir les discours de Pierre Ac 2, 38-40; 3, 19. Cette mission s'accorde avec la perspective propre au troisième évangile qui insiste sur le pardon offert aux pécheurs, et qui est ouvert à l'évangélisation des païens. En outre, Jérusalem en est le foyer. Dans Ac 1, 8 Jésus établira tout l'itinéraire de la mission : "à Jérusalem... et jusqu'aux extrémités de la terre."

48-49. "Ce que mon Père a promis... une force venue d'en haut" : le Saint-Esprit. Voir encore Ac 1, 8.

50. "jusque vers Béthanie". Ac 1, 12 : au "mont des Oliviers qui n'est pas loin" de Jérusalem. — "Fut emporté au ciel" : Lc emploiera souvent des mots analogues, comme "enlevé" pour désigner l'Ascension : Ac 1, 2.11.22. Mais dans Ac, celle-ci a eu

51 Tandis qu'il les bénissait,
il se sépara d'eux et fut emporté au ciel.
52 Ils se prosternèrent devant lui,
puis ils retournèrent à Jérusalem, remplis de joie.
53 Et ils étaient sans cesse dans le Temple à bénir Dieu.

---

lieu 40 jours (1, 3), "plusieurs jours" (13, 30) après la Résurrection. Or, la fin de notre évangile semble la placer au soir de Pâques. Cette apparente contradiction chronologique tient à la différence de points de vue théologiques : ici, l'Ascension vient compléter la Résurrection, Jésus est entré dans la gloire du Père. C'est en cela, pour ce qui le concerne lui-même, que consiste l'Ascension. Les Actes se placent au point de vue des Apôtres et de l'Église. Ils considèrent l'Ascension comme la fin d'une dernière période de formation des Apôtres, comme le prélude à la Pentecôte qui ouvre le temps de l'Église.

52-53. Notre évangile se termine sur la note de joie et de louange qui l'a caractérisé d'un bout à l'autre. Commencé au Temple de Jérusalem, c'est là aussi qu'il s'achève.

EVANGILE SELON SAINT JEAN

« Moi,
je suis la lumière du monde.
Celui qui me suit
ne marchera pas dans les ténèbres,
il aura
la lumière de la vie. »

Jn 8, 12

I. LE FILS DE DIEU ET JEAN BAPTISTE

« Le Verbe s'est fait chair »

1 Au commencement était le Verbe, la *Parole de Dieu, **1**
et le Verbe était auprès de Dieu,
et le Verbe était Dieu.
2 Il était au commencement auprès de Dieu.
3 Par lui, tout s'est fait,
et rien de ce qui s'est fait ne s'est fait sans lui.
4 En lui était la vie,
et la vie était la lumière des hommes;
5 la lumière brille dans les *ténèbres,
et les ténèbres ne l'ont pas arrêtée.

6 Il y eut un homme, envoyé par Dieu.
Son nom était Jean.
7 Il était venu comme *témoin,
pour rendre témoignage à la Lumière,
afin que tous croient par lui.
8 Cet homme n'était pas la Lumière,
mais il était là pour lui rendre témoignage.

9 Le Verbe était la vraie Lumière,
qui éclaire tout homme
en venant dans ce *monde.
10 Il était dans le monde,
lui par qui le monde s'était fait,
mais le monde ne l'a pas reconnu.
11 Il est venu chez les siens,
et les siens ne l'ont pas reçu.

1, 1-2. "Au commencement" : rappel du début de la Genèse, où le Verbe est déjà à l'œuvre. — "La Parole de Dieu" est une addition du *Lectionnaire, pour expliquer le mot Verbe *(Logos)*, qui signifie à la fois Parole, Pensée, Sagesse. L'A.T. parle souvent de la Parole de Dieu (par ex. Isaïe 55, 10-11; Psaume 147), de sa Sagesse éternelle (Proverbes 8, 22 s.). — "Était" : ces imparfaits (v. 1.2.4.9.10) indiquent la permanence et suggèrent l'éternité. — "Auprès de Dieu... était Dieu" : le Verbe est une personne divine, à la fois distincte de Dieu (le Père) et ne faisant qu'un avec lui : "Moi et le Père, nous sommes un", dira Jésus (Jn 10, 30).

3. Dieu (le Père) est l'auteur de la création, mais celle-ci réalise sa pensée, son plan : le Verbe en est en quelque sorte le "maître d'œuvre" (Proverbes 8, 30).

4. Vie et lumière sont les maîtres mots du 4e évangile. Pour les prophètes déjà, Dieu est le Dieu vivant. C'est sa vie que le Verbe communique aux hommes (Jn 6, 57). Cette vie nous est à la fois donnée et révélée par lui, si bien que vie et lumière sont finalement synonymes.

5. Les ténèbres représentent l'ignorance et le mal opposés à la lumière. Si redoutable que soit leur puissance, elles ne peuvent "arrêter" la lumière.

6-8. L'hymne au Verbe s'interrompt ici pour combattre des partisans du Baptiste qui faisaient de lui le Messie, alors qu'il s'en défendait (v. 19-28; Mc 1, 7).

9. "Tout homme" : même avant son incarnation, le Verbe offre à toute l'humanité, en éclairant les consciences sur le bien et le mal, la possibilité de se sauver.

10-11. Cependant, le salut restait libre et beaucoup ont refusé la vie et la lumière.

12 Mais tous ceux qui l'ont reçu,
ceux qui croient en son nom,
il leur a donné de pouvoir devenir enfants de Dieu.
13 Ils ne sont pas nés de la *chair et du sang,
ni d'une volonté charnelle, ni d'une volonté d'homme :
ils sont nés de Dieu.
14 Et le Verbe s'est fait chair,
il a habité parmi nous,
et nous avons vu sa *gloire,
la gloire qu'il tient de son Père
comme Fils unique,
plein de grâce et de vérité.

15 Jean Baptiste lui rend témoignage en proclamant :
« Voici celui dont j'ai dit :
Lui qui vient derrière moi,
il a pris place devant moi
car avant moi il était. »
16 Tous nous avons eu part à sa plénitude,
nous avons reçu grâce après grâce :
17 après la *Loi communiquée par *Moïse,
la grâce et la vérité sont venues par Jésus Christ.
18 Dieu, personne ne l'a jamais vu;
le Fils unique, qui est dans le sein du Père,
c'est lui qui a conduit à le connaître.

Le témoignage de Jean

19 Et voici quel fut le témoignage de Jean,
quand les Juifs lui envoyèrent de Jérusalem
des prêtres et des lévites pour lui demander :
« Qui es-tu ? »
20 Il le reconnut ouvertement, il déclara :
« Je ne suis pas le *Messie. »

12-13. Tandis que ceux qui l'ont accueilli sont devenus enfants de Dieu par la grâce (qui s'oppose à "la chair et le sang").

14. "Le Verbe s'est fait chair" : c'est-à-dire homme fragile. — "il a habité parmi nous" : la racine du mot grec signifie littéralement "planté sa tente", évoquant le séjour d'un nomade. En effet, il est "sorti du Père et venu dans le monde" puis il a "quitté le monde" pour "partir vers le Père" (Jn 16, 28). Mais pendant son séjour parmi nous il a montré sa gloire. — "Fils" : c'est un autre nom du Verbe, celui sous lequel il se désignera tout au long du 4e évangile. En effet, si "Verbe" a l'avantage d'évoquer une génération spirituelle, il pourrait faire penser à une existence purement idéale; "Fils" y ajoute l'idée d'une génération réelle, d'une personne nécessairement corrélative à celle du Père.

15. "J'ai dit" : voir le v. 27 et Mc 1, 7. — Le Fils "vient derrière", c'est-à-dire apparaît plus tard; mais "avant moi il était" par sa préexistence éternelle. De même Jésus a dit : "Avant qu'Abraham ait existé, moi *Je Suis" (8, 58).

16. Jésus a dit lui-même : "Je suis venu pour que les hommes aient la vie, pour qu'ils l'aient en abondance" (10, 10).

17. *Moïse n'a été qu'un transmetteur. Jésus donnait "la grâce et la vérité" qu'il possédait par lui-même.

18. L'impossibilité de voir Dieu revient encore en 6, 46; 1 Jn 4, 12.

19. Le prologue a caractérisé Jean comme le témoin de la Lumière (v. 7.8.15). *Lévites.

21 Ils lui demandèrent :
« Qui es-tu donc ? Es-tu le prophète *Élie ? »
Il répondit : « Non.
— Alors, es-tu le grand Prophète ? »
Il répondit : « Ce n'est pas moi. »
22 Alors ils lui dirent :
« Qui es-tu ?
Il faut que nous donnions une réponse
à ceux qui nous ont envoyés.
Que dis-tu sur toi-même ? »
23 Il répondit :
« Je suis la voix qui crie à travers le *désert :
Aplanissez le chemin du Seigneur,
comme a dit le prophète Isaïe. »
24 Or, certains des envoyés étaient des *pharisiens.
25 Ils lui posèrent encore cette question :
« Si tu n'es ni le Messie, ni Élie, ni le grand Prophète,
pourquoi baptises-tu ? »
26 Jean leur répondit :
« Moi, je baptise dans l'eau.
Mais au milieu de vous
se tient celui que vous ne *connaissez pas :
27 c'est lui qui vient derrière moi,
et je ne suis même pas digne
de défaire la courroie de sa sandale. »
28 Tout cela s'est passé à *Béthanie de Transjordanie,
à l'endroit où Jean baptisait.

29 Comme Jean Baptiste voyait Jésus venir vers lui, il dit :
« Voici l'*Agneau de Dieu,
qui enlève le péché du monde;
30 c'est de lui que j'ai dit :
Derrière moi vient un homme
qui a sa place devant moi,
car avant moi il était.
31 Je ne le connaissais pas;
mais, si je suis venu baptiser dans l'eau,
c'est pour qu'il soit manifesté au peuple d'Israël. »

---

21. Élie : voir les notes sur Lc 1, 16-17 et Mt 17, 11.
21. "Le grand Prophète" : on pensait que le Messie serait un prophète annoncé par Moïse comme devant être semblable à lui (Deutéronome 18, 18).
23. "Le prophète Isaïe" : 40, 3. Voir la note sur Mt 3, 3.
26. "Moi, je baptise dans l'eau" et, au v. 33 "celui qui baptise dans l'Esprit Saint" : voir les notes sur Mt 3, 11-12 et Mc 1, 7.
29. "L'Agneau de Dieu... qui enlève" : ce verbe a un double sens : prendre sur soi, comme un fardeau, — et ôter, supprimer. — "le péché du monde", au singulier : le rachat de l'humanité sera global, radical et définitif.
31-33. "Je ne le connaissais pas" comme étant le Messie.

32 Alors Jean rendit ce témoignage :
« J'ai vu l'Esprit descendre du ciel comme une *colombe
et demeurer sur lui.
33 Je ne le connaissais pas,
mais celui qui m'a envoyé baptiser dans l'eau m'a dit :
' L'homme sur qui tu verras l'Esprit descendre et demeurer,
c'est celui-là qui baptise dans l'Esprit Saint. '
34 Oui, j'ai vu, et je rends ce témoignage :
c'est lui le Fils de Dieu. »

L'appel des premiers disciples

35 Le lendemain,
Jean Baptiste se trouvait de nouveau avec deux de ses disciples.
36 Posant son regard sur Jésus qui allait et venait, il dit :
« Voici l'Agneau de Dieu. »
37 Les deux disciples entendirent cette parole,
et ils suivirent Jésus.
38 Celui-ci se retourna, vit qu'ils le suivaient, et leur dit :
« Que cherchez-vous ? »
Ils lui répondirent :
« *Rabbi (c'est-à-dire : Maître), où demeures-tu ? »
39 Il leur dit :
« Venez, et vous verrez. »
Ils l'accompagnèrent, ils virent où il demeurait,
et ils restèrent auprès de lui ce jour-là.
C'était vers quatre heures du soir.

40 *André, le frère de *Simon-Pierre, était l'un des deux disciples
qui avaient entendu Jean Baptiste et qui avaient suivi Jésus.
41 Il trouve d'abord son frère Simon et lui dit :
« Nous avons trouvé le *Messie » (autrement dit : le Christ).
42 André amena son frère à Jésus.
Jésus posa son regard sur lui et dit :
« Tu es Simon, fils de Jean; tu t'appelleras Képha »
(ce qui veut dire : Pierre).

43 Le lendemain, Jésus décida de partir pour la Galilée.
Il rencontre Philippe, et lui dit :
« Suis-moi. »
44 (Philippe était de *Bethsaïde, comme André et Pierre.)
45 Philippe rencontre Nathanaël et lui dit :

---

32. "J'ai vu". Alors que les 3 Synoptiques racontent l'événement du baptême (Mt 3, 13-17 par.), Jean Baptiste l'évoque pour donner rétrospectivement son témoignage.

39. "Venez et voyez... ils virent" : on retrouve le verbe voir aux vv. 46.48.50.51. Dans le 4e évangile, voir signifie constater un fait qui devrait ouvrir le cœur à la foi : il faut voir et croire (par ex. 20, 8.29).

40. "L'un des deux" : l'autre était vraisemblablement *Jean l'Évangéliste.

43. "Suis-moi", c'est-à-dire : sois mon *disciple.

44. *Bethsaïde. Ces hommes, comme Jésus lui-même, étaient descendus dans le sud pour suivre le Baptiste.

45. On retrouvera Nathanael en 21, 2 où il est dit "de Cana en Galilée".

« Celui dont parlent la loi de Moïse et les Prophètes,
nous l'avons trouvé :
c'est Jésus fils de Joseph, de *Nazareth. »

46 Nathanaël réplique :
« De Nazareth !
Peut-il sortir de là quelque chose de bon ? »
Philippe répond :
« Viens, et tu verras. »

47 Lorsque Jésus voit Nathanaël venir à lui, il déclare :
« Voici un véritable fils d'Israël,
un homme qui ne sait pas mentir. »

48 Nathanaël lui demande :
« Comment me connais-tu ? »
Jésus lui répond :
« Avant que Philippe te parle,
quand tu étais sous le figuier, je t'ai vu. »

49 Nathanaël lui dit :
« *Rabbi, c'est toi le Fils de Dieu !
c'est toi le Roi d'Israël ! »

50 Jésus reprend :
« Je te dis que je t'ai vu sous le figuier,
et c'est pour cela que tu crois !
Tu verras des choses plus grandes encore. »

51 Et il ajoute :
« *Amen, amen, je vous le dis :
vous verrez les cieux ouverts,
avec les anges de Dieu qui montent et descendent
au-dessus du *Fils de l'homme. »

II. PREMIÈRE RÉVÉLATION DU MYSTÈRE DE LA NOUVELLE ALLIANCE

Le signe accompli aux noces de Cana

1 Trois jours plus tard, il y avait un mariage à Cana en Galilée. 2
La mère de Jésus était là.

2 Jésus aussi avait été invité au repas de noces avec ses disciples.

3 Or, on manqua de vin ; la mère de Jésus lui dit :
« Ils n'ont pas de vin. »

---

47. "Un homme qui ne sait pas mentir" : il vient en effet de s'exprimer franchement !

48. "Je t'ai vu" : le 4e évangile relève souvent combien Jésus connaît les cœurs, ce qui est un attribut divin (Psaume 7, 10 ; Jérémie 17, 10). Ainsi 2, 24-25 ; 6, 61.64 ; 13, 10 etc.

49. "Le Fils de Dieu, le roi d'Israël" : le Messie. Le témoignage de Jean, au v. 34, avait sans doute une portée plus profonde.

51. "les anges de Dieu qui montent et descendent au-dessus du Fils de l'homme" : Rappel du songe de Jacob (appelé aussi Israël) en Genèse 28, 10-17. Jésus réalisera cette prophétie en reliant véritablement la terre au ciel par l'intercession de son humanité glorifiée.

2, 1. "Le troisième jour" sans doute après la promesse faite à Nathanaël, qui vient quatre jours après le témoignage de Jean Baptiste ("le lendemain" : vv. 29.35.43). Le

4 Jésus lui répond :
« Femme, que me veux-tu ?
Mon heure n'est pas encore venue. »
5 Sa mère dit aux serviteurs :
« Faites tout ce qu'il vous dira. »
6 Or, il y avait là six cuves de pierre
pour les ablutions rituelles des Juifs ;
chacune contenait environ cent litres.
7 Jésus dit aux serviteurs :
« Remplissez d'eau les cuves. »
Et ils les remplirent jusqu'au bord.
8 Il leur dit :
« Maintenant, puisez, et portez-en au maître du repas. »
Ils lui en portèrent.
9 Le maître du repas goûta l'eau changée en vin.
Il ne savait pas d'où venait ce vin,
mais les serviteurs le savaient, eux qui avaient puisé l'eau.
10 Alors le maître du repas interpelle le marié et lui dit :
« Tout le monde sert le bon vin en premier,
et, lorsque les gens ont bien bu, on apporte le moins bon.
Mais toi, tu as gardé le bon vin jusqu'à maintenant. »
11 Tel fut le commencement des signes que Jésus accomplit.
C'était à Cana en Galilée.
Il manifesta sa *gloire, et ses disciples crurent en lui.
12 Après cela, il descendit à Capharnaüm
avec sa mère, ses *frères et ses *disciples,
et ils y restèrent quelques jours.

Le signe du Temple (première Pâque)

13 Comme la *Pâque des Juifs approchait,
Jésus monta à Jérusalem.

4ᵉ évangile a donc organisé ces premiers événements en une semaine qui voit, le septième jour, se manifester la *gloire de Jésus (v. 11). — "La mère de Jésus" : Jn lui donne ce titre, sans indiquer son nom. Voir 19, 25-27.

4. "Femme" : appellation inhabituelle qu'on retrouvera au Calvaire : 19, 26. — "Que me veux-tu ? *litt.* : "Quoi à toi et à moi ?" Locution toute faite, dont le sens peut être nuancé par le contexte mais comporte toujours une note sinon de refus, au moins d'indifférence. — "Mon *heure" est toujours, dans Jn, l'heure du mystère pascal.

6. "environ cent litres", *litt.* : "deux ou trois mesures". La "métrète" valait 36 litres 44. Les récits de multiplication des pains souligneront une générosité semblable : 6, 13 et par.

9. Jésus avait refusé le miracle suggéré par sa mère qui aurait pu paraître un prodige proche de la magie. S'il l'accomplit finalement, c'est en tant qu'il est le signe visible des merveilles invisibles qui seront réalisées quand son "heure" sera venue. On trouve une contradiction apparente du même genre dans la conduite de Jésus en 7, 8-10.

10. Réflexion difficile à comprendre au niveau de l'anecdote. Elle a peut-être un sens symbolique, à rapprocher de la parabole sur le vin nouveau de Lc 5, 37-39, qui surprend les habitués du vin vieux : la venue de Jésus à la fin des temps (voir Hébreux 1, 2) amène l'avènement de la nouvelle *Alliance, symbolisée par le vin de la Pâque nouvelle (Lc 22, 20).

11. *Signes. Ce mot est particulièrement expressif ici. L'important n'est pas que le miracle suscite l'étonnement, mais qu'il révèle la gloire de Jésus (1, 14) et suscite la foi des disciples.

13. Jn mentionne trois fêtes de Pâques : ici, 6, 4 et 11, 55, ce qui donne au ministère de

14 Il trouva installés dans le *Temple
les marchands de bœufs, de brebis et de colombes,
et les changeurs.
15 Il fit un fouet avec des cordes,
et les chassa tous du Temple ainsi que leurs brebis et leurs bœufs;
il jeta par terre la monnaie des changeurs,
renversa leurs comptoirs,
16 et dit aux marchands de colombes :
« Enlevez cela d'ici.
Ne faites pas de la maison de mon Père
une maison de trafic. »
17 Ses disciples se rappelèrent cette parole de l'Écriture :
L'amour de ta maison fera mon tourment.
18 Les Juifs l'interpellèrent :
« Quel signe peux-tu nous donner
pour justifier ce que tu fais là ? »
19 Jésus leur répondit :
« Détruisez ce Temple,
et en trois jours je le relèverai. »
20 Les Juifs lui répliquèrent :
« Il a fallu quarante-six ans pour bâtir ce Temple,
et toi, en trois jours tu le relèverais ! »
21 Mais le Temple dont il parlait, c'était son *corps.
22 Aussi, quand il ressuscita d'entre les morts,
ses disciples se rappelèrent qu'il avait dit cela;
ils crurent aux prophéties de l'Écriture
et à la parole que Jésus avait dite.

III. LA RÉVÉLATION ACCUEILLIE EN JUDÉE, EN SAMARIE ET EN GALILÉE

Jésus sans illusion sur la foi de Jérusalem

23 Pendant qu'il était à Jérusalem pour la fête de la Pâque,
beaucoup crurent en lui,
à la vue des *signes qu'il accomplissait.

Jésus une durée de deux à trois ans, alors que les Synoptiques semblent impliquer une durée plus courte. Comme ceux-ci ne parlent que d'une seule montée à Jérusalem, ils ont été obligés de placer à la fin de leur récit la purification du Temple que Jn place au début du premier séjour à Jérusalem.

14-16. Voir la note sur Mt 21, 12. Jn est seul à signaler le fouet de cordes.

17. Citation du Psaume 68/69, 10.

19. Jn est seul à citer ce propos de Jésus, mais on en trouve l'écho déformé dans les paroles des faux témoins rapportées par Mt 26, 59-62 et Mc 14, 55-60.

20. "Quarante-six ans". La reconstruction du Temple par *Hérode le Grand avait commencé en 20-19 av. J.-C. et nous sommes en 27-28. Elle n'est pas terminée.

21. "C'était son corps" qui réalisait, bien mieux que le temple de pierres, la présence de Dieu parmi les hommes.

22. Jn note plusieurs fois cette compréhension à retardement chez les disciples : l'événement leur fait pénétrer le sens profond de l'Écriture. Voir 12, 16; 20, 9.

23. Allusion à de nombreux miracles qui ne sont pas détaillés, mais seront évoqués en 3, 2; 4, 45; 7, 3-4.

24 Mais Jésus n'avait pas confiance en eux,
parce qu'il les connaissait tous
25 et n'avait besoin d'aucun *témoignage sur l'homme :
il connaissait par lui-même ce qu'il y a dans l'homme.

Entretien avec Nicodème sur la vie nouvelle et le jugement

3

1 Il y avait un *pharisien nommé Nicodème;
c'était un notable parmi les Juifs.
2 Il vint trouver Jésus pendant la nuit. Il lui dit :
« *Rabbi, nous le savons bien,
c'est de la part de Dieu que tu es venu nous instruire,
car aucun homme ne peut accomplir
les signes que tu accomplis
si Dieu n'est pas avec lui. »
3 Jésus lui répondit :
« Amen, amen, je te le dis :
Personne, à moins de renaître,
ne peut voir le *règne de Dieu. »
4 Nicodème lui répliqua :
« Comment est-il possible
de naître quand on est déjà vieux ?
Est-ce qu'on peut rentrer dans le sein de sa mère
pour naître une seconde fois ? »
5 Jésus répondit :
« Amen, amen, je te le dis :
Personne à moins de naître de l'eau et de l'Esprit,
ne peut entrer dans le royaume de Dieu.
6 Ce qui est né de la *chair
n'est que chair;
ce qui est né de l'Esprit
est Esprit.
7 Ne sois pas étonné si je t'ai dit qu'il vous faut renaître.
8 Le vent souffle où il veut :
tu entends le bruit qu'il fait,
mais tu ne sais pas d'où il vient ni où il va.
Il en est ainsi de tout homme
qui est né du souffle de l'Esprit. »

24-25. Voir la note sur 1, 48.

3, 1. Nicodème ne nous est connu que par Jn. On le retrouvera en 7, 50 et 19, 39.

2. "Pendant la nuit" : sans doute pour ne pas se compromettre (voir 12, 42). La nuit a aussi chez Jn une valeur symbolique : 9, 4; 11, 10; 13, 30.

3. "Renaître" : les mots du texte grec signifient à la fois "naître d'en haut" et "naître de nouveau".

4. Nicodème a compris exclusivement "naître de nouveau".

5. "de l'eau et de l'esprit" : le baptême de Jean se faisait avec de l'eau, mais c'est l'Esprit Saint qui donne au baptême chrétien une efficacité divine. Voir 1, 26.33. — "Le *règne" ou "le royaume de Dieu" : expressions fréquentes chez les Synoptiques, mais qu'on ne trouve pas ailleurs chez Jn qui parle habituellement de "la vie" ou de "la vie éternelle".

8. Pour bien comprendre cette petite parabole, il faut se rappeler qu'en grec, comme en hébreu et en latin, le même mot signifie vent, souffle et esprit.

9 Nicodème reprit :
« Comment cela peut-il se faire ? »
10 Jésus lui répondit :
« Toi, tu es chargé d'instruire Israël,
et tu ne connais pas ces choses-là ?
11 Amen, amen, je te le dis :
nous parlons de ce que nous savons,
nous témoignons de ce que nous avons vu,
et vous n'acceptez pas notre *témoignage.
12 Si vous ne croyez pas
lorsque je vous parle des choses de la terre,
comment croirez-vous
quand je vous parlerai des choses du ciel ?
13 Car nul n'est monté au ciel
sinon celui qui est descendu du ciel,
le *Fils de l'homme.
14 De même que le serpent de bronze
fut élevé par Moïse dans le désert,
ainsi faut-il que le Fils de l'homme soit élevé,
15 afin que tout homme qui croit
obtienne par lui la vie éternelle.

16 Car Dieu a tant aimé le *monde
qu'il a donné son Fils unique :
ainsi tout homme qui croit en lui ne périra pas,
mais il obtiendra la vie éternelle.
17 Car Dieu a envoyé son Fils dans le monde,
non pas pour juger le monde,
mais pour que, par lui, le monde soit sauvé.
18 Celui qui croit en lui échappe au *jugement,
celui qui ne veut pas croire est déjà jugé,
parce qu'il n'a pas cru au nom du Fils unique de Dieu.
19 Et le jugement, le voici :
quand la lumière est venue dans le monde,

---

11. Ce "nous" inattendu englobe peut-être, avec Jésus, les disciples qui transmettent sa doctrine.

12. La divinisation de l'homme fait partie des "choses de la terre". Les "choses du ciel" englobent le mystère de la filiation divine du Fils de l'homme.

13. Allusion à la future ascension de Jésus. Il arrive souvent chez Jn qu'un événement futur soit exprimé au passé, parce qu'il fait partie d'un tout dont la réalisation a déjà commencé. Ainsi 13, 31.

14. Nombres 21, 4-9 : les Hébreux mordus par les serpents étaient guéris s'ils "regardaient" — premier mouvement de foi — le serpent de bronze, préfiguration du Fils de l'homme. — "Élevé" a souvent un double sens dans Jn : élevé au-dessus du sol par la crucifixion, et par là même glorifié. Voir 12, 33.

16. Un des thèmes majeurs de Jn : croire unit l'homme à Dieu et lui communique la vie éternelle. Voir 6, 40.47, etc. — Dieu "a donné son Fils unique" non seulement par l'Incarnation, mais en le livrant au sacrifice de la croix. Voir Romains 8, 32 qui fait allusion au sacrifice d'Isaac.

17-21. Pour Jn le *jugement n'est pas réservé pour la fin du monde : il se réalise dès maintenant, selon que les hommes optent pour les ténèbres ou pour la lumière.

les hommes ont préféré les ténèbres à la lumière,
parce que leurs œuvres étaient mauvaises.
20 En effet, tout homme qui fait le mal déteste la lumière :
il ne vient pas à la lumière,
de peur que ses œuvres ne lui soient reprochées;
21 mais celui qui agit selon la vérité vient à la lumière,
afin que ses œuvres soient reconnues
comme des œuvres de Dieu. »

Jean Baptiste s'efface devant Jésus

22 Après cela,
Jésus se rendit en Judée, accompagné de ses disciples;
il y séjourna avec eux, et il baptisait.
23 Jean, de son côté, baptisait à Aïnone, près de Salim,
où l'eau était abondante.
On venait là pour se faire baptiser.
24 En effet, Jean n'avait pas encore été mis en prison.
25 Or, les disciples de Jean s'étaient mis à discuter avec un *Juif
à propos des bains de purification.
26 Ils allèrent donc trouver Jean et lui dirent :
« Rabbi, celui qui était avec toi de l'autre côté du *Jourdain,
celui à qui tu as rendu témoignage,
le voilà qui baptise, et tous vont à lui! »
27 Jean répondit :
« Un homme ne peut rien s'attribuer
sauf ce qu'il a reçu du ciel.
28 Vous-mêmes pouvez témoigner que j'ai dit :
Je ne suis pas le Messie,
je suis celui qui a été envoyé devant lui.
29 L'*époux, c'est celui à qui l'épouse appartient;
quant à l'ami de l'époux, il se tient là,
il entend la voix de l'époux, et il en est tout joyeux.
C'est ma joie, et j'en suis comblé.
30 Lui, il faut qu'il grandisse;
et moi, que je diminue.
31 Celui qui vient d'en haut est au-dessus de tout.
Celui qui est de la terre est terrestre
et il parle de façon terrestre.
32 Celui qui vient du ciel

---

22. "Il baptisait", c'est-à-dire d'après 4, 2 que ses disciples baptisaient sous son autorité. Ce n'est pas encore le baptême chrétien, qui ne sera célébré qu'après le don de l'Esprit à l'Église (Ac 2, 38-41).

23. Aïnone (qui veut dire "Sources") est sans doute, au bord du Jourdain, à quelque 30 km au sud du lac. Jésus, avec ses disciples qui baptisent, est en Judée, plus au sud.

24. Jn nous avertit ainsi que, s'il ne va pas nous raconter l'emprisonnement et la mort du Baptiste, ce n'est pas par ignorance. Voir le récit de Mc 6, 17-29.

28. Voir 1, 20.23.26.

31. Il semble qu'à ce moment, ce ne soit plus le Baptiste qui parle, mais l'Évangéliste qui médite sur le mystère du Verbe fait chair.

32. Reprise des propos de Jésus aux vv. 11-12.

rend témoignage de ce qu'il a vu et entendu,
et personne n'accepte son témoignage.
33 Mais celui qui accepte son témoignage
certifie par là que Dieu dit la vérité.
34 En effet, celui que Dieu a envoyé
dit les paroles de Dieu,
car Dieu lui donne l'Esprit sans compter.
35 Le Père aime le Fils et a tout remis dans sa main.
36 Celui qui croit au Fils a la vie éternelle;
celui qui refuse de croire en lui ne verra pas la *vie,
mais la *colère de Dieu demeure sur lui. »

Jésus se révèle à la Samaritaine et à ses compatriotes comme Messie et Sauveur du monde

1 Les *pharisiens avaient entendu dire 4
que Jésus faisait plus de disciples que Jean
et baptisait plus que lui.
2 (A vrai dire, ce n'était pas Jésus lui-même,
c'étaient ses disciples qui baptisaient.)
3 Quand Jésus apprit cela,
il quitta la Judée pour retourner en Galilée;
4 il devait donc traverser la Samarie.

5 Il arrive ainsi à une ville de Samarie, appelée Sykar,
près du terrain que Jacob avait donné à son fils Joseph,
6 et où se trouve le puits de Jacob.
Jésus, fatigué par la route, s'était assis là, au bord du puits.
Il était environ midi.
7 Arrive une femme de Samarie, qui venait puiser de l'eau.
Jésus lui dit :
« Donne-moi à boire. »
8 (En effet, ses disciples étaient partis à la ville
pour acheter de quoi manger.)
9 La *Samaritaine lui dit :
« Comment! Toi qui es Juif, tu me demandes à boire,
à moi, une Samaritaine ? »

---

33. Accepter son témoignage, c'est croire, c'est-à-dire adhérer à la parole du Dieu vrai.
34. Voir 1, 32.
35. Voir 13, 3; 17, 2.
36. Voir 6, 29.40. — Le jugement, pour Jn, est le tri qui s'opère comme de lui-même entre "celui qui croit au Fils" et celui qui refuse de croire.
4, 1-2. Voir la note sur 3, 22.
3. On ne voit pas clairement pourquoi Jésus quitte la Judée : est-ce par crainte des pharisiens ? Et pourquoi ? Ils étaient sans doute plus puissants en Judée et à Jérusalem qu'en Galilée.
5. Sykar ne peut être localisé avec précision, mais se trouvait près de Sichem et du puits de Jacob bien connu encore aujourd'hui. Sur le don de ce terrain par Jacob, voir Genèse 33, 18-20; 48, 21; Josué 24, 32.
6. "Le puits de Jacob", *litt. :* "la source". Ce puits n'est pas une citerne, mais permet d'atteindre une "source d'eau vive".
7. "Donne-moi à boire". Cette demande évoque plusieurs scènes importantes de l'A.T. : Genèse 24, 10 s.; 29, 1 s.; Exode 2, 15 s.

(En effet, les Juifs ne veulent rien avoir en commun
avec les Samaritains.)
10 Jésus lui répondit :
« Si tu savais le don de Dieu,
si tu connaissais celui qui te dit : ‘ Donne-moi à boire ’,
c'est toi qui lui aurais demandé,
et il t'aurait donné de l'eau vive. »
11 Elle lui dit :
« Seigneur, tu n'as rien pour puiser,
et le puits est profond;
avec quoi prendrais-tu l'eau vive ?
12 Serais-tu plus grand que notre père Jacob
qui nous a donné ce puits,
et qui en a bu lui-même, avec ses fils et ses bêtes ? »
13 Jésus lui répondit :
« Tout homme qui boit de cette eau
aura encore soif;
14 mais celui qui boira de l'eau que moi je lui donnerai,
n'aura plus jamais soif;
et l'eau que je lui donnerai
deviendra en lui source jaillissante pour la vie éternelle. »
15 La femme lui dit :
« Seigneur, donne-la-moi, cette eau : que je n'aie plus soif,
et que je n'aie plus à venir ici pour puiser. »
16 Jésus lui dit :
« Va, appelle ton mari, et reviens. »
17 La femme répliqua :
« Je n'ai pas de mari. »
Jésus reprit :
« Tu as raison de dire que tu n'as pas de mari,
18 car tu en as eu cinq,
et celui que tu as maintenant n'est pas ton mari :
là, tu dis vrai. »
19 La femme lui dit :
« Seigneur, je le vois, tu es un prophète.
Alors, explique-moi :
20 nos pères ont adoré Dieu sur la *montagne qui est là,

---

10. Comme souvent chez Jn, Jésus donne à ses paroles un sens symbolique, spirituel, tandis que ses auditeurs ne saisissent que le sens matériel.

11. Le puits de Jacob est profond de 32 m.

13-14. Cette "eau" est la participation à la vie divine, ce que plus tard les théologiens appelleront la grâce. Qui la possède "n'aura plus jamais soif", car il aura la source en lui, il sera divinisé. On retrouve le même thème en 7, 37-39.

16-18. Jésus veut faire comprendre à cette femme que "l'eau vive" ne peut jaillir que dans un cœur pur. La multiplicité de ses liaisons correspond à la soif jamais apaisée de celui qui boit de l'eau terrestre.

19. "Alors, explique-moi" : addition du *Lectionnaire pour faire comprendre la suite des idées.

20. "Sur cette montagne" : le Garizim tout proche où les Samaritains avaient bâti un

et vous, les Juifs, vous dites
que le lieu où il faut l'adorer est à *Jérusalem. »
21 Jésus lui dit :
« Femme, crois-moi : l'heure vient
où vous n'irez plus ni sur cette montagne ni à Jérusalem
pour adorer le Père.
22 Vous adorez ce que vous ne connaissez pas ;
nous adorons, nous, celui que nous connaissons,
car le salut vient des Juifs.
23 Mais l'heure vient — et c'est maintenant —
où les vrais adorateurs
adoreront le Père en esprit et vérité :
tels sont les adorateurs que recherche le Père.
24 Dieu est esprit,
et ceux qui l'adorent,
c'est en esprit et vérité qu'ils doivent l'adorer. »
25 La femme lui dit :
« Je sais qu'il vient, le Messie,
celui qu'on appelle *Christ.
Quand il viendra,
c'est lui qui nous fera connaître toutes choses. »
26 Jésus lui dit :
« Moi qui te parle, je le suis. »

27 Là-dessus, ses disciples arrivèrent ;
ils étaient surpris de le voir parler avec une femme.
Pourtant, aucun ne lui dit : « Que demandes-tu ? »
ou : « Pourquoi parles-tu avec elle ? »
28 La femme, laissant là sa cruche,
revint à la ville et dit aux gens :
29 « Venez voir un homme
qui m'a dit tout ce que j'ai fait.
Ne serait-il pas le Messie ? »
30 Ils sortirent de la ville, et ils se dirigeaient vers Jésus.

31 Pendant ce temps, les disciples l'appelaient :
« *Rabbi, viens manger. »
32 Mais il répondit :

---

temple à Yahweh. Jean Hyrcan (fils de Simon Maccabée) avait détruit ce temple en 128 av. J.-C. Mais le Garizim était resté et est encore un lieu de culte.

23. Comme les prophètes, Jésus ne condamne pas le culte extérieur, mais la croyance, proche de la magie, que l'essentiel de la religion tient à la matérialité des sanctuaires et des sacrifices.

24. "Dieu est esprit" ne signifie pas que Dieu s'oppose à la matière, mais qu'il est le Dieu vivant : on ne peut l'adorer de façon à lui plaire qu'en communiant à son esprit et en croyant à sa vérité. On a pu voir dans ces versets une allusion aux trois Personnes divines, mais il semble qu'"esprit" et "vérité" désignent d'abord les qualités de l'homme par lesquelles il peut rejoindre Dieu.

26. "Je le suis", *litt. :* "*Je suis".

31-34. Nouvelle parole à double sens, mal comprise par les disciples. Par cette image de la nourriture, Jésus insinue que ce qui donne un sens à sa vie, ce qu'il recherche et qui fait sa joie, c'est d'accomplir sa mission de sauver le monde.

« Pour moi, j'ai de quoi manger;
c'est une nourriture que vous ne connaissez pas. »
33 Les disciples se demandaient :
« Quelqu'un lui aurait-il apporté à manger ? »
34 Jésus leur dit :
« Ma nourriture,
c'est de faire la volonté de celui qui m'a envoyé
et d'accomplir son œuvre.
35 Ne dites-vous pas :
' Encore quatre mois et ce sera la *moisson ' ?
Et moi je vous dis : Levez les yeux
et regardez les champs qui se dorent pour la moisson.
36 Dès maintenant, le moissonneur reçoit son salaire :
il récolte du fruit pour la vie éternelle,
si bien que le semeur se réjouit avec le moissonneur.
37 Il est bien vrai, le proverbe :
' L'un sème, l'autre moissonne. '
38 Je vous ai envoyés moissonner
là où vous n'avez pas pris de peine,
d'autres ont pris de la peine,
et vous, vous profitez de leurs travaux. »
39 Beaucoup de Samaritains de cette ville crurent en Jésus,
à cause des paroles de la femme
qui avait rendu ce témoignage :
« Il m'a dit tout ce que j'ai fait. »
40 Lorsqu'ils arrivèrent auprès de lui,
ils l'invitèrent à demeurer chez eux.
Il y resta deux jours.
41 Ils furent encore beaucoup plus nombreux à croire
à cause de ses propres paroles,
42 et ils disaient à la femme :
« Ce n'est plus à cause de ce que tu nous as dit,
que nous croyons maintenant;
nous l'avons entendu par nous-mêmes,
et nous savons que c'est vraiment lui
le Sauveur du monde. »

Guérison à Cana en Galilée

43 Jésus, après avoir passé deux jours chez les Samaritains,
partit pour la Galilée.

35-38. L'adhésion à Jésus de la Samaritaine et de ses compatriotes annonce une moisson abondante dans ce pays. Voir Ac 8, 5-8. Cela viendra assez vite : "le semeur se réjouit avec le moissonneur". Mais les moissonneurs (les disciples) ne doivent pas oublier qu'ils "profitent des travaux" de Jésus.

42. "Le Sauveur du monde", expression unique dans tout le N.T. : à la crèche les Anges annonçaient Jésus seulement comme le Sauveur de son peuple (Lc 2, 11). Cette conclusion de l'épisode lui donne une portée universelle : c'est par la Samarie que les Apôtres commenceront leur mission pour aller "jusqu'aux extrémités de la terre" (Ac 1, 8).

44 (Lui-même avait attesté
qu'un prophète n'est pas honoré dans son propre pays.)
45 Il arriva donc en Galilée;
les Galiléens lui firent bon accueil,
car ils avaient vu tout ce qu'il avait fait
à Jérusalem pendant la fête de la Pâque,
puisqu'ils étaient allés eux aussi à cette fête.

46 Ainsi donc Jésus revint à Cana en Galilée,
où il avait changé l'eau en vin.
Or, il y avait un fonctionnaire royal,
dont le fils était malade à Capharnaüm.
47 Ayant appris que Jésus arrivait de Judée en Galilée,
il alla le trouver;
il lui demandait de descendre à Capharnaüm
pour guérir son fils qui était mourant.
48 Jésus lui dit :
« Vous ne pourrez donc pas croire
à moins d'avoir vu des *signes et des prodiges ? »
49 Le fonctionnaire royal lui dit :
« Seigneur, descends, avant que mon enfant ne meure! »
50 Jésus lui répond :
« Va, ton fils est vivant. »
L'homme crut à la parole que Jésus lui avait dite et il partit.

51 Pendant qu'il descendait, ses serviteurs arrivèrent à sa rencontre
et lui dirent que son enfant était vivant.
52 Il voulut savoir à quelle heure il s'était trouvé mieux.
Ils lui dirent :
« C'est hier, au début de l'après-midi,
que la fièvre l'a quitté. »
53 Le père se rendit compte que c'était justement
l'heure où Jésus lui avait dit :
« Ton fils est vivant. »
Alors il crut, avec tous les gens de sa maison.
54 Tel est le second *signe que Jésus accomplit
lorsqu'il revint de Judée en Galilée.

---

44. L'enchaînement des idées n'est intelligible que si l'on entend "son propre pays" de la Judée, Jésus étant né à Bethléem.

45. Les Galiléens lui font, en somme, bon accueil à cause des miracles accomplis à Jérusalem pendant la Pâque, auxquels Jn se contente de faire allusion en 2, 23, et ici au v. 48.

46. Malgré quelques ressemblances entre les deux récits, il paraît difficile d'identifier ce fonctionnaire royal (un Juif de la cour d'Hérode) et le centurion romain de Mt 8, 5-13 et par. Celui-ci, dans sa grande foi, ne veut pas que Jésus se déplace, tandis que celui-là le lui demande. Remarquer la progression de sens du verbe "croire" aux vv. 48, 50 et 53, et l'importance des mots "mourir" et "vivre", très typiques de Jn aux vv. 47, 49, 50, 51, 53.

IV. LA RÉVÉLATION CONTESTÉE

Guérison d'un paralysé le jour du sabbat

1 Après cela et à l'occasion d'une fête des Juifs, 5
Jésus monta à Jérusalem.
2 Or, à Jérusalem, près de la Porte des Brebis,
il existe une piscine qu'on appelle en hébreu Bézatha.
Elle a cinq colonnades,
3 sous lesquelles étaient couchés une foule de malades :
aveugles, boiteux et paralysés.
5 Il y en avait un qui était malade depuis trente-huit ans.
6 Jésus, le voyant couché là,
et apprenant qu'il était dans cet état depuis longtemps,
lui dit :
« Est-ce que tu veux retrouver la santé ? »
7 Le malade lui répondit :
« Seigneur, je n'ai personne
pour me plonger dans la piscine
au moment où l'eau bouillonne ;
et pendant que j'y vais,
un autre descend avant moi. »
8 Jésus lui dit :
« Lève-toi, prends ton brancard, et marche. »
9 Et aussitôt l'homme retrouva la santé.
Il prit son brancard : il marchait !

Or, ce jour-là était un jour de *sabbat.
10 Les *Juifs dirent à cet homme que Jésus avait guéri :
« C'est le sabbat !
Tu n'as pas le droit de porter ton brancard. »
11 Il leur répliqua :
« Celui qui m'a rendu la santé, c'est lui qui m'a dit :
' Prends ton brancard, et marche ! ' »
12 Ils l'interrogèrent :
« Quel est l'homme qui t'a dit :
' Prends-le, et marche ' ? »
13 Mais celui qui avait été guéri ne le savait pas ;
en effet, Jésus s'était éloigné, car il y avait foule à cet endroit.

5, 1. Une des trois grandes fêtes juives, peut-être la Pentecôte.

2. Les fouilles ont retrouvé à cet endroit tout un complexe thermal : deux grands bassins, des grottes, mais les colonnades ont disparu.

3. Certains manuscrits et la *Vulgate ajoutent à ce v. : ... "qui attendaient l'agitation de l'eau" et comportent un v. 4 : "Car, à certains moments, l'ange du Seigneur descendait dans la piscine, l'eau s'agitait et le premier qui y entrait après que l'eau avait bouillonné était guéri, quelle que fût sa maladie." Cette glose cherchait sans doute à rendre moins suspecte une vertu curative que les païens attribuaient à une divinité guérisseuse comme Sérapis.

10. Jésus viole doublement la règle du *sabbat : il accomplit une "œuvre" (v. 17) en guérissant, et il ordonne à l'homme guéri de porter son brancard, travail interdit.

14 Plus tard, Jésus le retrouva dans le Temple et lui dit :
« Te voilà en bonne santé.
Ne pèche plus, il pourrait t'arriver pire encore. »
15 L'homme partit annoncer aux Juifs
que c'était Jésus qui lui avait rendu la santé.
16 Et les Juifs se mirent à poursuivre Jésus
parce qu'il avait fait cela le jour du sabbat.

Discours sur l'œuvre du Fils et le témoignage du Père

17 Jésus leur déclara
« Mon Père, jusqu'à maintenant, est toujours à l'œuvre,
et moi aussi je suis à l'œuvre. »
18 C'est pourquoi, de plus en plus,
les Juifs cherchaient à le faire mourir,
car non seulement il violait le repos du sabbat,
mais encore il disait que Dieu était son propre Père
et il se faisait ainsi l'égal de Dieu.

19 Jésus reprit donc la parole. Il leur déclarait :
« *Amen, amen, je vous le dis :
le Fils ne peut rien faire de lui-même,
il fait seulement ce qu'il voit faire par le Père;
ce que fait celui-ci, le Fils le fait pareillement.
20 Car le Père aime le Fils et lui montre tout ce qu'il fait.
Il lui montrera des œuvres encore plus grandes,
si bien que vous serez dans l'étonnement.
21 Comme le Père, en effet, relève les morts
et leur donne la *vie,
le Fils, lui aussi, donne la vie à qui il veut.
22 Car le Père ne juge personne :
il a donné au Fils tout pouvoir pour juger,
23 afin que tous honorent le Fils comme ils honorent le Père.
Celui qui ne rend pas honneur au Fils,
ne rend pas non plus honneur au Père, qui l'a envoyé.
24 Amen, amen, je vous le dis :
celui qui écoute ma parole
et croit au Père qui m'a envoyé,
celui-là obtient la vie éternelle

---

14. Jésus ne voit pas l'infirmité comme le châtiment du péché (voir 9, 3). Mais le bienfait de la guérison physique est le signe d'une résurrection spirituelle qui serait annulée par un retour au péché.

17-18. Le repos de Dieu après la création ne l'empêche pas d'agir encore en gouvernant le monde et en accomplissant son dessein de salut. Le Fils peut imiter le Père : les Juifs comprennent bien que Jésus s'affirme ainsi comme son égal.

19. Jésus se dit comparable au fils d'un ouvrier qui fait son apprentissage en imitant l'activité et les procédés de son père.

20. "Des œuvres encore plus grandes" (voir 1, 50) : sans doute la résurrection de Jésus et le don de l'Esprit à l'Église.

22-24. Comme déjà en 3, 18 le *jugement est réalisé par la distinction entre les hommes qui croient ou refusent de croire en Jésus.

et il échappe au *jugement,
car il est déjà passé de la mort à la vie.
25 Amen, amen, je vous le dis :
l'heure vient, — et c'est maintenant —
où les *morts vont entendre la voix du Fils de Dieu,
et ceux qui l'auront entendue vivront.
26 Comme le Père a la vie en lui-même,
ainsi a-t-il donné au Fils d'avoir la vie en lui-même;
27 et il lui a donné le pouvoir de prononcer le *jugement,
parce qu'il est le *Fils de l'homme.
28 Ne soyez pas surpris;
l'heure vient
où tous ceux qui sont dans les tombeaux
vont entendre sa voix,
et ils sortiront :
29 ceux qui ont fait le bien, ressuscitant pour entrer dans la vie;
ceux qui ont fait le mal, ressuscitant pour être jugés.

30 Moi, je ne peux rien faire de moi-même;
je rends mon jugement d'après ce que j'entends,
et ce jugement est juste,
parce que je ne cherche pas à faire ma propre volonté,
mais la volonté de celui qui m'a envoyé.

31 Si je me rendais témoignage à moi-même,
mon témoignage ne serait pas vrai;
32 il y a quelqu'un d'autre qui me rend témoignage,
et je sais que le témoignage qu'il me rend est vrai.
33 Vous avez envoyé une délégation auprès de Jean Baptiste,
et il a rendu témoignage à la vérité.
34 Moi, je n'ai pas à recevoir le témoignage d'un homme,
mais je parle ainsi pour que vous soyez sauvés.
35 Jean était la lampe qui brûle et qui éclaire,
et vous avez accepté de vous réjouir un moment à sa lumière.
36 Mais j'ai pour moi un témoignage plus grand que celui de Jean :
ce sont les œuvres que le Père m'a données à accomplir;
ces œuvres, je les fais,
et elles témoignent que le Père m'a envoyé.
37 Et le Père qui m'a envoyé,
c'est lui qui m'a rendu témoignage.

---

25. "Les morts" de la *mort spirituelle, les pécheurs.
28-29. Il s'agit maintenant de la mort physique et de la résurrection finale. "L'heure vient", car ce monde nouveau est déjà en marche, mais Jn n'ajoute pas cette fois, "et c'est maintenant", comme au v. 25 et en 4, 23.
33. Voir 1, 19-27.
36. "Les œuvres" sont les miracles accomplis par Jésus et qui "témoignent que le Père l'a envoyé". On trouve la même idée chez Pierre, Ac 2, 22.
37. Jn a dit dès le Prologue 1, 18, et redira en 6, 46 que le Père (Dieu) est inconnaissable, sinon par la révélation que Jésus nous en donne. D'où la gravité de mépriser ce que Dieu nous dit ou nous manifeste par la parole et les œuvres de Jésus.

Vous n'avez jamais écouté sa voix,
vous n'avez jamais vu sa face,
38 et sa parole ne demeure pas en vous,
puisque vous ne croyez pas en moi, l'envoyé du Père.
39 Vous scrutez les Écritures
parce que vous pensez trouver en elles la vie éternelle;
or, ce sont elles qui me rendent témoignage,
40 et vous ne voulez pas venir à moi pour avoir la vie!

41 La *gloire, je ne la reçois pas des hommes;
42 d'ailleurs je vous connais :
vous n'avez pas en vous l'amour de Dieu.
43 Moi, je suis venu au nom de mon Père,
et vous ne me recevez pas;
si un autre vient en son propre nom,
celui-là, vous le recevrez!
44 Comment pourriez-vous croire,
vous qui recevez votre gloire les uns des autres,
et qui ne cherchez pas la gloire qui vient du Dieu unique!

45 Ne pensez pas que c'est moi qui vous accuserai devant le Père.
Votre accusateur, c'est Moïse,
en qui vous avez mis votre espérance.
46 Si vous croyiez en Moïse, vous croiriez aussi en moi
car c'est de moi qu'il a parlé dans l'Écriture.
47 Mais si vous ne croyez pas ce qu'il a écrit,
comment croirez-vous ce que je dis ? »

Le Fils donne aux hommes la vie du Père (deuxième Pâque) : multiplication des pains, marche sur la mer, discours sur le pain de vie

Multiplication des pains

6

1 Après cela Jésus passa de l'autre côté du *lac de Tibériade
(appelé aussi mer de Galilée).
2 Une grande foule le suivait,
parce qu'elle avait vu les *signes qu'il accomplissait
en guérissant les malades.
3 Jésus gagna la *montagne, et là, il s'assit avec ses disciples.
4 C'était un peu avant la *Pâque, qui est la grande fête des Juifs.

---

39. Les Écritures "rendent témoignage" au sujet de Jesus pour qui sait les lire : idée qu'on trouve aussi chez Lc 24, 27.44-45, et dans tous les discours d'Apôtres dans Ac.

45-47. "Moïse" comme auteur du Pentateuque et comme grand prophète. Voir la note précédente.

6, 1-13. Le récit de Jn s'accorde avec les récits parallèles des Synoptiques. Même nombre d'hommes à nourrir, de pains (d'orge d'après Jn) et de poissons. Jn est seul à nommer Philippe, André et le jeune garçon. Il insiste sur l'abondance des restes, comme il soulignait à Cana la quantité et la qualité du vin : Jésus est venu donner la vie, et en surabondance (10, 10). Jn est seul à noter la proximité de la Pâque, peut-être pour souligner la résonance eucharistique du miracle, insinuée aussi par "après avoir rendu grâce" *(eucharistèsas)*.

5 Jésus leva les yeux et vit qu'une foule nombreuse venait à lui.
Il dit à Philippe :
« Où pourrions-nous acheter du pain
pour qu'ils aient à manger ? »
6 Il disait cela pour le mettre à l'épreuve,
car lui-même savait bien ce qu'il allait faire.
7 Philippe lui répondit :
« Le salaire de deux cents journées ne suffirait pas
pour que chacun ait un petit morceau de pain. »
8 Un de ses disciples, André, le frère de Simon-Pierre, lui dit :
9 « Il y a là un jeune garçon qui a cinq pains d'orge
et deux poissons,
mais qu'est-ce que cela pour tant de monde! »
10 Jésus dit :
« Faites-les asseoir. »
Il y avait beaucoup d'herbe à cet endroit.
Ils s'assirent donc, au nombre d'environ cinq mille hommes.
11 Alors Jésus prit les pains,
et, après avoir rendu grâce, les leur distribua;
il leur donna aussi du poisson, autant qu'ils en voulaient.
12 Quand ils eurent mangé à leur faim,
il dit à ses disciples :
« Ramassez les morceaux qui restent,
pour que rien ne soit perdu. »
13 Ils les ramassèrent, et ils remplirent douze paniers
avec les morceaux qui restaient des cinq pains d'orge
après le repas.
14 A la vue du signe que Jésus avait accompli,
les gens disaient :
« C'est vraiment lui le grand Prophète,
celui qui vient dans le monde. »
15 Mais Jésus savait
qu'ils étaient sur le point de venir le prendre de force
et faire de lui leur roi;
alors de nouveau il se retira, tout seul, dans la montagne.

La marche sur la mer

16 Le soir venu, les disciples de Jésus descendirent au bord du *lac.
17 Ils s'embarquèrent pour gagner *Capharnaüm,
sur l'autre rive.
Déjà il faisait nuit, et Jésus ne les avait pas encore rejoints.

---

14. Dénouement propre à Jn. Nourrir la foule au désert a été le fait de Moïse. On pense donc naturellement au "prophète semblable à lui" annoncé en Deutéronome 18, 18. Mais l'enthousiasme prend une couleur politique qui risque de tromper sur la vraie mission de Jésus.

16-21. Comme chez Mt-Mc, ce "signe" fait suite à celui de la multiplication des pains, et pourrait suggérer que Jésus est affranchi des lois ordinaires de la matière.

18 Un grand vent se mit à souffler, et le lac devint houleux.
19 Les disciples avaient ramé pendant cinq mille mètres environ,
lorsqu'ils virent Jésus
qui marchait sur la mer et se rapprochait de la barque.
Alors, ils furent saisis de crainte.
20 Mais il leur dit :
« C'est moi. Soyez sans crainte. »
21 Les disciples voulaient le prendre dans la barque,
mais aussitôt, la barque atteignit le rivage
à l'endroit où ils se rendaient.

Discours sur le pain de vie

22 Le lendemain, la foule restée sur l'autre rive du lac
se rendit compte qu'il n'y avait eu là qu'une seule barque,
et que Jésus n'y était pas monté avec ses disciples,
qui étaient partis sans lui.
23 Cependant, d'autres barques, venant de Tibériade,
étaient arrivées près de l'endroit où l'on avait mangé le pain
après que le Seigneur eut rendu grâce.
24 La foule s'était aperçue que Jésus n'était pas au bord du lac,
ni ses disciples non plus.
Alors les gens prirent les barques
et se dirigèrent vers Capharnaüm
à la recherche de Jésus.
25 L'ayant trouvé sur l'autre rive, ils lui dirent :
« *Rabbi, quand es-tu arrivé ici ? »
26 Jésus leur répondit :
« Amen, amen, je vous le dis : vous me cherchez,
non parce que vous avez vu des *signes,
mais parce que vous avez mangé du pain
et que vous avez été rassasiés.
27 Ne travaillez pas pour la nourriture qui se perd,
mais pour la nourriture qui se garde
jusque dans la vie éternelle,
celle que vous donnera le Fils de l'homme,
lui que Dieu, le Père, a marqué de son empreinte. »
28 Ils lui dirent alors :
« Que faut-il faire pour travailler aux œuvres de Dieu ? »

---

19. "Cinq mille mètres environ" (*litt.* : "vingt-cinq ou trente stades") donc vers le milieu du lac. "Saisis de crainte" : non de peur, mais de la crainte religieuse inspirée par le miracle.

20. "C'est moi", *litt.* : "*Je suis".

21. Ce peut être un nouveau miracle, à moins que les disciples aient simplement été égarés un moment par l'obscurité.

26. Reproche qu'on pourrait traduire ainsi, selon notre logique occidentale : sans doute, vous me cherchez parce que vous avez vu des signes, et notamment celui du pain, mais sans en pénétrer la signification véritable.

27. "Son empreinte" : le pouvoir de faire des miracles, qui garantit l'origine divine du Fils de l'homme : ainsi 5, 36-37.

28. Les "œuvres de Dieu" : ce pluriel évoque la multiplicité des observances juives.

Jésus leur répondit :
29 « L'œuvre de Dieu,
c'est que vous croyiez en celui qu'il a envoyé. »
30 Ils lui dirent alors :
« Quel *signe vas-tu accomplir
pour que nous puissions le voir, et te croire ?
Quelle œuvre vas-tu faire ?
31 Au désert, nos pères ont mangé la manne;
comme dit l'Écriture :
Il leur a donné à manger le pain venu du ciel. »
32 Jésus leur répondit :
« Amen, amen, je vous le dis :
ce n'est pas Moïse qui vous a donné le pain venu du ciel;
c'est mon Père qui vous donne le vrai pain venu du ciel.
33 Le pain de Dieu, c'est celui qui descend du ciel
et qui donne la *vie au monde. »
34 Ils lui dirent alors :
« Seigneur, donne-nous de ce pain-là, toujours. »
35 Jésus leur répondit :
« Moi, *je suis le pain de la vie.
Celui qui vient à moi n'aura plus jamais faim;
celui qui croit en moi n'aura plus jamais soif.
36 Mais je vous l'ai déjà dit :
vous avez vu, et pourtant vous ne croyez pas.
37 Tous ceux que le Père me donne viendront à moi;
et celui qui vient à moi, je ne vais pas le jeter dehors.
38 Car je ne suis pas descendu du ciel
pour faire ma volonté,
mais pour faire la volonté de celui qui m'a envoyé.
39 Or, la volonté de celui qui m'a envoyé,
c'est que je ne perde aucun de ceux qu'il m'a donnés,
mais que je les ressuscite tous au dernier jour.
40 Car la volonté de mon Père,
c'est que tout homme qui voit le Fils et croit en lui

---

29. Jésus fait consister l'œuvre de Dieu (au singulier) dans la foi, qui s'adresse à Dieu et qui est un don de Dieu : voir v. 44.

30. "Quel signe... ?" La multiplication des pains (venus de la terre) semble un "signe" inférieur à celui de la manne, "pain venu du ciel", expression du Ps 77 78, 24.

32. "Le vrai pain", par opposition à ces pains figuratifs, symboliques, qu'étaient la manne et les pains multipliés la veille.

34. Même méprise que chez la Samaritaine en 4, 15.

35. "Le pain de la vie", c'est-à-dire qui donne la vraie vie, la vie éternelle. Nous savons par le Prologue que le Fils est aussi la Parole (1, 14). Or, dans la Bible, la Parole est constamment assimilée au pain (Deutéronome 8, 3 cité en Mt 4, 4; Amos 8, 11; Isaïe 55, 1 s.; etc.). Grâce à cette équivalence, le discours sur le Pain de vie glisse insensiblement de la foi en la personne de Jésus, parole du Père, à l'eucharistie, qui nous donne Jésus sous les apparences du pain et qui est, par excellence, "le mystère de la foi" que proclament les Prières eucharistiques. — "N'aura plus jamais faim..." comme "n'aura plus jamais soif" en 4, 14.

39-40. La résurrection "au dernier jour" montrera que la foi de ceux que le Père a "donnés" à Jésus, leur a conféré, et même dès maintenant (v. 47), la vie éternelle.

obtienne la vie éternelle;
et moi, je le ressusciterai au dernier jour. »

41 Comme Jésus avait dit :
« Moi, je suis le pain qui est descendu du ciel »,
les Juifs récriminaient contre lui :
42 « Cet homme-là n'est-il pas Jésus, fils de Joseph ?
Nous connaissons bien son père et sa mère.
Alors, comment peut-il dire :
' Je suis descendu du ciel ' ? »
43 Jésus reprit la parole :
« Ne récriminez pas entre vous.
44 Personne ne peut venir à moi,
si le Père qui m'a envoyé ne l'attire vers moi,
et moi, je le ressusciterai au dernier jour.
45 Il est écrit dans les prophètes :
Ils seront tous instruits par Dieu lui-même.
Tout homme qui écoute les enseignements du Père
vient à moi.
46 Certes, personne n'a jamais vu le Père,
sinon celui qui vient de Dieu : celui-là seul a vu le Père.
47 Amen, amen, je vous le dis :
celui qui croit en moi a la vie éternelle.
48 Moi, *je suis le pain de la vie.
49 Au désert, vos pères ont mangé la manne,
et ils sont morts;
50 mais ce pain-là, qui descend du ciel,
celui qui en mange ne mourra pas.

51 *Je suis le pain vivant,
qui est descendu du ciel :
si quelqu'un mange de ce pain,
il vivra éternellement.
Le pain que je donnerai, c'est ma *chair,
donnée pour que le monde ait la *vie. »
52 Les Juifs discutaient entre eux :

---

41. "Récriminaient", *litt.* : "murmuraient", comme le faisaient les Hébreux au sujet de la manne : Exode 16, 2.7.8.12.
45. "Dans les prophètes" : Isaïe 54, 13 et Jérémie 31, 34 prophétisant l'ère de la Nouvelle Alliance où les hommes seront instruits par une loi intérieure.
46. Comme 1, 18.
50. "Ils sont morts", comme tous les hommes, et comme ceux qui mangeront de "ce pain-là". Mais les Hébreux du désert sont "morts" à cause de leur incroyance; celui qui croit en Jésus "ne mourra pas" pour toujours. Cette équivoque entre les deux sens du mot *mort se retrouve en Mt 8, 22 par.; Jn 5, 25; 11, 25-26.
51. "Le pain que je donnerai, c'est ma chair, donnée pour que le monde ait la vie" *litt.*: "c'est ma chair pour la vie du monde." La traduction explicite cette formulation très concise, analogue à celle de 1 Corinthiens 11, 24 : "Ceci est mon corps (donné) pour vous." Le mot araméen employé par Jésus à la Cène pouvait être traduit aussi bien par "chair" que par "corps". Ainsi, ce verset de Jn a un sens explicitement eucharistique et sacrificiel.

« Comment cet homme-là
peut-il nous donner sa chair à manger ? »
53 Jésus leur dit alors :
« Amen, amen, je vous le dis :
si vous ne mangez pas la chair du Fils de l'homme,
et si vous ne buvez pas son sang,
vous n'aurez pas la vie en vous.
54 Celui qui mange ma chair et boit mon sang
a la vie éternelle;
et moi, je le ressusciterai au dernier jour.
55 En effet, ma chair est la vraie nourriture,
et mon sang est la vraie boisson.
56 Celui qui mange ma chair et boit mon sang
demeure en moi, et moi je demeure en lui.
57 De même que le Père, qui est vivant, m'a envoyé,
et que moi je vis par le Père,
de même aussi celui qui me mangera vivra par moi.
58 Tel est le pain qui descend du ciel :
il n'est pas comme celui que vos pères ont mangé.
Eux, ils sont morts;
celui qui mange ce pain
vivra éternellement. »
59 Voilà ce que Jésus a dit,
dans son enseignement à la synagogue de Capharnaüm.

Défections parmi les disciples et confession de foi de Pierre

60 Beaucoup de ses disciples, qui avaient entendu, s'écrièrent :
« Ce qu'il dit là est intolérable,
on ne peut pas continuer à l'écouter! »
61 Jésus connaissait par lui-même ces récriminations des disciples.
Il leur dit :
« Cela vous heurte ?
62 Et quand vous verrez le Fils de l'homme
monter là où il était auparavant ?...
63 C'est l'esprit qui fait vivre, la chair n'est capable de rien.
Les paroles que je vous ai dites sont esprit et elles sont vie.

---

56. Formule d'union permanente et réciproque fréquente chez Jn : 10, 38; 14, 11.20; 15, 4.5.7.; 17, 21; 1re épître 3, 24; 4, 16; Apocalypse 3, 20.

60. "Ce qu'il dit là est intolérable", *litt. :* "cette parole est dure" : non pas sévère, mais choquante, scandaleuse, difficile à admettre.

61. "par lui-même", voir la note sur 1, 48. "heurte", *litt. :* "*scandalise", c'est-à-dire : ébranle votre foi. Et c'est bien ce qui va se produire : l'abandon de nombreux disciples.

62. L'ascension future n'est pas présentée comme un autre scandale, mais au contraire comme un fait extraordinaire qui éclairera le mystère de Jésus.

63. "La chair n'est capable de rien." Ici "chair" n'a pas le sens obvie qu'il a aux vv. 51-56, mais le sens sémitique de la créature réduite à ses propres forces, ici à la raison humaine. Même sens dans l'épisode très voisin de Mt 16, 17 : "ce n'est pas la chair et le sang" qui ont permis à Pierre de confesser le Christ dans la foi, "mais mon Père qui est aux cieux". De même ici : "personne ne peut venir à moi", c'est-à-dire "croire en moi", "si cela ne lui est pas donné par le Père."

64 Mais il y en a parmi vous qui ne croient pas. »
Jésus savait en effet depuis le commencement
qui étaient ceux qui ne croyaient pas,
et celui qui le livrerait.
65 Il ajouta :
« Voilà pourquoi je vous ai dit
que personne ne peut venir à moi
si cela ne lui est pas donné par le Père. »

66 A partir de ce moment, beaucoup de ses disciples s'en allèrent
et cessèrent de marcher avec lui.
67 Alors Jésus dit aux *Douze :
« Voulez-vous partir, vous aussi ? »
68 Simon-Pierre lui répondit :
« Seigneur, vers qui pourrions-nous aller ?
Tu as les paroles de la vie éternelle.
69 Quant à nous, nous croyons,
et nous savons que tu es le Saint, le Saint de Dieu. »

70 Jésus leur dit :
« N'est-ce pas moi qui vous ai choisis tous les douze ?
Et l'un de vous est un démon! »
71 Il parlait de Judas, fils de Simon Iscariote,
car celui-ci allait le livrer; et c'était l'un des Douze.

La fête des Tentes : débat sur le Messie

1 Après cela, Jésus parcourait la Galilée : **7**
il ne voulait pas parcourir la Judée
parce que les Juifs cherchaient à le faire mourir.
2 La fête juive des *Tentes approchait.
3 Alors les *frères de Jésus lui dirent :
« Ne reste pas ici, va en Judée
pour que les disciples que tu as là-bas
voient eux aussi les œuvres que tu fais.
4 On n'agit pas en secret
quand on veut être connu.
Puisque tu fais de telles choses,
manifeste-toi au monde. »

---

66. "A partir de ce moment" : cet épisode constitue chez Jn un tournant décisif dans la mission de Jésus, qui se heurte à une opposition déclarée. Il en est de même de la confession de foi à Césarée chez les Synoptiques (Mt 16, 13-20). — "Beaucoup de ses disciples" : Jn insiste sur l'importance de cette défection (déjà v. 60). "Cessèrent de marcher avec lui", au sens concret : ils rentrent chez eux, — mais en un sens plus profond : ce qui définit le disciple, c'est "suivre Jésus" (1, 37.43; 12, 26; etc.).

69. Confession de foi, différente dans les termes de celle de Mt 16, 16, mais dont la portée est au moins équivalente.

70. "Un démon". Voir 13, 2.27. Jn s'étonne devant le mystère de la vocation et de la liberté humaine : comment un Apôtre choisi par Jésus lui-même peut-il devenir un traître ?

7, 2-3. "Les disciples que tu as là-bas", *litt.* : "tes disciples", mais il s'agit en effet des disciples conquis par les miracles de Jésus à Jérusalem : 2, 23; 3, 2.

5 (En effet, les frères de Jésus eux-mêmes
ne croyaient pas en lui.)
6 Jésus leur dit alors :
« Pour moi, le moment n'est pas encore venu;
pour vous, c'est toujours le moment favorable.
7 Le monde ne peut pas avoir de haine contre vous;
mais il a de la haine contre moi
parce que je témoigne que ses œuvres sont mauvaises.
8 Vous autres, montez à la fête;
moi, je ne monte pas à cette fête
parce que le moment pour moi n'est pas encore arrivé. »
9 Cela dit, il demeura en Galilée.
10 Lorsque les frères de Jésus furent montés à Jérusalem pour la fête,
il y monta lui aussi, non pas ostensiblement, mais en secret.

11 Les Juifs le cherchaient pendant la fête, en disant :
« Où donc est cet homme ? »
12 On discutait beaucoup à son sujet dans la foule.
Les uns disaient :
« C'est un homme de bien. »
D'autres répliquaient :
« Non, il égare la foule. »
13 Toutefois, personne ne parlait ouvertement de lui
par crainte des Juifs.

14 La semaine de la fête était déjà à moitié passée
quand Jésus monta au Temple et se mit à enseigner.
15 Dans leur étonnement, les Juifs disaient :
« Comment cet homme connaît-il tant de choses
sans avoir fait d'études ? »
16 Jésus leur répondit :
« Mon enseignement n'est pas le mien :
c'est l'enseignement de celui qui m'a envoyé.
17 Celui qui veut faire la volonté de Dieu
saura si cet enseignement vient de Dieu,
ou si je ne parle qu'en mon nom.
18 Si quelqu'un ne parle qu'en son nom
il cherche sa propre gloire;
mais si quelqu'un cherche la gloire de celui qui l'a envoyé,
il est dans le vrai et il n'y a en lui rien de mal.

---

6. "Le moment" équivaut à "l'heure" prévue dans le plan divin de salut.

10. Jésus ne se contredit pas plus, en finissant par monter à Jérusalem, qu'en opérant à Cana le signe qu'il a commencé par refuser (2, 4). Il accomplit le signe et la démarche demandés, mais en leur donnant une autre signification.

13. "Par crainte des Juifs" : voir 9, 22.

14. Jésus enseigne dans les cours qui entourent le Sanctuaire, comme en 10, 23.

15. *Litt.* : "Comment celui-ci connaît-il les lettres, sans avoir appris ?" C'est-à-dire : comment est-il si savant (surtout dans les Écritures) sans avoir fréquenté les écoles ou suivi l'enseignement d'un Rabbi ?

16. "Mon enseignement n'est pas le mien..." : de même en 8, 26.28; 12, 44.49-50; 17, 8.

19 N'est-ce pas Moïse qui vous a donné la Loi ?
Or, aucun de vous n'agit selon la Loi.
Pourquoi cherchez-vous à me faire mourir ? »
20 La foule répondit :
« Tu es un possédé. Qui donc cherche à te faire mourir ? »
21 Jésus leur répondit :
« Pour une seule œuvre que j'ai faite,
vous voilà tous dans l'étonnement.
22 Moïse vous a prescrit la *circoncision
(en fait elle ne vient pas de Moïse, mais des patriarches),
et vous la pratiquez même le jour du *sabbat.
23 Eh bien! Si, le jour du sabbat, un être humain
peut recevoir la circoncision
afin que la loi de Moïse soit respectée,
pourquoi vous mettez-vous en colère contre moi
parce que j'ai guéri un être humain tout entier
le jour du sabbat ?
24 Ne jugez pas d'après l'apparence,
mais selon la justice. »

25 Quelques habitants de Jérusalem disaient alors :
« N'est-ce pas lui qu'on cherche à faire mourir ?
26 Le voilà qui parle ouvertement,
et personne ne lui dit rien!
Les chefs du peuple auraient-ils vraiment reconnu
que c'est lui le *Messie ?
27 Mais lui, nous savons d'où il est.
Or, lorsque le Messie viendra,
personne ne saura d'où il est. »
28 Jésus, qui enseignait dans le Temple, s'écria :
« Vous me connaissez ?
Et vous savez d'où je suis ?
Je ne suis pas venu de moi-même :
mais celui qui m'a envoyé dit la vérité,
lui que vous ne connaissez pas.
29 Moi, je le *connais parce que je viens d'auprès de lui,
et c'est lui qui m'a envoyé. »

30 On cherchait à l'arrêter,

---

19. "Pourquoi voulez-vous me tuer ?" et, par là, mépriser cette Loi qui annonce ma venue ? Jésus reprend cette accusation en 8, 40 et, selon les Synoptiques, avec la parabole des vignerons meurtriers (Mc 12, 1-12 par.).

21. "Pour une seule œuvre que j'ai faite" : la guérison du paralytique de Bézatha 5, 1-13. En réalité, Jésus a fait beaucoup d'autres œuvres miraculeuses, mais Jn qui le sait bien n'en a retenu qu'un petit nombre.

22. "Elle vient des patriarches" : Abraham, Genèse 17, 9-14; 21, 4. Moïse, Livre des Lévites 12, 3; Exode 12, 44-48.

27. Selon une croyance populaire, le Messie surgira brusquement sans qu'on sache d'où il vient. Or, on croit savoir que Jésus est de Nazareth.

28-29. Jésus part de ces discussions superficielles pour suggérer le mystère de son origine, quoi qu'il en soit de sa naissance humaine.

mais personne ne mit la main sur lui
parce que son *heure n'était pas encore venue.
31 Dans la foule beaucoup crurent en lui
et ils disaient :
« Le Messie, quand il viendra,
accomplira-t-il plus de signes
que celui-ci n'en a fait ? »

32 Les *pharisiens apprirent que la foule discutait ainsi à son propos.
Alors les *chefs des prêtres et les pharisiens
envoyèrent des gardes pour l'arrêter.
33 Jésus déclara :
« Je suis encore avec vous, mais pour peu de temps ;
et je m'en vais auprès de celui qui m'a envoyé.
34 Vous me chercherez, et vous ne me trouverez pas ;
et là où je suis, vous ne pouvez pas venir. »
35 Les Juifs se dirent alors entre eux :
« Où va-t-il bien partir pour que nous ne le trouvions pas ?
Va-t-il partir chez les Juifs dispersés dans le monde grec
afin d'instruire les Grecs ?
36 Que signifie cette parole qu'il a dite :
' Vous me chercherez, et vous ne me trouverez pas,
et là où je suis, vous ne pouvez pas venir ' ? »

37 Au jour solennel où se terminait la fête,
Jésus, debout dans le temple de Jérusalem, s'écria :
« Si quelqu'un a soif, qu'il vienne à moi,
38 et qu'il boive, celui qui croit en moi !
Comme dit l'Écriture :
Des fleuves d'eau vive
jailliront de son cœur. »
39 En disant cela, il parlait de l'Esprit Saint,
l'Esprit que devaient recevoir
ceux qui croiraient en Jésus.
En effet, l'Esprit Saint n'avait pas encore été donné,
parce que Jésus n'avait pas encore été glorifié par le Père.
40 Dans la foule, on avait entendu ses paroles,
et les uns disaient :
« C'est vraiment lui, le grand Prophète ! »

---

34. Jésus redira cette parole énigmatique aux Juifs 8, 21, puis à ses disciples 13, 33, mais en leur faisant espérer de le retrouver plus tard : 13, 36 ; 14, 3-7.

38. "Des fleuves d'eau vive..." amalgame de textes comparant le don de Dieu à une eau vive : Zacharie 14, 8 ; Isaïe 48, 21 ; Ezékiel 47, 1. — "Jailliront de son cœur", d'après la ponctuation la plus probable, c'est au cœur de Jésus que s'abreuvent ceux qui croient en lui. Cette parole est à rapprocher de 4, 10 et prépare à comprendre l'épisode du côté ouvert par la lance 19, 34.

39. Jésus dira lui-même que l'Esprit Saint, le Paraclet, ne sera donné aux hommes qu'après son retour au Père : 16, 7 ; Lc 24, 49 ; Ac 1, 8. De fait il sera donné aux Apôtres le soir de Pâques Jn 20, 22, et à la Pentecôte Ac 2, 2-4.

40. "Le grand Prophète", voir 1, 21 et 6, 14.

41 D'autres disaient :
« C'est lui le *Messie ! »
Mais d'autres encore demandaient :
« Est-ce que le Messie peut venir de Galilée ?
42 L'Écriture dit pourtant
qu'il doit venir de la descendance de David,
et de *Bethléem, le village où habitait David ! »
43 C'est ainsi que la foule se divisa à son sujet.
44 Quelques-uns d'entre eux voulaient l'arrêter,
mais personne ne mit la main sur lui.

45 Voyant revenir les gardes qu'ils avaient envoyés arrêter Jésus,
les chefs des prêtres et les pharisiens leur demandèrent :
« Pourquoi ne l'avez-vous pas ramené ? »
46 Les gardes répondirent :
« Jamais un homme n'a parlé comme cet homme ! »
47 Les pharisiens leur répliquèrent :
« Alors, vous aussi, vous vous êtes laissé égarer ?
48 Parmi les chefs du peuple et les pharisiens,
y en a-t-il un seul qui ait cru en lui ?
49 Quant à cette foule qui ne sait rien de la Loi,
ce sont des maudits ! »
50 Parmi les pharisiens, il y avait Nicodème,
qui était allé précédemment trouver Jésus ; il leur dit :
51 « Est-ce que notre Loi permet de condamner un homme
sans l'entendre d'abord pour savoir ce qu'il a fait ? »
52 Ils lui répondirent :
« Alors, toi aussi, tu es de Galilée ?
Cherche bien, et tu verras
que jamais aucun prophète ne surgit de Galilée ! »
53 Puis ils rentrèrent chacun chez soi.

Épisode de la femme adultère

1 Jésus s'était rendu au mont des *Oliviers ; **8**
2 de bon matin, il retourna au temple de Jérusalem.

---

41. Jésus, apparemment, "vient de Galilée". Sa naissance à Bethléem, ville de David, ne nous est connue que par les récits de l'enfance (Mt 2, 1.5 ; Lc 2, 4) qui ne relèvent pas de la prédication apostolique. Celle-ci faisait débuter l'annonce de la Bonne Nouvelle avec le baptême de Jésus (Lc 3, 23 ; Ac 1, 22 ; 10, 37).

42. "L'Écriture dit pourtant..." voir 2 Samuel 7, 12-17. Michée 5, 1.

48-49. Les pharisiens étaient imbus de leur connaissance des Écritures et méprisaient profondément le menu peuple "qui ne sait rien de la Loi", et qui s'attachait à Jésus.

51. Voir en effet Deutéronome 1, 16 ; 16, 18-20 ; Livre des Lévites 19, 15.36.

52. Il est exact que l'on ne connaît pas de prophète originaire de Galilée, sinon Jonas, nommé en 2 Rois 14, 25 qui vécut au VIIIe siècle et dont on a fait fictivement le héros du "livre de Jonas", plusieurs siècles plus tard.

8, 1-11. Beaucoup de manuscrits omettent cet épisode ou le placent ailleurs dans Jn, ou même dans Lc après 21, 38. C'est sans doute un fragment d'une autre tradition inséré tardivement dans Jn. Mais, pour le croyant, ce texte est "*canonique" c'est-à-dire reçu officiellement dans l'Église, et fait partie de la Parole de Dieu.

1-2. Entrée en matière très semblable à Lc 21, 37-38.

Comme tout le peuple venait à lui,
il s'assit et se mit à enseigner.
3 Les scribes et les pharisiens lui amènent une femme
qu'on avait surprise en train de commettre l'adultère.
Ils la font avancer, et disent à Jésus :
4 « Maître, cette femme
a été prise en flagrant délit d'adultère.
5 Or, dans la Loi, Moïse nous a ordonné
de lapider ces femmes-là.
Et toi, qu'en dis-tu ? »
6 Ils parlaient ainsi pour le mettre à l'épreuve,
afin de pouvoir l'accuser.
Mais Jésus s'était baissé,
et, du doigt, il traçait des traits sur le sol.
7 Comme on persistait à l'interroger,
il se redressa et leur dit :
« Celui d'entre vous qui est sans péché,
qu'il soit le premier à lui jeter la pierre. »
8 Et il se baissa de nouveau
pour tracer des traits sur le sol.
9 Quant à eux, sur cette réponse,
ils s'en allaient l'un après l'autre,
en commençant par les plus âgés.
Jésus resta seul avec la femme en face de lui.
10 Il se redressa et lui demanda :
« Femme, où sont-ils donc ?
Alors, personne ne t'a condamnée ? »
11 Elle répondit :
« Personne, Seigneur. »
Et Jésus lui dit :
« Moi non plus, je ne te condamne pas.
Va, et désormais ne pèche plus. »

Reprise du débat : témoignage de Jésus sur lui-même

12 De nouveau, Jésus dit aux Juifs :
« Moi, *je suis la lumière du monde.
Celui qui me suit ne marchera pas dans les ténèbres,
il aura la lumière de la vie. »
13 Les pharisiens lui dirent alors :

---

5. "Dans la Loi..." voir Livre des Lévites 20, 10; Deutéronome 22, 22.
6. C'est un piège, comme on en trouve tant chez les Synoptiques : Mc 8, 11; 10, 2; etc. Ou bien Jésus contredira la Loi, ou bien il contredira son attitude habituelle d'indulgence. — Jésus "traçait des traits sur le sol" pour montrer son désintérêt et laisser l'indignation se calmer.
11. Jésus "ne condamne pas" la femme, mais pour l'avenir il la détourne du péché.
12. "*Je suis..." voir la note sur 4, 26. — "La lumière du monde" : déjà 1, 4.5.7-9. Voir aussi Isaïe 42, 6 et 49, 6, qu'on retrouve en Lc 2, 32.

« Tu te rends témoignage à toi-même,
ce n'est donc pas un vrai témoignage. »
14 Jésus leur répondit :
« Oui, moi, je me rends témoignage à moi-même,
et pourtant c'est un vrai témoignage,
car je sais d'où je suis venu,
et où je m'en vais;
mais vous, vous ne savez ni d'où je viens,
ni où je m'en vais.
15 Vous, vous jugez de façon purement humaine.
Moi, je ne juge personne.
16 Et, s'il m'arrive de juger, mon *jugement est vrai
parce que je ne suis pas seul :
j'ai avec moi le Père, qui m'a envoyé.
17 Or, il est écrit dans votre Loi
que, s'il y a deux témoins,
c'est un vrai témoignage.
18 Moi, je me rends témoignage à moi-même,
et le Père, qui m'a envoyé, témoigne aussi pour moi. »
19 Les pharisiens lui disaient :
« Où est-il, ton père ? »
Jésus répondit :
« Vous ne connaissez ni moi ni mon Père;
si vous me connaissiez, vous connaîtriez aussi mon Père. »

20 Il prononça ces paroles
alors qu'il enseignait au Temple, du côté du Trésor.
Et personne ne l'arrêta,
parce que son *heure n'était pas encore venue.
21 Jésus leur dit encore :
« Je m'en vais;
vous me chercherez, et vous mourrez dans votre péché.
Là où moi je m'en vais,
vous ne pouvez pas y aller. »
22 Les Juifs disaient :
« Veut-il donc se suicider, puisqu'il dit :
'Là où moi je m'en vais,
vous ne pouvez pas y aller' ? »
23 Il leur répondit :

---

14. Un témoignage ordinaire est une connaissance indirecte, qui doit être confirmée par le témoignage d'un autre. Ce n'est pas le cas de Jésus qui a pleinement conscience de sa nature et de sa mission.
15. "De façon purement humaine", *litt.* : "selon la *chair".
17. "Dans votre Loi" : Deutéronome 17, 6; 19, 15; Nombres 35, 30.
16-18. Voir déjà 5, 31-32. On pourrait résumer ainsi l'argumentation de Jésus : même quand je suis seul, mon témoignage est valable; et d'autant plus que, le Père étant toujours avec moi, mon témoignage unique est pourtant double.
19. Voir la réponse analogue à Philippe 14, 7-10.
20. "Son *heure n'était pas encore venue" : véritable refrain de Jn : 2, 4; 7, 6.8.30; etc.
21-22. Voir 7, 34 et la note.

« Vous, vous êtes d'en bas; moi, je suis d'en haut.
Vous êtes de ce monde; moi, je ne suis pas de ce monde.
24 C'est pourquoi je vous ai dit
que vous mourrez dans vos péchés.
Si, en effet, vous ne croyez pas que moi, JE SUIS,
vous mourrez dans vos péchés. »
25 Ils lui demandaient :
« Qui es-tu donc ? »
Jésus leur répondit :
« Je n'ai pas cessé de vous le dire.
26 J'ai beaucoup à dire sur vous,
et beaucoup à condamner.
D'ailleurs celui qui m'a envoyé dit la vérité,
et c'est de lui que j'ai entendu
ce que je dis pour le monde. »
27 Ils ne comprirent pas qu'il leur parlait du Père.
28 Jésus leur déclara :
« Quand vous aurez élevé le Fils de l'homme,
alors vous comprendrez que moi, JE SUIS,
et que je ne fais rien par moi-même,
mais tout ce que je dis, c'est le Père qui me l'a enseigné.
29 Celui qui m'a envoyé est avec moi;
il ne m'a pas laissé seul
parce que je fais toujours ce qui lui plaît. »
30 Sur ces paroles de Jésus, beaucoup crurent en lui.

Suite du débat : Jésus et Abraham

31 Jésus disait à ces Juifs qui maintenant croyaient en lui :
32 « Si vous demeurez fidèles à ma parole,
vous êtes vraiment mes disciples;
alors vous connaîtrez la vérité,
et la vérité vous rendra libres. »
33 Ils lui répliquèrent :

---

24. "*Je suis" : nom divin. C'est la foi en lui qui enlève les péchés.

25. "Je n'ai pas cessé de vous le dire." Traduction d'un texte très obscur, qu'on peut décalquer littéralement ainsi : "Dès le début, ce que je vous dis." Traduction Œcuménique : "Ce que je ne cesse de vous dire depuis le commencement." Bible de Jérusalem : "D'abord ce que je vous dis." Osty : "Absolument ce que je vous dis."

28. "Élevé le Fils de l'homme" voir 12, 33. La mort de Jésus sur la croix et sa glorification aideront à croire en sa divinité.

29. Une des plus belles paroles sur l'union et l'unité de Jésus avec le Père.

30-31. On verra sans tarder que "ces Juifs qui maintenant croyaient" en Jésus n'avaient qu'une foi bien fragile, comme en 2, 23-24.

32. "La vérité vous rendra libres". Affirmation que rien ne prépare directement dans l'A.T. mais qui sera fondamentale chez saint Paul, surtout dans la lettre aux Galates. Celle-ci rejoint notre passage par le relief donné à Abraham (3, 6-9), et le parallèle entre l'esclave et le fils (4, 1-7.21-31).

33. Les Juifs étaient très fiers d'être "les descendants d'*Abraham", voir Mt 3, 9 par. — "Nous n'avons jamais été les esclaves de personne" : leur histoire comme peuple commence avec la libération de la servitude égyptienne, mais depuis ils ont été asservis bien des fois, et ils sont actuellement sous l'occupation romaine!

« Nous sommes les descendants d'*Abraham,
et nous n'avons jamais été les esclaves de personne.
Comment peux-tu dire :
' Vous deviendrez libres ' ? »
34 Jésus leur répondit :
« Amen, amen, je vous le dis :
tout homme qui commet le péché
est esclave du péché.
35 L'esclave ne demeure pas pour toujours dans la maison;
le fils, lui, y demeure pour toujours.
36 Donc, si c'est le Fils qui vous rend libres,
vous serez vraiment libres.
37 Je sais bien que vous êtes les descendants d'Abraham,
et pourtant vous cherchez à me faire mourir,
parce que ma parole n'a pas de prise sur vous.
38 Je dis ce que moi, j'ai vu auprès de mon Père,
et vous, vous faites aussi
ce que vous avez entendu chez votre père. »
39 Ils lui répliquèrent :
« Notre père, c'est Abraham. »
Jésus leur dit :
« Si vous êtes les enfants d'Abraham,
vous devriez agir comme Abraham.
40 Et en fait vous cherchez à me faire mourir,
moi qui vous ai dit la vérité que j'ai entendue de Dieu.
Abraham n'a pas agi ainsi.
41 Mais vous, vous agissez comme votre père. »
Ils lui dirent :
« Nous ne sommes pas des enfants illégitimes!
Nous n'avons qu'un seul Père, qui est Dieu. »
42 Jésus leur dit :
« Si Dieu était votre Père,
vous m'aimeriez,
car moi, c'est de Dieu que je suis sorti et que je viens.
Je ne suis pas venu de moi-même; c'est lui qui m'a envoyé.
43 Et pourquoi ne comprenez-vous pas mon langage ?
C'est parce que vous n'êtes pas capables d'écouter ma parole.
44 Vous venez du démon, qui est votre père,
et vous cherchez à réaliser les désirs de votre père.
Celui-ci, dès le commencement, a voulu la mort de l'homme.

---

37. "Et pourtant"... leur conduite est contraire à celle d'Abraham, toujours disponible à la parole et à la volonté de Dieu.

41. "Des enfants illégitimes", *litt.* : "nés de la prostitution", à laquelle les prophètes comparaient l'infidélité d'Israël envers le vrai Dieu (Ézékiel 16, Osée 1-3, etc.).

44. "Le démon a voulu la mort de l'homme", comme aujourd'hui "les Juifs" veulent la mort de Jésus : 5, 18; 7, 1.19.25.

Il n'a jamais été dans la vérité,
parce qu'il n'y a pas en lui de vérité.
Quand il dit le mensonge, il parle selon sa nature propre,
parce qu'il est menteur et père du mensonge.
45 Mais moi, parce que je dis la vérité, vous ne me croyez pas.
46 Qui d'entre vous peut m'accuser de péché ?
Si je dis la vérité, pourquoi ne me croyez-vous pas ?
47 Celui qui vient de Dieu écoute les paroles de Dieu.
Et vous, vous n'écoutez pas,
parce que vous ne venez pas de Dieu. »
48 Les Juifs répliquèrent :
« N'avons-nous pas raison de dire
que tu es un *Samaritain et un *possédé ? »
49 Jésus répondit :
« Je ne suis pas un possédé.
Au contraire, j'honore mon Père,
tandis que vous, vous refusez de m'honorer.
50 Ce n'est pas moi qui recherche ma *gloire,
il y a quelqu'un qui la recherche, et qui rend justice.
51 Amen, amen, je vous le dis :
si quelqu'un reste fidèle à ma parole,
il ne verra jamais la mort. »
52 Les Juifs lui dirent :
« Nous voyons bien maintenant que tu es un possédé.
Abraham est mort, les prophètes aussi,
et toi, tu dis :
' Si quelqu'un reste fidèle à ma parole,
jamais il ne connaîtra la mort. '
53 Es-tu donc plus grand que notre père Abraham ?
Il est mort, et les prophètes aussi.
Qui donc prétends-tu être ? »
54 Jésus répondit :
« Si je me glorifie moi-même,
ma *gloire n'est rien;
c'est mon Père qui me glorifie, lui que vous appelez votre Dieu,
55 alors que vous ne le connaissez pas.
Mais moi, je le *connais,
et, si je dis que je ne le connais pas,
je serai un menteur, comme vous.
Mais je le connais, et je reste fidèle à sa parole.

---

46. Dans tout ce passage, la vérité et la liberté s'opposent au mensonge et au péché.

47. "Celui qui vient de Dieu écoute les paroles de Dieu." Même langage adressé à Pilate 18, 37. Voir aussi 10, 3.14.16.27.

51. "Il ne verra jamais la *mort". Les Juifs l'entendent de la mort physique, alors que Jésus pense à la mort éternelle, ce que l'Apocalypse appelle la "seconde mort" (2, 11; 20, 6; etc.). On a trouvé cette dialectique chez les Synoptiques en Mt 8, 22 par. En Jn, voir 11, 26.

56 Abraham votre père a tressailli d'allégresse
dans l'espoir de voir mon Jour.
Il l'a vu, et il a été dans la joie. »
57 Les Juifs lui dirent alors :
« Toi qui n'as pas cinquante ans,
tu as vu Abraham! »
58 Jésus leur répondit :
« Amen, amen, je vous le dis :
avant qu'Abraham ait existé,
moi, *JE SUIS. »
59 Alors ils ramassèrent des pierres pour les lui jeter.
Mais Jésus, en se cachant, sortit du Temple.

Jésus, lumière du monde, guérit un aveugle de naissance

1 Jésus vit sur son passage
un homme qui était aveugle de naissance. 9
2 Ses disciples l'interrogèrent :
« *Rabbi, pourquoi cet homme est-il né aveugle ?
Est-ce lui qui a péché, ou bien ses parents ? »
3 Jésus répondit :
« Ni lui, ni ses parents.
Mais l'action de Dieu devait se manifester en lui.
4 Il nous faut réaliser l'action de celui qui m'a envoyé,
pendant qu'il fait encore jour;
déjà la nuit approche, et personne ne pourra plus agir.
5 Tant que je suis dans le monde,
*je suis la lumière du monde. »
6 Cela dit, il cracha sur le sol et avec la salive il fit de la boue
7 qu'il appliqua sur les yeux de l'aveugle, et il lui dit :
« Va te laver à la piscine de Siloé »
(ce nom signifie : « Envoyé »).

---

56. "Mon *jour" : le jour de l'avènement du Seigneur, que Jésus s'approprie. "Abraham a tressailli d'allégresse dans l'espoir...". Cette joie, il l'a donc connue pendant sa vie, puisqu'elle venait de "l'espoir" d'un événement futur. Il semble bien que cette grande joie soit celle de la naissance d'Isaac, dont le nom même évoque la joie et le rire (Genèse 18, 13; 21, 6) selon un thème très cher à la piété juive, et qu'on retrouve chez Lc à la naissance de Jean Baptiste (1, 14.58) et de Jésus (2, 10). Or, Isaac est le début et la préfiguration de toute la descendance promise à Abraham, et donc de Jésus "fils de David, fils d'Abraham" (Mt 1, 1).

58. Jésus oppose à l'existence passagère d'Abraham son existence éternelle.

59. La lapidation était le châtiment des blasphemateurs : Livre des Lévites 24, 16. Voir Jn 10, 31; 11, 8.

9, 2-3. Jésus ne nie pas qu'il y ait une relation entre la maladie ou l'infirmité et le péché : c'est à cause de cette relation qu'il fait des miracles, pour montrer l'avènement du *règne de Dieu. Mais il refuse le jugement téméraire qui veut faire de tout malheur un châtiment. Il prend une position analogue en Lc 13, 1-5.

4. Petite parabole, qu'on retrouvera équivalemment en 11, 9 : Jésus est conscient de l'imminence de sa mort.

5. "Je suis la lumière du monde" déjà dit en 8, 12. Mais ici, la guérison de l'aveugle donnera à cette affirmation une valeur particulière (voir Isaïe 35, 5 que Jésus s'applique en Mt 11, 5).

7. "La piscine de Siloé" était en ville; elle recevait par un aqueduc les eaux de la seule source alimentant Jérusalem, le Gihon dans la vallée du Cédron, et l'"envoyait", d'où

L'aveugle y alla donc, et il se lava;
quand il revint, il voyait.

8 Ses voisins, et ceux qui étaient habitués à le rencontrer
— car il était mendiant —
dirent alors :
« N'est-ce pas celui qui se tenait là pour mendier ? »
9 Les uns disaient : « C'est lui. »
Les autres disaient :
« Pas du tout, c'est quelqu'un qui lui ressemble. »
Mais lui affirmait : « C'est bien moi. »
10 Et on lui demandait :
« Alors, comment tes yeux se sont-ils ouverts ? »
11 Il répondit :
« L'homme qu'on appelle Jésus a fait de la boue,
il m'en a frotté les yeux et il m'a dit :
' Va te laver à la piscine de Siloé. '
J'y suis donc allé et je me suis lavé;
alors, j'ai vu. »
12 Ils lui dirent : « Et lui, où est-il ? »
Il répondit : « Je ne sais pas. »

13 On amène aux pharisiens cet homme qui avait été aveugle.
14 Or, c'était un jour de *sabbat que Jésus avait fait de la boue
et lui avait ouvert les yeux.
15 A leur tour, les pharisiens lui demandèrent :
« Comment se fait-il que tu voies ? »
Il leur répondit :
« Il m'a mis de la boue sur les yeux, je me suis lavé,
et maintenant je vois. »
16 Certains pharisiens disaient :
« Celui-là ne vient pas de Dieu,
puisqu'il n'observe pas le repos du sabbat. »
D'autres répliquaient :
« Comment un homme pécheur
pourrait-il accomplir des signes pareils ? »
Ainsi donc ils étaient divisés.

17 Alors ils s'adressent de nouveau à l'aveugle :
« Et toi, que dis-tu de lui,
puisqu'il t'a ouvert les yeux ? »
Il dit : « C'est un *prophète. »

---

le nom de Siloé, dans un réservoir. Aux origines de l'Église, la "piscine" désignait le baptistère; le baptême s'appelait "illumination", parce qu'il donnait la lumière de la foi. Ainsi ce récit de miracle évoquait irrésistiblement, pour les premiers chrétiens, le sacrement de baptême.

14. Jésus avait déjà violé le sabbat en guérissant le paralytique de Bézatha. Mais il s'était contenté d'une parole. Ici, il emploie toute une manipulation thérapeutique (ainsi chez Mc 7, 33; 8, 23).

17. "C'est un prophète". Cette reconnaissance, en Jésus, d'un pouvoir supérieur va progresser et aboutir à la foi véritable au v. 38.

18 Les Juifs ne voulaient pas croire
que cet homme, qui maintenant voyait, avait été aveugle.
C'est pourquoi ils convoquèrent ses parents
19 et leur demandèrent :
« Cet homme est bien votre fils,
et vous dites qu'il est né aveugle ?
Comment se fait-il qu'il voit maintenant ? »
20 Les parents répondirent :
« Nous savons que c'est bien notre fils,
et qu'il est né aveugle.
21 Mais comment il peut voir à présent,
nous ne le savons pas;
et qui lui a ouvert les yeux,
nous ne le savons pas non plus.
Interrogez-le, il est assez grand pour s'expliquer. »
22 Ses parents parlaient ainsi parce qu'ils avaient peur des Juifs.
En effet les Juifs s'étaient déjà mis d'accord
pour exclure de la synagogue
tous ceux qui déclareraient que Jésus est le Messie.
23 Voilà pourquoi les parents avaient dit :
« Il est assez grand, interrogez-le! »

24 Pour la seconde fois,
les pharisiens convoquèrent l'homme qui avait été aveugle,
et ils lui dirent :
« Rends gloire à Dieu!
Nous savons, nous, que cet homme est un pécheur. »
25 Il répondit :
« Est-ce un pécheur ? Je n'en sais rien;
mais il y a une chose que je sais :
j'étais aveugle, et maintenant je vois. »
26 Ils lui dirent alors :
« Comment a-t-il fait pour t'ouvrir les yeux ? »
27 Il leur répondit :
« Je vous l'ai déjà dit, et vous n'avez pas écouté.
Pourquoi voulez-vous m'entendre encore une fois ?
Serait-ce que vous aussi vous voulez devenir ses *disciples ? »
28 Ils se mirent à l'injurier :
« C'est toi qui es son disciple;
nous, c'est de Moïse que nous sommes les disciples.
29 Moïse, nous savons que Dieu lui a parlé;
quant à celui-là, nous ne savons pas d'où il est. »
30 L'homme leur répondit :
« Voilà bien ce qui est étonnant!

---

24. "Rends gloire à Dieu". Adjuration à dire devant Dieu toute la vérité, quoi qu'il en coûte (Josué 7, 19).

Vous ne savez pas d'où il est,
et pourtant il m'a ouvert les yeux.
31 Comme chacun sait, Dieu n'exauce pas les pécheurs,
mais si quelqu'un l'honore et fait sa volonté, il l'exauce.
32 Jamais encore on n'avait entendu dire
qu'un homme ait ouvert les yeux à un aveugle de naissance.
33 Si cet homme-là ne venait pas de Dieu,
il ne pourrait rien faire. »
34 Ils répliquèrent :
« Tu es tout entier plongé dans le péché depuis ta naissance,
et tu nous fais la leçon ? »
Et ils le jetèrent dehors.

35 Jésus apprit qu'ils l'avaient expulsé.
Alors il vint le trouver et lui dit :
« Crois-tu au *Fils de l'homme ? »
36 Il répondit :
« Et qui est-il, *Seigneur, pour que je croie en lui ? »
37 Jésus lui dit :
« Tu le vois, et c'est lui qui te parle. »
38 Il dit :
« Je crois, Seigneur »,
et il se prosterna devant lui.

39 Jésus dit alors :
« Je suis venu en ce monde pour une remise en question :
pour que ceux qui ne voient pas puissent voir,
et que ceux qui voient deviennent aveugles. »
40 Des pharisiens qui se trouvaient avec lui
entendirent ces paroles et lui dirent :
« Serions-nous des aveugles, nous aussi ? »
41 Jésus leur répondit :
« Si vous étiez des aveugles,
vous n'auriez pas de péché;
mais du moment que vous dites : ‘ Nous voyons ! ’
votre péché demeure.

Le bon pasteur

1 « Amen, amen, je vous le dis :
celui qui entre dans la bergerie sans passer par la porte, 10
mais qui escalade par un autre endroit,
celui-là est un voleur et un bandit.

---

34. "Plongé dans le péché depuis ta naissance" : les pharisiens maintiennent le préjugé rejeté par Jésus au v. 3. — "Dehors" : de l'endroit où les pharisiens l'avaient convoqué (vv. 13 et 24).

38. "Voir et croire" : voir 2, 23; 4, 48; 19, 35; 20, 8. 25.29.

39. "Pour une remise en question", *litt.* : "pour un jugement", qui discerne et rétablit l'ordre des valeurs, contre les préjugés et les jugements superficiels.

2 Celui qui entre par la porte,
c'est lui le pasteur, le berger des brebis.
3 Le portier lui ouvre, et les brebis écoutent sa voix.
Ses brebis à lui, il les appelle chacune par son nom,
et il les fait sortir.
4 Quand il a conduit dehors toutes ses brebis,
il marche à leur tête, et elles le suivent,
car elles connaissent sa voix.
5 Jamais elles ne suivront un inconnu,
elles s'enfuiront loin de lui,
car elles ne reconnaissent pas la voix des inconnus. »
6 Jésus employa cette *parabole en s'adressant aux pharisiens,
mais ils ne comprirent pas ce qu'il voulait leur dire.

7 C'est pourquoi Jésus reprit la parole :
« Amen, amen, je vous le dis :
*je suis la porte des brebis.
8 Ceux qui sont intervenus avant moi
sont tous des voleurs et des bandits;
mais les brebis ne les ont pas écoutés.
9 Moi, je suis la porte.
Si quelqu'un entre en passant par moi, il sera sauvé;
il pourra aller et venir, et il trouvera un pâturage.
10 Le voleur ne vient que pour voler, égorger et détruire.
Moi je suis venu pour que les hommes aient la vie,
pour qu'ils l'aient en abondance.

11 *Je suis le bon pasteur (le vrai berger).
Le vrai berger donne sa vie pour ses brebis.
12 Le berger mercenaire, lui, n'est pas le pasteur,
car les brebis ne lui appartiennent pas :
s'il voit venir le loup, il abandonne les brebis et s'enfuit;
le loup s'en empare et les disperse.
13 Ce berger n'est qu'un mercenaire,
et les brebis ne comptent pas vraiment pour lui.

10, 3. Pour la nuit, plusieurs troupeaux sont mêlés dans le même enclos. Comme les brebis connaissent la voix de leur berger, elles sortent à son appel.

4. "Il marche à leur tête, et elles le suivent ", images qui caractérisent aussi le rabbi et ses disciples.

7. L'accent est d'abord mis sur la porte, c'est-à-dire sur la légitimité de la mission de Jésus, et sur sa fonction de médiateur unique : "Si quelqu'un entre en passant par moi, il sera sauvé" (v. 9). Comparer avec Ac 4, 10-12.

8. "avant moi" : faux prophètes, agitateurs politiques, et sans doute les pharisiens eux-mêmes.

9. "Aller et venir" sémitisme qu'on pourrait traduire : circuler librement.

10-11. Ces vv. expriment deux idées distinctes mais indissociables : le bon pasteur donne la vie à ses brebis, parce qu'il leur sacrifie sa vie. C'est ainsi que le pain du ciel, offert pour la vie du monde, nous fait communier à la vie de Jésus qui nous transmet la vie du Père (6, 51.57). — "Le bon pasteur", *litt. :* "le beau berger", c'est-à-dire le berger parfait, idéal ou, en style plus johannique, le vrai berger. — "Donne sa vie pour ses brebis" : on pense au jeune berger David, qui n'hésitait pas à se battre avec les bêtes féroces (1 Samuel 17, 34-37).

14 Moi, *je suis le bon pasteur;
je *connais mes brebis, et mes brebis me connaissent,
15 comme le Père me connaît, et que je connais le Père;
et je donne ma vie pour mes brebis.
16 J'ai encore d'autres brebis,
qui ne sont pas de cette bergerie :
celles-là aussi, il faut que je les conduise.
Elles écouteront ma voix :
il y aura un seul troupeau et un seul pasteur.
17 Le Père m'aime parce que je donne ma vie,
pour la reprendre ensuite.
18 Personne n'a pu me l'enlever : je la donne de moi-même.
J'ai le pouvoir de la donner, et le pouvoir de la reprendre :
voilà le commandement que j'ai reçu de mon Père. »

19 De nouveau les Juifs se divisèrent à cause de ces paroles.
20 Beaucoup d'entre eux disaient :
« C'est un possédé, il est fou. Pourquoi l'écoutez-vous ? »
21 D'autres disaient :
« On ne parle pas ainsi quand on est possédé du démon.
Est-ce qu'un démon pourrait ouvrir les yeux à des aveugles ? »

Fête de la Dédicace : Jésus se déclare Fils de Dieu

22 On célébrait alors à Jérusalem
l'anniversaire de la dédicace du Temple. C'était l'hiver.
23 Jésus allait et venait dans le Temple,
sous la colonnade de Salomon.
24 Les Juifs se groupèrent autour de lui; ils lui disaient :
« Combien de temps vas-tu nous laisser dans le doute ?
Si tu es le Messie, dis-le-nous ouvertement! »
25 Jésus leur répondit :
« Je vous l'ai dit, et vous ne croyez pas.
Les œuvres que je fais au nom de mon Père,
voilà ce qui me rend témoignage.

14-15. Connaître a ici, comme souvent en Jn, le sens très fort d'une communion et d'une sympathie profonde. Mais la connaissance réciproque du Père et du Fils est une unité sans pareille.

16. "Cette bergerie" : le peuple juif. Juifs et païens formeront un seul troupeau : l'Église, dont le Christ est le chef unique.

17-18. Texte très important pour souligner le caractère libre et volontaire du sacrifice de Jésus; il s'offre à la mort pour obéir à son Père, d'une obéissance qui est un fruit de leur amour réciproque, et dont la valeur sera manifestée par la Résurrection.

22. "La dédicace du Temple", lorsque le Temple souillé sous la persécution d'Antiochus avait été purifié et restauré par les Maccabées (1 Martyrs d'Israel 4, 54) en 165 av. J.-C. Cet anniversaire se célèbre en décembre.

23. "La colonnade de Salomon", appuyée au mur oriental de l'esplanade du Temple au-dessus du Cédron. Les Apôtres y enseigneront après la Pentecôte (Ac 3, 11; 5, 12).

24. Il s'agit d'un véritable interrogatoire, d'un procès. Il y a d'ailleurs une étroite ressemblance entre ce dialogue et celui de Lc 22, 67 racontant le procès au Sanhédrin. Ce procès n'est pas raconté par Jn, sans doute parce qu'il se trouve dans ces chapitres 5, 7 et 8, où Jésus polémique avec ses adversaires.

25. Comme 5, 36.

26 Mais vous ne croyez pas,
parce que vous n'êtes pas de mes brebis.
27 Mes brebis écoutent ma voix;
moi, je les connais, et elles me suivent.
28 Je leur donne la vie éternelle : jamais elles ne périront,
personne ne les arrachera de ma main.
29 Mon Père, qui me les a données, est plus grand que tout,
et personne ne peut rien arracher de la main du Père.
30 Le Père et moi, nous sommes UN. »

31 Les Juifs allèrent de nouveau chercher des pierres
pour lapider Jésus.
32 Celui-ci prit la parole :
« J'ai multiplié sous vos yeux les œuvres bonnes
de la part du Père.
Pour laquelle voulez-vous me lapider ? »
33 Les Juifs lui répondirent :
« Ce n'est pas pour une œuvre bonne
que nous voulons te lapider,
c'est parce que tu blasphèmes :
tu n'es qu'un homme et tu prétends être Dieu. »
34 Jésus leur répliqua :
« Il est écrit dans votre Loi :
J'ai dit : Vous êtes des dieux.
35 Donc, ceux à qui la parole de Dieu s'adressait,
la Loi les appelle des dieux;
et l'Écriture ne peut pas être abolie.
36 Or, celui que le Père a consacré
et envoyé dans le monde,
vous lui dites : ‘ Tu blasphèmes ’,
parce que j'ai dit : ‘ Je suis le Fils de Dieu. ’
37 Si je n'accomplis pas les œuvres de mon Père,
continuez à ne pas me croire.
38 Mais si je les accomplis,
quand bien même vous refuseriez de me croire,
croyez les œuvres.

26-27. Comme 10, 3.14.16.

28. Comme 6, 37.39. Voir aussi 17, 12.

30. Affirmation jugée blasphématoire et méritant la mort, comme celle de 8, 58. Elle sera reprise en 17, 22.

32. Dans beaucoup de dialogues de Jn, on voit chez Jésus affleurer l'ironie. Ici elle est cinglante.

34. "Dans votre Loi" au sens large : dans le Ps 81 82, 6, qui condamne les mauvais juges; mais, comme juges, ils participent à la puissance divine.

35. L'argumentation de Jésus relève d'une dialectique rabbinique dont nous voyons mal la portée. C'est un raisonnement qui va du moindre au plus grand. Si l'Écriture, qui est la parole de Dieu, peut appeler "dieux" de simples humains, qui sont d'ailleurs injustes, à plus forte raison "celui que le Père a consacré", qui est "le Saint de Dieu" (6, 69) peut-il se dire le Fils de Dieu. Remarquer que, dans les évangiles, Jésus n'a jamais dit explicitement et directement qu'il était Dieu.

Ainsi vous reconnaîtrez, et de plus en plus,
que le Père est en moi, et moi dans le Père. »
39 Les Juifs cherchaient de nouveau à l'arrêter,
mais il leur échappa.
40 Il repartit pour la Transjordanie,
à l'endroit où Jean avait commencé à baptiser.
Et il y demeura.
41 Beaucoup vinrent à lui en déclarant :
« Jean n'a pas accompli de *signe;
mais tout ce qu'il a dit au sujet de celui-ci
était vrai. »
42 Et à cet endroit beaucoup crurent en lui.

Résurrection de Lazare

1 Un homme était tombé malade. **11**
C'était Lazare, de *Béthanie,
le village de Marie et de sa sœur Marthe.
2 (Marie est celle qui versa du parfum sur le Seigneur
et lui essuya les pieds avec ses cheveux.
Lazare, le malade, était son frère.)
3 Donc, les deux sœurs envoyèrent dire à Jésus :
« Seigneur, celui que tu aimes est malade. »
4 En apprenant cela, Jésus dit :
« Cette maladie ne conduit pas à la mort,
elle est pour la gloire de Dieu,
afin que par elle le Fils de Dieu soit glorifié. »
5 Jésus aimait Marthe et sa sœur, ainsi que Lazare.
6 Quand il apprit que celui-ci était malade,
il demeura pourtant deux jours à l'endroit où il se trouvait;
7 alors seulement il dit aux disciples :
« Revenons en Judée. »
8 Les disciples lui dirent :
« *Rabbi, tout récemment, les Juifs cherchaient à te lapider,
et tu retournes là-bas ? »
9 Jésus répondit :
« Ne fait-il pas jour pendant douze heures ?

---

40. Jésus quitte la Judée où il est en danger de mort (11, 8). — "Transjordanie" : voir 1, 28.

42. "Beaucoup crurent en lui", sans doute toujours de la même foi incertaine. Voir bientôt 11, 45.

11, 1. Lc 10, 38-42 nous a fait connaître les deux sœurs et leur familiarité avec Jésus, mais sans nommer Lazare ni Béthanie.

2. Cet épisode de l'onction a eu lieu plus tard et sera raconté en 12, 1-8, mais Jn en parle au passé parce qu'il est connu depuis longtemps.

4. Jésus avait fait une réflexion semblable au sujet de l'aveugle-né, 9, 3. L'infirmité, la mort qui sont mauvaises en elles-mêmes vont donner lieu à un miracle qui "manifestera" la gloire de Dieu et celle de son Fils.

7. "Revenons en Judée" : Béthanie est tout près de Jérusalem (v. 18).

8. Menaces de lapidation : 8, 59; 10, 31.

9-10. Voir 9, 4-5 avec la note.

Celui qui marche pendant le jour ne trébuche pas,
parce qu'il voit la lumière de ce monde;
10 mais celui qui marche pendant la nuit trébuche,
parce que la lumière n'est pas en lui. »
11 Après ces paroles, il ajouta :
« Lazare, notre ami, s'est endormi;
mais je m'en vais le tirer de ce sommeil. »
12 Les disciples lui dirent alors :
« Seigneur, s'il s'est endormi, il sera sauvé. »
13 Car ils pensaient que Jésus voulait parler du sommeil,
tandis qu'il parlait de la mort.
14 Alors il leur dit clairement :
« Lazare est mort,
15 et je me réjouis de n'avoir pas été là,
à cause de vous, pour que vous croyiez.
Mais allons auprès de lui! »
16 Thomas (dont le nom signifie : « Jumeau »)
dit aux autres disciples :
« Allons-y nous aussi, pour mourir avec lui! »

17 Quand Jésus arriva,
il trouva Lazare au tombeau depuis quatre jours déjà.
18 Comme Béthanie était tout près de Jérusalem,
— à une demi-heure de marche environ —,
19 beaucoup de Juifs étaient venus manifester leur sympathie
à Marthe et à Marie, dans leur deuil.
20 Lorsque Marthe apprit l'arrivée de Jésus,
elle partit à sa rencontre,
tandis que Marie restait à la maison.
21 Marthe dit à Jésus :
« Seigneur, si tu avais été là,
mon frère ne serait pas mort.
22 Mais je sais que, maintenant encore,
Dieu t'accordera tout ce que tu lui demanderas. »
23 Jésus lui dit :
« Ton frère ressuscitera. »
24 Marthe reprit :
« Je sais qu'il ressuscitera au dernier jour,
à la résurrection. »

11-12. Même assimilation de la mort à un sommeil, et même méprise des témoins dans les Synoptiques au sujet de la fille de Jaïre : voir Mc 5, 39 avec la note.

15. "Pour que vous croyiez" : c'est le but des "signes" : 20, 31.

16. Jn est le seul évangéliste à donner quelques détails sur cet Apôtre : 14, 5; 20, 24-29; 21, 2.

18. "A une demi-heure de marche environ", *litt. :* "environ 15 stades".

20. Les démarches et la psychologie des deux sœurs concordent en Jn et en Lc 10, 38-42.

24. Beaucoup de Juifs pieux, comme les pharisiens, croyaient à la résurrection collective du "dernier jour", mais non à la possibilité d'une résurrection individuelle anticipée; c'est ce qui retiendra de croire à la résurrection de Jésus.

25 Jésus lui dit :
« Moi, *je suis la résurrection et la *vie.
Celui qui croit en moi, même s'il meurt, vivra;
26 et tout homme qui vit et qui croit en moi ne mourra jamais.
Crois-tu cela ? »
27 Elle répondit :
« Oui, *Seigneur, tu es le *Messie, je le crois;
tu es le Fils de Dieu,
celui qui vient dans le monde. »
28 Ayant dit cela, elle s'en alla appeler sa sœur Marie,
et lui dit tout bas :
« Le maître est là, il t'appelle. »
29 Marie, dès qu'elle l'entendit,
se leva aussitôt et partit rejoindre Jésus.
30 Il n'était pas encore entré dans le village;
il se trouvait toujours à l'endroit où Marthe l'avait rencontré.
31 Les Juifs qui étaient à la maison avec Marie,
et lui manifestaient leur sympathie,
quand ils la virent se lever et sortir si vite, la suivirent,
pensant qu'elle allait au tombeau pour y pleurer.
32 Elle arriva à l'endroit où se trouvait Jésus;
dès qu'elle le vit, elle se jeta à ses pieds et lui dit :
« Seigneur, si tu avais été là,
mon frère ne serait pas mort. »
33 Quand il vit qu'elle pleurait,
et que les Juifs venus avec elle pleuraient aussi,
Jésus fut bouleversé d'une émotion profonde.
34 Il demanda :
« Où l'avez-vous déposé ? »
Ils lui répondirent :
« Viens voir, Seigneur. »
35 Alors Jésus pleura.
36 Les Juifs se dirent :
« Voyez comme il l'aimait! »
37 Mais certains d'entre eux disaient :
« Lui qui a ouvert les yeux de l'aveugle,
ne pouvait-il pas empêcher Lazare de mourir ? »

---

25. "Moi, je suis..." affirmation de divinité, de même sens, mais plus nette qu'en 6, 40.51.54.57. — "Même s'il meurt (de la mort physique) vivra" (de la vie éternelle), même dialectique qu'en 5, 25.28; 6, 50.58; 8, 52.

27. En raison des paroles de Jésus auxquelles Marthe répond, sa profession de foi au "Fils de Dieu" prend un sens très fort.

33. "Fut bouleversé d'une émotion profonde", *litt. :* "frémit en esprit". Toute une tradition, à cause du sens habituel du verbe grec traduit par "frémit", voit ici en Jésus un mouvement de colère. Mais cette colère s'accorde difficilement avec le contexte et notamment avec les pleurs de Jésus.

35. "Alors Jésus pleura". Jn, le théologien, le contemplatif, souligne fréquemment l'humanité de Jésus : la violence (2, 15); la fatigue (4, 6); l'ironie (10, 32); le trouble et l'angoisse (12, 27; 13, 21); la fierté (18, 23; 19, 9).

38 Jésus, repris par l'émotion, arriva au tombeau.
C'était une grotte fermée par une pierre.
39 Jésus dit :
« Enlevez la pierre. »
Marthe, la sœur du mort, lui dit :
« Mais, Seigneur, il sent déjà;
voilà quatre jours qu'il est là. »
40 Alors Jésus dit à Marthe :
« Ne te l'ai-je pas dit ?
Si tu crois, tu verras la *gloire de Dieu. »
41 On enleva donc la pierre.
Alors Jésus leva les yeux au ciel et dit :
« Père, je te rends grâce parce que tu m'as exaucé.
42 Je savais bien, moi, que tu m'exauces toujours,
mais si j'ai parlé,
c'est pour cette foule qui est autour de moi,
afin qu'ils croient que tu m'as envoyé. »
43 Après cela, il cria d'une voix forte :
« Lazare, viens dehors ! »
44 Et le mort sortit,
les pieds et les mains attachées,
le visage enveloppé d'un suaire.
Jésus leur dit :
« Déliez-le, et laissez-le aller. »

45 Les nombreux Juifs, qui étaient venus entourer Marie
et avaient donc vu ce que faisait Jésus,
crurent en lui.

Les Juifs décident la mort de Jésus

46 Mais quelques-uns allèrent trouver les pharisiens
pour leur raconter ce qu'il avait fait.
47 Les *chefs des prêtres et les pharisiens
convoquèrent donc le grand *conseil; ils disaient :
« Qu'allons-nous faire ?
Cet homme accomplit un grand nombre de *signes.
48 Si nous continuons à le laisser agir,
tout le monde va croire en lui,
et les Romains viendront détruire notre Lieu saint
et notre nation. »

---

38. Le tombeau de Lazare est sans doute analogue à celui où sera enseveli Jésus : une chambre fermée par une pierre verticale que l'on roule, Mc 16, 3-4 par.

41. "Jésus leva les yeux au ciel (*litt.* : en haut) et dit : Père..." De même 17, 1. (Voir aussi Mc 6, 41.) — "Tu m'as exaucé" : en Jn lorsqu'une action future est certaine, elle est souvent exprimée au passé. Ainsi 3, 13; 13, 31.

45. "Crurent en lui", comme en 10, 42. Le v. suivant montre qu'il y eut des exceptions.

48. "Notre Lieu saint" : le Temple, qui sera effectivement détruit par les Romains en 70, comme Jésus l'avait prédit Mt 24, 2 par.

49 Alors, l'un d'entre eux, Caïphe,
qui était *grand prêtre cette année-là,
leur dit :
« Vous n'y comprenez rien;
50 vous ne voyez pas quel est votre intérêt :
il vaut mieux qu'un seul homme meure pour le peuple
et que l'ensemble de la nation ne périsse pas. »
51 Ce qu'il disait là ne venait pas de lui-même;
mais, comme il était grand prêtre cette année-là,
il fut *prophète en révélant que Jésus allait mourir pour la nation.
52 Or, ce n'était pas seulement pour la nation,
c'était afin de rassembler dans l'unité
les enfants de Dieu dispersés.
53 A partir de ce jour-là,
le grand conseil fut décidé à le faire mourir.
54 C'est pourquoi Jésus ne circulait plus ouvertement
parmi les Juifs;
il partit pour la région proche du désert, dans la ville d'Éphraïm
où il séjourna avec ses disciples.
55 Or, la *Pâque des Juifs approchait,
et beaucoup montèrent de la campagne à Jérusalem
pour se purifier avant la fête.
56 Ils cherchaient Jésus
et, dans le Temple, ils se disaient entre eux :
« Qu'en pensez-vous ?
Il ne viendra sûrement pas à la fête! »
57 Les chefs des prêtres et les pharisiens avaient donné des ordres :
quiconque saurait où il était devait le dénoncer,
pour qu'on puisse l'arrêter.

---

49. Caïphe resta grand prêtre 18 ans, mais Jn veut souligner sa responsabilité dans la mort de Jésus, et répète cette affirmation v. 51 et 18, 13.

51. La parole de Caïphe révélait un calcul profondément immoral, où mourir *pour* le peuple signifie que l'innocent sera sacrifié *à la place* du peuple. Jn lui attribue un sens prophétique profond : Jésus va mourir *pour* le peuple, c'est-à-dire pour le sauver.

52. Jn complète la prophétie : Jésus meurt pour sauver tous les hommes, dont son sacrifice produira la réconciliation et le rassemblement.

54. Jésus ne veut pas devancer son heure, qui va coïncider avec la Pâque. Il se dérobe donc jusque-là. Éphraïm est à quelque vingt-cinq km au nord-est de Jérusalem, près du désert de Judée.

55. Pour prendre part à la fête, il faut être en état de pureté légale. On retrouve ce souci pharisaïque en 18, 28.

12, 1. Ce récit est commun à Mt, Mc et Jn. (Lc 7, 36-50 a un récit d'onction mais avec une signification toute différente.) Jn donne plusieurs détails absents de Mt et Mc. "Six jours avant la Pâque". Celle-ci étant célébrée, selon Jn 18, 28, le vendredi soir, on est donc le samedi soir. La liturgie, après comme avant le Concile, lit cet évangile le lundi de la semaine sainte, en calculant six jours avant la résurrection de Jésus. — D'après Mt-Mc, le repas a lieu "chez Simon le lépreux", évidemment un ancien lépreux. L'onction de la pécheresse en Lc 7 a lieu au cours d'un repas offert par "un pharisien" (v. 36) appelé également Simon (v. 40). Mais ce nom était très répandu.

L'approche de la dernière Pâque : onction à Béthanie

12

1 Six jours avant la Pâque,
Jésus vint à Béthanie où habitait Lazare,
celui qu'il avait ressuscité d'entre les morts.
2 On donna un repas en l'honneur de Jésus.
Marthe faisait le service,
Lazare était avec Jésus parmi les convives.

3 Or, Marie avait pris une livre d'un parfum très pur
et de très grande valeur;
elle versa le parfum sur les pieds de Jésus,
qu'elle essuya avec ses cheveux;
la maison fut remplie par l'odeur du parfum.
4 Judas Iscariote, l'un des disciples, celui qui allait le livrer,
dit alors :
5 « Pourquoi n'a-t-on pas vendu ce parfum
pour trois cents pièces d'argent,
que l'on aurait données à des pauvres ? »
6 Il parla ainsi, non parce qu'il se préoccupait des pauvres,
mais parce que c'était un voleur :
comme il tenait la bourse commune,
il prenait pour lui ce que l'on y mettait.
7 Jésus lui dit :
« Laisse-la! Il fallait qu'elle garde ce parfum
pour le jour de mon ensevelissement.
8 Des pauvres, vous en aurez toujours avec vous,
mais moi, vous ne m'aurez pas toujours. »

9 Or, une grande foule de Juifs apprit que Jésus était là,
et ils arrivèrent, non seulement à cause de Jésus,
mais aussi pour voir ce Lazare
qu'il avait ressuscité d'entre les morts.
10 Les chefs des prêtres décidèrent alors de faire mourir aussi Lazare,
11 parce que beaucoup de Juifs, à cause de lui,
s'en allaient, et croyaient en Jésus.

---

3. Jn est seul à nommer Marie. "Sur les pieds de Jésus", "qu'elle essuya avec ses cheveux" comme en Lc 7, 38. Chez Mt-Mc, le parfum est répandu "sur la tête". — "La maison fut remplie par l'odeur du parfum" traduit peut-être poétiquement la dernière phrase de Jésus chez Mt-Mc : "Amen, je vous le dis, partout où la Bonne Nouvelle sera proclamée, dans le monde entier, on racontera, en souvenir d'elle, ce qu'elle vient de faire."

4-6. Mt attribue cette critique aux disciples, Mc à "quelques-uns". Jn seul nomme Judas, pour qui il est particulièrement sévère.

7. Parole un peu explicitée en Mt 26, 12 et Mc 14, 8 : "D'avance elle a parfumé mon corps pour mon ensevelissement." Désormais, l'heure de Jésus est commencée (voir plus loin vv. 23 et 27), c'est-à-dire le processus qui englobe sa mort, son ensevelissement et sa glorification.

8. Cette parole, commune aux trois récits, ne fait pas du paupérisme une loi providentielle. Jésus se borne à alléguer un fait de bon sens pour répondre à Judas.

9-11. Voir 11, 45-53.

L'approche de la dernière Pâque : entrée messianique à Jérusalem

12 Le lendemain, la grande foule qui était venue pour la fête,
apprenant que Jésus arrivait à Jérusalem,
13 prit des branches de palmier et sortit à sa rencontre.
Les gens criaient :
« *Hosanna ! Béni soit celui qui vient au nom du Seigneur !*
Béni soit le roi d'Israël ! »
14 Jésus, trouvant un petit *âne, monta dessus.
Il accomplissait ainsi l'Écriture :
15 *N'aie pas peur, Fille de Sion.*
Voici ton roi qui vient,
monté sur le petit d'une ânesse.
16 Les disciples de Jésus ne comprirent pas sur le moment;
mais, quand il eut été glorifié,
ils se rappelèrent que l'Écriture disait cela de lui,
et que c'était bien ce qu'on avait fait pour lui.
17 Ainsi, Jésus recevait le témoignage de la foule
qui était avec lui quand il avait appelé Lazare hors du tombeau
et l'avait ressuscité d'entre les morts.
18 Et voilà pourquoi la foule vint à sa rencontre :
elle avait entendu parler du signe qu'il avait accompli.
19 Les pharisiens se dirent alors entre eux :
« Vous voyez bien que vous n'arrivez à rien :
voilà que tout le monde marche derrière lui. »

L'approche de la dernière Pâque : Jésus annonce la venue de son Heure

20 Parmi les *Grecs qui étaient montés à Jérusalem
pour adorer Dieu durant la Pâque,
21 quelques-uns abordèrent Philippe,
qui était de Bethsaïde en Galilée.

---

12. Jn précise que cet épisode a eu lieu "le lendemain" de l'onction à Béthanie. Cette liaison chronologique, des plus vraisemblables, n'apparaît pas dans les Synoptiques. Le récit de Jn ne reprend que quelques-uns des détails notés par les Synoptiques. Voici leur correspondance avec les versets de Mt 21.

13. "Des branches de palmier" = 8. — *Hosanna*. "Béni soit..." 9. "Le roi d'Israël" : acclamation voisine en Lc 19, 38.

14. "Un petit âne" Mt 21, 2-4.

15. Citation de Zacharie 9, 9 Mt. 21,5.

16. Notation propre à Jn et fréquente chez lui : les disciples ne comprennent que plus tard, à la lumière de la résurrection, le sens donné par l'Écriture aux gestes de Jésus : voir 2, 22; 20, 9.

17-19. Le rattachement de l'enthousiasme populaire à la résurrection de Lazare n'est affirmé que par Jn; mais il peut avoir été excité par les miracles relevés globalement en Mt 21, 15 et Lc 19, 37.

20. *Litt.* : "qui étaient montés pour adorer pendant la fête." Même expression en Ac 8, 27 : le ministre éthiopien "était venu adorer à Jérusalem".

21. De nombreux Grecs habitaient dans la "Galilée des païens" (Mt 4, 15), dont sont originaires Philippe et André, porteurs de noms grecs.

Ils lui firent cette demande :
« Nous voudrions voir Jésus. »
22 Philippe va le dire à André;
et tous deux vont le dire à Jésus.
23 Alors Jésus leur déclare :
« *L'heure est venue
pour le Fils de l'homme d'être glorifié.
24 Amen, amen, je vous le dis :
si le grain de blé tombé en terre ne meurt pas, il reste seul;
mais s'il meurt, il donne beaucoup de fruit.
25 Celui qui aime sa vie la perd;
celui qui s'en détache en ce monde
la garde pour la vie éternelle.
26 Si quelqu'un veut me servir, qu'il me suive;
et là où je suis, là aussi sera mon serviteur.
Si quelqu'un me sert, mon Père l'honorera.

27 Maintenant je suis bouleversé.
Que puis-je dire ?
Dirai-je : Père, délivre-moi de cette *heure ?
— Mais non! C'est pour cela
que je suis parvenu à cette heure-ci!
28 Père, glorifie ton nom! »
Alors, du ciel vint une voix qui disait :
« Je l'ai glorifié et je le glorifierai encore. »
29 En l'entendant, la foule qui se tenait là
disait que c'était un coup de tonnerre;
d'autres disaient :
« C'est un ange qui lui a parlé. »
30 Mais Jésus leur répondit :
« Ce n'est pas pour moi que cette voix s'est fait entendre,
c'est pour vous.
31 Voici maintenant que ce monde est jugé;

---

23. La déclaration de Jésus a une importance capitale, sans commune mesure avec la démarche des Grecs, dont il n'est plus question. "L'heure est venue pour le Fils de l'homme d'être glorifié" à la suite de son abaissement.

24. Cet abaissement, cette mort, sont symbolisés par une petite parabole qui implique la glorification par la fécondité du grain de blé mis en terre. Saint Paul a repris cette image en l'appliquant à la résurrection de tous (1 Corinthiens 15, 37).

25-26. Comme souvent, Jésus, après avoir parlé de sa mort, rappelle que le disciple doit le "suivre" sur le chemin du renoncement. Le Père "honorera" le serviteur puisque celui-ci suivra son maître "là où il est" : dans la gloire. Même pensée, plus fortement exprimée, en 17, 24.

27. Chez Jn ce grand trouble de Jésus correspond à sa prière de Gethsémani chez les Synoptiques.

28. "Glorifie ton nom", c'est-à-dire ta fonction de Père, en glorifiant ton Fils (voir 17, 1). — "Je l'ai glorifié" par tous ses miracles et tous ses signes. — "Et je le glorifierai encore" par la Résurrection et l'Ascension.

31. "Ce monde est jugé" par l'Heure de Jésus, qui séparera les hommes selon leur foi ou leur incroyance. — "Le prince de ce monde" : Satan, à qui Jn donne un rôle important dans la passion de Jésus : 6, 70; 13, 2.27; 16, 11; 17, 12.15.

voici maintenant que le prince de ce monde
va être jeté dehors;
32 et moi, quand j'aurai été élevé de terre,
j'attirerai à moi tous les hommes. »
33 Il signifiait par là de quel genre de mort il allait mourir.

34 La foule lui répliqua :
« Nous avons appris dans la Loi
que le Messie demeure pour toujours.
Alors comment peux-tu dire :
' Il faut que le *Fils de l'homme soit élevé ' ?
Qui est donc ce Fils de l'homme ? »
35 Jésus leur déclara :
« La lumière est encore avec vous,
mais pour peu de temps;
marchez tant que vous avez la lumière,
avant d'être arrêtés par les ténèbres;
celui qui marche dans les ténèbres ne sait pas où il va.
36 Pendant que vous avez la lumière,
croyez en la lumière :
vous serez alors des hommes de lumière. »
Ainsi parla Jésus.
Puis il les quitta et se cacha loin d'eux.

Conclusion : l'incrédulité des Juifs

37 Malgré tous les signes qu'il avait accomplis devant eux,
les Juifs ne croyaient pas en lui.
38 Ainsi se réalisait cette parole dite par le prophète Isaïe :
Seigneur, qui a cru ce que nous avons entendu ?
A qui la puissance du Seigneur a-t-elle été révélée ?
39 Et s'ils ne pouvaient pas croire,
c'est qu'Isaïe a dit encore :
40 *Il a rendu aveugles leurs yeux,*
il a endurci leur cœur,

---

32. "Élevé de terre" par sa crucifixion, mais aussi par son ascension.

33. S'il avait été mis à mort par les Juifs, il aurait été lapidé et jeté à terre; le supplice romain de la croix l'élèvera au-dessus du sol.

34. "Dans la Loi" au sens large : dans l'Écriture. Par ex. Daniel 7, 13-14 : "... un Fils d'homme... il lui fut donné domination, gloire et royauté... Sa domination est une domination éternelle, qui ne passera pas, et sa royauté, une royauté qui ne sera pas détruite."

35-36. Reprise de la parabole de 9, 4-5; 11, 9-10. Jésus est la lumière et va bientôt disparaître. — "hommes de lumière", *litt.* : "*fils de lumière". — Il "se cacha" : Jésus donne librement sa vie (10, 18). Il échappe à ses ennemis aussi longtemps qu'il veut (7, 1.30.44; 8, 20.59; 11, 54.56-57).

37. Il semble qu'au moment de terminer la première partie de son évangile (ce qu'on a pu appeler "le livre des signes"), Jn en résume l'essentiel.

38. Isaïe 53, 1. C'est le début du chant du Serviteur souffrant, qui prélude au récit pathétique de ses souffrances et à l'affirmation de leur fécondité.

40. Isaïe 6, 9. Ce texte est cité par Mt 13, 14-15 par. au sujet des paraboles, et par Paul constatant, lorsqu'il arrive à Rome, l'incrédulité des Juifs (Ac 28, 26-27).

pour empêcher leurs yeux de voir,
pour empêcher leur cœur de comprendre ;
sinon, ils se tourneraient vers moi,
et je les guérirais.

41 Ces paroles, Isaïe les a prononcées
parce qu'il avait vu la *gloire de Jésus,
et c'est de lui qu'il a parlé.
42 Cependant, parmi les chefs du peuple eux-mêmes,
beaucoup se mirent à croire en lui;
mais, à cause des pharisiens, ils ne le déclaraient pas
pour ne pas se faire exclure de la synagogue.
43 En effet, ils aimaient la gloire qui vient des hommes
plus que la gloire qui vient de Dieu.

44 Jésus, lui, affirmait avec force :
« Celui qui croit en moi, ce n'est pas en moi qu'il croit,
mais en celui qui m'a envoyé;
45 et celui qui me voit,
voit celui qui m'a envoyé.
46 Moi, qui suis la lumière, je suis venu dans le monde
pour que celui qui croit en moi
ne demeure pas dans les *ténèbres.
47 Si quelqu'un entend mes paroles et n'y reste pas fidèle,
moi, je ne le jugerai pas,
car je ne suis pas venu juger le monde,
mais le sauver.
48 Celui qui me rejette et n'accueille pas mes paroles
aura un juge pour le condamner.
La parole que j'ai prononcée,
elle, le condamnera au dernier jour.
49 Car ce que j'ai dit ne vient pas de moi :
le Père lui-même, qui m'a envoyé,
m'a donné son commandement sur ce que je dois dire et déclarer;
50 et je sais que son commandement est vie éternelle.
Donc, ce que je déclare,
je le déclare comme le Père me l'a dit. »

---

41. Isaïe "avait vu la gloire de Jésus" en voyant la gloire de Dieu dans le Temple (Isaïe 6, 1-6), un peu comme Abraham avait vu "le jour" du Christ (Jn 8, 56). — "C'est de lui qu'il a parlé" en particulier dans les chants du Serviteur, surtout Isaïe 53, de même que Moïse avait "parlé" (Jn 1, 45) de lui dans l'Écriture (5, 46). Dans le même sens Lc 24, 27.44.

42. Sur cette menace d'excommunication : 9, 22.

43. = 5, 44.

44. = 5, 24.

45. = 14, 9.

46. = 3, 19, etc.

47. = 3, 11.17.

V. L'HEURE DE JÉSUS, PAQUE DE LA NOUVELLE ALLIANCE

LE DERNIER REPAS

Jésus se fait serviteur pour donner l'exemple à ses disciples

1 Avant la fête de la *Pâque,
sachant que l'*heure était venue pour lui 13
de passer de ce monde à son Père,
Jésus, ayant aimé les siens qui étaient dans le monde,
les aima jusqu'au bout.
2 Au cours du repas, alors que le démon
avait déjà inspiré à Judas Iscariote, fils de Simon,
l'intention de le livrer,
3 Jésus, sachant que le Père a tout remis entre ses mains,
qu'il est venu de Dieu et qu'il retourne à Dieu,
4 se lève de table, quitte son vêtement,
et prend un linge qu'il se noue à la ceinture;
5 puis, il verse de l'eau dans un bassin,
il se met à laver les pieds des disciples
et à les essuyer avec le linge qu'il avait à la ceinture.
6 Il arrive ainsi devant Simon-Pierre.
Et Pierre lui dit :
« Toi, Seigneur, tu veux me laver les pieds ! »
7 Jésus lui déclara :
« Ce que je veux faire, tu ne le sais pas maintenant;
plus tard tu comprendras. »
8 Pierre lui dit :
« Tu ne me laveras pas les pieds; non, jamais ! »
Jésus lui répondit :
« Si je ne te lave pas, tu n'auras point de part avec moi. »
9 Simon-Pierre lui dit :
« Alors, Seigneur, pas seulement les pieds,
mais aussi les mains et la tête ! »
10 Jésus lui dit :
« Quand on vient de prendre un bain,

13, 1. Ouverture solennelle de la seconde partie de l'Évangile, qu'on pourrait appeler "le livre de la Pâque". "L'heure était venue de passer..." L'heure de Jésus, c'est donc sa Pâque. On donnait au mot de Pâque une étymologie le rattachant au verbe "passer" (Exode 12, 11-13). — "Jusqu'au bout" : l'expression grecque signifie à la fois : "jusqu'à la fin" et "à l'extrême".

2. "Au cours du repas". Jn ne rapporte pas l'institution de l'Eucharistie, bien connue par le récit des Synoptiques et surtout par la pratique liturgique des Églises. D'ailleurs il a amplement parlé du Pain de vie au ch. 6. Le lavement des pieds est comme une figure de l'Eucharistie : Jésus prend l'attitude et la fonction du serviteur, évoquant ainsi le sacrifice du serviteur souffrant. Et la participation à ce geste communautaire réalise une communion (v. 8). — "le démon" voir la note sur 12, 31.

3. "Sachant", déjà au v. 1. Jésus est pleinement conscient de sa puissance et de sa mission.

4-5. Jésus prend l'habit, l'attitude et la fonction d'un très humble serviteur.

7. Voir la note sur 12, 16.

on n'a pas besoin de se laver :
on est pur tout entier.
Vous-mêmes, vous êtes purs, ... mais non pas tous. »
11 Il savait bien qui allait le livrer;
et c'est pourquoi il disait : « Vous n'êtes pas tous purs. »

12 Après leur avoir lavé les pieds,
il reprit son vêtement et se remit à table.
Il leur dit alors :
« Comprenez-vous ce que je viens de faire ?
13 Vous m'appelez ‘ Maître ’ et ‘ Seigneur ’,
et vous avez raison, car vraiment je le suis.
14 Si donc moi, le Seigneur et le Maître,
je vous ai lavé les pieds,
vous aussi vous devez vous laver les pieds les uns aux autres.
15 C'est un exemple que je vous ai donné
afin que vous fassiez, vous aussi,
comme j'ai fait pour vous.
16 Amen, amen, je vous le dis :
le serviteur n'est pas plus grand que son maître,
le messager n'est pas plus grand que celui qui l'envoie.
17 Si vous savez cela, heureux êtes-vous,
pourvu que vous le mettiez en pratique.
18 Je ne parle pas pour vous tous.
Moi, je sais quels sont ceux que j'ai choisis,
mais il faut que s'accomplisse la parole de l'Écriture :
Celui qui partageait mon pain a voulu me faire tomber.
19 Je vous dis ces choses dès maintenant,
avant qu'elles n'arrivent;
ainsi, lorsqu'elles arriveront,
vous croirez que moi, *JE SUIS.
20 Amen, amen, je vous le dis :
recevoir celui que j'envoie, c'est me recevoir moi-même;
et me recevoir, c'est recevoir celui qui m'envoie. »

La trahison de Judas

21 Après avoir ainsi parlé,
Jésus fut bouleversé au plus profond de lui-même,
et il attesta :
« Amen, amen, je vous le dis :
l'un de vous me livrera. »

22 Les disciples se regardaient les uns les autres,
sans parvenir à comprendre de qui Jésus parlait.

---

14. Le lavement des pieds est une parabole en action, qu'il n'y a pas à reproduire matériellement. Il représente l'exercice de la charité fraternelle par l'humilité et le service.
18. Ps 40 41, 10.
19. Voir la note sur 14, 29.
20. De même Mt 10, 40 par.

23 Comme il y avait à table, tout contre Jésus,
l'un de ses disciples, celui que Jésus aimait,
24 Simon-Pierre lui fait signe de demander à Jésus
de qui il veut parler.
25 Le disciple se penche donc sur la poitrine de Jésus et lui dit :
« Seigneur, qui est-ce ? »
26 Jésus lui répond :
« C'est celui à qui j'offrirai
la bouchée que je vais tremper dans le plat. »
Il trempe la bouchée, et la donne à Judas, fils de Simon l'Iscariote.
27 Et, quand Judas eut pris la bouchée,
*Satan entra en lui.

Jésus lui dit alors :
« Ce que tu fais, fais-le vite. »
28 Mais aucun des convives ne comprit le sens de cette parole.
29 Comme Judas tenait la bourse commune,
certains pensèrent que Jésus voulait lui dire
d'acheter ce qu'il fallait pour la fête,
ou de donner quelque chose aux pauvres.
30 Quand Judas eut pris la bouchée, il sortit aussitôt;
il faisait nuit.

Derniers entretiens de Jésus : la vie de l'Église après le départ du Seigneur

Les adieux

31 Quand il fut sorti, Jésus déclara :
« Maintenant le Fils de l'homme est glorifié,
et Dieu est glorifié en lui.
32 Si Dieu est glorifié en lui,
Dieu en retour lui donnera sa propre *gloire;
et il la lui donnera bientôt.

33 Mes petits enfants, je suis encore avec vous,
mais pour peu de temps, et vous me chercherez.
J'ai dit aux Juifs :

---

23. "Tout contre Jésus", *litt. :* "Dans le sein de Jésus". Les convives mangeaient étendus. Le disciple se trouvait devant Jésus, la tête à la hauteur de sa poitrine, d'où le mouvement décrit au v. 25. L'iconographie et les élévations pieuses ont exagéré la portée de ces attitudes. — "Le disciple que Jésus aimait" : voir *Jean l'Évangéliste.

26. Cette bouchée semble être une bouchée de nourriture trempée dans la sauce. Elle n'est donc pas l'Eucharistie, mais elle peut avoir une portée symbolique, en relation avec la citation du Ps. (v. 18) qui parle de pain.

27. Voir les notes sur 12, 4-6.31. Jésus ne pousse pas Judas à mal agir, mais exprime sa lassitude devant l'endurcissement du traître.

30. "Il faisait nuit" car "c'est la domination des ténèbres" (Lc 22, 53).

31. La trahison de Judas déclenche le processus qui aboutira à la mort, et donc à la glorification de Jésus.

33. "Mes petits enfants". Ce diminutif plein de tendresse, dans tout le Nouveau Testament, ne se trouve qu'ici... et dans la 1re lettre de Jn, qui l'emploie 7 fois pour s'adresser à ses lecteurs. — "J'ai dit aux Juifs..." en 8, 21.

Là où je m'en vais,
vous ne pouvez pas y aller.
Je vous le dis maintenant à vous aussi.
34 Je vous donne un commandement nouveau :
c'est de vous aimer les uns les autres.
Comme je vous ai aimés,
vous aussi, aimez-vous les uns les autres.
35 Ce qui montrera à tous les hommes que vous êtes mes disciples,
c'est l'amour que vous aurez les uns pour les autres. »
36 Simon-Pierre lui dit :
« Seigneur, où vas-tu ? »
Jésus lui répondit :
« Là où je m'en vais, tu ne peux pas me suivre pour l'instant;
tu me suivras plus tard. »
37 Pierre lui dit :
« Seigneur, pourquoi ne puis-je pas te suivre maintenant ?
Je donnerai ma vie pour toi ! »
38 Jésus réplique :
« Tu donneras ta vie pour moi ?
Amen, amen, je te le dis :
le coq ne chantera pas avant que tu m'aies renié trois fois.

1 Ne soyez donc pas bouleversés : 14
vous croyez en Dieu, croyez aussi en moi.
2 Dans la maison de mon Père,
beaucoup peuvent trouver leur demeure;
sinon, est-ce que je vous aurais dit :
' Je pars vous préparer une place ' ?
3 Quand je serai allé vous la préparer,
je reviendrai vous prendre avec moi;
et là où je suis, vous y serez aussi.
4 Pour aller où je m'en vais, vous savez le chemin. »
5 Thomas lui dit :
« Seigneur, nous ne savons même pas où tu vas;
comment pourrions-nous savoir le chemin ? »

---

34. "Le commandement nouveau" reviendra plusieurs fois dans ces discours d'adieu : 15, 12.17; 18, 26. Chez les Synoptiques, Jésus reprend à l'A.T. le précepte de l'amour du prochain (Mc 6, 31 par., citant le livre des Lévites 19, 18). Mais ici, le commandement est "nouveau" parce qu'il prend sa source et son modèle dans l'amour dont Jésus témoigne, envers son Père et envers les hommes, par sa Passion. La 1re lettre de Jn développera ce thème. Voir surtout 2, 7-8.

36. Pierre croit à un voyage de Jésus. La réponse de celui-ci annonce le martyre du disciple, comme en 21, 18-20.

37-38. Annonce du reniement, comme en Mt 26, 33-35 par.

14, 2. Contrairement à une interprétation très répandue, Jésus n'affirme pas qu'il y a des façons variées de rejoindre le Père, car il dira le contraire au v. 6, mais seulement que la maison de son Père est largement ouverte, qu'elle peut loger beaucoup de monde.

5. Thomas fait la même méprise que Pierre.

6 Jésus lui répond :
« Moi, je suis le Chemin, la Vérité et la Vie;
personne ne va vers le Père sans passer par moi.
7 Puisque vous me connaissez,
vous connaîtrez aussi mon Père.
Dès maintenant vous le connaissez,
et vous l'avez vu. »

8 Philippe lui dit :
« Seigneur, montre-nous le Père; cela nous suffit. »
9 Jésus lui répond :
« Il y a si longtemps que je suis avec vous,
et tu ne me connais pas, Philippe!
Celui qui m'a vu a vu le Père.
10 Comment peux-tu dire : ‘ Montre-nous le Père ’ ?
Tu ne crois donc pas que je suis dans le Père
et que le Père est en moi!
Les paroles que je vous dis,
je ne les dis pas de moi-même;
mais c'est le Père qui demeure en moi,
et qui accomplit ses propres œuvres.
11 Croyez ce que je vous dis :
je suis dans le Père, et le Père est en moi;
si vous ne croyez pas ma parole,
croyez au moins à cause des œuvres.
12 Amen, amen, je vous le dis :
celui qui croit en moi
accomplira les mêmes œuvres que moi.
Il en accomplira même de plus grandes,
puisque je pars vers le Père.

13 Tout ce que vous demanderez en invoquant mon nom,
je le ferai,
afin que le Père soit glorifié dans le Fils.
14 Si vous me demandez quelque chose en invoquant mon nom,
moi, je le ferai.

15 Si vous m'aimez,
vous resterez fidèles à mes commandements.

---

6. Encore le “Je Suis”, auquel les attributs donnent plus de profondeur encore : le *Chemin*, parce que Jésus est l'unique Médiateur; la *Vérité*, parce qu'il est la Révélation du Père (1, 18) mais aussi l'accomplissement des promesses, l'Amen, le témoin fidèle (Apocalypse 3, 14); la *Vie* parce qu'il vit par le Père dont il communique la vie aux hommes (1, 4; 6, 57).

9. = 12, 45.

10-11. = 10, 38; 5, 30; 12, 49; etc.

12. Le disciple qui croit continuera l'œuvre de Jésus, qui sera même dépassée par l'œuvre de l'Église. Celle-ci en effet sera fécondée par la venue de l'Esprit Saint, qui est liée au départ de Jésus vers le Père (16, 7).

13-14. “Demander en invoquant mon nom” n'est pas affaire de paroles; c'est prier en union avec la volonté de Jésus.

16 Moi, je prierai le Père,
et il vous donnera un autre Défenseur
qui sera pour toujours avec vous :
17 c'est l'Esprit de vérité.
Le monde est incapable de le recevoir,
parce qu'il ne le voit pas et ne le connaît pas;
mais vous, vous le connaissez,
parce qu'il demeure auprès de vous, et qu'il est en vous.
18 Je ne vous laisserai pas orphelins, je reviens vers vous.
19 D'ici peu de temps, le monde ne me verra plus,
mais vous, vous me verrez vivant, et vous vivrez aussi.
20 En ce jour-là, vous reconnaîtrez
que je suis en mon Père,
que vous êtes en moi, et moi en vous.
21 Celui qui a reçu mes commandements et y reste fidèle,
c'est celui-là qui m'aime;
et celui qui m'aime sera aimé de mon Père;
moi aussi je l'aimerai, et je me manifesterai à lui. »

22 Jude lui demanda :
« Seigneur, pour quelle raison
vas-tu te manifester à nous, et non pas au monde ? »
23 Jésus lui répondit :
« Si quelqu'un m'aime,
il restera fidèle à ma parole;
mon Père l'aimera,
nous viendrons chez lui,
nous irons demeurer auprès de lui.
24 Celui qui ne m'aime pas
ne restera pas fidèle à mes paroles.
Or, la parole que vous entendez n'est pas de moi :
elle est du Père, qui m'a envoyé.
25 Je vous dis tout cela pendant que je demeure encore avec vous;
26 mais le Défenseur,
l'Esprit Saint que le Père enverra en mon nom,
lui, vous enseignera tout,
et il vous fera souvenir de tout ce que je vous ai dit.

27 C'est la *paix que je vous laisse,

---

16. "Défenseur" : on a souvent transcrit le grec "Paraclet", qui signifie "avocat", le conseiller des êtres sans défense comme les orphelins (v. 19). La traduction fréquente par "Consolateur" se limite à un aspect sentimental qui est secondaire. "Un autre Défenseur" parce qu'il suppléera au départ de Jésus, qui est désigné ainsi en 1 Jn 2, 1.

19. La mort de Jésus le fera disparaître aux yeux du monde. Les disciples le "verront vivant", ressuscité, mais le verront aussi par la foi (20, 29).

22. "Jude", *litt.* "Judas, non pas l'Iscariote", précision inutile en français où l'on emploie deux formes de ce nom.

26. L'enseignement de Jésus sera terminé; le Défenseur, l'Esprit Saint n'aura pas à y ajouter, mais à en faire souvenir et à le faire assimiler.

27. La *paix est le grand don messianique, et c'est aussi le bonheur banal qu'on se

c'est ma paix que je vous donne;
ce n'est pas à la manière du monde que je vous la donne.
Ne soyez donc pas bouleversés et effrayés.
28 Vous avez entendu ce que je vous ai dit :
Je m'en vais,
et je reviens vers vous.
Si vous m'aimiez, vous seriez dans la joie
puisque je pars vers le Père,
car le Père est plus grand que moi.
29 Je vous ai dit toutes ces choses maintenant,
avant qu'elles n'arrivent;
ainsi, lorsqu'elles arriveront, vous croirez.
30 Désormais, je ne parlerai plus beaucoup avec vous,
car le prince du monde va venir.
Certes, il n'y a rien en moi qui puisse lui donner prise,
31 mais il faut que le monde sache que j'aime mon Père,
et que je fais tout ce que mon Père m'a commandé.
Levez-vous, partons d'ici.

La vraie vigne **15**

1 Moi, je suis la vraie *vigne,
et mon Père est le vigneron.
2 Tout sarment qui est en moi, mais qui ne porte pas de fruit,
mon Père l'enlève;
tout sarment qui donne du fruit, il le nettoie,
pour qu'il en donne davantage.

---

souhaite à chaque instant dans le monde. Jésus seul donne une paix définitive et complète, mais qu'il faut gagner par de durs combats (voir Lc 12, 51 par.).

28. "Le Père est plus grand que moi." Parole exploitée par les hérétiques ariens pour nier la divinité de Jésus. Celui-ci affirme seulement ici qu'en tant qu'homme il est inférieur au Père : son retour vers le Père, en faisant entrer son humanité dans la gloire divine, lui donnera une promotion qui doit nous réjouir, puisque nous y participerons.

29. "Je vous ai dit toutes ces choses..." de même qu'en 13, 19 et 16, 1. La prévision et l'annonce par Jésus d'un avenir difficile doit réconforter les disciples et fortifier leur foi.

30-31. "Le prince de ce monde" déjà en 12, 31. Il n'a aucun pouvoir sur Jésus que nul ne peut convaincre de péché (8, 46). Jésus paraîtra lui obéir en se laissant mettre à mort; mais il ne sera conduit que par son amour et son obéissance envers le Père. — "Levez-vous, partons d'ici". D'après ce qui précède, ces paroles signifient que Jésus quitte le Cénacle et marche vers la Passion, comme en Mc 14, 42. Comment alors le discours peut-il encore continuer si longtemps ? Nous avons là un indice évident de sa composition par additions et reprises successives. Un autre indice est constitué par la multitude des répétitions, notamment entre le ch. 16 et le ch. 14.

15, 1. La *vigne était le symbole du peuple de Dieu, qui répondait souvent à son amour par l'infidélité : Isaïe 5, 1-7; Jérémie 2, 21; etc. Dans de nombreuses paraboles évangéliques elle représente le royaume de Dieu : Mt 20, 1-16; 21, 28-31.33-43 par. Jésus est la "vraie vigne", comme il est "la vraie lumière" (Jn 1, 9), "le vrai pain venu du ciel" (6, 32), c'est-à-dire la réalité supérieure dont ces réalités que nous voyons ne sont que les ébauches. Dans le même sens, il est "le beau berger" (10, 11) c'est-à-dire le pasteur idéal et unique. Il dépend du Père, qui est "le vigneron". Les fidèles sont les sarments : avec lui ils constituent la vigne et ils n'ont la vie que par lui.

2. Le sarment qui ne porte pas de fruit est sans vie, il est retranché, il se dessèche et il est jeté au feu (v. 6). — L'émondage que le vigneron fait subir aux sarments productifs est un retranchement, mais destiné à augmenter la fécondité : tel est le rôle de la persécution et de l'épreuve chez le vrai disciple.

3 Mais vous, déjà vous voici nets et purifiés
grâce à la parole que je vous ai dite :
4 Demeurez en moi, comme moi en vous.
De même que le sarment ne peut pas porter du fruit par lui-même
s'il ne demeure pas sur la vigne,
de même vous non plus, si vous ne demeurez pas en moi.

5 Moi, je suis la vigne, et vous, les sarments.
Celui qui demeure en moi et en qui je demeure,
celui-là donne beaucoup de fruit,
car, en dehors de moi, vous ne pouvez rien faire.
6 Si quelqu'un ne demeure pas en moi,
il est comme un sarment qu'on a jeté dehors,
et qui se dessèche.
Les sarments secs,
on les ramasse, on les jette au feu, et ils brûlent.
7 Si vous demeurez en moi,
et que mes paroles demeurent en vous,
demandez tout ce que vous voudrez, et vous l'obtiendrez.
8 Ce qui fait la *gloire de mon Père,
c'est que vous donniez beaucoup de fruit :
ainsi, vous serez pour moi des *disciples.

9 Comme le Père m'a aimé,
moi aussi je vous ai aimés.
Demeurez dans mon amour.
10 Si vous êtes fidèles à mes commandements,
vous demeurerez dans mon amour;
comme moi,
j'ai gardé fidèlement les commandements de mon Père,
et je demeure dans son amour.
11 Je vous ai dit cela
pour que ma joie soit en vous,
et que vous soyez comblés de joie.

12 Mon commandement, le voici :
Aimez-vous les uns les autres
comme je vous ai aimés.
13 Il n'y a pas de plus grand amour
que de donner sa vie pour ses amis.

---

3. "La parole que je vous ai dite" peut désigner l'ensemble de l'enseignement. Le *Lectionnaire attribue cette purification à la parole du v. 4, qu'on trouve équivalemment en 6, 56.

5. "En dehors de moi". On pourrait traduire "séparés de moi". "Vous ne pouvez rien faire" de valable pour la Vie.

7. "Vous l'obtiendrez" : la demande toujours exaucée faite au nom de Jésus (14, 13) impliquait donc cette union profonde.

9-13. L'amour du Père pour Jésus est la source de l'amour de Jésus pour les hommes, qui sera à son tour le principe et l'idéal de l'amour fraternel. Aussi la joie de Jésus, qui vient en lui de l'amour, va-t-elle combler ceux qui obéissent à "son commandement".

14 Vous êtes mes amis
si vous faites ce que je vous commande.
15 Je ne vous appelle plus serviteurs,
car le serviteur ignore ce que veut faire son maître;
maintenant, je vous appelle mes amis,
car tout ce que j'ai appris de mon Père,
je vous l'ai fait connaître.
16 Ce n'est pas vous qui m'avez choisi,
c'est moi qui vous ai choisis et établis
afin que vous partiez,
que vous donniez du *fruit,
et que votre fruit demeure.
Alors, tout ce que vous demanderez au Père en mon nom,
il vous l'accordera.
17 Ce que je vous commande, c'est de vous aimer les uns les autres.

La haine du monde contre les disciples

18 Si le *monde a de la haine contre vous,
sachez qu'il en a eu d'abord contre moi.
19 Si vous apparteniez au monde,
le monde vous aimerait, car vous seriez à lui.
Mais vous n'appartenez pas au monde,
puisque je vous ai choisis en vous prenant dans le monde;
voilà pourquoi le monde a de la haine contre vous.
20 Rappelez-vous la parole que je vous ai dite :
Le serviteur n'est pas plus grand que son maître.
Si l'on m'a persécuté, on vous persécutera, vous aussi.
Si l'on a observé ma parole, on observera aussi la vôtre.
21 Les gens vous traiteront ainsi à cause de moi,
parce qu'ils ne connaissent pas celui qui m'a envoyé.
22 Si je n'étais pas venu, si je ne leur avais pas parlé,
ils n'auraient pas eu de péché,
mais à présent leur péché est sans excuse.
23 Celui qui a de la haine contre moi
a de la haine aussi contre mon Père.
24 Si je n'avais pas fait parmi eux
ces œuvres que personne d'autre n'a faites,
ils n'auraient pas eu de péché.

14-15. Les disciples doivent obéir, et ils seront toujours des serviteurs : ainsi 12, 26. Mais ici le texte emploie le mot "esclaves". L'obéissance au commandement de Jésus n'est pas une soumission aveugle et dégradante, elle se fait dans un amour qui est une amitié, lucide et confiante.

16. Si l'amitié implique la réciprocité, c'est Jésus qui, le premier, a choisi ses disciples; ceux-ci lui doivent donc tout. Voir 1 Jn 4, 10.19.

20. "La parole que je vous ai dite" : 13, 16. De même Mt 10, 24; Lc 6, 40. — "Si l'on a observé ma parole". D'après le contexte, qui n'évoque qu'hostilité, il faut l'entendre d'une "observation" malveillante. La Traduction Œcuménique porte : "S'ils ont épié ma parole...".

21-24. Celui qui accueille le disciple accueille Jésus qui l'a envoyé, et le Père qui a envoyé Jésus : 12, 44; 20, 21. De même Mt 10, 40. Ici, inversement, les disciples sont rejetés par ceux qui méconnaissent et le Christ et son Père.

Mais à présent ils ont vu,
et cependant ils sont pleins de haine contre moi et contre mon Père.
25 Ainsi s'est accomplie cette parole écrite dans leur loi :
Ils m'ont haï sans raison.

26 Quand viendra le Défenseur,
que je vous enverrai d'auprès du Père,
lui, l'Esprit de vérité qui procède du Père,
il rendra témoignage en ma faveur.
27 Et vous aussi, vous rendrez témoignage,
vous qui êtes avec moi depuis le commencement. **16**
1 Je vous dis tout cela pour que vous ne risquiez pas de tomber.
2 On vous exclura de la synagogue.
Et même, l'heure vient où tous ceux qui vous tueront
s'imagineront offrir ainsi un sacrifice à Dieu.
3 Ils le feront parce qu'ils ne connaissent ni le Père ni moi.
4 Mais voici pourquoi je vous dis tout cela :
quand cette heure sera venue,
vous vous souviendrez que je vous l'avais dit.
Je ne vous l'ai pas dit dès le commencement
parce que j'étais avec vous.

La venue du Défenseur

5 Je m'en vais maintenant auprès de celui qui m'a envoyé,
et aucun de vous ne me demande : ‘ Où vas-tu ? ’
6 Mais, parce que je vous ai parlé ainsi,
votre cœur est plein de tristesse.
7 Pourtant, je vous dis la vérité :
c'est votre intérêt que je m'en aille,
car, si je ne m'en vais pas,
le Défenseur ne viendra pas à vous;
mais si je pars, je vous l'enverrai.

---

25. Ps 34 35, 19 et Ps 68 69, 5.

26. Le Credo de Nicée dit que l'Esprit Saint "procède" du Père. Ce mot technique vient de la parole de Jésus dans notre évangile. Mais c'est Jésus qui l'enverra : "Si je pars, je vous l'enverrai" (16, 7). Pierre dira que Jésus "élevé dans la gloire a reçu l'Esprit Saint qui était promis, et... l'a répandu sur nous" (Ac 2, 33). "Il rendra témoignage en ma faveur" en inspirant la prédication des Apôtres, en la confirmant par des signes, et en répandant ses dons sur les baptisés.

27. Jésus ordonnera aux disciples de rester à Jérusalem, pour y recevoir la force du Saint-Esprit et devenir les témoins de leur Maître (Ac 1, 4.8). — "Avec moi depuis le commencement" de la vie publique, c'est-à-dire depuis le baptême de Jésus (Ac 1, 1.21-22) où, précisément, l'Esprit s'est manifesté sur lui. En ces vv. 26 et 27, on voit que si les disciples ont été des spectateurs de la vie de Jésus, ils sont devenus des "témoins" en étant éclairés et fortifiés par le témoignage de l'Esprit.

16, 1. Voir la note sur 14, 29.

2. Voir 9, 17; Mt 10, 17; Ac 26, 9-12.

3. Voir 15, 21.

4. V. 1.

5. Ils l'ont pourtant demandé en 13, 36 et 14, 5. Cette incohérence montre bien que le discours est fait de pièces rapportées.

6. Cette affliction est expliquée aux vv. 20-22.

7. La présence charnelle de Jésus est incompatible avec la venue de son Esprit, chargé de suppléer à son absence.

8 Quand il viendra, il dénoncera l'erreur du monde
sur le péché, sur le bon droit, et sur la condamnation.
9 Il montrera où est le péché,
car l'on ne croit pas en moi.
10 Il montrera où est le bon droit,
car je m'en vais auprès du Père,
et vous ne me verrez plus.
11 Il montrera où est la condamnation,
car le prince de ce monde est déjà condamné.

12 J'aurais encore beaucoup de choses à vous dire,
mais pour l'instant vous n'avez pas la force de les porter.
13 Quand il viendra, lui, l'Esprit de vérité,
il vous guidera vers la vérité tout entière.
En effet, ce qu'il dira ne viendra pas de lui-même :
il redira tout ce qu'il aura entendu;
et ce qui va venir, il vous le fera connaître.
14 Il me glorifiera,
car il reprendra ce qui vient de moi pour vous le faire connaître.
15 Tout ce qui appartient au Père est à moi;
voilà pourquoi je vous ai dit :
il reprend ce qui vient de moi pour vous le faire connaître.
16 D'ici peu, vous ne me verrez plus;
et, encore un peu après, vous me reverrez. »

Prochain retour de Jésus

17 Alors, certains de ses disciples se dirent entre eux :
« Que signifie ce qu'il nous dit là :
‘ D'ici peu, vous ne me verrez plus;
et, encore un peu après, vous me reverrez. ’
Et cette autre parole :
‘ Je m'en vais auprès du Père ’ ? »
18 Ils disaient donc :
« Que signifie ce peu de temps ?
Nous ne savons pas de quoi il parle. »
19 Jésus comprit qu'ils voulaient l'interroger, et il leur dit :
« Vous discutez entre vous parce que j'ai dit :
D'ici peu, vous ne me verrez plus;
et, encore un peu après, vous me reverrez.

8-11. Texte difficile. En animant et en diffusant l'Église, héritière de la vie et de la doctrine de Jésus, l'Esprit montrera que celui-ci est vainqueur du monde qui a refusé de croire en lui et a cru triompher de lui.

12-15. Jésus n'a pu qu'ébaucher la formation de ses disciples. Elle sera achevée par l'Esprit qui ne dira rien de lui-même, mais fera assimiler la doctrine de Jésus, qui vient du Père (12, 49-50).

16-19. "D'ici peu... et encore un peu après..." peut s'entendre à deux niveaux : ou bien que Jésus va disparaître par la mort pour ressusciter peu de jours après; ou bien qu'il "partira" par sa Résurrection et son Ascension avant de "venir" pour juger le monde lors de son "Jour", qui est "proche" nous disent Paul (Philippiens 4, 5) et Pierre (1re lettre 4, 7).

20 Amen, amen, je vous le dis :
vous allez pleurer et vous lamenter,
tandis que le monde se réjouira.
Vous serez dans la peine,
mais votre peine se changera en joie.
21 La femme qui enfante
est dans la peine parce que son heure est arrivée.
Mais, quand l'enfant est né,
elle ne se souvient plus de son angoisse,
dans la joie qu'elle éprouve
du fait qu'un être humain est né dans le monde.
22 Vous aussi, maintenant, vous êtes dans la peine,
mais je vous reverrai, et votre cœur se réjouira;
et votre joie, personne ne vous l'enlèvera.
23 En ce jour-là, vous n'aurez plus à m'interroger.

Amen, amen, je vous le dis :
si vous demandez quelque chose à mon Père
en invoquant mon *nom,
il vous le donnera.
24 Jusqu'ici vous n'avez rien demandé en invoquant mon nom;
demandez, et vous recevrez :
ainsi vous serez comblés de joie.

25 J'ai employé des *paraboles pour vous parler de tout cela.
L'heure vient où, sans employer de paraboles,
je vous annoncerai ouvertement tout ce qui concerne le Père.
26 En ce jour-là, vous demanderez en invoquant mon nom;
or, je ne vous dis pas que c'est moi qui prierai le Père pour vous,
27 car le Père lui-même vous aime,
parce que vraiment vous m'aimez,
et vous croyez que je suis venu d'auprès de Dieu.
28 Je suis sorti du Père, et je suis venu dans le *monde;
maintenant, je quitte le monde, et je pars vers le Père. »

29 Ses disciples lui disent alors :
« Voici que tu parles ouvertement,
sans employer de paraboles.

20-22. Magnifique petite parabole. Les prophètes (Isaïe 13, 8; Jérémie 6, 24; etc.) et aussi les Synoptiques (Mt 24, 8 par.) avaient déjà comparé les grandes épreuves du peuple de Dieu aux douleurs de l'enfantement. Ici seulement elle sont données comme s'épanouissant en joie : c'est la révélation du Mystère pascal.

22. Il ne peut s'agir ici que de la Passion et de la résurrection.

24. Les disciples n'ont pas pu vraiment "invoquer le nom" de Jésus avant que sa glorification l'ait établi pleinement dans sa fonction de médiateur.

25. "Des paraboles". Alors que les Synoptiques emploient le mot grec *parabolè*, Jn emploie *paroimia*, que la *Vulgate a traduit par *proverbium*. En fait, les deux mots grecs correspondent à l'hébreu *mashal* dont le sens est élastique. Voir au lexique *parabole. Dans ce v. le sens est celui de parole énigmatique (voir la traduction de Mc 4, 11), en contraste avec "ouvertement", comme au v. 29.

26-27. Par l'amour qui les unira à Jésus, les disciples ne feront plus qu'un avec lui, ce qui, en quelque sorte, effacera sa fonction de médiateur, distinct des deux parties à réunir.

28. Résumé lapidaire de toute la mission de Jésus.

30 Maintenant nous savons que tu sais toutes choses,
et qu'il n'y a pas besoin de t'interroger :
voilà pourquoi nous croyons que tu es venu de Dieu. »
31 Jésus leur répondit :
« C'est maintenant que vous croyez!
32 L'*heure vient — et même elle est venue —
où vous serez dispersés chacun de son côté,
et vous me laisserez seul;
pourtant je ne suis pas seul,
puisque le Père est avec moi.
33 Je vous ai dit tout cela pour que vous trouviez en moi la *paix.
Dans le monde, vous trouverez la détresse,
mais ayez confiance : moi, je suis vainqueur du monde. »

Suprême prière de Jésus pour les siens

1 Ainsi parla Jésus. Puis il leva les yeux au ciel et pria ainsi : **17**
« Père, l'heure est venue.
Glorifie ton Fils, afin que le Fils te glorifie.
2 Ainsi, comme tu lui as donné autorité sur tout être vivant,
il donnera la vie éternelle à tous ceux que tu lui as donnés.
3 Or, la vie éternelle,
c'est de te connaître, toi, le seul Dieu, le vrai Dieu,
et de connaître celui que tu as envoyé, Jésus Christ.

4 Moi, je t'ai glorifié sur la terre
en accomplissant l'œuvre que tu m'avais confiée.
5 Toi, Père, glorifie-moi maintenant auprès de toi :
donne-moi la *gloire

---

32. "Vous serez dispersés..." Voir Mc 14, 27.50-52. — "Je ne suis pas seul..." voir 8, 29. — "La *paix" : voir 14, 27.

33. "Je suis vainqueur du monde". De même ceux qui croient en lui : 1 Jn 2, 13-14; 4, 4; 5, 4-5; Apocalypse 2, 7.11.17.26; 3, 5.12.21. Sur le Christ vainqueur : Apocalypse 5, 5; 6, 2 (?); 1 Corinthiens 15, 24; Colossiens 2, 15.

17. Ce chapitre contient ce qu'on appelle couramment la "prière sacerdotale" de Jésus. En effet, il la prononce avant d'accomplir l'acte sacerdotal par excellence qu'est le sacrifice. On peut même retrouver dans le déroulement de cette prière l'ordre de l'intercession du grand prêtre juif qui, au jour de l'Expiation, sacrifiait pour le pardon de ses propres péchés, de ceux de sa maison (les prêtres) et de tout le peuple (voir Livre des Lévites 16, 11.16). Jésus prie pour lui-même (1-5), pour les disciples présents (6-19), pour "ceux qui accueilleront leur parole" (20-23). Mais, surtout, cette prière demande l'unité de l'Église, fondée sur l'unité du Père et du Fils, ce qui est l'intention profonde de cette "prière sacerdotale" qu'est la "prière eucharistique".

17, 1. Jésus a terminé le discours d'adieu adressé aux disciples. Il s'adresse maintenant au Père, en levant les yeux au ciel comme en 11, 41 et Mc 6, 41. — "Père" : Jésus a sans doute dit *Abba*, comme à Gethsémani (Mc 14, 36). — "Glorifie ton Fils" déjà glorifié par des "signes" (voir 2, 11; 12, 28), mais qui va recevoir une gloire éclatante et définitive par la Croix et la Résurrection. — "Afin que le Fils te glorifie" par toute l'œuvre de l'Église, née de la Pâque.

2. "Toi, le seul Dieu, le vrai Dieu" : le Dieu unique, en opposition aux multiples faux dieux. — "Jésus Christ" : il est surprenant que Jésus se nomme ainsi lui-même : ce peut être une addition de l'évangéliste.

4. "En accomplissant" : mot capital chez Jn. Ce sera le dernier mot prononcé par Jésus : 19, 30.

5. "Avant le commencement du monde" : affirmation de l'existence du Verbe de toute éternité avant son incarnation : 1 1-3.

que j'avais auprès de toi avant le commencement du monde.
6 J'ai fait connaître ton *nom
aux hommes que tu as pris dans le monde pour me les donner.
Ils étaient à toi, tu me les as donnés,
et ils ont gardé fidèlement ta parole.
7 Maintenant, ils ont reconnu
que tout ce que tu m'as donné vient de toi,
8 car je leur ai donné les paroles que tu m'avais données :
ils les ont reçues,
ils ont vraiment reconnu que je suis venu d'auprès de toi,
et ils ont cru que c'était toi qui m'avais envoyé.

9 Je prie pour eux;
ce n'est pas pour le *monde que je prie,
mais pour ceux que tu m'as donnés :
ils sont à toi,
10 et tout ce qui est à moi est à toi,
comme tout ce qui est à toi est à moi,
et je trouve ma gloire en eux.
11 Désormais, je ne suis plus dans le *monde;
eux, ils sont dans le monde,
et moi, je viens vers toi.

Père saint, garde mes disciples
dans la fidélité à ton *nom que tu m'as donné en partage,
pour qu'ils soient un, comme nous-mêmes.
12 Quand j'étais avec eux,
je les gardais dans la fidélité à ton nom que tu m'as donné.
J'ai veillé sur eux, et aucun ne s'est perdu,
sauf celui qui s'en va à sa perte
de sorte que l'Écriture soit acomplie.
13 Et maintenant que je viens à toi,
je parle ainsi, en ce monde,
pour qu'ils aient en eux ma joie,
et qu'ils en soient comblés.
14 Je leur ai fait don de ta parole,
et le *monde les a pris en haine

6-8. Jésus recommande ses *disciples. Leur grand mérite est de croire en lui. Leur prochaine défection ne sera qu'une faiblesse passagère.

9. Il est abusif, à partir de ce verset, de dire que "Jésus a refusé de prier pour le *monde." C'est confondre les sens divers de ce mot, puisque la dernière partie de la prière visera toute l'humanité à qui sera prêché l'Évangile.

11. Le mystère de l'Église, c'est l'unité d'une multitude, reflétant l'unité des Personnes divines dans leur diversité.

12. "Celui qui s'en va à sa perte", *litt.* : "le *fils de perdition". — "De sorte que l'Écriture soit accomplie" : voir 13, 18, qui cite Ps 41, 10. On ne peut conclure de là que Judas était prédestiné à la damnation : Jésus constate un fait et affirme qu'il était annoncé dans l'Écriture.

13. "Ma joie", celle qui vient de l'amour du Père : déjà 15, 11; comme "ma" paix 14, 27.

14. Le "*monde" est pris ici dans son sens péjoratif, et au v. 15 au sens neutre.

parce qu'ils ne sont pas du monde,
de même que moi je ne suis pas du monde.
15 Je ne demande pas que tu les retires du monde,
mais que tu les gardes du Mauvais.
16 Ils ne sont pas du monde,
comme moi je ne suis pas du monde.
17 Consacre-les par la vérité :
ta parole est vérité.
18 De même que tu m'as envoyé dans le monde,
moi aussi, je les ai envoyés dans le monde.
19 Et pour eux je me consacre moi-même,
afin qu'ils soient, eux aussi, consacrés par la vérité.

20 Je ne prie pas seulement pour ceux qui sont là,
mais encore pour ceux qui accueilleront leur parole
et croiront en moi :
21 Que tous, ils soient un,
comme toi, Père, tu es en moi, et moi en toi.
Qu'ils soient un en nous, eux aussi,
pour que le monde croie que tu m'as envoyé.
22 Et moi, je leur ai donné la *gloire que tu m'as donnée,
pour qu'ils soient un comme nous sommes un :
23 moi en eux, et toi en moi.
Que leur unité soit parfaite;
ainsi, le monde saura que tu m'as envoyé,
et que tu les as aimés comme tu m'as aimé.

24 Père, ceux que tu m'as donnés,
je veux que là où je suis, eux aussi soient avec moi,
et qu'ils contemplent ma gloire, celle que tu m'as donnée
parce que tu m'as aimé avant même la création du monde.
25 Père juste, le monde ne t'a pas connu,
mais moi je t'ai connu,
et ils ont reconnu, eux aussi, que tu m'as envoyé.
26 Je leur ai fait connaître ton nom,

---

15. "Du Mauvais", ou du mal. Les deux sens, qui ne s'excluent pas, sont possibles, comme à la fin du Notre Père Mt 6, 13.

17-19. Le verbe traduit par "consacrer" signifie "sanctifier", non pas au sens d'un progrès moral, mais de la mise à part qui affecte exclusivement au culte de la sainteté divine. Mais il ne s'agit pas non plus de rites : "consacrés par la vérité" signifie une consécration profonde et totale. Ces versets justifient la dénomination de "prière sacerdotale" donnée à ce ch. 17 de Jn, au sens de prière sacrificielle.

20. Au-delà des disciples, Jésus prie maintenant pour tous ceux qui deviendront croyants en accueillant leur parole.

21-23. Ce qui donnera au reste des hommes le désir de rejoindre les croyants, ce sera l'unité de ceux-ci, une unité qui reflétera celle du Père et du Fils et qui en découlera. Alors les croyants recevront de Jésus cette "*gloire" que lui-même tient du Père : 1, 14.

24. Conclusion de toute la prière : Jésus "veut" que les croyants "soient avec" lui, comme il le promettra au malfaiteur repenti (Lc 23, 43). — "Avant même la création du monde" comme au v. 5.

25. "Le monde ne t'a pas connu... mais ils ont reconnu..." comme 1, 10-12.

26. Le long discours et la prière de Jésus se terminent comme ils avaient commencé (13, 1) en signalant l'importance primordiale de l'amour.

et je le ferai connaître encore :
pour qu'ils aient en eux l'amour dont tu m'as aimé,
et que moi aussi, je sois en eux. »

PASSION ET RÉSURRECTION

Arrestation de Jésus

18

1 Après avoir ainsi parlé,
Jésus sortit avec ses disciples
et traversa le torrent du Cédron;
il y avait là un jardin, dans lequel il entra avec ses disciples.
2 Judas, qui le livrait, connaissait l'endroit, lui aussi,
car Jésus y avait souvent réuni ses disciples.
3 Judas prit donc avec lui un détachement de soldats,
et des gardes envoyés par les chefs des prêtres et les pharisiens.
Ils avaient des lanternes, des torches et des armes.

4 Alors Jésus, sachant tout ce qui allait lui arriver,
s'avança et leur dit :
« Qui cherchez-vous ? »
5 Ils lui répondirent :
« Jésus le Nazaréen. »
Il leur dit :
« C'est moi. »
Judas, qui le livrait, était au milieu d'eux.
6 Quand Jésus leur répondit : « C'est moi »,
ils reculèrent, et ils tombèrent par terre.

7 Il leur demanda de nouveau :
« Qui cherchez-vous ? »
Ils dirent :
« Jésus le Nazaréen. »
8 Jésus répondit :
« Je vous l'ai dit : c'est moi.
Si c'est bien moi que vous cherchez,
ceux-là, laissez-les partir. »
9 (Ainsi s'accomplissait la parole qu'il avait dite :
« Je n'ai perdu aucun de ceux que tu m'as donnés. »)
10 Alors Simon-Pierre, qui avait une épée, la tira du fourreau;
il frappa le serviteur du grand prêtre et lui coupa l'oreille droite.
Le nom de ce serviteur était Malcus.

18, 1. Le torrent du Cédron sépare Jérusalem du mont des *Oliviers.
2. Jn ne nomme pas Gethsémani et ne parle pas de la prière de Jésus; il a donné l'équivalent de celle-ci en 12, 27.
4. "Sachant tout..." Jn a insisté sur cette maîtrise de Jésus à l'égard des événements : 13, 1.3.19.38; 16, 4.32.
5. "C'est moi", répété ici trois fois, peut se traduire aussi : "*Je suis". Voir la note sur 4, 26.
6. Jn ne dit pas qu'il y ait eu là un miracle, mais cette chute semble bien en relation avec la dignité impressionnante de Jésus.
9. "La parole qu'il avait dite" : 17, 12, mais aussi 6, 39; 10, 28.

11 Jésus dit à Pierre :
« Remets ton épée au fourreau.
Est-ce que je vais refuser
la coupe que le Père m'a donnée à boire ? »

Chez les grands prêtres : interrogatoire de Jésus et reniement de Pierre

12 Alors les soldats, le commandant et les gardes juifs
se saisissent de Jésus et l'enchaînent.
13 Ils l'emmenèrent d'abord chez Anne,
beau-père de Caïphe, le *grand prêtre de cette année-là.
14 (C'est Caïphe qui avait donné aux Juifs cet avis :
« Il vaut mieux
qu'un seul homme meure pour tout le peuple. »)

15 Simon-Pierre et un autre disciple suivaient Jésus.
Comme ce disciple était connu du grand prêtre,
il entra avec Jésus dans la cour de la maison du grand prêtre,
16 mais Pierre était resté dehors, près de la porte.
Alors l'autre disciple — celui qui était connu du grand prêtre —
sortit, dit un mot à la jeune servante qui gardait la porte,
et fit entrer Pierre.
17 La servante dit alors à Pierre :
« N'es-tu pas, toi aussi, un des disciples de cet homme-là ? »
Il répondit :
« Non, je n'en suis pas ! »
18 Les serviteurs et les gardes étaient là ;
comme il faisait froid, ils avaient allumé un feu pour se réchauffer.
Pierre était avec eux, et se chauffait lui aussi.

19 Or, le grand prêtre questionnait Jésus
sur ses disciples et sur sa doctrine.
20 Jésus lui répondit :
« J'ai parlé au monde ouvertement.
J'ai toujours enseigné dans les synagogues et dans le Temple,
là où tous les Juifs se réunissent,
et je n'ai jamais parlé en cachette.
21 Pourquoi me questionnes-tu ?
Ce que j'ai dit, demande-le à ceux qui sont venus m'entendre.
Eux savent ce que j'ai dit. »
22 A cette réponse, un des gardes, qui était à côté de Jésus,

---

11. Cette mention de la coupe montre que Jn connaissait la prière rapportée par Mt 26, 39 par.

13. La comparution chez Anne, relatée par Jn seul, n'a rien d'un procès en règle, qui ne pouvait avoir lieu dans la nuit.

14. "C'est Caïphe..." : 11, 50.

15. Cet "autre disciple" est sans doute Jean, souvent associé à Pierre : voir 13, 23 ; 20, 2.3.4.8 ; 21, 20.24, et Ac...

22. Jn ne nous dira rien d'autre sur le véritable procès devant le grand *conseil présidé

lui donna une gifle en disant :
« C'est ainsi que tu réponds au grand prêtre! »
23 Jésus lui répliqua :
« Si j'ai mal parlé, montre ce que j'ai dit de mal;
mais si j'ai bien parlé, pourquoi me frappes-tu ? »
24 Anne l'envoya, toujours enchaîné, au grand prêtre Caïphe.

25 Simon-Pierre était donc en train de se chauffer;
on lui dit :
« N'es-tu pas un de ses disciples, toi aussi ? »
Il répondit :
« Non, je n'en suis pas! »
26 Un des serviteurs du grand prêtre,
parent de celui à qui Pierre avait coupé l'oreille,
insista :
« Est-ce que je ne t'ai pas vu moi-même
dans le jardin avec lui ? »
27 Encore une fois, Pierre nia.
A l'instant le coq chanta.

Chez le gouverneur :
sous la pression des Juifs, Pilate condamne Jésus

28 Alors on emmène Jésus de chez Caïphe au palais du gouverneur.
C'était le matin.
Les Juifs n'entrèrent pas eux-mêmes dans le palais,
car ils voulaient éviter une souillure
qui les aurait empêchés de manger l'agneau pascal.

29 Pilate vint au-dehors pour leur parler :
« Quelle accusation
portez-vous contre cet homme ? »
Ils lui répondirent :
30 « S'il ne s'agissait pas d'un malfaiteur,
nous ne te l'aurions pas livré. »
31 Pilate leur dit :
« Reprenez-le,
et vous le jugerez vous-mêmes suivant votre loi. »
Les Juifs lui dirent :
« Nous n'avons pas le droit
de mettre quelqu'un à mort. »
32 Ainsi s'accomplissait la parole que Jésus avait dite
pour signifier de quel genre de mort il allait mourir.

---

par Caïphe. C'est parce qu'une partie de son évangile est constituée par un long procès entre Jésus et "les Juifs", surtout les ch. 5, 7, 8, 9, 10 et 11.

27. "Le coq chanta", voir 13, 38.

28. Entrer chez un païen entraînait une souillure légale : voir Mt 8, 8; Ac 11, 3.

31. Il semble bien que les Juifs pouvaient mettre à mort pour une faute d'ordre religieux, par lapidation : voir Jn 8, 5; 10, 31-33; Ac 7, 57; Mt 23, 37 par. Mais les Romains se réservaient le châtiment des crimes contraires à l'ordre public, qui était la crucifixion.

32. Voir la note sur 12, 33.

33 Alors Pilate rentra dans son palais,
appela Jésus et lui dit :
« Es-tu le roi des Juifs ? »
34 Jésus lui demanda :
« Dis-tu cela de toi-même,
ou bien parce que d'autres te l'ont dit ? »
35 Pilate répondit :
« Est-ce que je suis Juif, moi ?
Ta nation et les chefs des prêtres t'ont livré à moi :
qu'as-tu donc fait ? »
36 Jésus déclara :
« Ma royauté ne vient pas de ce monde;
si ma royauté venait de ce monde, j'aurais des gardes
qui se seraient battus pour que je ne sois pas livré aux Juifs.
Non, ma royauté ne vient pas d'ici. »
37 Pilate lui dit :
« Alors, tu es roi ? »
Jésus répondit :
« C'est toi qui dis que je suis roi.
Je suis né, je suis venu dans le monde pour ceci :
rendre témoignage à la vérité.
Tout homme qui appartient à la vérité écoute ma voix. »
38 Pilate lui dit :
« Qu'est-ce que la vérité ? »

Après cela, il sortit de nouveau pour aller vers les Juifs,
et il leur dit :
« Moi, je ne trouve en lui aucun motif de condamnation.
39 Mais c'est la coutume chez vous
que je relâche quelqu'un pour la Pâque :
voulez-vous que je vous relâche le roi des Juifs ? »
40 Mais ils se mirent à crier :
« Pas lui ! Barabbas ! » (Ce Barabbas était un bandit.)
1 Alors Pilate ordonna d'emmener Jésus pour le flageller. 19

---

34. Jésus sait, et manifeste, que Pilate ne fait que se plier aux pressions des Juifs.

36. "Ma royauté ne vient pas de ce monde". La traduction "Mon royaume n'est pas de ce monde" risquerait d'enlever à la foi chrétienne tout impact sur les réalités temporelles. Jésus parle de l'origine de sa royauté, non de sa portée.

37. Jésus n'accepte pas de s'appeler roi : de même Mt 27, 11 par. Sa royauté consiste à rendre témoignage à la vérité, au vrai Dieu. Aussi ne peut-il être entendu que par ceux qui sont en résonance avec la vérité, de même que "nul ne vient à moi si mon Père ne l'attire vers moi" (6, 44) et que "mes brebis écoutent ma voix" (10, 27).
Le scepticisme de Pilate décourage Jésus de parler : voir 19, 10, et Mt 27, 12-14 par.

19, 1. La flagellation, ordonnée par Pilate, est placée par les évangélistes à des moments différents, ce qui semble changer sa motivation. Il semble qu'ici Pilate, par la flagellation (qu'aggrave le couronnement d'épines à l'initiative des soldats) ait voulu apitoyer les Juifs en leur montrant combien "l'homme" (v. 5) est misérable. Chez Lc 23, 16.22, Pilate décide de "le faire châtier" — sans doute par le fouet — afin de donner un gage aux Juifs et pouvoir le relâcher. Chez Mt 27, 26 et Mc 15, 15, la flagellation prélude, selon la loi romaine, à la crucifixion qui vient d'être décidée; elle a pour but d'affaiblir le condamné pour abréger son agonie.

2 Les soldats tressèrent une couronne avec des épines,
et la lui mirent sur la tête;
puis ils le revêtirent d'un manteau de pourpre.
3 Ils s'avançaient vers lui et ils disaient :
« Honneur à toi, roi des Juifs! »
Et ils le giflaient.

4 Pilate sortit de nouveau pour dire aux Juifs :
« Voyez, je vous l'amène dehors
pour que vous sachiez
que je ne trouve en lui aucun motif de condamnation. »
5 Alors Jésus sortit,
portant la couronne d'épines et le manteau de pourpre.
Et Pilate leur dit :
« Voici l'homme. »
6 Quand ils le virent,
les chefs des prêtres et les gardes se mirent à crier :
« Crucifie-le! Crucifie-le! »
Pilate leur dit :
« Reprenez-le, et crucifiez-le vous-mêmes;
moi, je ne trouve en lui aucun motif de condamnation. »
7 Les Juifs lui répondirent :
« Nous avons une Loi,
et suivant la Loi
il doit mourir, parce qu'il s'est prétendu Fils de Dieu. »

8 Quand Pilate entendit ces paroles, il redoubla de crainte.
9 Il rentra dans son palais, et dit à Jésus :
« D'où es-tu ? »
Jésus ne lui fit aucune réponse.
10 Pilate lui dit alors :
« Tu refuses de me parler, à moi ?
Ne sais-tu pas que j'ai le pouvoir de te relâcher,
et le pouvoir de te crucifier ? »
11 Jésus répondit :
« Tu n'aurais aucun pouvoir sur moi
si tu ne l'avais reçu d'en haut;
ainsi, celui qui m'a livré à toi
est chargé d'un péché plus grave. »

---

2. Les soldats romains tournent en dérision la royauté de Jésus, comme selon Mt 27, 27-30 et Mc 15, 16-20.
7. Le livre des Lévites 24, 16 condamne à mort le blasphémateur.
8. Pilate est effrayé par cet être mystérieux, d'un autre monde, qu'est Jésus.
9. "D'où es-tu ?" sans doute pour savoir son origine, naturelle ou supra-terrestre.
11. Pilate n'est que le délégué de l'empereur; en outre, il n'aurait aucun pouvoir sur Jésus, sans la permission du Père qui a inscrit dans son plan de salut la mort de Jésus sur la croix. Enfin, Pilate n'est qu'un instrument peu conscient : Judas et les dirigeants juifs sont beaucoup plus coupables d'avoir méconnu et "livré" Jésus. On relève chez Jn comme chez Lc un effort pour diminuer la responsabilité de Pilate.

12 Dès lors, Pilate cherchait à le relâcher;
mais les Juifs se mirent à crier :
« Si tu le relâches, tu n'es pas ami de l'empereur.
Quiconque se fait roi s'oppose à l'empereur. »
13 En entendant ces paroles, Pilate amena Jésus au-dehors;
il le fit asseoir sur une estrade
à l'endroit qu'on appelle le Dallage,
(en hébreu : Gabbatha).
14 C'était un vendredi, la veille de la Pâque, vers midi.
Pilate dit aux Juifs :
« Voici votre roi. »
15 Alors ils crièrent :
« A mort! A mort! crucifie-le! »
Pilate leur dit :
« Vais-je crucifier votre roi ? »
Les chefs des prêtres répondirent :
« Nous n'avons pas d'autre roi que l'empereur. »
16 Alors, il leur livra Jésus pour qu'il soit crucifié,
et ils se saisirent de lui.

Crucifixion et mort de Jésus

17 Jésus, portant lui-même sa croix,
sortit en direction du lieu dit en hébreu : Golgotha,
(nom qui se traduit : *Calvaire, c'est-à-dire : Crâne).
18 Là, ils le crucifièrent, et avec lui deux autres,
un de chaque côté, et Jésus au milieu.
19 Pilate avait rédigé un écriteau qu'il fit placer sur la croix,
avec cette inscription :
« Jésus le Nazaréen, roi des Juifs. »

---

12. "L'empereur", *litt. :* César. C'était Tibère (14-37 après J.-C.) : Lc 3, 1. Il semble que Pilate a fini par céder devant cette menace pour sa carrière.

13. "Il le fit asseoir..." La traduction courante : "Il s'assit" correspondrait à un fait banal, dont la notation a peu d'intérêt. La traduction adoptée montre Pilate exaltant ironiquement la royauté de Jésus. Le geste est peut-être du même ordre que le "Voici l'homme" du v. 5.

14. Notation chronologique très précise : voir la note sur Mt 26, 17. Selon Jn, Jésus mourra à l'heure où l'on immole l'agneau pascal. C'est lui le véritable Agneau : voir 1, 29.36 et surtout 19, 36 avec la note. Voir encore 1 Corinthiens 5, 7; Apocalypse 5, 6s.; 7, 9s; etc.

15. "A mort!" *litt. :* "Enlève(-le)!"

16. "Nous n'avons d'autre roi que l'empereur". Véritable apostasie de la foi juive, qui ne reconnaissait d'autre roi que Dieu : Juges 8, 23; 1 Samuel 8, 7; Isaïe 6, 1-5; Psaumes 23/24, 7-10; 46/47, 3; et les psaumes du règne : 92/93; 95/96, 10; 96/97; 97/98; 98/99. "Il leur livra Jésus", moralement en cédant à leur volonté; mais l'exécution revient aux soldats romains.

17. Jn ignore Simon de Cyrène et souligne au contraire que Jésus "porte lui-même sa croix", sans doute pour réfuter une hérésie (le docétisme, du verbe *dokeïn*, sembler) selon laquelle Jésus, n'ayant que l'apparence d'un homme, n'aurait pas été vraiment crucifié. Il est possible que Jésus ait commencé par porter sa croix "lui-même", avant d'être relayé par Simon.

18. "Avec lui deux autres" : Jn ne parle pas de bandits comme les Synoptiques (Mt 27, 44 par.). Chez lui, Jésus est roi.

19. Jn nous apprend que cet écriteau réglementaire a été rédigé par Pilate, qui trouva ce dernier moyen pour mortifier les Juifs.

20 Comme on avait crucifié Jésus dans un endroit proche de la ville,
beaucoup de Juifs lurent cet écriteau,
qui était libellé en hébreu, en latin et en grec.
21 Alors les prêtres des Juifs dirent à Pilate :
« Il ne fallait pas écrire : ‘ Roi des Juifs ’;
il fallait écrire :
Cet homme a dit : ‘ Je suis le roi des Juifs ’. »
22 Pilate répondit :
« Ce que j’ai écrit, je l’ai écrit. »

23 Quand les soldats eurent crucifié Jésus,
ils prirent ses habits;
ils en firent quatre parts, une pour chacun.
Restait la tunique;
c’était une tunique sans couture,
tissée tout d’une pièce de haut en bas.
24 Alors ils se dirent entre eux :
« Ne la déchirons pas,
tirons au sort celui qui l’aura. »
Ainsi s’accomplissait la parole de l’Écriture :
Ils se sont partagé mes habits ;
ils ont tiré au sort mon vêtement.
C’est bien ce que firent les soldats.

25 Or, près de la croix de Jésus se tenait sa mère,
avec la sœur de sa mère, Marie femme de Cléophas,
et Marie Madeleine.
26 Jésus, voyant sa mère,
et près d’elle le disciple qu’il aimait,
dit à sa mère :
« Femme, voici ton fils. »
27 Puis il dit au disciple :
« Voici ta mère. »
Et à partir de cette heure-là, le disciple la prit chez lui.

---

20. “Hébreu”, c’est-à-dire araméen : la langue du pays. “Latin” : la langue de l’occupant. “Grec” : la langue véhiculaire, commune à tous les peuples méditerranéens.

23-24. Les soldats se partagent les vêtements, selon la loi romaine. La “tunique sans couture” évoque peut-être pour Jn la tunique du grand prêtre juif. Les Pères de l’Église y voient le symbole de l’unité de l’Église. Jn reconnaît dans ce partage des vêtements la réalisation du Ps 21/22, 19. Ce verset ne fait que dire deux fois la même chose avec des mots différents, selon le parallélisme habituel de la poésie hébraïque; pour autant, rien n’empêche le fait d’être réel.

25. Jn est seul à mentionner la présence, auprès de la croix, de “la mère de Jésus”. On ne sait si “la sœur de sa mère” est la même que “Marie femme de Cléophas”, ou une autre. “Marie de Magdala” est nommée dans les quatre évangiles.

26. “Femme, voici ton fils.” Jésus n’est pas d’abord un bon fils qui se soucie de l’avenir de sa mère. Il est le fondateur de l’Église qui confie le disciple qu’il aimait, le disciple idéal, représentant de tous ses disciples, à sa mère. Ce geste peut justifier le titre de “Marie, mère de l’Église”. L’appellation de “Femme” rappelle 2, 4.

27. Ensuite seulement Jésus confie sa mère aux soins du disciple, ce qu’il n’aurait pas fait s’il avait eu des “frères” au sens étroit du terme. *Frères de Jésus. — “Cette heure-là” : l’*Heure de Jésus (alléguée d’abord en 2, 4) est mentionnée pour la dernière fois.

28 Après cela, sachant que désormais
toutes choses étaient accomplies,
et pour que l'Écriture s'accomplisse jusqu'au bout,
Jésus dit :
« J'ai soif. »
29 Il y avait là un récipient plein d'une boisson vinaigrée.
On fixa donc une éponge remplie de ce vinaigre
à une branche d'hysope,
et on l'approcha de sa bouche.
30 Quand il eut pris le vinaigre, Jésus dit :
« Tout est accompli. »
Puis, inclinant la tête, il remit l'esprit.
31 Comme c'était le vendredi,
il ne fallait pas laisser des corps en croix durant le sabbat,
(d'autant plus que ce sabbat était le grand jour de la Pâque).
Aussi les Juifs demandèrent à Pilate qu'on enlève les corps
après leur avoir brisé les jambes.
32 Des soldats allèrent donc briser les jambes du premier,
puis du deuxième
des condamnés que l'on avait crucifiés avec Jésus.
33 Quand ils arrivèrent à celui-ci,
voyant qu'il était déjà mort,
ils ne lui brisèrent pas les jambes,
34 mais un des soldats avec sa lance lui perça le côté;
et aussitôt, il en sortit du sang et de l'eau.
35 Celui qui a vu rend *témoignage,
afin que vous croyiez vous aussi.

---

28. "J'ai soif". Plainte bien naturelle dans un tel supplice. Jn y voit "l'accomplissement jusqu'au bout" de l'Écriture à cause du Ps 68/69, 22 : "Quand j'avais soif ils m'ont donné du vinaigre."

29. Il s'agit en réalité d'une boisson de soldats, que l'on donne à Jésus par pitié, non pour le faire souffrir davantage. L'hysope est une plante flexible, donc peu utilisable pour approcher une éponge; mais elle est sans doute nommée ici à cause de son usage liturgique : aspersion avec le sang de l'Agneau (Exode 12, 22) ou de l'Alliance (Hébreux 9, 19), ou avec une eau purifiante (Ps 50/51, 9).

30. "Tout est accompli." Les verbes et les mots signifiant : accomplissement, consommation, achèvement sont fréquents chez Jn. Voir notamment 4, 34; 5, 36; 13, 1 ("jusqu'au bout"); deux fois ici, au v. 28. Ces mots impliquent l'obéissance de Jésus, accomplissant à la perfection la mission donnée par son Père. (Le *Lectionnaire traduit aussi par "accomplir" un autre verbe grec qui signifie "réaliser" les prophéties, comme chez Mt.) — "Inclinant la tête" notation propre à Jn. — "Il remit l'esprit." D'après Mc et Lc Jésus "expira"; d'après Mt, il "rendit l'esprit", ce qui revient au même et exprime la fin de la vie physique. L'expression recherchée de Jn semble bien concerner l'Esprit Saint que le Ressuscité donnera à ses disciples : 20, 22.

31-37. Récit propre à Jn.

31. Deutéronome 21, 22-23 : il ne faut pas laisser la nuit le corps d'un supplicié pendre à un arbre, pour ne pas souiller la terre d'Israël.

32-33. On brisait les jambes pour accélérer la mort par asphyxie, le supplicié ne pouvant plus se redresser pour respirer.

34. "Du sang et de l'eau". Le fait peut avoir une explication d'ordre physiologique. Mais pour Jn l'eau est le symbole de l'Esprit : voir 4, 10 et surtout 7, 37-39. En même temps, pour toute la tradition patristique, l'eau et le sang représentent le baptême et l'eucharistie, les sacrements qui communiquent aux hommes le mystère pascal, qui ont leur source dans la passion du Christ et qui opèrent par l'Esprit Saint.

35. "Celui qui a vu" : Jean lui-même. — "Afin que vous croyiez", but de tout l'évangile

(Son témoignage est véridique
et le Seigneur sait qu'il dit vrai.)
36 Tout cela est arrivé
afin que cette parole de l'Écriture s'accomplisse :
Aucun de ses os ne sera brisé.
37 Et un autre passage dit encore :
Ils lèveront les yeux vers celui qu'ils ont transpercé.

Mise au tombeau : Joseph d'Arimathie et Nicodème

38 Après cela, Joseph d'Arimathie,
qui était disciple de Jésus,
mais en secret par peur des Juifs,
demanda à Pilate de pouvoir enlever le corps de Jésus.
Et Pilate le permit.
Joseph vint donc enlever le corps de Jésus.
39 Nicodème (celui qui la première fois était venu trouver Jésus
pendant la nuit)
vint lui aussi;
il apportait un mélange de myrrhe et d'aloès
pesant environ cent livres.
40 Ils prirent le corps de Jésus,
et ils l'enveloppèrent d'un linceul,
en employant les aromates
selon la manière juive d'ensevelir les morts.
41 Près du lieu où Jésus avait été crucifié, il y avait un jardin,
et dans ce jardin, un tombeau neuf
dans lequel on n'avait encore mis personne.
42 Comme le sabbat des Juifs allait commencer,
et que ce tombeau était proche,
c'est là qu'ils déposèrent Jésus.

Marie Madeleine et les deux disciples auprès du tombeau vide : première apparition du Ressuscité

1 Le premier jour de la semaine, 20
Marie Madeleine se rend au tombeau
de grand matin, alors qu'il fait encore sombre.

---

de Jn : 20, 31. — "Le Seigneur", *litt.* : "Celui-là" : façon de parler fréquente dans la 1re lettre de Jn : 3, 5.7.16; etc.

36. Exode 12, 46 pour l'immolation de l'agneau pascal, plutôt que Ps 33/34, 21 qui symbolise la protection de Dieu sur le juste.

37. Prophétie de Zacharie 12, 10. Dans la théologie de Jn, regarder et voir est le commencement de croire. Ainsi 20, 8.25 s.

38-42. Jn est ici très proche des Synoptiques. Seul il note que Joseph d'Arimathie était disciple en secret, et il lui adjoint Nicodème, dont il rappelle la visite nocturne (3, 1-2) et à qui il attribue l'apport de cent livres d'aromates. A la différence des Synoptiques, il ne signale pas la présence des femmes.

20. Les parallèles indiqués pour ces ch. 20 et 21 sont très approximatifs : il est impossible d'organiser et d'unifier les diverses apparitions du Ressuscité selon les 4 évangiles.

1. Tous les évangiles notent qu'on est "le premier jour de la semaine" : c'est le début d'un monde nouveau. Voir *jour du Seigneur.

Elle voit que la pierre a été enlevée du tombeau.
2 Elle court donc trouver Simon-Pierre et l'autre disciple,
celui que Jésus aimait,
et elle leur dit :
« On a enlevé le Seigneur de son tombeau,
et nous ne savons pas où on l'a mis. »
3 Pierre partit donc avec l'autre disciple
pour se rendre au tombeau.
4 Ils couraient tous les deux ensemble,
mais l'autre disciple courut plus vite que Pierre
et arriva le premier au tombeau.
5 En se penchant, il voit que le linceul est resté là;
cependant il n'entre pas.
6 Simon-Pierre, qui le suivait, arrive à son tour.
Il entre dans le tombeau, et il regarde le linceul resté là,
7 et le linge qui avait recouvert la tête,
non pas posé avec le linceul,
mais roulé à part à sa place.
8 C'est alors qu'entra l'autre disciple,
lui qui était arrivé le premier au tombeau.
Il vit et il crut.
9 Jusque-là, en effet, les disciples n'avaient pas vu
que, d'après l'Écriture,
il fallait que Jésus ressuscite d'entre les morts.
10 Ensuite, les deux disciples retournèrent chez eux.

11 Marie Madeleine restait là dehors, à pleurer devant le tombeau.
Elle se penche vers l'intérieur, tout en larmes,
12 et, à l'endroit où le corps de Jésus avait été déposé,
elle aperçoit deux anges vêtus de blanc,
assis, l'un à la tête et l'autre aux pieds.
13 Ils lui demandent :
« Femme, pourquoi pleures-tu ? »
Elle leur répond :
« On a enlevé le Seigneur mon Maître,
et je ne sais pas où on l'a mis. »
14 Tout en disant cela, elle se retourne

---

2. "L'autre disciple, celui que Jésus aimait" : voir *Jean l'Évangéliste. — "Nous ne savons pas..." ce pluriel fait penser qu'il y a là un groupe de femmes, comme chez les Synoptiques, résumé en Marie Madeleine.

7. Ce bon ordre des linges empêche de penser que le corps ait été enlevé précipitamment.

8. "Il vit et il crut", formule très johannique. Voir 6, 40, etc.

9. La foi naît du contact avec l'événement (voir), mais éclairé par l'Écriture, comprise avec retard. Voir la note sur 12, 16. — "Il fallait" : expression qui caractérise le plan de Dieu. Voir 3, 14.30; 9, 4; 10, 16 et Lc 24, 26.44.

12. "L'un à la tête et l'autre aux pieds" de la couche de pierre où le corps avait été déposé.

14. "Elle ne savait pas que c'était lui". Jésus ressuscité est la même personne, mais dans une condition nouvelle, c'est pourquoi tous les témoins tardent à le reconnaître.

et aperçoit Jésus qui était là,
mais elle ne savait pas que c'était lui.
15 Jésus lui demande :
« Femme, pourquoi pleures-tu ? Qui cherches-tu ? »
Le prenant pour le gardien, elle lui répond :
« Si c'est toi qui l'as emporté,
dis-moi où tu l'as mis, et moi, j'irai le reprendre. »

16 Jésus lui dit alors :
« Marie! »
Elle se tourne vers lui et lui dit :
« **Rabbouni !* »
ce qui veut dire « Maître » dans la langue des Juifs.
17 Jésus reprend :
« Cesse de me tenir,
je ne suis pas encore monté vers le Père.
Va plutôt trouver mes frères pour leur dire
que je monte vers mon Père et votre Père,
vers mon Dieu et votre Dieu. »

18 Marie Madeleine s'en va donc annoncer aux disciples :
« J'ai vu le Seigneur,
et voilà ce qu'il m'a dit. »

Double apparition aux disciples :
don de l'Esprit et confession de foi de Thomas

19 Le soir de ce même jour, le premier de la semaine,
les disciples avaient verrouillé les portes du lieu où ils étaient,
car ils avaient peur des Juifs.
Jésus vint, et il était là au milieu d'eux. Il leur dit :
« La *paix soit avec vous! »

20 Après cette parole, il leur montra ses mains et son côté.
Les disciples furent remplis de joie en voyant le *Seigneur.

---

15. La traduction omet, au début de la réponse, le mot "Seigneur" : le plus souvent il désigne le Christ ressuscité (ainsi Romains 10, 9); or Madeleine croit parler au jardinier, et elle lui dit "Monsieur", comme à un inconnu.

17. Jésus appartient maintenant au monde céleste, et la Résurrection appelle l'Ascension comme son achèvement nécessaire. Madeleine est donc invitée à annoncer aux disciples moins le fait physique de la Résurrection que sa signification profonde d'entrée dans la gloire du Père. — Jésus n'appelle ses disciples "mes frères" qu'ici et dans le parallèle Mt 28, 10. — "Mon Père et votre Père, mon Dieu et votre Dieu" : cette formule sans analogue dans les évangiles marque à la fois l'union des disciples à Jésus, et leur différence avec lui.

19. Sans doute même apparition, le dimanche soir, que celle de Lc 24, 36-49. — On admet généralement que ce "lieu" est le "Cénacle", où fut instituée l'Eucharistie et où les Apôtres se réuniront pour élire Matthias (Ac 1, 13) et pour recevoir l'Esprit à la Pentecôte (Ac 2, 2), mais les textes n'imposent pas cette identité. — "Jésus vint, et il était là..." : expressions des plus simples mais qui, en raison de la fermeture des portes, impliquent une nouvelle manière d'être chez Jésus. — Le souhait de la *paix est courant chez les Juifs. Adressé par Jésus ressuscité aux disciples "remplis de joie", il n'a rien de banal : voir 14, 27. Paul dira que le sang de Jésus nous a donné la paix, et même que "lui, le Christ, il *est* notre paix." (Éphésiens 2, 13-17).

20. "Ses mains et son côté". Lc 24, 39 : "ses mains et ses pieds". Jn seul a raconté l'épisode du côté ouvert (19, 34).

21 Jésus leur dit de nouveau :
« La paix soit avec vous!
De même que le Père m'a envoyé,
moi aussi, je vous envoie. »
22 Ayant ainsi parlé, il répandit sur eux son souffle
et il leur dit :
« Recevez l'Esprit Saint.
23 Tout homme à qui vous remettrez ses péchés,
ils lui seront remis;
tout homme à qui vous maintiendrez ses péchés,
ils lui seront maintenus. »
24 Or, l'un des *Douze, Thomas
(dont le nom signifie : « Jumeau »)
n'était pas avec eux, quand Jésus était venu.
25 Les autres disciples lui disaient :
« Nous avons vu le Seigneur! »
Mais il leur déclara :
« Si je ne vois pas dans ses mains la marque des clous,
si je ne mets pas mon doigt à l'endroit des clous,
si je ne mets pas la main dans son côté,
non, je n'y croirai pas. »

26 Huit jours plus tard,
les disciples se trouvaient de nouveau dans la maison,
et Thomas était avec eux.
Jésus vient alors que les portes étaient verrouillées,
et il était là au milieu d'eux. Il dit :
« La paix soit avec vous! »
27 Puis il dit à Thomas :
« Avance ton doigt ici, et vois mes mains;
avance ta main, et mets-la dans mon côté :
cesse d'être incrédule, sois croyant. »
28 Thomas lui dit alors :
« Mon Seigneur et mon Dieu! »

---

21. "Comme le Père m'a envoyé" : le verbe grec a donné le mot "apôtre". Sur cette continuation de la mission de Jésus par celle des apôtres, voir 13, 20 et surtout 17, 18.

22. L'Esprit, le souffle (même identification impossible en français qu'en 3, 8). Le don de l'Esprit par Jésus ressuscité est sans doute lié à la remise de l'Esprit par Jésus mourant (19, 30). On parle parfois à ce propos de "Pentecôte johannique" : il est vrai qu'il y a déjà ici un envoi du Saint-Esprit, mais il a un effet limité et discret, en comparaison des dons qui feront naître l'Église et l'ouvriront à tous les peuples.

23. Mt 16, 19 et 18, 18 donnait à Pierre, puis aux Apôtres le pouvoir de lier et de délier, qui englobait celui de remettre les péchés. Mais celui-ci est énoncé ici plus spécialement, et mis en liaison avec le Saint-Esprit.

24-25. Thomas veut "voir", et même toucher, pour "croire".

26. "Huit jours plus tard", donc encore "le premier jour de la semaine" (v. 19). Cette deuxième apparition du Seigneur confirme que ce jour lui appartient particulièrement : c'est le *jour du Seigneur, le dimanche.

27. Il n'est pas dit que Thomas ait osé toucher Jésus ressuscité. Il a entendu l'appel : "Sois croyant", et sa foi pouvait le dispenser de cette expérience d'ordre physique.

28. Il ne s'agit pas d'une exclamation pieuse mais d'une profession de foi : (Tu es) "mon Seigneur et mon Dieu".

29 Jésus lui dit :
« Parce que tu m'as vu, tu crois.
Heureux ceux qui croient sans avoir vu. »

Conclusion : le but de l'Évangile

30 Il y a encore beaucoup d'autres *signes
que Jésus a faits en présence des disciples
et qui ne sont pas mis par écrit dans ce livre.
31 Mais ceux-là y ont été mis
afin que vous croyiez
que Jésus est le Messie, le Fils de Dieu,
et afin que, par votre foi, vous ayez la vie en son nom.

VI. APPENDICE

Jésus ressuscité se manifeste par une pêche miraculeuse et prend un repas avec ses disciples

21

1 Après cela,
Jésus se manifesta encore aux disciples
sur le bord du *lac de Tibériade, et voici comment.
2 Il y avait là Simon-Pierre,
avec Thomas dont le nom signifie : « Jumeau »,
Nathanaël, de Cana en Galilée,
les fils de Zébédée, et deux autres disciples.
3 Simon-Pierre leur dit :
« Je m'en vais à la pêche. »
Ils lui répondent :
« Nous allons avec toi. »
Ils partirent et montèrent dans la barque;
or, ils passèrent la nuit sans rien prendre.
4 Au lever du jour, Jésus était là, sur le rivage,
mais les disciples ne savaient pas que c'était lui.
5 Jésus les appelle :
« Les enfants, auriez-vous un peu de poisson ? »
Ils lui répondent : « Non. »

---

29. "Ceux qui croient sans avoir vu" : tous les lecteurs de l'évangile, qui ne pourront rejoindre ces faits que par le témoignage de l'Évangéliste.

30. "Il y a encore beaucoup d'autres signes" : il est bien vrai que Jn n'est pas une biographie exhaustive, mais sélective. On retrouve la même idée sous une forme emphatique dans l'épilogue de l'Appendice : 21, 24-25.

31. L'Évangile est écrit pour faire croire, et croire donne la vie : "L'œuvre de Dieu, c'est que vous croyiez en celui qu'il a envoyé" (6, 29). "Celui qui croit en moi a la vie éternelle" (6, 47). "En son nom" : par une union profonde avec lui.

21, 2. Nathanaël : voir 1, 45-51, où il est amené à Jésus par Philippe. Il n'a plus été question de lui jusqu'ici. On l'identifie généralement à Barthélemy qui, dans les listes des Douze chez les Synoptiques (Mt 5, 3; Mc 3, 18; Lc 6, 14), est nommé à côté de Philippe.

3. Cette pêche, d'abord infructueuse, puis surabondante sur la parole de Jésus, présente de nombreuses analogies avec celle de Lc 5, 4-11, sans qu'on puisse être sûr qu'il s'agit du même épisode, transporté après la résurrection par cet appendice de Jn.

4. On est "au lever du jour"; il fait donc moins sombre qu'en 20, 1. Mais, comme dans toutes les apparitions du Ressuscité, celui-ci n'est pas reconnu aussitôt.

6 Il leur dit :
« Jetez le filet à droite de la barque,
et vous trouverez. »
Ils jetèrent donc le filet,
et cette fois ils n'arrivaient pas à le ramener,
tellement il y avait de poissons.
7 Alors, le disciple que Jésus aimait dit à Pierre :
« C'est le Seigneur! »
Quand Simon-Pierre l'entendit déclarer que c'était le Seigneur,
il passa un vêtement, car il n'avait rien sur lui,
et il se jeta à l'eau.
8 Les autres disciples arrivent en barque,
tirant le filet plein de poissons;
la terre n'était qu'à une centaine de mètres.

9 En débarquant sur le rivage,
ils voient un feu de braise avec du poisson posé dessus, et du pain.
10 Jésus leur dit :
« Apportez donc de ce poisson que vous venez de prendre. »
11 Simon-Pierre monta dans la barque
et amena jusqu'à terre le filet plein de gros poissons :
il y en avait cent cinquante-trois.
Et, malgré cette quantité, le filet ne s'était pas déchiré.
12 Jésus dit alors :
« Venez déjeuner. »
Aucun des disciples n'osait lui demander :
« Qui es-tu ? »
Ils savaient que c'était le Seigneur.
13 Jésus s'approche, prend le pain et le leur donne,
ainsi que le poisson.

14 C'était la troisième fois
que Jésus ressuscité d'entre les morts se manifestait à ses disciples.

L'avenir de Pierre, pasteur de l'Église et l'avenir du disciple bien-aimé

15 Quand ils eurent déjeuné, Jésus dit à Simon-Pierre :
« Simon, fils de Jean,
m'aimes-tu plus que ceux-ci ? »

---

6. La surabondance de poissons évoque celle du vin de Cana, et des pains multipliés voir 2, 10 et la note.

7. "Le disciple que Jésus aimait" : Jean.

8. "Une centaine de mètres", *litt.* : "deux cents coudées".

9-11. Jésus a préparé ce repas pour ses disciples. Il n'est pas dit formellement qu'il ait mangé comme en Lc 24, 41-43.

14. "La troisième fois", après Jn 20, 19 et 26. Il y a eu bien d'autres apparitions d'après les Synoptiques et Paul, 1 Corinthiens 15, 5-8.

15. "Plus que ceux-ci" : texte important pour la primauté de Pierre sur les autres Apôtres. Il sera par excellence, mais non pas exclusivement, le "berger" ou le "pasteur" (mots synonymes) du troupeau du Christ.

Il lui répond :
« Oui, Seigneur, je t'aime, tu le sais. »
Jésus lui dit :
« Sois le berger de mes agneaux. »
16 Il lui dit une deuxième fois :
« Simon, fils de Jean, m'aimes-tu ? »
Il lui répond :
« Oui, Seigneur, je t'aime, tu le sais. »
Jésus lui dit :
« Sois le pasteur de mes brebis. »
17 Il lui dit, pour la troisième fois :
« Simon, fils de Jean, est-ce que tu m'aimes ? »
Pierre fut peiné parce que, pour la troisième fois,
il lui demandait :
« Est-ce que tu m'aimes ? »
et il répondit :
« Seigneur, tu sais tout :
tu sais bien que je t'aime. »
Jésus lui dit :
« Sois le berger de mes brebis.
18 Amen, amen, je te le dis :
quand tu étais jeune,
tu mettais ta ceinture toi-même pour aller là où tu voulais;
quand tu seras vieux, tu étendras les mains,
et c'est un autre qui te mettra ta ceinture,
pour t'emmener là où tu ne voudrais pas aller. »
19 Jésus disait cela pour signifier par quel genre de mort
Pierre rendrait gloire à Dieu.
Puis il lui dit encore :
« Suis-moi. »

20 En se retournant, Pierre aperçoit, marchant à leur suite,
le disciple que Jésus aimait.
(C'est lui qui, pendant le repas,
s'était penché sur la poitrine de Jésus pour lui dire :
« Seigneur, quel est celui qui va te livrer ? »)
21 Pierre, voyant ce disciple, dit à Jésus :
« Et lui, Seigneur, que lui arrivera-t-il ? »
22 Jésus lui répond :

---

17. "Pierre fut peiné" parce que cette triple question rappelle — mais répare — son triple reniement prédit par Jésus (13, 38; 18, 17.25.27).

19. "Quel genre de mort" : le martyre. La tradition croit que Pierre est mort crucifié; il est possible que "tu étendras les mains" ait cette signification. — "Suis-moi". Cette parole fait penser au premier appel des Apôtres (1, 40.43). Mais ici et au v. 22 il est en outre un appel à la ressemblance avec Jésus par le martyre. A la Cène (13, 36) Jésus avait dit à Pierre : "Là où je m'en vais, tu ne peux pas me suivre pour l'instant; tu me suivras plus tard."

22-23. Réponse évasive de Jésus, qui aurait fait croire à l'immortalité de Jean lequel, de fait, mourut très vieux.

« Si je veux qu'il reste jusqu'à ce que je vienne,
est-ce ton affaire ?
Mais toi, suis-moi. »
23 Ainsi se répandit parmi les frères
l'idée que ce disciple ne mourrait pas.
Or, Jésus n'avait pas dit à Pierre : « Il ne mourra pas »,
mais : « Si je veux qu'il reste jusqu'à ce que je vienne,
est-ce ton affaire ? »

Épilogue

24 C'est lui, le disciple qui rend *témoignage de tout cela,
et qui l'a rapporté par écrit,
et nous savons que son témoignage est vrai.
25 Il y a encore beaucoup d'autres choses que Jésus a faites ;
et s'il fallait rapporter chacune d'elles,
je pense que le monde entier ne suffirait pas
pour contenir les livres qu'on écrirait ainsi.

---

24. Nouvelle conclusion. Celle du chapitre 20 semblait bien terminer le livre et donne donc à penser que le ch. 21 est un appendice. “Tout cela”, que “ce disciple... a rapporté par écrit”, ce sont les ch. 1 à 20. “Nous savons que son témoignage est vrai” est sans doute l'attestation d'un groupe de ses disciples à qui nous devrions l'appendice et peut-être divers passages de Jn qui semblent des additions ou des remaniements. Mais pour le chrétien, le 4e évangile tout entier est parole de Dieu.

25. Voir la note sur 20, 30.

LES TEXTES FONDATEURS DU NOUVEAU TESTAMENT

DES ACTES DES APOTRES A L'APOCALYPSE

INTRODUCTION

Pour des chrétiens, l'essentiel, c'est l'Évangile : dans ces quatre petits livres, ils retrouvent les paroles de Jésus, Christ et Seigneur, le récit de sa vie et de sa mort, l'annonce de sa résurrection.

Mais l'Évangile n'est pas tout. Ou plutôt pour bien lire l'Évangile, nous avons besoin d'autre chose. L'Évangile n'a pas été écrit par Jésus lui-même, mais par des hommes, des croyants. Et ceux-ci ne vivaient pas seuls avec leurs souvenirs; ils appartenaient à des communautés de croyants, à des églises qui constituaient toutes ensemble une plus grande communauté, l'Église du Christ, unique avec ses différents visages. Pour approfondir l'Évangile, il est donc très important de connaître cette Église de la première génération, ses recherches, sa réflexion, sa vie de tous les jours, ses épreuves, ses combats. Tout cela est vécu pour et avec le Christ ressuscité. C'est tout cela que nous trouvons dans les autres écrits du Nouveau Testament, qu'on peut regrouper en gros en trois catégories :

– Un récit : les Actes des Apôtres écrits par Luc dans le prolongement de son évangile, pour nous faire connaître la vie des premiers chrétiens, leur foi, la naissance et la croissance de l'Église à ses débuts autour de Pierre et de Paul : l'Évangile continue, le Christ agit encore à travers ses témoins.

– Des lettres (épîtres) de Paul et d'autres disciples du Christ écrites aux communautés pour fortifier leur foi, répondre à leurs questions, leur redire le message de Jésus toujours neuf, toujours à découvrir; une bonne partie de ces lettres ont été écrites avant la rédaction des quatre évangiles, elles nous disent donc ce que vivaient et croyaient les communautés au moment où on a décidé de mettre par écrit les souvenirs qu'on avait gardés précieusement sur Jésus; cette vie et cette foi ont forcément marqué la manière de parler de Jésus dans les textes évangéliques.

– Un livre très particulier qui achève le Nouveau Testament : l'Apocalypse qui dans un langage parfois déroutant exprime les durs combats

des chrétiens au moment des premières persécutions et leur espérance indéracinable dans le Christ toujours vivant.

Ces textes du Nouveau Testament sont donc essentiels pour notre foi d'aujourd'hui. Mais ils sont souvent difficiles, et ils étaient trop longs pour tenir tous dans ce petit volume. Nous avons donc dû faire un choix. Et il nous a semblé que le meilleur choix (ou en tout cas l'un des meilleurs) était celui que l'Église propose à ses communautés pour les messes des dimanches. Nous avons donc repris ici les textes du Nouveau Testament qu'on trouve dans le « Lectionnaire pour les messes du dimanche » et qui sont repris dans nos différents missels du dimanche (1), *en les remettant bien sûr dans l'ordre qu'ils occupent dans la Bible. De rapides introductions et des textes de liaison aident à les comprendre, ou à les replacer dans l'ensemble auquel ils appartiennent, et dans la vie des premières communautés. Et nous souhaitons que ce ne soit qu'un premier pas, une mise en appétit : quand on aura lu ces extraits ou qu'on les aura travaillés en groupe, nous espérons bien qu'on aura envie d'en connaître plus, de lire en entier tel ou tel texte, ou même tout le Nouveau Testament.*

1. Nous y avons ajouté quelques pages qui nous semblaient très importantes, ou quelques lignes de texte avant ou après les extraits de la liturgie pour faciliter la compréhension.

Actes des Apôtres

Luc continue son évangile (voir p. 169) *par un second volume qui décrit la naissance de l'Église au souffle de l'Esprit. On y voit la foi gagner à Jérusalem, en Judée, en Samarie, puis jusqu'à Rome, cœur du monde antique, grâce au courage des missionnaires que sont en particulier Pierre et Paul, et grâce à l'Esprit du Christ. L'Esprit leur permet de vaincre leurs peurs et leurs tentations et leur donne la certitude que le message de Jésus s'adresse non seulement aux Juifs, mais à tous les hommes.*

Le Ressuscité (1, 1-11).

Faisant le lien avec son évangile, Luc raconte de nouveau ici l'Ascension (voir Luc 24, 50-53, p. 268), *accompagnée de l'annonce de la venue de l'Esprit et de l'appel à témoigner jusqu'au bout du monde.*

1 1 Mon cher Théophile, dans mon premier livre j'ai parlé de
tout ce que Jésus a fait et enseigné depuis le commencement,
2 jusqu'au jour où il fut enlevé au ciel après avoir, dans l'Esprit
Saint, donné ses instructions aux Apôtres qu'il avait choisis.
3 C'est à eux qu'il s'était montré vivant après sa Passion : il leur
en avait donné bien des preuves, puisque, pendant quarante
jours, il leur était apparu, et leur avait parlé du royaume de
Dieu.
4 Au cours d'un repas qu'il prenait avec eux, il leur donna
l'ordre de ne pas quitter Jérusalem, mais d'y attendre ce que
le Père avait promis. Il leur disait : « C'est la promesse que
5 vous avez entendue de ma bouche. | Jean a baptisé avec de
l'eau; mais vous, c'est dans l'Esprit Saint que vous serez bap-
tisés d'ici quelques jours. »
6 Réunis autour de lui, les Apôtres lui demandaient : « Sei-
gneur, est-ce maintenant que tu vas rétablir la royauté en
7 Israël ? » | Jésus leur répondit : « Il ne vous appartient pas de
connaître les délais et les dates que le Père a fixés dans sa
8 liberté souveraine. | Mais vous allez recevoir une force, celle
du Saint-Esprit qui viendra sur vous. Alors vous serez mes

témoins à Jérusalem, dans toute la Judée et la Samarie, et
jusqu'aux extrémités de la terre. »
9 Après ces paroles, ils le virent s'élever et disparaître à leurs
10 yeux dans une nuée. | Et comme ils fixaient encore le ciel où
Jésus s'en allait, voici que deux hommes en vêtements blancs
11 se tenaient devant eux et disaient : | « Galiléens, pourquoi res-
tez-vous là à regarder vers le ciel ? Jésus, qui a été enlevé du
milieu de vous, reviendra de la même manière que vous
l'avez vu s'en aller vers le ciel. »

Dans l'attente de l'Esprit Saint (1, 12-17.20a.20c-26).
Revenus à Jérusalem, les Apôtres, avec d'autres disciples, prient et complètent le groupe des Douze en donnant un remplaçant au traître Judas.

1 12 Alors, ils retournèrent du mont des Oliviers à Jérusalem,
qui n'est pas loin. (La distance ne dépasse pas ce qui est permis
13 le jour du sabbat.) | Arrivés dans la ville, ils montèrent à
l'étage de la maison; c'est là qu'ils se tenaient tous : Pierre,
Jean, Jacques et André, Philippe et Thomas, Barthélemy et
Matthieu, Jacques fils d'Alphée, Simon le Zélote, et Jude fils
14 de Jacques. | D'un seul cœur, ils participaient fidèlement à la
prière, avec quelques femmes dont Marie, mère de Jésus, et
avec ses frères.

15 En ces jours-là, les frères étaient réunis au nombre d'environ
cent vingt. Pierre se leva au milieu de l'assemblée et dit :
16 « Frères, il fallait que l'Écriture s'accomplisse : Par la bouche
de David, l'Esprit Saint avait d'avance parlé de Judas, qui en
17 est venu à servir de guide aux gens qui ont arrêté Jésus, | ce
Judas qui pourtant était l'un de nous et avait reçu sa part de
20 notre ministère. | Il est écrit au livre des psaumes : *Que sa*
21 *charge passe à un autre.* | Voici ce qu'il faut faire : il y a des
hommes qui nous ont accompagnés durant tout le temps où le
22 Seigneur Jésus a vécu parmi nous, | depuis son baptême par
Jean jusqu'au jour où il nous a été enlevé. Il faut donc que
l'un d'entre eux devienne avec nous témoin de sa résurrec-
tion. »
23 On en présenta deux : Joseph Barsabbas, surnommé Justus,
24 et Matthias. | Puis l'assemblée fit cette prière : « Toi, Seigneur,
qui connais le cœur de tous les hommes, montre-nous lequel
25 des deux tu as choisi | pour prendre place dans le ministère
des Apôtres, que Judas a déserté en partant vers son destin. »
26 On tira au sort, et le sort tomba sur Matthias, qui fut dès
lors associé aux onze Apôtres.

La Pentecôte (2, 1-41).
La grande journée de la naissance de l'Église dans le cadre de la fête juive de la Pentecôte, où se célébrait l'alliance du Sinaï : l'Esprit trans-

forme les Apôtres, il les rend capables de se faire entendre des gens de toute langue et d'annoncer Jésus ressuscité de telle manière qu'un grand nombre de personnes se convertissent. Plutôt qu'un reportage soucieux de « photographier » les détails, nous avons ici une de ces grandes scènes où Luc, à partir d'un événement, veut nous faire découvrir ce qu'est l'Église, celle du début et celle de tous les temps.

2 1 Quand arriva la Pentecôte (le cinquantième jour après
2 Pâques), ils se trouvaient réunis tous ensemble. | Soudain il
vint du ciel un bruit pareil à celui d'un violent coup de vent :
3 toute la maison où ils se tenaient en fut remplie. | Ils virent
apparaître comme une sorte de feu qui se partageait en
4 langues et qui se posa sur chacun d'eux. | Alors ils furent tous
remplis de l'Esprit Saint : ils se mirent à parler en d'autres
langues, et chacun s'exprimait selon le don de l'Esprit.
5 Or, il y avait, séjournant à Jérusalem, des Juifs fervents,
6 issus de toutes les nations qui sont sous le ciel. | Lorsque les
gens entendirent le bruit, ils se rassemblèrent en foule. Ils
étaient dans la stupéfaction parce que chacun d'eux les enten-
7 dait parler sa propre langue. | Déconcertés, émerveillés, ils
disaient : « Ces hommes qui parlent ne sont-ils pas tous des
8 Galiléens ? | Comment se fait-il que chacun de nous les
9 entende dans sa langue maternelle ? | Parthes, Mèdes et Éla-
mites, habitants de la Mésopotamie, de la Judée et de la Cap-
padoce, des bords de la mer Noire, de la province d'Asie,
10 de la Phrygie, de la Pamphylie, de l'Égypte et de la Libye
11 proche de Cyrène, Romains résidant ici, | Juifs de naissance
et convertis, Crétois et Arabes, tous nous les entendons pro-
12 clamer dans nos langues les merveilles de Dieu. » | Ils étaient
tous déconcertés; dans leur désarroi, ils se disaient les uns aux
13 autres : « Qu'est-ce que cela veut dire ? » | D'autres disaient en
riant : « Ils sont pleins de vin doux! »

14 Alors Pierre, debout avec les onze autres Apôtres, prit la parole; il dit d'une voix forte : « Habitants de la Judée, et vous tous qui séjournez à Jérusalem, comprenez ce qui se passe aujourd'hui, écoutez bien ce que je vais vous dire.
15 Non, ces gens-là ne sont pas ivres comme vous le supposez,
16 car il n'est que neuf heures du matin. | Mais ce qui arrive,
c'est ce que Dieu avait dit par le prophète Joël :

17 *Il arrivera dans les derniers jours, dit Dieu,*
que je répandrai mon Esprit sur toute créature :
vos fils et vos filles deviendront prophètes,
vos jeunes gens auront des visions,
et vos anciens auront des songes.
18 *Même sur* mes *serviteurs et sur* mes *servantes,*
je répandrai mon Esprit en ces jours-là,
et ils seront prophètes.

19 *Je ferai des prodiges en haut dans le ciel,*
et des signes en bas sur la terre,
du sang, du feu, une colonne de fumée.
20 *Le soleil se changera en ténèbres,*
et la lune sera couleur de sang,
avant que vienne le jour du Seigneur,
grand et manifeste.
21 *Alors, tous ceux qui invoqueront le Nom du Seigneur*
seront sauvés.
22 Hommes d'Israël, écoutez ce message. Il s'agit de Jésus le
Nazaréen, cet homme dont Dieu avait fait connaître la mission
en accomplissant par lui des miracles, des prodiges et des
23 signes au milieu de vous, comme vous le savez bien. | Cet
homme, livré selon le plan et la volonté de Dieu, vous l'avez
fait mourir en le faisant clouer à la croix par la main des
24 païens. | Or, Dieu l'a ressuscité en mettant fin aux douleurs
de la mort, car il n'était pas possible qu'elle le retienne en son
pouvoir.
25 En effet, c'est de lui que parle le psaume de David :
Je regardais le Seigneur sans relâche,
s'il est à mon côté, je ne tombe pas.
26 *Oui, mon cœur est dans l'allégresse,*
ma langue chante de joie;
ma chair elle-même reposera dans l'espérance :
27 *tu ne peux pas m'abandonner à la mort*
ni laisser ton fidèle connaître la corruption.
28 *Tu m'as montré le chemin de la vie,*
tu me rempliras d'allégresse par ta présence.
29 Frères, au sujet de David notre père, on peut vous dire avec
assurance qu'il est mort, qu'il a été enterré, et que son tom-
30 beau est encore aujourd'hui chez nous. | Mais il était pro-
phète, il savait que Dieu lui avait juré de *faire asseoir sur son*
31 *trône un de ses descendants.* | Il a vu d'avance la résurrection
du Christ, dont il a parlé ainsi : *Il n'a pas été abandonné à la*
32 *mort, et sa chair n'a pas connu la corruption.* | Ce Jésus, Dieu
33 l'a ressuscité; nous tous, nous en sommes témoins. | Élevé
dans la gloire par la puissance de Dieu, il a reçu de son Père
l'Esprit Saint qui était promis, et il l'a répandu sur nous : c'est
34 cela que vous voyez et que vous entendez. | David, lui, n'est
pas monté au ciel, bien que le psaume parle ainsi :
Le Seigneur a dit à mon Seigneur :
Siège à ma droite,
35 *tes ennemis, j'en ferai ton marchepied.*
36 Que tout le peuple d'Israël en ait la certitude : ce même Jésus
que vous avez crucifié, Dieu a fait de lui le Seigneur et le
Christ. »

37 Ceux qui l'entendaient furent remués jusqu'au fond d'eux-
mêmes; ils dirent à Pierre et aux autres Apôtres : « Frères, que
38 devons-nous faire ? » | Pierre leur répondit : « Convertissez-

vous, et que chacun de vous se fasse baptiser au nom de Jésus
Christ pour obtenir le pardon de ses péchés. Vous recevrez
39 alors le don du Saint-Esprit. | C'est pour vous que Dieu a fait
cette promesse, pour vos enfants et pour tous ceux qui sont
loin, tous ceux que le Seigneur notre Dieu appellera. »
40 Pierre trouva encore beaucoup d'autres paroles pour les adju-
rer, et il les exhortait ainsi : « Détournez-vous de cette géné-
ration égarée, et vous serez sauvés. »
41 Alors, ceux qui avaient accueilli la parole de Pierre se firent
baptiser. La communauté s'augmenta ce jour-là d'environ
trois mille personnes.

La première communauté (2, 42-47).

Tableau condensé de l'Église dans sa vie intime. Tout cela sans doute ne s'est réalisé ni tout de suite ni parfaitement. Mais c'est bien ainsi que les chrétiens rêvent de vivre, c'est l'idéal dont ils essayent sans cesse de s'approcher.

2 42 Ils étaient fidèles à écouter l'enseignement des Apôtres et à
vivre en communion fraternelle, à rompre le pain et à parti-
43 ciper aux prières. | La crainte de Dieu était dans tous les
cœurs; beaucoup de prodiges et de signes s'accomplissaient
par les Apôtres.
44 Tous ceux qui étaient devenus croyants vivaient ensemble,
45 et ils mettaient tout en commun; | ils vendaient leurs pro-
priétés et leurs biens, pour en partager le prix entre tous selon
les besoins de chacun.
46 Chaque jour, d'un seul cœur, ils allaient fidèlement au
Temple, ils rompaient le pain dans leurs maisons, ils pre-
47 naient leurs repas avec allégresse et simplicité. | Ils louaient
Dieu et trouvaient un bon accueil auprès de tout le peuple.
Tous les jours, le Seigneur faisait entrer dans la communauté
ceux qui étaient appelés au salut.

Le Ressuscité annoncé dans le Temple (3, 1-19).

Au nom de Jésus, Pierre et Jean guérissent un infirme à la porte du Temple. Comme à la Pentecôte, Pierre, devant la foule rassemblée, annonce le Christ ressuscité et appelle ses auditeurs à le reconnaître à leur tour.

3 1 A l'heure de la prière de l'après-midi, Pierre et Jean mon-
2 taient au Temple. | On y amenait justement un homme qui
était infirme depuis sa naissance; on l'installait chaque jour
au Temple, à la « Belle-Porte », pour demander l'aumône à
3 ceux qui entraient. | Voyant Pierre et Jean qui allaient péné-
4 trer dans le Temple, il leur demanda l'aumône. | Alors Pierre
fixa les yeux sur lui, ainsi que Jean, et il lui dit : « Regarde-
5 nous bien! » | L'homme les observait, s'attendant à recevoir

6 quelque chose. | Pierre lui dit : « Je n'ai pas d'or ni d'argent;
mais ce que j'ai, je te le donne : au nom de Jésus Christ le
7 Nazaréen, lève-toi et marche. » | Le prenant par la main
droite, il le releva, et, à l'instant même, ses pieds et ses che-
8 villes devinrent solides. | D'un bond, il fut debout, et il mar-
chait. Il entra avec eux dans le Temple : il marchait, bondis-
9 sait, et louait Dieu. | Et tout le peuple le vit marcher et louer
10 Dieu. | On le reconnaissait : c'est bien lui qui se tenait, pour
mendier, à la « Belle-Porte » du Temple. Et les gens étaient
complètement stupéfaits et désorientés de ce qui lui était
arrivé.

11 L'homme ne lâchait plus Pierre et Jean. Tout le peuple
accourut vers eux à l'endroit appelé colonnade de Salomon.
12 Les gens étaient stupéfaits; | voyant cela, Pierre s'adressa au
peuple :

« Hommes d'Israël, pourquoi vous étonner ? Pourquoi fixer les yeux sur nous, comme si nous avions fait marcher cet homme par notre puissance ou notre sainteté personnelles ?

13 Le Dieu d'Abraham, d'Isaac et de Jacob, le Dieu de nos
pères, a donné sa gloire à son serviteur Jésus, alors que vous,
vous l'aviez livré; devant Pilate, qui était d'avis de le relâcher,
14 vous l'aviez rejeté. | Lui, le saint et le juste, vous l'avez rejeté,
et vous avez demandé qu'on vous accorde la grâce d'un meur-
15 trier. | Lui, le Chef des vivants, vous l'avez tué; mais Dieu l'a
16 ressuscité d'entre les morts, nous en sommes témoins. | Tout
repose sur la foi au nom de Jésus : c'est ce nom qui a donné la
force à cet homme, que vous voyez et que vous connaissez;
oui, la foi qui vient de Jésus a rendu à cet homme une par-
faite santé en votre présence à tous.

17 D'ailleurs, frères, je sais bien que vous avez agi dans l'igno-
18 rance, vous et vos chefs. | Mais Dieu qui, par la bouche de
tous les prophètes, avait annoncé que son Messie souffrirait,
19 accomplissait ainsi sa parole. | Convertissez-vous donc et
revenez à Dieu pour que vos péchés soient effacés. »

Le Ressuscité annoncé aux chefs d'Israël (4, 8-12).

A la suite de leur intervention dans le Temple, Pierre et Jean ont été arrêtés (4, 1-4). *Ils comparaissent maintenant devant le grand conseil d'Israël et rendent compte de leur foi : Jésus est le seul sauveur.*

4 8 Pierre, rempli de l'Esprit Saint, déclara : « Chefs du peuple
9 et anciens, | nous sommes interrogés aujourd'hui pour avoir
fait du bien à un infirme, et l'on nous demande comment
10 cet homme a été sauvé. | Sachez-le donc, vous tous, ainsi que
tout le peuple d'Israël : c'est grâce au nom de Jésus le Naza-
réen, crucifié par vous, ressuscité par Dieu, c'est grâce à lui
11 que cet homme se trouve là devant vous, guéri. | Ce Jésus,
il est *la pierre que vous aviez rejetée, vous les bâtisseurs, et il*
12 *est devenu la pierre d'angle.* | En dehors de lui, il n'y a pas

de salut. Et son nom, donné aux hommes, est le seul qui puisse nous sauver. »

Après délibération, le conseil les relâche en leur interdisant de parler de Jésus, et ils peuvent rejoindre la communauté (4, 13-31).

La première communauté (4, 32-35; 5, 12-16).

Deux nouveaux tableaux condensés de la vie de l'Église reprennent et complètent dans le même esprit celui de 2, 42-47. Le second insiste particulièrement sur les miracles : l'action bienfaisante et transformante de Jésus se poursuit dans son Église.

4 32 La multitude de ceux qui avaient adhéré à la foi avait un
seul cœur et une seule âme; et personne ne se disait proprié-
taire de ce qu'il possédait, mais on mettait tout en commun.
33 C'est avec une grande force que les Apôtres portaient témoi-
gnage de la résurrection du Seigneur Jésus, et la puissance de
34 la grâce était sur eux tous. | Aucun d'entre eux n'était dans la
misère, car tous ceux qui possédaient des champs ou des mai-
35 sons les vendaient, | et ils en apportaient le prix pour le mettre
à la disposition des Apôtres. On en redistribuait une part à
chacun des frères au fur et à mesure de ses besoins.

5 12 Par les mains des Apôtres, beaucoup de signes et de pro-
diges se réalisaient dans le peuple. Tous les croyants, d'un
13 seul cœur, se tenaient sous la colonnade de Salomon. | Per-
sonne d'autre n'osait se joindre à eux; cependant, tout le
14 peuple faisait leur éloge, | et des hommes et des femmes de
15 plus en plus nombreux adhéraient au Seigneur par la foi. | On
allait jusqu'à sortir les malades sur les places, en les mettant
sur des lits et des brancards : ainsi, quand Pierre passerait, il
16 toucherait l'un ou l'autre de son ombre. | Et même, une foule
venue des villages voisins de Jérusalem amenait des gens
malades ou tourmentés par des esprits mauvais. Et tous, ils
étaient guéris.

Nouveau procès des Apôtres (5, 27b-32.40b-41).

Arrêtés de nouveau, libérés miraculeusement de leur prison (5, 17-26), *les Apôtres comparaissent encore devant le grand conseil et affirment de nouveau la foi qui les pousse à témoigner envers et contre tout.*

5 27 Le grand prêtre interrogea les Apôtres : | « Nous vous avions
28 formellement interdit d'enseigner le nom de cet homme-là, et
voilà que vous remplissez Jérusalem de votre enseignement.
Voulez-vous donc faire retomber sur nous le sang de cet
29 homme ? » | Pierre, avec les Apôtres, répondit alors : « Il faut
30 obéir à Dieu plutôt qu'aux hommes. | Le Dieu de nos pères a
ressuscité Jésus, que vous aviez exécuté en le pendant au bois

31 du supplice. | C'est lui que Dieu, par sa puissance, a élevé en
faisant de lui le Chef, le Sauveur, pour apporter à Israël la
32 conversion et le pardon des péchés. | Quant à nous, nous
sommes les témoins de tout cela, avec l'Esprit Saint, que Dieu
a donné à ceux qui lui obéissent. »

40 On interdit alors aux Apôtres, après les avoir fouettés, de
41 parler au nom de Jésus, puis on les relâcha. | Mais eux, en
sortant du grand conseil, repartaient tout joyeux d'avoir été
jugés dignes de subir des humiliations pour le nom de Jésus.

Premières difficultés (6, 1-7).

La première communauté n'est pas un monde idéal et sans problèmes. Deux groupes de croyants s'affrontent. Pour résoudre le conflit, sept nouveaux responsables sont désignés à côté des Douze. La communauté et les Apôtres participent, chacun à leur place, à leur désignation.

6 1 En ces jours-là, comme le nombre des disciples augmentait,
les frères de langue grecque récriminèrent contre ceux de
langue hébraïque : ils trouvaient que, dans les secours distri-
bués quotidiennement, les veuves de leur groupe étaient désa-
2 vantagées. | Les Douze convoquèrent alors l'assemblée des
disciples et ils leur dirent : « Il n'est pas normal que nous
délaissions la parole de Dieu pour le service des repas.
3 Cherchez plutôt, frères, sept d'entre vous, qui soient des
hommes estimés de tous, remplis d'Esprit Saint et de sagesse,
4 et nous leur confierons cette tâche. | Pour notre part, nous
5 resterons fidèles à la prière et au service de la Parole. » | La
proposition plut à tout le monde, et l'on choisit : Étienne,
homme rempli de foi et d'Esprit Saint, Philippe, Procore,
Nicanor, Timon, Parménas et Nicolas, un païen originaire
6 d'Antioche converti au judaïsme. | On les présenta aux
Apôtres, et ceux-ci, après avoir prié, leur imposèrent les
mains.
7 La parole du Seigneur gagnait du terrain, le nombre des
disciples augmentait fortement à Jérusalem, et une grande
foule de prêtres juifs accueillaient la foi.

Etienne, premier martyr (7, 51 — 8, 1).

Le premier du groupe des Sept, est rapidement en conflit avec certains Juifs. Il comparaît à son tour devant le grand conseil et dénonce, dans un long discours, le péché d'Israël (6, 8 – 7, 53). *Cette fois, il n'y aura pas de libération de l'accusé : Étienne, le premier, donne sa vie pour Jésus, qu'il imite de façon frappante dans sa mort.*

7 51 « Hommes à la tête dure, votre cœur et vos oreilles ne
veulent pas connaître l'Alliance : depuis toujours vous résistez
52 à l'Esprit Saint; vous êtes bien comme vos pères! | Y a-t-il un

prophète que vos pères n'aient pas persécuté ? Ils ont même
fait mourir ceux qui annonçaient d'avance la venue du Juste,
53 celui-là que vous venez de livrer et de mettre à mort. | Vous
qui aviez reçu la loi communiquée par les anges, vous ne
l'avez pas observée. »
54 En écoutant cela, ils s'exaspéraient contre lui, et grinçaient
55 des dents. | Mais Étienne, rempli de l'Esprit Saint, regardait
vers le ciel; il vit la gloire de Dieu, et Jésus debout à la droite
56 de Dieu. | Il déclara : « Voici que je contemple les cieux
ouverts : le Fils de l'homme est debout à la droite de Dieu. »
57 Ceux qui étaient là se bouchèrent les oreilles et se mirent à
pousser de grands cris; tous à la fois, ils se précipitèrent sur lui,
58 l'entraînèrent hors de la ville et commencèrent à lui jeter des
pierres. Les témoins avaient mis leurs vêtements aux pieds
59 d'un jeune homme appelé Saul. | Étienne, pendant qu'on le
lapidait, priait ainsi : « Seigneur Jésus, reçois mon esprit. »
60 Puis il se mit à genoux et s'écria d'une voix forte : « Seigneur,
ne leur compte pas ce péché. » Et, après cette parole, il s'en-
dormit dans la mort.
8 1 Quant à Saul, lui aussi approuvait ce meurtre.

Ce jour-là, éclata une violente persécution contre l'Église de Jérusalem. Tous se dispersèrent dans les campagnes de Judée et de Samarie, à l'exception des Apôtres.

Diffusion de l'Évangile (8, 4-8.14-17).

Ceux qui ont condamné Étienne, visent aussi ses frères. Ceux-ci fuient Jérusalem, et du coup l'Évangile est annoncé hors de la ville. C'est ainsi que Philippe crée une communauté en Samarie : le Seigneur réalise son projet à travers les événements de la vie des hommes.

8 4 Ceux qui s'étaient dispersés allèrent répandre partout la
5 Bonne Nouvelle de la Parole. | C'est ainsi que Philippe, l'un
des Sept, arriva dans une ville de Samarie, et là il proclamait
6 le Christ. | Les foules, d'un seul cœur, s'attachaient à ce que
disait Philippe, car tous entendaient parler des signes qu'il
7 accomplissait, ou même ils les voyaient. | Beaucoup de pos-
sédés étaient délivrés des esprits mauvais, qui les quittaient
en poussant de grands cris. Beaucoup de paralysés et d'in-
8 firmes furent guéris. | Et il y eut dans cette ville une grande
joie.

14 Les Apôtres, restés à Jérusalem, apprirent que les gens de
Samarie avaient accueilli la parole de Dieu. Alors ils leur
15 envoyèrent Pierre et Jean. | A leur arrivée, ceux-ci prièrent
pour les Samaritains afin qu'ils reçoivent le Saint-Esprit;
16 en effet, l'Esprit n'était encore venu sur aucun d'entre eux :
ils étaient seulement baptisés au nom du Seigneur Jésus.
17 Alors Pierre et Jean leur imposèrent les mains, et ils rece-
vaient le Saint-Esprit.

Baptême du ministre éthiopien (8, 26-38).
Philippe est maintenant envoyé par le Seigneur dans le sud du pays pour répondre à l'attente d'un païen de bonne volonté. La clef du mystérieux texte de l'Ancien Testament sur le Serviteur souffrant (Isaïe 53), *c'est Jésus, et l'homme qui accueille pleinement la Bonne Nouvelle de Jésus est prêt au baptême.*

8 26 L'Ange du Seigneur adressa la parole à Philippe : « Mets-
toi en marche vers le midi, prends la route qui descend de
27 Jérusalem à Gaza; elle est déserte. » | Et Philippe se mit en
marche. Or, un Éthiopien, un eunuque, haut fonctionnaire de
Candace, reine d'Éthiopie, administrateur de tous ses trésors,
28 était venu à Jérusalem pour adorer Dieu. | Il en revenait, assis
29 dans son char, et lisait le prophète Isaïe. | L'Esprit du Sei-
gneur dit à Philippe : « Avance, et rejoins ce char. »
30 Philippe s'approcha en courant, et il entendit que l'homme
lisait le prophète Isaïe; alors il lui demanda : « Comprends-tu
31 vraiment ce que tu lis ? » | L'autre lui répondit : « Comment
pourrais-je comprendre s'il n'y a personne pour me guider ? »
Il invita donc Philippe à monter et à s'asseoir à côté de lui. Le
passage de l'Écriture qu'il lisait était celui-ci :
32 *Comme une brebis, on l'a conduit à l'abattoir,*
comme un agneau muet devant le tondeur,
il n'ouvre pas la bouche.
33 *A cause de son humiliation,*
sa condamnation a été levée.
Sa destinée, qui la racontera ?
Car sa vie a été retranchée de la terre.
34 L'eunuque dit à Philippe : « Dis-moi, je te prie : de qui le
prophète parle-t-il ? De lui-même, ou bien d'un autre ? »
35 Alors Philippe prit la parole, et, à partir de ce passage de
l'Écriture, il lui annonça la Bonne Nouvelle de Jésus.
36 Comme ils poursuivaient leur route, ils arrivèrent à un
point d'eau, et l'eunuque dit : « Voici de l'eau : qu'est-ce qui
38 empêche que je reçoive le baptême ? » | Il fit arrêter le char,
ils descendirent dans l'eau tous les deux, et Philippe baptisa
l'eunuque.

La vocation de Paul (9, 1-22.26-31).
Paul (ou Saul), déjà entrevu lors du martyre d'Étienne, entre ici vraiment en scène : persécuteur acharné, saisi en pleine course par le Christ et déjà désigné pour une mission de tout premier plan auprès des païens. Une phase nouvelle de l'expansion du christianisme s'annonce.

9 1 Saul était toujours animé d'une rage meurtrière contre les
2 disciples du Seigneur. Il alla trouver le grand prêtre | et lui
demanda des lettres pour les synagogues de Damas, afin de

faire prisonniers et de ramener à Jérusalem tous les adeptes
de cette doctrine, hommes et femmes, qu'il découvrirait.
3 Comme il était en route et approchait de Damas, une
4 lumière venant du ciel l'enveloppa soudain de sa clarté. | Il
tomba par terre, et il entendit une voix qui lui disait : « Saul,
5 Saul, pourquoi me persécuter ? » | Il répondit : « Qui es-tu,
6 Seigneur ? – Je suis Jésus, celui que tu persécutes. | Relève-
toi et entre dans la ville : on te dira ce que tu dois faire. »
7 Ses compagnons de route s'étaient arrêtés, muets de stupeur :
8 ils entendaient la voix, mais ils ne voyaient personne. | Saul se
releva et, bien qu'il eût les yeux ouverts, il ne voyait rien. Ils
9 le prirent par la main pour le faire entrer à Damas. | Pendant
trois jours, il fut privé de la vue et il resta sans manger ni
boire.
10 Or, il y avait à Damas un disciple nommé Ananie. Dans
une vision, le Seigneur l'appela : « Ananie! » Il répondit :
11 « Me voici, Seigneur. » | Le Seigneur reprit : « Lève-toi, va
dans la rue Droite, chez Jude : tu demanderas un homme
12 appelé Saul, de Tarse. Il est en prière, | et il a eu cette vision :
un homme, du nom d'Ananie, entrait et lui imposait les mains
13 pour lui rendre la vue. » | Ananie répondit : « Seigneur, j'ai
beaucoup entendu parler de cet homme, et de tout le mal
14 qu'il a fait à tes fidèles de Jérusalem. | S'il est ici, c'est que les
chefs des prêtres lui ont donné le pouvoir d'arrêter tous ceux
15 qui invoquent ton Nom. » | Mais le Seigneur lui dit : « Va!
cet homme est l'instrument que j'ai choisi pour faire parvenir
mon Nom auprès des nations païennes, auprès des rois et des
16 fils d'Israël. | Et moi, je lui ferai découvrir tout ce qu'il lui
faudra souffrir pour mon nom. »
17 Ananie partit donc et entra dans la maison. Il imposa les
mains à Saul, en disant : « Saul, mon frère, celui qui m'a
envoyé, c'est le Seigneur, c'est Jésus, celui qui s'est montré à
toi sur le chemin que tu suivais pour venir ici. Ainsi, tu vas
18 retrouver la vue, et tu seras rempli d'Esprit Saint. » | Aussitôt
tombèrent de ses yeux comme des écailles et il retrouva la
19 vue. Il se leva et il reçut le baptême. | Puis il prit de la nour-
riture et les forces lui revinrent.
20 Il passa quelques jours avec les disciples de Damas, | et,
sans plus attendre, il proclamait Jésus dans les synagogues,
21 affirmant qu'il est le Fils de Dieu. | Tous ceux qui l'enten-
daient étaient déconcertés et disaient : « N'est-ce pas lui qui,
à Jérusalem, s'acharnait contre ceux qui invoquent ce nom-là,
et qui était venu ici pour les faire prisonniers et les ramener
22 devant les chefs des prêtres ? » | Mais Saul, avec une force
croissante, réfutait les Juifs de Damas en démontrant que
Jésus est le Messie.

26 Obligé de s'enfuir de Damas, Saul vint à Jérusalem. Il
cherchait à entrer dans le groupe des disciples, mais tous

avaient peur de lui, car ils ne pouvaient pas croire que lui
27 aussi était un disciple du Christ. | Alors Barnabé le prit avec
lui et le présenta aux Apôtres ; il leur raconta ce qui s'était
passé ; sur la route, Saul avait vu le Seigneur, qui lui avait
parlé ; à Damas, il avait prêché avec assurance au nom de
28 Jésus. | Dès lors, Saul allait et venait dans Jérusalem avec les
29 Apôtres, prêchant avec assurance au nom du Seigneur. | Il
parlait aux Juifs de langue grecque, et discutait avec eux.
30 Mais ceux-ci cherchaient à le supprimer. | Les frères l'ap-
prirent ; alors ils l'accompagnèrent jusqu'à Césarée, et le firent
partir pour Tarse.
31 L'Église était en paix dans toute la Judée, la Galilée et la
Samarie. Dans la crainte du Seigneur, elle se construisait et
elle avançait ; elle se multipliait avec l'assistance de l'Esprit
Saint.

L'entrée des païens dans l'Église (10, 25-26.34-48).

Pierre circule en Palestine et y fait des miracles. A Jaffa, il a une vision, puis aussitôt arrivent les envoyés d'un centurion romain de Césarée, Corneille, qui l'appelle après avoir eu lui-même une vision. Malgré sa résistance de Juif scrupuleux, Pierre doit entrer dans cette maison païenne (10, 1-24). *Et là, il annonce le Ressuscité. Son message est non seulement accueilli par tous, mais confirmé par une venue de l'Esprit comme à la Pentecôte. Des païens entrent dans l'Église : c'est un tournant décisif qui est pris pour l'évangélisation.*

10 25 Quand Pierre arriva, Corneille vint à sa rencontre, et se
26 jetant à ses pieds, il se prosterna. | Mais Pierre le releva et lui
dit : « Reste debout. Je ne suis qu'un homme, moi aussi. »
34 Puis il s'adressa à ceux qui étaient là : « En vérité, je le
comprends : Dieu ne fait pas de différence entre les hommes ;
35 mais, quelle que soit leur race, il accueille les hommes qui
36 l'adorent et font ce qui est juste. | Il a envoyé la Parole aux fils
d'Israël, pour leur annoncer la paix par Jésus Christ : c'est lui,
Jésus, qui est le Seigneur de tous.
37 Vous savez ce qui s'est passé à travers tout le pays des Juifs,
depuis les débuts en Galilée, après le baptême proclamé par
38 Jean : | Jésus de Nazareth, Dieu l'a consacré par l'Esprit Saint
et rempli de sa force. Là où il passait, il faisait le bien, et il
guérissait tous ceux qui étaient sous le pouvoir du démon. Car
39 Dieu était avec lui. | Et nous, les Apôtres, nous sommes
témoins de tout ce qu'il a fait dans le pays des Juifs et à Jéru-
salem. Ils l'ont fait mourir en le pendant au bois du supplice.
40-41 Et voici que Dieu l'a ressuscité le troisième jour. | Il lui a
donné de se montrer, non pas à tout le peuple, mais seulement
aux témoins que Dieu avait choisis d'avance, à nous qui
avons mangé et bu avec lui après sa résurrection d'entre les
42 morts. | Il nous a chargés d'annoncer au peuple et de témoi-

gner que Dieu l'a choisi comme Juge des vivants et des morts.
43 C'est à lui que tous les prophètes rendent ce témoignage : Tout homme qui croit en lui reçoit par lui le pardon de ses péchés. »
44 Pierre parlait encore quand l'Esprit Saint s'empara de tous
45 ceux qui écoutaient la parole. | Tous les croyants qui accompagnaient Pierre furent stupéfaits, eux qui étaient Juifs, de voir que même les païens avaient reçu à profusion le don de
46 l'Esprit Saint. | Car on les entendait dire des paroles mystérieuses et chanter la grandeur de Dieu. Pierre dit alors :
47 « Pourrait-on refuser l'eau du baptême à ces gens qui ont reçu
48 l'Esprit Saint tout comme nous ? » | Et il donna l'ordre de les baptiser au nom de Jésus Christ. Alors ils lui demandèrent de rester quelques jours avec eux.

Pierre vient ensuite rendre compte des événements à la communauté de Jérusalem (11, 1-18), *tandis que des chrétiens fondent des communautés en Syrie, et particulièrement à Antioche* (11, 19-30).

Barnabé et Paul envoyés en mission (13, 14.43-52).
Tandis que Jacques, frère de Jean, est exécuté par Hérode et que Pierre est mis en prison puis miraculeusement libéré (12), *la communauté d'Antioche envoie en mission Paul et Barnabé. Ceux-ci arrivent ainsi à Antioche de Pisidie, au cœur de l'Asie mineure* (13, 1-13). *Leur annonce de l'Évangile aux Juifs de cette ville* (13, 15-42) *semble avoir un certain succès, mais de courte durée : ce sont les païens qui écoutent et se convertissent.*

13 14 Paul et Barnabé arrivèrent à Antioche de Pisidie. Le jour du sabbat, ils vinrent à la synagogue.
43 Quand l'assemblée se sépara, beaucoup de Juifs et de convertis au judaïsme les suivirent. Paul et Barnabé, parlant avec eux, les encourageaient à rester fidèles à la grâce de Dieu.
44 Le sabbat suivant, presque toute la ville se rassembla pour
45 entendre la parole du Seigneur. | Quand les Juifs virent tant de monde, ils furent remplis de fureur; ils repoussaient les
46 affirmations de Paul avec des injures. | Paul et Barnabé leur déclarèrent avec assurance : « C'est à vous d'abord qu'il fallait adresser la parole de Dieu. Puisque vous la rejetez et que vous-mêmes ne vous jugez pas dignes de la vie éternelle,
47 eh bien! nous nous tournons vers les païens. | C'est le commandement que le Seigneur nous a donné : *J'ai fait de toi la lumière des nations pour que, grâce à toi, le salut parvienne jusqu'aux extrémités de la terre.* »
48 En entendant cela, les païens étaient dans la joie et rendaient gloire à la parole du Seigneur; tous ceux que Dieu avait préparés pour la vie éternelle devinrent croyants.

49 Ainsi, la parole du Seigneur se répandait dans toute la région.
50 Mais les Juifs entraînèrent les dames influentes converties
au judaïsme, ainsi que les notables de la ville; ils provoquèrent
des poursuites contre Paul et Barnabé, et les expulsèrent de
51 leur territoire. | Ceux-ci secouèrent contre eux la poussière de
52 leurs pieds et se rendirent à Iconium, | tandis que les disciples
étaient pleins de joie dans l'Esprit Saint.

Échecs et succès (14, 21b-27).

Paul et Barnabé continuent leur parcours en Asie mineure, tantôt accueillis, tantôt rejetés, sans cesse en butte à l'hostilité des Juifs. Nous avons ici le récit de leurs dernières étapes et de leur retour. D'un bout à l'autre il s'agit bien de « ce que Dieu a fait avec eux ».

14 21 Paul et Barnabé, revenus à Iconium et à Antioche de
22 Pisidie, | affermissaient le courage des disciples; ils les
exhortaient à persévérer dans la foi, en disant : « Il nous faut
passer par bien des épreuves pour entrer dans le royaume de
23 Dieu. » | Ils désignèrent des Anciens pour chacune de leurs
Églises, et, après avoir prié et jeûné, ils confièrent au Seigneur
ces hommes qui avaient mis leur foi en lui.
24 Ils traversèrent la Pisidie et se rendirent en Pamphylie.
25 Après avoir annoncé la Parole aux gens de Pergé, ils descen-
26 dirent vers Attalia, | et prirent le bateau jusqu'à Antioche de
Syrie, d'où ils étaient partis; c'est là qu'ils avaient été remis à
la grâce de Dieu pour l'œuvre qu'ils venaient maintenant
27 d'accomplir. | A leur arrivée, ayant réuni les membres de
l'Église, ils leur racontaient tout ce que Dieu avait fait avec
eux, et comment il avait ouvert aux nations païennes la porte
la foi.

L'assemblée de Jérusalem (15, 1-31).

Voici une nouvelle étape décisive, que Luc souligne dans une grande scène construite aussi soigneusement que celle de la Pentecôte. Les nombreuses conversions de païens ont posé de graves problèmes. Jusque là, les disciples de Jésus étaient des Juifs, tout naturellement soumis depuis leur naissance à la Loi juive avec toutes ses observances : ne fallait-il pas faire prendre le même chemin aux nouveaux croyants ? Mais n'était-ce pas à la fois les déraciner de leur milieu et laisser croire qu'on avait besoin pour être sauvé d'autre chose que de la foi au Christ ressuscité ? C'est l'objet de la réunion qui s'organise à Jérusalem autour des Apôtres. On n'y fait pas étalage d'arguments contraires. Mais, les uns après les autres, Pierre, puis Barnabé et Paul, puis Jacques constatent les faits : Dieu choisit directement des païens et leur donne son Esprit. On ne leur imposera donc pas de suivre la Loi, mais seulement quelques prescriptions assez légères qui faciliteront les relations des chrétiens d'origine païenne avec les frères d'origine juive. La décision solennelle de ce « premier concile » (« L'Esprit Saint et nous-mêmes avons décidé ») ouvre les portes toutes grandes à la mission.

15 1 Certaines gens venus de Judée voulaient endoctriner les
frères de l'Église d'Antioche en leur disant : « Si vous ne rece-
vez pas la circoncision selon la loi de Moïse, vous ne pouvez
2 pas être sauvés. » | Cela provoqua un conflit et des discussions
assez graves entre ces gens-là et Paul et Barnabé. Alors on
décida que Paul et Barnabé, avec quelques autres frères,
monteraient à Jérusalem auprès des Apôtres et des Anciens
3 pour discuter de cette question. | L'Église d'Antioche pourvut
à leur voyage. Ils traversèrent la Phénicie et la Samarie en
racontant la conversion des païens, ce qui remplissait de joie
4 tous les frères. | A leur arrivée à Jérusalem, ils furent accueillis
par l'Église, les Apôtres et les Anciens, et ils rapportèrent tout
ce que Dieu avait fait avec eux.
5 On vit alors intervenir certains membres du parti des pha-
risiens qui étaient devenus croyants. Ils disaient : « Il faut
obliger ces gens à recevoir la circoncision, et à observer la loi
6 de Moïse. » | Les Apôtres et les Anciens se réunirent pour
examiner cette affaire.

7 Comme cela provoquait des discussions assez graves, Pierre
se leva et leur dit : « Frères, vous savez bien comment Dieu a
manifesté son choix parmi vous dès les premiers temps : c'est
par moi que les païens ont entendu la parole de l'Évangile et
8 sont venus à la foi. | Dieu, qui connaît le cœur des hommes,
leur a rendu témoignage en leur donnant l'Esprit Saint tout
9 comme à nous ; | sans faire aucune distinction entre eux et
10 nous, il a purifié leurs cœurs par la foi. | Alors, pourquoi met-
tez-vous Dieu à l'épreuve en plaçant sur les épaules des dis-
ciples un joug que nos pères et nous-mêmes n'avons pas été
11 capables de porter ? | Oui, c'est par la grâce du Seigneur Jésus,
nous le croyons, que nous avons été sauvés, de la même
manière qu'eux. »
12 Toute l'assemblée garda le silence, puis on écouta Barnabé
et Paul rapporter tous les signes et les prodiges que Dieu avait
accomplis par eux chez les païens.

13 Quand ils eurent terminé, Jacques prit la parole : « Frères,
14 écoutez-moi. | Simon-Pierre vous a rapporté comment, dès
le début, Dieu a voulu prendre chez les nations païennes un
15 peuple qui serait marqué de son nom. | C'est ce que confir-
ment les paroles des prophètes, puisqu'il est écrit :
16 *Après cela, je reviendrai*
pour reconstruire la demeure de David,
qui s'est écroulée ;
je reconstruirai ce qui était en ruines,
je le relèverai ;

17 *alors, le reste des hommes cherchera le Seigneur,*
ainsi que les nations païennes
sur lesquelles mon nom a été prononcé.
Voilà ce que dit le Seigneur.
Il réalise ainsi ses projets,
18-19 qui sont connus depuis toujours. | Je suis donc d'avis de ne
pas surcharger ceux des païens qui se convertissent à Dieu,
20 mais de leur écrire qu'ils doivent s'abstenir des souillures de
l'idolâtrie, des unions illégitimes, de la viande non saignée et
21 du sang. | En effet, depuis les temps les plus anciens, Moïse
a, dans chaque ville, des gens qui proclament sa Loi, puisqu'on
en fait la lecture chaque sabbat dans les synagogues. »

22 Alors les Apôtres et les Anciens décidèrent, avec toute
l'Église, de choisir parmi eux des hommes qu'ils enverraient
à Antioche avec Paul et Barnabé. C'étaient des hommes qui
avaient de l'autorité parmi les frères : Jude (appelé aussi
Barsabbas), et Silas.
23 Voici la lettre qu'ils leur confièrent : « Les Apôtres et les
Anciens saluent fraternellement les païens convertis, leurs
24 frères, qui résident à Antioche, en Syrie, et en Cilicie. | Nous
avons appris que quelques-uns des nôtres, sans aucun mandat
de notre part, sont allés tenir des propos qui ont jeté chez
25 vous le trouble et le désarroi. | Nous avons décidé à l'unani-
mité de choisir des hommes que nous enverrions chez vous,
26 avec nos frères bien-aimés Barnabé et Paul, | qui ont consacré
27 leur vie à la cause de notre Seigneur Jésus Christ. | Nous vous
envoyons donc Jude et Silas, qui vous confirmeront de vive
28 voix ce qui suit : | L'Esprit Saint et nous-mêmes avons décidé
de ne pas faire peser sur vous d'autres obligations que celles-ci,
29 qui s'imposent : | vous abstenir de manger des aliments
offerts aux idoles, du sang, ou de la viande nou saignée, et
vous abstenir des unions illégitimes. En évitant tout cela, vous
agirez bien. Courage! »
30 Alors on invita les messagers à se mettre en route, et ils se
rendirent à Antioche. Ayant réuni l'assemblée des fidèles, ils
31 communiquèrent la lettre. | A sa lecture, tous se réjouirent de
l'encouragement qu'elle apportait.

Paul à Athènes (17, 15.22-34).

Paul repart en mission, traverse de nouveau l'Asie mineure (16, 1-8), *passe en Europe* (16, 9-11) *où il fonde les communautés de Philippes* (16, 12-34), *de Thessalonique* (17, 1-9) *et de Bérée* (17, 10-14). *Le voici maintenant à Athènes, la capitale intellectuelle du monde de son temps. Le message du Christ ressuscité peut-il être annoncé aussi dans ce monde ? Ces hommes qui croient avant tout à l'intelligence et à l'âme immortelle accepteront-ils que les corps puissent ressusciter ?*

17 15 Les frères qui escortaient Paul l'accompagnèrent jusqu'à
Athènes. Quand ils s'en retournèrent, Paul les chargea de dire
à Silas et à Timothée de le rejoindre le plus tôt possible.
22 Invité à s'expliquer devant l'Aréopage, Paul, debout au
milieu d'eux, fit ce discours :
« Citoyens d'Athènes, je constate que vous êtes, en toutes
23 choses, des hommes particulièrement religieux. | En effet, en
parcourant la ville, et en observant vos monuments sacrés, j'y
ai trouvé, en particulier, un autel portant cette inscription :
' Au dieu inconnu '. Or, ce que vous vénérez sans le connaître,
24 voilà ce que, moi, je viens vous annoncer. | Le Dieu qui a fait
le monde et tout ce qu'il contient, lui qui est le Seigneur du
ciel et de la terre, n'habite pas les temples construits par
25 l'homme, | et ne se fait pas servir par la main des hommes. Il
n'a besoin de rien, lui qui donne à tous la vie, le souffle et
tout le reste.
26 A partir d'un seul homme, il a fait tous les peuples pour
qu'ils habitent sur toute la surface de la terre, fixant la durée
27 de leur histoire et les limites de leur habitat; | il les a faits
pour qu'ils cherchent Dieu et qu'ils essayent d'entrer en
contact avec lui et de le trouver, lui qui, en vérité, n'est pas
28 loin de chacun de nous. | En effet, c'est en lui qu'il nous est
donné de vivre, de nous mouvoir, d'exister; c'est bien ce que
disent certains de vos poètes : 'Oui, nous sommes de sa race.'
29 Si donc nous sommes de la race de Dieu, nous ne devons
pas penser que la divinité ressemble à l'or, à l'argent ou à la
30 pierre travaillés par l'art et l'imagination de l'homme. | Et
voici que Dieu, sans tenir compte des temps où les hommes
l'ont ignoré, leur annonce maintenant qu'ils ont tous, partout,
31 à se convertir. | En effet, il a fixé le jour où il va juger l'univers
avec justice, par un homme qu'il a désigné; il en a donné la
garantie à tous en ressuscitant cet homme d'entre les morts. »
32 Quand ils entendirent parler de résurrection des morts, les
uns riaient, et les autres déclarèrent : « Sur cette question nous
t'écouterons une autre fois. »
33-34 C'est ainsi que Paul les quitta. | Cependant quelques
hommes s'attachèrent à lui et devinrent croyants. Parmi eux
il y avait Denis, membre de l'Aréopage; il y eut aussi une
femme nommée Damaris, et d'autres avec eux.

Les adieux de Paul (20, 17-38).

Après Athènes, Paul séjourne à Corinthe (18, 1-18), *revient à Antioche* (18, 19-22), *repart en Asie mineure, reste longtemps à Éphèse* (10, 23 – 19, 40), *visite à nouveau les communautés de Grèce* (20, 1-6), *repasse en Asie. Il se hâte désormais de rejoindre Jérusalem* (20, 7-19). *Mais sans faire le détour par Éphèse, il a besoin de parler aux responsables de la communauté de cette ville. A la surprise du lecteur, les paroles qu'il leur adresse sont un discours d'adieux, où nous trouvons comme un condensé de ce que Paul pense de son activité d'Apôtre et de l'avenir des communautés qu'il a fondées.*

Paul, se hâtant de revenir à Jérusalem après avoir traversé la Grèce, avait fait escale à Milet.

20 17 De là il envoya un message à Éphèse pour convoquer les Anciens de cette Église.

18 Quand ils furent auprès de lui, il leur adressa la parole :
« Vous savez comment je me suis comporté tout le temps
où j'étais avec vous, depuis le jour de mon arrivée dans ce pays
19 d'Asie. | J'ai servi le Seigneur en toute humilité, dans les larmes,
et au milieu des épreuves provoquées par les complots des
20 Juifs. | Vous savez que je n'ai rien négligé de ce qui pouvait
vous être utile; au contraire, j'ai prêché, je vous ai instruits en
21 public ou dans vos maisons. | J'adjurais les Juifs et les
païens de se convertir à Dieu et de croire en notre Seigneur
Jésus.

22 Et maintenant, me voici contraint par l'Esprit de me rendre
23 à Jérusalem, sans savoir ce que je vais y trouver. | Je sais seu-
lement que l'Esprit Saint, dans chaque ville où je passe,
24 témoigne que la prison et les épreuves m'attendent. | Mais
pour moi la vie ne compte pas, pourvu que je tienne jusqu'au
bout de ma course et que j'achève le ministère que j'ai reçu
du Seigneur Jésus : rendre témoignage à la Bonne Nouvelle
de la grâce de Dieu.

25 Et maintenant, je sais que vous ne reverrez plus mon
visage, vous tous chez qui je suis passé en proclamant le
26 Royaume. | J'en témoigne donc aujourd'hui devant vous : on
ne peut pas me reprocher de vous avoir menés à votre perte,
27 car je n'ai rien négligé pour vous annoncer le plan de Dieu
tout entier.

28 Veillez sur vous-mêmes, et sur tout le troupeau où l'Esprit
Saint vous a placés comme responsables, pour être les pas-
teurs de l'Église de Dieu, qui lui appartient grâce au sang
29 qu'a versé son propre Fils. | Pour moi, je sais que des loups
féroces s'introduiront chez vous quand je ne serai plus là, et
30 le troupeau ne sera pas épargné. | Même parmi vous, surgiront
des hommes qui tiendront des discours mensongers pour
31 entraîner les disciples à leur suite. | Soyez donc vigilants, et
souvenez-vous des avertissements que, pendant trois années,
je n'ai cessé de donner à chacun de vous, nuit et jour, jusqu'à
en pleurer.

32 Et maintenant, je vous confie à Dieu et à son message de
grâce, qui a le pouvoir de construire l'édifice et de faire parti-
ciper les hommes à l'héritage de ceux qui ont été sanctifiés.
33 Argent, or ou vêtements, je n'ai rien attendu de personne.
34 Vous le savez bien vous-mêmes : les mains que voici ont
35 pourvu à mes besoins et à ceux de mes compagnons. | Je vous
ai toujours montré qu'il faut travailler ainsi pour secourir les
faibles, en nous rappelant les paroles du Seigneur Jésus, car

lui-même a dit : 'Il y a plus de bonheur à donner qu'à recevoir.' »
36 Quand Paul eut ainsi parlé, il se mit à genoux et il pria avec
37 eux tous. | Ils se mirent tous à pleurer; ils se jetaient au cou
38 de Paul pour l'embrasser; | ce qui les attristait le plus, c'est la
parole qu'il avait dite : « Vous ne verrez plus mon visage. »
Puis on l'accompagna jusqu'au bateau.

Comme il l'avait prévu, Paul est arrêté à Jérusalem. Il est ensuite transféré à Césarée où il reste prisonnier deux ans, puis à Rome où il arrive après un voyage tragique et un naufrage à proximité de Malte. D'étape en étape, il témoigne de sa foi devant tous ceux qu'il peut côtoyer, en particulier les autorités juives et romaines. Arrivé à Rome, il y rencontre la communauté juive, qui finalement refuse à son tour de reconnaître Jésus comme le Messie. « Sachez-le bien : c'est aux païens que le salut de Dieu a été envoyé. Eux, ils écouteront » (28, 28).

C'est donc aux païens de Rome que Paul va parler pendant ses deux ans de captivité. La parole de Dieu s'est maintenant répandue conformément aux consignes du Ressuscité (1, 8), *et la voici parvenue aux « extrémités de la terre », puisqu'elle a atteint le cœur du monde païen. Luc arrête là son récit sans nous dire ce qu'est devenu Paul : ce qui compte, c'est la Parole de Dieu bien plus que ceux qui la portent.*

Lettre aux Romains

En tête des écrits de saint Paul, on trouve le texte le plus célèbre, le plus long et le plus difficile. Mais ce n'est pas le premier qu'il a écrit, et sans doute ne faut-il pas commencer par là notre découverte de l'Apôtre. Mais après avoir fait connaissance par exemple avec 1 - 2 Thessaloniciens, 1 - 2 Corinthiens, Philippiens, on peut lire Galates, puis Romains qui s'enchaînent. En effet après avoir dénoncé le retour au judaïsme qui menace les Galates qu'il connaît bien (voir p. 404) *Paul écrit sur le même sujet, mais plus en profondeur, aux Romains qu'il ne connaît pas. En attendant de pouvoir se rendre lui-même dans « la Ville » (il ira en fait comme prisonnier,* Actes 28), *il élabore pour eux (et pour nous) une réflexion très dense, centrée avant tout sur la foi et son rôle dans le salut des hommes.*

La Bonne Nouvelle (1, 1-7).

« Adresse » solennelle où apparaît déjà tout le dessein de Dieu : promesses de l'Ancien Testament, venue du Christ, mission universelle de l'Église.

1 1 Moi Paul, serviteur de Jésus Christ, appelé par Dieu pour
être Apôtre, mis à part pour annoncer la Bonne Nouvelle
2 que Dieu avait déjà promise par ses prophètes dans les saintes
Écritures, je m'adresse à vous, bien-aimés de Dieu qui êtes à
Rome.
3 Cette Bonne Nouvelle concerne son Fils : selon la chair, il
4 est né de la race de David; | selon l'Esprit qui sanctifie, il a été
établi dans sa puissance de Fils de Dieu par sa résurrection
d'entre les morts, lui, Jésus Christ, notre Seigneur.
5 Pour que son nom soit honoré, nous avons reçu par lui
grâce et mission d'Apôtre afin d'amener à l'obéissance de la
6 foi toutes les nations païennes | dont vous faites partie, vous
aussi que Jésus Christ a appelés.
7 Vous les fidèles qui êtes, par appel de Dieu, le peuple saint,

que la grâce et la paix soient avec vous tous, de la part de Dieu notre Père et de Jésus Christ le Seigneur.

La foi qui nous rend justes (3, 21-25a.28).

Nous voici au cœur du thème de la lettre (voir Galates 2, p. 405). *Tout est centré sur la « justice » de Dieu : non pas celle du juge qui veut condamner tous les coupables, mais celle du Juste parfait qui veut faire de nous des justes à son image, alors que l'humanité est livrée au péché, cette force mystérieuse qui la sépare de Dieu. Pour réaliser ce projet, il y a le Christ qui est don et pardon, et notre foi qui doit l'accueillir.*

Tous les hommes sont dominés par le péché; la loi de Moïse, elle, servait seulement à faire connaître le péché.

3 21 Mais aujourd'hui, indépendamment de la Loi, Dieu a
manifesté sa justice qui nous sauve : la Loi et les prophètes en
22 sont déjà témoins. | Et cette justice de Dieu, donnée par la
foi en Jésus Christ, elle est pour tous ceux qui croient. En
23 effet, il n'y a pas de différence : | tous les hommes sont
24 pécheurs, ils sont tous privés de la gloire de Dieu, | lui qui
leur donne d'être des justes par sa seule grâce, en vertu de la
rédemption accomplie dans le Christ Jésus.
25 Car Dieu a exposé le Christ sur la croix afin que, par l'offrande de son sang, il soit le pardon pour ceux qui croient en lui.
28 En effet, nous estimons que l'homme devient juste par la foi, indépendamment des actes prescrits par la loi de Moïse.

La foi d'Abraham (4, 13.16-25).

Déjà, l'Ancien Testament nous offre un modèle de la foi : Abraham, l'homme sans enfant qui a cru à l'invraisemblable promesse d'être père dans sa vieillesse, et de devenir ainsi l'ancêtre du peuple des croyants. A nous de vivre à sa suite notre foi au Dieu de Jésus Christ.

4 13 Dieu a promis à Abraham et à sa descendance qu'ils rece-
vraient le monde en héritage, non pas en accomplissant la Loi
16 mais en devenant des justes par la foi. | C'est donc par la foi
qu'on devient héritier; ainsi, c'est un don gratuit, et la pro-
messe demeure valable pour tous ceux qui sont descendants
d'Abraham, non seulement parce qu'ils font partie du peuple
de la Loi, mais parce qu'ils partagent la foi d'Abraham, notre
17 père à tous. | C'est bien ce qui est écrit : *J'ai fait de toi le père
d'un grand nombre de peuples.* Il est notre père devant Dieu
en qui il a cru, Dieu qui donne la vie aux morts et qui appelle
18 à l'existence ce qui n'existait pas. | Espérant contre toute espé-
rance, il a cru, et ainsi il est devenu le père d'un grand nombre
de peuples, selon la parole du Seigneur : *Vois quelle descen-
19 dance tu auras !* | Il n'a pas faibli dans la foi : cet homme

presque centenaire savait bien que Sara et lui étaient trop
20 vieux pour avoir des enfants; | mais, devant la promesse de
Dieu, il ne tomba pas dans le doute et l'incrédulité : il trouva
21 sa force dans la foi et rendit gloire à Dieu, | car il était pleine-
ment convaincu que Dieu a la puissance d'accomplir ce qu'il
22 a promis. | Et, comme le dit l'Écriture : *En raison de sa foi,*
Dieu a estimé qu'il était juste.
23 En parlant ainsi de la foi d'Abraham, l'Écriture ne parle
24 pas seulement de lui, mais aussi de nous; | car Dieu nous
estimera justes, puisque nous croyons en lui, qui a ressuscité
25 d'entre les morts Jésus notre Seigneur, | livré pour nos fautes
et ressuscité pour notre justification.

Réconciliés avec Dieu (5, 1-11).

Grâce à la mort du Christ qui nous prouve l'amour de Dieu, nous sommes devenus des « justes » (voir Galates 2, p. 405; Romains 3, p. 379), *réconciliés avec Dieu. Cela nous permet de vivre dans l'espérance malgré toutes les difficultés de la vie.*

5 1 Dieu a fait de nous des justes par la foi; nous sommes
2 ainsi en paix avec Dieu par notre Seigneur Jésus Christ, | qui
nous a donné, par la foi, l'accès au monde de la grâce dans
lequel nous sommes établis; et notre orgueil à nous, c'est d'es-
3 pérer avoir part à la gloire de Dieu. | Mais ce n'est pas tout :
la détresse elle-même fait notre orgueil, puisque la détresse,
4 nous le savons, produit la persévérance; | la persévérance
produit la valeur éprouvée; la valeur éprouvée produit l'es-
5 pérance; | et l'espérance ne trompe pas, puisque l'amour de
Dieu a été répandu dans nos cœurs par l'Esprit Saint qui nous
a été donné.
6 Alors que nous n'étions encore capables de rien, le Christ,
au temps fixé par Dieu, est mort pour les coupables que nous
7 étions. | – Accepter de mourir pour un homme juste, c'est
déjà difficile; peut-être donnerait-on sa vie pour un homme
8 de bien. – | Or, la preuve que Dieu nous aime, c'est que le
Christ est mort pour nous, alors que nous étions encore
9 pécheurs. | A plus forte raison, maintenant que le sang du
Christ nous a fait devenir des justes, nous serons sauvés par
10 lui de la colère de Dieu. | En effet, si Dieu nous a réconciliés
avec lui par la mort de son Fils, quand nous étions encore ses
ennemis, à plus forte raison, maintenant que nous sommes
réconciliés, nous serons sauvés par la vie du Christ ressuscité.
11 Bien plus, nous mettons notre orgueil en Dieu, grâce à Jésus
Christ notre Seigneur, qui nous a réconciliés avec Dieu.

Adam et Jésus Christ (5, 12-19).

Pour mieux nous faire comprendre ce que le Christ nous apporte, Paul le met en opposition avec le personnage d'Adam que nous présente la Genèse : d'un côté la révolte contre Dieu, de l'autre l'obéissance totale; avec l'un, c'est la mort; avec l'autre, c'est la vie.

5 12 Par un seul homme, Adam, le péché est entré dans le
monde, et par le péché est venue la mort, et ainsi, la mort est
passée en tous les hommes, du fait que tous ont péché.
13 Avant la loi de Moïse, le péché était déjà dans le monde.
Certes, on dit que le péché ne peut être sanctionné quand il
14 n'y a pas de loi ; | mais pourtant, depuis Adam jusqu'à Moïse,
la mort a régné, même sur ceux qui n'avaient pas péché par
désobéissance à la manière d'Adam. Or, Adam préfigurait
15 celui qui devait venir. | Mais le don gratuit de Dieu et la faute
n'ont pas la même mesure. En effet, si la mort a frappé la
multitude des hommes par la faute d'un seul, combien plus la
grâce de Dieu a-t-elle comblé la multitude, cette grâce qui est
donnée en un seul homme, Jésus Christ.
16 Le don de Dieu et les conséquences du péché d'un seul
n'ont pas la même mesure non plus : d'une part, en effet,
pour la faute d'un seul, le jugement a conduit à la condam-
nation; d'autre part, pour une multitude de fautes, le don
17 gratuit de Dieu conduit à la justification. | En effet, si, à cause
d'un seul homme, par la faute d'un seul homme, la mort a
régné, combien plus, à cause de Jésus Christ et de lui seul,
régneront-ils dans la vie, ceux qui reçoivent en plénitude le
don de la grâce qui les rend justes.
18 Bref, de même que la faute commise par un seul a conduit
tous les hommes à la condamnation, de même l'accomplisse-
ment de la justice par un seul a conduit tous les hommes à la
19 justification qui donne la vie. | En effet, de même que tous
sont devenus pécheurs parce qu'un seul homme a désobéi,
de même tous deviendront justes parce qu'un seul homme a
obéi.

Le baptême en Jésus Christ (6, 3-11).

Dans l'Église primitive, on baptise par immersion (« baptiser » veut dire « plonger »). Le baptême, c'est une « plongée » dans la mort même de Jésus pour en surgir vivants de sa vie de Ressuscité. Dans le symbole sacramentel s'accomplit cette transformation; nous avons à l'accueillir dans la foi, à la mettre en œuvre en faisant mourir le mal qui est en nous, afin de devenir ce que nous sommes : vivants pour Dieu dans le Christ.

6 3 Ne le savez-vous donc pas ? Nous tous, qui avons été bap-
tisés en Jésus Christ, c'est dans sa mort que nous avons été
4 baptisés. | Si, par le baptême dans sa mort, nous avons été
mis au tombeau avec lui, c'est pour que nous menions une
vie nouvelle, nous aussi, de même que le Christ, par la toute-
5 puissance du Père, est ressuscité d'entre les morts. | Car, si
nous sommes déjà en communion avec lui par une mort qui

ressemble à la sienne, nous le serons encore par une résurrec-
6 tion qui ressemblera à la sienne. | Nous le savons : l'homme
ancien qui est en nous a été fixé à la croix avec lui pour que
cet être de péché soit réduit à l'impuissance, et qu'ainsi nous
7 ne soyons plus esclaves du péché. | Car celui qui est mort est
affranchi du péché.
8 Et si nous sommes passés par la mort avec le Christ, nous
9 croyons que nous vivrons aussi avec lui. | Nous le savons en
effet : ressuscité d'entre les morts, le Christ ne meurt plus; sur
10 lui la mort n'a plus aucun pouvoir. | Car lui qui est mort, c'est
au péché qu'il est mort une fois pour toutes; lui qui est vivant,
11 c'est pour Dieu qu'il est vivant. | De même vous aussi : pensez
que vous êtes morts au péché, et vivants pour Dieu en Jésus
Christ.

Vivants par l'Esprit (8, 8-17).

Reprenant l'opposition « chair/esprit » (voir Galates 5, p. 407), *Paul nous montre le chemin de la vraie vie, celle des fils de Dieu conduits par l'Esprit, qui leur permet de dire « Abba », c'est-à-dire : « Papa »* (voir Galates 4, p. 406).

8 8 Sous l'emprise de la chair, on ne peut pas plaire à Dieu.
9 Or vous, vous n'êtes pas sous l'emprise de la chair, mais sous
l'emprise de l'Esprit, puisque l'Esprit de Dieu habite en vous.
Celui qui n'a pas l'Esprit du Christ ne lui appartient pas.
10 Mais si le Christ est en vous, votre corps a beau être voué à
la mort à cause du péché, l'Esprit est votre vie, parce que
11 vous êtes devenus des justes. | Et si l'Esprit de celui qui a
ressuscité Jésus d'entre les morts habite en vous, celui qui a
ressuscité Jésus d'entre les morts donnera aussi la vie à vos
corps mortels par son Esprit qui habite en vous.
12 Ainsi donc, frères, nous avons une dette, mais ce n'est pas
envers la chair : nous n'avons pas à vivre sous l'emprise de la
13 chair. | Car si vous vivez sous l'emprise de la chair, vous devez
mourir; mais si, par l'Esprit, vous tuez les désordres de
l'homme pécheur, vous vivrez.
14 En effet, tous ceux qui se laissent conduire par l'Esprit de
15 Dieu, ceux-là sont fils de Dieu. | L'Esprit que vous avez reçu
ne fait pas de vous des esclaves, des gens qui ont encore peur;
c'est un Esprit qui fait de vous des fils; poussés par cet Esprit,
nous crions vers le Père en l'appelant : « *Abba!* »
16 C'est donc l'Esprit Saint lui-même qui affirme à notre
17 esprit que nous sommes enfants de Dieu. | Puisque nous
sommes ses enfants, nous sommes aussi ses héritiers; héritiers
de Dieu, héritiers avec le Christ, à condition de souffrir avec
lui pour être avec lui dans la gloire.

Vers la gloire à venir (8, 18-39).

La première partie de l'épître s'achève dans l'enthousiasme : vivre de l'Esprit, reconnaître l'amour du Christ, c'est être sûrs que notre monde tout entier, malgré les apparences, va vers un bonheur que rien ne pourra détruire.

8 18 J'estime donc qu'il n'y a pas de commune mesure entre les
souffrances du temps présent et la gloire que Dieu va bientôt
19 révéler en nous. | En effet, la création aspire de toutes ses
20 forces à voir cette révélation des fils de Dieu. | Car la création a été livrée au pouvoir du néant, non parce qu'elle l'a
voulu, mais à cause de celui qui l'a livrée à ce pouvoir. Pour-
21 tant, elle a gardé l'espérance | d'être, elle aussi, libérée de
l'esclavage, de la dégradation inévitable, pour connaître la
22 liberté, la gloire des enfants de Dieu. | Nous le savons bien,
la création tout entière crie sa souffrance, elle passe par les
23 douleurs d'un enfantement qui dure encore. | Et elle n'est pas
seule. Nous aussi, nous crions en nous-mêmes notre souffrance; nous avons commencé par recevoir le Saint-Esprit,
mais nous attendons notre adoption et la délivrance de notre
24 corps. | Car nous avons été sauvés, mais c'est en espérance;
voir ce qu'on espère, ce n'est plus espérer : ce que l'on voit,
25 comment peut-on l'espérer encore ? | Mais nous, qui espérons
ce que nous ne voyons pas, nous l'attendons avec persévérance.

26 Bien plus, l'Esprit Saint vient au secours de notre faiblesse,
car nous ne savons pas prier comme il faut. L'Esprit lui-même
27 intervient pour nous par des cris inexprimables. | Et Dieu, qui
voit le fond des cœurs, connaît les intentions de l'Esprit : il
sait qu'en intervenant pour les fidèles, l'Esprit veut ce que
28 Dieu veut. | Nous le savons, quand les hommes aiment Dieu,
lui-même fait tout contribuer à leur bien, puisqu'ils sont
29 appelés selon le dessein de son amour. | Ceux qu'il connaissait par avance, il les a aussi destinés à être l'image de son
Fils, pour faire de ce Fils l'aîné d'une multitude de frères.
30 Ceux qu'il destinait à cette ressemblance, il les a aussi appelés; ceux qu'il a appelés, il en a fait des justes; et ceux qu'il a
justifiés, il leur a donné sa gloire.

31 Il n'y a rien à dire de plus. Si Dieu est pour nous, qui sera
32 contre nous ? | Il n'a pas refusé son propre Fils, il l'a livré pour
nous tous : comment pourrait-il avec lui ne pas nous donner
33 tout ? | Qui accusera ceux que Dieu a choisis ? puisque c'est
34 Dieu qui justifie. | Qui pourra condamner ? puisque Jésus
Christ est mort; plus encore : il est ressuscité, il est à la droite
de Dieu, et il intercède pour nous.

35 Qui pourra nous séparer de l'amour du Christ ? la détresse ?
l'angoisse ? la persécution ? la faim ? le dénuement ? le dan-
36 ger ? le supplice ? | L'Écriture dit en effet : *C'est pour toi qu'on*

nous massacre sans arrêt, on nous prend pour des moutons
37 *d'abattoir.* | Oui, en tout cela nous sommes les grands vain-
38 queurs grâce à celui qui nous a aimés. | J'en ai la certitude :
ni la mort, ni la vie, ni les esprits ni les puissances, ni le présent
39 ni l'avenir, | ni les astres, ni les cieux, ni les abîmes, ni aucune
autre créature, rien ne pourra nous séparer de l'amour de
Dieu qui est en Jésus Christ notre Seigneur.

Le salut des Juifs (9, 1... 11, 36).

Dans les chapitres 9-11, Paul nous révèle une de ses grandes préoccupations : lui, l'Apôtre des païens, il reste hanté par le salut des Juifs, ses frères, le peuple de Dieu (A). Juifs et païens sont appelés à croire au Christ ressuscité et à être sauvés par lui (B). Un jour, ils seront rassemblés dans un unique peuple (C), et là se réalisera le mystérieux projet de Dieu devant lequel nous ne pouvons que manifester notre admiration éblouie (D).

A : 9, 1-5 *Le tourment de Paul*

9 1 J'affirme ceci dans le Christ, car c'est la vérité, je ne mens
pas, et ma conscience m'en rend témoignage dans l'Esprit
2 Saint : | J'ai dans le cœur une grande tristesse, une douleur
3 incessante. | Pour les Juifs, mes frères de race, je souhaiterais
4 même être maudit, séparé du Christ : | ils sont en effet les fils
d'Israël, ayant pour eux l'adoption, la gloire, les alliances, la
5 Loi, le culte, les promesses de Dieu; | ils ont les patriarches,
et c'est de leur race que le Christ est né, lui qui est au-dessus
de tout, Dieu béni éternellemment. Amen.

B : 10, 8-18 *Le salut n'est-il pas pour tous?*

10 8 Nous lisons dans l'Écriture : *La Parole est près de toi, elle
est dans ta bouche et dans ton cœur.* Cette Parole, c'est le mes-
9 sage de la foi que nous proclamons. | Donc, si tu affirmes de
ta bouche que Jésus est Seigneur, si tu crois dans ton cœur
que Dieu l'a ressuscité d'entre les morts, alors tu seras sauvé.
10 Celui qui croit du fond de son cœur devient juste; celui qui,
11 de sa bouche, affirme sa foi parvient au salut. | En effet,
l'Écriture dit : Lors du jugement, *aucun de ceux qui croient en
12 lui n'aura à le regretter.* | Ainsi, entre les Juifs et les païens, il
n'y a pas de différence : tous ont le même Seigneur, géné-
13 reux envers tous ceux qui l'invoquent. | Il est écrit en effet :
Tous ceux qui invoqueront le nom du Seigneur seront sauvés.
14 Or, comment invoquer le Seigneur sans avoir d'abord cru en
lui ? Comment croire en lui sans avoir entendu sa parole ?
Comment entendre sa parole si personne ne l'a proclamée ?
15 Comment proclamer sans être envoyé ? C'est ce que dit l'Écri-

ture : *Comme il est beau de voir courir les messagers de la Bonne Nouvelle !*
16 Et pourtant tous n'ont pas obéi à la Bonne Nouvelle; le
prophète Isaïe demandait : *Seigneur, qui a cru en nous enten-*
17 *dant parler ?* | C'est donc que la foi naît de ce qu'on entend; et
ce qu'on entend, c'est l'annonce de la parole du Christ.
18 Alors, je pose la question : n'aurait-on pas entendu ? Mais si,
bien sûr! Un psaume le dit : *Leur cri a retenti par toute la*
terre, et leur parole, jusqu'au bout du monde.

C : 11, 13-15.29-32 *L'appel de Dieu est irrévocable*

11 13 Je vous le dis à vous, qui étiez païens : dans la mesure
même où je suis apôtre des païens, ce serait la gloire de mon
14 ministère | de rendre un jour jaloux mes frères de race, et d'en
15 sauver quelques-uns. | Si en effet le monde a été réconcilié
avec Dieu quand ils ont été mis à l'écart, qu'arrivera-t-il
quand ils seront réintégrés ? Ce sera la vie pour ceux qui
étaient morts!
29-30 Les dons de Dieu et son appel sont irrévocables. | Jadis,
en effet, vous avez désobéi à Dieu, et maintenant, à cause de
la désobéissance des fils d'Israël, vous avez obtenu miséri-
31 corde; | de même eux aussi, maintenant ils ont désobéi
à cause de la miséricorde que vous avez obtenue, mais c'est
pour que maintenant eux aussi, ils obtiennent miséricorde.
32 | Dieu, en effet, a enfermé tous les hommes dans la déso-
béissance pour faire miséricorde à tous les hommes.

D : 11, 33-36 *La sagesse insondable de Dieu*

11 33 Quelle profondeur dans la richesse, la sagesse et la science
de Dieu! Ses décisions sont insondables, ses chemins sont
34 impénétrables! | Qui a connu la pensée du Seigneur ? Qui a
35 été son conseiller ? | Qui lui a donné en premier, et mériterait
36 de recevoir en retour ? | Car tout est de lui, et par lui, et pour
lui. A lui la gloire pour l'éternité! Amen.

Le vrai culte rendu à Dieu (12, 1-18).

Les Juifs aussi bien que les païens offrent à la divinité des sacrifices dans leur temple. Et nous, chrétiens ? Pour nous, le sacrifice essentiel (celui sans lequel tout acte de culte serait privé de sens), c'est notre vie entière offerte au Seigneur. Pour cela, il faut laisser transformer sa manière de voir les choses, il faut agir au jour le jour dans une vie simple, ouverte, fraternelle, où chacun trouve sa place en liaison avec ses frères, comme se coordonnent les membres d'un corps humain (voir 1 Corinthiens 12, p. 395; Éphésiens 4, p. 412).

12 1 Je vous exhorte, mes frères, par la tendresse de Dieu, à lui
offrir votre personne et votre vie en sacrifice saint, capable de

2 plaire à Dieu : c'est là pour vous l'adoration véritable. | Ne
prenez pas pour modèle le monde présent, mais transformez-
vous en renouvelant votre façon de penser pour savoir re-
connaître quelle est la volonté de Dieu : ce qui est bon, ce qui
est capable de lui plaire, ce qui est parfait.
3 En vertu de la grâce qui m'a été donnée, je dis à chacun
d'entre vous : n'ayez pas de prétentions déraisonnables, soyez
assez raisonnables pour n'être pas prétentieux, chacun en pro-
4 portion de la foi que Dieu lui a donnée en partage. | Prenons
une comparaison : notre corps forme un tout, et pourtant
nous avons plusieurs membres, qui n'ont pas tous la même
5 fonction; | de même, dans le Christ, tous, tant que nous
sommes, nous formons un seul corps; tous et chacun, nous
6 sommes membres les uns des autres. | Et selon la grâce que
Dieu nous a donnée, nous avons reçu des dons qui sont diffé-
rents. Si c'est le don de prophétie, il faut se régler sur la foi;
7 si c'est le don de servir, il faut servir; si l'on est fait pour en-
8 seigner, que l'on enseigne; | pour encourager, que l'on encou-
rage. Celui qui donne, qu'il soit simple; celui qui dirige, qu'il
soit actif; celui qui se dévoue aux malheureux, qu'il ait le
sourire.
9 Que votre amour soit sans hypocrisie. Fuyez le mal avec
10 horreur, attachez-vous au bien. | Soyez unis les uns aux
autres par l'affection fraternelle, rivalisez de respect les uns
11 pour les autres. | Ne brisez pas l'élan de votre générosité,
mais laissez jaillir l'Esprit; soyez les serviteurs du Seigneur.
12 Aux jours d'espérance, soyez dans la joie; aux jours d'épreuve,
13 tenez bon; priez avec persévérance. | Partagez avec les fidèles
qui sont dans le besoin, et que votre maison soit toujours
14 accueillante. | Bénissez ceux qui vous persécutent; souhaitez-
15 leur du bien, et non pas du mal. | Soyez joyeux avec ceux qui
16 sont dans la joie, pleurez avec ceux qui pleurent. | Soyez bien
d'accord entre vous; n'ayez pas le goût des grandeurs, mais lais-
sez-vous attirer par ce qui est simple. Ne vous fiez pas à votre
17 propre jugement. | Ne rendez à personne le mal pour le mal,
appliquez-vous à bien agir aux yeux de tous les hommes.
18 Autant que possible, pour ce qui dépend de vous, vivez en
paix avec tous les hommes.

Vivre dans l'amour (13, 8-14).

Suivre le commandement qui résume tous les autres, ne pas s'endormir, « revêtir le Christ » de manière qu'on le reconnaisse dans notre comportement : ainsi vivent les disciples de Jésus.

13 8 Ne gardez aucune dette envers personne, sauf la dette de
l'amour mutuel, car celui qui aime les autres a parfaitement
9 accompli la Loi. | Ce que dit la Loi : *Tu ne commettras pas*
d'adultère, tu ne commettras pas de meurtre, tu ne commettras
pas de vol, tu ne convoiteras rien, ces commandements et tous

les autres se résument dans cette parole : *Tu aimeras ton pro-*
10 *chain comme toi-même.* | L'amour ne fait rien de mal au pro-
chain. Donc, l'accomplissement parfait de la Loi, c'est l'amour.
11 Vous le savez : c'est le moment, l'heure est venue de sortir
de votre sommeil. Car le salut est plus près de nous mainte-
12 nant qu'à l'époque où nous sommes devenus croyants. | La
nuit est bientôt finie, le jour est tout proche. Rejetons les acti-
vités des ténèbres, revêtons-nous pour le combat de la lumière.
13 Conduisons-nous honnêtement, comme on le fait en plein
jour, sans ripailles ni beuveries, sans orgies ni débauches, sans
14 dispute ni jalousie, | mais revêtez le Seigneur Jésus Christ; ne
vous abandonnez pas aux préoccupations de la chair pour
satisfaire ses tendances égoïstes.

Le sens de la vie et de la mort (14, 7-9).

14 7 Aucun d'entre nous ne vit pour soi-même, et aucun ne
8 meurt pour soi-même : | si nous vivons, nous vivons pour le
Seigneur; si nous mourons, nous mourons pour le Seigneur.
Dans notre vie comme dans notre mort, nous appartenons au
9 Seigneur. | Car, si le Christ a connu la mort, puis la vie, c'est
pour devenir le Seigneur et des morts et des vivants.

L'espérance offerte par l'Écriture (15, 4-9).

L'Écriture est la nourriture de la foi. C'est elle aussi qui nous empêche de nous replier sur notre petit groupe de croyants, et nous introduit dans le vaste dessein de Dieu.

15 4 Tout ce que les livres saints ont dit avant nous est écrit pour
nous instruire, afin que nous possédions l'espérance grâce à la
5 persévérance et au courage que donne l'Écriture. | Que le Dieu
de la persévérance et du courage vous donne d'être d'accord
6 entre vous selon l'esprit du Christ Jésus. | Ainsi, d'un même
cœur, d'une même voix, vous rendrez gloire à Dieu, le Père
de notre Seigneur Jésus Christ.
7 Accueillez-vous donc les uns les autres comme le Christ
vous a accueillis pour la gloire de Dieu, vous qui étiez païens.
8 Si le Christ s'est fait le serviteur des Juifs, c'est en raison de la
fidélité de Dieu, pour garantir les promesses faites à nos pères;
9 mais, je vous le déclare, | c'est en raison de la miséricorde de
Dieu que les nations païennes peuvent lui rendre gloire;
comme le dit l'Écriture : *Je te louerai parmi les nations, je
chanterai ton nom.*

Hymne à Dieu pour son dessein de salut (16, 25-27).

Pour achever toutes ces réflexions, on ne peut que rendre gloire à Dieu; son grand secret est enfin dévoilé pour tous les hommes : tous sont appelés à le découvrir et y soumettre leur vie.

16 Gloire à Dieu,
25 qui a le pouvoir de vous rendre forts conformément à l'Évan-
gile que je proclame en annonçant Jésus Christ. Oui, voilà le
mystère qui est maintenant révélé : il était resté dans le
26 silence depuis toujours, | mais aujourd'hui il est manifesté.
Par ordre du Dieu éternel, et grâce aux écrits des prophètes,
ce mystère est porté à la connaissance de toutes les nations
27 pour les amener à l'obéissance de la foi. | Gloire à Dieu, le
seul sage, par Jésus Christ et pour les siècles des siècles. Amen.

Première lettre aux Corinthiens

La communauté fondée par Paul à Corinthe aussitôt après son passage à Athènes (Actes 18) *a bientôt de nombreux problèmes : les Corinthiens écrivent à Paul pour poser leurs questions, et Paul à son tour les interroge sur certains aspects de leur vie dont il a été informé. Cette lettre fait écho aux difficultés d'une Église, mais aussi aux efforts des premières communautés pour vivre la oi dans un monde païen où la nouveauté de l'Évangile demande beaucoup d'esprit d'invention : croire au Christ ne résout pas tout, il faut apprendre à mettre en œuvre cette foi dans tous les domaines de la vie.*

Salutation et action de grâce (1, 1-9).

Une communauté concrète : Paul y voit, prenant corps à Corinthe, l'Église de Dieu, dans une communion universelle. Il est d'abord attentif à l'appel reçu de Dieu et au merveilleux travail de la grâce : c'est ce qui fonde son action de grâce et sa confiance en l'avenir.

1 1 Moi, Paul, appelé par la volonté de Dieu pour être Apôtre
du Christ Jésus, avec Sosthène notre frère, je m'adresse à
2 vous | qui êtes, à Corinthe, l'Église de Dieu, vous qui avez été
sanctifiés dans le Christ Jésus, vous les fidèles qui êtes, par
appel de Dieu, le peuple saint, avec tous ceux qui, en tout
lieu, invoquent le nom de notre Seigneur Jésus Christ, leur
3 Seigneur et le nôtre. | Que la grâce et la paix soient avec vous,
de la part de Dieu notre Père et de Jésus Christ le Seigneur.
4 Je ne cesse de rendre grâce à Dieu à votre sujet, pour la
5 grâce qu'il vous a donnée dans le Christ Jésus ; | en lui vous avez
reçu toutes les richesses, toutes celles de la Parole et toutes
6 celles de la connaissance de Dieu. | Car le témoignage rendu
7 au Christ s'est implanté solidement parmi vous. | Ainsi aucun
don spirituel ne vous manque, à vous qui attendez de voir se
8 révéler notre Seigneur Jésus Christ. | C'est lui qui vous fera
tenir solidement jusqu'au bout, et vous serez sans reproche au

9 jour de notre Seigneur Jésus Christ. | Car Dieu est fidèle, lui
qui vous a appelés à vivre en communion avec son Fils, Jésus
Christ notre Seigneur.

Une communauté divisée (1, 10...4, 5).

Il y a des clans dans la communauté. Se diviser ainsi, c'est voir l'Église à l'image de la société des hommes, alors que la manière dont Dieu manifeste sa puissance par la croix bouleverse nos catégories de pensée. Seule une âme de pauvre peut comprendre cette folie de Dieu : un appel qui nous fait « exister » dans le Christ sans tenir compte des hiérarchies humaines, un don qui dépasse nos espoirs (A). Il s'agit de collaborer avec Dieu pour construire sa demeure : une communauté dont le Christ est la seule fondation (B). Au lieu d'être des leaders que l'on oppose, les responsables seront alors au service de la communauté, elle-même au service du Christ qui la tourne vers le Père (C).

A : 1, 10-13.17.22 — 2, 10 *Ceux que Dieu choisit*

1 10 Frères, je vous exhorte au nom de notre Seigneur Jésus
Christ à être tous vraiment d'accord; qu'il n'y ait pas de divi-
sion entre vous, soyez en parfaite harmonie de pensées et de
sentiments.
11 J'ai entendu parler de vous, mes frères, par les gens de chez
12 Cloé : on dit qu'il y a des disputes entre vous. | Je m'explique.
Chacun de vous prend parti en disant : « Moi, j'appartiens à
Paul », ou bien : « J'appartiens à Apollos », ou bien : « J'appar-
13 tiens à Pierre », ou bien : « J'appartiens au Christ. » | Le Christ
est-il donc divisé ? Est-ce donc Paul qui a été crucifié pour
vous ? Est-ce au nom de Paul que vous avez été baptisés ?
17 D'ailleurs, le Christ ne m'a pas envoyé pour baptiser, mais
pour annoncer l'Évangile, et sans avoir recours à la sagesse du
langage humain, ce qui viderait de son sens la croix du Christ.
22 Alors que les Juifs réclament les signes du Messie, et que le
23 monde grec recherche une sagesse, | nous, nous proclamons
un Messie crucifié, scandale pour les Juifs, folie pour les
24 peuples païens. | Mais pour ceux que Dieu appelle, qu'ils
soient Juifs ou Grecs, ce Messie est puissance de Dieu et
25 sagesse de Dieu. | Car la folie de Dieu est plus sage que
l'homme, et la faiblesse de Dieu est plus forte que l'homme.
26 Frères, vous qui avez été appelés par Dieu, regardez bien :
parmi vous, il n'y a pas beaucoup de sages aux yeux des
27 hommes, ni de gens puissants ou de haute naissance. | Au
contraire, ce qu'il y a de fou dans le monde, voilà ce que Dieu
a choisi pour couvrir de confusion les sages; ce qu'il y a de
faible dans le monde, voilà ce que Dieu a choisi pour couvrir
28 de confusion ce qui est fort; | ce qui est d'origine modeste,
méprisé dans le monde, ce qui n'est rien, voilà ce que Dieu a
29 choisi pour détruire ce qui est quelque chose, | afin que per-

30 sonne ne puisse s'enorgueillir devant Dieu. | C'est grâce à
Dieu, en effet, que vous êtes, dans le Christ Jésus, qui a été
envoyé par lui pour être notre sagesse, pour être notre justice,
31 notre sanctification, notre rédemption. | Ainsi, comme il est
écrit : *Celui qui veut s'enorgueillir, qu'il mette son orgueil dans
le Seigneur.*

2 1 Frères, quand je suis venu chez vous, je ne suis pas venu
vous annoncer le mystère de Dieu avec le prestige du langage
2 humain ou de la sagesse. | Parmi vous, je n'ai rien voulu
3 connaître d'autre que Jésus Christ, ce Messie crucifié. | Et
c'est dans la faiblesse, craintif et tout tremblant, que je suis
4 arrivé chez vous. | Mon langage, ma proclamation de l'Évan-
gile, n'avaient rien à voir avec le langage d'une sagesse qui
veut convaincre; mais c'est l'Esprit et sa puissance qui se
5 manifestaient, | pour que votre foi ne repose pas sur la sagesse
des hommes, mais sur la puissance de Dieu.
6 Pourtant, c'est bien une sagesse que nous proclamons
devant ceux qui sont adultes dans la foi, mais ce n'est pas la
sagesse de ce monde, la sagesse de ceux qui dominent le
7 monde et qui déjà se détruisent. | Au contraire, nous procla-
mons la sagesse du mystère de Dieu, sagesse tenue cachée,
prévue par lui dès avant les siècles, pour nous donner la gloire.
8 Aucun de ceux qui dominent ce monde ne l'a connue, car,
s'ils l'avaient connue, ils n'auraient jamais crucifié le Seigneur
9 de gloire. | Mais ce que nous proclamons, c'est, comme dit
l'Écriture, *ce que personne n'avait vu de ses yeux ni entendu de
ses oreilles, ce que le cœur de l'homme n'avait pas imaginé, ce
qui avait été préparé pour ceux qui aiment Dieu.*
10 Et c'est à nous que Dieu, par l'Esprit, a révélé cette sagesse.
Car l'Esprit voit le fond de toutes choses, et même les profon-
deurs de Dieu.

B : 3, 9b-11.16-17 « *Le Temple de Dieu, c'est vous* »

3 9 Vous êtes la maison que Dieu construit. | Comme un bon
10 architecte, avec la grâce que Dieu m'a donnée, j'ai posé les
fondations. D'autres poursuivent la construction; mais que
11 chacun prenne garde à la façon dont il construit. | Les fon-
dations, personne ne peut en poser d'autres que celles qui
existent déjà : ces fondations, c'est Jésus Christ.
16 N'oubliez pas que vous êtes le temple de Dieu, et que
17 l'Esprit de Dieu habite en vous. | Si quelqu'un détruit le
temple de Dieu, Dieu le détruira; car le temple de Dieu est
sacré, et ce temple, c'est vous.

C : 3, 18 — 4, 5 *L'Apôtre au service des mystères de Dieu*

3 18 Que personne ne s'y trompe : si quelqu'un parmi vous
pense un être sage à la manière d'ici-bas, qu'il devienne fou

19 pour devenir sage. | Car la sagesse de ce monde est folie
devant Dieu. L'Écriture le dit : *C'est lui qui prend les sages au*
20 *piège de leur propre habileté.* | Elle dit encore : *Le Seigneur*
connaît les raisonnements des sages : ce n'est que du vent !
21 Ainsi, il ne faut pas mettre son orgueil en des hommes dont
22 on se réclame. Car tout vous appartient, | Paul et Apollos et
Pierre, le monde et la vie et la mort, le présent et l'avenir :
23 tout est à vous, | mais vous, vous êtes au Christ, et le Christ
est à Dieu.

4 1 Il faut donc que l'on nous regarde seulement comme les
serviteurs du Christ et les intendants des mystères de Dieu.
2 Et ce que l'on demande aux intendants, c'est en somme de
3 mériter confiance. | Pour ma part, je me soucie fort peu de
votre jugement sur moi, ou de celui que prononceraient les
4 hommes ; d'ailleurs, je ne me juge même pas moi-même. | Ma
conscience ne me reproche rien, mais ce n'est pas pour cela
5 que je suis juste : celui qui me juge, c'est le Seigneur. | Alors,
ne portez pas de jugement prématuré, mais attendez la venue
du Seigneur, car il mettra en lumière ce qui est caché dans les
ténèbres, et il fera paraître les intentions secrètes. Alors, la
louange qui revient à chacun lui sera donnée par Dieu.

Le mystère pascal (5, 6b-8).

A propos d'un scandale qui « pourrit » la communauté, Paul réinterprète un des rites traditionnels de la Pâque : on y mange du pain azyme, non fermenté, pour signifier une vie où tout est neuf et pur, sans que rien fasse pourrir ou « fermenter ». Avec le Christ, c'est chaque jour la Pâque.

5 6 Vous savez bien qu'un peu de levain suffit pour que toute
7 la pâte fermente. | Purifiez-vous donc des vieux ferments, et
vous serez une pâte nouvelle, vous qui êtes comme le pain
de la Pâque, celui qui n'a pas fermenté. Voici que le Christ,
8 notre agneau pascal, a été immolé. | Célébrons donc la Fête,
non pas avec de vieux ferments : la perversité et le vice ;
mais avec du pain non fermenté : la droiture et la vérité.

Un sens nouveau du corps (6, 13b-15a.17-20).

La débauche règne dans la ville de Corinthe et risque de s'infiltrer dans la communauté chrétienne. Paul réagit, non pas au nom de la moralité, ou de la dignité humaine, mais en faisant apparaître un sens nouveau du corps saisi dans le mystère du Christ.

6 13 Notre corps n'est pas fait pour l'impureté, il est pour le Sei-
14 gneur Jésus, et le Seigneur est pour le corps. | Et Dieu, qui a
ressuscité le Seigneur, nous ressuscitera aussi, par sa puis-
15 sance. | Ne savez-vous pas que vos corps sont des membres
17 du Christ ? | Celui qui s'unit au Seigneur n'est plus qu'un seul

18 esprit avec lui. | Fuyez l'impureté. Tous les péchés que
l'homme peut commettre sont extérieurs à son corps; mais
l'impureté est un péché contre le corps lui-même.
19 Ne le savez-vous pas ? Votre corps est le temple de l'Esprit
Saint, qui est en vous et que vous avez reçu de Dieu; vous ne
20 vous appartenez plus à vous-mêmes, | car le Seigneur vous a
achetés très cher. Rendez gloire à Dieu dans votre corps.

Vivre dans un monde qui passe (7, 29-35).

« Ce monde tel que nous le voyons est en train de passer. » Il faut donc vivre « autrement », non pas en s'évadant de ce monde, mais en sachant que les réalités terrestres ne peuvent pas être le dernier mot de notre vie. Cela peut être pour certains, comme Paul lui-même, la raison d'une vocation au célibat.

7 29 Frères, je dois vous le dire : le temps est limité. Dès lors,
que ceux qui ont une femme soient comme s'ils n'avaient pas
30 de femme, | ceux qui pleurent, comme s'ils ne pleuraient pas,
ceux qui sont heureux, comme s'ils n'étaient pas heureux,
ceux qui font des achats, comme s'ils ne possédaient rien,
31 ceux qui tirent profit de ce monde, comme s'ils n'en profi-
taient pas. Car ce monde tel que nous le voyons est en train
de passer.
32 J'aimerais vous voir libres de tout souci. Celui qui n'est pas
marié a le souci des affaires du Seigneur, il cherche comment
33 plaire au Seigneur. | Celui qui est marié a le souci des affaires
de cette vie, il cherche comment plaire à sa femme, et il se
34 trouve divisé. | La femme sans mari, ou celle qui reste vierge,
a le souci des affaires du Seigneur; elle veut lui consacrer
son corps et son esprit. Celle qui est mariée a le souci des
affaires de cette vie, elle cherche comment plaire à son mari.
35 En disant cela, c'est votre intérêt à vous que je cherche; je ne
veux pas vous prendre au piège, mais vous proposer ce qui est
bien, pour que vous soyez attachés au Seigneur sans partage.

La liberté chrétienne (9, 16... 11,1).

La liberté chrétienne est mesurée par l'orientation de toute l'existence vers Dieu (D), et cela n'est jamais acquis une fois pour toutes (B); mais elle est aussi modelée, en quelque sorte, par le service des frères (A et D), avec lesquels l'Eucharistie établit un lien radical (C).

A : 9, 16-19.22-23 *Libres, au service de tous*

9 16 Si j'annonce l'Évangile, je n'ai pas à en tirer orgueil, c'est
une nécessité qui s'impose à moi; malheur à moi si je n'an-
17 nonçais pas l'Évangile! | Certes, si je le faisais de moi-même,
je recevrais une récompense du Seigneur. Mais je ne le fais
pas de moi-même, je m'acquitte de la charge que Dieu m'a

18 confiée. | Alors, pourquoi recevrai-je une récompense ? Parce
que j'annonce l'Évangile sans rechercher aucun avantage maté-
riel, ni faire valoir mes droits de prédicateur de l'Évangile.
19 Oui, libre à l'égard de tous, je me suis fait le serviteur de tous
afin d'en gagner le plus grand nombre possible.
22 J'ai partagé la faiblesse des plus faibles pour gagner aussi
les faibles. Je me suis fait tout à tous pour en sauver à tout
23 prix quelques-uns. | Et tout cela, je le fais à cause de l'Évan-
gile, pour bénéficier, moi aussi, du salut.

B : 10, 1-6.10-12 *Un exemple qui fait réfléchir*

10 1 Frères, je ne voudrais pas vous laisser ignorer ce qui s'est
passé lors de la sortie d'Égypte. Nos ancêtres ont tous été sous
la protection de la colonne de nuée, et tous ils ont passé la
2 mer Rouge. | Tous, ils ont été pour ainsi dire baptisés en
3 Moïse, dans la nuée et dans la mer; | tous, ils ont mangé la
4 même nourriture, qui était spirituelle; | tous, ils ont bu à la
même source, qui était spirituelle; car ils buvaient à un rocher
qui les accompagnait, et ce rocher, c'était déjà le Christ.
5 Cependant, la plupart n'ont fait que déplaire à Dieu, et ils
6 sont tombés au désert. | Ces événements étaient destinés à
nous servir d'exemple, pour nous empêcher de désirer le mal
10 comme l'ont fait nos pères. | Cessez de récriminer contre Dieu
comme l'ont fait certains d'entre eux : ils ont été exterminés.
11 Leur histoire devait servir d'exemple, et l'Écriture l'a ra-
contée pour nous avertir, nous qui voyons arriver la fin des
12 temps. | Ainsi donc, celui qui se croit solide, qu'il fasse atten-
tion à ne pas tomber.

C : 10, 16-17 *Un seul pain, un seul corps*

10 16 La coupe d'action de grâce que nous bénissons, n'est-elle
pas communion au sang du Christ ? Le pain que nous rom-
17 pons, n'est-il pas communion au corps du Christ ? | Puis-
qu'il y a un seul pain, la multitude que nous sommes est un
seul corps, car nous avons tous part à un seul pain.

D : 10, 31 — 11, 1 *Tout pour la gloire de Dieu*

10 31 Tout ce que vous faites : manger, boire, ou n'importe quoi
32 d'autre, faites-le pour la gloire de Dieu. | Ne soyez un obstacle
pour personne, ni pour les Juifs, ni pour les païens, ni pour
33 l'Église de Dieu. | Faites comme moi : en toutes circonstances
je tâche de m'adapter à tout le monde; je ne cherche pas mon
intérêt personnel, mais celui de la multitude des hommes,
pour qu'ils soient sauvés.
11 1 Prenez-moi pour modèle; mon modèle à moi, c'est le
Christ.

Le repas du Seigneur (11, 23-26).

C'est du Christ que nous recevons l'Eucharistie, pour « faire mémoire » de lui : non pas évoquer le passé, mais réaliser la présence du Seigneur dans son sacrifice d'Alliance, en attendant sa Venue.

11 23 Je vous ai transmis, moi, ce que j'ai reçu de la tradition
qui vient du Seigneur : la nuit même où il était livré, le
24 Seigneur Jésus prit du pain, | puis, ayant rendu grâce, il le
rompit, et dit : « Ceci est mon corps, qui est pour vous. Faites
25 cela en mémoire de moi. » | Après le repas, il fit de même avec
la coupe, en disant : « Cette coupe est la nouvelle Alliance
en mon sang. Chaque fois que vous en boirez, faites cela en
26 mémoire de moi. » | Ainsi donc, chaque fois que vous man-
gez ce pain et que vous buvez à cette coupe, vous proclamez
la mort du Seigneur, jusqu'à ce qu'il vienne.

Les dons de l'Esprit (12, 1... 13, 13).

Les manifestations exceptionnelles de l'Esprit Saint (accéder à une illumination de l'intelligence, parler en langues inconnues, prendre la parole en réunion communautaire, sous l'action de l'Esprit) sont considérées par les Corinthiens comme le bien le plus précieux pour leur Église, et ceux d'entre eux qui en sont bénéficiaires, comme des chrétiens supérieurs aux autres. Paul rappelle fermement qu'à côté de ces manifestations extraordinaires – nullement méprisables – l'Esprit Saint fait à chacun des membres de la communauté, le don d'une grâce particulière pour le service de tous, et pour la constitution de l'Église comme corps du Christ, dans l'unité et la diversité (A). Le plus estimable de ces dons, accessible à chacun, est l'amour de charité, reçu de Dieu et vécu dans le quotidien : c'est le « charisme » qui donne valeur à tous les autres (B).

A : 12, 1-2.3b-30 *Les dons variés d'un même esprit*

12 1 Frères, au sujet des phénomènes spirituels, je ne veux pas
2 vous laisser dans l'ignorance. | Vous le savez bien : quand
vous étiez païens, vous étiez entraînés sans contrôle vers les
idoles muettes.
3 Sans le Saint-Esprit, personne n'est capable de dire :
« Jésus est le Seigneur. »
4 Les dons de la grâce sont variés, mais c'est toujours le
5 même Esprit. | Les fonctions dans l'Église sont variées, mais
6 c'est toujours le même Seigneur. | Les activités sont variées,
7 mais c'est toujours le même Dieu qui agit en tous. | Chacun
8 reçoit le don de manifester l'Esprit en vue du bien de tous. | A
celui-ci est donné, grâce à l'Esprit, le langage de la sagesse de
Dieu; à un autre, toujours par l'Esprit, le langage de la
9 connaissance de Dieu; | un autre reçoit, dans l'Esprit, le don
de la foi; un autre encore, des pouvoirs de guérison dans
10 l'unique Esprit; | un autre peut faire des miracles, un autre
est un prophète, un autre sait reconnaître ce qui vient vrai-
ment de l'Esprit; l'un reçoit le don de dire toutes sortes de

11 paroles mystérieuses, l'autre le don de les interpréter. | Mais
celui qui agit en tout cela, c'est le même et unique Esprit : il
distribue ses dons à chacun, selon sa volonté.
12 Prenons une comparaison : notre corps forme un tout, il a
pourtant plusieurs membres; et tous les membres, malgré leur
nombre, ne forment qu'un seul corps. Il en est ainsi pour le
13 Christ. | Tous, Juifs ou païens, esclaves ou hommes libres,
nous avons été baptisés dans l'unique Esprit pour former un
seul corps. Tous nous avons été désaltérés par l'unique Esprit.
14 Le corps humain se compose de plusieurs membres, et non
15 pas d'un seul. | Le pied aura beau dire : « Je ne suis pas la
main, donc je ne fais pas partie du corps », il fait toujours
16 partie du corps. | L'oreille aura beau dire : « Je ne suis pas
l'œil, donc je ne fais pas partie du corps », elle fait toujours
17 partie du corps. | Si, dans le corps, il n'y avait que les yeux,
comment pourrait-on entendre ? S'il n'y avait que les oreilles,
18 comment pourrait-on sentir les odeurs ? | Mais, dans le corps,
Dieu a disposé les différents membres comme il l'a voulu.
19 S'il n'y en avait qu'un seul, comment cela ferait-il un corps ?
20 Il y a donc à la fois plusieurs membres, et un seul corps.
21 L'œil ne peut pas dire à la main : « Je n'ai pas besoin de toi »;
la tête ne peut pas dire aux pieds : « Je n'ai pas besoin de vous. »
22 Bien plus, les parties du corps qui paraissent les plus
23 délicates sont indispensables. | Et celles qui passent pour
moins respectables, c'est elles que nous traitons avec plus
de respect; celles qui sont moins décentes, nous les traitons
24 plus décemment; | pour celles qui sont décentes, ce n'est pas
nécessaire. Dieu a organisé le corps de telle façon qu'on porte
25 plus de respect à ce qui en est le plus dépourvu : | il a voulu
qu'il n'y ait pas de division dans le corps, mais que les diffé-
26 rents membres aient tous le souci les uns des autres. | Si un
membre souffre, tous les membres partagent sa souffrance; si
un membre est à l'honneur, tous partagent sa joie.
27 Or, vous êtes le corps du Christ et, chacun pour votre part,
28 vous êtes les membres de ce corps. | Parmi ceux que Dieu a
placés ainsi dans l'Église, il y a premièrement des apôtres,
deuxièmement des prophètes, troisièmement ceux qui sont
chargés d'enseigner, puis ceux qui font des miracles, ceux qui
ont le don de guérir, ceux qui ont la charge d'assister leurs
frères ou de les guider, ceux qui disent des paroles mysté-
29 rieuses. | Tout le monde évidemment n'est pas apôtre, tout le
monde n'est pas prophète, ni chargé d'enseigner; tout le
30 monde n'a pas à faire des miracles, | à guérir, à dire des
paroles mytérieuses, ou à les interpréter.

B : 12, 31 — 13, 13 *Au-dessus de tout, la charité*

12 31 Parmi les dons de Dieu, vous cherchez à obtenir ce qu'il y a
de meilleur. Eh bien, je vais vous indiquer une voie supé-
rieure à toutes les autres.

13 1 J'aurais beau parler toutes les langues de la terre et du ciel,
si je n'ai pas la charité, s'il me manque l'amour, je ne suis
2 qu'un cuivre qui résonne, une cymbale retentissante. | J'au-
rais beau être prophète, avoir toute la science des mystères et
toute la connaissance de Dieu, et toute la foi jusqu'à trans-
porter les montagnes, s'il me manque l'amour, je ne suis rien.
3 J'aurais beau distribuer toute ma fortune aux affamés, j'au-
rais beau me faire brûler vif, s'il me manque l'amour, cela ne
me sert à rien.
4 L'amour prend patience; l'amour rend service; l'amour ne
jalouse pas; il ne se vante pas, ne se gonfle pas d'orgueil;
5 il ne fait rien de malhonnête; il ne cherche pas son intérêt; il
6 ne s'emporte pas; il n'entretient pas de rancune; | il ne se
réjouit pas de ce qui est mal, mais il trouve sa joie dans ce qui
7 est vrai; | il supporte tout, il fait confiance en tout, il espère
tout, il endure tout.
8 L'amour ne passera jamais. Un jour, les prophéties dispa-
raîtront, le don des langues cessera, la connaissance que nous
9 avons de Dieu disparaîtra. | En effet, notre connaissance est
10 partielle, nos prophéties sont partielles. | Quand viendra l'achè-
11 vement, ce qui est partiel disparaîtra. | Quand j'étais un
enfant, je parlais comme un enfant, je pensais comme un
enfant, je raisonnais comme un enfant. Maintenant que je
suis un homme, j'ai fait disparaître ce qui faisait de moi un
12 enfant. | Nous voyons actuellement une image obscure dans
un miroir; ce jour-là, nous verrons face à face. Actuellement,
ma connaissance est partielle; ce jour-là, je connaîtrai vrai-
13 ment, comme Dieu m'a connu. | Ce qui demeure aujourd'hui,
c'est la foi, l'espérance et la charité; mais la plus grande des
trois, c'est la charité.

La résurrection du Christ et la nôtre (15, 1... 58).

Au cœur de l'Évangile, il y a la Bonne Nouvelle de la Résurrection. Certains ne parviennent pas à y croire. Et pourtant, c'est le fait fondamental dont témoignent les Apôtres, sans lequel notre foi est vide de sens (A). Car la résurrection du Christ entraîne la nôtre et ouvre à tous les hommes la plénitude de Dieu (B). Paul tente en conclusion de dire quelque chose sur cet avenir, qu'il voit comme une nouvelle création parallèle à celle dont parle la Genèse, mais tellement supérieure (C) !

A : 15, 1-11 *Le cœur de la foi*

15 1 Frères, je vous rappelle la Bonne Nouvelle que je vous ai
annoncée; cet Évangile, vous l'avez reçu, et vous y restez atta-
2 chés, | vous serez sauvés par lui si vous le gardez tel que je
vous l'ai annoncé; autrement, c'est pour rien que vous êtes
devenus croyants.

3 Avant tout, je vous ai transmis ceci, que j'ai moi-même
reçu :
le Christ est mort pour nos péchés
conformément aux Écritures,
4 et il a été mis au tombeau;
il est ressuscité le troisième jour
conformément aux Écritures,
5 et il est apparu à Pierre, puis aux Douze;
6 ensuite il est apparu à plus de cinq cents frères à la fois – la
plupart sont encore vivants, et quelques-uns sont morts –,
7–8 ensuite il est apparu à Jacques, puis à tous les Apôtres. | Et en
tout dernier lieu, il est même apparu à l'avorton que je suis.
9 Car moi, je suis le plus petit des Apôtres, je ne suis pas
digne d'être appelé Apôtre, puisque j'ai persécuté l'Église de
10 Dieu. | Mais ce que je suis, je le suis par la grâce de Dieu, et la
grâce dont il m'a comblé n'a pas été stérile : je me suis donné
de la peine plus que tous les autres; à vrai dire, ce n'est pas
moi, c'est la grâce de Dieu avec moi.
11 Bref, qu'il s'agisse de moi ou des autres, voilà notre mes-
sage, et voilà votre foi.

B : 15, 12.16-26.28 *Dans le Christ, tous revivront*

15 12 Nous proclamons que le Christ est ressuscité d'entre les
morts; alors, comment certains d'entre vous peuvent-ils affir-
mer qu'il n'y a pas de résurrection des morts ?
16 Si les morts ne ressuscitent pas, le Christ non plus n'est
17 pas ressuscité. | Et si le Christ n'est pas ressuscité, votre foi
18 ne mène à rien, vous n'êtes pas libérés de vos péchés; | et
19 puis, ceux qui sont morts dans le Christ sont perdus. | Si
nous avons mis notre espoir dans le Christ pour cette vie
seulement, nous sommes les plus à plaindre de tous les
hommes.
20 Mais non! le Christ est ressuscité d'entre les morts, pour
21 être parmi les morts le premier ressuscité. | Car, la mort
étant venue par un homme, c'est par un homme aussi que
22 vient la résurrection. | En effet, c'est en Adam que meurent
tous les hommes; c'est dans le Christ que tous revivront,
23 mais chacun à son rang : en premier, le Christ; et ensuite,
24 ceux qui seront au Christ lorsqu'il reviendra. | Alors, tout sera
achevé, quand le Christ remettra son pouvoir royal à Dieu le
25 Père, après avoir détruit toutes les puissances du mal. | C'est lui
en effet qui doit régner jusqu'au jour où *il aura mis sous ses pieds*
26 *tous ses ennemis*. | Et le dernier ennemi qu'il détruira, c'est la
mort.
28 Alors, quand tout sera sous le pouvoir du Fils, il se mettra
lui-même sous le pouvoir du Père qui lui aura tout soumis, et
ainsi, Dieu sera tout en tous.

C : 15, 45-49.54-58 *A l'image du nouvel Adam*

15 45 L'Écriture dit : *Le premier Adam était un être humain qui
avait reçu la vie ;* le dernier Adam – le Christ – est devenu
46 l'être spirituel qui donne la vie. | Ce qui est apparu d'abord,
ce n'est pas l'être spirituel, c'est l'être humain, et ensuite,
47 seulement, le spirituel. | Pétri de terre, le premier homme
vient de la terre; le deuxième homme, lui, vient du ciel.
48 Puisque Adam est pétri de terre, comme lui les hommes
appartiennent à la terre; puisque le Christ est venu du ciel,
49 comme lui les hommes appartiennent au ciel. | Et de même
que nous sommes à l'image de celui qui est pétri de terre, de
même nous serons à l'image de celui qui vient du ciel.
54 Et quand ce qui est périssable en nous deviendra impéris-
sable, quand ce qui est mortel revêtira l'immortalité, alors se
réalisera la parole de l'Écriture : *La mort a été engloutie dans*
55 *la victoire.* | *O Mort, où est ta victoire ? O Mort, où est ton dard*
56 *venimeux ?* | Le dard de la mort, c'est le péché; ce qui ren-
force le péché, c'est la Loi.
57 Rendons grâce à Dieu qui nous donne la victoire par
58 Jésus Christ, notre Seigneur. | Ainsi, mes frères bien-aimés,
soyez fermes, soyez inébranlables, prenez une part toujours
plus active à l'œuvre du Seigneur, car vous savez que, dans le
Seigneur, la peine que vous vous donnez ne sera pas stérile.

Deuxième lettre aux Corinthiens

Une deuxième lettre à la communauté de Corinthe (ou peut-être plusieurs lettres combinées ensemble). Mais, cette fois, Paul a été contesté, et il faut qu'il se défende, ce qui va l'amener en particulier à s'expliquer sur son ministère d'Apôtre.

L'Apôtre, ministre d'une Alliance nouvelle (1, 18... 6, 2).

En Jésus Christ s'expriment et se scellent le « oui » de Dieu et le « oui » de l'homme : la Nouvelle Alliance. Aussi l'Apôtre, habité par l'Esprit du Christ, est tout entier l'homme du « oui » (A). Pour lettres de créance, il possède les communautés fondées par lui, et leur nouveauté de vie (B). Dans une existence pleine d'épreuves qui lui font parfois rêver de rejoindre le Christ, il vit totalement pour sa mission, habité par la puissance du Ressuscité, et c'est là qu'il trouve sa joie (C). Car ce qu'il annonce, c'est un monde nouveau, réconcilié avec Dieu par la Croix : d'où l'urgence pour tout homme d'entendre l'appel à se tourner vers le Christ sauveur (D).

A : 1, 18-22 *« Oui » de Dieu, « oui » de l'homme*

1 18 J'en prends à témoin le Dieu fidèle : le langage que nous
19 vous parlons n'est pas à la fois « oui » et « non ». | Le Fils de
Dieu, le Christ Jésus, que nous avons annoncé parmi vous,
Silvain, Timothée et moi, n'a pas été à la fois « oui » et « non »;
20 il n'a jamais été que « oui ». | Et toutes les promesses de Dieu
ont trouvé leur « oui » dans sa personne. Aussi est-ce par le
Christ que nous disons « amen », notre « oui » pour la gloire de
21 Dieu. | Celui qui nous rend solides pour le Christ, dans nos
22 relations avec vous, celui qui nous a consacrés, c'est Dieu; | il
a mis sa marque sur nous, et il nous a fait une première
avance sur ses dons : l'Esprit qui habite nos cœurs.

B : 3, 1b-6 *Une mission authentifiée par l'Esprit*

3 1 Pour authentifier notre mission, nous n'avons pas besoin,
comme certaines personnes, d'un document écrit qu'il fau-

2 drait vous présenter ou vous demander. | C'est vous-mêmes
qui êtes ce document écrit dans nos cœurs, et que tous les
3 hommes peuvent lire et connaître. | De toute évidence, vous
êtes ce document venant du Christ, confié à notre ministère,
écrit non pas avec de l'encre, mais avec l'Esprit du Dieu
vivant, non pas, comme la Loi, sur des tables de pierre, mais
4 dans des cœurs de chair. | Et si nous avons tant d'assurance
5 devant Dieu grâce au Christ, | ce n'est pas à cause d'une capa-
cité personnelle dont nous pourrions nous attribuer le mérite.
6 Notre capacité vient de Dieu : c'est lui qui nous a rendus
capables d'être les ministres d'une Alliance nouvelle, une
Alliance qui n'est pas celle de la lettre de la Loi, mais celle de
l'Esprit du Dieu vivant; car la lettre tue, mais l'Esprit donne
la vie.

C : 4,6-11.13—5,1.6-10 *Puissance de Dieu dans l'épreuve de l'Apôtre*

4 6 Le Dieu qui a dit : *La lumière brillera au milieu des ténèbres*,
a lui-même brillé dans nos cœurs pour faire resplendir la
connaissance de sa gloire qui rayonne sur le visage du Christ.
7 Mais ce trésor, nous, les Apôtres, nous le portons en nous
comme dans des poteries sans valeur; ainsi, on voit bien que
cette puissance extraordinaire ne vient pas de nous, mais de
8 Dieu. | A tout moment, nous subissons l'épreuve, mais nous
ne sommes pas écrasés; nous sommes désorientés, mais non
9 pas désemparés; | nous sommes pourchassés, mais non pas
10 abandonnés; terrassés, mais non pas anéantis. | Partout et
toujours, nous subissons dans notre corps la mort de Jésus,
afin que la vie de Jésus, elle aussi, soit manifestée dans notre
11 corps. | En effet, nous, les vivants, nous sommes continuelle-
ment livrés à la mort à cause de Jésus, afin que la vie de Jésus,
elle aussi, soit manifestée dans notre existence mortelle.
13 L'Écriture dit : *J'ai cru, c'est pourquoi j'ai parlé.* Et nous, les
Apôtres, animés de cette même foi, nous croyons, nous aussi,
14 et c'est pourquoi nous parlons. | Car, nous le savons, celui qui
a ressuscité le Seigneur Jésus nous ressuscitera, nous aussi,
15 avec Jésus, et il nous placera près de lui avec vous. | Et tout ce
qui nous arrive, c'est pour vous, afin que la grâce plus abon-
dante, en vous rendant plus nombreux, fasse monter une
immense action de grâce pour la gloire de Dieu.
16 C'est pourquoi nous ne perdons pas courage, et même si en
nous l'homme extérieur va vers sa ruine, l'homme intérieur se
17 renouvelle de jour en jour. | Car nos épreuves du moment
présent sont légères par rapport au poids extraordinaire de
18 gloire éternelle qu'elles nous préparent. | Et notre regard se
s'attache pas à ce qui se voit, mais à ce qui ne se voit pas; ce
qui se voit est provisoire, mais ce qui ne se voit pas est éter-
nel.

5 1 Nous le savons, en effet, le corps, qui est notre demeure
sur la terre, doit être détruit, mais Dieu construit pour nous

dans les cieux une demeure éternelle qui n'est pas l'œuvre des
hommes.
6 Ainsi, nous avons pleine confiance, tout en sachant que
nous sommes en exil loin du Seigneur tant que nous habitons
7 dans ce corps ; | en effet, nous cheminons dans la foi, nous che-
8 minons sans voir. | Oui, nous avons confiance, et nous aime-
rions mieux être en exil loin de ce corps pour habiter chez le
9 Seigneur. | Que nous soyons chez nous ou en exil, notre ambi-
10 tion, c'est de plaire au Seigneur. | Car il nous faudra tous
apparaître à découvert devant le tribunal du Christ, pour que
chacun reçoive ce qu'il a mérité, soit en bien soit en mal,
pendant qu'il était dans son corps.

D : 5, 14 — 6, 2 « *Laissez-vous réconcilier avec Dieu* »

5 14 L'amour du Christ nous saisit quand nous pensons qu'un
seul est mort pour tous, et qu'ainsi tous ont passé par la mort.
15 Car le Christ est mort pour tous, afin que les vivants n'aient
plus leur vie centrée sur eux-mêmes, mais sur lui, qui est mort
16 et ressuscité pour eux. | Désormais nous ne connaissons plus
personne à la manière humaine : si nous avons compris le
Christ à la manière humaine, maintenant nous ne le compre-
17 nons plus ainsi. | Si quelqu'un est en Jésus Christ, il est une
créature nouvelle. Le monde ancien s'en est allé, un monde
18 nouveau est déjà né. | Tout cela vient de Dieu : il nous a
réconciliés avec lui par le Christ, et il nous a donné pour
19 ministère de travailler à cette réconciliation. | Car c'est bien
Dieu qui, dans le Christ, réconciliait le monde avec lui ; il
effaçait pour tous les hommes le compte de leurs péchés, et il
mettait dans notre bouche la parole de la réconciliation.
20 Nous sommes donc les ambassadeurs du Christ, et par nous
c'est Dieu lui-même qui, en fait, vous adresse un appel. Au
nom du Christ, nous vous le demandons, laissez-vous réconci-
21 lier avec Dieu. | Celui qui n'a pas connu le péché, Dieu l'a
pour nous identifié au péché des hommes, afin que, grâce à
lui, nous soyons identifiés à la justice de Dieu.
6 1 Et puisque nous travaillons avec lui, nous vous invitons
2 encore à ne pas laisser sans effet la grâce reçue de Dieu. | Car
il dit dans l'Écriture : *Au moment favorable je t'ai exaucé, au
jour du salut je suis venu à ton secours*. Or, c'est maintenant
le moment favorable, c'est maintenant le jour du salut.

Appel au partage (8, 7-9.13-15).

Paul est en train d'animer un mouvement d'entraide pour les chrétiens de Jérusalem qui sont dans la misère. Il vient d'évoquer l'exemple d'autres Églises, mais surtout il renvoie au don du Christ lui-même. Il plaide pour l'égalité, déjà annoncée par celle des Israélites au désert.

8 7 Puisque vous avez reçu largement tous les dons : la foi, la
Parole et la connaissance de Dieu, cette ardeur et cet amour

que vous tenez de nous, que votre geste de générosité soit
8 large, lui aussi. | Ce n'est pas un ordre que j'exprime; mais je
vous parle de l'ardeur des autres Églises pour que vous me
9 prouviez l'authenticité de votre charité. | Vous connaissez en
effet la générosité de notre Seigneur Jésus Christ : lui qui est
riche, il est devenu pauvre à cause de vous, pour que vous
deveniez riches par sa pauvreté.
13 Il ne s'agit pas de vous mettre dans la gêne en soulageant
14 les autres, il s'agit d'égalité. | En cette occasion, ce que vous
avez en trop compensera ce qu'ils ont en moins, pour qu'un
jour ce qu'ils auront en trop compense ce que vous aurez en
15 moins, | et cela fera l'égalité, comme dit l'Écriture à propos
de la manne : *Celui qui en avait ramassé beaucoup n'a rien eu
de plus, et celui qui en avait ramassé peu n'a manqué de rien.*

Témoignage personnel de Paul (12, 7-10).

Une des pages les plus personnelles de Paul, où il se présente avec tout ce qui fait à la fois sa force et sa faiblesse. — L' « écharde » (« l'envoyé de Satan » dont parle le verset 7) était certainement un ennui persistant, mais était-il physique ? moral ? psychologique ? On ne le sait pas.

12 7 Les révélations que j'ai reçues sont tellement exception-
nelles que, pour m'empêcher de me surestimer, j'ai dans ma
chair une écharde, un envoyé de Satan qui est là pour me
8 gifler, pour m'empêcher de me surestimer. | Par trois fois, j'ai
9 prié le Seigneur de l'écarter de moi. | Mais il m'a déclaré :
« Ma grâce te suffit : ma puissance donne toute sa mesure
dans la faiblesse. » Je n'hésiterai donc pas à mettre mon
orgueil dans mes faiblesses, afin que la puissance du Christ
10 habite en moi. | C'est pourquoi j'accepte de grand cœur pour
le Christ les faiblesses, les insultes, les contraintes, les persé-
cutions et les situations angoissantes. Car, lorsque je suis
faible, c'est alors que je suis fort.

Salutation finale (13, 11-13).

L'amour s'épanouit en joie et en paix, à l'image des Personnes divines (notre liturgie a repris la salutation trinitaire qui conclut la lettre).

13 11 Frères, soyez dans la joie, cherchez la perfection, encou-
ragez-vous, soyez d'accord entre vous, vivez en paix, et le
12 Dieu d'amour et de paix sera avec vous. | Exprimez votre
amitié en échangeant le baiser de paix. Tous les fidèles vous
disent leur amitié.
13 Que la grâce du Seigneur Jésus Christ, l'amour de Dieu et
la communion de l'Esprit Saint soient avec vous tous.

Lettre aux Galates

Sous l'influence de prédicateurs ambulants, les Églises du pays galate (une région au cœur de la Turquie actuelle, dont la population était parente des Gaulois) s'engagent dans une voie qui inquiète Paul : elles réintroduisent peu à peu des coutumes juives, en particulier la circoncision. Si l'affaire est si grave, c'est qu'il ne s'agit pas seulement de préférer telle ou telle manière de vivre; il s'agit en fait de savoir par quel chemin on rencontre Dieu : est-ce par l'effort tenace pour observer scrupuleusement une loi, juive ou autre (et alors c'est l'homme qui « fait son salut ») ? ou bien est-ce par l'accueil sans réserve, dans la foi, du Christ venu pour nous sauver (et alors c'est Dieu qui gratuitement sauve l'homme) ? Paul défend avec vigueur, et même avec violence, la deuxième hypothèse, sans oublier d'ailleurs que la foi, si elle est authentique, a des conséquences très concrètes et très exigeantes sur la manière de vivre du croyant.

L'authenticité de l'Évangile (1. 1-2.6-24).
Sans ménagement (et pour une fois sans commencer sa lettre par une action de grâce), Paul attaque la question qui le préoccupe : quel Évangile les Galates suivent-ils ? Est-ce bien celui que Paul leur a annoncé, celui dont il vit depuis que le Christ a bouleversé son existence ? A cette occasion, Paul donne ici le témoignage le plus développé qu'il nous ait laissé sur son passé, sur sa conversion et sur les débuts de son apostolat (voir aussi Actes 9, p. 368).

1 1 Moi, Paul, qui suis Apôtre, envoyé non par les hommes, ni
par un intermédiaire humain, mais par Jésus Christ et par
2 Dieu le Père qui l'a ressuscité d'entre les morts : | avec tous
les frères qui m'accompagnent, je m'adresse à vous, les Églises
du pays galate.
6 Je trouve vraiment étonnant que vous abandonniez si vite
celui qui vous a appelés par la grâce du Christ, et que vous

7 passiez à un autre Évangile. | En fait, il n'y a en pas d'autre :
il y a seulement des gens qui jettent le trouble parmi vous et
8 qui veulent renverser l'Évangile du Christ. | Eh bien! si un
jour quelqu'un, même nous, même un ange du ciel, vient
annoncer un Évangile différent de l'Évangile que nous vous
9 avons annoncé, qu'il soit maudit! | Nous l'avons déjà dit, et je
le répète encore : si quelqu'un vient vous annoncer un Évan-
gile différent de celui que vous avez reçu, qu'il soit maudit!
10 Est-ce que, maintenant, je veux me faire approuver par les
hommes, ou bien par Dieu ? Est-ce que c'est aux hommes que
je cherche à plaire ? Si j'en étais encore à plaire aux hommes,
je ne serais pas serviteur du Christ.
11 Frères, il faut que vous le sachiez, l'Évangile que je pro-
12 clame n'est pas une invention humaine. | Ce n'est pas non
plus un homme qui me l'a transmis ou enseigné : mon Évan-
gile vient d'une révélation de Jésus Christ.
13 Vous avez certainement entendu parler de l'activité que
j'avais dans le judaïsme : je menais une persécution effrénée
14 contre l'Église de Dieu, et je cherchais à la détruire. | J'allais
plus loin dans le judaïsme que la plupart des gens de mon
peuple qui avaient mon âge, et, plus que les autres, je défen-
dais avec une ardeur jalouse les traditions de mes pères.
15 Mais Dieu m'avait mis à part dès le sein de ma mère, dans sa
16 grâce il m'avait appelé, | et, un jour, il a trouvé bon de mettre
en moi la révélation de son Fils, pour que moi, je l'annonce
parmi les nations païennes. Aussitôt, sans prendre l'avis de
17 personne, | sans même monter à Jérusalem pour y rencontrer
ceux qui étaient Apôtres avant moi, je suis parti pour l'Arabie;
18 de là, je suis revenu à Damas. | Puis, au bout de trois ans, je
suis monté à Jérusalem pour faire la connaissance de Pierre et
19 je suis resté quinze jours avec lui. | Je n'ai vu aucun des
20 autres Apôtres sauf Jacques, le frère du Seigneur. | En écri-
vant cela, je ne mens pas, je vous le déclare devant Dieu.
21 Ensuite, je me suis rendu dans les régions de Syrie et de Cili-
22 cie. | Mais, pour les Églises du Christ qui sont en Judée, mon
23 visage restait inconnu; | elles avaient simplement entendu
dire ceci : « L'homme qui nous persécutait naguère annonce
24 aujourd'hui la foi qu'il cherchait alors à détruire. » | Et ces
Églises rendaient gloire à Dieu à mon sujet.

Le salut par la foi (2, 16.19-21).

Nous voici au cœur du problème : à partir de sa propre expérience (il passe brusquement du « nous » au « je »), Paul nous dit par quel chemin on devient un « juste », c'est-à-dire un homme à sa vraie place devant Dieu.

2 16 Nous le savons bien, ce n'est pas en observant la Loi que
l'homme devient juste devant Dieu, mais seulement par la foi
en Jésus Christ; c'est pourquoi nous avons cru en Jésus Christ

pour devenir des justes par la foi en Christ, mais non par la
pratique de la loi de Moïse, car personne ne devient juste en
19 pratiquant la Loi. | Grâce à la Loi (qui a fait mourir le
Christ) j'ai cessé de vivre pour la loi afin de vivre pour Dieu.
20 Avec le Christ, je suis fixé à la croix : | je vis, mais ce n'est
plus moi, c'est le Christ qui vit en moi. Ma vie aujourd'hui
dans la condition humaine, je la vis dans la foi au Fils de
21 Dieu qui m'a aimé et qui s'est livré pour moi. | Il n'est pas
question pour moi de rejeter la grâce de Dieu. En effet, si
c'était par la Loi qu'on devient juste, alors le Christ serait
mort pour rien.

Un dans le Christ (3, 26-29).

Par la foi et la « plongée » dans le baptême (voir Romains 6, p. 381), *se crée en Jésus Christ, au-delà des différences humaines, une communauté nouvelle, celle des enfants de Dieu.*

3 26 En Jésus Christ, vous êtes tous fils de Dieu par la foi. | En
effet, vous tous que le baptême a unis au Christ, vous avez
28 revêtu le Christ; | il n'y a plus ni Juif ni païen, il n'y a plus ni
esclave ni homme libre, il n'y a plus l'homme et la femme, car
29 tous, vous ne faites plus qu'un dans le Christ Jésus. | Et si vous
appartenez au Christ, c'est vous qui êtes la descendance
d'Abraham; et l'héritage que Dieu lui a promis, c'est à vous
qu'il revient.

Fils dans le Fils (4, 4-7).

Au cœur de l'histoire des hommes, l'envoi du Fils : l'homme « né d'une femme » qui ose dire à Dieu : « Abba ! » (c'est-à-dire « Papa ! »), celui qui nous donne l'Esprit pour que nous ayons la même audace filiale.

4 4 Lorsque les temps furent accomplis, Dieu a envoyé son
Fils; il est né d'une femme, il a été sujet de la Loi de Moïse
5 pour racheter ceux qui étaient sujets de la Loi et pour faire de
6 nous des fils. | Et voici la preuve que vous êtes des fils : envoyé
de Dieu, l'Esprit de son Fils est dans nos cœurs, et il crie vers
7 le Père en l'appelant « *Abba!* » | Ainsi tu n'es plus esclave,
mais fils, et comme fils, tu es héritier par la grâce de Dieu.

La liberté des enfants de Dieu et ses exigences (5, 1.13-25).

« Ce qui importe, c'est la foi agissant par la charité » (5, 6). *Libérés par le Christ de l'esclavage de la* « *Loi* », *nous avons à trouver et à maintenir un authentique style de vie d'hommes libres, car d'autres formes d'esclavage nous guettent sans cesse. Et pour éclairer nos choix, Paul situe notre vie entre deux pôles, l'* « *esprit* » *: une vie transformée par Dieu — et la* « *chair* » *: une vie repliée sur soi dans l'égoïsme et* *le refus de Dieu (réduire ce mot « chair » au domaine sexuel serait un contresens; il est bien plus global).*

5 1 Si le Christ nous a libérés, c'est pour que nous soyons vrai-
ment libres. Alors tenez bon, et ne reprenez pas les chaînes de
votre ancien esclavage.
13 Vous avez été appelés à la liberté. Mais que cette liberté ne
soit pas un prétexte pour satisfaire votre égoïsme; au contraire,
14 mettez-vous, par amour, au service les uns des autres. | Car
toute la Loi atteint sa perfection dans un seul commande-
ment, et le voici : *Tu aimeras ton prochain comme toi-même.*
15 Si vous vous mordez et vous dévorez les uns les autres, prenez
16 garde : vous allez vous détruire les uns les autres. | Je vous le
dis : vivez sous la conduite de l'Esprit de Dieu; alors vous
17 n'obéirez pas aux tendances égoïstes de la chair. | Car les
tendances de la chair s'opposent à l'esprit, et les tendances de
l'esprit s'opposent à la chair. En effet, il y a là un affronte-
18 ment qui vous empêche de faire ce que vous voudriez. | Mais
en vous laissant conduire par l'Esprit, vous n'êtes plus sujets
de la Loi.
19 On sait bien à quelles actions mène la chair : débauche,
20 impureté, obscénité, | idolâtrie, sorcellerie, haines, querelles,
21 jalousie, colère, envie, divisions, sectarisme, | rivalités, beuve-
ries, gloutonnerie et autres choses du même genre. Je vous
préviens, comme je l'ai déjà fait : ceux qui agissent de cette
manière ne recevront pas en héritage le royaume de Dieu.
22 Mais voici ce que produit l'Esprit : amour, joie, paix,
23 patience, bonté, bienveillance, foi, | humilité et maîtrise de
24 soi. Face à tout cela, il n'y a plus de loi qui tienne. | Ceux qui
sont au Christ Jésus ont crucifié en eux la chair, avec ses pas-
25 sions et ses tendances égoïstes. | Parce l'Esprit nous fait
vivre, laissons-nous conduire par l'Esprit.

La croix du Christ, orgueil du chrétien (6, 14-18).

La croix au cœur de la vie, c'est sans doute savoir souffrir avec et pour le Christ. C'est aussi trouver le chemin qui ne déçoit pas.

6 14 Que la croix de notre Seigneur Jésus Christ reste mon seul
orgueil. Par elle, le monde est à jamais crucifié pour moi, et
15 moi pour le monde. | Ce qui compte, ce n'est pas la circonci-
16 sion, c'est la création nouvelle. | Pour tous ceux qui suivent
cette règle de vie et pour le véritable Israël de Dieu, paix et
17 miséricorde. | Dès lors, que personne ne vienne me tourmen-
ter. Car moi, je porte dans mon corps la marque des souf-
18 frances de Jésus. | Frères, que la grâce de notre Seigneur
Jésus Christ soit avec votre esprit. Amen.

Lettre aux Éphésiens

La « lettre aux Éphésiens » est un des textes les plus profonds du Nouveau Testament. On y trouve exposé dans toute sa grandeur le « mystère », le dessein de Dieu qui englobe toute l'humanité à travers le temps et l'espace: en Jésus Christ tout est renouvelé; les païens, exclus de l'ancienne Alliance, sont admis de plein droit dans l'Église, « Corps du Christ » aux dimensions du monde. Et la vie de tous les jours est transformée par cette relation au Christ qui la pénètre tout entière.

Il faut savoir qu'une question se pose à propos de ce très beau texte : de qui est-il ? à qui est-il destiné ? Cette lettre ressemble tellement à la lettre aux Colossiens (dont elle reprend des phrases entières) qu'on pense qu'elle n'est pas de Paul (celui-ci n'était guère habitué à se copier lui-même), mais d'un disciple qui aura repris un texte du maître et l'aura développé dans la ligne des dernières réflexions que Paul avait fait partager à son entourage. D'autre part, il n'y a ici aucune allusion concrète à la communauté d'Éphèse que Paul connaissait bien (même dans le premier verset le nom d'Éphèse manque dans plusieurs manuscrits anciens) : il s'agit sans doute plutôt d'une circulaire adressée au nom de Paul à une série de communautés.

Pour bien comprendre ce texte et en saisir la portée, on aura intérêt à lire d'abord Colossiens *puis à revenir à* Éphésiens *qui en développe et en élargit les principales idées.*

Hymne à la louange de la gloire de Dieu (1, 1-23).

Comme Colossiens (p. 419), *l'épître s'ouvre par un hymne majestueux. Celui-ci se présente comme une bénédiction adressée à Dieu pour son dessein merveilleux, qui englobe tout l'univers et toute l'histoire. Il nous faut ouvrir notre cœur pour comprendre ce dessein où nous avons notre place dans le cadre de l'Église; cette Église, encore si petite au temps de l'Apôtre, a pourtant une signification unique au cœur de l'humanité, « à la louange de la gloire » du Père.*

1 1 Moi Paul, Apôtre du Christ Jésus par la volonté de Dieu,
je m'adresse à vous, les membres du peuple saint qui êtes à
2 Éphèse, vous les fidèles dans le Christ Jésus. | Que la grâce et
la paix soient avec vous de la part de Dieu notre Père et de
Jésus Christ le Seigneur.

3 Béni soit Dieu, le Père de notre Seigneur Jésus Christ.
Dans les cieux, il nous a comblés
de sa bénédiction spirituelle en Jésus Christ.
4 En lui, il nous a choisis avant la création du monde,
pour que nous soyons, dans l'amour,
saints et irréprochables sous son regard.
5 Il nous a d'avance destinés
à devenir pour lui des fils par Jésus Christ :
voilà ce qu'il a voulu dans sa bienveillance
6 à la louange de sa gloire,
de cette grâce dont il nous a comblés en son Fils bien-aimé,
7 qui nous obtient par son sang la rédemption,
le pardon de nos fautes.
Elle est inépuisable, la grâce
8 par laquelle Dieu nous a remplis de sagesse et d'intelligence
9 en nous dévoilant le mystère de sa volonté,
de ce qu'il prévoyait dans le Christ
pour le moment où les temps seraient accomplis;
dans sa bienveillance,
10 il projetait de saisir l'univers entier,
ce qui est au ciel et ce qui est sur la terre,
en réunissant tout sous un seul chef, le Christ.
11 En lui,
Dieu nous a d'avance destinés à devenir son peuple;
car lui, qui réalise tout ce qu'il a décidé,
12 il a voulu que nous soyons
ceux qui d'avance avaient espéré dans le Christ
à la louange de sa gloire.
13 Dans le Christ, vous aussi,
vous avez écouté la parole de vérité,
la Bonne Nouvelle de votre salut;
en lui, devenus des croyants,
vous avez reçu la marque de l'Esprit Saint.
Et l'Esprit que Dieu avait promis,
14 c'est la première avance qu'il nous a faite
sur l'héritage dont nous prendrons possession,
au jour de la délivrance finale,
à la louange de sa gloire.

15 Puisque j'ai entendu parler de la foi que vous avez dans le
16 Seigneur Jésus, et de votre amour pour tous les fidèles, | je ne

cesse pas de rendre grâce, moi aussi, quand je fais mention de
17 vous dans ma prière : | Que le Dieu de notre Seigneur Jésus
Christ, le Père dans sa gloire, vous donne un esprit de sagesse
18 pour le découvrir et le connaître vraiment. | Qu'il ouvre votre
cœur à sa lumière, pour vous faire comprendre l'espérance
que donne son appel, la gloire sans prix de l'héritage que vous
19 partagez avec les fidèles, | et la puissance infinie qu'il déploie
pour nous, les croyants. C'est la force même, le pouvoir, la
20 vigueur, | qu'il a mis en œuvre dans le Christ quand il l'a
ressuscité d'entre les morts et qu'il l'a fait asseoir à sa droite
21 dans les cieux. | Il l'a établi au-dessus de toutes les puissances
et de tous les êtres qui nous dominent, quel que soit leur nom,
aussi bien dans le monde présent que dans le monde à venir.
22-23 Il lui a tout soumis et, le plaçant plus haut que tout, | il a fait
de lui la tête de l'Église qui est son corps, et l'Église est l'ac-
complissement total du Christ, lui que Dieu comble totalement
de sa plénitude.

Gratuité du salut de Dieu (2, 4-10).

Il s'agit encore du projet de Dieu sur nous : sans aucun mérite de notre part, il nous comble de sa grâce.

2 4 Dieu est riche en miséricorde; à cause du grand amour
5 dont il nous a aimés, | nous qui étions des morts par suite de
nos fautes, il nous a fait revivre avec le Christ : c'est bien par
6 grâce que vous êtes sauvés. | Avec lui, il nous a ressuscités;
avec lui, il nous a fait régner aux cieux, dans le Christ Jésus.
7 Par sa bonté pour nous dans le Christ Jésus, | il voulait montrer,
8 au long des âges futurs, la richesse infinie de sa grâce. | C'est
bien par la grâce que vous êtes sauvés, à cause de votre foi.
9 Cela ne vient pas de vous, c'est le don de Dieu. | Cela ne vient
pas de vos actes, il n'y a pas à en tirer orgueil. C'est Dieu qui
10 nous a faits, | il nous a créés en Jésus Christ, pour que nos
actes soient vraiment bons, conformes à la voie que Dieu a
tracée pour nous et que nous devons suivre.

Le mystère du salut des païens (2, 13 — 3, 21).

Ceux qu'Israël croyait naguère exclus et méprisables sont appelés à entrer — et entrent déjà — dans la construction dont Dieu a fait le plan. Paul en est le témoin plein d'admiration.

2 13 Vous qui autrefois étiez loin du Dieu de l'Alliance, vous
14 êtes devenus proches par le sang du Christ. | C'est lui, le Christ,
qui est notre paix : des deux, Israël et les païens, il a fait un
seul peuple; par sa chair crucifiée, il a fait tomber ce qui les
15 séparait, le mur de la haine, | en supprimant les prescriptions
juridiques de la loi de Moïse. Il voulait ainsi rassembler les
uns et les autres en faisant la paix, et créer en lui un seul

16 Homme nouveau. | Les uns comme les autres, réunis en un
seul corps, il voulait les réconcilier avec Dieu par la croix :
17 en sa personne, il a tué la haine. | Il est venu annoncer *la bonne*
nouvelle de la paix, la paix pour vous *qui étiez loin, la paix*
pour ceux qui étaient proches.
18 Par lui, en effet, les uns et les autres, nous avons accès
19 auprès du Père, dans un seul Esprit. | Et donc, vous n'êtes
plus des étrangers ni des gens de passage, vous êtes citoyens
20 du peuple saint, membres de la famille de Dieu, | car vous
avez été intégrés dans la construction qui a pour fondations
les Apôtres et les prophètes; et la pierre angulaire, c'est le
21 Christ Jésus lui-même. | En lui, toute la construction s'élève
harmonieusement pour devenir un temple saint dans le Sei-
22 gneur. | En lui, vous êtes, vous aussi, des éléments de la cons-
truction pour devenir par l'Esprit Saint la demeure de Dieu.

3 1 C'est pourquoi moi, Paul, qui suis en prison à cause du
Christ Jésus pour vous, les gens des nations païennes, je
2 tombe à genoux... | Vous avez appris en quoi consiste la grâce
3 que Dieu m'a donnée pour vous : | par révélation, il m'a fait
connaître le mystère du Christ, dont je vous ai déjà parlé dans
4 ma lettre. | En la lisant, vous pouvez vous rendre compte que
5 j'ai l'intelligence du mystère du Christ. | Ce mystère, il ne
l'avait pas fait connaître aux hommes des générations passées,
comme il l'a révélé maintenant par l'Esprit à ses saints Apôtres
6 et à ses prophètes. | Ce mystère, c'est que les païens sont
associés au même héritage, au même corps, au partage de la
même promesse, dans le Christ Jésus, par l'annonce de l'Évan-
gile.
7 De cet Évangile je suis devenu ministre par le don de la
grâce que Dieu m'a accordée dans la force de sa puissance.
8 Moi qui suis le dernier de tous les fidèles, j'ai reçu la grâce
d'annoncer aux nations païennes la richesse insondable du
9 Christ, | et de mettre en lumière le contenu du mystère tenu
caché depuis toujours en Dieu, le créateur de toutes choses;
10 ainsi, désormais, les forces invisibles elles-mêmes connaîtront,
grâce à l'Église, les multiples aspects de la Sagesse de Dieu.
11 C'est le projet éternel que Dieu a réalisé dans le Christ Jésus
12 notre Seigneur. | Et c'est notre foi au Christ qui nous donne
13 l'audace d'accéder auprès de Dieu en toute confiance. | Je
vous supplie donc de ne pas perdre courage devant les épreuves
que j'endure pour vous : elles sont votre gloire.
14-15 C'est pourquoi je tombe à genoux devant le Père, | qui est
16 la source de toute paternité au ciel et sur la terre. | Lui qui est
si riche en gloire, qu'il vous donne la puissance par son Esprit,
17 pour rendre fort l'homme intérieur. | Que le Christ habite en
vos cœurs par la foi; restez enracinés dans l'amour, établis
18 dans l'amour. | Ainsi vous serez capables de comprendre avec
tous les fidèles quelle est la largeur, la longueur, la hauteur,

19 la profondeur... | Vous connaîtrez l'amour du Christ qui
surpasse tout ce qu'on peut connaître. Alors vous serez comblés
jusqu'à entrer dans la plénitude de Dieu.
20 Gloire à celui qui a le pouvoir de réaliser en nous par sa
puissance infiniment plus que nous ne pouvons demander ou
21 même imaginer, | gloire à lui dans l'Église et dans le Christ
Jésus pour toutes les générations dans les siècles des siècles.
Amen.

L'unité organique du corps du Christ (4, 1-16).

Appelés tous ensemble par Dieu, comment ne pas vivre dans l'unité et prendre notre place responsable dans l'édification de l'Église ?

4 1 Moi qui suis en prison à cause du Seigneur, je vous encou-
rage à suivre fidèlement l'appel que vous avez reçu de Dieu :
2 ayez beaucoup d'humilité, de douceur et de patience, sup-
3 portez-vous les uns les autres avec amour; | ayez à cœur de
4 garder l'unité dans l'Esprit par le lien de la paix. | Comme
votre vocation vous a tous appelés à une seule espérance, de
5 même il n'y a qu'un seul Corps et un seul Esprit. | Il n'y a
6 qu'un seul Seigneur, une seule foi, un seul baptême, | un seul
Dieu et Père de tous, qui règne au-dessus de tous, par tous,
et en tous.
7 Chacun d'entre nous a reçu le don de la grâce comme le
8 Christ nous l'a partagée. | C'est pourquoi l'Écriture dit :
Il est monté sur la hauteur, emmenant des prisonniers, il a fait
9 *des dons aux hommes.* | Que veut dire : *Il est monté ?* – Cela
veut dire qu'il était d'abord descendu jusqu'en bas sur la
10 terre. | Et celui qui était descendu est le même qui est monté
11 au plus haut des cieux pour combler tout l'univers. | Et les
dons qu'il a faits aux hommes, ce sont d'abord les Apôtres,
puis les prophètes et les missionnaires de l'Évangile, et aussi
12 les pasteurs et ceux qui enseignent. | De cette manière, le
peuple saint est organisé pour que les tâches du ministère
soient accomplies, et que se construise le corps du Christ.
13 Au terme, nous parviendrons tous ensemble à l'unité dans la
foi et la vraie connaissance du Fils de Dieu, à l'état de l'Homme
parfait, et à la plénitude de la stature du Christ.
14 Alors, nous ne serons plus comme des enfants, nous laissant
secouer et mener à la dérive par tous les courants d'idées, au
gré des hommes, eux qui emploient leur astuce à nous entraî-
15 ner dans l'erreur. | Au contraire, en vivant dans la vérité de
l'amour, nous grandirons dans le Christ pour nous élever en
16 tout jusqu'à lui, car il est la Tête. | Et par lui, dans l'harmonie
et la cohésion, tout le corps poursuit sa croissance, grâce aux
connexions internes qui le maintiennent, selon l'activité qui
est à la mesure de chaque membre. Ainsi le corps se construit
dans l'amour.

Changer de vie (4, 17.20-24.30 — 5, 2.8-20).
Quand on a découvert le dessein de Dieu, il faut changer sa vie, « imiter Dieu », « vivre comme des fils de lumière », dans la droiture morale et dans la prière joyeuse (noter en 5, 14 un petit poème qui est sans doute un très ancien chant de baptême).

4 17 Je vous le dis, je vous l'affirme au nom du Seigneur : vous
ne devez plus vous conduire comme les païens qui se laissent
guider par le néant de leur pensée.
20 Lorsque vous êtes devenus disciples du Christ, ce n'est pas
21 cela que vous avez appris. | si du moins c'est bien lui qu'on
vous a annoncé et enseigné, selon la vérité de Jésus lui-même.
22 Il s'agit de vous défaire de votre conduite d'autrefois, de
l'homme ancien qui est en vous, corrompu par ses désirs
23 trompeurs. | Laissez-vous guider intérieurement par un esprit
24 renouvelé. | Adoptez le comportement de l'homme nouveau,
créé saint et juste dans la vérité, à l'image de Dieu.
30 En vue du jour de votre délivrance, vous avez reçu en vous
la marque du Saint Esprit de Dieu : ne le contristez pas.
31 Faites disparaître de votre vie tout ce qui est amertume,
emportement, colère, éclats de voix ou insultes, ainsi que
32 toute espèce de méchanceté. | Soyez entre vous pleins de
générosité et de tendresse. Pardonnez-vous les uns aux autres,
comme Dieu vous a pardonné dans le Christ.
5 1 Oui, cherchez à imiter Dieu, puisque vous êtes ses enfants
2 bien-aimés. | Vivez dans l'amour comme le Christ nous a
aimés et s'est livré pour nous en offrant à Dieu le sacrifice qui
pouvait lui plaire.
8 Autrefois, vous n'étiez que ténèbres; maintenant, dans le
Seigneur, vous êtes devenus lumière; vivez comme des fils de
9 la lumière, | – or la lumière produit tout ce qui est bonté,
10 justice et vérité – | et sachez reconnaître ce qui est capable
11 de plaire au Seigneur. | Ne prenez aucune part aux activités
des ténèbres, elles ne produisent rien de bon; démasquez-les
12 plutôt. | Ce que ces gens-là font en cachette, on a honte d'en
13 parler. | Mais quand ces choses-là sont démasquées, leur
14 réalité apparaît grâce à la lumière, | et tout ce qui apparaît
ainsi devient lumière. C'est pourquoi l'on chante :

Réveille-toi, ô toi qui dors,
relève-toi d'entre les morts,
et le Christ t'illuminera.

15 Prenez bien garde à votre conduite : ne vivez pas comme
16 des fous, mais comme des sages. | Tirez parti du temps présent,
17 car nous traversons des jours mauvais. Ne soyez donc pas
irréfléchis, mais comprenez bien quelle est la volonté du Sei-
18 gneur. | Ne vous enivrez pas, car le vin porte à la débauche.
19 Laissez-vous plutôt remplir par l'Esprit Saint. | Dites entre

vous des psaumes, des hymnes, et de libres louanges, chantez
20 le Seigneur et célébrez-le de tout votre cœur. | A tout moment
et pour toutes choses, rendez grâce à Dieu le Père, au nom de
notre Seigneur Jésus Christ.

Des relations nouvelles entre les époux (5, 21-32).

Reprenant les thèmes de Colossiens 3, 18-19 (p. 421), *le texte les développe dans une image inspirée des prophètes : le mariage de l'homme et de la femme est le signe des épousailles de Dieu et de son peuple, du Christ et de l'Église. Image non de supériorité de l'homme et de « soumission » de la femme, mais d'admiration, de respect, d'unité des deux en un, comme l'Église est le corps du Christ.*

5 21 Par respect pour le Christ, soyez soumis les uns aux autres;
22 les femmes, à leur mari, comme au Seigneur Jésus; | car, pour
la femme, le mari est la tête, tout comme, pour l'Église, le
24 Christ est la tête, lui qui est le Sauveur de son corps. | Eh bien!
si l'Église se soumet au Christ, qu'il en soit toujours de même
pour les femmes à l'égard de leur mari.
25 Vous, les hommes, aimez votre femme à l'exemple du
26 Christ : il a aimé l'Église, il s'est livré pour elle; | il voulait la
rendre sainte en la purifiant par le bain du baptême et la
27 Parole de vie; | il voulait se la présenter à lui-même, cette
Église, resplendissante, sans tache, ni ride, ni aucun défaut;
28 il la voulait sainte et irréprochable. | C'est comme cela que le
mari doit aimer sa femme : comme son propre corps. Celui
29 qui aime sa femme s'aime soi-même. | Jamais personne n'a
méprisé son propre corps : au contraire, on le nourrit, on en
prend soin.
30 C'est ce que fait le Christ pour l'Église, | parce que nous
sommes les membres de son corps. Comme dit l'Écriture :
31 *à cause de cela, l'homme quittera son père et sa mère, il s'atta-*
32 *chera à sa femme, et tous deux ne feront plus qu'un.* | Ce mys-
tère est grand : je le dis en pensant au Christ et à l'Église.

Lettre aux Philippiens

Lettre amicale de Paul à la communauté à laquelle il était le plus lié. Bien accueilli dans cette ville romaine du nord de la Grèce (il y avait aussi été mis en prison), il avait maintenu après son départ des contacts étroits; les Philippiens avaient même organisé un soutien financier pour l'aider dans son activité d'évangélisation. Le voici maintenant en prison (peut-être à Éphèse ou à Corinthe), et il leur écrit pour dire son amitié, sa foi, ses exigences pour ceux dont il veut faire une parfaite communauté de disciples de Jésus.

Action de grâce et prière (1, 1-11).

La communauté chrétienne : des croyants liés à leur fondateur, en communion avec leurs responsables; un peuple qui se sait travaillé par Dieu et qui cherche à découvrir lucidement le chemin de la pleine rencontre avec le Seigneur.

1 1 Nous, Paul et Timothée, serviteurs du Christ Jésus, nous
nous adressons à tous les fidèles du Christ Jésus qui vivent à
Philippes, en union avec les responsables et ministres de
2 l'Église. | Que la grâce et la paix soient avec vous de la part de
Dieu notre Père et du Seigneur Jésus Christ.
3 Je rends toujours grâce à mon Dieu quand je fais mention
4 de vous : | chaque fois que je prie pour vous tous, c'est toujours avec joie, à cause de ce que vous avez fait pour l'Évan-
5 gile en communion avec moi, | depuis le premier jour jusqu'à
6 maintenant. | Et puisque Dieu a si bien commencé chez vous
son travail, je suis persuadé qu'il le continuera jusqu'à son
7 achèvement au jour où viendra le Christ Jésus. | Il est donc
juste que j'aie de telles dispositions à votre égard, car je vous
porte dans mon cœur, puisque vous communiez tous à la
grâce qui m'est faite de justifier et d'affermir l'annonce de
8 l'Évangile jusque dans ma prison. | Oui, Dieu est témoin de
mon attachement pour vous tous dans la tendresse du Christ
Jésus.

9 Et, dans ma prière, je demande que votre amour vous fasse
progresser de plus en plus dans la connaissance vraie et la
10 parfaite clairvoyance | qui vous feront discerner ce qui est
plus important. Ainsi, dans la droiture, vous marcherez sans
11 trébucher vers le jour du Christ; | et vous aurez en plénitude
la justice obtenue grâce à Jésus Christ, pour la gloire et la
louange de Dieu.

« Pour moi, vivre c'est le Christ » (1, 20c-24.27a).

Vivre, mourir : quel sens pour un Apôtre ? Depuis sa prison, Paul livre avec simplicité son témoignage personnel.

1 20 Soit que je vive, soit que je meure, la grandeur du Christ
21 sera manifestée dans mon corps. | En effet, pour moi, vivre
22 c'est le Christ, et mourir est un avantage. | Mais si, en vivant
en ce monde, j'arrive à faire un travail utile, je ne sais plus
23 comment choisir. | Je me sens pris entre les deux : je voudrais
bien partir pour être avec le Christ, car c'est bien cela le
24 meilleur; | mais, à cause de vous, demeurer en ce monde est
encore plus nécessaire.
27 Quant à vous, menez une vie digne de l'Évangile du Christ.

Vivre à l'image du Christ le mystère pascal (2, 1-11).

Nous voici au cœur de la lettre, un des sommets du Nouveau Testament. Qu'est-ce qui peut caractériser la communauté chrétienne ? Une vie de simplicité fraternelle, tout entière en référence à Jésus Christ : lui seul, par le chemin qu'il a pris, nous montre où passer pour partager la gloire de Dieu. Depuis toujours, les chrétiens méditent et reméditent l' « hymne » qui est au centre du texte : « Lui qui était dans la condition de Dieu... »

2 1 S'il est vrai que dans le Christ on se réconforte les uns les
autres, si l'on s'encourage dans l'amour, si l'on est en commu-
nion dans l'Esprit, si l'on a de la tendresse et de la pitié,
2 alors, pour que ma joie soit complète, ayez les mêmes dispo-
sitions, le même amour, les mêmes sentiments; recherchez
3 l'unité. | Ne soyez jamais intrigants ni vantards, mais ayez
assez d'humilité pour estimer les autres supérieurs à vous-
4 mêmes. | Que chacun de vous ne soit pas préoccupé de lui-
même, mais aussi des autres.
5 Ayez entre vous les dispositions que l'on doit avoir dans le
Christ Jésus :

6 lui qui était dans la condition de Dieu,
il n'a pas jugé bon de revendiquer son droit
d'être traité à l'égal de Dieu;
7 mais au contraire, il se dépouilla lui-même
en prenant la condition de serviteur.
Devenu semblable aux hommes

et reconnu comme un homme à son comportement,
8 il s'est abaissé lui-même
en devenant obéissant jusqu'à mourir,
et à mourir sur une croix.

9 C'est pourquoi Dieu l'a élevé au-dessus de tout;
il lui a conféré le Nom
qui surpasse tous les noms,
10 afin qu'au Nom de Jésus,
aux cieux, sur terre et dans l'abîme,
tout être vivant tombe à genoux,
11 et que toute langue proclame :
« Jésus Christ est le Seigneur »,
pour la gloire de Dieu le Père.

Courir vers le but (3, 8-14).

Paul parle encore de lui-même, des valeurs qu'il a appris à mettre au premier plan depuis qu'il connaît le Christ, de la « course » passionnée qu'est désormais sa vie.

3 8 Tous les avantages que j'avais autrefois, je les considère
maintenant comme une perte à cause de ce bien qui dépasse
tout : la connaissance du Christ Jésus, mon Seigneur. A cause
de lui, j'ai tout perdu; je considère tout comme des balayures,
9 en vue d'un seul avantage, le Christ, | en qui Dieu me re-
connaîtra comme juste. Cette justice ne vient pas de moi-
même, – c'est-à-dire de mon obéissance à la loi de Moïse –
mais de la foi au Christ : c'est la justice qui vient de Dieu et qui
10 est fondée sur la foi. | Il s'agit de connaître le Christ, d'éprou-
ver la puissance de sa résurrection et de communier aux souf-
11 frances de sa passion, en reproduisant en moi sa mort, | dans
l'espoir de parvenir, moi aussi, à ressusciter d'entre les morts.
12 Certes, je ne suis pas encore arrivé, je ne suis pas encore au
bout, mais je poursuis ma course pour saisir tout cela, comme
13 j'ai moi-même été saisi par le Christ Jésus. | Frères, je ne pense
pas l'avoir déjà saisi. Une seule chose compte : oubliant ce
14 qui est en arrière, et lancé vers l'avant, | je cours vers le but
pour remporter le prix auquel Dieu nous appelle là-haut dans
le Christ Jésus.

Le chemin de la transfiguration (3, 17 — 4, 1).

Quel axe donner à sa vie ? Quel but se fixer ? Pour des chrétiens, le choix devrait être clair.

3 17 Frères, prenez-moi tous pour modèle, et regardez bien ceux
18 qui vivent selon l'exemple que nous vous donnons. | Car je
vous l'ai souvent dit, et maintenant je le redis en pleurant :
19 beaucoup de gens vivent en ennemis de la croix du Christ. | Ils
vont tous à leur perte. Leur dieu, c'est leur ventre, et ils met-

tent leur gloire dans ce qui fait leur honte; ils ne tendent que
20 vers les choses de la terre. | Mais nous, nous sommes citoyens
des cieux; c'est à ce titre que nous attendons comme sauveur
21 le Seigneur Jésus Christ, | lui qui transformera nos pauvres
corps à l'image de son corps glorieux, avec la puissance qui le
rend capable aussi de tout dominer.

4 1 Ainsi, mes frères bien-aimés que je désire tant revoir, vous,
ma joie et ma récompense, tenez bon dans le Seigneur, mes
bien-aimés.

La joie dans le Seigneur (4, 4-9).

Témoigner d'une confiance joyeuse et reconnaissante, accueillir tout ce que les hommes peuvent vivre de beau : voilà ce qui prépare à la rencontre du Seigneur.

4 4 Soyez toujours dans la joie du Seigneur; laissez-moi vous le
5 redire : soyez dans la joie. | Que votre sérénité soit connue de
6 tous les hommes. Le Seigneur est proche. | Ne soyez inquiets
de rien, mais, en toute circonstance, dans l'action de grâce priez
7 et suppliez pour faire connaître à Dieu vos demandes. | Et la
paix de Dieu, qui dépasse tout ce qu'on peut imaginer, gar-
dera votre cœur et votre intelligence dans le Christ Jésus.
8 Enfin, mes frères, tout ce qui est vrai et noble, tout ce qui
est juste et pur, tout ce qui est digne d'être aimé et honoré,
tout ce qui s'appelle vertu et qui mérite des éloges, tout cela,
9 prenez-le à votre compte. | Ce que vous avez appris et reçu, ce
que vous avez vu et entendu de moi, mettez-le en pratique.
Et le Dieu de la paix sera avec vous.

Reconnaissance pour les dons reçus (4, 12-14.19-20)

Habitué à toutes les duretés de l'existence, l'Apôtre sait aussi recevoir avec reconnaissance le soutien de ses amis.

4 12 Je sais vivre de peu, je sais aussi avoir tout ce qu'il me faut.
Être rassasié et avoir faim, avoir tout ce qu'il me faut et man-
13 quer de tout, j'ai appris cela de toutes les façons. | Je peux
tout supporter avec celui qui me donne la force.
14 Cependant, vous avez bien fait de m'aider tous ensemble
19 quand j'étais dans la gêne. | Et mon Dieu subviendra magni-
fiquement à tous vos besoins selon sa richesse dans le Christ
Jésus.
20 Gloire à Dieu notre Père pour les siècles des siècles. Amen.

Lettre aux Colossiens

Paul, en prison (à Rome, ou plutôt à Césarée), écrit à la communauté de Colosses, en Asie mineure, qu'il n'a pas fondée lui-même mais dont il se sent responsable et qui traverse une crise assez grave : certains veulent en effet la détourner du Christ, ou du moins réduire le rôle central de celui-ci, en parlant d'autres puissances invisibles censées mener le monde, et en prescrivant des rites qui seraient nécessaires pour être sauvé (cf. Galates, p. 404). *Paul va répondre en soulignant vigoureusement le rôle du Christ et en affirmant que le grand secret de Dieu, c'est le salut de tous les hommes par ce même Christ.*

Hymne au Christ (1, 12-20).

Cet hymne constitue le sommet de l'épître. Le Christ est depuis toujours « premier-né par rapport à toute créature ». Il est devenu, par sa vie sur terre et par sa passion, « premier-né d'entre les morts ». Des images puissantes qui devraient illuminer nos vies.

1 12 Avec joie, vous rendrez grâce à Dieu le Père, qui vous a
rendus capables d'avoir part, dans la lumière, à l'héritage du
13 peuple saint. | Il nous a arrachés au pouvoir des ténèbres, il
nous a fait entrer dans le royaume de son Fils bien-aimé,
14 par qui nous sommes rachetés et par qui nos péchés sont
pardonnés.

15 Il est l'image du Dieu invisible,
le premier-né par rapport à toute créature,
16 car c'est en lui que tout a été créé
  dans les cieux et sur la terre,
les êtres visibles
  et les puissances invisibles :
tout est créé par lui et pour lui.
17 Il est avant tout les êtres,
  et tout subsiste en lui.

18 Il est aussi la tête du corps,
c'est-à-dire de l'Église.
Il est le commencement,
le premier-né d'entre les morts,
puisqu'il devait avoir en tout la primauté.
19 Car Dieu a voulu que dans le Christ
toute chose ait son accomplissement total.
20 Il a voulu tout réconcilier par lui et pour lui,
sur la terre et dans les cieux,
en faisant la paix par le sang de sa croix.

Le combat de Paul au service du « mystère » (1, 24-28).
Qui est Paul ? L'homme d'un message au service d'une Église. Quel est ce message ? La révélation du « mystère », qui n'est autre que le salut de tout homme par le Christ.

1 24 Je trouve la joie dans les souffrances que je supporte pour
vous, car ce qu'il reste à souffrir des épreuves du Christ, je
l'accomplis dans ma propre chair, pour son corps qui est
25 l'Église. | De cette Église je suis devenu ministre, et la charge
que Dieu m'a confiée, c'est d'accomplir pour vous sa parole,
26 le mystère qui était caché depuis toujours à toutes les géné-
rations, mais qui maintenant a été manifesté aux membres de
27 son peuple saint. | Car Dieu a bien voulu leur faire connaître
en quoi consiste, au milieu des nations païennes, la gloire sans
prix de ce mystère : le Christ est au milieu de vous, lui, l'espé-
28 rance de la gloire ! | Ce Christ, nous l'annonçons : nous aver-
tissons tout homme, nous instruisons tout homme avec sagesse
afin d'amener tout homme à sa perfection dans le Christ.

La vie nouvelle dans le Christ (2, 12-14).
Comme en Romains 6 (p. 381) *Paul parle ici du baptême : nous y sommes morts avec le Christ, et nous sommes même déjà mystérieusement ressuscités avec lui.*

2 12 Par le baptême, vous avez été mis au tombeau avec lui,
avec lui vous avez été ressuscités, parce que vous avez cru
en la force de Dieu qui a ressuscité le Christ d'entre les
13 morts. | Vous étiez des morts, parce que vous aviez péché
et que vous n'aviez pas reçu de circoncision. Mais Dieu vous a
donné la vie avec le Christ : il nous a pardonné tous nos péchés.
14 Il a supprimé le billet de la dette qui nous accablait depuis
que les commandements pesaient sur nous : il l'a annulé en le
clouant à la croix du Christ.

A la lumière de la Résurrection (3, 1-5.9-21).
Ressuscités avec le Christ (cf. 2, 12-14), *nous devons peu à peu, en conséquence, changer nos idées sur la vie, notre regard sur les hommes,*

et nos manières d'agir, jusque dans le détail de la vie personnelle et collective.

3 1 Vous êtes ressuscités avec le Christ. Recherchez donc les
réalités d'en haut : c'est là qu'est le Christ, assis à la droite de
2 Dieu. | Tendez vers les réalités d'en haut, et non pas vers
3 celles de la terre. | En effet, vous êtes morts avec le Christ,
4 et votre vie reste cachée avec lui en Dieu. | Quand paraîtra le
Christ, votre vie, alors vous aussi, vous paraîtrez avec lui en
pleine gloire.

5 Faites donc mourir en vous ce qui appartient encore à la
terre : débauche, impureté, passions, désirs mauvais, et cet
9 appétit de jouissance qui est un culte rendu aux idoles. | Plus
de mensonge entre vous; débarrassez-vous des agissements de
10 l'homme ancien qui est en vous, | et revêtez l'homme nouveau,
celui que le Créateur refait toujours neuf à son image pour le
11 conduire à la vraie connaissance. | Alors, il n'y a plus de Grec
et de Juif, d'Israélite et de païen, il n'y a pas de barbare, de
sauvage, d'esclave, d'homme libre, il n'y a que le Christ : en
tous, il est tout.

12 Puisque vous avez été choisis par Dieu, que vous êtes ses
fidèles et ses bien-aimés, revêtez votre cœur de tendresse et de
13 bonté, d'humilité, de douceur, de patience. | Supportez-vous
mutuellement, et pardonnez si vous avez des reproches à vous
faire. Agissez comme le Seigneur : il vous a pardonné, faites
14 de même. | Par-dessus tout cela, qu'il y ait l'amour : c'est lui
15 qui fait l'unité dans la perfection. | Et que, dans vos cœurs,
règne la paix du Christ à laquelle vous avez été appelés pour
former en lui un seul corps.

16 Vivez dans l'action de grâce. | Que la parole du Christ habite
en vous dans toute sa richesse; instruisez-vous et reprenez-
vous les uns les autres avec une vraie sagesse; par des psaumes,
des hymnes et de libres louanges, chantez à Dieu, dans vos
17 cœurs, votre reconnaissance. | Et tout ce que vous dites, tout
ce que vous faites, que ce soit toujours au nom du Seigneur
Jésus Christ, en offrant par lui votre action de grâce à Dieu
le Père.

18 Vous les femmes, soyez soumises à votre mari; dans le
19 Seigneur, c'est ce qui convient. | Et vous les hommes, aimez
20 votre femme, ne soyez pas désagréables avec elle. | Vous les
enfants, en toutes choses écoutez vos parents; dans le Seigneur,
21 c'est cela qui est beau. | Et vous les parents, n'exaspérez pas
vos enfants; vous risqueriez de les décourager.

Première lettre aux Thessaloniciens

Le plus ancien texte de Paul (et donc du N.T.), écrit vers 51. Une communauté fondée par Paul à Thessalonique (aujourd'hui Salonique) dès son premier passage en Europe, après celle de Philippes et avant celle d'Athènes (Actes 17, p. 374). *Une lettre pleine d'action de grâce pour la fondation de la communauté et sa persévérance dans la foi, l'espérance et l'amour. Une lettre qui redit aux chrétiens l'attachement que Paul a pour eux et leur rappelle son enseignement et ses conseils. Paul y parle en particulier de la mort et du « dernier jour », mais il insiste sur l'activité à déployer en attendant : vivre à plein, et non attendre, les bras croisés, la venue du Seigneur.*

La foi des Thessaloniciens et l'Évangile (1, 1-10).

Une communauté qui a su accueillir la foi et dont le rayonnement s'étend bien au-delà du voisinage... Paul y voit avec reconnaissance l'œuvre de Dieu. (Remarquer, au v. 3, les éléments essentiels de la vie chrétienne : foi, espérance, charité; et, aux vv. 9-10, les éléments essentiels de la conversion au Christ.)

1 1 Nous, Paul, Silvain et Timothée, nous nous adressons à
vous, l'Église de Thessalonique qui est en Dieu le Père et en
Jésus Christ le Seigneur : que la grâce et la paix soient avec
vous.
2 A tout instant, nous rendons grâce à Dieu à cause de vous
3 tous, en faisant mention de vous dans nos prières. | Sans cesse,
nous nous souvenons que votre foi est active, que votre charité
se donne de la peine, que votre espérance tient bon en notre
4 Seigneur Jésus Christ, en présence de Dieu notre Père. | Nous
le savons, frères bien-aimés de Dieu, vous avez été choisis par
5 lui. | En effet, notre annonce de l'Évangile chez vous n'a pas
été simple parole, mais puissance, action de l'Esprit Saint,
certitude absolue : vous savez comment nous nous sommes
6 comportés chez vous pour votre bien. | Et vous, vous avez

commencé à nous imiter, nous et le Seigneur, en accueillant la
Parole au milieu de bien des épreuves avec la joie de l'Esprit
7 Saint. | Ainsi vous êtes devenus un modèle pour tous les
8 croyants de Macédoine et de toute la Grèce. | Et ce n'est pas
seulement en Macédoine et dans toute la Grèce qu'à partir de
chez vous la parole du Seigneur a retenti, mais la nouvelle de
votre foi en Dieu s'est si bien répandue partout que nous
n'avons plus rien à en dire.
9 En effet, quand les gens parlent de nous, ils racontent
l'accueil que vous nous avez fait; ils disent comment vous
vous êtes convertis à Dieu en vous détournant des idoles, afin
10 de servir le Dieu vivant et véritable, | et afin d'attendre des
cieux son Fils qu'il a ressuscité d'entre les morts, Jésus, qui
nous délivre de la colère qui vient.

Paul missionnaire (2, 7b-13).

Comme un père, comme une mère, l'Apôtre se donne à ceux vers qui il est envoyé. Mais ce qu'il leur apporte, ce n'est pas sa parole à lui, c'est celle de Dieu.

2 7 Avec vous nous avons été pleins de douceur, comme une
8 mère qui entoure de soins ses nourrissons. | Ayant pour vous
une telle affection, nous voudrions vous donner non seulement
l'Évangile de Dieu, mais tout ce que nous sommes, car vous
9 nous êtes devenus très chers. | Vous vous rappelez, frères, nos
peines et nos fatigues : c'est en travaillant nuit et jour, pour
n'être à la charge d'aucun d'entre vous, que nous vous avons
10 annoncé l'Évangile de Dieu. | Vous pouvez témoigner, et Dieu
aussi, de notre attitude si sainte, si juste et irréprochable
11 envers vous, les croyants. | Et vous savez bien que nous avons
été pour chacun de vous comme un père pour ses enfants;
12 nous vous avons exhortés et encouragés, | nous vous avons
suppliés d'avoir une conduite digne de Dieu, lui qui vous
appelle à son Royaume et à sa gloire.
13 Et voici pourquoi nous ne cessons de rendre grâce à Dieu.
Quand vous avez reçu de notre bouche la parole de Dieu,
vous l'avez accueillie pour ce qu'elle est réellement : non pas
une parole d'hommes, mais la parole de Dieu qui est à l'œuvre
en vous, les croyants.

Souhaits pour la vie de la communauté (3, 12 — 4, 2).

Amour, sainteté, volonté de progrès, attente du Seigneur qui vient : telle est la vie des chrétiens.

3 12 Que le Seigneur vous donne, entre vous et à l'égard de tous
les hommes, un amour de plus en plus intense et débordant,
13 comme celui que nous avons pour vous. | Et qu'ainsi il vous
établisse fermement dans une sainteté sans reproche devant

Dieu notre Père, pour le jour où notre Seigneur Jésus viendra
avec tous les saints.
4 1 Pour le reste, vous avez appris de nous comment il faut vous
conduire pour plaire à Dieu; et c'est ainsi que vous vous
conduisez déjà. Faites donc de nouveaux progrès, nous vous
en prions, frères, nous vous le demandons dans le Seigneur
2 Jésus. | D'ailleurs, vous savez bien quelles instructions nous
vous avons données de la part du Seigneur Jésus.

L'attente du jour du Seigneur (4, 13 — 5, 6).

Le Seigneur va venir, pensent les Thessaloniciens. Mais certains frères sont déjà morts : a-t-on raison de les pleurer ? Les retrouvera-t-on quand viendra le grand jour ? Paul répond avec les images de son temps, mais l'essentiel de sa réponse vaut toujours : ce qui nous attend tous, c'est la rencontre définitive avec le Seigneur. D'où la fermeté et la sérénité de notre espérance.

4 13 Frères, nous ne voulons pas vous laisser dans l'ignorance
au sujet de ceux qui se sont endormis dans la mort; il ne faut
pas que vous soyez abattus comme les autres, qui n'ont pas
14 d'espérance. | Jésus, nous le croyons, est mort et ressuscité;
de même, nous le croyons, ceux qui se sont endormis, Dieu, à
15 cause de Jésus, les emmènera avec son Fils. | Car, sur la parole
du Seigneur, nous vous déclarons ceci : nous les vivants, nous
qui sommes encore là pour attendre le retour du Seigneur,
16 nous ne devancerons pas ceux qui se sont endormis. | Au
signal donné par la voix de l'archange, à l'appel de Dieu, le
Seigneur lui-même descendra du ciel, et les morts unis au
17 Christ ressusciteront d'abord. | Ensuite, nous les vivants, nous
qui sommes encore là, nous serons emportés sur les nuées du
ciel, en même temps qu'eux, à la rencontre du Seigneur. Ainsi,
nous serons pour toujours avec le Seigneur.
18 Retenez ce que je viens de dire, et réconfortez-vous les uns
les autres.
5 1 Frères, au sujet de la venue du Seigneur, il n'est pas néces-
2 saire qu'on vous parle de délais ou de dates. | Vous savez très
bien que le jour du Seigneur viendra comme un voleur dans
3 la nuit. | Quand les gens diront : « Quelle paix! quelle tran-
quillité! », c'est alors que, tout à coup, la catastrophe s'abattra
sur eux, comme les douleurs sur la femme enceinte : ils ne
4 pourront pas y échapper. | Mais vous, frères, comme vous
n'êtes pas dans les ténèbres, ce jour ne vous surprendra pas
5 comme un voleur. | En effet, vous êtes tous des fils de la
lumière, des fils du jour; nous n'appartenons pas à la nuit
6 et aux ténèbres. | Alors, ne restons pas endormis comme les
autres, mais soyons vigilants et restons sobres.

La vigilance et la joie (5, 16-24).

Derniers conseils : dans l'attente, notre confiance en Dieu, toujours fidèle, doit nous rendre à la fois dynamiques et lucides dans le quotidien.

5 16 Soyez toujours dans la joie, | priez sans relâche, | rendez
grâce en toute circonstance : c'est ce que Dieu attend de vous
19-20 dans le Christ Jésus. | N'éteignez pas l'Esprit, | ne repoussez
21 pas les prophètes, | mais discernez la valeur de toute chose.
22 Ce qui est bien, gardez-le; | éloignez-vous de tout ce qui porte
la trace du mal.

23 Que le Dieu de la paix lui-même vous sanctifie tout entiers,
et qu'il garde parfaits et sans reproche votre esprit, votre âme
et votre corps, pour la venue de notre Seigneur Jésus Christ.
24 Il est fidèle, le Dieu qui vous appelle : tout cela, il l'accomplira.

Deuxième lettre aux Thessaloniciens

La deuxième lettre complète la première. Peu importe pour nous qu'elle ait été écrite par Paul lui-même peu après la première, ou plus tard par un disciple fidèle à l'esprit de Paul, comme le pensent certains...

Pour une vie de foi active et robuste (1, 11 — 2, 2.16 — 3, 5).
Rien n'est facile, ni pour les chrétiens de Thessalonique qu'on voudrait entraîner sur d'autres chemins que ceux tracés par Paul, ni pour l'Apôtre lui-même qui rencontre bien des obstacles. Raison de plus d'être unis et de prier les uns pour les autres.

1 11 Nous prions continuellement pour vous, afin que notre
Dieu vous trouve dignes de l'appel qu'il vous a adressé; par
sa puissance, qu'il vous donne d'accomplir tout le bien que
12 vous désirez, et qu'il rende active votre foi. | Ainsi, notre
Seigneur Jésus aura sa gloire en vous, et vous en lui; voilà
ce que nous réserve la grâce de notre Dieu et du Seigneur
Jésus Christ.

2 1 Frères, nous voulons vous demander une chose, au sujet
de la venue de notre Seigneur Jésus Christ et de notre rassem-
2 blement auprès de lui : | si l'on nous attribue une révélation,
une parole ou une lettre prétendant que le jour du Seigneur
est arrivé, n'allez pas aussitôt perdre la tête, ne vous laissez
pas effrayer.

16 Laissez-vous réconforter par notre Seigneur Jésus Christ
lui-même et par Dieu notre Père, lui qui nous a aimés et qui,
dans sa grâce, nous a pour toujours donné réconfort et
17 joyeuse espérance; | qu'ils affermissent votre cœur dans tout
ce que vous pouvez faire et dire de bien.

3 1 Priez aussi pour nous, frères, afin que la parole du Seigneur
poursuive sa course, et qu'on lui rende gloire partout comme
2 chez vous. | Priez pour que nous échappions à la méchanceté
des gens qui nous veulent du mal, car tout le monde n'a pas la
3 foi. | Le Seigneur, lui, est fidèle : il vous affermira et vous
4 protégera du Mal. | Et, dans le Seigneur, nous avons pleine

confiance en vous : vous faites et vous continuerez à faire ce
5 que nous vous ordonnons. | Que le Seigneur vous conduise à
l'amour de Dieu et à la persévérance pour attendre le Christ.

Le sérieux de la vie (3, 7-12).

Certains croient tellement au « retour » du Seigneur qu'ils cessent de travailler. Paul leur rappelle le sérieux de la vie : lui-même, à Thessalonique, gagnait son pain par son travail; que tous en fassent autant : l'Église n'est pas un groupe de rêveurs vivant hors de la réalité.

3 7 Vous savez bien, vous, ce qu'il faut faire pour nous imiter.
8 Nous n'avons pas vécu parmi vous dans l'oisiveté; | et le pain
que nous avons mangé, nous n'avons demandé à personne de
nous en faire cadeau. Au contraire, dans la fatigue et la peine,
nuit et jour, nous avons travaillé pour n'être à la charge d'au-
9 cun d'entre vous. | Bien sûr, nous en aurions le droit; mais
nous avons voulu être pour vous un modèle à imiter.
10 Et quand nous étions chez vous, nous vous donnions cette
consigne : si quelqu'un ne veut pas travailler, qu'il ne mange
11 pas non plus. | Or, nous apprenons que certains parmi vous
12 vivent dans l'oisiveté, affairés sans rien faire. | A ceux-là, nous
adressons dans le Seigneur Jésus Christ cet ordre et cet appel :
qu'ils travaillent dans le calme pour manger le pain qu'ils
auront gagné.

Lettres à Timothée et à Tite

Trois lettres adressées aux deux collaborateurs les plus proches de Paul. Sont-elles de Paul lui-même ? Ont-elles été écrites après sa mort par un disciple qui voulait aider l'Église à se structurer pour mieux tenir à l'épreuve du temps ?... De toute façon, certains passages semblent bien être l'écho de Paul dans ses dernières luttes. Et on voit l'Église, à la fin de l'époque des Apôtres, s'organiser pour durer, et vérifier sa foi.

Première lettre à Timothée

L'action de grâce d'un pécheur pardonné (1, 12-17).
Rétrospective sur la vie de Paul, et surtout sur l'extraordinaire chemin que la miséricorde du Seigneur lui a fait parcourir.

1 12 Je suis plein de reconnaissance pour celui qui me donne la
force, Jésus Christ notre Seigneur, car il m'a fait confiance en
13 me chargeant du ministère, | moi qui autrefois ne savais que
blasphémer, persécuter, insulter. Mais le Christ m'a par-
donné : ce que je faisais, c'était par ignorance, car je n'avais
14 pas la foi; | mais la grâce de notre Seigneur a été encore plus
forte, avec la foi et l'amour dans le Christ Jésus.
15 Voici une parole sûre, et qui mérite d'être accueillie sans
réserve : le Christ Jésus est venu dans le monde pour sauver
16 les pécheurs; et moi le premier, je suis pécheur, | mais si le
Christ Jésus m'a pardonné, c'est pour que je sois le premier
en qui toute sa générosité se manifesterait; je devais être le
premier exemple de ceux qui croiraient en lui pour la vie
éternelle.

17 Honneur et gloire
au roi des siècles,
au Dieu unique, invisible et immortel,
pour les siècles des siècles. Amen.

La prière universelle (2, 1-8).

Il faut prier pour tous les hommes, puisque le Christ est l'homme envoyé par Dieu pour être le Sauveur de tous les hommes (la Prière universelle, à la messe, en est une expression privilégiée).

2 1 J'insiste avant tout pour qu'on fasse des prières de demande,
d'intercession et d'action de grâce pour tous les hommes,
2 pour les chefs d'État et tous ceux qui ont des responsabilités,
afin que nous puissions mener notre vie dans le calme et la
3 sécurité, en hommes religieux et sérieux. | Voilà une vraie
4 prière, que Dieu, notre Sauveur, peut accepter, | car il veut
que tous les hommes soient sauvés et arrivent à connaître
pleinement la vérité.
5 En effet, il n'y a qu'un seul Dieu, il n'y a qu'un seul média-
teur entre Dieu et les hommes : un homme, le Christ Jésus,
6 qui s'est donné lui-même en rançon pour tous les hommes.
7 Au temps fixé, il a rendu ce témoignage | pour lequel j'ai reçu
la charge de messager et d'Apôtre — je le dis en toute vérité —,
moi qui enseigne aux nations païennes la foi et la vérité.
8 Je voudrais donc qu'en tout lieu les hommes prient en
levant les mains vers le ciel, saintement, sans colère ni mau-
vaises intentions.

Une belle profession de foi (6, 11-16).

Le responsable d'Église, c'est un homme qui se bat pour la foi à la suite du Christ.

6 11 Toi, l'homme de Dieu, cherche à être juste et religieux, vis
12 dans la foi et l'amour, la persévérance et la douceur. | Continue
à bien te battre pour la foi, et tu obtiendras la vie éternelle;
c'est à elle que tu as été appelé, c'est pour elle que tu as été
capable d'une si belle affirmation de ta foi devant de nombreux
témoins.
13 Et maintenant, en présence de Dieu qui donne vie à toutes
choses, et en présence du Christ Jésus qui a témoigné devant
Ponce Pilate par une si belle affirmation, voici ce que je
14 t'ordonne : | garde le commandement du Seigneur, en demeu-
rant irréprochable et droit jusqu'au moment où se manifes-
15 tera notre Seigneur Jésus Christ. | Celui qui fera paraître le
Christ au temps fixé,

c'est le Souverain unique et bienheureux,
le Roi des rois, le Seigneur des seigneurs,
16 le seul qui possède l'immortalité,
lui qui habite la lumière inaccessible,
lui que personne n'a jamais vu,
et que personne ne peut voir.
A lui, honneur et puissance éternelle. Amen.

Deuxième lettre à Timothée

Conseils à un responsable d'Église (1, 6-10.13-14).

La mission reçue par le responsable d'Église appelle fermeté et fidélité.

1 6 Je te rappelle que tu dois réveiller en toi le don de Dieu
7 que tu as reçu quand je t'ai imposé les mains. | Car ce n'est
pas un esprit de peur que Dieu nous a donné, mais un esprit
8 de force, d'amour et de raison. | N'aie pas honte de rendre
témoignage à notre Sauveur, et n'aie pas honte de moi, qui
suis en prison à cause de lui; mais, avec la force de Dieu,
9 prends ta part de souffrance pour l'annonce de l'Évangile. | Car
Dieu nous a sauvés, et il nous a donné une vocation sainte, non
pas à cause de nos propres actes, mais à cause de son projet
à lui et de sa grâce. Cette grâce nous avait été donnée dans le
10 Christ Jésus avant tous les siècles, | et maintenant elle est
devenue visible à nos yeux, car notre Sauveur, le Christ Jésus,
s'est manifesté en détruisant la mort, et en faisant resplendir
la vie et l'immortalité par l'annonce de l'Évangile.
13 Règle ta doctrine sur l'enseignement solide que tu as reçu
de moi, dans la foi et dans l'amour que nous avons en Jésus
14 Christ. | Tu es le dépositaire de l'Évangile; garde-le dans
toute sa pureté grâce à l'Esprit Saint qui habite en nous.

La certitude du chrétien (2, 8-13).

« *Souviens-toi de Jésus Christ* », « *On n'enchaîne pas la parole de Dieu* »... *Des paroles belles et simples qui nous disent, aujourd'hui encore, l'essentiel de la foi et de ses exigences.*

2 8 Souviens-toi de Jésus Christ,
le descendant de David :
il est ressuscité d'entre les morts,
9 voilà mon Évangile. | C'est pour lui que je souffre, jusqu'à
être enchaîné comme un malfaiteur. Mais on n'enchaîne pas
10 la parole de Dieu! | C'est pourquoi je supporte tout pour ceux
que Dieu a choisis, afin qu'ils obtiennent eux aussi le salut
par Jésus Christ, avec la gloire éternelle.

11 Voici une parole sûre :
Si nous sommes morts avec lui,
avec lui nous vivrons.
12 Si nous supportons l'épreuve,
avec lui nous régnerons.
Si nous le rejetons,
lui aussi nous rejettera.

13 Si nous sommes infidèles,
lui, il restera fidèle,
car il ne peut se rejeter lui-même.

Être l'homme de la Parole (3, 14 — 4, 2).

Vivre de la Parole, l'annoncer envers et contre tout : l'Église a besoin d'hommes qui se fixent ce but.

3 14 Tu dois en rester à ce qu'on t'a enseigné : tu l'as reconnu
comme vrai, sachant bien quels sont les maîtres qui te l'ont
15 enseigné. | Depuis ton plus jeune âge, tu connais les textes
sacrés : ils ont le pouvoir de te communiquer la sagesse,
celle qui conduit au salut par la foi que nous avons en Jésus
16 Christ. | Tous les textes de l'Écriture sont inspirés par Dieu;
celle-ci est utile pour enseigner, dénoncer le mal, redresser,
17 éduquer dans la justice; | grâce à elle, l'homme de Dieu sera
bien armé, il sera pourvu de tout ce qu'il faut pour un bon
travail.
4 1 Devant Dieu, et devant le Christ Jésus qui doit juger les
vivants et les morts, je te le demande solennellement, au nom
2 de sa manifestation et de son Règne : | proclame la Parole,
interviens à temps et à contretemps, dénonce le mal, fais des
reproches, encourage, mais avec une grande patience et avec
le souci d'instruire.

Paul devant sa mort (4, 6-8.16-18).

Il n'y a qu'à accueillir ces dernières paroles d'un vieux lutteur, dont la foi est plus forte que jamais.

4 6 Me voici déjà offert en sacrifice, le moment de mon départ
7 est venu. | Je me suis bien battu, j'ai tenu jusqu'au bout de
8 la course, je suis resté fidèle. | Je n'ai plus qu'à recevoir la
récompense du vainqueur : dans sa justice, le Seigneur, le
juge impartial, me la remettra en ce jour-là, comme à tous
ceux qui auront désiré avec amour sa manifestation dans la
gloire.
16 La première fois que j'ai présenté ma défense, personne ne
m'a soutenu : tous m'ont abandonné. Que Dieu ne leur en
17 tienne pas rigueur. | Le Seigneur, lui, m'a assisté. Il m'a rem-
pli de force pour que je puisse jusqu'au bout annoncer l'Évan-
gile et le faire entendre à toutes les nations païennes. J'ai
18 échappé à la gueule du lion; | le Seigneur me fera encore
échapper à tout ce qu'on fait pour me nuire. Il me sauvera et
me fera entrer au ciel, dans son Royaume. A lui la gloire pour
les siècles des siècles. Amen.

Lettre à Tite

Le peuple qui appartient à Dieu (2, 11-14; 3, 4-7).
Dieu nous a envoyé le Christ, et cela a tout changé pour la destinée des hommes : nous pouvons vivre dans l'espérance.

2 11 La grâce de Dieu s'est manifestée pour le salut de tous les
12 hommes. | C'est elle qui nous apprend à rejeter le péché
et les passions d'ici-bas, pour vivre dans le monde présent
13 en hommes raisonnables, justes et religieux, | et pour attendre
le bonheur que nous espérons avoir quand se manifestera
la gloire de Jésus Christ, notre grand Dieu et notre Sauveur.
14 Car il s'est donné pour nous afin de nous racheter de toutes
nos fautes, et de nous purifier pour faire de nous son peuple,
un peuple ardent à faire le bien.
3 4 Lorsque Dieu, notre Sauveur, a manifesté sa bonté et sa
5 tendresse pour les hommes, | il nous a sauvés. Il l'a fait dans
sa miséricorde, et non pas à cause d'actes méritoires que nous
aurions accomplis par nous-mêmes. Par le bain du baptême,
il nous a fait renaître et nous a renouvelés dans l'Esprit Saint.
6 Cet Esprit, Dieu l'a répandu sur nous avec abondance, par
7 Jésus Christ notre Sauveur; | ainsi, par sa grâce, nous sommes
devenus des justes, et nous possédons dans l'espérance l'héritage de la vie éternelle.

Lettre à Philémon

Une lettre toute simple de Paul à un de ses amis sur une affaire de la vie courante : Onésime, esclave du chrétien Philémon, s'est enfui et Paul l'a retrouvé et baptisé. Pour la société antique, l'esclave n'est rien. Pour Paul, pour les chrétiens, c'est un homme à part entière, c'est un frère dans le Christ. Quand Onésime reviendra chez Philémon, tout devra être changé dans leurs relations. Paul ne s'attaque pas directement au problème de l'esclavage dans l'Empire romain, mais il pose les bases évangéliques de sa solution.

(9b-10. 12-17).
5 9 Moi, Paul, qui suis un vieil homme, moi qui suis aujour-
10 d'hui en prison à cause du Christ Jésus, | j'ai quelque chose à
te demander pour Onésime, mon enfant à qui, dans ma
prison, j'ai donné la vie du Christ.
12 Je te le renvoie, lui qui est une part de moi-même. | Je
13 l'aurais volontiers gardé auprès de moi, pour qu'il me rende
des services en ton nom, à moi qui suis en prison à cause de
14 l'Évangile. | Mais je n'ai rien voulu faire sans ton accord, pour
que tu accomplisses librement ce qui est bien, sans y être plus
15 ou moins forcé. | S'il a été éloigné de toi pendant quelque
temps, c'est peut-être pour que tu le retrouves définitivement,
16 non plus comme un esclave, mais, bien mieux qu'un esclave,
comme un frère bien-aimé : il l'est vraiment pour moi, il le
sera plus encore pour toi, aussi bien humainement que dans
le Seigneur.
17 Donc, si tu penses être en communion avec moi, accueille-le
comme si c'était moi.

Lettre aux Hébreux

Le texte qu'on appelle « Épître aux Hébreux » est moins une lettre qu'une longue homélie dont on ne connaît ni les destinataires ni l'auteur. Celui-ci, en tout cas, est grand connaisseur de la Bible et de la liturgie juive. Il médite longuement sur Jésus, qui est le grand prêtre des chrétiens, et dont le sacrifice unique remplace à tout jamais les sacrifices du Temple. Puis il parle de la foi des chrétiens et de leur endurance. C'est un des textes du Nouveau Testament où l'on voit le mieux comment la foi chrétienne se situe par rapport à l'Ancien Testament.

Dieu nous a parlé par son Fils (I, 1-6).
Après la longue attente de l'Ancien Testament, voici le Fils de Dieu dans toute sa grandeur prestigieuse, qui éclipse celle des anges et des prophètes.

1 1 Souvent, dans le passé, Dieu a parlé à nos pères par les
2 prophètes sous des formes fragmentaires et variées; | mais,
dans les derniers temps, dans ces jours où nous sommes, il
nous a parlé par le Fils qu'il a établi héritier de toutes choses
3 et par qui il a créé les mondes. | Reflet resplendissant de la
gloire du Père, expression parfaite de son être, ce Fils qui
porte toutes choses par sa parole puissante, après avoir accompli la purification des péchés, s'est assis à la droite de la
4 Majesté divine au plus haut des cieux; | et il est placé bien
au-dessus des anges, car il possède par héritage un nom bien
plus grand que les leurs.
5 En effet, Dieu n'a jamais dit à un ange :
Tu es mon Fils,
aujourd'hui je t'ai engendré.
Ou bien encore :
Je serai pour lui un père,
il sera pour moi un fils.
6 Au contraire, au moment d'introduire le Premier-né dans le
monde à venir, il dit : *Que tous les anges de Dieu se prosternent devant lui.*

Jésus, frère et sauveur des hommes (2, 9-12.14-18).
Jésus est arrivé à la gloire par le long chemin de la fraternité avec les hommes, jusque dans la souffrance et la mort.

2 9 Jésus avait été abaissé un peu au-dessous des anges, et
maintenant nous le voyons couronné de gloire et d'honneur
à cause de sa Passion et de sa mort. Si donc il a fait l'expé-
rience de la mort, c'est, par grâce de Dieu, pour le salut de
tous.
10 En effet, puisque le créateur et maître de tout voulait avoir
une multitude de fils à conduire jusqu'à la gloire, il était nor-
mal qu'il mène à sa perfection, par la souffrance, celui qui est
11 à l'origine du salut de tous. | Car Jésus qui sanctifie, et les
hommes qui sont sanctifiés, sont de la même race; et, pour
12 cette raison, il n'a pas honte de les appeler ses frères, | quand
il dit :
Je proclamerai ton nom devant mes frères
je te louerai en pleine assemblée.
14 Ainsi donc, puisque les hommes ont tous une nature de
chair et de sang, Jésus a voulu partager cette condition hu-
maine : ainsi, par sa mort, il a pu réduire à l'impuissance celui
15 qui possédait le pouvoir de la mort, c'est-à-dire le démon, | et il
a rendu libres ceux qui, par crainte de la mort, passaient toute
16 leur vie dans une situation d'esclaves. | Car ceux qu'il vient
17 aider, ce ne sont pas les anges, ce sont les fils d'Abraham. | Il
lui fallait donc devenir en tout semblable à ses frères, pour
être, dans leurs relations avec Dieu, un grand prêtre miséri-
cordieux et fidèle, capable d'enlever les péchés du peuple.
18 Ayant souffert jusqu'au bout l'épreuve de sa Passion, il peut
porter secours à ceux qui subissent l'épreuve.

La Parole vivante qui nous juge (4, 12-13).
Comme il le fait bien des fois au long de son texte, l'auteur vient de commenter longuement l'Écriture. Il s'arrête ici un instant pour dire la puissance et l'efficacité de cette Écriture, qui est parole de Dieu lui-même.

4 12 Elle est vivante, la parole de Dieu, énergique et plus cou-
pante qu'une épée à deux tranchants; elle pénètre au plus
profond de l'âme, jusqu'aux jointures et jusqu'aux moelles;
13 elle juge des intentions et des pensées du cœur. | Pas une
créature n'échappe à ses yeux, tout est nu devant elle, dominé
par son regard; nous aurons à lui rendre des comptes.

Le Christ, notre grand prêtre (4, 14... 10, 23).
L'auteur développe maintenant son thème central : le Christ est notre grand prêtre. Jusque-là, les prêtres du Temple de Jérusalem assuraient

le lien entre Dieu et son peuple pécheur par des offrandes d'animaux, dons offerts en signe de la volonté des hommes de se rapprocher de Dieu et de s'offrir à lui. Mais Jésus Christ, le Fils, est l'homme parfait, représentant de tous les hommes, qui se donne lui-même. En lui, une fois pour toutes, l'homme s'est donné à Dieu et Dieu l'a accueilli. Il n'y a plus rien d'autre à offrir à Dieu, mais seulement à s'unir au don total de Jésus à son Père.

Le grand prêtre Jésus est d'abord présenté comme lié inséparablement à Dieu qui l'a institué, et à nous dont il partage la faiblesse jusque dans la souffrance de son agonie (A). Puis il nous est montré comme détenteur d'un sacerdoce qui ne passe pas, établi pour toujours entre les hommes et Dieu (B). Ayant offert son sacrifice non dans les rites d'un temple, mais dans sa vie même, dans son propre corps crucifié, il entre au ciel, dans le véritable sanctuaire de Dieu, et cela, définitivement (C). En fin de compte, il est prêtre par toute son existence vécue pour Dieu, depuis sa venue au monde pour faire la volonté de Dieu jusqu'à sa vie de Ressuscité « assis à la droite de Dieu » pour toujours : il a ouvert la voie (D).

On notera à la péricope A l'allusion à Melkisédek, sur lequel l'épître revient plusieurs fois : c'est le mystérieux « prêtre du Dieu Très Haut » que rencontre Abraham au chapitre 14 de la Genèse, image d'un sacerdoce différent de celui du Temple et plus grand que celui-ci.

A : 4, 14 — 5, 9 *Partageant notre faiblesse*

4 14 En Jésus, le Fils de Dieu, nous avons le grand prêtre par
excellence, celui qui a pénétré au-delà des cieux; tenons donc
15 ferme l'affirmation de notre foi. | En effet, le grand prêtre que
nous avons n'est pas incapable, lui, de partager nos faiblesses;
en toutes choses, il a connu l'épreuve comme nous, et il n'a
16 pas péché. | Avançons-nous donc avec pleine assurance vers
le Dieu tout-puissant qui fait grâce, pour obtenir miséricorde
et recevoir, en temps voulu, la grâce de son secours.

5 1 En effet, le grand prêtre est toujours pris parmi les hommes,
et chargé d'intervenir en faveur des hommes dans leurs relations avec Dieu; il doit offrir des dons et des sacrifices pour les
2 péchés. | Il est en mesure de comprendre ceux qui pèchent
par ignorance ou par égarement, car il est, lui aussi, rempli de
3 faiblesse; | et, à cause de cette faiblesse, il doit offrir des
sacrifices pour ses propres péchés comme pour ceux du peuple.
4 On ne s'attribue pas cet honneur à soi-même, on le reçoit par
appel de Dieu, comme Aaron.
5 Il en est bien ainsi pour le Christ : quand il est devenu
grand prêtre, ce n'est pas lui-même qui s'est donné cette
gloire; il l'a reçue de Dieu, qui lui a dit :

Tu es mon Fils,
moi, aujourd'hui, je t'ai engendré,

6 et qui déclare dans un autre psaume :
Tu es prêtre pour toujours
selon le sacerdoce de Melkisédek.
7 Pendant les jours de sa vie mortelle, il a présenté, avec un
grand cri et dans les larmes, sa prière et sa supplication à
Dieu qui pouvait le sauver de la mort; et, parce qu'il s'est sou-
8 mis en tout, il a été exaucé. | Bien qu'il soit le Fils, il a pour-
9 tant appris l'obéissance par les souffrances de sa Passion; | et,
ainsi conduit à sa perfection, il est devenu pour tous ceux qui
lui obéissent la cause du salut éternel.

B : 7, 23-28 *Saint et sans tache*

7 23 Dans l'ancienne Alliance, un grand nombre de prêtres se
sont succédé parce que la mort les empêchait de durer tou-
24 jours. | Jésus, lui, puisqu'il demeure éternellement, possède le
25 sacerdoce qui ne passe pas. | C'est pourquoi il est en mesure
de sauver d'une manière définitive ceux qui s'avancent vers
Dieu grâce à lui, car il vit pour toujours, afin d'intercéder en
leur faveur.
26 C'était bien le grand prêtre qu'il nous fallait : saint, sans
tache, sans aucune faute; séparé maintenant des pécheurs, il
27 est désormais plus haut que les cieux. | Il n'a pas besoin,
comme les autres grands prêtres, d'offrir chaque jour des
sacrifices, d'abord pour ses péchés personnels, puis pour ceux
du peuple; cela, il l'a fait une fois pour toutes en s'offrant
28 lui-même. | Dans la loi de Moïse, ce sont des hommes rem-
plis de faiblesse qui sont désignés comme grands prêtres. Mais
plus tard, quand Dieu s'engage par serment, il désigne son
Fils qu'il a pour toujours mené à sa perfection.

C : 9, 11-15.24-28 *Médiateur d'une Alliance nouvelle*

9 11 Le Christ est le grand prêtre du bonheur qui vient. Le
temple de son corps est plus grand et plus parfait que celui
de l'ancienne Alliance; il n'a pas été construit par l'homme,
et n'appartient donc pas à ce monde. | C'est par ce Temple
12 qu'il est entré une fois pour toutes dans le sanctuaire du ciel
en répandant, non pas le sang des animaux, mais son propre
13 sang : il a obtenu ainsi une libération définitive. | S'il est
vrai qu'une simple aspersion avec du sang d'animal, ou avec
de l'eau sacrée, rendait à ceux qui s'étaient souillés une pureté
extérieure, pour qu'ils puissent célébrer le culte, | le sang
14 du Christ, lui, fait bien davantage : poussé par l'Esprit éter-
nel, Jésus s'est offert lui-même à Dieu comme une victime
sans tache; et son sang purifiera notre conscience des actes
qui mènent à la mort pour que nous puissions célébrer le
15 culte du Dieu vivant. | Voilà pourquoi il est le médiateur
d'une Alliance nouvelle : puisqu'il est mort pour le rachat des
fautes commises sous l'ancienne Alliance, ceux qui sont appe-
lés peuvent recevoir l'héritage éternel déjà promis.

24 Le Christ n'est pas entré dans un sanctuaire construit par
les hommes, qui ne peut être qu'une copie du sanctuaire véri-
table; il est entré dans le ciel même, afin de se tenir mainte-
25 nant pour nous devant la face de Dieu. | Il n'a pas à recommen-
cer plusieurs fois son sacrifice, comme le grand prêtre qui,
tous les ans, entrait dans le sanctuaire en offrant un sang
26 qui n'était pas le sien; | car alors, le Christ aurait dû plu-
sieurs fois souffrir la Passion depuis le commencement du
monde. Mais c'est une fois pour toutes, au temps de l'ac-
complissement, qu'il s'est manifesté pour détruire le péché par
27 son sacrifice. | Et, comme le sort des hommes est de mourir
28 une seule fois, puis de comparaître pour le jugement, | ainsi le
Christ, après s'être offert une seule fois pour enlever les
péchés de la multitude, apparaîtra une seconde fois, non plus
à cause du péché, mais pour le salut de ceux qui l'attendent.

D : 10, 5-14.18-23 *Il s'est offert une fois pour toutes*

10 5 En entrant dans le monde, le Christ dit, d'après le Psaume :
Tu n'as pas voulu de sacrifices ni d'offrandes,
mais tu m'as fait un corps.
6 *Tu m'as pas accepté les holocaustes*
ni les expiations pour le péché;
7 *alors, je t'ai dit :*
Me voici, mon Dieu,
je suis venu pour faire ta volonté,
car c'est bien de moi que parle l'Écriture.
8 Le Christ commence donc par dire : *Tu n'as pas voulu ni*
accepté les sacrifices et les offrandes, les holocaustes et les
9 *expiations pour le péché* que la Loi prescrit d'offrir. | Puis il
déclare : *Me voici, je suis venu pour faire ta volonté.* Ainsi, il
10 supprime l'ancien culte pour établir le nouveau. | Et c'est par
cette volonté de Dieu que nous sommes sanctifiés, grâce à
l'offrande que Jésus Christ a faite de son corps, une fois pour
toutes.
11 Dans l'ancienne Alliance, les prêtres étaient debout dans le
Temple pour célébrer une liturgie quotidienne, et pour offrir
à plusieurs reprises les mêmes sacrifices, qui n'ont jamais pu
12 enlever les péchés. | Jésus Christ, au contraire, après avoir
offert pour les péchés un unique sacrifice, s'est assis pour
13 toujours à la droite de Dieu. | Il attend désormais que ses
14 ennemis soient mis sous ses pieds. | Par son sacrifice unique,
il a mené pour toujours à leur perfection ceux qui reçoivent
de lui la sainteté.
18 Quand le pardon est accordé, on n'offre plus le sacrifice
pour les péchés.
19 Frères, c'est avec pleine assurance que nous pouvons entrer
20 au sanctuaire du ciel grâce au sang de Jésus : | nous avons là
une voie nouvelle et vivante qu'il a inaugurée en pénétrant
au-delà du rideau du Sanctuaire, c'est-à-dire de sa condition

21 humaine. | Et nous avons le grand prêtre par excellence, celui
22 qui est établi sur la maison de Dieu. | Avançons-nous donc
vers Dieu avec un cœur sincère, et dans la certitude que
donne la foi, le cœur purifié de ce qui souille notre cons-
23 cience, le corps lavé par une eau pure. | Continuons sans
fléchir d'affirmer notre espérance, car il est fidèle, celui qui a
promis.

La foi des anciens (11, 1-2.8-19).

On aborde ici un autre développement, dont le thème est la foi. Après une belle définition, nous recueillons l'exemple d'Abraham et des patriarches, ceux qui ont marché sans voir d'avance le but, sûrs qu'ils étaient de l'appel du Seigneur.

11 1 La foi est le moyen de posséder déjà ce qu'on espère, et de
2 connaître des réalités qu'on ne voit pas. | Et quand l'Écriture
rend témoignage aux anciens, c'est à cause de leur foi.
8 Grâce à la foi, Abraham obéit à l'appel de Dieu : il partit
vers un pays qui devait lui être donné comme héritage. Et il
9 partit sans savoir où il allait. | Grâce à la foi, il vint séjourner
comme étranger dans la Terre promise; c'est dans un campe-
ment qu'il vivait, ainsi qu'Isaac et Jacob, héritiers de la même
10 promesse que lui, | car il attendait la cité qui aurait de vraies
fondations, celle dont Dieu lui-même est le bâtisseur et l'ar-
chitecte.
11 Grâce à la foi, Sara, elle aussi, malgré son âge, fut rendue
capable d'avoir une descendance parce qu'elle avait pensé
12 que Dieu serait fidèle à sa promesse. | C'est pourquoi, d'un
seul homme, déjà marqué par la mort, ont pu naître des
hommes aussi nombreux que les étoiles dans le ciel et les
grains de sable au bord de la mer, que personne ne peut
compter.
13 C'est dans la foi qu'ils sont tous morts sans avoir connu la
réalisation des promesses; mais ils l'avaient vue et saluée de
loin, affirmant que, sur la terre, ils étaient des étrangers et des
14 voyageurs. | Or, parler ainsi, c'est montrer clairement qu'on
15 est à la recherche d'une patrie. | S'ils avaient pensé à celle
qu'ils avaient quittée, ils auraient eu la possibilité d'y revenir.
16 En fait, ils aspiraient à une patrie meilleure, celle des cieux.
Et Dieu n'a pas refusé d'être invoqué comme leur Dieu, puis-
qu'il leur a préparé une cité céleste.
17 Grâce à la foi, quand il fut soumis à l'épreuve, Abraham
offrit Isaac en sacrifice. Et il offrait le fils unique, alors qu'il
18 avait reçu les promesses | et entendu cette parole : *C'est
d'Isaac que naîtra une descendance qui portera ton nom.*
19 Il pensait en effet que Dieu peut aller jusqu'à ressusciter les
morts : c'est pourquoi son fils lui fut rendu; et c'était pro-
phétique.

L'endurance dans l'épreuve (12, 1-7.11-13).
A la suite de cette « nuée de témoins », il s'agit de nous engager avec le Christ, en acceptant les difficultés de la vie comme une leçon divine qui doit nous rendre plus forts et plus décidés.

12 1 Ainsi donc, cette foule immense de témoins est là qui nous
entoure. Comme eux, débarrassons-nous de tout ce qui nous
alourdit, et d'abord du péché qui nous entrave si bien; alors
nous courrons avec endurance l'épreuve qui nous est propo-
2 sée, | les yeux fixés sur Jésus, qui est à l'origine et au terme de
la foi. Renonçant à la joie qui lui était proposée, il a enduré,
sans avoir de honte, l'humiliation de la croix, et, assis à la
3 droite de Dieu, il règne avec lui. | Méditez l'exemple de
celui qui a enduré de la part des pécheurs une telle hostilité,
4 et vous ne serez pas accablés par le découragement. | Vous
n'avez pas encore résisté jusqu'au sang dans votre lutte contre
5 le péché, | et vous avez oublié cette parole de réconfort, qui
vous est adressée comme à des fils :
Mon fils, ne néglige pas les leçons du Seigneur,
ne te décourage pas quand il te fait des reproches.
6 *Quand le Seigneur aime quelqu'un,*
il lui donne de bonnes leçons;
il corrige tous ceux qu'il reconnaît comme ses fils.
7 Ce que vous endurez est une leçon. Dieu se comporte envers
vous comme envers des fils; et quel est le fils auquel son père
ne donne pas des leçons ?
11 Quand on vient de recevoir une leçon, on ne se sent pas
joyeux, mais plutôt triste. Par contre, quand on s'est repris
grâce à la leçon, plus tard, on trouve la paix et l'on devient
12 juste. | C'est pourquoi il est écrit : *Redonnez de la vigueur*
13 *aux mains défaillantes et aux genoux qui fléchissent,* | et : *Nivelez*
la piste pour y marcher. Ainsi, celui qui boite ne se tordra
pas le pied; bien plus, il sera guéri.

La fête éternelle déjà commencée (12, 18-19.22-24a).
Pour celui qui a le regard de la foi, ce que nous vivons est plus prestigieux encore que ce qu'ont vécu Moïse et son peuple au Sinaï : nous sommes entrés dans la grande assemblée de fête de Dieu, celle de l'Alliance éternelle par et dans le Christ.

12 18 Quand vous êtes venus vers Dieu, il n'y avait rien de maté-
riel comme au Sinaï, pas de feu qui brûle, pas d'obscurité, de
19 ténèbres, ni d'ouragan, | pas de son de trompettes, pas de
paroles prononcées par cette voix que les fils d'Israël deman-
dèrent à ne plus entendre.
22 Mais vous êtes venus vers la montagne de Sion et vers la
cité du Dieu vivant, la Jérusalem céleste, vers des milliers

23 d'anges en fête | et vers l'assemblée des premiers-nés dont les
noms sont inscrits dans les cieux. Vous êtes venus vers Dieu,
le juge de tous les hommes, et vers les âmes des justes arrivés
24 à la perfection. | Vous êtes venus vers Jésus, le médiateur
d'une Alliance nouvelle.

Lettre de Jacques

On ne sait pas grand-chose de l'origine de l'Épître de Jacques. Elle a sûrement été écrite en milieu judéo-chrétien (les Juifs convertis au christianisme) par un homme qui parlait très bien le grec. Sans beaucoup d'ordre, le texte rassemble des réflexions vigoureuses, souvent dignes des grands prophètes de l'Ancien Testament.

Mettre la Parole en pratique (1, 17-18.21b-22.27).

C'est Dieu qui nous comble, c'est lui qui nous fait exister par sa Parole. Accueillir celle-ci, c'est en tirer les conséquences dans la vie de tous les jours.

1 17 Les dons les meilleurs, les présents merveilleux, viennent
d'en haut, ils descendent tous d'auprès du Père de toutes les
lumières, lui qui n'est pas, comme les astres, sujet au mouve-
18 ment périodique ni aux éclipses passagères. | Il a voulu nous
donner la vie par sa parole de vérité, pour faire de nous les
premiers appelés de toutes ses créatures.
21 Accueillez humblement la parole de Dieu semée en vous;
22 elle est capable de vous sauver. | Mettez la Parole en appli-
cation, ne vous contentez pas de l'écouter : ce serait vous
faire illusion.
27 Devant Dieu notre Père, la manière pure et irréprochable
de pratiquer la religion, c'est de venir en aide aux orphelins
et aux veuves dans leur malheur, et de se garder propre au
milieu du monde.

La dignité des pauvres dans l'Église (2, 1-5).

Dans l'assemblée chrétienne, les hiérarchies habituelles sont bouleversées.

2 1 Mes frères, ne mêlez pas des considérations de personnes
2 avec la foi en Jésus Christ, notre Seigneur de gloire. | Imagi-
nons que, dans votre assemblée, arrivent en même temps un

homme aux vêtements rutilants, portant des bagues en or, et
3 un homme pauvre aux vêtements sales. | Vous vous tournez
vers l'homme qui porte des vêtements rutilants et vous lui
dites : « Prends ce siège, et installe-toi bien »; et vous dites au
pauvre : « Toi, reste là debout », ou bien : « Assieds-toi par
4 terre à mes pieds. » | Agir ainsi, n'est-ce pas faire des diffé-
rences entre vous, et juger selon des valeurs fausses ?
5 Écoutez donc, mes frères bien-aimés! Dieu, lui, n'a-t-il pas
choisi ceux qui sont pauvres aux yeux du monde ? Il les a faits
riches de la foi, il les a fait héritiers du Royaume qu'il a pro-
mis à ceux qui l'auront aimé.

Pas de vraie foi sans les actes (2, 14-18).

Qu'est-ce que la foi ? Une conviction enfouie au fond du cœur, ou un dynamisme qui pousse à l'action ?

2 14 Mes frères, si quelqu'un prétend avoir la foi, alors qu'il
n'agit pas, à quoi cela sert-il ? Cet homme-là peut-il être sauvé
par sa foi ?
15 Supposons que l'un de nos frères ou l'une de nos sœurs
n'aient pas de quoi s'habiller, ni de quoi manger tous les
16 jours; | si l'un de vous leur dit : « Rentrez tranquillement chez
vous! Mettez-vous au chaud, et mangez à votre faim! » et si
vous ne leur donnez pas ce que réclame leur corps, à quoi
17 cela sert-il ? | Ainsi donc, celui qui n'agit pas, sa foi est bel et
18 bien morte, | et on peut lui dire : « Tu prétends avoir la foi,
moi je la mets en pratique. Montre-moi donc ta foi qui n'agit
pas; moi, c'est par mes actes que je te montrerai ma foi. »

D'où viennent la paix et la guerre (3, 16 — 4, 3).

La vraie sagesse fait des hommes de paix. Et pourtant, que de conflits dans notre monde ! D'où cela vient-il ?

3 16 La jalousie et les rivalités mènent au désordre et à toutes
17 sortes d'actions malfaisantes. | Au contraire, la sagesse qui
vient de Dieu est d'abord droiture, et par suite elle est paix,
tolérance, compréhension; elle est pleine de miséricorde et
18 féconde en bienfaits, sans partialité et sans hyprocrisie. | C'est
dans la paix qu'est semée la justice, qui donne son fruit aux
artisans de la paix.
4 1 D'où viennent les guerres, d'où viennent les conflits entre
vous ? N'est-ce pas justement de tous ces instincts qui mènent
2 leur combat en vous-mêmes ? | Vous êtes pleins de convoitises
et vous n'obtenez rien, alors vous tuez; vous êtes jaloux et
vous n'arrivez pas à vos fins, alors vous entrez en conflit et
3 vous faites la guerre. | Vous n'obtenez rien parce que vous ne
priez pas; vous priez, mais vous ne recevez rien parce que
votre prière est mauvaise : vous demandez des richesses pour
satisfaire vos instincts.

Malheur à vous, riches! (5, 1-6).
Une accusation sans pitié des riches, à cause des malheurs dont ils sont coupables ou complices.

5 1 Écoutez-moi, vous, les gens riches! Pleurez, lamentez-vous,
2 car des malheurs vous attendent. | Vos richesses sont pourries,
3 vos vêtements sont mangés des mites, | votre or et votre
argent sont rouillés. Cette rouille vous accusera, elle dévorera
vos chairs comme un feu. Vous avez amassé de l'argent, alors
4 que nous sommes dans les derniers temps! | Des travailleurs
ont moissonné vos terres, et vous ne les avez pas payés; leur
salaire crie vengeance, et les revendications des moissonneurs
5 sont arrivées aux oreilles du Seigneur de l'univers. | Vous avez
recherché sur terre le plaisir et le luxe, et vous avez fait
6 bombance pendant qu'on massacrait des gens. | Vous avez
condamné le juste et vous l'avez tué, sans qu'il vous résiste.

Patience, le Seigneur vient! (5, 7-10).
Notre impatience de rencontrer le Seigneur doit accepter la lenteur des germinations.

5 7 Frères, en attendant la venue du Seigneur, ayez de la
patience. Voyez le cultivateur : il attend les produits précieux
de la terre avec patience, jusqu'à ce qu'il ait fait la première et
8 la dernière récoltes. | Ayez de la patience vous aussi, et soyez
9 fermes, car la venue du Seigneur est proche. | Frères, ne
gémissez pas les uns contre les autres, ainsi vous ne serez pas
jugés. Voyez : le Juge est à notre porte.
10 Frères, prenez pour modèles d'endurance et de patience les
prophètes qui ont parlé au nom du Seigneur.

13 Si l'un de vous est dans la souffrance, qu'il prie; si quelqu'un est
14 dans la joie, qu'il chante le Seigneur. | Si l'un de vous est malade, qu'il
appelle ceux qui exercent dans l'Église la fonction d'Anciens: ils
prieront sur lui après lui avoir fait une onction d'huile au nom du
15 Seigneur. | Cette prière inspirée par la foi sauvera le malade: le
16 Seigneur le relèvera et, s'il a commis des péchés, il recevra le pardon. |
16 Reconnaissez vos péchés les uns devant les autres, et priez les uns
pour les autres afin d'être guéris, car la supplication du juste agit avec
17 beaucoup de puissance. | Le prophète Élie n'était qu'un homme
comme nous; pourtant, lorsqu'il a prié avec insistance pour qu'il ne
18 pleuve pas, il n'a pas plu pendant trois ans et demi; | puis il pria
encore une fois, et le ciel donna la pluie, et la terre produisit sa
récolte.
19 Mes frères, si l'un de vous s'égare loin de la vérité et si quelqu'un
20 l'amène à se convertir, | alors, sachez-le : celui qui ramène un pécheur
du chemin où il s'égarait se sauvera lui-même et couvrira une multi-
tude de péchés.

Première lettre de Pierre

Cette lettre dense et riche nous ramène aux axes essentiels de la vie chrétienne. Elle s'adresse à des croyants en danger, menacés de persécution, et donc obligés de s'affermir dans leur foi et d'en retrouver les fondements. Elle nous met en contact avec l'Église de Rome, regroupée autour de Pierre, le premier des douze Apôtres.

Bénédiction au Dieu de l'espérance (1, 3-12).

Comme Éphésiens, 1 Pierre *commence par une grande bénédiction adressée à Dieu. L'axe est ici celui de l'espérance, toute tendue vers la rencontre de Jésus, « l'Inconnu » bien-aimé* (voir verset 8).

1 3 Béni soit Dieu,
le Père de Jésus Christ notre Seigneur :
dans sa grande miséricorde,
il nous a fait renaître grâce à la résurrection de Jésus Christ
pour une vivante espérance,
4 pour l'héritage qui ne connaîtra
ni destruction, ni souillure, ni vieillissement.
Cet héritage vous est réservé dans les cieux,
5 à vous que la puissance de Dieu garde par la foi,
en vue du salut qui est prêt à se manifester à la fin des temps.
6 Vous en tressaillez de joie,
même s'il faut que vous soyez attristés,
pour un peu de temps encore, par toutes sortes d'épreuves;
7 elles vérifieront la qualité de votre foi
qui est bien plus précieuse que l'or
(cet or, voué pourtant à disparaître,
qu'on vérifie par le feu).
Tout cela doit donner à Dieu louange, gloire et honneur
quand se révélera Jésus Christ,
8 lui que vous aimez sans l'avoir vu,
en qui vous croyez sans le voir encore;

et vous tressaillez d'une joie inexprimable
qui vous transfigure,
9 car vous allez obtenir votre salut
qui est l'aboutissement de votre foi.

10 Sur ce salut, les prophètes ont réfléchi et médité, et ils ont
11 annoncé la grâce que vous deviez recevoir. | Ils cherchaient à
savoir de quels temps et de quelles circonstances voulait
parler l'Esprit du Christ présent en eux, quand il prédisait les
souffrances du Messie et la gloire qui suivrait sa Passion.
12 Dieu leur révéla que l'accomplissement de leurs prophéties
n'était pas pour leur temps, mais pour le vôtre. Et mainte-
nant, cet accomplissement vous a été proclamé par ceux qui
vous ont apporté l'Évangile sous l'action de l'Esprit Saint
envoyé du ciel, alors que les anges eux-mêmes voudraient
bien pouvoir scruter ce message.

Rachetés par le sang du Christ (1, 17-21).

Le projet que Dieu a formé depuis toujours, c'est de sauver l'humanité par Jésus Christ. C'est ce projet qui donne sens à notre propre vie.

1 17 Vous invoquez comme votre Père celui qui ne fait pas de
différence entre les hommes, mais qui les juge chacun d'après
ses actes; vivez donc, pendant votre séjour sur terre, dans la
18 crainte de Dieu. | Vous le savez : ce qui vous a libérés de la
vie sans but que vous meniez à la suite de vos pères, ce n'est
19 pas l'or et l'argent, car ils seront détruits; | c'est le sang pré-
20 cieux du Christ, l'Agneau sans défaut et sans tache. | Dieu
l'avait choisi dès avant la création du monde, et il l'a mani-
festé à cause de vous, en ces temps qui sont les derniers.
21 C'est par lui que vous croyez en Dieu, qui l'a ressuscité
d'entre les morts et lui a donné la gloire; ainsi vous mettez
votre foi et votre espérance en Dieu.

Le nouveau peuple de Dieu (2, 4-10).

Pour le Seigneur, nous ne sommes pas des individus isolés; nous sommes les « pierres vivantes » de son Temple, son peuple-prêtre (c'est-à-dire chargé tout entier d'évangéliser le monde et d'en faire une offrande au Père), témoins tous ensemble de ses merveilles et de son amour.

2 4 Approchez-vous du Seigneur Jésus : il est la pierre vivante,
que les hommes ont éliminée, mais que Dieu a choisie parce
5 qu'il en connaît la valeur. | Vous aussi, soyez les pierres
vivantes qui servent à construire le Temple spirituel, et vous
serez le sacerdoce saint, présentant des offrandes spirituelles
6 que Dieu pourra accepter à cause du Christ Jésus. | On lit
en effet dans l'Écriture :

Voici que je pose en Sion une pierre angulaire,
une pierre choisie et de grande valeur;

celui qui lui donne sa foi
ne connaîtra pas la honte.
7 Ainsi donc, honneur à vous qui avez la foi, mais, pour ceux
qui refusent de croire, l'Écriture dit :
La pierre éliminée par les bâtisseurs
est devenue la pierre d'angle,
8 *une pierre sur laquelle on bute,*
un rocher qui fait tomber.
Ces gens-là butent en refusant d'obéir à la Parole, et c'est bien
9 ce qui devait arriver. | Mais vous, vous êtes la race choisie, le
sacerdoce royal, la nation sainte, le peuple qui appartient à
Dieu; vous êtes donc chargés d'annoncer les merveilles de
celui qui vous a appelés des ténèbres à son admirable
10 lumière. | Car autrefois vous n'étiez *pas son peuple*, mais
aujourd'hui vous êtes le *peuple de Dieu.* Vous étiez *privés*
d'amour, mais aujourd'hui Dieu vous a *montré son amour.*

Endurer la persécution avec le Christ. (2, 20... 4, 16).

Si nous sommes attaqués à cause de notre foi, référons-nous au Christ : il a souffert avant nous, et c'est ainsi que nous sommes sauvés (A). Il s'agit de rendre compte de notre foi face à ceux qui l'attaquent, et cela toujours en référence au Christ. Sa mort a sauvé même ceux qui étaient morts avant lui, depuis le début de l'humanité. Et le baptême est pour nous le moyen de bénéficier du salut qu'il nous apporte (B). Si notre vie est par ailleurs irréprochable aux yeux des hommes, alors c'est bien pour notre foi qu'on nous persécute, et cette persécution nous met en communion avec le Christ (C).

A : 2, 20b-25 *Suivre les traces du Christ*

2 20 Si l'on vous fait souffrir alors que vous avez bien agi, vous
21 rendrez hommage à Dieu en tenant bon. | C'est bien à cela
que vous avez été appelés, puisque le Christ lui-même a souf-
fert pour vous et vous a laissé son exemple afin que vous sui-
22 viez ses traces, | lui qui n'a jamais commis de péché ni pro-
23 féré de mensonge : | couvert d'insultes, il n'insultait pas;
accablé de souffrances, il ne menaçait pas, mais il confiait sa
24 cause à Celui qui juge avec justice. | Dans son corps, il a porté
nos péchés sur le bois de la croix afin que nous puissions
mourir à nos péchés et vivre dans la justice : c'est par ses bles-
25 sures que vous avez été guéris. | Vous étiez errants comme des
brebis; mais à présent vous êtes revenus vers le berger qui
veille sur vous.

B : 3, 14-22 « *Rendre compte de l'espérance* »

3 14 S'il vous arrivait de souffrir pour la justice, heureux seriez-
vous! Comme dit l'Écriture : *N'ayez aucune crainte de ces*

15 *gens-là, ne vous laissez pas troubler.* | C'est le Seigneur, le
Christ, que vous devez reconnaître dans vos cœurs comme le
seul saint. Vous devez toujours être prêts à vous expliquer
devant tous ceux qui vous demandent de rendre compte de
16 l'espérance qui est en vous; | mais faites-le avec douceur et
respect. Ayez une conscience droite, pour faire honte à vos
adversaires au moment même où ils calomnient la vie droite
17 que vous menez dans le Christ. | Car il voudrait mieux souffrir
pour avoir fait le bien, si c'était la volonté de Dieu, plutôt que
pour avoir fait le mal.
18 C'est ainsi que le Christ est mort pour les péchés, une fois
pour toutes; lui, le juste, il est mort pour les coupables afin
de vous introduire devant Dieu. Dans sa chair, il a été mis à
19 mort; dans l'esprit, il a été rendu à la vie. | C'est ainsi qu'il est
allé proclamer son message à ceux qui étaient prisonniers de
20 la mort. | Ceux-ci, jadis, s'étaient révoltés au temps où se pro-
longeait la patience de Dieu, quand Noé construisit l'arche,
dans laquelle un petit nombre de personnes, huit en tout,
21 furent sauvées à travers l'eau. | C'était une image du baptême
qui vous sauve maintenant : être baptisé, ce n'est pas être
purifié de souillures extérieures, mais s'engager envers Dieu
avec une conscience droite, et participer ainsi à la résurrection
22 de Jésus Christ | qui est monté au ciel, au-dessus des anges et
de toutes les puissances invisibles, à la droite de Dieu.

C : 4, 13-16 *La joie de souffrir comme chrétien*

4 13 Puisque vous communiez aux souffrances du Christ,
réjouissez-vous, afin d'être dans la joie et l'allégresse quand
14 sa gloire se révélera. | Si l'on vous insulte à cause du nom du
Christ, heureux êtes-vous, puisque l'Esprit de gloire, l'Esprit
15 de Dieu, repose sur vous. | Si l'on fait souffrir l'un de vous,
que ce ne soit pas comme meurtrier, voleur, malfaiteur, ou
16 comme dénonciateur. | Mais si c'est comme chrétien, qu'il
n'ait pas de honte, et qu'il rende gloire à Dieu à cause de ce
nom de chrétien.

Deuxième lettre de Pierre

De cette lettre, écrite vers la fin du Ier siècle par un disciple de Pierre, et marquée par les difficultés de la deuxième génération chrétienne, nous n'avons ici qu'un seul passage, centré sur le retour du Seigneur. Les chrétiens l'attendent avec impatience. Mais il s'agit surtout de se convertir pour être prêts à cette rencontre à la fois merveilleuse et redoutable.

(3, 8-14).

3 8 Frères bien-aimés, il y a une chose que vous ne devez pas
oublier : pour le Seigneur, un seul jour est comme mille ans,
9 et mille ans sont comme un seul jour. | Le Seigneur n'est pas
en retard pour tenir sa promesse, comme le pensent certaines
personnes; c'est pour vous qu'il patiente : car il n'accepte pas
d'en laisser quelques-uns se perdre; mais il veut que tous
10 aient le temps de se convertir. | Pourtant, le jour du Seigneur
viendra comme un voleur. Alors les cieux disparaîtront avec
fracas, les éléments en feu seront détruits, la terre, avec tout
11 ce qu'on y a fait, sera brûlée. | Ainsi, puisque tout cela est en
voie de destruction, vous voyez quels hommes vous devez
être, quelle sainteté de vie, quel respect de Dieu vous devez
12 avoir, | vous qui attendez avec tant d'impatience la venue du
jour de Dieu, (ce jour où les cieux embrasés seront détruits,
13 où les éléments en feu se désagrégeront). | Car ce que nous
attendons, selon la promesse du Seigneur, c'est un ciel nouveau et une terre nouvelle où résidera la justice.
14 Dans l'attente de ce jour, frères bien-aimés, faites donc tout
pour que le Christ vous trouve nets et irréprochables, dans la
paix.

Première lettre de Jean

Provenant du même auteur ou du même milieu que le quatrième évangile, cette épître est une longue méditation sur la foi, l'amour, la lumière, la vie des enfants de Dieu. Il faut se laisser imprégner par son rythme lent, où les mêmes mots reviennent sans cesse : c'est un moyen de rencontrer le Seigneur et de reconnaître au fond de soi sa présence et ses appels. Car ce texte pousse à l'action, non au rêve...

Témoin de la Parole de vie (1, 1-4).
Un homme nous interpelle : il a fait l'expérience vivante d'une rencontre, il en témoigne; il veut ainsi nous introduire à la communion avec le Christ et avec son Père, pour nous faire partager sa joie.

1 1 Ce qui était depuis le commencement,
ce que nous avons entendu,
ce que nous avons contemplé de nos yeux,
ce que nous avons vu
et que nos mains ont touché,
c'est le Verbe, la Parole de la vie.
2 Oui, la vie s'est manifestée,
nous l'avons contemplée,
et nous portons témoignage :
nous vous annonçons
cette vie éternelle qui était auprès du Père
et qui s'est manifestée à nous.
3 Ce que nous avons contemplé,
ce que nous avons entendu,
nous vous l'annonçons à vous aussi,
pour que, vous aussi, vous soyez en communion avec nous.
Et nous, nous sommes en communion avec le Père
et avec son Fils, Jésus Christ.
4 Et c'est nous qui écrivons cela,
afin que nous ayons la plénitude de la joie.

Éviter le péché (2, 1-5a).

Le Christ nous sauve du péché. Et le péché le plus courant, c'est sans doute de se dire chrétiens sans faire ce que le Seigneur nous demande.

2 1 Mes petits enfants,
je vous écris pour que vous évitiez le péché.
Mais, si l'un de nous vient à pécher,
nous avons un défenseur devant le Père :
Jésus Christ, le Juste.
2 Il est la victime offerte pour nos péchés,
et non seulement pour les nôtres,
mais encore pour ceux du monde entier.
3 Et voici comment nous pouvons savoir
que nous connaissons Jésus Christ :
c'est en gardant ses commandements.
4 Celui qui dit : « Je le connais »,
et qui ne garde pas ses commandements,
est un menteur :
la vérité n'est pas en lui.
5 Mais en celui qui garde fidèlement sa parole,
l'amour de Dieu atteint vraiment la perfection.

L'espérance des enfants de Dieu (3, 1-3).

Nous sommes aimés, nous sommes enfants de Dieu. Un jour, quand le Christ viendra, tout cela sera clair. En attendant, nous sommes invités à vivre dans l'espérance.

3 1 Voyez comme il est grand, l'amour dont le Père nous a comblés :
il a voulu que nous soyons appelés enfants de Dieu,
– et nous le sommes –
Voilà pourquoi le monde ne peut pas nous connaître :
puisqu'il n'a pas découvert Dieu.
2 Bien-aimés,
dès maintenant, nous sommes enfants de Dieu,
mais ce que nous serons ne paraît pas encore clairement.
Nous le savons : lorsque le Fils de Dieu paraîtra,
nous serons semblables à lui
parce que nous le verrons tel qu'il est.
3 Et tout homme qui fonde sur lui une telle espérance
se rend pur comme lui-même est pur.

Croire et aimer (3, 18-24).

La foi, l'amour efficace des frères, voilà le moyen d'être situé en vérité devant Dieu, et ainsi de trouver la paix.

3 18 Mes enfants,
nous devons aimer :
non pas avec des paroles et des discours,
mais par des actes et en vérité.

19 En agissant ainsi,
nous reconnaîtrons que nous appartenons à la vérité,
et devant Dieu nous aurons le cœur en paix;
20 notre cœur aurait beau nous accuser,
Dieu est plus grand que notre cœur,
et il connaît toutes choses.
21 Mes bien-aimés,
si notre cœur ne nous accuse pas,
nous nous tenons avec assurance devant Dieu.
22 Tout ce que nous demandons à Dieu,
il nous l'accorde,
parce que nous sommes fidèles à ses commandements,
et que nous faisons ce qui lui plaît.
23 Or, voici son commandement :
avoir foi en son Fils Jésus Christ,
et nous aimer les uns les autres
comme il nous l'a commandé.
24 Et celui qui est fidèle à ses commandements
demeure en Dieu,
et Dieu en lui;
et nous reconnaissons qu'il demeure en nous,
puisqu'il nous a donné son Esprit.

Aux sources de l'amour (4, 7-16).

« Dieu est amour. » Il nous a aimés le premier : la venue de Jésus dans le monde en est la preuve. Nous avons à le reconnaître, à l'accueillir, à en être transformés jusque dans nos relations fraternelles.

4 7 Mes bien-aimés,
aimons-nous les uns les autres,
puisque l'amour vient de Dieu.
Tous ceux qui aiment
sont enfants de Dieu,
et ils connaissent Dieu.
8 Celui qui n'aime pas
ne connaît pas Dieu,
car Dieu est amour.

9 Voici comment Dieu a manifesté son amour parmi nous :
Dieu a envoyé son Fils unique dans le monde
pour que nous vivions par lui.
10 Voici à quoi se reconnaît l'amour :
ce n'est pas nous qui avons aimé Dieu,
c'est lui qui nous a aimés,
et il a envoyé son Fils
qui est la victime offerte pour nos péchés.

11 Mes bien-aimés,
puisque Dieu nous a tant aimés,
nous devons aussi nous aimer les uns les autres.

12 Dieu, personne ne l'a jamais vu.
Mais si nous nous aimons les uns les autres,
Dieu demeure en nous,
et son amour atteint en nous sa perfection.
13 Nous reconnaissons
que nous demeurons en lui,
et lui en nous,
à ce qu'il nous donne part à son Esprit.
14 Et nous qui avons vu,
nous attestons
que le Père a envoyé son Fils
comme Sauveur du monde.
15 Celui qui proclame que Jésus est le Fils de Dieu,
Dieu demeure en lui,
et lui en Dieu.
16 Et nous, nous avons reconnu et nous avons cru
que l'amour de Dieu est parmi nous.
Dieu est amour :
celui qui demeure dans l'amour
demeure en Dieu,
et Dieu en lui.

L'amour authentique (5, 1-9).

Pas d'amour véritable des frères sans amour de Dieu, et réciproquement. La grande force pour que triomphe cet amour dans le combat de la vie, c'est la foi.

5 1 Tout homme qui croit que Jésus est le Christ,
celui-là est vraiment né de Dieu;
tout homme qui aime le Père
aime aussi celui qui est né de lui.
Nous reconnaissons que nous aimons les enfants de Dieu
lorsque nous aimons Dieu
et que nous accomplissons ses commandements.
3 Car l'amour de Dieu, c'est cela :
garder ses commandements.
Ses commandements ne sont pas un fardeau,
4 puisque tout être qui est né de Dieu
est vainqueur du monde.
Et ce qui nous a fait vaincre le monde,
c'est notre foi.
5 Qui donc est vainqueur du monde ?
N'est-ce pas celui qui croit
que Jésus est le Fils de Dieu ?

6 C'est lui, Jésus Christ,
qui est venu par l'eau et par le sang :
pas seulement l'eau,
mais l'eau et le sang.

Et celui qui rend témoignage, c'est l'Esprit,
car l'Esprit est la vérité.
7 Ils sont trois qui rendent témoignage,
8 l'Esprit, l'eau et le sang,
et tous les trois se rejoignent en un seul témoignage.
9 Nous acceptons bien le témoignage des hommes;
or, le témoignage de Dieu a plus de valeur,
et le témoignage de Dieu, c'est celui qu'il rend à son Fils.

Apocalypse

Le Ier siècle a vu paraître de nombreuses « révélations » (c'est le sens du mot « apocalypse »), qui cherchaient avant tout à expliquer les malheurs d'une époque troublée et à y repérer le dessein de Dieu. L'Apocalypse de saint Jean, écrite sans doute vers 95 sous Domitien au moment de la première persécution de grande ampleur contre les chrétiens, appartient bien au même genre d'écrits, tout en étant la seule où l'Église ait reconnu sa foi authentique. On y parle en langage imagé (« chiffré ») des grands événements qui frappent les hommes (guerres, famines, calamités), et surtout du grand combat que mènent contre l'Église ceux qui veulent la détruire. On y parle aussi du ciel, mais c'est avant tout pour nous donner le sens religieux de ce qui se passe sur terre, et pour nous annoncer le monde de paix que Dieu nous prépare au-delà des épreuves. L'Apocalypse n'est pas un livre de fiction ou d'évasion, c'est un livre de courage et d'espérance. Elle ne décrit pas d'avance les événements de l'histoire, mais elle veut donner une lumière sur la vie aux croyants d'une époque donnée et, à travers eux, à ceux de tous les temps. Les extraits retenus par la liturgie du dimanche en présentent surtout les aspects pacifiés et lumineux; en fait, dans l'ouvrage, ils prennent un relief particulier par leur confrontation avec des passages plus durs, qui font apparaître les violentes tensions de l'existence terrestre.

« Celui qui est, qui était et qui vient » (1, 5-8).

Cette salutation qu'un croyant adresse à des croyants vient de Jésus lui-même, et exprime en peu de mots qui il est dans l'histoire des hommes.

1 Que la grâce et la paix vous soient données
5 de la part de Jésus Christ, le témoin fidèle,

le premier-né d'entre les morts,
le souverain des rois de la terre.

A lui qui nous aime,
qui nous a délivrés de nos péchés par son sang,
6 qui a fait de nous
le royaume et les prêtres de Dieu son Père,
à lui gloire et puissance
pour les siècles des siècles. Amen.
7 Voici qu'il vient parmi les nuées,
et tous les hommes le verront,
même ceux qui l'ont transpercé;
et en le voyant toutes les tribus de la terre se lamenteront.
Oui, vraiment! Amen!

8 Je suis l'alpha et l'oméga,
dit le Seigneur Dieu,
je suis celui qui est, qui était et qui vient,
le Tout-Puissant.

Vision du Fils de l'homme (1, 9-11a.12-13.17-19).

L'auteur se présente : chrétien persécuté, il a eu, au « jour du Seigneur » (le dimanche, où depuis toujours les chrétiens se réunissent dans la foi au Ressuscité), une rencontre saisissante avec le Fils de l'homme, celui qui est tout pour les croyants. Et si Jean peut nous parler maintenant du sens profond de notre présent et de notre avenir, c'est parce que le Seigneur, maître de l'histoire, le lui a fait comprendre.

1 9 Moi, Jean,
votre frère et compagnon
dans la persécution, la royauté et l'endurance avec Jésus,
je me trouvais dans l'île de Patmos
à cause de la parole de Dieu
et du témoignage pour Jésus.
10 C'était le jour du Seigneur;
je fus inspiré par l'Esprit,
et j'entendis derrière moi une voix puissante,
pareille au son d'une trompette.
11 Elle disait :
« Ce que tu vois, écris-le dans un livre.
et envoie-le aux sept Églises
qui sont en Asie mineure. »
12 Je me retournai pour voir qui me parlait.
Quand je me fus retourné,
je vis sept chandeliers d'or;
13 et au milieu d'eux comme un fils d'homme,
vêtu d'une longue tunique;
une ceinture d'or lui serrait la poitrine.
17 Quand je le vis,
je tombai comme mort à ses pieds,

mais il posa sur moi sa main droite, en disant :
« Sois sans crainte.
Je suis le Premier et le Dernier,
18 je suis le Vivant :
j'étais mort,
mais me voici vivant pour les siècles des siècles,
et je détiens les clés de la mort et du séjour des morts.
19 Écris donc ce que tu auras vu :
ce qui arrive maintenant,
ce qui arrivera ensuite. »

Vision de l'Agneau immolé (5, 11-14).

Nous voici au ciel. Au cœur de la foule immense qui représente le monde aimé et sauvé par Dieu, il y a le Père sur son trône royal et l'« Agneau immolé », Jésus entré dans la gloire parce qu'il a donné sa vie pour les hommes.

5 11 Dans ma vision,
j'ai entendu la voix d'une multitude d'anges
qui entouraient le Trône, les Vivants et les Anciens :
ils étaient des millions, des centaines de millions.
12 Ils criaient à pleine voix :
« Lui, l'Agneau immolé, il est digne
de recevoir puissance et richesse,
sagesse et force,
honneur, gloire et bénédiction. »
13 Et j'entendis l'acclamation de toutes les créatures
au ciel, sur terre, sous terre et sur mer;
tous les êtres qui s'y trouvent proclamaient :
« A celui qui siège sur le Trône, et à l'Agneau,
bénédiction, honneur, gloire et domination
pour les siècles des siècles. »
14 Et les quatre Vivants disaient : « Amen! »
et les Anciens se prosternèrent pour adorer.

A travers les épreuves, la multitude des élus (7, 2-4, 9-17).

Le texte évoque en fond de décor la « grande épreuve », les « larmes », le drame du monde. Mais au centre du tableau, il y a la foule courageuse des vrais croyants que le Seigneur accueille et qui l'acclament.

7 2 J'ai vu un ange qui montait du côté où le soleil se lève,
avec le sceau qui imprime la marque du Dieu vivant;
d'une voix forte, il cria aux quatre anges
qui avaient reçu le pouvoir de dévaster la terre et la mer :
3 « Ne dévastez pas la terre, ni la mer, ni les arbres,
avant que nous ayons marqué du sceau
le front des serviteurs de notre Dieu. »

4 Et j'entendis le nombre de ceux qui étaient marqués du sceau :
ils étaient cent quarante-quatre mille,
douze mille de chacune des douze tribus d'Israël.

9 Après cela, j'ai vu une foule immense,
que nul ne pouvait dénombrer,
une foule de toutes nations, races, peuples et langues.
Ils se tenaient debout devant le Trône et devant l'Agneau,
en vêtements blancs,
avec des palmes à la main.
10 Et ils proclamaient d'une voix forte :
« Le salut est donné par notre Dieu,
lui qui siège sur le Trône,
et par l'Agneau! »
11 Tous les anges qui se tenaient en cercle autour du Trône,
autour des Anciens et des quatre Vivants,
se prosternèrent devant le Trône, la face contre terre,
pour adorer Dieu.
12 Et ils disaient :
« Amen!
Louange, gloire, sagesse et action de grâce,
honneur, puissance et force
à notre Dieu, pour les siècles des siècles! Amen! »

13 L'un des Anciens prit alors la parole et me dit :
« Tous ces gens vêtus de blanc,
qui sont-ils, et d'où viennent-ils ? »
14 Je lui répondis :
« C'est toi qui le sais, mon Seigneur. »
Il reprit :
« Ils viennent de la grande épreuve;
ils ont lavé leurs vêtements,
ils les ont purifiés dans le sang de l'Agneau.
15 C'est pourquoi ils se tiennent devant le trône de Dieu,
et le servent jour et nuit dans son temple.
Celui qui siège sur le Trône
habitera parmi eux.
16 Ils n'auront plus faim, ils n'auront plus soif,
la brûlure du soleil ne les accablera plus,
17 puisque l'Agneau qui se tient au milieu du Trône
sera leur Pasteur
pour les conduire vers les eaux de la source de vie.
Et Dieu essuiera toute larme de leurs yeux. »

La Femme et le dragon (11, 19a; 12, 1-6a.10-12a).

Le seul de nos textes où apparaisse le drame du monde : la puissance effrayante du mal menace la Femme, qui est le peuple de Dieu (et sans doute Marie au cœur de l'histoire de ce peuple), dont la mission est d'enfanter le Christ pour le monde. Mais dans ce combat gigantesque, la victoire est garantie au Christ et à ses témoins.

11 19 Le Temple qui est dans le ciel s'ouvrit,
et l'arche de l'Alliance du Seigneur
apparut dans son Temple.

12 1 Un signe grandiose apparut dans le ciel :
une Femme,
ayant le soleil pour manteau,
la lune sous les pieds,
et sur la tête une couronne de douze étoiles.
2 Elle était enceinte et elle criait,
torturée par les douleurs de l'enfantement.
3 Un autre signe apparut dans le ciel :
un énorme dragon, rouge feu,
avec sept têtes et dix cornes,
et sur chaque tête un diadème.
4 Sa queue balayait le tiers des étoiles du ciel,
et les précipita sur la terre.
Le Dragon se tenait devant la femme qui allait enfanter,
afin de dévorer l'enfant dès sa naissance.
5 Or, la Femme mit au monde un fils, un enfant mâle,
celui qui sera le berger de toutes les nations,
les menant avec un sceptre de fer.
L'enfant fut enlevé auprès de Dieu et de son Trône,
6 et la Femme s'enfuit au désert.

10 Alors j'entendis dans le ciel une voix puissante,
qui proclamait :
« Voici maintenant le salut,
la puissance et la royauté de notre Dieu
et le pouvoir de son Christ !
Car l'accusateur de nos frères a été rejeté,
lui qui les accusait jour et nuit devant notre Dieu.
11 Et eux, ils l'ont vaincu
par le sang de l'Agneau et le témoignage de leur parole.
Dépassant l'amour d'eux-mêmes,
ils sont allés jusqu'à la mort.
12 Ciel, sois donc dans la joie,
ainsi que vous tous qui demeurez aux cieux. »

Chant du triomphe (19, 5-9).

Ici commence la célébration des « noces de l'Agneau », l'union définitive du Christ avec son Église.

19 5 Du Trône venait une voix qui disait :
« Chantez les louanges de notre Dieu,
vous tous qui le servez et le craignez,
des plus petits jusqu'aux plus grands. »

6 Alors j'entendis comme la voix d'une foule immense,
comme la voix des océans,
ou celle de violents coups de tonnerre.
Elle proclamait :
« Alléluia!
Le Seigneur notre Dieu a pris possession de sa royauté,
lui, le Tout-Puissant.
7 Soyons dans la joie, exultons, rendons-lui gloire,
car voici les noces de l'Agneau.
Son épouse a revêtu ses parures,
8 Dieu lui a donné un vêtement en fin tissu de lin,
pur et resplendissant,
qui est la sainteté des justes. »
9 Un ange me dit alors :
« Écris ceci :
Heureux les invités au repas
des noces de l'Agneau! »

Le monde nouveau (21, 1-5a.10-14.22-23).

L'Église, la Jérusalem nouvelle rassemblée autour des douze Apôtres, est l'Épouse de l'Agneau; elle est aussi la Cité sainte où règnent la paix et le bonheur, parce que Dieu et son Christ y répondent pleinement à tous les besoins des hommes.

21 1 J'ai vu un ciel nouveau et une terre nouvelle,
car le premier ciel et la première terre avaient disparu,
et il n'y avait plus de mer.
2 Et j'ai vu descendre du ciel, d'auprès de Dieu,
la cité sainte, la Jérusalem nouvelle,
toute prête, comme une fiancée parée pour son époux.
3 Et j'ai entendu la voix puissante
qui venait du Trône divin;
elle disait :
« Voici la demeure de Dieu avec les hommes;
il demeurera avec eux,
et ils seront son peuple,
Dieu lui-même sera avec eux.
4 Il essuiera toute larme de leurs yeux,
et la mort n'existera plus;
et il n'y aura plus de pleurs, de cris, ni de tristesse;
car la première création aura disparu. »
5 Alors celui qui siégeait sur le Trône déclara :
« Voici que je fais toutes choses nouvelles. »

10 Un ange m'entraîna par l'esprit
sur une grande et haute montagne;
il me montra la cité sainte, Jérusalem,
qui descendait du ciel, d'auprès de Dieu.
11 Elle resplendissait de la gloire de Dieu,

elle avait l'éclat d'une pierre très précieuse,
comme le jaspe cristallin.
12 Elle avait une grande et haute muraille,
avec douze portes gardées par douze anges;
des noms y étaient inscrits :
ceux des douze tribus des fils d'Israël.
13 Il y avait trois portes à l'orient,
trois au nord,
trois au midi,
et trois à l'occident.
14 La muraille de la cité reposait sur douze fondations
portant les noms des douze Apôtres de l'Agneau.

22 Dans la cité, je n'ai pas vu de temple,
car son Temple,
c'est le Seigneur, le Dieu tout-puissant,
et l'Agneau.
23 La cité n'a pas besoin de la lumière du soleil ni de la lune,
car la gloire de Dieu l'illumine,
et sa source de lumière, c'est l'Agneau.

« Viens, Seigneur Jésus! » (22, 12-14.16-21).

Tout s'achève dans un appel au Seigneur qui vient, lui qui est tout pour les siens et qui les comble, si toutefois ils savent rester fidèles.

22 12 J'ai entendu une voix qui me disait :
« Voici que je viens sans tarder,
et j'apporte avec moi le salaire
que je vais donner à chacun selon ce qu'il aura fait.
13 Je suis l'alpha et l'oméga, le premier et le dernier,
le commencement et la fin.
14 Heureux ceux qui lavent leurs vêtements
pour avoir droit aux fruits de l'arbre de vie,
et pouvoir franchir les portes de la cité.
16 Moi, Jésus, j'ai envoyé mon ange
vous apporter ce témoignage au sujet des Églises.
Je suis le descendant, le rejeton de David,
l'étoile resplendissante du matin. »
17 L'Esprit et l'Épouse disent :
« Viens! »
Celui qui entend, qu'il dise aussi :
« Viens! »
Celui qui a soif, qu'il approche.
Celui qui le désire,
qu'il boive l'eau de la vie, gratuitement.

18 Et moi, je témoigne
devant tout homme qui écoute les paroleas de la prophétie
écrite dans ce livre :

si quelqu'un inflige une addition à ce message,
Dieu lui infligera les malheurs dont parle ce livre;
19 et si quelqu'un enlève des paroles à ce livre de prophétie,
Dieu lui enlèvera sa part des fruits de l'arbre de vie
et sa place dans la cité sainte
dont parle ce livre.

20 Et celui qui témoigne de tout cela déclare :
« Oui, je viens sans tarder. »
— Amen! Viens, Seigneur Jésus!
21 Que la grâce du Seigneur Jésus soit avec tous les hommes.

Annexes

Lexique

On trouvera ici l'explication d'un certain nombre de mots qui reviennent plusieurs fois au cours du texte ou de ses annotations. Ils y sont signalés par un (*) placé en haut à gauche de chacun de ces mots.

Les titres de ces notices mis entre parenthèses sont des mots qui ne figurent pas dans le texte, mais sont d'usage courant dans les commentaires de l'Écriture.

A

Abraham

Avec lui commence l'Histoire Sainte, par sa réponse à l'appel du vrai Dieu, qui fait de lui le Père des croyants. (Vers 1850 av. J.-C.; Genèse ch. 11 et s.)

Les Juifs étaient très fiers d'être ses descendants "selon la chair" : ils étaient en effet les "fils d'Israël" (Jacob), petit-fils d'Abraham. Jean Baptiste et Jésus leur reprochent cet orgueil (Mt 3, 8 par; Jn 8, 31-58), et Paul montrera que c'est par la foi qu'on est vraiment fils d'Abraham (lettre aux Romains).

Agneau

Il symbolise naturellement la douceur et l'innocence, opposées à la violence et à la cruauté des loups.

Jésus est "l'Agneau de Dieu" en référence à l'Agneau pascal et au Serviteur souffrant d'Isaïe 53, 7, comparé à l'agneau conduit à l'abattoir.

Quand il est dit qu'on immole ou qu'on mange "la *Pâque", il s'agit de l'agneau pascal, selon le rituel prescrit par Exode 12, 1-14.

Dans l'Apocalypse, l'Agneau (mais le mot grec employé là est celui qui désigne plutôt le bélier) à la fois immolé et debout, représente le Christ dans son mystère pascal, à la fois victime et vainqueur, immolé et vivant.

Agrippa

Voir *Hérode.*

Alliance

Toute la Bible est l'histoire des alliances de Dieu avec les hommes : Noé (Genèse 9, 1-17); Abraham (Genèse 15). Ensuite Moïse conclut l'Alliance qui fera du peuple hébreu le peuple de Dieu : "Il sera mon peuple et je serai son Dieu", par la révélation des "clauses de l'Alliance", le *Décalogue et la *Loi (Exode, 19-24). Les prophètes annonceront une "nouvelle alliance" (Jérémie 31, 31).

Comme Moïse, au Sinaï, avait dit : "Voici le sang de l'Alliance" (Exode 24, 8), Jésus dit à la Cène : "Cette coupe est la nouvelle Alliance en mon sang versé pour vous" (Lc 22, 20). Voir *Époux.*

Ame

Dans le langage biblique, l'âme ne s'oppose pas au corps comme un principe spirituel à une réalité matérielle. Elle désigne l'être tout entier en tant que vivant. Le mot *nephesh* (traduit en grec par *psykhé*, en latin par *anima*) peut se traduire en français par vie, personne, être vivant. Parfois il sert de pronom réfléchi (moi-même, soi-même) et disparaît dans les bonnes traductions françaises.

Amen

Ce mot est passé dans toutes les langues, c'est pourquoi le *Lectionnaire ne le traduit pas. Sa racine hébraïque évoque quelque chose de solide et de sûr et, par suite, les notions de vérité et de fidélité *(emet, emouna).*

Après une prière, une bénédiction ou une malédiction, il peut bien signifier "Ainsi soit-il". Mais son sens le plus fréquent est celui d'une affirmation solennelle, analogue à "Parole du

Seigneur" chez les prophètes. Jésus le dit souvent au début d'une déclaration importante. Chez Jn il est toujours doublé.

Anciens

Dans les sociétés antiques ou traditionnelles, l'expérience donne un grand prestige aux vieillards.

En Israël, les Anciens constituent une autorité religieuse et civile. Ce sont des laïcs, membres du *Sanhédrin.

Les premières Églises chrétiennes auront aussi des Anciens. Leur nom grec de *presbyteroï* donnera en français "prêtres". Leur fonction a donc pris progressivement une portée cultuelle. Mais, au début, ils sont identifiés aux *episcopoï*, responsables (collectivement) de la communauté (cf. Ac 20, 28). C'est seulement au début du IIe siècle, dans les lettres d'Ignace d'Antioche, que l'on distinguera dans l'Église un évêque unique, assisté par un collège de presbytres.

André

Né à *Bethsaïde, vivant à *Capharnaüm, d'abord disciple du Baptiste, un des premiers à suivre Jésus, à qui il amena son frère Simon-*Pierre. L'un des *Douze.

Ane

Animal domestique très estimé par les Juifs. Le cheval est l'instrument et le signe de la guerre et de la puissance. Le Messie humble et pacifique fait son entrée triomphale sur un âne.

Anges

Le mot signifie messager. Dans le N.T. on trouve souvent un ou deux anges, ou même toute une troupe d'anges, pour manifester le caractère divin d'un événement.

Ils ne sont décrits que sobrement : pareils à des hommes, ou à de jeunes hommes, souvent vêtus de blanc.

Anne

Voir *Grand Prêtre.*

Antioche

Antioche de Syrie, capitale de cette province romaine. Troisième ville de l'Empire après Rome et Alexandrie, elle avait environ 300 000 hab., dont 10 % de Juifs. Première grande ville à être évangélisée après Jérusalem, elle fut, notamment pour Barnabé et Paul, un centre de diffusion de la foi.

Ne pas confondre avec Antioche de Pisidie, en Phrygie (Asie mineure) où Paul séjourna trois fois.

(Apocalypse, Apocalyptique)

D'un mot grec qui signifie "révélation", c'est un genre littéraire particulier qui décrit l'avenir du Royaume, et notamment la fin du monde et l'avènement du monde nouveau, avec des images symboliques, devenues des clichés, qui constituent une sorte de code, et qu'il ne faut donc pas prendre à la lettre.

En dehors de la Bible, on connaît de nombreuses Apocalypses aux environs de l'ère chrétienne.

Dans l'A.T. bien des passages d'Ézéchiel et de Daniel sont apocalyptiques et on retrouve leur influence dans le N.T. avec "l'Apocalypse" de Jean. Les discours de Jésus sur son *avènement forment des îlots apocalyptiques chez les Synoptiques : Mt 24; Mc 13; Lc 17, 20-37; 21, 5-36.

(Apocryphe)

A l'origine, ce mot désigne un texte dont l'auteur est inconnu ou caché. En pratique, il signifie, pour les catholiques, un livre qui, tout en se recommandant d'un auteur sacré (Moïse, Pierre, Barnabé, etc.), ne peut lui être attribué, n'a pas de valeur *canonique et relève du folklore ou du roman pieux.

Les protestants appellent *pseudépigraphes* les livres appelés apocryphes par les catholiques. Ils appellent apocryphes les livres que les catholiques appellent deutérocanoniques (voir *Canonique*).

Apôtre

Le mot signifie "envoyé". Dans les évangiles son emploi est relativement rare. Les Apôtres sont souvent appelés "les *Douze" ou "les *disciples".

Dans Ac le mot désigne plus largement les missionnaires.

(Araméen)

Les Juifs, au temps de Jésus, parlaient un araméen proche de l'hébreu, la langue sacrée qu'ils ne comprenaient plus.

Quand les évangiles ou Ac signalent une appellation ou un discours en langue "hébraïque", il s'agit ordinairement de l'araméen. Mc a transcrit sous leur forme araméenne plusieurs paroles de Jésus : 5, 41; 7, 34; 14, 36; 15, 34.

Assurance

Le mot grec (*parrhésia*, de *pan :* tout, et *rhéma :* parole) ainsi traduit dans Ac, signifie la hardiesse de tout dire et de parler en public qui caractérise l'homme libre. Elle s'applique à l'Apôtre dont c'est une vertu fondamentale. Le dernier verset de Ac l'attribue à Paul dans son apostolat romain.

(Authentique)

On appelle ainsi un texte qui est bien de l'auteur auquel on l'attribue. Mais un texte non authentique peut fort bien être *canonique.

Le Concile de Trente a défini que la *Vulgate était "authentique" dans un sens différent : cette traduction est autorisée pour servir d'appui à la doctrine catholique.

Avènement

Traduit le grec *parousia :* première "entrée" joyeuse et solennelle d'un souverain dans une ville. On dit aussi "venue". Dans une perspective *apocalyptique, cet avènement est prophétisé comme à la fois joyeux, triomphal, et redoutable, parce qu'il marque la fin du monde présent et annonce le *jugement. Voir *Jour du Seigneur.*

Azymes

Voir *Levain.*

B

Baptême

Toutes les religions pratiquent des ablutions, symboles de purification et parfois d'entrée dans une vie nouvelle.

Les Juifs les pratiquaient. On baptisait (= plongeait dans l'eau) les *convertis pour les agréger au peuple d'Israël. Les moines de *Qumrân recouraient sans cesse à des bains purifiants.

Jean le Baptiste en fit le signe d'une *conversion décisive.

Le baptême qu'il donna à Jésus manifesta que celui-ci voulait s'identifier à la masse des pécheurs.

Mais le sacrement du baptême chrétien, donné au *nom de Jésus, qui incorporait à sa mort et résurrection, et donnait l'Esprit Saint, n'a pu être donné qu'après la *Pentecôte.

Béelzéboul

"Prince des démons". Le mot, surtout déformé en Baalzéboub, pouvait signifier "Baal (maître) des mouches", ou encore "Seigneur du fumier", en relation avec le culte rendu aux idoles.

Béthanie

Village à 3 km à l'est de Jérusalem, sur le flanc oriental du mont des *Oliviers, près de la route de Jérusalem à Jéricho. Patrie de Lazare, Marthe et Marie et de Simon le lépreux. Lc y situe l'Ascension.

Béthanie-de-Transjordanie

"L'endroit où Jean baptisait" (Jn 1, 18) se trouve sur la rive gauche du Jourdain, peut-être près de la mer Morte.

Bethléem

Village de Judée, à 7 km au sud de Jérusalem, patrie de Booz, de Jessé, de David, et appelée quelquefois "la ville de David". Michée annonçait que le Messie y naîtrait (Michée 5, 1. Voir Mt 2, 1.5; Lc 2, 4-17; Jn 7, 42). Il semble que Joseph y avait une maison (Mt 2, 11).

Bethsaïde

Sur la rive nord du lac de Tibériade. Patrie d'André, Simon-Pierre et Philippe.

C

Caïphe

Voir *Grand Prêtre.*

Calvaire

Région de jardins et de tombeaux au nord-ouest de Jérusalem, en dehors des remparts. C'était sans doute une petite butte rappelant la forme d'un crâne, en *araméen *Golgotha,* en grec *Kranion*, en latin "Calvaire", comme ailleurs "Mont-Chauve" ou "Chaumont".

Cananéen

Canaan était le nom de la Terre promise, avant l'arrivée des Hébreux. Par suite, l'adjectif "cananéen" désigne la population primitive de la Palestine. Au temps du Christ, le mot équivalait à phénicien, et impliquait le paganisme.

(Canonique)

La Synagogue, puis l'Église chrétienne ont établi une liste officielle, ou *canon*, énumérant les livres qui doivent être considérés comme appartenant à l'Écriture Sainte, et donc contenant la parole de Dieu. Ce qui motive l'appartenance au canon de tel ou tel livre, c'est son usage dans la prédication et la liturgie. Des textes non *authentiques comme Jn 8, 1-11 et Mc 16, 9-20, sont cependant canoniques, à cause de leur usage immémorial dans l'Église.

Les Juifs ont exclu de leur canon un certain nombre de livres tardifs ou dont on ne possède pas le texte hébreu, mais seulement un texte grec. Les protestants les ont suivis habituellement sur ce point et appellent ces livres "apocryphes". Les catholiques les appellent "deutérocanoniques" (relevant d'un deuxième canon, le canon d'Alexandrie, rejeté par les Juifs. Voir *Septante.) Les catholiques reconnaisent ces livres comme contenant, eux aussi, la parole de Dieu. Ce sont : Esther (grec), Judith, Tobie, 1 et 2 Martyrs d'Israël (ou Maccabées), Sagesse, Sirac (Ecclésiastique), Baruch, le lettre de Jérémie (ou Baruch ch. 6).

Capharnaüm

Centre important, au bord du *lac, en Galilée, ville frontière et douanière entre les états de Philippe et ceux d'Hérode. Aux premiers chapitres de leur récit, les quatre évangélistes ont insisté sur l'activité de Jésus à Capharnaüm qu'ils appellent "sa ville". Ils parlent souvent aussi de "la maison", de "sa maison" à Capharnaüm, sans doute celle de Pierre et André.

Les habitants de Nazareth furent jaloux des miracles accomplis par Jésus à Capharnaüm (Lc 4, 23), qui pourtant ne produisirent que peu de conversions (Mt 11, 23 par.).

Centurion

Officier subalterne de l'armée romaine. Ceux dont parlent les évangiles et Ac sont des hommes droits et religieux, attirés par le judaïsme et le christianisme.

Céphas

Voir *Pierre*.

Césarée

Villes ainsi appelées en l'honneur de César (l'empereur) Auguste.

1. Césarée de Palestine, sur la Méditerranée, au nord de Jaffa, résidence du gouverneur romain. Il en est souvent question dans les Actes des Apôtres.

2. Césarée de Philippe, ainsi nommée à cause du prince de Traconitide (Lc 3, 1), située au pied de l'Hermon, près des sources du Jourdain, à 40 km au nord du lac de Tibériade. C'est le lieu de la "confession de Pierre", Mt 16, 16 par.

Chair

Ce mot désigne la créature — et donc l'homme — en tant que fragile, transitoire, comparée à l'éternité et à la toute-puissance de Dieu. "Le Verbe s'est fait chair" ne veut pas dire autre chose que "le Verbe s'est fait homme", mais en soulignant l'éloignement infini entre le Verbe qui est Dieu, et l'homme qui est chair.

L'expression "la chair et le sang" désigne l'homme en tant qu'il est livré à ses ressources naturelles, sans être soutenu par l'Esprit de Dieu (ainsi en Mt 16, 17). Du fait même de cette fragilité, la chair peut être dite par saint Paul cause et foyer de péché, mais ce serait un contresens de toujours attacher à ce mot la notation d'impureté qu'il a eue dans un certain langage religieux.

Chefs des Prêtres

Membres de l'aristocratie sacerdotale. Voir *Grand Prêtre* et *Sadducéens*.

Christ

Du mot grec *Christos*, traduction du mot hébreu dont nous avons fait *Messie, mais en enrichissant ce mot de résonances théologiques et notamment de la foi, au moins implicite, en la divinité de Jésus, surtout quand on y ajoutait le titre de *Seigneur. C'est pourquoi le *Lectionnaire traduit

Christos par "Messie" quand il s'agit de désigner le personnage attendu par les Juifs, et par "Christ" quand *Christos* est attribué à Jésus comme un titre exclusif, attaché à sa personne, et qui a pris une valeur proprement chrétienne.

Circoncision
Cette opération (ablation du prépuce) est pratiquée depuis l'Antiquité par de nombreux peuples noirs, les Juifs et les musulmans. Elle semble avoir eu très tôt une signification religieuse.

Les Juifs la rattachent à Abraham (Genèse 17, 10-14); ils en font un signe de l'appartenance au peuple de Dieu, à l'alliance avec le Seigneur. Les prophètes lui donneront parfois le sens moral d'obéissance, de fidélité, et parleront de "circoncision" des oreilles ou du cœur.

Tous les enfants de sexe masculin la recevaient le huitième jour après la naissance, en même temps que leur nom.

Cœur
Dans la conception biblique de l'homme, il n'est pas le siège des émotions, de l'affectivité, mais de l'intelligence, de la mémoire, de la décision. Les traductions françaises le rendent souvent par "esprit" ou "pensée".

Colère
Attribuée à Dieu, c'est une métaphore exprimant sa sainteté en tant qu'absolument inconciliable avec le péché. Au *Jugement, elle s'exprimera par le *feu.

Colombe
Cet oiseau, très répandu en Palestine, était réputé pour sa douceur et sa grâce (voir Cantique des Cantiques 1, 14; 2, 10.14, etc.) Il était souvent offert en sacrifice, surtout par les pauvres, d'où la présence, dans les parvis du Temple, de marchands de colombes.

Au baptême de Jésus, le Saint-Esprit se manifeste sous la ressemblance d'une colombe, peut-être à cause du premier verset de la Genèse, où l'Esprit du Seigneur planait sur les eaux, selon la tradition rabbinique, "comme une colombe".

Connaître
Dans le langage biblique, et en particulier chez Jn, ce verbe n'a pas tellement le sens d'une connaissance théorique, objective, que d'une sympathie aboutissant à une communion profonde.

Conseil (Grand)
Ou Sanhédrin. A la fois tribunal suprême et assemblée législative, présidé par le grand prêtre et qui se réunit au Temple. Ses 71 membres se divisent en 3 catégories : les *anciens (laïcs de l'aristocratie); les *grands prêtres honoraires et des *sadducéens, également membres du clergé; des *scribes et des *docteurs de la Loi, qui sont le plus souvent des *pharisiens.

S'il prononçait une condamnation à mort, celle-ci devait être ratifiée par l'autorité romaine.

Conversion
L'appel à la conversion est l'objet essentiel de la prédication de Jean Baptiste, puis de Jésus et des Apôtres. Le mot conversion traduit bien la racine hébraïque *shub* qui signifie "se tourner" : se détourner du mal, des idoles, pour se tourner vers le vrai Dieu. On a trop souvent traduit ces mots par "pénitence" qui, en français, fait d'abord songer à quelque chose de pénible, à une punition.

La conversion est absolument indispensable pour accéder au *règne de Dieu. Elle est une conséquence de la foi, et elle s'exprime dans le *baptême.

Converti
Ce mot désigne dans le *Lectionnaire des païens de naissance ayant embrassé toutes les pratiques du judaïsme, y compris la *circoncision. Ils sont donc considérés à l'égal des Juifs de naissance. Le terme grec est *proselytos* (= qui s'est approché), mais en français courant "prosélyte" a pris un sens très large.

Corps et âme
Dans la conception biblique de l'homme, le corps et l'âme ne s'opposent pas : chacun d'eux désigne l'homme tout entier. Voir *Ame* et *Chair*.

Craignant-Dieu
C'est ainsi qu'on appelait les non-

juifs attirés par la foi et la pureté morale du judaïsme. Ce sont des sympathisants, des bienfaiteurs, et ils ont adopté certaines pratiques : observance du sabbat, pèlerinages. Mais ils n'ont pas reçu la *circoncision et demeurent donc des païens. On les appelle parfois des "adorateurs".

Dans les textes des évangiles et des Ac, il est parfois difficile de savoir si tel personnage est un craignant-Dieu ou un *converti.

Crainte

La crainte n'est pas la peur, sentiment instinctif et servile. "Craindre Dieu" n'est pas le redouter comme un maître terrible, mais être conscient de sa sainteté, révérer sa *gloire. La crainte équivaut au sens du sacré; elle est éveillée par la proximité de Dieu, que révèle la présence de son messager ou l'accomplissement d'un *miracle.

D

David

Il reste dans la mémoire d'Israël le roi idéal, qui a délivré la Palestine des Philistins, l'a unifiée en lui donnant *Jérusalem pour capitale (vers 1000). Dieu lui a fait la promesse d'une dynastie éternelle, qui aboutira au Roi-*Messie. Grand poète, on lui attribuait au temps de Jésus la composition de tous les Psaumes, ce qui faisait de lui un *prophète.

(Décalogue)

"Les dix paroles." C'est la Loi promulguée par Moïse au *Sinaï (Exode 20, 2-17; Deutéronome 5, 6-22). Jésus la reprend, la confirme et l'"accomplit" dans le Sermon sur la montagne (Mt 5, 21-37). Il en rappelle parfois les principaux préceptes (Mt 15, 4; 19, 18-19, etc.)

Décapole

Fédération de dix villes situées au sud du lac. Pour les Juifs, c'était une région étrangère et païenne.

Désert

Le désert biblique n'est pas le Sahara : une immense étendue vide. C'est un lieu sans habitation, mais souvent proche des villes. Ainsi Jean Baptiste prêche "dans le désert", mais en attirant des foules immenses (voir Mc 1, 3-5).

En souvenir du séjour des Hébreux au désert après la sortie d'Égypte, le désert était considéré comme le berceau du peuple de Dieu, le lieu des origines et des "fiançailles" (Osée 2, 16-17; 21-22), mais aussi le lieu de la *tentation, de l'épreuve (Mt 4, 1 s.).

Dîme

"Dixième partie" des produits de la terre et du bétail que l'on devait payer pour l'entretien du clergé. Les *pharisiens l'acquittaient avec minutie sur les produits les plus minimes.

Disciple

Mathêtès : "celui qui apprend" en suivant un Maître, un Rabbi.

Dans les évangiles, "disciple" peut désigner deux catégories différentes : ou bien tous ceux qui suivent Jésus, qui l'écoutent; ou bien le groupe restreint de ses intimes à qui il donne une formation particulière. Alors "disciple" équivaut à peu près à Apôtre.

Dans les Actes, disciple signifie membre de la communauté chrétienne. Il est synonyme de : *saint, croyant, ou *frère.

Docteurs de la Loi

La *Loi, c'est au sens strict la *Thora*, contenue dans les cinq premiers livres de la Bible. Par extension, elle désigne toute l'Écriture. Les "Docteurs de la Loi" sont donc moins des juristes que des professeurs d'Écriture Sainte. La plupart étaient *pharisiens.

(Doublet)

A ne pas confondre avec un *parallèle. On appelle doublet la présence d'un passage identique ou analogue en deux endroits d'un même texte. Par exemple Lc 8, 16 et 11, 33; Ac 15, 1 et 5. Un doublet révèle souvent l'utilisation de deux sources différentes que le rédacteur final n'a pas voulu fondre.

Douze

"Les Douze" désignent les *Apôtres. Jésus a repris le chiffre des douze tribus d'Israël, descendant des douze fils de Jacob, pour suggérer que son Église constituait le nouveau peuple de Dieu.

Après la mort de Judas, Ac parle des "Onze", mais l'élection de Matthias permit de rétablir le chiffre voulu par Jésus pour la première équipe de ses témoins.

E

Élie
Ce défenseur héroïque de la foi au vrai Dieu contre Baal (voir 1 Rois ch. 17 — 19. 21 ; 2 Rois 2) demeurait pour les Juifs le *prophète par excellence. Moïse et Élie (présents à la Transfiguration) c'étaient la *Loi et les *Prophètes. Parmi les Évangélistes, Lc insinue que Jésus est un nouvel Élie. Mais Jean Baptiste lui est également comparé dans Mt et Mc.

Époux
L'*alliance entre Dieu et son peuple est souvent présentée comme un mariage. Dieu est l'époux. L'épouse est le peuple hébreu (la "fille de Sion"). Elle est "infidèle", "adultère" lorsqu'elle rompt l'Alliance pour "se prostituer" aux faux dieux. (Voir Ézékiel ch. 16; Osée ch. 2 et 3).

Cette mystique des noces se retrouve dans le N.T., où Jésus lui-même se donne comme l'Époux : Mc 2, 19-20 par. Jean Baptiste se présente comme "l'ami de l'époux" : Jn 3, 29.

Elle sera encore approfondie et développée par Paul : 2 Corinthiens 11, 2; Éphésiens 5, 21-33, et par l'Apocalypse, qui annonce "les noces de l'Agneau" (19, 7) et appelle l'Église "la Jérusalem nouvelle, toute prête, comme une fiancée parée pour son époux", et "l'épouse de l'Agneau" (21, 2.9).

(Eschatologie)
De *eskhaton* (dernier) : ce qui concerne les derniers temps, le *jour du Seigneur, le *jugement dernier, la vie future.

(Exégèse)
D'un verbe grec qui signifie "expliquer, interpréter", ce mot a été spécialisé dans le sens de l'étude méthodique des livres saints.

Elle met en jeu diverses techniques : connaissance des langues anciennes, critique textuelle (établir le meilleur texte), critique littéraire (reconstituer sa genèse et caractériser son genre littéraire), critique historique (établir la relation du texte avec les faits connus par ailleurs). Elle se prolonge dans la théologie biblique (portée doctrinale du texte) et l'herméneutique (présentation de son sens pour les hommes d'aujourd'hui).

F

Festin
C'est une image courante du bonheur céleste. Voir Isaïe 25, 6; Apocalypse 3, 20; 19, 7-9. Il est appelé quelquefois le festin "avec Abraham, Isaac et Jacob". Voir aussi les diverses paraboles de festins : Mt 22, 1-14; Lc 14, 7-24. Voir *Ténèbres*.

Feu
Image qui peut exprimer l'intensité de la vie divine, la puissance purificatrice de l'Esprit Saint, mais aussi la *colère de Dieu au jugement. Voir *Géhenne*.

Fils de...
Expression sémitique signifiant une appartenance, une affinité. Fils de lumière : ami de la vérité, vrai croyant; fils du tonnerre : hommes impétueux et violents; fils de perdition ou fils de la géhenne : homme qui va à sa perte; fils de paix : ami de la paix, etc.

Fils de David
Cette appellation, souvent adressée à Jésus, équivaut à celle de *Messie, puisque celui-ci devait être un descendant de David. Pourtant Jésus, qui a toujours refusé le titre de Messie, accepte celui de Fils de David.

Fils de Dieu
Cette expression, dans l'A.T. désigne soit les anges, soit le roi, soit un homme juste, un ami de Dieu.

Lorsqu'elle est appliquée à Jésus, elle ne peut avoir la signification théologique précise que lui a donnée le Concile de Nicée en 325 : Dieu de Dieu, de la même nature que le Père, etc. Cependant le contexte peut lui donner une valeur profonde, et qui constitue une véritable profession de foi.

Fils de l'homme
Cette expression est employée par

Jésus pour se désigner lui-même. Elle est très mystérieuse. Elle désigne l'humanité de Jésus et se rattache souvent à ses humiliations et à sa mort. Mais Jésus l'emploie aussi pour annoncer sa victoire, sa *gloire, sa fonction de juge universel. Elle fait alors allusion à Daniel 7, 13 où elle désigne un personnage transcendant, qui vient "sur les *nuées"

L'obscurité de cette appellation explique qu'elle n'ait jamais été reprise en dehors de l'Évangile (sauf par Étienne en Ac 7, 56).

Franges
Jésus, comme tout Juif pieux portait des franges aux quatre coins de son vêtement; elles devaient rappeler les commandements de Dieu (voir Nombres 15, 38-40). Certains pharisiens en exagéraient les dimensions.

Frères
Jésus a donné parfois ce titre à ses Apôtres : Mt 28, 10; Jn 20, 17.

Dans Ac, le mot désigne souvent les chrétiens (déjà en Jn 21, 23). Ainsi Ac 9, 30; 11, 1; 14, 2; 15, 1, etc.

Frères de Jésus
Ils sont mentionnés (et parfois ses sœurs) dans le N.T. Ainsi Mc 3, 31; 6, 3; Jn 7, 10; Ac 1, 14; Galates 1, 19.

Cela n'implique pas que Marie ait eu d'autres enfants que Jésus. En effet, "frère" a souvent dans la Bible le sens large de parent, de collatéral, comme en Genèse 13, 8 (à comparer avec 12, 5). Jacques et José sont appelés "ses frères" en Mc 6, 3; or, en Mc 15, 40 et en Mt 27, 55 nous trouvons auprès de la croix une "Marie, mère de Jacques et de José", qui ne peut être la mère de Jésus.

Si Jésus avait eu des frères au sens strict, il n'aurait pas confié sa mère à saint Jean (Jn 19, 27) qui était sans doute son cousin. Enfin Jésus seul est appelé "le fils de Marie" (Mc 6, 3), tandis que Marie n'est jamais appelée "la mère" d'un autre que Jésus (Jn 2, 1.3).

Fruit
Le grain jeté en terre, le cep uni à la vigne portent beaucoup de fruit. Celui-ci s'oppose aux apparences vides et trompeuses et désigne les bonnes actions d'un homme, sa valeur réelle aux yeux de Dieu. La *conversion doit porter du fruit, c'est-à-dire transformer réellement la vie. La foi du disciple, la mission de l'Apôtre doivent se manifester par leurs fruits.

G

Géhenne
Vallée au sud de Jérusalem, rendue maudite par le souvenir des sacrifices humains qu'on y avait offerts à Moloch (2 Rois 16, 3; Jérémie 32, 35). Au retour de l'exil, elle devint un dépôt d'ordures où, littéralement, "le ver ne meurt pas et le feu ne s'éteint pas" (Mc 9, 48). Avec ses synonymes : géhenne de feu, feu éternel, fournaise de feu, elle désigne le châtiment éternel des impies et des injustes.

Génération
Mot assez vague pour désigner, souvent avec une intention péjorative, l'ensemble des hommes vivant à une certaine époque.

Gloire
Ce mot traduit le grec *doxa*, qui signifie renommée, et qui voulait traduire l'hébreu *kabod*, lequel signifie poids, charge, c'est-à-dire la densité de l'être divin, écrasante pour l'homme.

Ainsi, dans la Bible, la "gloire" signifie avant tout la plénitude, la richesse, la puissance de l'existence divine. Par la croix, la résurrection et l'ascension, Jésus est associé à la gloire de son Père, cette gloire qu'il avait auprès de lui "avant le commencement du monde" (Jn 17, 5). Secondairement, la "gloire" de Dieu peut signifier son renom, lorsque la fidélité ou la louange de ses serviteurs font connaître sa vérité et sa sainteté.

Golgotha
Voir *Calvaire*.

Grand Prêtre
Chef suprême du sacerdoce juif. Pris dans les familles de l'aristocratie sacerdotale, il préside le grand *conseil; il représente la nation juive devant les Romains qui le désignent et le déposent à leur gré. Mais, même sorti de charge, il conserve son titre et son prestige.

Les évangiles et Ac parlent de trois grands prêtres :

— Anne (6-15), devant qui Jésus comparut dès son arrestation (Jn 18, 13.24).
— Son gendre Caïphe (18-36), en charge pour le procès de Jésus. L'un et l'autre siégeront encore au grand conseil qui jugera les Apôtres (Ac 4, 6), avec Jonathan et Alexandre qui sont seulement des membres de familles sacerdotales.
— Paul comparaît devant le grand prêtre Ananie (47-59) en Ac 23, 2.

Grec
Ce mot, dans les évangiles et Ac, désigne moins la nationalité que la langue et la culture. Ce pouvaient être des Juifs, des *convertis ou des *craignant-Dieu.

Il désigne parfois, par opposition aux Juifs, des païens.

La langue grecque est la langue commune de tout le bassin méditerranéen aux débuts du christianisme. Tout le N.T. nous est parvenu dans cette langue, et il cite ordinairement l'A.T. d'après la traduction grecque des *Septante.

Guérisons
L'Évangile en attribue beaucoup à Jésus. En effet, elles sont le *signe que le règne de Dieu est tout proche, et fait reculer le règne de Satan, du péché et de la mort.

En outre, elles sont des signes distinctifs qui font reconnaître en Jésus le *Messie annoncé par les prophètes, et le signe, ou plutôt le symbole annonciateur de la *vie nouvelle qu'il donnera aux hommes par sa croix et sa résurrection. Voir *Possession*.

H

Hérode
Quatre personnages ont porté ce nom aux origines du christianisme.
1. Hérode le Grand (37-4 av. J.-C.) commença la reconstruction du Temple et fit massacrer les petits enfants de Bethléem.
2. Hérode Antipas (4 av. J.-C.-39 ap. J.-C.), fils du précédent, prince de Galilée seulement. C'est toujours de celui-ci que parlent les évangiles pendant la vie publique de Jésus. Les "Hérodiens" sont ses partisans, favorables à sa politique de collaboration.
3. Hérode Agrippa I (41-44), petit-fils d'Hérode le Grand et fils d'Aristobule, persécuta l'Église naissante (Ac 12, 1-23),
4. Hérode Agrippa II, appelé souvent Agrippa, devant qui comparut saint Paul (Ac 25, 13—26, 32).

Heure (de Jésus)
Il s'agit d'une heure décisive, celle que Jésus appelle "mon heure", celle pour laquelle il est venu. Elle englobe généralement le mystère pascal tout entier : c'est l'heure de la trahison mais, en même temps, de la mort qui, elle-même, engage la Résurrection et l'Ascension.

Heures
L'antiquité comptait douze heures du lever au coucher du soleil, et donc de durée variable selon les saisons. La "première heure" correspondait à peu près à six heures du matin, la "troisième heure" à neuf heures, et ainsi de suite.

La nuit était divisée de même en quatre veilles correspondant au soir, à la mi-nuit, au chant du coq, au matin.

Dans le *Lectionnaire, les chiffres des heures ont été modernisés.

Hosanna
Mot hébreu, signifiant à l'origine "au secours" mais qui a pris un sens général de louange et d'enthousiasme, comme aujourd'hui notre *hourrah*.

On employait cette acclamation notamment à la fête des Tentes, où l'on agitait des rameaux et des palmes (Livre des Lévites 23, 40; Ps 117/118, 25.27).

Hypocrite
Mot grec venu d'un verbe qui signifie "jouer un rôle". Mais ce serait une erreur de croire que les *pharisiens, souvent qualifiés ainsi par Jésus, étaient des tartuffes, cachant leurs faiblesses sous une apparence de piété. Il s'agit d'un vice plus subtil et plus dangereux : la conscience est faussée, aveuglée, parce que le souci excessif d'une conduite régulière et louable empêche la simplicité d'intention, la droiture profonde. La traduction du *Lectionnaire tient souvent compte de ce sens.

I

Israël

Nom donné par Dieu à Jacob, le second fils d'Isaac (Genèse 32, 29). Comme il est le père des douze hommes dont les tribus tirent leur nom, "les fils d'Israël", "le peuple d'Israël", ou "Israël" tout court désignent le peuple juif. (Alors que, chez les prophètes, Israël désigne souvent le Royaume du Nord, par opposition au Royaume de Juda).

J

Jacques

Trois personnages du N.T. portent ce nom :
1. Jacques "Le Majeur", frère aîné de Jean, fils de Zébédée. Le premier des *Douze à mourir martyr, décapité par *Hérode Agrippa Ier vers 44.
2. Jacques, fils d'Alphée, l'un des Douze, dont on ne sait rien d'autre.
3. Jacques "le Mineur", c'est-à-dire le Petit, fils de Clopas et d'une femme appelée Marie, frère de José et de Jude, et "*frère du Seigneur". A ce titre, il est un des chefs de l'Église de Jérusalem (Ac 15, 13; 21, 18; Galates 2, 9.12). La tradition lui attribue la "lettre de Jacques".

Jean (l'Évangéliste)

Frère de Jacques, fils de Zébédée et de Salomé. Les deux frères surnommés par Jésus *Boanerguès*, fils du Tonnerre, sont choisis par lui, avec Pierre, pour assister à la résurrection de la fille de Jaïre, à la Transfiguration, et à la prière de Gethsémani.

Son nom et tous ces renseignements se trouvent dans les Synoptiques mais sont absents de Jn. Là, le seul "Jean" qui soit nommé est le Baptiste, à qui ce surnom n'est donc jamais donné (le *Lectionnaire l'a souvent ajouté pour la clarté). Jean l'Évangéliste semble désigné comme "le disciple que Jésus aimait" (sémitisme pour "préférait"). Le sens de cette dénomination est clairement expliqué en Jn 21, 20, qui renvoie à 13, 23. "L'autre disciple" (avec Pierre) est aussi "celui que Jésus aimait" : 20, 2. En effet Jean l'Apôtre est nommément associé à Pierre en Lc 22, 8; Ac 1, 13; ch. 3 et 4; 8, 14.

Enfin "ce disciple" semble désigné comme l'auteur du quatrième évangile par les rédacteurs ou les présentateurs de son appendice : Jn 21, 24.

Jérusalem

Capitale du royaume de David et de Salomon, puis des rois de Juda : "Ville Sainte", "Cité du grand Roi" par la présence de l'Arche d'alliance, puis du Temple. Les rois pieux comme Josias en ont fait l'unique centre du culte.

Les *Synoptiques racontent d'abord le ministère de Jésus en Galilée et ne le font aboutir à Jérusalem qu'au dimanche des Rameaux. Lc, cependant, donne à la Cité Sainte un relief particulier. D'abord avec les récits de l'enfance. Et, à partir de 9, 51, tout son évangile est une marche vers Jérusalem, et il se termine dans le Temple où il avait commencé.

D'après Jn, une grande partie de la vie de Jésus, de ses miracles et de ses polémiques avec les Juifs, se déroule à Jérusalem, dès 2, 13.

Siège de la présence de Dieu, Jérusalem préfigure le ciel. L'Apocalypse parlera de la Jérusalem d'en haut.

« Je suis »

A Moïse qui lui demandait son nom, Dieu a répondu, dans le buisson ardent : "Je suis celui qui suis" ou, plus brièvement : "Je suis" (Exode 3, 14). "Je suis" est donc un nom divin. Il semble que dans les évangiles, Jésus se l'attribue fréquemment. Lorsqu'il dit "C'est moi" (par exemple Mc. 6, 50; Jn 18, 5.8), le texte ainsi traduit dit : "Je suis". Surtout dans Jn, Jésus dit sans cesse : "Je suis... la Lumière, la Porte, le bon berger, le Pain venu du ciel", etc. Enfin, il affirme quatre fois "Je suis" sans attribut, ce qui ne peut qu'insinuer sa divinité : 8, 24.28.58; 13, 19.

Jeûne

Au temps de Jésus, il n'est obligatoire qu'une fois par an, pour la fête de l'Expiation *(Yôm Kippour)*. Les pharisiens et les disciples de Jean Baptiste jeûnaient plus souvent. Jésus se prépare à sa mission par un long jeûne.

Les premiers chrétiens l'associeront souvent à la prière, (par exemple Ac 13, 3), puisque maintenant "l'*Époux leur a été enlevé" (Mc 2, 18-20).

Jour du Seigneur
Chez les prophètes il peut désigner telle ou telle intervention victorieuse de Dieu sur les puissances du mal.

Pour le christianisme, il est réservé à l'*avènement du *Fils de l'homme, qui mettra fin à l'histoire. Mais il est déjà réalisé par la résurrection de Jésus, si bien que le "Jour du Seigneur" désigne aussi le "Dimanche" *(dominica dies)* "premier jour de la semaine", où l'Église, par l'Eucharistie, célèbre la mort-et-résurrection de son Seigneur et proclame l'annonce de son retour.

Jourdain
Le seul fleuve de Palestine (les autres cours d'eau sont des torrents), qui traverse le *lac de Tibériade et se jette dans la mer Morte. C'est en le traversant que le peuple hébreu entra dans la Terre promise (Josué ch. 3 et 4). En s'y baignant sur l'ordre d'Élisée, le syrien Naaman fut guéri de la lèpre (Lc 4, 27). Il y avait là des annonces du *baptême que Jean devait y administrer.

Jugement
Les Juifs ont cru très tôt que tous les hommes seraient jugés par Dieu sur leurs actions. Jésus a souvent déclaré que le *Fils de l'homme, à la fin des temps, jugerait l'humanité et rendrait à chacun selon ses œuvres.

Chez Jn, le jugement est présenté en dehors de cette perspective *eschatologique : le jugement (au sens de tri, de discernement qu'il a dans le mot grec *krima*) est accompli par chaque homme selon qu'il accepte ou refuse de croire.

Juifs
Les Juifs (ou Judéens) désignaient à l'origine les membres du royaume de Juda, par opposition au royaume d'Israël. Au temps de Jésus, ils désignent tous les Israélites.

Chez Jn, le mot désigne les ennemis de Jésus, les incrédules, bien que parfois Jn en distingue les *pharisiens.

Dans Ac, le mot désigne souvent aussi ceux qui combattent la prédication chrétienne.

Juste, justice
Dans le langage biblique, ces mots ont un sens très ample. La justice consiste à accomplir parfaitement la volonté de Dieu et à traiter le prochain selon cette volonté.

L

Lac
Appelé, selon les évangiles, lac de Tibériade (ville de la rive sud-ouest fondée par Hérode vers 20 ap. J. C.), ou lac de Gennésareth (localité située sur sa rive nord-ouest), ou "mer de Galilée", ou encore "la mer" ou "le lac", tout court.

Une grande part de l'activité de Jésus s'est déroulée auprès de lui, dans les bourgades côtières, ou la ville de *Capharnaüm, en Galilée. La rive nord-est, avec *Bethsaïde et Gérasa, était en pays étranger et païen.

Il a au maximum 21 km du nord au sud, 12 km d'est en ouest. Il donnait lieu à une grande activité de pêche. André et Pierre, Jacques et Jean, Thomas, Philippe, Nathanaël participaient à une entreprise de pêche qui pouvait être importante.

Il s'y élève des tempêtes très brusques et violentes.

Langues
On trouve, dans Ac, deux catégories de "miracles des langues" ou de "dons des langues" :

1) A la Pentecôte, les Apôtres proclament "les merveilles de Dieu" et "chacun" des assistants, quelle que soit son origine "les entendait parler sa propre langue" (Ac 2, 4.6-11).

2) Après le baptême et l'imposition des mains, les baptisés s'expriment en des langues inconnues et incompréhensibles : voir 10, 46; 19, 6. Ce "charisme" était fréquent à Corinthe, et très estimé; mais Paul le met au-dessous du don de "prophétie "qui donne le sens de ces paroles mystérieuses (1 Corinthiens ch. 12 et 14).

Il est difficile de délimiter exactement les diverses formes du don des langues. Elles ont deux points communs : elles viennent du Saint-Esprit, et elles comportent une louange enthousiaste des merveilles de Dieu.

(Lectionnaire)
Livre liturgique qui contient les lectures bibliques de la messe (ou les

lectures bibliques, patristiques, hagiographiques de l'office divin).

Après avoir existé séparément aux origines, il avait pratiquement disparu, absorbé par le missel ou le bréviaire.

Le 2e Concile du Vatican a augmenté considérablement le nombre des *péricopes bibliques assignées pour chaque jour, pour les fêtes, pour la célébraton des sacrements, etc. Ceci a fait reparaître le Lectionnaire comme livre séparé.

Les traductions contenues dans ce livre ont toutes été élaborées pour le Lectionnaire liturgique francophone actuellement en usage.

Lépreux
La lèpre était considérée moins comme une maladie à guérir que comme une souillure à purifier. Le lépreux était exclu de la société des autres hommes avec lesquels il ne devait avoir aucun contact. Sa purification devait être constatée par un prêtre et sanctionnée par une offrande pour qu'il puisse reprendre la vie commune (Livre des Lévites 13, 46; 14, 2-45).

Levain
Les anciens utilisaient comme levain de la vieille pâte sûrie. Le levain pouvait donc symboliser le dynamisme du Royaume des cieux. Mais plus souvent il était considéré comme évoquant la méchanceté, l'envie, ou encore le vieillissement.

A la fête de la *Pâque s'étaient soudés les huit jours des *pains sans levain* ou *Azymes*, où l'on devait faire le pain avec une pâte entièrement nouvelle, si bien que ces "jours des Azymes" étaient devenus synonymes de la Pâque.

Lévite
Tous les ministres du culte juif devaient appartenir à la tribu de Lévi. Toutefois, à l'époque du N.T., le terme de lévite est réservé à un clergé affecté aux fonctions subalternes : police du Temple, service d'ordre, musique liturgique. L'offrande des sacrifices était réservée aux prêtres.

Loi
Nom donné au *Pentateuque, qui contient, à travers de nombreux récits, la législation attribuée à Moïse. On trouve souvent aussi : "la Loi de Moïse", "le livre de Moïse".

"La Loi et les Prophètes" désigne tout l'A.T., car ce que nous appelons parfois "livres historiques" est appelé par la Bible hébraïque "prophètes antérieurs", ou "premiers prophètes".

"La Loi, les Prophètes et les Psaumes" (Lc 24, 44) désigne encore mieux toute la Bible hébraïque, avec sa 3e section, les "Écrits", qui s'ouvre par les Psaumes.

Enfin, "la Loi" tout court désigne souvent l'A.T. tout entier.

M

Malheur...! Malheureux...!
On trouve parfois dans le grec des évangiles "*ouaï* à..." Cette interjection (*hoy* en hébreu) est un "hélas" constatant une triste situation et s'en affligeant, beaucoup plus qu'une malédiction qui voudrait susciter le malheur.

Voir les traductions en ce sens de Lc 6, 24-26; Mt 11, 21 par; 23, 13 ss.; 26, 24.

Marc
Voir la note sur Mt 26, 56.

Messie
Du grec *Messias*, transcrivant l'hébreu *Màchiah* : Oint (consacré roi ou prêtre par une onction d'huile). Mais le grec ayant un mot pour dire "oint", emploie plus souvent *Christos*. Voir *Christ*.

Le Messie était le libérateur attendu d'Israël. Selon les promesses faites à David (2 Samuel 7, 12-16), il devait être un descendant de celui-ci et on se le représentait comme un libérateur politique, un chef triomphal. C'est pourquoi Jésus a toujours refusé d'être appelé Messie (voir *Secret messianique*). Lui-même se rattachait volontiers à une autre tradition, moins populaire, sur un Messie humble et souffrant, le Serviteur prophétisé par Isaïe 52, 13-53, 12 et Zacharie 9, 9-10.

Miracle
Le mot français miracle qui implique l'admiration, l'étonnement, a plusieurs équivalents dans le N.T. : choses étonnantes, prodiges, puissances, *signes. Mais ces mots ne sont guère

employés que dans des énumérations générales, par exemple Ac 2, 22.43; 5, 13; 8, 13.

Sauf *signe, ces mots ne qualifient jamais un miracle particulier. On parle alors de *guérison, de délivrance d'un *possédé, dont le caractère merveilleux n'est signalé que par la *crainte ou l'étonnement des assistants et par le caractère instantané de sa réalisation. Si l'on compare évangiles et Ac aux *apocryphes ou aux récits de miracles attribués à des dieux païens, on est frappé de la discrétion gardée par nos écrits canoniques quant au nombre restreint, aux circonstances très simples de ces "prodiges" qui ne sont jamais motivés par le désir d'étonner.

Voir *Signes.*

Moïse

Guide et libérateur des Hébreux opprimés en Égypte (vers 1250 av. J.-C.), médiateur de l'Alliance du Sinaï, législateur du peuple de Dieu.

La "*Loi de Moïse", le "Livre de Moïse" désignent le *Pentateuque, ou même l'A.T. tout entier, surtout si l'on mentionne aussi "les *Prophètes".

Bien des traits de Mt et de Jn insinuent que Jésus est un nouveau Moïse.

Moisson

Dans toute civilisation rurale, elle est le temps de la joie, mais aussi des bilans. Chez les prophètes et dans les *apocalypses elle est le symbole de la fin du monde et du *jugement. Dans les évangiles, en outre, elle représente aussi la mission et le labeur apostoliques.

Monde

Dans Jn, ce mot *(kosmos)* a plusieurs sens, parfois dans la même phrase, et qu'on peut distinguer ainsi, sans trop les séparer :

1) Sens défavorable. L'ensemble des forces mauvaises qui s'opposent à la Parole, refusent la Lumière : "Si le monde a de la haine contre vous..." (15, 18). "Le prince de ce monde est déjà condamné" (16, 11).

2) Sens neutre. L'ensemble des hommes, la vie terrestre : "Le grand Prophète, celui qui vient dans le monde" (6, 14). "... Passer de ce monde à son Père" (13, 1).

3) Sens favorable. Les hommes que Dieu aime et veut sauver : "Dieu a tant aimé le monde..." "Dieu a envoyé son Fils dans le monde (sens n° 2)... pour que, par lui, le monde (sens n° 3) soit sauvé" (3, 16-17).

(Monnaies)

Le *denier*, monnaie romaine de même valeur que la *drachme* grecque, correspondait au salaire d'une journée de travail. Il est ainsi traduit par le *Lectionnaire : Mc 6, 37. Ou "une pièce d'argent pour la journée" : Mt 20, 2.10.13.

Le sicle étant une unité de poids, pour parler de la monnaie correspondante, on le disait *d'argent.* Il valait quatre deniers. Judas a trahi Jésus non pour "trente deniers" mais, traduit le Lectionnaire, pour "trente pièces d'argent" (Mt 26, 15).

La *mine* était une monnaie grecque de compte, équivalant à 100 deniers. Le Lectionnaire traduit par "pièce d'or" (Lc 19, 13-25).

Le *talent* valait environ 6000 deniers. Le Lectionnaire donne des équivalences pour les sommes fabuleuses de Mt 18, 24. Il a gardé, en Mt 25, 15-18, le mot "talent" qui a maintenant un sens figuré.

Montagne

Par un symbolisme facile à comprendre, la montagne, qui est un lieu solitaire, comme le *désert, rapproche de Dieu et est un lieu favorable à l'écoute de sa parole et à la prière. Voir *Sinaï.*

Mort

Symétriquement à *vie, le mot mort peut désigner à la fois la mort physique et la perdition finale dont elle est l'image. Beaucoup d'affirmations apparemment contradictoires de Jn s'expliquent par ce double sens. De même celle qu'on trouve chez Lc 9, 60 par : "Laisse les morts enterrer leurs morts". Voir *Séjour des morts.*

N

Nazareth

Bourgade insignifiante de Galilée à 100 km au nord de Jérusalem à vol d'oiseau. L'A.T. l'ignore. L'appellation de Nazaréen, donnée à Jésus puis aux chrétiens (Ac 24, 5) avait peut-être une nuance méprisante.

Si l'on compare les récits de l'enfance chez Mt et Lc, il semble que *Bethléem était la ville de Joseph, et Nazareth celle de Marie.

Nom

Pour le langage biblique, le nom n'est pas une simple étiquette. Il représente la personne tout entière. Connaître le nom d'un être, c'est à la fois le comprendre à fond et le dominer. Ainsi Adam peut nommer tous les animaux (Genèse 2, 19-20), mais Dieu ne révèle son nom à Moïse que de façon évasive (Exode 3, 14).

"Que son nom soit sanctifié" signifie que sa vraie nature soit révélée (par lui). Prier "au nom" de Jésus signifie que l'on prie en s'unissant à sa personne et à sa mission. Être baptisé "au nom de Jésus" a le même sens très concret et très réaliste : c'est lui être incorporé. Proclamer ou annoncer son nom, c'est prêcher, annoncer sa personne et sa doctrine. Invoquer son nom, c'est mettre sa confiance dans le fait de lui appartenir.

Nuée

Une colonne de nuée et de lumière, révélant et occultant à la fois la présence de Dieu, guida les Hébreux lors de la traversée de la mer Rouge (Exode 13, 21, etc.) et de leur marche dans le désert (Nombres 9, 15-23).

"La nuée" ou "les nuées" reviennent souvent dans les deux Testaments pour signaler le caractère divin et glorieux d'un personnage qui vient "sur les nuées" ou "avec les nuées".

O

Oliviers (Mont des)

Éminence (812 m) à l'est de Jérusalem, à moins d'1 km des remparts, au-delà du Cédron, d'où l'on avait (et l'on a) la plus belle vue sur la ville et l'esplanade du Temple. On y trouve le domaine de Gethsémani, les bourgades de *Béthanie et de Bethphagé.

Ac 1, 12 et, équivalemment, Lc 24, 50 y situent l'Ascension.

P

Paix

Dans le langage biblique ce mot ne désigne pas seulement l'absence de guerre, la concorde, mais aussi la prospérité dans tous les domaines, le véritable bonheur.

Pâque

La grande fête juive, qui commémore la sortie d'Égypte et ses merveilles par l'immolation d'un *agneau (au Temple du temps de Jésus), consommé en famille dans un repas rituel. Comme les huit jours des Azymes, ou Pains sans *levain, suivaient immédiatement la Pâque, les mots "Pâque" et "Azymes" étaient devenus pratiquement synonymes.

On expliquait le mot Pâque en le rattachant à "passage" (du Seigneur, ou de la mer Rouge...)

Parabole

Le mot grec *parabolè* traduit l'hébreu *mashal* qui signifie comparaison, proverbe, dicton, satire, énigme, etc. La "parabole" évangélique participe de plusieurs de ces sens.

On la distingue souvent de l'allégorie, dont chaque détail a une signification. Au contraire, la parabole est une historiette significative par son ensemble. On a trop souvent tendance à interpréter les paraboles en décomposant tous leurs éléments, ce qui les transforme en allégories artificielles et trop subtiles. Mais la distinction n'est pas si tranchée que Jésus lui-même n'ait donné une explication allégorique de certaines paraboles (la semence : Mc 4, 13-20 par; l'ivraie : Mt 13, 36-43).

Jn emploie le mot *paroimia*, qui signifie "proverbe" (ainsi le titre des Proverbes chez les *Septante) et qui traduit aussi *mashal*. En français il peut donc être rendu également par parabole.

(Parallèles)

On qualifie ainsi des textes, appartenant à des auteurs différents, et relatant le même événement ou la même parole, de façon plus ou moins semblable. Beaucoup d'éditions des évangiles indiquent les parallèles en donnant leurs références. Mais leur étude est plus facile dans une *Synopse, qui dispose les textes parallèles en regard les uns des autres.

Parole

La Parole de Dieu, dans l'A.T., n'est pas seulement un énoncé, un mot : c'est une parole puissante, efficace, créatrice. Si bien que le mot hébreu *dabar*, qui signifie parole, peut aussi bien signifier un fait, un événement. Ce sens se retrouve dans l'Évangile avec le mot *rhèma*, parole (ainsi Lc 1, 38; 2, 15).

Parole se dit le plus souvent *logos*, que l'on traduit par Verbe dans le prologue de Jn. Comme il désigne le Fils, Jésus, on ne peut guère employer en français le mot féminin Parole. Jésus n'est ainsi appelé que dans ce prologue (et dans 1 Jn 1, 1; Apocalypse 19, 13).

Mais dans les évangiles et surtout dans Ac, la Parole tout court peut désigner la Prédication de l'Évangile (Ac 4, 4; 10, 44; 11, 19, etc.), et "la Parole du Seigneur" devenir synonyme d'Église ou de christianisme (6, 7; 12, 24; 10, 20).

Pauvres

Ce sont les hommes démunis de ressources et d'appuis. Mais le mot a une résonance religieuse : les "pauvres de cœur" (Mt 5, 3) sont ceux qui mettent toute leur confiance en Dieu sans s'appuyer sur leurs mérites, comme le faisaient les *pharisiens. C'est à eux d'abord que le Messie annonce la Bonne Nouvelle (Lc 4, 18). Comme les pécheurs, ils sont plus accessibles à la proclamation du règne de Dieu et mieux disposés à la *conversion que les riches et ceux qui sont "convaincus d'être *justes" (Lc 18, 9).

Pénitence

Voir *Conversion*.

(Pentateuque)

De *penta* (cinq) et *teukhos* (livre) : les cinq premiers livres de la Bible, appelés la *Thora* ou *Loi, et attribués à Moïse.

Pentecôte

Du mot grec qui veut dire cinquante, parce que cette fête se célébrait 50 jours après la *Pâque. Primitivement, c'était la fête de la *moisson, où l'on offrait les prémices des produits de la terre. Elle était, comme la Pâque, l'occasion d'un pèlerinage à Jérusalem. Une tradition rabbinique plaçant la conclusion de l'*alliance au *Sinaï 50 jours après la traversée de la mer Rouge, la Pentecôte devint la fête du don de la *Loi. Les Pères de l'Église appliquèrent cette idée à la Pentecôte chrétienne, don du Saint-Esprit qui est la Loi nouvelle.

(Péricope)

Transcription d'un mot grec signifiant "découpure". En *exégèse, désigne une unité littéraire, qu'on peut distinguer dans un texte, comme la péricope de la multiplication des pains, ou de la femme adultère. En liturgie, désigne le texte découpé pour fournir une lecture à telle ou telle célébration.

Pharisien

Peut-être d'un mot araméen, qui signifie "séparé". Quelle que soit l'origine du terme, il est vrai que les pharisiens avaient un grand souci de pureté légale et se tenaient éloignés des pécheurs.

C'était un parti, une secte (voir Ac 15, 5), ou plutôt peut-être un courant, de Juifs très fervents, généralement nationalistes, opposés aux infiltrations païennes : en cela ils se distinguaient fortement des *sadducéens.

Les évangélistes, particulièrement Mt, les ont dépeints comme les principaux adversaires de Jésus. Il est vrai que leur prestige rendait leur exemple dangereux. Mais Jésus était beaucoup plus près d'eux que des sadducéens, et Paul est toujours resté fier de ses origines pharisiennes (Ac 23, 6; 26, 5; Philippiens 3, 5). Voir *Docteurs de la Loi*, *Hypocrites*, *Scribes*.

Pierre

Son nom juif, Simon, est porté par de nombreux personnages du N.T., dont l'un des *Douze, Simon le *Zélote.

Fils de Yonas, frère d'*André qui l'amena à Jésus, il reçut de celui-ci le nom symbolique de Céphas (*araméen *kepha*, rocher), traduit en grec *Petros*, en latin *Petrus*, dont nous avons fait *Pierre*.

Ce surnom fut donné à Simon — pour reconnaître la solidité de sa foi, sur laquelle Jésus construirait son Église — sans doute assez tard dans la vie publique de Jésus (Mt 16, 18). Cependant les évangélistes, écrivant bien plus tard, l'ont utilisé avant cet épisode (ainsi Mt 4, 18; 8, 14; Jn 1, 40.42.44).

Dans Ac, il est appelé habituellement Pierre. Paul l'appelle le plus souvent Céphas. On trouve aussi Syméon.

Pitié

Les évangélistes signalent souvent la pitié de Jésus pour les malheureux. Malheureusement le mot français "pitié" est froid et abstrait. Le *Lectionnaire traduit généralement "saisi de pitié", qui se rapproche des mots hébreu et grec dont le sens est "pris aux entrailles". Voir la note sur Lc 15, 20.

Possédé, Possession

Les anciens attribuaient souvent la maladie à des "esprits mauvais", à des "démons" qui s'étaient emparés du corps et de l'esprit du patient. Les *Synoptiques, dans leurs énumérations de miracles, semblent bien distinguer les possédés des malades ordinaires. Il est difficile de croire que lorsque Jésus interpelle un mauvais esprit, il se conforme seulement à une croyance populaire. Cependant les Synoptiques semblent confondre possession et épilepsie : voir Mt 17, 14-20 et Mc 9, 14-29. De toute façon, par ses guérisons, qu'il s'agisse de possédés ou de malades, Jésus proclame la venue du *règne de Dieu, vainqueur du mal, de la mort et du péché.

On ne trouve chez Jn aucun cas de possession ni d'exorcisme, bien que cet évangile insiste sur l'activité de *Satan, notamment à propos de Judas.

Prédication

Ce mot désigne aujourd'hui toute prise de parole d'ordre religieux : exhortation morale, méditation à haute voix, homélie, etc.

Les premiers chrétiens appelaient prédication (ou proclamation) le *kérygme* (de *kèrux*, héraut) par lequel était annoncé l'événement du salut, qui appelait à la *conversion. Les prédications qu'on trouve dans Ac relèvent de ce genre, qu'on peut identifier à la proclamation de l'Évangile (Bonne Nouvelle du salut).

Ensuite, les baptisés recevaient un enseignement plus détaillé, avec des applications morales, appelé *didascalie* ou *catéchèse*, qui tient une grande place dans les lettres d'Apôtres conservées dans le Nouveau Testament.

Prophètes

Contrairement à l'opinion courante, le Prophète n'est pas avant tout celui qui annonce l'avenir, mais celui qui porte sur l'actualité un jugement inspiré par l'Esprit, contre la routine, les préjugés, les déviations.

L'Église chrétienne eut aussi ses prophètes, caractérisés par une proclamation enthousiaste des merveilles de Dieu, sous la motion de l'Esprit (Ac 11, 28; 13, 1, etc. Voir aussi Lc 11, 49 par).

Publicains

Chargés par les Romains de percevoir l'impôt ou les droits de douane, ils étaient considérés par les Juifs comme les pécheurs par excellence, à cause de leurs malversations et parce qu'ils collaboraient avec l'occupant.

Q

(Qumrân)

À 13 km au sud de Jéricho, sur la rive nord-est de la mer Morte, sorte de monastère de la secte juive des Esséniens, ayant rejeté le culte du Temple et le sacerdoce officiel. A partir de 1947 on a découvert, dans des grottes avoisinantes, enfermés dans des jarres, de nombreux manuscrits appartenant à la communauté.

Les écrits propres à la secte révèlent certains traits communs avec les évangiles, notamment l'opposition de la lumière et des ténèbres et l'importance donnée aux *baptêmes. Jean Baptiste avait peut-être subi l'influence de Qumrân. Mais le christianisme ne peut être considéré comme son héritier. L'intransigeance de cette secte est profondément opposée à l'ouverture du Règne vers les pécheurs et les païens.

D'autres manuscrits de Qumrân contiennent des textes bibliques qui confirment, dans l'ensemble, l'exactitude du texte reçu.

R

Rabbi, Rabbouni

Le terme hébreu de *Rabbi* (en *araméen *Rabbouni*) signifie "mon Maître", au sens de maître de doctrine (Jn 3, 2). Jésus reproche aux pharisiens de rechercher ce titre (Mt 23, 7.8), mais lui-même (et aussi Jean Baptiste Jn 3, 26) est souvent appelé ainsi par ses disciples pendant sa vie, et le texte grec chez Mt, Mc et Jn l'a gardé tel quel. Lc le traduit par un mot grec *(épistatès)*, traduit aussi "Maître", mais qui signifie plutôt "chef". Après la résurrection, le titre le plus souvent donné à Jésus est *Seigneur.

Règne ou royaume de Dieu

Même sous la monarchie, le vrai roi d'Israël, c'était Dieu. A l'époque de Jésus, il n'y a plus de roi, et Israël est asservi par les Romains. Tous les Juifs désirent voir le règne de Dieu. Pour beaucoup, c'est uniquement la libération d'Israël et sa restauration politique.

Jean Baptiste puis Jésus annoncent la venue, ou même déjà la présence du règne de Dieu. C'est l'objet principal de l'Évangile. Mais ce règne n'est visible qu'aux esprits attentifs et disponibles, et sa croissance sera lente, quoique irrésistible. En outre, on ne peut accéder à ce règne que si l'on obéit à ses lois : charité, pureté, désintéressement.

Pour éviter de nommer Dieu, Mt emploie l'expression équivalente de "règne des cieux".

Chez Jn, on ne trouve "royaume de Dieu" qu'une seule fois (3, 3). Ce qui correspond chez lui à cette notion, c'est la *Vie, la vie éternelle. On l'obtient si l'on croit en Jésus, si on le *connaît, car tout ce qu'implique le règne de Dieu est contenu en sa personne.

S

Sabbat

D'un mot hébreu qui signifie cessation, chômage. Dernier jour de la semaine, il devait être consacré au Seigneur par la prière, la lecture de l'Écriture (réunion à la *synagogue), le repos : tout travail, tout déplacement un peu important y était interdit. Jésus a souvent scandalisé les *pharisiens par les libertés qu'il prenait avec cette loi. On prétendait, en l'observant, imiter le repos de Dieu, le septième jour, après la création (Genèse 2, 1-3), ce que Jésus a contesté en Jn 5, 17. Lui-même y voyait avant tout un signe de libération.

Sacrilège dévastateur

Traduction adoptée dans le *Lectionnaire au lieu de "Abomination de la désolation" qui a pris en français un sens imprécis et quelque peu humoristique. Il s'agit de l'installation d'une idole dans le Temple (sacrilège, "abomination" au sens étymologique), qui amènera la ruine (la "désolation") de Jérusalem. L'expression vient de Daniel 9, 27.

Sadducéens

Ainsi nommés du grand prêtre Sadoq (sous David et Salomon), à qui se rattachait le clergé de Jérusalem. Ils s'opposaient aux *pharisiens dont ils rejetaient les *traditions. Se limitant au *Pentateuque, ils ne voulaient croire ni à la résurrection ni aux *anges. Collaborateurs des Romains, ils étaient fortement politisés et formaient une caste cléricale très attachée à ses privilèges. Beaucoup plus que les pharisiens, ils ont été les ennemis les plus acharnés de Jésus et de la communauté apostolique (voir par exemple Ac 5, 17).

Saints

Le peuple de Dieu, parce qu'il appartient à Dieu qui est "le Saint", est un peuple saint, ce qui ne veut pas dire que tous ses membres sont parfaits, mais que c'est un peuple sacerdotal, consacré au culte de Dieu et, à cause de cela, mis à part des nations païennes.

Le christianisme a pris la succession d'Israël. Il est à son tour le peuple saint, et ses membres peuvent être appelés collectivement, des "saints".

Cette appellation se trouve quelquefois dans Ac et très fréquemment chez Paul. Elle est souvent traduite à juste titre par "fidèles". Ceux-ci ont été rendus "saints" par le *baptême, sacrement de la foi.

Salomon

Fils et successeur de David, (972-933 av. J.-C.), il annonce malgré ses faiblesses, la figure glorieuse du Roi pacifique et, à cause de cela, constructeur du Temple. Son nom se rattache à *Shalom*, qui veut dire *paix. Sa sagesse proverbiale contribue également à faire de lui une préfiguration du Christ Jésus.

Samaritains

Samarie fut la capitale du royaume du Nord (opposé au royaume de Juda, capitale Jérusalem). Après la déportation de Samarie (722 av. J.-C.), sa population devint très mélangée. Les Samaritains combattirent la restauration de Jérusalem au retour de l'exil. Ils n'admettaient comme Écriture que le *Pentateuque et avaient érigé leur Temple, rival de celui de Jérusalem, sur le mont Garizim. Pour les Juifs, les Samaritains étaient les ennemis par excellence, hérétiques et impurs.

Sanhédrin

Voir *Conseil (Grand)*.

Satan

A l'origine, nom commun qui signifie adversaire, accusateur dans un procès, et qu'on attribue à tout ce qui s'oppose au dessein de Dieu. Dans les évangiles, le mot est généralement personnalisé et désigne l'ennemi de Dieu, le Prince de ce monde, le Prince des démons. Il joue un rôle important dans la *Tentation de Jésus et dans les causes de sa Passion. Voir *Possession.*

Scandale, scandaliser

C'est un caillou sur le chemin, un piège, un obstacle qui risque de faire tomber (et non pas, comme en français moderne, un fait immoral ou inouï qui suscite des commentaires abondants).

Dans le *Lectionnaire, il est souvent rendu par une périphrase plus exacte : occasion de chute. De même, scandaliser : faire tomber; être scandalisé : tomber.

Scribes

Se confondent souvent avec les *docteurs de la Loi, *pharisiens comme eux. Toutefois, les scribes recevaient, après de longues études, une ordination, et siégeaient de droit au grand *Conseil.

(Secret messianique)

On appelle ainsi le comportement de Jésus, surtout chez les *Synoptiques, et particulièrement chez Mc (mais aussi chez Jn : 6, 15; 7, 10). Jésus veut éviter toute publicité en essayant de cacher ses miracles, et il refuse le titre de *Messie, trop souvent compris comme désignant un libérateur politique.

Seigneur

Le nom propre du Dieu d'Abraham, d'Isaac et Jacob était *Yahweh :* *Je suis. Le respect du nom divin ayant détourné les Juifs de prononcer celui-ci, il fut remplacé dans la traduction des *Septante par *Kurios :* Seigneur, qui signifie donc : Dieu (*Vulgate : *Dominus.*)

Jésus s'est attribué à lui-même le titre de Seigneur (Jn 13, 13-14). Thomas le lui a décerné en confessant sa divinité (Jn 20, 28). Lorsque divers personnages (mais jamais ses adversaires) l'appellent ainsi, on peut se demander si l'évangéliste ne commet pas un anachronisme, car c'est la Résurrection qui a manifesté Jésus comme Seigneur (Ac 2, 36).

Le *Lectionnaire a omis volontairement de le traduire en Jn 12, 21 et 20, 15, où il a le sens faible de "Monsieur".

Séjour des morts

Cette expression traduit bien le mot hébreu *sheol* ou le mot grec *hadès* dont la traduction par "enfers" et surtout par "enfer" prête à confusion.

Longtemps les Juifs l'ont imaginé comme un lieu souterrain où séjournent pour une vie diminuée et quasi inconsciente, tous les morts, justes et impies mélangés.

Au temps de Jésus, le même mot désigne encore l'ensemble du séjour des morts, bien qu'on commence à distinguer un lieu de torture pour les méchants et un lieu de délices pour les justes. Cette conception se reflète dans la parabole de Lazare et du riche (Lc 16, 19-31). qui n'a aucunement valeur de révélation dogmatique sur l'au-delà.

(Septante)

On appelle ainsi (ou LXX) une traduction grecque de l'Ancien Testament accomplie au IIe siècle avant J.-C. à Alexandrie, ville où vivaient peut-être un million de Juifs. (Une légende l'attribuait à 72 vieillards envoyés de Jérusalem, qui l'auraient réalisée miraculeusement en 72 jours, d'où le nom de Septante.)

Faite sur un texte hébreu parfois plus ancien et meilleur que le nôtre, elle ne craint pas de modifier et de préciser l'original, et certains y voient un progrès de la révélation. Les Juifs devaient finir par la rejeter comme trop éloignée du texte hébreu et à cause de son emploi par les chrétiens.

Le N.T. cite presque toujours l'A.T. selon la Septante. Elle est aussi le texte utilisé par les Pères de l'Église grecque et par la liturgie célébrée en grec.

Serviteur
Voir *Messie*.

Signes
Ce mot se trouve parfois dans les évangiles avec le sens neutre, banal, de signal, de fait révélateur. Ainsi Mt 16, 4; Mc 14, 44; Lc 2, 12.34.

Associé aux mots : prodiges, choses étonnantes, il signifie : miracles. Mais le plus souvent il désigne ces miracles en attirant l'attention sur leur valeur d'enseignement plus que sur leur éclat sensationnel.

Les guérisons accomplies par Jésus sont des signes d'identité : elles le font reconnaître comme le Messie annoncé. Et ce sont des signes visibles, dès ce moment, de la rénovation du monde qui s'accomplira par son mystère pascal.

Cependant Jésus refuse de faire les "signes" demandés par les pharisiens, des signes "venus du ciel". Ce seraient des prodiges éclatants qui enlèveraient à la foi toute liberté et tout mérite.

En Jn les "signes" dénomment les miracles de Jésus (2, 11), mais aussi des événements qui, sans être des miracles proprement dits, permettent à la foi de percevoir sa divinité (20, 30). De son côté, pour désigner ses miracles, Jésus préfère dire "mes œuvres", "les œuvres que je fais". Voir *Miracles*.

Simon
Voir *Pierre*.

(Sinaï)
Montagne (appelée aussi Horeb dans l'A.T.) où Moïse reçut le don de la *Loi, en particulier le *Décalogue (Exode 3, 1; 19-24), et où Élie rencontra Dieu après une longue marche (1 Rois 19). On la situe ou en Arabie, ou au sud de la péninsule sinaïtique.

Dans les évangiles, diverses mentions d'une montagne ("Discours sur la montagne", prière de Jésus en Lc, Transfiguration, Ascension) font sans doute allusion au Sinaï et suggèrent que Jésus est un nouveau Moïse.

Sodome et Gomorrhe
Villes qui furent détruites par le feu du ciel, malgré l'intercession d'Abraham (Genèse 18, 16 — 19,29). Leurs noms évoquaient les pires excès du péché et la sévérité du châtiment divin.

Synagogue
Elle est, dans les villages et dans les quartiers urbains, le lieu de rassemblement (c'est le sens du mot) pour le culte juif du *sabbat, qui consiste en lectures et en prières. Le sacrifice ne s'accomplit qu'au Temple de Jérusalem, vers lequel chaque synagogue est orientée.

Jésus s'y rend pour le sabbat, y prend parfois la parole, y accomplit des guérisons. De même les Apôtres, dans Ac, commenceront toujours leur annonce de l'Évangile, le jour du sabbat, dans la synagogue où ils s'adressent aux Juifs et aux *convertis.

(Synopse)
Substantif féminin, du grec *synopsis*, vue d'ensemble. On appelle ainsi un livre où les passages *parallèles des évangiles sont imprimés en regard les uns des autres, ce qui facilite leur comparaison.

(Synoptiques)
Nom donné, par opposition à Jn qui suit un plan relativement indépendant, à Mt, Mc et Lc qui ont en commun leur plan pour la plus grande partie, beaucoup de récits et d'éléments de discours, si bien qu'on peut disposer leurs textes en *synopse.

T

Témoignage, témoins
Mots qu'on retrouve surtout chez Jn. Puisque personne n'a jamais vu Dieu (1, 18; 3, 32), il ne peut nous être révélé que par celui qui vient d'auprès de lui, Jésus "le témoin fidèle" (Apocalypse 1, 5).

Réciproquement, le Père rend témoignage au Fils par les œuvres (les *miracles en particulier) qu'il lui donne d'accomplir (Jn 5, 31-39).

L'Écriture rend témoignage au Messie qu'elle a annoncé (5, 39).

Jean Baptiste rend témoignage à la vérité (5, 33), à Jésus qui est plus fort que lui (Mc 1, 7).

Les Apôtres seront les témoins, les martyrs (témoins se dit en grec *martyres*) de Jésus ressuscité (Ac 1,8; 2, 32; 10, 41-42, etc.).

L'Évangéliste "rend témoignage de tout cela" (le mystère de Jésus) : Jn 21, 24.

Le témoignage rendu par l'Église à Jésus est le témoignage de l'Esprit : Jn 15, 26-27.

Temple

Bâti à Jérusalem par Salomon vers 959 av. J.-C., il a peu à peu supplanté tous les sanctuaires provinciaux (Béthel, Sichem, Hébron, etc.) Détruit lors de la prise de Jérusalem en 587, il fut péniblement et pauvrement reconstruit après le retour d'exil, à partir de 520. Profané par Antiochus IV qui le dédie à Zeus Olympien en 167, il est purifié en 164 (fête de la Dédicace, voir Jn 10, 22).

Hérode le Grand entreprend de le reconstruire avec magnificence en 20 (voir Jn 2, 20). Il sera détruit par Titus en 70 après J.-C.

Quand les évangiles et Ac parlent du "Temple", il s'agit souvent du complexe qui l'entoure : cours, galeries, trésor, etc., plutôt que du sanctuaire proprement dit.

Ténèbres

S'opposent à la lumière, comme le péché à la sainteté, et l'ignorance à la connaissance. Cette antinomie essentielle aux écrits de *Qumrân, joue un grand rôle dans tout le N.T. mais surtout dans Jn.

Les "ténèbres extérieures" sont une image de la damnation, en fonction du *Royaume des cieux imaginé comme un *festin dans une salle brillament illuminée.

Tentation

Dans toute la Bible, et dans l'Évangile, la tentation n'a pas d'abord le sens psychologique que nous lui donnons : la séduction du péché qui commence à s'introduire dans l'homme. Elle désigne une réalité beaucoup plus extérieure, et qui peut tourner au mal, mais aussi au bien. Le plus souvent on pourrait traduire ce mot *(peïrasmos)* par "épreuve", au sens de mise à l'épreuve. "Parce que tu étais agréable au Seigneur. il fallait que la tentation te mette à l'épreuve" (Tobie 12, 6 *Vulgate). C'est en ce sens qu'il faut comprendre ce mot à la fin du Notre Père, et dans la tentation que Satan inflige à Jésus pour le détourner de sa mission de *Serviteur humble et obéissant.

Tentes (Fête des)

Fête d'automne où l'on rendait grâce pour les vendanges. Le 7e et dernier jour on priait pour la pluie, en répandant de l'eau puisée à la piscine de Siloé. Le symbolisme de Jn 7, 37-39 et 8, 12 se rattache sans doute aux rites de cette fête.

Pendant cette semaine les Juifs campaient sous des huttes de branchages pour commémorer la vie nomade de leurs ancêtres.

Traditions

La Bible, comme tout texte un peu ancien, a besoin de commentaires qui l'éclairent et l'adaptent. Ceux-ci étaient l'œuvre des rabbis et des *scribes. On les appelait "traditions". Les *sadducéens s'y opposaient comme à des additions humaines et modernistes étrangères au *Pentateuque. Jésus les a condamnées dans la mesure où leurs prescriptions compliquées faisaient oublier l'essentiel de la Loi.

V

Verbe

Voir *Parole*.

Veuve

Elle est depuis l'A.T. le type même de l'être sans ressource et sans défense.

Vie

Pour le croyant de l'A.T. Dieu est le grand Vivant, et la vie des créatures est un don de Dieu, quoi qu'il en soit de sa fragilité. Dieu donne la vie par sa Parole et son Esprit (son souffle). Voir *Ame.

Le mot "vie" a donc une signification très ample. Nous voyons dans Jn qu'il est souvent synonyme de "vie éternelle". C'est en effet une communion avec Dieu. Cette notion correspond à peu près, chez Jn, à celle de *règne de Dieu (ou des cieux) chez les *Synoptiques. Jésus est venu apporter la vie, et une vie surabondante (Jn 10, 10) symbolisée par l'abondance du vin à Cana et le surplus des pains multipliés.

Vigne

La vigne est l'arbre le plus apprécié et le mieux soigné par le paysan palestinien.

Le même mot désigne aussi le champ planté de vigne. Ainsi, le cantique de la vigne du Seigneur qui représente le peuple d'Israël (Isaïe 5, 1-7) est souvent sous-entendu.

Vin

Symbole et cause de joie (Ps 103/104, 15), il est aussi dans les évangiles symbole de nouveauté. L'A.T. l'appelle parfois le "sang de la grappe" (Genèse 49, 1; Deutéronome 32, 14; Sirac 50, 16). C'était un vin rouge sombre, très épais, auquel il fallait mêler beaucoup d'eau.

(Vulgate)

Traduction latine de toute la Bible, réalisée au IVe siècle par saint Jérôme. Sa valeur est inégale : dans le N.T., les évangiles et Ac sont généralement bien traduits.

Le Concile de Trente a déclaré cette traduction "*authentique", c'est-à-dire officiellement autorisée. Mais elle n'est qu'une traduction et, aujourd'hui, on ne voit pas l'intérêt de traduire l'Écriture en langue vivante autrement qu'à partir des textes originaux.

Un certain nombre de versets de la Vulgate dans les évangiles et Ac n'appartiennent pas au texte grec le mieux attesté. Ce sont souvent des additions introduites par harmonisation avec un texte analogue d'un autre évangéliste. Ainsi : Mt 17, 21; 18, 11; 23, 14; Mc 7, 16; 11, 26; 15, 28; Lc 17, 36; 23, 17; Jn 5, 3b-4; Ac 8, 37; 28, 29.

Z

Zébédée

Il est souvent nommé par les Synoptiques comme le père de Jacques et Jean qui travaillaient à son entreprise de pêche, sur le *lac de Galilée. Sa femme s'appelait Salomé.

Zélote

Résistant, dont l'opposition aux Romains employait volontiers la violence. Un des *Douze, Simon, était surnommé "le Zélote".

103 mots-clefs

Pour retrouver un passage ou partir à la découverte

(On trouvera la liste des mots-clefs pp. 556-557)

(Pour les noms de personnes, voir p. 526)

- **ACTION DE GRÂCE – LOUANGE**

  – autour de la naissance de Jésus : Lc **1,** 39-56 *(Marie)*; **1,** 59-79 *(Zacharie)*; **2,** 1-20 *(Anges et bergers)*; **2,** 22-38 *(Syméon et Anne)*
  – de Jésus pour le mystère révélé aux petits : Mt **11,** 25-27; Lc **10,** 17-24
  – du possédé guéri : Mc **5,** 18-20; du lépreux étranger guéri : Lc **17,** 12-19
  – de la foule devant les miracles : Lc **18,** 35-46
  – de Jésus à la résurrection de Lazare : Jn **11,** 41-42
  – des Apôtres après l'Ascension : Lc **24,** 50-53
  Action de grâce pour la sagesse du Dieu sauveur : Rm **11,** 33-36
  – pour la révélation du salut : Rm **16,** 25-27
  – pour les dons de Dieu : 1 Co **1,** 1-9
  – au Dieu sauveur : 1 Co **15,** 55-58
  – pour le dessein grandiose de Dieu : Ep **1,** 3-23
  La vie dans l'action de grâce : Ep **4,** 17 — **5,** 20; Col **3,** 12-17
  Action de grâce de Paul pour la conversion des païens : 1 Th **1,** 1-10
  – de Paul pour sa propre conversion : 1 Tm **1,** 12-17
  – de Pierre pour le salut en Jésus Christ : 1 P **1,** 3-9
  – des élus au ciel : Ap **19,** 5-9

- **ALLIANCE**

  Dieu se souvient de son Alliance : Lc **1,** 68-79
  Les noces de Cana, image des noces de l'Alliance : Jn **2,** 1-11
  Paraboles du repas de noces : Mt **22,** 1-14; **25,** 1-13; Lc **14,** 15-24
  Le repas de la Nouvelle Alliance : Mt **26,** 17-29; Mc **14,** 12-25; Lc **22,** 14-20; 1 Co **11,** 17... 33
  L'eau et le sang de la Nouvelle Alliance : Jn **19,** 31-37
  Les Apôtres, ministres de la Nouvelle Alliance : 2 Co **3,** 1-6
  Les païens accueillis dans l'Alliance : Ep **2,** 13 — **3,** 6
  Le Christ, médiateur de la Nouvelle Alliance : He **7,** 23... **10,** 23
  La fête sur la montagne de la Nouvelle Alliance : He **12,** 18... 24

- **AMOUR**

  - **Amour de Dieu (du Christ) pour nous**

    « Dieu a tant aimé le monde... » : Jn **3,** 16-18
    Hymne de Zacharie à l'amour sauveur : Lc **1,** 68-79
    « Je suis doux et humble de cœur » : Mt **11,** 25-30

Jésus et les foules sans berger : Mc **6,** 34
Jésus ressuscite le fils unique d'une veuve : Lc **7,** 11-17
Les paraboles de la miséricorde : Lc **15,** 1-32
Le bon pasteur : Jn **10,** 1-21
« Il les aima jusqu'au bout » : Jn **13,** 1-20
« Demeurez en moi comme moi en vous » : Jn **15,** 1-8
« Aimez-vous comme je vous ai aimés » : Jn **15,** 9-17
« Le Père vous aime parce que vous m'aimez » : Jn **16,** 23-28
Dernière prière de Jésus pour les siens : Jn **17,** 1-26
L'amour du Christ manifesté dans sa mort : Lc **23,** 26-48
Le cœur ouvert : Jn **19,** 31-37
« La preuve que Dieu nous aime » : Rm **5,** 1-11
« Qui nous séparera de l'amour de Dieu ? » : Rm **8,** 31-39
« L'amour du Christ nous saisit » : 2 Co **5,** 14-19
Le Christ m'a aimé : Ga **2,** 20
Le grand dessein d'amour : Ep **1,** 3-23
L'amour gratuit qui nous arrache à la mort : Ep **2,** 4-10
La richesse insondable du Christ : Ep **3,** 8-12
L'amour du Christ surpasse toute connaissance : Ep **3,** 14-19
L'amour de l'Apôtre enraciné dans celui du Christ : Ph **1,** 1-11
L'amour sauveur : Tt **3,** 4-7
Le commandement de l'amour à la suite de Jésus : 1 Jn **3,** 1-3
Dieu nous a aimés le premier : 1 Jn **4,** 7-16

o **Amour pour Dieu (pour le Christ)**
Aimer Dieu et le prochain : Mt **22,** 34-40; Mc **12,** 28-34
Pardonnée « à cause de son grand amour » : Lc **7,** 36-50
Marthe et Marie : Lc **10,** 38-42
Un geste d'amour : l'onction de Béthanie : Mt **26,** 6-13; Mc **14,** 3-9
« Si quelqu'un m'aime... » : Jn **14,** 23-29
L'entourage de Jésus devant sa mort : Lc **23,** 1-25
Marie-Madeleine et le Ressuscité : Jn **20,** 11-18
« Pierre, m'aimes-tu ? » : Jn **21,** 15-19
Quand les hommes aiment Dieu... : Rm **8,** 28-30
« Vous l'aimez sans l'avoir vu » : 1 P **1,** 3-12

o **Amour des autres**
Savoir se réconcilier : Mt **5,** 21-26
Relations d'amour avec les hommes, avec le Père : Mt **7,** 1-12
La vie fraternelle : Mt **18,** 1-35; Mc **9,** 35-50; Lc **17,** 1-4
« Ce que Dieu a uni » : Mt **19,** 2-12; Mc **10,** 1-12; Lc **16,** 18
Vérité de l'amour conjugal : Mt **5,** 27-32
Au-delà des liens familiaux : Mt **10,** 34-37; **19,** 27-30; Mc **10,** 28-30; Lc **12,** 51-53; **14,** 25-27; **18,** 28-30
Le double commandement : Mt **22,** 34-40; Mc **12,** 28-34; Lc **10,** 25-37
Nous serons jugés sur l'amour de nos frères : Mt **25,** 31-46
Amour des ennemis et de tous les hommes : Lc **6,** 27-42
« Père, pardonne-leur » : Lc **23,** 33-34
Le commandement nouveau : Jn **13,** 31-35
Aimez « comme je vous ai aimés » : Jn **15,** 12-17
La vie fraternelle aux débuts de l'Église : Ac **2,** 42-47
Étienne prie pour ses bourreaux : Ac **7,** 55-60
L'amour de l'Apôtre pour ses frères : Ac **20,** 17-38
Le vrai culte rendu à Dieu : humilité et charité : Rm **12,** 1-18

Liberté de l'Apôtre et respect des faibles : 1 Co **9,** 16... 23
Agir pour le bien de tous : 1 Co **10,** 31 — **11,** 1
Hymne à la charité : 1 Co **12,** 31 — **13,** 13
Donner généreusement à l'imitation du Christ : 2 Co **8,** 7...15
La vraie liberté dans la charité : Ga **5,** 1...18
L'unité dans l'amour : Ep **4,** 1-6
« Vivez dans l'amour » : Ep **4,** 30 — **5,** 2
L'amour de l'Apôtre pour la communauté : Ph **1,** 1-11
« Par-dessus tout, qu'il y ait l'amour » : Col **3,** 1... 21
Transmettre l'Évangile, œuvre d'amour gratuit : 1 Th **2,** 7-13
Quand l'esclave devient frère : Phm 9...17
La dignité des pauvres dans l'Église : Jc **2,** 1-5
Aimer par des actes et en vérité : 1 Jn **3,** 18-24
Aimer parce que nous sommes aimés : 1 Jn **4,** 7-16

- **APPEL (Vocation)**

Appel de Marie : Lc **1,** 26-38
Premiers disciples : Mt **4,** 18-22; Mc **1,** 16-20; Lc **5,** 1-11; Jn **1,** 35-51
Le publicain (Matthieu) : Mt **9,** 9-13; Mc **2,** 13-14; Lc **5,** 27-32
Choix des Douze : Mt **10,** 1-4; Mc **3,** 13-19; Lc **6,** 12-16; Jn **15,** 9-17
Appel et mission des 72 disciples : Lc **10,** 1-24
Demander à Dieu d'appeler des ouvriers : Mt **9,** 35-38
Le (jeune homme) riche : Mt **19,** 16-22; Mc **10,** 17-27; Lc **18,** 18-23
La récompense promise : Mt **19,** 27-30; Mc **10,** 28-31; Lc **18,** 28-30
Les ouvriers à la vigne : Mt **20,** 1-16
Répondre jusqu'au bout : Mt **21,** 28-32; Lc **9,** 57-62; **14,** 25-35
Le festin de noces : Mt **22,** 1-14; Lc **14,** 15-24
Dernier appel à Pierre et au disciple bien-aimé : Jn **21,** 15-23
Appel de Matthias : Ac **1,** 12... 26
Qui sont ceux que Dieu appelle ? : 1 Co **1,** 26-31
Ambassadeurs de la réconciliation : 2 Co **5,** 14 — **6,** 2
Un appel à l'unité dans l'Esprit : Ep **4,** 1-6
Saisi par le Christ : Ph **3,** 8-14
Être dignes de l'appel de Dieu : 2 Th **1,** 11-12
Le Christ appelé et consacré : He **5,** 1-9

- **AVENIR**

Discours sur la venue du Fils de l'homme : Mt **24,** 1-51; Mc **13,** 1-37; Lc **17,** 20 — **18,** 8; **21,** 5-38
Paraboles de la croissance du Royaume : *voir au mot « Paraboles », sous les titres : Semeur, bon grain, graine, levain, grain*
Paraboles de la fin des temps : Mt **13,** 47-50 *(filets);* Mt **25,** 1-13 *(jeunes filles);* Mt **25,** 14-30; Lc **19,** 11-27 *(« talents »)*
Tableau du jugement des nations : Mt **25,** 31-46
Jésus et l'avenir de Jérusalem : Lc **19,** 41-44; **23,** 26-31
« Tenez-vous prêts » : Lc **12,** 1-53
La Cène et le Royaume : Mt **26,** 26-29; Mc **14,** 12-25; Lc **22,** 7-38
L'avenir du bon larron : Lc **23,** 39-43
Prière de Jésus pour l'avenir des siens : Jn **17**
Ce qu'annonce Jésus ressuscité : Ac **1,** 1-11
Vers la gloire à venir : Rm **8,** 18-39
Célibat et mariage dans un monde qui passe : 1 Co **7,** 29-35
L'amour et l'avenir : 1 Co **12,** 31 — **13,** 13

La résurrection du Christ et la nôtre : 1 Co **15,** 12... 28
La transformation glorieuse de nos corps : 1 Co **15,** 45... 58
Le grand dessein de Dieu : Ep **1,** 3-23
Vivre déjà la vie nouvelle : Ph **3,** 17 — **4,** 1
La vocation des croyants dans le Christ : Col **1,** 12-20
L'attente du jour du Seigneur : 1 Th **4,** 13-18; **5,** 1... 24
« Le grand prêtre du bonheur qui vient » : He **9,** 11... 28
Patience, le Seigneur vient! : Jc **5,** 7-10
En marche vers l'accomplissement du salut : 1 P **1,** 3-12
La patience du Seigneur et la venue de son jour : 2 P **3,** 8-14
L'avenir des enfants de Dieu : 1 Jn **3,** 1-3
« Celui qui est, qui était et qui vient » : Ap **1,** 5-8
Le monde nouveau : Ap **21,** 1... 23
« Viens, Seigneur Jésus! » : Ap **22,** 12... 21

- **BAPTÊME**

Baptême de Jean : Mt **3,** 1-12; Mc **1,** 1-8; Lc **3,** 1-20; Jn **1,** 19-34
Baptême de Jésus : Mt **3,** 13-17; Mc **1,** 9-11; Lc **3,** 21-22
« Baptisez toutes les nations » : Mt **28,** 16-20
« Ephphata – ouvre-toi » : Mc **7,** 31-37
La foi et le baptême : Mc **16,** 15-16
Le baptême de la Passion : Lc **12,** 50
« Naître de l'eau et de l'Esprit » : Jn **3,** 1-8
Baptême de Jean et baptême de Jésus : Jn **3,** 22-30
La Samaritaine : le mystère de l'eau : Jn **4,** 1-42
L'aveugle-né : le mystère de l'illumination : Jn **9,** 1-41
Annonce du baptême dans l'Esprit : Ac **1,** 1-11
La Pentecôte : baptême dans l'Esprit et célébration des premiers baptêmes chrétiens : Ac **2,** 1-41
Conversions et baptêmes en Samarie : Ac **8,** 1... 17
Conversion et baptême de l'Éthiopien : Ac **8,** 26-38
Conversions et baptêmes de païens à Césarée : Ac **10,** 25... 48
Morts avec Jésus par le baptême pour ressusciter avec lui : Rm **6,** 3-11
L'unité par le baptême : Ga **3,** 26-29
Un seul baptême : Ep **4,** 1-6
Les exigences du baptême : Ep **4,** 17... **5,** 20
Par le baptême, de la mort à la vie : Col **2,** 12-14
Vivre dans le monde renouvelés par le baptême : Tt **3,** 4-7
Souffrir avec le Christ qui sauve par le baptême : 1 P **3,** 14-22

- **BONNE NOUVELLE**

L'aurore de la Bonne Nouvelle : Lc **1,** 5-38; **2,** 1-20
Jean Baptiste et la B.N. : Mt **3,** 1-12; Lc **3,** 1-20; Mc **1,** 1-8; Jn **1,** 19-34
Jésus annonce la Bonne Nouvelle : Mt **4,** 12-25; Mc **1,** 14-15
Les disciples se transmettent la Bonne Nouvelle : Jn **1,** 35-51
Les Béatitudes : Mt **5,** 1-12; Lc **6,** 20-23
Messagers de la B.N. : Mt **10,** 5-15; Mc **6,** 7-13; Lc **9,** 1-6; **10,** 1-24
Les signes de la Bonne Nouvelle : Mt **11,** 4-6; Lc **7,** 18-23
Le possédé guéri annonce la Bonne Nouvelle : Mc **5,** 18-20
Bonne Nouvelle de la Résurrection : Mt **28,** 1-10; Mc **16,** 1-8; Lc **24,** 1-12
Le Ressuscité : « Proclamez la Bonne Nouvelle » : Mc **16,** 14-20
La Bonne Nouvelle annoncée – à la Pentecôte : Ac **2,** 14-41
– par Pierre dans le Temple : Ac **3,** 11-19

La Parole et les cœurs qui la reçoivent : Mt **13,** 3-23; Mc **4,** 3-30
La véritable pureté est dans le cœur : Mt **15,** 1-20; Mc **7,** 1-23
L'offrande de la pauvre veuve : Mc **12,** 38-44; Lc **20,** 46 — **21,** 4
Le « oui » de Marie : Lc **1,** 26-38
Marie médite dans son cœur : Lc **2,** 16-21. 41-52
Entendre la Parole et la mettre en pratique : Lc **8,** 4-21
« Là où est votre trésor... » : Mt **6,** 19-21; Lc **12,** 33-34
Jésus connaît le cœur des hommes : Jn **1,** 45-51; **2,** 23-25; **6,** 64
La Samaritaine : adorer en esprit et en vérité : Jn **4,** 19-24
La foi dans le cœur de l'homme : Rm **10,** 8-11
La loi écrite dans les cœurs : 2 Co **3,** 1-6
La transformation du cœur par l'amour : Ep **3,** 14-19
Les dispositions qu'on doit avoir dans le Christ : Ph **2,** 1-11
La Parole juge le cœur de l'homme : He **4,** 12-13
Le cœur transformé par la vraie sagesse : Jc **3,** 16 — **4,** 3
« Dieu est plus grand que notre cœur » : 1 Jn **3,** 18-24

- **COMBAT DU CROYANT**

La porte étroite : Mt **7,** 13-14
Luttes et renoncement des Apôtres : Mt **10,** 16-42
S'engager à la suite du Christ souffrant : Mt **16,** 24-28; Mc **8,** 34-38; Lc **9,** 23-26; **14,** 25-35
L'esprit mauvais dans la vie du croyant : Mt **12,** 43-45
Le combat de Paul : Ac **20,** 17-38
De la détresse à l'espérance et à l'amour : Rm **5,** 1-11
Entre la chair et l'esprit : Rm **8,** 8-17; Ga **5,** 1... 25
Un enfantement qui dure encore : Rm **8,** 18-39
Le combat de la lumière : Rm **13,** 11-14
Puissance de Dieu dans l'épreuve de l'Apôtre : 2 Co **4,** 6... **5,** 10
Courir vers le but : Ph **3,** 8-14
Ce qui reste à souffrir pour l'Église : Col **1,** 24
Du vieil homme à l'homme nouveau : Col **3,** 1... 21
Se battre pour la foi : 1 Tm **6,** 11-16
L'épreuve affrontée à la suite du Christ : He **12,** 1... 13
Souffrir avec le Christ : 1 P **2,** 20... **4,** 16
Le peuple en lutte contre Satan : Ap **11,** 19... **12,** 12

- **CONNAÎTRE DIEU**

Le Verbe fait chair, révélation de Dieu : Jn **1,** 1-18
Dieu connu par les petits grâce au Fils : Mt **11,** 25-27; Lc **10,** 21-24
Connaître les mystères du Royaume : Mt **13,** 10-17
Jean Baptiste, témoin de Dieu : Jn **1,** 19-29
La Samaritaine chemine vers la connaissance de Dieu : Jn **4,** 10-25
Jésus, pain de vie, est celui qui a vu le Père : Jn **6,** 41-51
« Je le connais, parce que je viens d'auprès de lui » : Jn **7,** 27-29
Qui est Jésus ? : Jn **8,** 12-30
« Vous ne le connaissez pas, moi je le connais » : Jn **8,** 31-59
« Le Père me connaît et je connais le Père » : Jn **10,** 14-16
« Celui qui m'a vu a vu le Père » : Jn **14,** 1-10
« La vie éternelle, c'est de te connaître » : Jn **17,** 1-26
Reconnaître le Ressuscité : Lc **24,** 13-35
Hymne au Dieu qui dépasse toute connaissance : Rm **11,** 33-36
Vraie sagesse et idéologies du monde : 1 Co **1,** 22 — **2,** 10

« Je connaîtrai comme je suis connu » : 1 Co **13,** 8-13
Le grand dessein de Dieu manifesté : Ep **1,** 3-23
Connaître le mystère de Dieu grâce à l'amour : Ep **3,** 14-21
On connaît Dieu en gardant ses commandements : 1 Jn **2,** 3-5
Aimer, c'est connaître Dieu : 1 Jn **4,** 7-16

- **CONVERSION**

Jean Baptiste et la conversion : Mt **3,** 1-12; Mc **1,** 1-8; Lc **1,** 16-17; **3,** 1-20
Jésus et la conversion : Mt **4,** 12-15; Mc **1,** 14-15; Lc **5,** 27-32
Exigences de la conversion : Lc **13,** 1-9; **16,** 19-31
Paraboles de la conversion et de la miséricorde : Lc **15,** 1-32
Des conversions : Lc **7,** 36-50; **19,** 1-10; Jn **4,** 1-42
Reniement / repentir de Pierre : Mt **26,** 69-75; Mc **14,** 66-72; Lc **22,** 54-62
Les conversions au jour de la Pentecôte : Ac **2,** 36-41
Pierre appelle les Juifs à la conversion : Ac **3,** 13-19
La conversion de Paul : Ac **9,** 1... 31
Morts au péché, vivants pour Dieu : Rm **6,** 3-11
La communauté doit se purifier du mal : 1 Co **5,** 6-8
La réconciliation par le Christ : 2 Co **5,** 14... **6,** 2
Paul témoigne de sa conversion : Ga **1,** 13-24
Les exigences du baptême : Ep **4,** 17... **5,** 20
La conversion des Thessaloniciens : 1 Th **1,** 1-10

- **CROIX (Passion)**

Prendre sa croix avec le Christ : Mt **10,** 37-39; Mc **8,** 34-38; Lc **14,** 25-35; Jn **12,** 24-26
Annonces de la Passion. *(1) :* Mt **16,** 21-28; Mc **8,** 31 — **9,** 1; Lc **9,** 22-27. *(2) :* Mt **17,** 22-23; Mc **9,** 30-34; Lc **9,** 43-50. *(3) :* Mt **20,** 17-19; Mc **10,** 32-40; Lc **14,** 31-34. — Cf. Jn **12,** 20-36
Les vignerons homicides : Mt **21,** 33-46; Mc **12,** 1-12; Lc **20,** 9-19
Le Fils de l'homme « élevé » : Jn **3,** 13-17; **8,** 28
Le bon pasteur qui donne sa vie : Jn **10,** 11-18
Les Juifs décident la mort de Jésus : Jn **11,** 46-57
Passion / Résurrection : Mt **26** — **28**; Mc **14** — **16**; Lc **22** — **24**; Jn **18** — **20**
« Ils l'ont fait mourir... » : Ac **10,** 34-43
L'homme ancien a été crucifié avec le Christ : Rm **6,** 5-7
La folie de la Croix : 1 Co **1,** 17... **2,** 9
Paul crucifié avec le Christ : Ga **2,** 19-21
La croix du Christ, orgueil du chrétien : Ga **6,** 14-18
La réconciliation par la Croix : Ep **2,** 13-18
Hymne au Christ crucifié et exalté : Ph **2,** 5-11
Communier aux souffrances de la Passion : Ph **3,** 8-14
Le combat de l'Apôtre à la suite du Crucifié : Col **1,** 24-28
La Croix libératrice : Col **2,** 12-15
Jésus partage la vie des hommes jusqu'au bout : He **2,** 9... 18
Grand prêtre par l'obéissance et la Passion : He **5,** 1-9; **9,** 11... **10,** 23
Jésus médiateur de l'Alliance, par son sang : He **12,** 18... 24
Rachetés par le sang du Christ : 1 P **1,** 17-21
Endurer la persécution à l'exemple du Christ : 1 P **2,** 20-25
Le salut par l'eau et par le sang : 1 Jn **5,** 5-9
Gloire au Christ qui nous a délivrés par son sang : Ap **1,** 5-8
Le sang qui purifie : Ap **7,** 9-14

- **DÉSERT**

Jean Baptiste au désert : Mt **3,** 1-12; Mc **1,** 1-8; Lc **1,** 80; **3,** 1-20
Jésus tenté au désert : Mt **4,** 1-11; Mc **1,** 9-15; Lc **4,** 1-13
La foule nourrie au désert : Mt **14,** 13-21; Mc **6,** 34-44; Lc **9,** 10-17
Prière de Jésus au désert : Mc **1,** 35-38
Jésus emmène les Apôtres au désert : Mc **6,** 30-33
Les leçons du passage des Hébreux au désert : 1 Co **10,** 1... 12

- **DIEU**

o **Dieu. Le Père**

Adorer Dieu seul : Mt **4,** 1-11; Lc **4,** 1-13
Jésus devant son Père : Lc **2,** 41-52; Mt **11,** 25-27 (Lc **10,** 21-22); Jn **4,** 31-34; **5,** 17-47; **17,** 1-26; Mt **26,** 36-46 (Mc **14,** 32-42; Lc **22,** 39-46); Lc **23,** 44-46
« Mon Père et votre Père » : Jn **20,** 11-17
« Soyez parfaits comme votre Père » : Mt **5,** 38-48; Lc **6,** 27-42
Vivre sous le regard du Père : Mt **6,** 1-34; Lc **12,** 22-32
Le « Notre Père » : Mt **6,** 9-13; Lc **11,** 2-4
Savoir demander au Père : Mt **7,** 7-11; Lc **11,** 5-13
Dieu ou l'Argent ? : Mt **6,** 24-34; Lc **16,** 9-13
Dieu et César : Mt **22,** 15-21; Mc **12,** 13-17; Lc **20,** 20-26
« Vous n'avez qu'un Maître, vous n'avez qu'un Père » : Mt **23,** 8-10
Parabole du Père miséricordieux : Lc **15,** 11-32
Les vrais adorateurs de Dieu : Jn **4,** 19-24
Marie : « Mon âme exalte le Seigneur... » : Lc **1,** 39-56
Le vrai Dieu annoncé à Athènes : Ac **17,** 15... 32
L'Esprit nous fait fils du Père : Rm **8,** 8-17
Hymne d'adoration à la sagesse de Dieu : Rm **11,** 33-36
L'adoration véritable : Rm **12,** 1-18
« Vous êtes au Christ, et le Christ est à Dieu » : 1 Co **3,** 9... 23
Héritiers par la grâce de Dieu : Ga **3,** 26... **4,** 7
« A la louange de sa gloire » : Ep **1,** 3-23
La croix du Christ nous conduit vers le Père : Ep **2,** 13 — **3,** 21
Un seul Seigneur, un seul Dieu et Père : Ep **4,** 6
Convertis des idoles au vrai Dieu : 1 Th **1,** 9-10
Hymne à la gloire de Dieu : 1 Tm **6,** 15-16
La fête éternelle dans la cité du Dieu vivant : He **12,** 5... 13
« Vous êtes venus vers Dieu » : He **12,** 18... 24
Le Père des lumières : Jc **1,** 17-18
Dieu Père de tous : 1 P **1,** 17
Nous sommes enfants de Dieu : 1 Jn **3,** 1-3
Dieu est amour : 1 Jn **4,** 7-16
Dieu et l'Agneau acclamés dans le ciel : Ap **5,** 11-14; **7,** 2... 17

o **Le Fils : voir « Jésus Christ » — L'Esprit Saint : voir « Esprit de Dieu »**

o **Dieu Trinité (Formules trinitaires)**

Lc **1,** 35; Mt **3,** 16-17; (Mc **1,** 9-11; Lc **3,** 22); Jn **3,** 34-35; **14,** 16.26; Mt **28,** 19 — Ac **2,** 32-33; **10,** 38; **20,** 28 — Rm **1,** 4; 1 Co **6,** 19-20; **12,** 4-6; 2 Co **1,** 21-22; **13,** 13; Ga **4,** 6; Ep **1,** 3-14; **2,** 18.22; **4,** 4-6; Tt **3,** 6-7; He **9,** 14

Communauté qui accueille des hommes de toutes races : Ac **2,** 1-11
Une nouvelle manière d'être ensemble : Ac **2,** 42-47
Communauté de partage fraternel : Ac **4,** 32-35
Communauté sans cesse bousculée par Dieu : Ac **15,** 1-31
Peuple porteur de l'attente de la création : Rm **8,** 18-25
Peuple dont l'existence est offrande à Dieu : Rm **12,** 1-2
Communauté toujours menacée par les divisions : 1 Co **1,** 10... 17
Peuple de pauvres témoin de la Sagesse : 1 Co **1,** 22 — **2,** 10
Une seule fondation : le Christ : 1 Co **3,** 9... 17
Vivre « autrement » dans un monde qui passe : 1 Co **7,** 29-31
Peuple conscient de sa faiblesse : 1 Co **10,** 1... 12
Une unité scellée dans le repas d'Alliance : 1 Co, **10,** 16... **11,** 26
Un corps un et divers, animé par l'Esprit : 1 Co **12,** 3 — **13,** 13
Une foi au Ressuscité, qui vient des Apôtres : 1 Co **15,** 1-11
Des communautés reliées par le partage : 2 Co **8,** 7... 15
Communauté fidèle à l'Évangile des Apôtres : Ga, **1,** 1... 24
Une vie de liberté, mesurée par l'amour : Ga **5,** 1... 18
Au cœur du dessein de Dieu, un peuple pour sa gloire : Ep **1,** 3-23
Peuple rassemblé par-delà les oppositions : Ep **2,** 13-22
Un seul Seigneur, une seule foi, un seul baptême : Ep **4,** 1-16
Communauté dont le Christ est l'Époux : Ep **5,** 21-33
Une vie commandée par le mystère pascal : Ph **2,** 1-11
Peuple épanoui pour témoigner que Dieu est proche : Ph **4,** 4-9
Communauté des ressuscités dans le Christ : Col **3,** 1... 17
Peuple dans le monde, lucide et vigilant : 1 Th **5,** 16-22
Peuple intercesseur : 1 Tm **2,** 1-8
Communauté qui se laisse juger par la Parole : He **4,** 12-13
Peuple qui se laisse éduquer par l'épreuve : He **12,** 1... 13
Communauté où les pauvres sont premiers : Jc **2,** 1-5
Pierres vivantes, sacerdoce saint : 1 P **2,** 4-10
Le mystère de l'Esprit, de l'eau et du sang : 1 Jn **5,** 5-9
Communauté qui appelle la venue du Christ : Ap **22,** 17.20

- **ÉPREUVE (Tentation)**

Jésus tenté au désert : Mt **4,** 1-11; Mc **1,** 12-13; Lc **4,** 1-13
« Ne nous soumets pas à la tentation » : Mt **6,** 9-13; Lc **11,** 2-4
Les épreuves des disciples : Mt **10,** 16-42
La Cananéenne : la foi mise à l'épreuve : Mt **15,** 21-28
Pierre met Jésus à l'épreuve : Mt **16,** 21-23; Mc **8,** 31-33
Jésus mis à l'épreuve par les pharisiens : Mt **22,** 15-40
La venue du Fils de l'homme, temps de l'épreuve décisive : Mt **24,** 1-51; Mc **13,** 1-37; Lc **21,** 5-38
Les disciples mis à l'épreuve à l'heure de la Passion : Mt **26,** 30-35; Mc **14,** 26-31; Lc **22,** 31-34
L'épreuve de Jésus : Mt **26,** 36-46; Mc **14,** 32-42; Lc **22,** 39-53; Jn **12,** 27-28
L'épreuve permanente du peuple de Dieu : 1 Co **10,** 1... 13
« Ce qu'il reste à souffrir des épreuves du Christ » : Col **1,** 24-28
Notre grand prêtre éprouvé comme nous : He **4,** 14-16
Par ses épreuves Jésus est devenu le grand prêtre : He **5,** 1-10
Supporter l'épreuve à l'exemple du Christ : He **12,** 1... 13
La foi soumise à l'épreuve et l'espérance : 1 P **1,** 3-12
Les vainqueurs de la grande épreuve : Ap **7,** 2... 14

- **ESPÉRANCE**

Confiance en la Providence : Mt **6,** 25-34; Lc **12,** 22-32
« Soyez sans crainte » : Mt **10,** 16-31
Paroles d'espérance de Jésus avant sa mort : Jn **14 — 16**
« Espérant contre toute espérance » : Rm **4,** 18-25
L'espérance du salut pour le croyant : Rm **5,** 1-11
L'espérance universelle : Rm **8,** 18-39
L'espérance offerte par l'Écriture : Rm **15,** 4-9
L'espérance de la résurrection : 1 Co **15,** 22... 28
L'espérance de l'Apôtre malgré sa faiblesse : 2 Co **4,** 6... **5,** 10
Le grand dessein de Dieu : Ep **1,** 3-23
L'Apôtre tendu vers le but : Ph **3,** 8-14
L'attente du Jour du Seigneur : 1 Th **4,** 13 — **5,** 6
Patience, le Seigneur vient ! : Jc **5,** 7-10
Bénédiction au Dieu de l'espérance : 1 P **1,** 3-12
Rendre compte de l'espérance : 1 P **3,** 15-16
« Viens, Seigneur Jésus ! » : Ap **22,** 17... 21

- **ESPRIT DE DIEU**

Autour de la naissance de Jésus : Lc **1,** 13-17.26-56; **2,** 25-32
Baptême dans l'eau / dans l'Esprit : Mt **3,** 1-12; Mc **1,** 1-8; Lc **3,** 1-20
Au baptême de Jésus : Mt **3,** 13-17; Mc **1,** 9-11; Lc **3,** 21-22; Jn **1,** 32-34
L'Esprit pousse Jésus au désert : Mt **4,** 1-11; Mc **3,** 9-13; Lc **4,** 1-13
Péché contre l'Esprit : Mt **12,** 31-32; Mc **3,** 28-30; Lc **12,** 8-10
L'Esprit dans la persécution : Mt **10,** 19-20; Mc **13,** 11; Lc **12,** 8-10
« L'Esprit de Dieu repose sur moi » : Lc **4,** 14-30
Demander l'Esprit : Lc **11,** 9-13
Jésus promet l'Esprit : Lc **24,** 49; Jn **7,** 37-39; **14,** 15 — **16,** 15
Naître d'eau et d'Esprit : Jn **3,** 1-8
Le Ressuscité donne l'Esprit aux Apôtres : Jn **20,** 19-23
Le Ressuscité annonce le don de l'Esprit : Ac **1,** 1-11
La Pentecôte : Ac **2,** 1-41
Les témoins poussés par l'Esprit : Ac **5,** 27-32
Les Samaritains reçoivent l'Esprit : Ac **8,** 14-17
Le païen Corneille reçoit l'Esprit : Ac **10,** 25... 48
L'Esprit et l'assemblée de Jérusalem : Ac **15,** 22-29
L'Esprit mène les responsables de l'Église : Ac **20,** 17-38
L'amour répandu par l'Esprit : Rm **5,** 1-11
L'Esprit nous libère et nous fait enfants de Dieu : Rm **8,** 8-17
L'Esprit dans la vie nouvelle : Rm **8,** 22-27
La communauté, temple de l'Esprit : 1 Co **3,** 16-17
Les dons de l'Esprit : 1 Co **12,** 3-30
La marque de Dieu sur nous : son Esprit : 2 Co **1,** 18... **3,** 6
Laissez-vous conduire par l'Esprit : Ga **5,** 13-18
Le grand dessein de Dieu : Ep **1,** 3-23
Le mystère de la réconciliation : Ep **2,** 13 — **3,** 21
« Un seul Corps, un seul Esprit » : Ep **4,** 1-6
L'Esprit dans les débuts de l'évangélisation : 1 Th **1,** 1-10
L'Esprit dans la vie nouvelle : Tt **3,** 4-7
L'Esprit dans la persécution : 1 P **4,** 14
L'Esprit, signe de la présence du Seigneur : 1 Jn **3,** 24
Dieu nous donne part à son Esprit : 1 Jn **4,** 7-16
Le témoignage de l'Esprit : 1 Jn **5,** 1-9
L'Esprit et l'Épouse : Ap **22,** 17

- **ÉTRANGERS**

Les mages venus de loin : Mt **2,** 1-12
L'enfant Jésus chez les étrangers : Mt **2,** 13-15.19-23
La foi du centurion romain : Mt **8,** 5-13
Guérison de la fille d'une étrangère : Mt **15,** 21-28; Mc **7,** 24-30
Jugement des nations : Mt **25,** 31-46
Les foules venues de partout : Mc **3,** 7-12
Jésus est venu pour les étrangers : Lc **4,** 23-30
Jésus et les disciples face aux Samaritains : Lc **9,** 52-56
Le bon Samaritain : Lc **10,** 25-37
Reconnaissance de l'étranger guéri : Lc **17,** 12-19
Jésus et la Samaritaine : Jn **4,** 1-42
La Pentecôte : des gens « de toutes les nations » : Ac **2,** 1-11
Les étrangers bénéficiaires du dessein de Dieu : Ep **2,** 13 — **3,** 21
Les patriarches ont été des étrangers : He **11,** 13-16

- **EUCHARISTIE**

Les multiplications des pains : Mt **14,** 13-21; **15,** 32-39; Mc **6,** 34-44; **8,** 1-10; Lc **9,** 10-17; Jn **6,** 1-13
Cana : l'eau changée en vin : Jn **2,** 1-12
Le pain de vie : Jn **6,** 1-59
Le repas du Seigneur : Mt **26,** 17-29; Mc **14,** 12-31; Lc **22,** 7-38
Le repas d'Emmaüs : Lc **24,** 13-35
Le repas du Ressuscité au bord du lac : Jn **21,** 1-14
La fraction du pain chez les premiers chrétiens : Ac **2,** 42-47
« Nous avons mangé et bu avec lui » : Ac **10,** 34... 43
Une unité scellée dans le repas d'Alliance : 1 Co **10,** 16... **11,** 26
Le sang du Christ pour l'Alliance nouvelle : He **9,** 11-15

- **FIDÉLITÉ / INFIDÉLITÉ**

– de Jean Baptiste jusqu'à la mort : Mc **6,** 17-29
– des serviteurs : Mt **25,** 14-30; Lc **12,** 35-48
– à l'approche de la mort du Christ : Mt **26,** 1-16; Mc **14,** 1-11
– annoncées par Jésus : Mt **26,** 17-35; Mc **14,** 12-31 ; Lc **22,** 31-34
– à Gethsémani : Mt **26,** 36-56; Mc **14,** 32-52; Lc **22,** 39-53
– de Pierre; de Judas : Mt **26,** 69 — **27,** 10; Mc **14,** 66-72; Lc **22,** 54-62
– à Jésus mort : Mt **27,** 55-61; Mc **15,** 40-47; Lc **23,** 49-56; Jn **19,** 38-42
L'espérance dans le Dieu fidèle : Rm **8,** 18-39
Dieu reste fidèle à Israël : Rm **11,** 13... 32
Dieu fidèle à ceux qui croient en lui : 1 Co **1,** 3-9
La leçon de l'infidélité d'Israël : 1 Co **10,** 1... 12
Fidélité du Christ, fidélité de l'Apôtre : 2 Co **1,** 18-22
Rester fidèles à l'Évangile du Christ : Ga **1,** 6-10
Rester fidèles au Dieu fidèle : 2 Th **2,** 16 — **3,** 5; 2 Tm **2,** 8-13
Un programme de fidélité : 1 Tm **6,** 11-16
Au terme d'une existence fidèle au Dieu fidèle : 2 Tm **3,** 14... **4,** 18
Accepter fidèlement les leçons de Dieu : He **12,** 1... 13

- **FOI**

o **La foi**

La foi de Marie et d'Élisabeth : Lc **1,** 39-56
« Convertissez-vous et croyez » : Mc **1,** 14-15

La contagion de la foi : Jn **1,** 35-51
Sa puissance : Mt **17,** 14-21; **21,** 18-22; Mc **9,** 14-29; **11,** 20-26; Lc **17,** 5-6
Où en sera la foi au jour du Fils de l'homme ? : Lc **18,** 7-8
Le témoignage de Jean et la foi au Christ : Jn **3,** 22-36
Le témoignage du Père et la foi en Jésus : Jn **8,** 12-30
La foi et l'amour de la pécheresse : Lc **7,** 36-50
La foi du bon larron : Lc **23,** 39-43
Le chemin vers la foi de la Samaritaine et des siens : Jn **4,** 1-42
Le chemin de l'aveugle-né vers la foi : Jn **9,** 1-41
La foi en Jésus pain de vie : Jn **6,** 26-47
L'incrédulité des Juifs : Jn **12,** 37-50
Jésus éduque la foi des Apôtres : Jn **14,** 1-12
Jésus prie pour ceux qui croient en lui : Jn **17,** 1-26
Le témoignage pour la foi : Jn **19,** 35-37; **20,** 30-31; **21,** 24-25
La foi devant le tombeau vide : Jn **20,** 1-18
Foi et manque de foi devant le Ressuscité : Mc **16,** 19-20; Lc **24,** 13-53
L'homme devient juste par la foi : Rm **3,** 21... 28
La foi exemplaire d'Abraham : Rm **4,** 13... 25; He **11,** 8-10
La foi qui sauve juifs et païens : Rm **10,** 8-18
Foi, espérance, charité : 1 Co **13,** 8-13
La foi à la résurrection : 1 Co **15,** 12... 28
Cheminer et témoigner dans la foi : 2 Co **4,** 13... **5,** 10
La foi dans la vie de Paul : Ga **2,** 16... 21
Fils de Dieu par la foi : Ga **3,** 26-29
Sauvés par la foi : Ep **2,** 4-10
Un seul Seigneur, une seule foi : Ep **4,** 4-6
La foi d'un responsable d'Église : 2 Tm **3,** 14 — **4,** 2
La foi en action dans le peuple de Dieu : He **11,** 1... 19
Suivre Jésus, chef de notre foi : He **12,** 1-4
Pas de vraie foi sans les actes : Jc **2,** 14-18
Croire et aimer sans voir : 1 P **1,** 6-8
L'expérience des Apôtres, source de notre foi : 1 Jn **1,** 1-4
Aux sources de l'amour et de la foi : 1 Jn **3,** 18... **5,** 9

o **Foi au Christ et miracles**
Marie et les disciples à Cana : Jn **2,** 1-12
Le lépreux : Mt **8,** 1-4; Mc **1,** 40-45; Lc **5,** 12-16
Le centurion romain : Mt **8,** 5-13; Lc **7,** 1-10; Jn **4,** 43-54
Les disciples devant la tempête : Mt **8,** 23-27; Mc **4,** 35-41; Lc **8,** 22-25
Le paralytique et ses amis : Mt **9,** 1-8; Mc **2,** 1-12; Lc **5,** 17-26
Jaïre : Mc **4,** 35-43; Lc **8,** 49-56
La femme malade : Mt **9,** 20-23; Mc **4,** 25-34; Lc **8,** 43-48
Les aveugles de Jéricho : Mt **9,** 27-31; Mc **10,** 46-52; Lc **18,** 35-43
Les gens de Nazareth et leur manque de foi : Mt **13,** 54-58; Mc **6,** 1-6
Pierre marchant sur les eaux : Mt **14,** 22-33
La femme païenne : Mt **15,** 21-28; Mc **7,** 24-30
Quel signe pour croire ? : Jn **6,** 26-33
« Au nom de Jésus Christ, lève-toi » : Ac **3,** 1-16

o **Confessions de foi**
- de Marie : Lc **1,** 46-55
- de Zacharie : Lc **1,** 68-79
- de Syméon : Lc **2,** 28-32
- de Nathanaël : Jn **1,** 49

- de Pierre : Mt **16,** 13-16; Mc **8,** 27-30; Lc **9,** 20; Jn **6,** 66-69
- de l'aveugle-né : Jn **9,** 35-38
- de Marthe : Jn **11,** 25-27
- de la foule aux Rameaux : Mt **21,** 7-9; Mc **11,** 9-10; Lc **19,** 38; Jn **12,** 12-19
- du centurion au pied de la Croix : Mt **27,** 54; Mc **15,** 39; Lc **23,** 42
- de Thomas : Jn **20,** 27-28
- de Pierre à la Pentecôte : Ac **2,** 22-36
- de Pierre devant la foule : Ac **3,** 13-16
- de Pierre devant le Sanhédrin : Ac **5,** 30-31
- de Pierre devant des païens à Césarée : Ac **10,** 39-43

La confession de foi qui sauve : Rm **10,** 9
La confession de foi dictée par l'Esprit : 1 Co **12,** 3
Le premier Credo : 1 Co **15,** 1-11
Hymne au dessein de salut de Dieu : Ep **1,** 3-14
Louange à la puissance infinie de Dieu : Ep **3,** 20-21
Hymnes au Christ : Ph **2,** 6-11; Col **1,** 15-20; Ap **1,** 5-8; **5,** 11-14
« Souviens-toi de Jésus Christ » : 2 Tm **2,** 8

• **FORCE DU CROYANT**

La force de ce qui est construit sur le roc : Mt **7,** 24-27
La force en face des persécutions : Mt **10,** 16-31
Force et faiblesse des disciples : Lc **22,** 28-34
L'aveugle guéri et sa force progressive : Jn **9,** 1-42
La force donnée par le Ressuscité : Lc **24,** 49-53
La force des Apôtres dans la persécution : Ac **5,** 27... 41
La force d'Étienne devant la mort : Ac **7,** 55-60
La force du témoignage : 2 Co **1,** 18-22
Force et faiblesse de l'Apôtre : 2 Co **4,** 6... **5,** 10; **12,** 7-10
Le Christ, force du croyant : Ph **3,** 8-14; **4,** 12-13
Le combat pour l'Évangile : 1 Tm **6,** 11-16; 2 Tm **1,** 6... 14
Être forts comme le Christ : He **12,** 1-4
La force dans la persécution : 1 P **3,** 14-17

• **GLOIRE DE DIEU (du Christ)**

Pauvreté et gloire à la naissance du Christ : Lc **2,** 1-20.22-32
« Nous avons vu sa gloire » : Jn **1,** 1-18
Jésus manifeste sa gloire à Cana : Jn **2,** 1-12
La vraie gloire vient du Père : Jn **5,** 41-44; **8,** 49-54
La Transfiguration : Mt **17,** 1-9; Mc **9,** 2-10; Lc **9,** 18-35
La gloire de Dieu à la résurrection de Lazare : Jn **11,** 1-45
L'heure de la gloire du Fils : la Passion : Jn **12,** 37-43; **13,** 31-33
La gloire du Père dans la vie des disciples : Jn **15,** 1-8
Prière de Jésus : « Glorifie ton Fils » : Jn **17,** 1-26
Le Christ ressuscité, enlevé dans la gloire : Mc **16,** 9-20; Lc **24,** 13-53
Le dessein de Dieu « à la louange de sa gloire » : Ep **1,** 3-23
La gloire de l'Agneau : Ap **5,** 11-14
La gloire du monde nouveau : Ap **21,** 1... 23

• **GRÂCE**

Marie comblée de grâce : Lc **1,** 26-38
Jésus grandit en grâce : Lc **2,** 39-52
La grâce donnée par Jésus Christ : Jn **1,** 1-18

De la grâce présente au salut à venir : Rm **5,** 1-11
De la faute d'Adam à la grâce de Dieu : Rm **5,** 12-19
Des chrétiens comblés par la grâce de Dieu : 1 Co **1,** 1-9
Les dons multiples de la grâce de Dieu : 1 Co **12,** 3-31
Paul transformé par la grâce : 1 Co **15,** 9-10
Accueillir la grâce de Dieu : 2 Co **5,** 14 — **6,** 2
« Ma grâce te suffit » : 2 Co **12,** 7-10
Le merveilleux dessein de la grâce de Dieu : Ep **1,** 1-23
La richesse de la grâce qui sauve : Ep **2,** 4-10
La grâce reçue par l'Apôtre pour l'Evangile : Ep **3,** 1-21; 1 Tm **1,** 12-16
La grâce rendue visible en Jésus Christ : 2 Tm **1,** 6-10; Tt **3,** 4-7
Le don de Dieu : Jc **1,** 17-18

- **« HEUREUX »**

Les Béatitudes : Mt **5,** 1-12; Lc **6,** 20-26
Heureux celui qui ne tombera pas à cause de moi : Mt **11,** 6
Heureux les yeux qui voient... : Mt **13,** 16; Lc **10,** 23-24
Heureux es-tu, Simon : Mt **16,** 17
Heureux les serviteurs... : Mt **24,** 46; Lc **12,** 37-43; Jn **13,** 16-17
Heureuse celle qui a cru : Lc **1,** 45
Heureuse la mère qui t'a nourri... : Lc **11,** 27-28
Heureux celui qui participera au repas... : Lc **14,** 13-15
Heureux ceux qui croient sans avoir vu : Jn **20,** 29
« Il y a plus de bonheur à donner... » : Ac **20,** 33-35
Heureux ceux qui souffrent pour la justice : 1 P **3,** 14
Heureux si l'on vous insulte à cause du Christ : 1 P **4,** 13-14
Heureux les invités au repas du Seigneur : Ap **19,** 9
Heureux ceux qui lavent leurs vêtements... : Ap **22,** 14

- **HOMME / FEMME (Famille)**

La loi nouvelle sur l'homme et la femme : Mt **5,** 27-32; Mc **10,** 1-12; Lc **16,** 18; 1 Co **6,** 13-20; Ga **3,** 27-28; Ep **5,** 21-32; Col **3,** 18-21
Mariage et résurrection : Mt **22,** 23-33; Mc **12,** 18-27; Lc **20,** 27-38
Mariage et célibat : Mt **19,** 2-12; 1 Co **7,** 29-35
Royaume et famille : Mc **10,** 28-30; Lc **12,** 51-63; **14,** 25-27; **18,** 28-30
Les noces de Cana : Jn **2,** 1-11
La vraie famille de Jésus : Mt **12,** 46-50; Mc **3,** 31-35; Lc **8,** 19-21

- **JÉSUS CHRIST**

- o **Des textes fondamentaux**

« Le Verbe s'est fait chair » : Jn **1,** 1-18
Proclamation de Pierre à la Pentecôte : Ac **2,** 22-36
Fils de David, Fils de Dieu : Rm **1,** 3-4
L'essentiel de la Bonne Nouvelle : 1 Co **15,** 3-5
Le Christ au centre du dessein de Dieu : Ep **1,** 1-23
Hymne au Christ mort et ressuscité : Ph **2,** 6-11
Hymne au Christ image de Dieu : Col **1,** 15-20
Le Christ au centre de l'histoire du salut : He **1,** 1-3
« Ce que nous avons vu et touché » : 1 Jn **1,** 1-4

- o **Jésus, cet homme**

De la race des hommes : Mt **1,** 1 — **2,** 23; Lc **1,** 26-38; **2,** 1-52; **3,** 23-38

Il pose question : Mt **13,** 54-58; **16,** 13-16; Mc **1,** 21 — **2,** 17; **6,** 1-6. 14-16; Lc **9,** 7-9. 18-20; Jn **6,** 41-42; **7,** 40-53
Il parle avec autorité : Mt **7,** 28-29; Mc **1,** 21-28; Lc **4,** 31-37
Il attire les foules : Mt **4,** 23-25; Mc **3,** 7-10; Lc **4,** 40-44
Il a pitié des foules : Mt **15,** 32-39; Mc **6,** 30-34; **8,** 1-10
Il est le bon pasteur : Jn **10,** 1-21
Il triomphe dans l'humilité : Mt **11,** 28-30; **21,** 1-11
Il se fait serviteur : *voir le mot « Jésus, Serviteur souffrant »*
Il sait aimer chacun : Mc **10,** 17-22 *(Jeune riche);* Lc **7,** 11-17 *(Veuve de Naïm);* **7,** 36-50 *(Pécheresse);* **19,** 1-10 *(Zachée);* Lc **22,** 61 *(Pierre);* Jn **8,** 1-11 *(Femme adultère);* **11,** 1-45 *(Lazare);* **19,** 25-27 *(Marie et Jean);* Jn **13,** 23, etc. *(Disciple que Jésus aimait)*
Il connaît le cœur de l'homme : Jn **1,** 45-51; **2,** 23-25; **6,** 60-64; **21,** 15-23
Il aime la simplicité de l'enfance : Mt **19,** 13-15; Mc **10,** 13-16; Lc **18,** 15-17
Il dénonce l'hypocrisie : Mt **23,** 1-39; Lc **11,** 37-54
Il va lucidement à la mort : Mt **26,** 36-56; Mc **10,** 32-34; **14,** 32-52; Lc **9,** 51; **12,** 50; **13,** 31-35; **22,** 39-53; Jn **11,** 6-16; **12,** 23-27; **13,** 21-27; **18,** 1-11
Il meurt abandonné : Mt **27,** 32-50; Mc **15,** 21-39
Il meurt en aimant : Lc **23,** 46-48; Jn **19,** 25-27
Il se fait reconnaître ressuscité : Lc **24,** 13-43; Jn **20,** 19-29; **21**
Celui qui faisait le bien là où il passait : Ac **10,** 36-39
« Né d'une femme » : Ga **4,** 4-7
Frère des hommes : He **2,** 9... 18
Proche des hommes par la souffrance : He **5,** 1-9
Il vient faire la volonté du Père : He **10,** 5-10
« Ce que nous avons vu, ce que nous avons touché » : 1 Jn **1,** 1-4

o **Jésus, Fils de Dieu**

« Le Fils du Très-Haut » : Lc **1,** 26-38. 41-52
Au baptême : Mt **3,** 13-17; Mc **1,** 9-11; Lc **3,** 21-22
« Le Verbe était Dieu » : Jn **1,** 1-18
Jean-Baptiste proclame que Jésus est Fils de Dieu : Jn **1,** 32-34
« Nul ne connaît le Père, sinon le Fils » : Mt **11,** 25-27; Lc **10,** 21-24
Reconnu comme Fils de Dieu : Mt **14,** 22-33 *(Apôtres);* Mt **16,** 13-20 *(Pierre);* Jn **1,** 45-51 *(Nathanaël);* Jn **20,** 24-29 *(Thomas);* Mt **27,** 54; Mc **15,** 39 *(Centurion);* Lc **4,** 40-41 *(Démons)*
Dieu a donné son Fils unique : Jn **3,** 16-18
Le Père aime le Fils : Jn **3,** 33-36
L'œuvre du Fils et le témoignage du Père : Jn **5,** 17-47
Le Fils donne aux hommes la vie du Père : Jn **6,** 28-58
Le témoignage du Père en faveur du Fils : Jn **8,** 12-56
Jésus se déclare Fils de Dieu : Jn **10,** 22-42
« Venu de Dieu » : Jn **13,** 1-5
Le Père, le Fils et l'Esprit : Jn **14,** 23-29
A la Transfiguration : Mt **17,** 1-9; Mc **9,** 2-10; Lc **9,** 28-36
Les vignerons homicides : Mt **21,** 33-46; Mc **12,** 1-11; Lc **20,** 9-19
A Gethsémani : Mt **26,** 36-56; Mc **14,** 32-52; Lc **22,** 39-53
S'affirmant au procès : Mt **26,** 59-66; Mc **14,** 55-64; Lc **22,** 66-71
La crucifixion du Fils de Dieu : Mt **27,** 32-54; Mc **15,** 21-39; Lc **23,** 26-48
« Mon Père et votre Père » : Jn **20,** 11-17
La Bonne Nouvelle du Fils de Dieu : Rm **1,** 3-4
« Jésus qui était dans la condition de Dieu... » : Ph **2,** 6-11
Hymne au Christ image de Dieu : Col **1,** 12-20
« Jésus Christ, notre grand Dieu » : Tt **2,** 11-14

Dieu nous a parlé par son Fils : He **1,** 1-6
Le Christ, Fils de Dieu et grand prêtre : He **5,** 1-9
Croire en Jésus, le Fils envoyé par le Père : 1 Jn **4,** 7... **5,** 6

o **Jésus, « Fils de l'homme »**
- se compare à Jean Baptiste : Lc **7,** 31-35
- a le pouvoir de remettre les péchés : Mt **9,** 1-8
- est maître du sabbat : Mt **12,** 1-4
- est venu servir et donner sa vie : Mt **20,** 20-28
- décrit sa venue glorieuse : Mt **24,** 1-51; **26,** 39-64; Lc **9,** 18-27; **17,** 20-37
- sera juge universel : Mt **25,** 31-46
- se révèle à l'aveugle-né : Jn **9,** 35-38
- « élevé de terre » : Jn **3,** 13-17; **12,** 31-36
- glorifié par la Passion : Jn **13,** 31-33

Étienne mourant contemple le Fils de l'homme : Ac **7,** 55-60
Le Fils de l'homme apparaît à Jean : Ap **1,** 9... 19

o **Jésus, Grand Prêtre et Médiateur**
Le Christ, unique médiateur : 1 Tm **2,** 1-8
La quasi-totalité de la Lettre aux Hébreux aborde ce double thème. Voir l'introduction à cette lettre et la notice du ch. 4.

o **Jésus, Messie Roi**
Descendant de David : Mt **1,** 1-17; **2,** 1-12; Lc **1,** 26-38; **2,** 1-20
Supplié comme fils de David : Mt **15,** 22; **20,** 30; Mc **10,** 47; Lc **18,** 38
Reconnu comme Messie : Mt **16,** 13-20; Mc **8,** 27-30; Lc **9,** 18-27 *(Pierre).* Jn **1,** 15-51 *(Premiers disciples).* Jn **4,** 1-42 *(Samaritaine).* Lc **23,** 39-43 *(Larron)*
Acclamé aux Rameaux : Mt **21,** 1-11; Mc **11,** 1-26; Lc **19,** 28-41; Jn **12,** 12-19
Seigneur et fils de David : Mt **22,** 41-46; Mc **12,** 35-37; Lc **20,** 41-44; Jn **7,** 1-53
Roi qui jugera : Mt **25,** 31-46
Au procès : Mt **27,** 11-31; Mc **15,** 1-20; Lc **23,** 1-25; Jn **18,** 28 — **19,** 16
Sur la Croix : Mt **27,** 33-43; Mc **15,** 22-32; Lc **23,** 35-43; Jn **19,** 19-22
Jésus, Messie et Seigneur par sa résurrection : Ac **2,** 22-36
Le peuple de qui est né le Messie : Rm **9,** 1-5
Le pouvoir royal du Ressuscité : 1 Co **15,** 20... 28

o **Jésus, nouvel Adam**
Le « fils d'Adam, fils de Dieu » : Lc **3,** 23-38
Celui qui résiste au Tentateur : Mt **4,** 1-11; Mc **1,** 12-13; Lc **4,** 1-13
Adam et Jésus : le péché et la grâce : Rm **5,** 12-21
L'aîné d'une multitude de frères : Rm **8,** 18-30
Morts en Adam, ressuscités dans le Christ : 1 Co **15,** 20-28
Adam et Jésus : le mortel et l'immortel : 1 Co **15,** 45... 58
Il n'a pas revendiqué l'égalité avec Dieu : Ph **2,** 6-11

o **Jésus, Pasteur**
Jésus et les brebis sans berger : Mt **9,** 35-38; Mc **6,** 34
La brebis perdue : Mt **18,** 12-14; Lc **15,** 4-7
Le bon pasteur : Jn **10,** 1-21
Jésus confie son troupeau à Pierre : Jn **21,** 15-19
Les brebis égarées revenues vers le pasteur : 1 P **2,** 20-25
L'Agneau, bon pasteur : Ap **7,** 9-17

- **Jésus, Prophète**

  Jésus est-il un prophète ? Mc **6,** 14-16
  Jésus parle et agit en prophète : Mt **23,** 1-39; Mc **11,** 1-26; Lc **11,** 37-54; Lc **13,** 31-35
  Reconnu comme prophète : Mt **21,** 1-11; Mt **21,** 45-46; Lc **7,** 11-17; Lc **24,** 13-21; Jn **4,** 7-19; **6,** 14-15; **7,** 40-52; **9,** 13-17
  Le prophète rejeté : Mt **13,** 54-58; Mc **6,** 1-6; Lc **4,** 14-30

- **Jésus Ressuscité**

  Le signe de Jonas : Mt **12,** 38-40
  Le signe du Temple : Jn **2,** 13-22
  Annonces de la Passion-Résurrection. *(1) :* Mt **16,** 21-28; Mc **8,** 31 — **9,** 1; Lc **9,** 22-27. *(2) :* Mt **17,** 22-23; Mc **9,** 30-34; Lc **9,** 43-50. *(3) :* Mt **20,** 17-19; Mc **10,** 32-40; Lc **14,** 31-34. — Cf. Jn **12,** 20-36
  La Transfiguration, annonce de la Résurrection : Mt **17,** 1-9; Mc **9,** 2-10; Lc **9,** 28-36
  Présent à ceux qui sont réunis en son nom : Mt **18,** 19-20
  Juge des nations : Mt **25,** 31-46
  « Je vous reverrai » : Jn **16,** 16-23
  Voir les évangiles de la Résurrection : Mt **28**; Mc **16**; Lc **24**; Jn **20** — **21**
  L'Ascension du Seigneur ressuscité : Ac **1,** 1-11
  Le Ressuscité proclamé – à la Pentecôte : Ac **2,** 22-36
  – dans le Temple : Ac **3,** 1-19
  – aux chefs d'Israël : Ac **4,** 8-12
  Le Ressuscité se manifeste à Paul : Ac **9,** 1... 22
  Le Ressuscité annoncé aux premiers païens : Ac **10,** 25... 48
  Le baptême dans le Christ ressuscité : Rm **6,** 3-11
  Le Seigneur des morts et des vivants : Rm **14,** 7-9
  La foi de l'Église au Ressuscité : 1 Co **15,** 1... 58
  Jésus abaissé et glorifié : Ph **2,** 6-11; He **12,** 1-2
  Le Premier-né d'entre les morts : Ap **1,** 5-8
  L'Agneau immolé et glorifié : Ap **5,** 11-12

- **Jésus Sauveur : voir « Salut »**

- **Jésus, Seigneur**

  Fils et Seigneur de David : Mt **22,** 41-46; Mc **12,** 35-37; Lc **20,** 41-44
  Proclamé Seigneur dès sa naissance : Lc **1,** 39-45; **2,** 8-14
  Le Seigneur se fait serviteur : Jn **13,** 1-15
  La profession de foi à Jésus Seigneur : Rm **10,** 8-13
  Le Seigneur des vivants et des morts : Rm **14,** 7-9
  « Jésus est le Seigneur » : 1 Co **12,** 1-5
  Un seul Seigneur, une seule foi, un seul baptême : Ep **4,** 1-6
  Jésus reconnu Seigneur à la gloire du Père : Ph **2,** 6-11
  « Le Seigneur est proche » : Ph **4,** 4-7
  Le retour du Seigneur : 1 Th **4,** 13... **5,** 6
  « Viens, Seigneur Jésus ! » : Ap **22,** 12... 21

- **Jésus, Serviteur souffrant (voir aussi le mot « Croix »)**

  Jésus réalise l'oracle du Serviteur : Mt **12,** 15-21
  Le Messie devait souffrir : Lc **24,** 25-27; Ac **3,** 17-19
  Venu pour servir et donner sa vie : Mt **20,** 20-28; Mc **10,** 41-45
  Celui qui doit mourir pour le peuple : Jn **11,** 46-57
  Jésus se fait serviteur des disciples : Jn **13,** 1-20

Cène : « Pour la multitude » : Mt **26,** 17-35; Mc **14,** 12-31; Lc **22,** 7-38
Gethsémani : « Souffrance et obéissance de Jésus : Mt **26,** 36-56; Mc **14,** 32-52; Lc **22,** 39-53
L'homme de douleurs : Jn **18,** 28 — **19,** 16
La mort du Serviteur abandonné de tous : Mt **27,** 32-54; Mc **15,** 21-39
Le Christ mort pour des coupables : Rm **5,** 6-11
« Un seul est mort pour tous » : 2 Co **5,** 14-21
« Il m'a aimé et s'est livré pour moi » : Ga **2,** 19-21
Le sacrifice unique du Christ : He **9,** 11... 28; **10,** 5... 18
Le Christ, Serviteur souffrant : 1 P **2,** 20-25
Le peuple immense sauvé par le sang de l'Agneau : Ap **7,** 9-17

- **JOIE (voir aussi le mot « Heureux »)**

La joie de la naissance du Précurseur et de Jésus : Lc **1,** 5 — **2,** 38
Les Béatitudes : joie du Royaume : Mt **5,** 1-12; Lc **6,** 17-49
Joie d'un monde nouveau : Mt **9,** 14-17; Mc **2,** 18-22; Lc **5,** 33-39; Jn **3,** 27-30; **16,** 20-22
Paraboles du trésor et de la perle : Mt **13,** 44-46
Motifs de joie de Jésus et des disciples : Lc **10,** 17-24
La joie de la foule devant les actes de Jésus : Lc **13,** 10-17; **19,** 28-40
La joie dans les paraboles du pardon : Lc **15,** 1-32
« Pour que ma joie soit en vous » : Jn **15,** 9-12; **17,** 11-13
La joie de la Résurrection : Lc **24,** 13-53
La joie de la première communauté : Ac **2,** 42-47
Prière joyeuse de Paul pour les chrétiens : Ph **1,** 1-11
« Soyez toujours dans la joie du Seigneur » : Ph **4,** 4-9
La joie dans la souffrance : Col **1,** 24-28
« Pour que notre joie soit parfaite » : 1 Jn **1,** 1-4

- **JUGEMENT DE DIEU**

Le Jugement annoncé par Jean Baptiste : Mt **3,** 1-12; Lc **3,** 1-20
Le Jugement annoncé par Jésus : Lc **6,** 20-26
Le Jugement remis au Fils : Jn **5,** 17-47
Jugement et salut : Jn **3,** 17-21; **12,** 46-48
Jugement de la femme adultère : Jn **8,** 1-11
Le Jugement apporté par l'Esprit : Jn **16,** 5-11
Paraboles du Jugement : Mt **13,** 47-50 *(Le filet)*. Mt **22,** 1-14; Lc **14,** 15-24 *(Les noces)*. Mt **25,** 1-13 *(Vierges folles)*. Mt **25,** 14-30; Lc **19,** 11-27 *(Les « talents »)*. Lc **16,** 29-31 *(Lazare et le riche)*. Jn **15,** 1-6 *(Les sarments secs)*
Jugement de Dieu contre le scandale et la vengeance : Mt **18,** 6-35; Mc **9,** 42-50; Lc **17,** 1-2
Jugement des villes incrédules : Mt **11,** 20-24; Lc **10,** 10-20
Jugement des pharisiens : Mt **12,** 22-45; **23,** 1-39; Mc **3,** 22-30; Lc **11,** 37-54
Jugement de Jérusalem : Lc **19,** 41-44; **23,** 27-31
Des juifs aux païens : Lc **13,** 23-30; Mt **21,** 33-46; Mc **12,** 1-11; Lc **20,** 9-19
Le Jugement des nations : Mt **25,** 31-46
« Celui qui me juge, c'est le Seigneur » : 1 Co **4,** 1-5
Nous serons jugés comme Israël l'a été au désert : 1 Co **10,** 1... 12
La Parole vivante qui nous juge : He **4,** 12-13
Le jugement de Dieu sur les riches : Jc **5,** 1-6

- **JUSTICE / INJUSTICE**
  Jean Baptiste, défenseur de la justice : Lc **3,** 10-14
  Savoir remettre aux autres leur dette : Mt **18,** 21-35
  Jésus et les litiges des hommes : Lc **12,** 13-15
  « Jugez par vous-mêmes de ce qui est juste » : Lc **12,** 57-59
  « Rendez à César... » : Mt **22,** 15-22; Mc **12,** 13-17; Lc **20,** 20-26
  Dieu est-il injuste envers nous ? : Lc **18,** 1-8
  Le Juste condamné : Mt **26,** 57 — **27,** 31; Mc **14,** 53 — **15,** 20; Lc **23,** 1-25
  Pour plus de justice dans la répartition des biens : 2 Co **8,** 7... 15
  Le jugement de Dieu sur les riches : Jc **5,** 1-6

- **LIBÉRATION - LIBERTÉ**
  La naissance de Jésus est libération : Lc **1,** 68-75; **2,** 29-38
  Jésus proclame la libération des opprimés : Lc **4,** 14-21
  Venu racheter la multitude : Mt **20,** 25-28; Mc **10,** 41-45
  Jésus, homme libre – en face du Tentateur : Mt **4,** 1-11; Lc **4,** 1-13
  – par rapport à la Loi : Mc **2,** 15 — **3,** 6
  – par rapport au pouvoir politique : Mt **22,** 15-21; Mc **12,** 13-17; Lc **20,** 20-26
  La femme libérée par Jésus : Lc **13,** 10-17
  « Nous espérions qu'il délivrerait Israël » : Lc **24,** 13-27
  La vraie liberté : Jn **8,** 31-36
  La liberté des chrétiens à l'égard de la Loi : Ac **15,** 1-31
  La libération par le baptême : Rm **6,** 3-11
  L'Esprit nous libère du péché : Rm **8,** 8-17
  La création tout entière attend la libération : Rm **8,** 18-25
  La liberté de fils de Dieu : Ga **4,** 4-7
  Appelés à la liberté : Ga **5,** 1... 18
  Arrachés au pouvoir des ténèbres : Col **1,** 12-14
  Passés de la mort à la vie : Col **2,** 12... **3,** 11
  La mort du Christ nous a rendus libres : He **2,** 9-18; **9,** 11-15
  Libérés par le sang du Christ : 1 P **1,** 17-21
  L'hymne des sauvés : Ap **7,** 2... 17

- **LOI**
  La Loi et la grâce : Jn **1,** 16-18
  Jésus soumis aux lois (circoncision, présentation, pèlerinage) : Lc **2,** 2-52
  Jésus et la Loi : Mt **5,** 17-48; Mc **2,** 23 — **3,** 6; Lc **16,** 16-17; Jn **8,** 1-11
  Jésus et les pharisiens : Mt **15,** 1-20; **23,** 24; Mc **7,** 1-23; Lc **11,** 37-44
  Au-delà de la Loi : Mt **19,** 16-22; Mc **10,** 17-22; Lc **18,** 18-23
  Le grand commandement : Mt **22,** 34-40; Mc **12,** 28-34; Lc **10,** 25-37
  Le commandement nouveau : Jn **13,** 34 — **15,** 17
  « Apprenez-leur à garder les commandements » : Mt **28,** 16-20
  Décisions de Jérusalem sur l'observation de la Loi : Ac **15,** 1-31
  L'amour, accomplissement de la Loi : Rm **13,** 8-14
  La Loi et l'Esprit : 2 Co **3,** 1-6; Ga **5,** 1... 18
  Garder les commandements du Christ : 1 Jn **2,** 3-5
  Le commandement nouveau : 1 Jn **3,** 18-24
  L'amour de Dieu : garder les commandements : 1 Jn **5,** 1-4

- **LUMIÈRE / TÉNÈBRES**
  La venue du Christ : Mt **2,** 1-12; Lc **1,** 78-79; **2,** 8-14; Jn **1,** 1-18
  Le Christ, lumière pour le monde : Mt **4,** 12-17; Lc **2,** 28-32; Jn **3,** 19-21

De la Transfiguration à Pâques : Mt **17,** 1-9; **28,** 1-10
Jésus ouvre les yeux : Mt **20,** 29-34; Mc **10,** 46-52; Lc **18,** 35-43; Jn **9,** 1-41
Croire en la lumière : Mt **6,** 22-23; Lc **11,** 33-36; Jn **12,** 35-50
« Gardez vos lampes allumées » : Mt **25,** 1-13; Lc **12,** 35-37
Être lumière : Mt **5,** 14-16; Mc **4,** 21-22; Lc **8,** 16-18; **11,** 33; **11,** 34-36
Jean Baptiste, témoin de la lumière : Jn **1,** 6-8; **5,** 33-36
Le Christ éblouit Paul sur le chemin de Damas : Ac **9,** 1... 31
Les Apôtres, lumière des nations : Ac **13,** 46-47
« La nuit est bientôt finie » : Rm **13,** 8-14
Dieu a brillé dans nos cœurs : 2 Co **4,** 6
« Qu'il ouvre votre cœur à sa lumière » : Ep **1,** 15-23
« Vous êtes devenus lumière » : Ep **5,** 8-14
Des ténèbres à la lumière de Dieu : Col **1,** 12-14
Vivre en fils de la lumière : 1 Th **5,** 1... 24
Le Seigneur de la lumière inaccessible : 1 Tm **6,** 15-16
Le Fils, reflet resplendissant du Père : He **1,** 1-3
Le Père de toutes les lumières : Jc **1,** 17-18
Le monde nouveau illuminé par le Christ : Ap **21,** 1... 23

• MINISTÈRES

o Le ministère

Des ouvriers pour la moisson : Mt **9,** 35-38
La mission des croyants : Mc **16,** 15-20
Ministères divers et complémentaires : Rm **12,** 4-8
Des ministères variés, pour l'unité du corps : 1 Co **12,** 1... 30; Ep **4,** 1-16
« Tu dois réveiller en toi le don que tu as reçu » : 2 Tm **1,** 6-8

o Ministère des Apôtres

Appel des premiers disciples : Mt **4,** 18-22; Mc **1,** 16-20; Lc **5,** 1-11; Jn **1,** 35-51
Choix des Douze : Mt **10,** 1-4; Mc **3,** 13-19
Consignes pour l'apostolat : Mt **10,** 5-15; Mc **6,** 7-13; Lc **9,** 1-6
Luttes et renoncements de l'Apôtre : Lc **10,** 16-42
Dernières consignes de Jésus aux disciples : Jn **13** à **16**
Suprême prière de Jésus pour les siens : Jn **17**
Pierre reconnaît Jésus et reçoit sa mission : Mt **16,** 13-19 — cf. Jn **21,** 15-19
L'envoi en mission par le Ressuscité : Mt **28,** 16-20; Mc **16,** 14-20; Lc **24,** 33-53; Jn **20,** 19-23

Comme leur nom l'indique, les Actes des Apôtres dans leur totalité parlent des Apôtres et de leur ministère dans l'Église naissante. On ne trouvera ici que quelques textes plus significatifs.

Élection de Matthias : Ac **1,** 15-26
La Pentecôte et le don de l'Esprit aux Apôtres : Ac **2,** 1-13
La mission authentifiée par les Apôtres : Ac **8,** 14-17
Vocation de Paul : Ac **9,** 1... 31
Pierre et les païens : Ac **10,** 25... 48
L'assemblée apostolique de Jérusalem : Ac **15,** 1-31
Paul se présente au nom de sa mission d'Apôtre : Rm **1,** 1-7
Liberté et servitude de l'Apôtre : 1 Co **9,** 16... 23
Le ministère apostolique, sa faiblesse et sa gloire : 2 Co **3,** 1-6
Les Apôtres, ministres de la réconciliation : 2 Co **5,** 14 — **6,** 2
Paul, sa vocation d'Apôtre, et les autres Apôtres : Ga **1,** 1... 24

Le mystère révélé par les Apôtres : Ep **3,** 1-13
Paul et sa communauté préférée : Ph **1,** 1-11
Le combat de l'Apôtre au service du Mystère : Col **1,** 24-28
L'Apôtre au service de l'Évangile : 1 Th **2,** 7-13
Le témoignage apostolique : 1 Jn **1,** 1-4
La Cité repose sur les douze Apôtres : Ap **21,** 9-14

o **Ministères divers**
Mission des soixante-douze : Lc **10,** 1-20
Institution des Sept : Ac **6,** 1-6
Activités du diacre Philippe : Ac **8,** 4... 39
Institution d'Anciens dans les Églises : Ac **14,** 21-23
Instructions de Paul aux Anciens d'Éphèse : Ac **20,** 17-38
Dernières recommandations à Timothée : 2 Tm **3,** 14 — **4,** 2

• **MIRACLES (voir aussi le mot « Signes »)**

o **Les gestes du Christ**
Premières guérisons en Galilée : Mt **4,** 23-25
La belle-mère de Pierre : Mt **8,** 14-15; Mc **1,** 29-31; Lc **4,** 38-39
Guérisons messianiques : Mt **8,** 16-17; Mc **1,** 32-34; Lc **4,** 40-41
La tempête apaisée : Mt **8,** 23-27; Mc **4,** 35-41; Lc **8,** 22-25
Les deux aveugles : Mt **9,** 27-31; **20,** 29-34
Le possédé muet : Mt **9,** 32-34; **12,** 22-24; Lc **11,** 14-15
Guérisons de toute maladie et infirmité : Mt **9,** 35
L'homme à la main paralysée : Mt **12,** 9-14; Mc **3,** 1-6; Lc **6,** 6-11
Jésus marche sur la mer : Mt **14,** 22-33; Mc **6,** 45-52; Jn **6,** 16-21
La fille de la Cananéenne : Mt **15,** 21-28; Mc **7,** 24-30
Guérisons sur la montagne près du lac : Mt **15,** 29-31
Le démoniaque de Capharnaüm : Mc **1,** 23-28; Lc **4,** 33-37
Le paralysé de Capharnaüm : Mc **2,** 1-12; Mt **9,** 1-8; Lc **5,** 17-26
Guérisons près du lac : Mc **3,** 7-12; Lc **6,** 17-19
Le démoniaque gérasénien : Mc **5,** 1-20; Mt **8,** 28-34; Lc **8,** 26-39
La fille de Jaïre : Mc **5,** 21-24. 35-43; Mt **9,** 18-19. 23-26; Lc **8,** 40-42. 49-56
L'hémorroïsse : Mc **5,** 25-34; Mt **9,** 20-22; Lc **8,** 43-48
Première multiplication des pains : Mc **6,** 34-44; Mt **14,** 13-21; Lc **9,** 12-17; Jn **6,** 1-15
Guérison de tous les malades qui viennent à Jésus : Mc **6,** 53-56; Mt **14,** 34-36
Le sourd-muet : Mc **7,** 31-37
Seconde multiplication des pains : Mc **8,** 1-10; Mt **15,** 32-39
L'aveugle de Bethsaïde : Mc **8,** 22-26
L'épileptique : Mc **9,** 14-29; Mt **17,** 14-20; Lc **9,** 37-43
L'aveugle de Jéricho : Mc **10,** 46-52; Mt **20,** 29-34; Lc **18,** 35-43
La pêche miraculeuse : Lc **5,** 1-11; Jn **21,** 1-8
Le lépreux : Lc **5,** 12-14; Mt **8,** 1-4; Mc **1,** 40-45
L'esclave du centurion : Lc **7,** 1-10; Mt **8,** 5-13; Jn **4,** 46-54
Le fils de la veuve de Naïm : Lc **7,** 11-17
La femme courbée : Lc **13,** 10-17
L'hydropique : Lc **14,** 1-6
Les dix lépreux : Lc **17,** 12-19
Le serviteur du grand-prêtre : Lc **22,** 49-51
Noces de Cana : Jn **2,** 1-12
Nombreux signes à Jérusalem : Jn **2,** 23-25

Le fils du fonctionnaire royal : Jn **4,** 46-54
L'infirme de Bézatha : Jn **5,** 1-16
L'aveugle-né : Jn **9,** 1-41
Résurrection de Lazare : Jn **11,** 1-45

- **Les miracles que Jésus n'a pas voulu faire**

Changer les pierres..., s'élancer du haut du Temple : Mt **4,** 1-7; Lc **4,** 1-12
Donner d'autre signe que celui de Jonas : Mt **12,** 39-42; **16,** 1-4; Lc **11,** 26. 29-32
Donner un signe : Mc **8,** 11-13
Pas beaucoup de miracles à Nazareth : Mt **13,** 54-58; Mc **6,** 1-6
Envoyer le feu du ciel sur la Samarie : Lc **9,** 52-56
Descendre de sa Croix : Mt **27,** 39-44; Mc **15,** 29-32; Lc **23,** 35-37

- **Les miracles au nom de Jésus**

Par les Douze : Mt **10,** 1-8; Mc **6,** 7-13; Lc **9,** 1-6
Par les 72 disciples : Lc **10,** 9. 17
Par quelqu'un qui n'est pas disciple : Mc **9,** 28-30
Le miracle que les disciples n'ont pu faire : Mt **17,** 14-21; Mc **9,** 14-19
Guérison de l'impotent de la « Belle-Porte » : Ac **3,** 1-16
Guérisons multiples à Jérusalem : Ac **5,** 12-16
Guérisons en Samarie par Philippe : Ac **8,** 6-8

- **MORT / RÉSURRECTION**

- **Mort / Résurrection du Christ :**
voir les mots « Jésus ressuscité », « Pâque »

- **Notre mort / résurrection en Jésus Christ**

La mort de Jésus, source de résurrection : Mt **27,** 50-53
Allusions à la résurrection : Mc **12,** 18-27; Lc **14,** 12-14
La résurrection à l'appel du Fils de l'homme : Jn **5,** 24-29
Le pain de la résurrection : Jn **6,** 37... 58
« Si le grain ne meurt... » : Jn **12,** 24-28
Morts avec le Christ pour ressusciter avec lui : Rm **6,** 3-11
Celui qui a ressuscité Jésus nous ressuscitera : Rm **8,** 10-11
Le Ressuscité, Seigneur des vivants et des morts : Rm **14,** 7-9
Notre corps, Temple de l'Esprit, ressuscitera : 1 Co **6,** 13... 20
Notre résurrection inséparable de celle du Christ : 1 Co **15,** 12... 28
« O mort, où est ta victoire ? » : 1 Co **15,** 45... 58
Le mystère pascal dans la vie de l'Apôtre : 2 Co **4,** 10... **5,** 10
Dans le Christ, nous sommes déjà ressuscités : Ep **2,** 4-10
Vivre avec le Christ pour ressusciter avec lui : Ph **3,** 8-14
Vivre déjà la vie qui transformera notre corps : Ph **3,** 19 — **4,** 1
La Passion du Christ vécue par l'Apôtre : Col **1,** 24
Morts et ressuscités avec le Christ : Col **2,** 12-14
La vie des croyants à la lumière de la Résurrection : Col **3,** 1... 21
La résurrection des morts au jour du Seigneur : 1 Th **4,** 13-18

- **NOURRITURE – REPAS**

« L'homme ne vit pas seulement de pain » : Mt **4,** 1-4; Lc **4,** 1-4. — Cf. Jn **6,** 22-58; Jn **4,** 31-34
« Donne-nous notre pain de ce jour » : Mt **6,** 11; Lc **11,** 3 — Cf. Mt **5,** 6; Lc **6,** 21

Ne pas se faire de souci pour la nourriture : Mt **6,** 25-34; Lc **12,** 22-32 — Cf. Ph **4,** 12... 19; 2 Th **3,** 7-12
La béatitude des affamés : Mt **5,** 6; Lc **6,** 21 — Cf. Lc **6,** 25; Lc **1,** 53
Jésus et le jeûne : Mt **4,** 1-4; Lc **4,** 1-4; Mt **6,** 16-18; **9,** 14-15; Mc **2,** 18-20; Lc **5,** 33-35; **18,** 9-14
Pour le Christ, il n'y a plus d'aliments impurs : Mc **7,** 14-23
Le repas de noces de Cana : Jn **2,** 1-11 — Cf. Mc **2,** 18-22; Lc **5,** 33-35
Les repas de Jésus avec les pécheurs : Mt **9,** 9-13; Mc **2,** 13-17; Lc **5,** 29-32; **7,** 36-50; **14,** 1-24; **19,** 1-10; Jn **13,** 21-30
Les multiplications des pains : Mt **14,** 13-21; **15,** 32-39; Mc **6,** 34-44; **8,** 1-10; Lc **9,** 10-17; Jn **6**
Le dernier repas de Jésus : Mt **26,** 17-29; Mc **14,** 12-25; Lc **22,** 7-20; Jn **13,** 1-30; 1 Co **11,** 23-26
Les repas avec le Ressuscité : Lc **24,** 13-43; Jn **21,** 1-14; Ac **10,** 40-41; 1 Co **11,** 23-26; Ap **19,** 7-9
Paraboles du festin : Mt **22,** 1-14; Lc **14,** 15-24 — *Voir aussi* : Lc **12,** 35-38; **13,** 25-30; **15,** 11-32; **16,** 19-31

- **NOUVEAUTÉ**

Une nouvelle justice : Mt **5,** 17-48
Nouveauté du Royaume : Mt **9,** 14-17; Mc **2,** 18-22; Lc **5,** 36-39
Nouvelle conception de la pureté : Mt **15,** 1-20; Mc **7,** 1-23
Nouvelle vision du mariage et du célibat : Mt **19,** 2-12; Mc **10,** 1-12
Pour entrer dans la Vie : Mt **19,** 16-30; Mc **10,** 17-31; Lc **18,** 18-30
Entretien avec Nicodème : la nouvelle naissance : Jn **3,** 1-21
La Samaritaine : l'eau de la vie nouvelle : Jn **4,** 1-42
Le pain nouveau de la vie éternelle : Jn **6,** 32-50
La femme adultère : une nouvelle manière de juger : Jn **8,** 1-11
Le commandement nouveau : Jn **13,** 34-35
Le vin nouveau du Royaume : Jn **2,** 1-12; Mt **26,** 26-29; Mc **14,** 22-25
« La Nouvelle Alliance en mon sang » : Lc **22,** 14-20
L'attitude nouvelle à l'égard des païens : Ac **15,** 1-31
La vie nouvelle des baptisés : Rm **6,** 3-11
Le nouveau culte rendu à Dieu : Rm **12,** 1-18
Vivre dans l'esprit de la Pâque nouvelle : 1 Co **5,** 6-8
« La Nouvelle Alliance en mon sang » : 1 Co **11,** 23-26
Le ministère de la Nouvelle Alliance : 2 Co **3,** 1-6
« Un monde nouveau est déjà né » : 2 Co **5,** 14 — **6,** 2
La nouveauté des fils de Dieu : Ga **3,** 26... **4,** 7
La création nouvelle par la Croix : Ga **6,** 14-18
L'Homme nouveau créé dans le Christ : Ep **2,** 13-17
L'existence renouvelée par le baptême : Ep **4,** 17... **5,** 20
Le renouvellement des valeurs qu'entraîne la foi : Ph **3,** 8-14
La vie nouvelle à la lumière de la Résurrection : Col **3,** 1... 21
Jésus médiateur de l'Alliance nouvelle : He **9,** 11... 28
Le sacrifice de la Nouvelle Alliance : He **10,** 5-14
La fête éternelle de la Nouvelle Alliance : He **12,** 18... 24
Le nouveau peuple de Dieu : 1 P **2,** 4-10
L'univers nouveau que nous attendons : 2 P **3,** 8-14
Le monde nouveau, la Jérusalem nouvelle : Ap **21,** 1... 23

- **OBÉISSANCE AU PÈRE**

L'obéissance de Joseph : Mt **1,** 18-25; **2,** 19-23

L'obéissance de Marie : Lc **1,** 26-38
Les parents de Jésus obéissent à la Loi : Lc **2,** 22-38
Jésus et ses parents : Lc **2,** 41-52
Qui obéit bâtit sur le roc : Mt **7,** 21-27; Lc **6,** 26-49
La vraie famille de Jésus : Mt **12,** 46-50; Mc **3,** 31-35; Lc **8,** 19-21
La vraie obéissance : Mt **21,** 28-30
Obéir vaut mieux que les sacrifices : Mc **12,** 28-34
Ceux qui gardent la Parole : Lc **11,** 27-28
L'obéissance au Père, nourriture de Jésus : Jn **4,** 31-34
Le Fils vit dans l'obéissance au Père : Jn **5,** 17-47
Qui aime le Christ obéit comme lui : Jn **14,** 21-31
Gethsémani : Jésus obéit : Mt **26,** 30-56; Mc **14,** 32-52; Lc **22,** 39-53
L'obéissance de Pierre : Jn **21,** 15-19
« Il faut obéir à Dieu plutôt qu'aux hommes » : Ac **5,** 27-32
Désobéissance d'Adam, obéissance du Christ : Rm **5,** 12-19
L'obéissance de la foi : Rm **16,** 25-27
L'obéissance chrétienne à la suite du Christ : Ph **2,** 5-11
Jésus « a appris l'obéissance » : He **5,** 7-9
« Je suis venu pour faire ta volonté » : He **10,** 5... 18
Savoir obéir à la Parole : Jc **1,** 17... 27
La perfection de l'amour : garder la Parole : 1 Jn **2,** 3-5

- **PAIX / GUERRE**

La naissance de Jésus, annonce de paix : Lc **2,** 1-20
Les Béatitudes : « Heureux les artisans de paix » : Mt **5,** 1-12
Savoir faire la paix : Mt **5,** 20-48
Pas la paix, mais le glaive : Mt **10,** 34-39; Lc **12,** 51-53
Jésus refuse d'être défendu par la violence : Mt **26,** 51-52
Le combat des derniers jours : Lc **22,** 35-38
La paix donnée par Jésus : Jn **14,** 23-29
« Aimez-vous comme je vous ai aimés » : Jn **15,** 9-12
La paix de Pâques : Jn **20,** 19-29
« C'est lui qui est notre paix » : Ep **2,** 13 — **3,** 21
La joie et la paix dans le Christ : Ph **4,** 4-9
« Que la paix du Christ règne dans vos cœurs » : Col **3,** 12-15
D'où viennent la paix et la guerre ? : Jc **3,** 16 — **4,** 3

- **PÂQUE**

« La pierre qu'ont rejetée les bâtisseurs... » : Mt **21,** 42; Mc **12,** 10; Lc **20,** 17-18. — Cf. Ac **4,** 11
Le repas de la Pâque du Christ : Mt **26,** 17-29; Mc **14,** 12-25; Lc **22,** 7-20; Jn **13,** 1-30
Les fêtes de Pâques dans la vie et la mort de Jésus : Lc **2,** 41-42; Jn **2,** 13.23; **6,** 4; **11,** 55; **12,** 1; **12,** 12; **12,** 20; **13,** 1; **18,** 28; **18,** 39; **19,** 14; **19,** 31
Le mystère pascal : Rm **6,** 3-11; 1 Co **5,** 6-8
Libérés par l'Agneau immolé et glorifié : 1 P **1,** 17-21
L'Agneau immolé et vivant : Ap **5,** 11-14
Voir aussi les mots « Baptême », « Eucharistie», « Jésus ressuscité »

- **PARABOLES (Images)**

○ **Jésus et les paraboles**
Pourquoi parler en paraboles : Mt **13,** 10-17; Mc **4,** 10-12; Lc **8,** 9-10

Jésus parle en paraboles : Mt **13,** 34-35; Mc **4,** 33-34
Tirer du trésor des paraboles de l'ancien et du neuf : Mt **13,** 51-53
Jésus ne parle plus en paraboles : Jn **16,** 25-30

o **Paraboles de l'Évangile**
Le semeur : Mt **13,** 4-9. 18-23; Mc **4,** 1-8. 14-20; Lc **8,** 4-8. 11-15
Le bon grain et l'ivraie : Mt **13,** 24-30; 36-43
La graine devient un arbre : Mt **13,** 31-32; Mc **4,** 30-32; Lc **13,** 18-19
Le levain dans la pâte : Mt **13,** 33; Lc **13,** 20-21
Le trésor caché dans un champ : Mt **13,** 44
La perle fine : Mt **13,** 45-46
Le filet qui ramène toutes sortes de poissons : Mt **13,** 47-50
La brebis perdue : Mt **18,** 12-14; Lc **15,** 3-7
Le débiteur impitoyable : Mt **18,** 23-35
Le maître et les ouvriers « de la onzième heure » : Mt **20,** 1-16
Les deux fils dont l'un dit « oui » et l'autre « non » : Mt **21,** 28-32
Les vignerons homicides : Mt **21,** 33-46; Mc **12,** 1-12; Lc **20,** 9-19
Le festin de noces : Mt **22,** 1-14
Le figuier : Mt **24,** 32-33; Mc **13,** 28-29; Lc **21,** 29-31
Les serviteurs vigilants : Mt **24,** 45-51; Mc **13,** 33-37; Lc **12,** 35-48
Les jeunes filles insensées et les prévoyantes : Mt **25,** 1-13
Les « talents » : Mt **25,** 14-30; Lc **19,** 11-27
Le grain qui pousse tout seul : Mc **4,** 26-29
Le bon Samaritain : Lc **10,** 29-37
L'ami importun : Lc **11,** 5-8
Le riche insensé : Lc **12,** 16-21
Le figuier stérile : Lc **13,** 6-9
Les places à table : Lc **14,** 7-11
Qui inviter à son repas ? : Lc **14,** 12-14
Les invités au festin : Lc **14,** 15-24
La drachme retrouvée : Lc **15,** 8-10
Le fils prodigue retrouvé. Le frère jaloux : Lc **15,** 11-32
Le gérant habile : Lc **16,** 1-8
Le riche et le pauvre Lazare : Lc **16,** 19-31
La veuve et le juge inique : Lc **18,** 1-8
Le pharisien et le publicain : Lc **18,** 9-17
Le bon pasteur : Jn **10,** 1-16

o **Comparaisons, gestes symboliques**
Le sel de la terre : Mt **5,** 13; Mc **9,** 50; Lc **14,** 34-35
La lumière du monde. La lampe : Mt **5,** 14-16; Mc **4,** 21; Lc **8,** 16; Lc **11,** 33
Le trésor dans le ciel, à l'abri des mites : Mt **6,** 19-21; Lc **12,** 33-34
L'œil, lampe du corps : Mt **6,** 22-23; Lc **11,** 34-36
« Si Dieu habille ainsi l'herbe des champs » : Mt **6,** 28-30; Lc **12,** 27-28
La paille et la poutre : Mt **7,** 1-5; Lc **6,** 41-42
Les perles aux pourceaux : Mt **7,** 6
La porte s'ouvre à qui frappe : Mt **7,** 7-8; Lc **11,** 9-10
La porte étroite : Mt **7,** 13-14; Lc **13,** 23-24
Les loups déguisés en brebis : Mt **7,** 15
Les arbres et leurs fruits : Mt **7,** 16-20; Mt **12,** 33-34; Lc **6,** 43-45
Construire sur le roc ou le sable : Mt **7,** 24-27; Lc **6,** 47-49
Malades, bien-portants (pécheurs et justes) : Mt **9,** 12; Mc **2,** 17; Lc **5,** 31-32
Vieux vêtements, vieilles outres : Mt **9,** 16-17; Mc **2,** 21-22; Lc **5,** 36-39
Les foules « comme des brebis sans berger » : Mt **9,** 36; Mc **6,** 34

« La moisson est abondante » : Mt **9,** 37; Lc **10,** 2
« Comme des brebis au milieu des loups » : Mt **10,** 16; Lc **10,** 3
« Nous avons joué de la flûte » : Mt **11,** 16-17; Lc **7,** 31-32
Le pain des enfants aux petits chiens : Mt **15,** 26-27; Mc **7,** 27-28
Devenir comme un enfant : Mt **18,** 2-5; Mc **9,** 36-37; Lc **9,** 47-48
Le figuier stérile : Mt **21,** 18-22; Mc **11,** 12-14. 20-24
Filtrer le moucheron, purifier l'extérieur de la coupe : Mt **23,** 24-27
Le royaume divisé contre lui-même : Mc **3,** 23-25; Mt **12,** 25; Lc **11,** 17
La nouvelle famille de Jésus : Mc **3,** 34-35; Mt **12,** 49-50; Lc **8,** 21
Geste de guérison de sourd-muet, « Ephphata » : Mc **7,** 32-34
Geste de guérison de l'aveugle de Bethsaïde : Mc **8,** 23
La cognée à la racine des arbres. La pelle à vanner. La paille qu'on brûle : Lc **3,** 9. 17
« Médecin, guéris-toi toi-même » : Lc **4,** 23
Un aveugle peut-il en guider un autre ? : Lc **6,** 39; Mt **15,** 14
Le débiteur à qui l'on remet davantage : Lc **7,** 41-43
« Je suis venu apporter un feu... » : Lc **12,** 49-50
Le nuage et le vent, signes du temps : Lc **12,** 54-56; Mt **16,** 2-3
Ceux qui resteront à la porte : Lc **13,** 25-29; Mt **25,** 10-12
Réfléchir avant de construire une tour, de faire la guerre : Lc **14,** 28-33
Le vent souffle où il veut : Jn **3,** 8
« Si tu connaissais celui qui te demande à boire... » : Jn **4,** 8-15
« Jean était la lampe » : Jn **5,** 35
Geste de guérison de l'aveugle-né : Jn **9,** 6
Les pharisiens sont des aveugles : Jn **9,** 39-41
Le berger, la porte des brebis : Jn **10,** 1-13
Celui qui marche pendant le jour : Jn **11,** 9-10
« Si le grain de blé ne meurt » : Jn **12,** 24
La vigne et les sarments : Jn **15,** 1-8
La femme qui enfante : Jn **16,** 21-22
L'Église, édifice de Dieu : 1 Co **3,** 9... 17; Ep **2,** 20-22; 1 P **2,** 5-8
Le corps : 1 Co **12,** 12-26
L'épée de la Parole de Dieu : He **4,** 12
Le cultivateur qui attend les récoltes avec patience : Jc **5,** 7

- **PARDON**

Pardonner pour être pardonnés : Mt **6,** 9-15; Mc **11,** 25; Lc **6,** 27-37
Les pardons de Jésus : Mt **9,** 1-8; Mc **2,** 1-12; Lc **5,** 17-26; **7,** 36-50; **23,** 26-48; Jn **8,** 1-11
« Je suis venu appeler les pécheurs » : Mt **9,** 9-13
Le péché impardonnable : Mt **12,** 31-32; Mc **3,** 28-30
Le pardon dans la communauté : Mt **18,** 15-35; Lc **17,** 1-4
Paraboles du pardon : Lc **15,** 1-32
Le triple reniement de Pierre rappelé trois fois et pardonné : Jn **21,** 15-19
Étienne meurt en pardonnant : Ac **7,** 55-60
L'humanité pardonnée en Jésus Christ : Rm **5,** 1-11
Réconciliés avec Dieu en Jésus Christ : 2 Co **5,** 18 — **6,** 2
Réconciliés par Jésus Christ : Col **1,** 12-20; **2,** 12-14
La vie fraternelle dans l'amour et le pardon : Col **3,** 12-17
Paul, celui à qui Dieu a pardonné : 1 Tm **1,** 12-16
Le sacrifice du Christ pour le pardon des péchés : He **10,** 5... 18
« Nous avons un défenseur devant le Père » : 1 Jn **2,** 1-2

- **PAROLE DE DIEU**
  L'homme vit de la parole de Dieu : Mt **4,** 1-4
  Écouter la Parole, c'est bâtir sur le roc : Mt **7,** 24-27
  Accueillir la Parole semée : Mt **13,** 3-23; Mc **4,** 3-20; Lc **8,** 4-15
  « Aujourd'hui s'accomplit cette parole » : Lc **4,** 14-30
  « Heureux qui garde la Parole » : Lc **8,** 19-21; **11,** 27-28
  La Parole s'est faite chair : Jn **1,** 1-18
  « Tu as les paroles de la vie éternelle » : Jn **6,** 60-69
  L'espérance universelle annoncée par l'Écriture : Rm **15,** 4-9
  Avertissement aux chrétiens à partir de l'Écriture : 1 Co **10,** 1... 12
  L'Évangile de Paul vient du Christ : Ga **1,** 1... 12
  L'annonce de l'Évangile : 1 Th **2,** 7-13
  « On n'enchaîne pas la Parole » : 2 Tm **2,** 8-13
  Dieu parle aujourd'hui par son Fils : He **1,** 1-6
  La Parole vivante qui nous juge : He **4,** 14-16
  Mettre la Parole en pratique : Jc **1,** 17... 27

- **PARTAGE**
  Que ta main gauche ignore ce que donne ta droite : Mt **6,** 1-4
  Le partage, condition d'entrée dans le Royaume : Mt **25,** 31-46
  Partage avec les pauvres et don au Seigneur : Mt **26,** 6-13; Mc **14,** 3-9
  Trouver le vrai trésor en partageant tout : Lc **12,** 33-34
  « Quand tu donnes un festin, invite les pauvres » : Lc **14,** 12-14
  Parabole de Lazare et du riche : Lc **16,** 19-31
  Le partage dans la première communauté : Ac **2,** 42-47
  Le partage des biens matériels : Ac **4,** 32-35
  Plus de bonheur à donner qu'à recevoir : Ac **20,** 33-35
  Un programme de vrai partage : Rm **12,** 1-18
  L'Apôtre partage avec tous : 1 Co **9,** 16-23
  La collecte pour Jérusalem : 2 Co **8,** 7... 15
  Pas de vraie foi sans partage réel : Jc **2,** 14-18

- **PATIENCE DE DIEU**
  Parabole de l'ivraie et du bon grain : Mt **13,** 24-30
  Parabole du maître qui embauche à tout heure : Mt **20,** 1-16
  Patience de Jésus devant l'opposition en Samarie : Lc **9,** 52-56
  Parabole du figuier stérile : Lc **13,** 6-9
  Paraboles de la miséricorde et de la patience de Dieu : Lc **15,** 1-32
  Dieu est patient : 2 P **3,** 8-14

- **PAUVRES ET PETITS (voir aussi le mot « Richesse »)**
  Magnificat : le salut pour les humbles : Lc **1,** 46-55
  Jésus est le Messie envoyé aux pauvres : Lc **4,** 14-22; **7,** 18-22
  « Heureux les pauvres de cœur » : Mt **5,** 1-12
  Ne pas se donner en spectacle : Mt **6,** 1-18
  Humilité de l'officier romain devant Jésus : Mt **8,** 5-13; Lc **7,** 1-10
  Jésus fréquente les méprisés : Mt **9,** 1-8; Mc **2,** 15-17; Lc **5,** 29-32
  Le mystère révélé aux petits : Mt **11,** 25-27; Lc **10,** 21-22
  Le joug qui libère les pauvres : Mt **11,** 28-30
  « Comme des enfants » : Mt **18,** 1-4; **19,** 13-15; Mc **9,** 35-37; **10,** 13-16; Lc **9,** 46-48
  La vraie grandeur : se faire serviteurs : Mt **20,** 20-28; Mc **10,** 41-45

« Ce que vous faites aux petits, c'est à moi... » : Mt **25,** 31-46
« Petit troupeau... » : Lc **12,** 32
« Prends la dernière place, invite les pauvres » : Lc **14,** 7-24
Des serviteurs « quelconques » : Lc **17,** 7-10
Le pharisien et le publicain : Lc **18,** 9-17
« Il faut qu'il grandisse et que je diminue » : Jn **3,** 22-36
Le vrai culte : humilité et charité : Rm **12,** 1-18
La sagesse de Dieu dans la faiblesse de l'homme : 1 Co **1,** 22-31
La pauvreté des Apôtres : 2 Co **4,** 7-11
La faiblesse est la vraie force de Paul : 2 Co **12,** 7-10
L'humilité à l'image du Christ : Ph **2,** 1-11
La dignité des pauvres dans l'Église : Jc **2,** 1-5

- **PÉCHÉ (voir aussi le mot : « Pardon »)**

Jésus révèle le péché : Jn **15,** 18-25
« Seigneur, éloigne-toi... je suis un homme pécheur » : Lc **5,** 1-11
Ténèbres contre lumière : Jn **3,** 19-31; **1,** 1-5; Mt **6,** 22-23; Lc **11,** 34-36; Jn **9,** 39-41; **12,** 35-48
Le péché est dans le cœur : Mt **5,** 17-48; **15,** 1-20
Esclaves du péché : Jn **8,** 31-47
Le scandale : Mt **18,** 6-9; Mc **9,** 42-48
Péché contre les hommes : Lc **17,** 3-4; Mt **18,** 21-22
L'endurcissement dans le péché : Jn **8,** 12-24; Mt **27,** 3-5
Le péché impardonnable : Mt **12,** 22-32; Mc **3,** 22-30; Lc **12,** 10
L'Esprit dénonce le péché : Jn **16,** 5-11
Judas : Mt **26,** 14-16.20-25; Mc **14,** 17-21; Lc **22,** 1-6.21-23; Jn **13,** 21-30
Reniement de Pierre : Mt **26,** 69-75; Mc **14,** 66-72; Lc **22,** 54-62; Jn **18,** 15-27
Jésus et les pécheurs : Mt **9,** 10-13; Mc **2,** 15-17; Lc **5,** 29-32 *(Le publicain).* Lc **7,** 36-50 *(La pécheresse).* Lc **15,** 1-32 *(Paraboles).* Lc **19,** 1-10 *(Zachée).* Jn **8,** 3-11 *(La femme adultère).*
Jésus a le pouvoir de pardonner : Mt **9,** 1-8; Mc **2,** 1-12; Lc **5,** 17-26
Jésus confie le pouvoir de pardonner : Mt **16,** 19; **18,** 18; Jn **20,** 22-23
La correction fraternelle du pécheur : Mt **18,** 15-18
Le sang répandu en rémission des péchés : Mt **26,** 27-28
Jésus compté parmi les pécheurs : Jn **9,** 16-34
Le Christ arrache l'humanité au péché : Rm **5,** 12-19
Morts au péché, vivants pour Dieu : Rm **6,** 3-11
Fuir l'impureté : 1 Co **6,** 13... 20
Le Christ, victime offerte pour les péchés : 1 Jn **2,** 1-2

- **PERSÉCUTION**

La béatitude des persécutés : Mt **5,** 10-12; Lc **6,** 22-23
La persécution, lot des croyants : Mc **10,** 28-30; Jn **15,** 18 — **16,** 4; **17,** 11-19
Consignes pour le temps de persécution : Mt **10,** 16-39; Lc **21,** 12-18
Contre les scribes et pharisiens persécuteurs : Mt **23,** 29-39
Persécutions aux origines de l'Église : Ac **5,** 40-41; **7,** 51 — **8,** 1; **9,** 1-6; **13,** 50-52
« Si Dieu est pour nous, qui sera contre nous ?... » : Rm **8,** 31-39
« Livrés à la mort à cause de Jésus » : 2 Co **4,** 7 — **5,** 10
« C'est pour lui que je souffre » : 2 Tm **2,** 9-13; **4,** 6... 18
« Vous n'avez pas encore résisté jusqu'au sang » : He **12,** 1... 13
L'épreuve qui vérifie la foi : 1 P **1,** 3-9

Endurer la persécution à l'exemple du Christ : 1 P **2,** 20... **4,** 16
La foule des sauvés après la grande épreuve : Ap **7,** 2-17

- **PRIÈRE (voir aussi le mot « Action de grâce) »**

Prier le Père qui nous écoute : Mt **6,** 5-15; **7,** 7-11; Lc **11,** 1-13
Prier sans se décourager : Lc **18,** 1-8
Prier avec humilité : Lc **18,** 9-14
Prière et obéissance à la volonté de Dieu : Mt **7,** 21-23
« Priez le maître de la moisson » : Mt **9,** 37-38; Lc **10,** 2
La prière en communauté : Lc **18,** 19-20
Prier au nom du Christ : Jn **16,** 23-28
Puissance de la prière : Mt **21,** 21-22; Mc **11,** 20-26
La maison de prière profanée : Mt **21,** 13; Mc **11,** 15-17
La prière qui chasse les démons : Mc **9,** 14-29
Prière des Apôtres après l'Ascension : Ac **1,** 12... 26
Une communauté de prière et de partage : Ac **2,** 42-47
L'Esprit au cœur de l'attente du monde : Rm **8,** 18-27
Prières de Paul : Ep **1,** 15-19; **3,** 14-19; Ph **1,** 1-11; 2 Th **1,** 11-12; **3,** 1-5
La prière universelle : 1 Tm **2,** 1-8
Bonne et mauvaise prière : Jc **4,** 3
« Viens! » : Ap **22,** 17.20

o **Prière de Jésus**

« Père, je te rends grâce » : Mt **11,** 25-27; Lc **10,** 21-22
A la résurrection de Lazare : Jn **11,** 41-42
A la Cène : Mt **26,** 26-30; Mc **14,** 22-26; Lc **22,** 19-20
Pour l'unité : Jn **17,** 1-26
A Gethsémani : Mt **26,** 39-44; Mc **14,** 32-39; Lc **22,** 39-45
Sur la Croix : Mt **27,** 46; Mc **15,** 34; Lc **23,** 34-46
Voir aussi : Mt **14,** 19-23; **19,** 13-15; Mc **1,** 35-38; **6,** 41; Lc **3,** 21; **5,** 15-16; **6,** 12-16; **9,** 16. 18. 28; **11,** 1-4; **22,** 31; Jn **14,** 16
La prière de Gethsémani et la réponse de Dieu : He **5,** 7
Celui qui intercède sans cesse : He **7,** 25

- **PROJET DE DIEU**

Jésus, accomplissement du projet de Dieu : Mt **1,** 1-17; Lc **3,** 23-38; Lc **1,** 26-38; **1,** 68-79; **2,** 29-32; **3,** 1-6; Jn **1,** 1-18
« Dieu a tant aimé le monde » : Jn **3,** 16-18
« Je bâtirai mon Église » : Mt **16,** 13-19
Le projet de Dieu déjoue les oppositions des hommes (parabole des vignerons homicides) : Mt **21,** 33-46; Mc **12,** 1-12
Le projet de Dieu réalisé par le don de l'Esprit : Ac **2,** 1-41
L'accueil des païens fait partie du projet de Dieu : Ac **10,** 25-48; **15,** 13-21
Le projet de Dieu, c'est le salut de toute la création : Rm **8,** 18-39
Israël au cœur du projet de Dieu : Rm **9,** 1-5; **11,** 13... 32
Hymne à Dieu pour son projet de salut : Rm **11,** 33-36; **16,** 25-27
La sagesse de Dieu est révélée : 1 Co **1,** 17 — **2,** 16
Le passé d'Israël, une leçon pour nous : 1 Co **10,** 1... 12
A la fin, Dieu sera tout en tous : 1 Co **15,** 12... 28
Le grand projet divin du rassemblement universel : Ep **1,** 3-23
Le projet éternel réalisé dans le Christ : Ep **2,** 13 — **3,** 21; Col **1,** 12-20
Le combat de l'Apôtre au service du projet de Dieu : Col **1,** 24-28
Le Fils au sommet du projet de Dieu : He **1,** 1-6

La réponse des anciens au projet de Dieu : He **11,** 1... 19
« Dès avant la création du monde » : 1 P **1,** 17-21
Dieu a-t-il oublié sa promesse ? : 2 P **3,** 8-14
Voir aussi le mot « Avenir »

- **PUISSANCE DE DIEU**

La puissance du Très-Haut en Marie : Lc **1,** 26-38. 46-55
La puissance de salut de Dieu : Lc **1,** 68-79; Mt **19,** 23-26; Mc **10,** 23-27
La puissance manifestée en Jésus : Lc **4,** 14-21; **5,** 17; Jn **5,** 19-30; **10,** 31-38
Tout est possible à Dieu : Lc **1,** 37; Mt **3,** 7-9; Mt **19,** 26; Mc **14,** 36
La croissance du Royaume : Mt **13,** 31-33; Mc **4,** 26-32; Lc **13,** 18-21
L'avènement du Fils de l'homme : Mt **24,** 29-31; Mc **13,** 24-27; Lc **21,** 25-28; Mt **26,** 59-64; Mc **14,** 60-64; Lc **22,** 66-71
La victoire du Fils sur le monde : Jn **16,** 29-33
Le Ressuscité promet la force venue d'en haut : Lc **24,** 46-49
« La force du Saint-Esprit viendra sur vous » : Ac **1,** 1-11
Jésus glorifié par la puissance de Dieu : Ac **2,** 22-36; **5,** 30-32; Ep **1,** 17-23
La puissance du Christ manifestée à Paul : Ac **9,** 1... 31
La puissance de Dieu dans la vie d'Abraham : Rm **4,** 18-21
La puissance de Dieu manifestée dans la faiblesse : 1 Co **1,** 17 — **2,** 5
La puissance du Christ dans la faiblesse de l'Apôtre : 2 Co **4,** 6-11; **12,** 7-10
La puissance qui transforme l'homme : Ep **3,** 14-21
Vivre de la puissance de la Résurrection : Ph **3,** 8-14
La puissance du Fils : He **1,** 1-4

- **RÉCOMPENSE – RÉTRIBUTION**

Les Béatitudes : Mt **5,** 1-12; Lc **6,** 20-26
« Ton Père te le revaudra » : Mt **6,** 1-18
La récompense pour le bien fait aux disciples : Mt **10,** 40-42
Récompense des disciples : Mt **19,** 27-30; Mc **10,** 28-30; Lc **18,** 28-30; **22,** 28-30
Comment Dieu rétribue les siens : Mt **20,** 1-16; **25,** 14-30
Le jugement dernier : Mt **25,** 31-46
Un geste d'amour qui sera récompensé : Mt **26,** 6-13; Mc **14,** 3-9
Quelle récompense attendre ? : Lc **14,** 12-14; **17,** 7-10
La récompense du don et du pardon : Lc **6,** 27-38
Celui qui juge, c'est le Seigneur : 1 Co **4,** 1-5
Paul ne cherche pas une récompense : 1 Co **9,** 16... 23
Le tribunal du Seigneur : 2 Co **5,** 9-10
L'épreuve et la récompense du Seigneur : 2 Tm **4,** 6-8
Le Seigneur apporte à chacun son salaire : Ap **22,** 12... 21

- **REFUS DE JÉSUS**

– par Hérode : Mt **2,** 1-12.16-18
– par les Pharisiens : Mt **9,** 32-34; **12,** 1-14.22-45; **23,** 1-39; Mc **2,** 15 — **3,** 6; **3,** 22-30; Lc **5,** 27 — **6,** 11; **11,** 37-54; Jn **9,** 12-45
– par les Chefs et les Anciens : Mt **21,** 23-32; **22,** 15-46; **28,** 11-15
– par les villes : Mt **11,** 20-24; Lc **10,** 8-16
– par ses compatriotes : Mt **13,** 54-58; Mc **6,** 1-6; Lc **4,** 23-30
– par sa famille : Mc **3,** 20-21
– par les Samaritains : Lc **9,** 52-56
– par Jérusalem : Lc **13,** 34-35

- par certains disciples : Jn **6,** 60-66
- par Judas : Jn **13,** 21-30
- par son peuple (la Passion) : Mt **26 — 27**; Mc **14 — 15**; Lc **22 — 23**; Jn **18 — 19**
- par les hommes : Jn **1,** 9-11; **3,** 18-20

Attitudes de refus dans les paraboles : Mt **21,** 33-46; **22,** 1-14; Lc **15,** 25-32; Mt **21,** 28-32
Les ennemis de la croix du Christ : Ph **3,** 17-19
Ceux qui refusent et ceux qui accueillent : 1 P **2,** 6-10

- **RESPONSABILITÉ**

Jean Baptiste appelle à prendre ses responsabilités : Lc **3,** 10-14
« Vous êtes le sel de la terre... la lumière du monde » : Mt **5,** 13-16
Les responsabilités du témoignage apostolique : Mt **10,** 16-42
Les responsabilités mutuelles dans la communauté : Mt **18,** 6-19; Mc **9,** 42-50; Lc **19,** 1-4
Parabole « des talents » : Mt **25,** 14-30; Lc **19,** 11-27
L'intendant infidèle : prendre ses responsabilités : Lc **16,** 1-13
Les chefs religieux juifs et leurs responsabilités : Mt **23,** 1-36; Lc **11,** 45-51
Responsabilité de Judas : Mt **26,** 20-25; Mc **14,** 17-21; Lc **22,** 21-23
Pilate et Hérode en face de leurs responsabilités : Mt **27,** 11-31; Mc **15,** 1-20; Lc **23,** 1-25; Jn **18,** 28 — **19,** 16
Le « concile » de Jérusalem : une assemblée responsable : Ac **15,** 1-31
La responsabilité des chefs d'Église : Ac **20,** 17-38
Responsabilité dans la construction de l'Église : 1 Co **3,** 9... 17
Les Apôtres et leurs responsabilités : 1 Co **4,** 1-5
Solidairement responsables dans l'Église : 1 Co **12,** 3-30
L'Apôtre conscient de ses responsabilités : Ph **1,** 20... 27
Les responsabilités qui découlent de la foi : Jc **2,** 14-18

- **RÉVÉLATION**

Le projet de Dieu révélé à Zacharie : Lc **1,** 5-25
Le dessein de Dieu révélé à Marie : Lc **1,** 26-38
La venue du Sauveur révélée aux bergers : Lc **2,** 1-20
Le Verbe est venu nous révéler le Père : Jn **1,** 1-18
Le Fils au baptême : Mt **3,** 13-17; Mc **1,** 9-11; Lc **3,** 21-22
Jean Baptiste révèle celui qu'on ne connaît pas : Jn **1,** 19-34
A Nazareth, Jésus révèle le sens de sa mission : Lc **4,** 14-30
Cana, première révélation de la gloire de Jésus : Jn **2,** 1-12
Le Mystère révélé aux petits : Mt **11,** 25-27; Lc **10,** 21-24
Les mystères du Royaume révélés aux disciples : Mt **13,** 10-17
Le mystère de Jésus révélé à Pierre : Mt **16,** 13-20
Le Fils à la Transfiguration : Mt **17,** 1-9; Mc **9,** 2-10; Lc **9,** 28-36
Jésus se révèle aux Samaritains comme Messie : Jn **4,** 1-42
Jésus se révèle comme pain de vie : Jn **6,** 1-59
Jésus se révèle comme la lumière : Jn **9,** 1-41
Jésus se révèle comme la résurrection et la vie : Jn **11,** 1-45
Avant de mourir, Jésus révèle son mystère : Jn **13,** 31 — **16,** 33
Dans sa prière, Jésus se révèle et révèle le Père : Jn **17,** 1-26
Jésus se révèle aux disciples d'Emmaüs : Lc **24,** 13-35
Le Christ se révèle à Paul : Ac **9,** 1... 31
L'attente de la révélation des fils : Rm **8,** 18-19
Hymne à Dieu qui nous a révélé son dessein : Rm **16,** 25-27

La sagesse de Dieu révélée face à celle du monde : 1 Co **1**, 17 — **2**, 10
L'Évangile que Paul a reçu par révélation : Ga **1**, 1-24
Le Mystère enfin révélé en Jésus Christ : Ep **1**, 3-23
Paul, ministre de la révélation du Mystère : Ep **3**, 1-21; Col **1**, 24-28
La grâce de Dieu s'est manifestée : 2 Tm **1**, 9-10; Tt **2**, 11-14
« La vie s'est manifestée » : 1 Jn **1**, 1-4
L'amour de Dieu manifesté dans le Fils : 1 Jn **4**, 9-14
Le Fils de l'homme se révèle à Jean : Ap **1**, 9... 19

- **RICHESSE / PAUVRETÉ (voir aussi le mot « Pauvres »)**

« Il renvoie les riches les mains vides » : Lc **1**, 46-55
Jésus naît dans un monde de pauvres : Lc **2**, 1-14
Heureux les pauvres, malheureux les riches : Lc **6**, 20-26
Dieu ou l'Argent ? : Mt **6**, 19-34; Lc **12**, 13-34; **16**, 9-13
La mission : des moyens pauvres : Mt **10**, 5-15; Mc **6**, 7-13; Lc **9**, 1-6
Le prophète n'est pas un riche : Mt **11**, 7-9; Lc **7**, 24-26
Jésus et la richesse : Mt **19**, 16-30; Mc **10**, 17-31; Lc **18**, 18-30
Servir les pauvres, ou Jésus ? : Mt **26**, 6-13; Mc **14**, 1-9; Jn **12**, 1-8
Scribes rapaces et pauvre veuve : Mc **12**, 38-44; Lc **20**, 45 — **21**, 4
Renoncer à tous ses biens pour être vrai disciple : Lc **14**, 28-33
Lazare et le riche : Lc **16**, 19-31
La pauvreté dans la première communauté : Ac **2**, 42-47; **4**, 32-35
Le sens de la collecte pour Jérusalem : 2 Co **8**, 7... 15
Paul, les Philippiens et l'argent : Ph **4**, 12... 20
Riches et pauvres dans la communauté : Jc **2**, 1-5
La folie et l'aveuglement des riches : Jc **5**, 1-6

- **ROYAUME DE DIEU**

Jean Baptiste et le Royaume : Mt **3**, 1-12; **11**, 2-15; Lc **7**, 18-35; **16**, 16
Jésus annonce le Royaume : Mt **4**, 12-25; Mc **1**, 14-15
Renaître pour entrer dans le Royaume : Jn **3**, 1-21
La charte du Royaume : Mt **5**, 1 — **7**, 27
Chercher d'abord le Royaume : Mt **6**, 19-34; Lc **12**, 22-34
Au festin du Royaume : Mt **8**, 11-12; **22**, 1-14; Lc **13**, 23-30; **14**, 15-24
Royaume de Satan et royaume de Dieu : Mt **12**, 22-28; Lc **11**, 14-21
Paraboles du Royaume : Mt **13**, 1-52; Mc **4**, 1-34; Lc **13**, 18-21
Les clefs du Royaume : Mt **16**, 13-20; **23**, 13
Le plus grand dans le R. : Mt **18**, 1-4; **19**, 13-15; **20**, 20-28; Mc **10**, 13-16
Disponibles pour le Royaume : Mt **19**, 12; Lc **9**, 57-62
Les riches et le Royaume : Mt **19**, 16-30; Mc **10**, 17-31; Lc **18**, 18-30
Premiers et derniers entrés : Mt **20**, 1-16; **21**, 31-46
Les mystères du Royaume révélés : Mt **13**, 11-17; Mc **4**, 10-12; Lc **8**, 9-10
« Que ton Règne vienne » : Mt **6**, 9-13; Lc **11**, 2-4
Le Royaume donné au « petit troupeau » : Lc **12**, 31-32
Quand viendra le Royaume ? : Lc **17**, 20-37; Ac **1**, 6-8
Faire fructifier dans l'attente du Royaume : Lc **19**, 11-27
Le jugement dernier et l'héritage du Royaume : Mt **25**, 31-40
La Cène et le Royaume : Mt **26**, 26-29; Mc **14**, 22-25; Lc **22**, 7-38
La royauté de Jésus : Jn **18**, 33-37
L'attente du Royaume autour du Crucifié : Lc **23**, 42-43
La royauté remise par le Christ à son Père : 1 Co **15**, 12... 28
Entrés dans le Royaume du Fils : Col **1**, 12-20
« Avec lui, nous règnerons » : 2 Tm **2**, 8-13

Il a fait de nous le royaume de Dieu : Ap **1,** 5-8
Le Seigneur a pris possession de sa royauté : Ap **19,** 6-9
La gloire finale du Royaume : Ap **21,** 1... 23
Voir aussi le mot « Église, signe du Royaume »

- **SACRIFICE**

La sincérité dans les sacrifices : Mt **5,** 23-24
« La miséricorde, et non les sacrifices » : Mt **9,** 13
Le sacrifice faussé par l'hypocrisie : Mt **15,** 1-9; Mc **7,** 6-13
« La Nouvelle Alliance en mon sang versé » : Lc **22,** 14-20
« Qu'un seul homme meure pour le peuple » : Jn **11,** 46-57
« Je me consacre pour qu'ils soient consacrés » : Jn **17,** 17-19
Le vrai culte rendu à Dieu : humilité et charité : Rm **12,** 1-18
Imiter le sacrifice du Christ : Ep **5,** 1-2
Ce qui reste à souffrir pour l'Église : Col **1,** 24-28
Le sacrifice de la vie de l'Apôtre : 2 Tm **4,** 6-8
Le sacrifice du Christ, le seul efficace : He **10,** 5... 18
Le sacrifice du peuple sacerdotal : 1 P **2,** 4-10
Voir aussi les mots « Croix », « Jésus, Serviteur souffrant »

- **SAGESSE / FOLIE**

La sagesse de Jésus à douze ans : Lc **2,** 41-52
La sagesse de Jésus chez les gens de Nazareth : Mt **13,** 54-58; Mc **6,** 1-6
Jésus traité de fou par les siens : Mc **3,** 20-21
Pensées de Dieu, pensées des hommes : Mt **16,** 21-23
Bâtir sur le roc ou sur le sable : Mt **7,** 24-27; Lc **6,** 47-49
Sagesse de Dieu, incohérence des hommes : Mt **11,** 16-19; Lc **7,** 31-35
Le Mystère refusé aux sages et aux savants : Mt **11,** 25-27; Lc **10,** 21-24
La sagesse d'un gaspillage fou : Mt **26,** 6-13; Mc **14,** 3-9; Jn **12,** 1-11
Folie des projets humains : Lc **12,** 13-21
La vraie sagesse, c'est de renoncer à tout : Lc **14,** 28-33
L'économe habile : Lc **16,** 1-8
La sagesse donnée à l'heure de la persécution : Lc **21,** 12-15
« Vierges sages » et « vierges folles » : Mt **25,** 1-13
Paul devant les sages d'Athènes : Ac **17,** 15... 32
Hymne à la sagesse de Dieu : Rm **11,** 33-36
Sagesse du monde et folie de la Croix : 1 Co **1,** 17 — **2,** 10; **3,** 18-19
Le dessein de la sagesse infinie de Dieu : Ep **1,** 3-18
« Ne vivez pas comme des fous » : Ep **5,** 15-20
Progresser dans la clairvoyance : Ph **1,** 9-11
Les vraies valeurs : Ph **3,** 8-14
Les effets de la vraie sagesse : Jc **3,** 16-18
La folie des riches : Jc **5,** 1-6

- **SALUT (Justification)**

Zacharie chante le salut de Dieu : Lc **1,** 68-79
« Un Sauveur vous est né » : Lc **2,** 1-20
Jésus révélé à ceux qui attendaient le salut : Lc **2,** 22-38
Jésus proclame la libération des opprimés : Lc **4,** 14-21
En Jésus se réalisent les promesses de salut : Mt **11,** 2-19; Lc **7,** 16-35
Devenir enfant de Dieu : Jn **1,** 9-13
Jésus est venu sauver : Jn **3,** 14-18; **12,** 47-48
Jésus reconnu comme Sauveur du monde : Jn **4,** 1-42

Le salut vient des Juifs : Jn **4,** 21-22
Le salut des brebis : Mt **18,** 10-14; Jn **10,** 7-16
Le salut apporté à Zachée : Lc **19,** 1-10
Le publicain justifié plutôt que le pharisien : Lc **18,** 9-14
« Qui peut être sauvé ? » : Mc **10,** 23-27; Lc **13,** 23-30
Sauver / Perdre sa vie : Mt **16,** 24-27; Mc **8,** 34-38; Lc **9,** 23-27; Jn **12,** 24-26
La vérité qui libère : Jn **8,** 32-36
Le Nom qui sauve : Ac **4,** 8-12
Jésus ressuscité est Chef et Sauveur : Ac **5,** 29-32
L'assemblée de Jérusalem : la loi et la grâce : Ac **15,** 1-31
Devenir des justes par la foi : Rm **3,** 21... 28
Abraham justifié par la foi : Rm **4,** 13... 25
Justifiés par la foi, en marche vers le salut : Rm **5,** 1-11
Du péché d'Adam à la justification en Jésus Christ : Rm **5,** 12-19
L'espérance du salut : Rm **8,** 18-39
Sauvés grâce à la parole de l'Évangile : Rm **10,** 8-18
Le salut est tout proche : Rm **13,** 11-14
La Bonne Nouvelle qui nous sauve : 1 Co **15,** 1-11
Résurrection du Christ et salut des croyants : 1 Co **15,** 12... 28
Devenir des justes par la foi : Ga **2,** 16... 21
Le monde entier sauvé en Jésus Christ : Ep **1,** 3-23
Nous étions morts, il nous a fait revivre : Ep **2,** 4-10
Tout sacrifier pour la justice qui vient de Dieu : Ph **3,** 8-14
Nous attendons le Christ Sauveur : Ph **3,** 17 — **4,** 1
Le salut par le Christ : Col **1,** 12-20
Baptême, foi et salut : Col **2,** 12-14
Dieu nous a sauvés en Jésus Christ : 2 Tm **1,** 9-10; Tt **3,** 4-7
Attendre la manifestation du Christ Sauveur : Tt **2,** 11-14
Jésus solidaire des hommes pour les sauver : He **2,** 9... 18
L'héritage du salut en Jésus Christ : He **9,** 11... 28
Seul, le sacrifice du Christ peut enlever les péchés : He **10,** 5... 18
« C'est par ses blessures que vous avez été guéris » : 1 P **2,** 20-25
Le baptême qui nous sauve : 1 P **3,** 14-22
« Nous avons un défenseur devant le Père » : 1 Jn **2,** 1-2
Le Fils Sauveur du monde par l'eau et le sang : 1 Jn **4,** 7... **5,** 9
Le monde sauvé : Ap **21,** 1... 23

- **SERVITEUR**

Marie, servante du Seigneur : Lc **1,** 26-38
Jésus se fait serviteur pour donner l'exemple : Jn **13,** 1-20
Se faire serviteurs, comme le Christ : Mt **20,** 20-28; **23,** 8-12; Mc **9,** 35-37; **10,** 41-45; Lc **22,** 24-27
Serviteurs fidèles : Mt **24,** 43-51; Mc **13,** 33-37; Lc **12,** 35-48
Bons et mauvais serviteurs (« les talents ») : Mt **25,** 14-30; Lc **19,** 11-25
Simples serviteurs du Seigneur : Lc **17,** 7-10
Serviteur de tous pour en gagner le plus possible : 1 Co **9,** 16... 23
Le service mutuel dans le Corps du Christ : 1 Co **12,** 3-30
Une communauté à l'image du Christ serviteur : Ph **2,** 1-11
Des idoles au service du vrai Dieu : 1 Th **1,** 9-10
Voir aussi le mot « Jésus, Serviteur souffrant »

- **SE SOUVENIR (Mémoire)**

Dieu se souvient de son Alliance : Lc **1,** 54-55; **1,** 72-75

« Faites cela en mémoire de moi » : Lc **22,** 14-20; 1 Co **11,** 23-26
L'Esprit vous fera souvenir : Jn **14,** 26 — Cf. Jn **16,** 4
« Jésus, souviens-toi de moi » : Lc **23,** 42
Du souvenir au témoignage : Ac **1,** 21-26
L'Apôtre se souvient des chrétiens devant Dieu : 1 Th **1,** 2-3
« Souviens-toi de Jésus Christ » : 2 Tm **2,** 8

• SIGNES POUR LA FOI (voir aussi le mot « Miracles »)

○ Les signes pris dans l'Ancien Testament

Jonas : Mt **12,** 38-41; Lc **11,** 29-32
La reine de Saba : Mt **12,** 42; Lc **11,** 31
La veuve de Sarepta : Lc **4,** 25-26
Naaman : Lc **4,** 27
Le serpent de bronze : Jn **3,** 14-15
La manne : Jn **6,** 30-58
L'Exode : 1 Co **10,** 1... 12
Les sacrifices de l'Ancien Testament : He **9,** 11... 28
Le sacrifice d'Isaac : He **11,** 17-19
Le déluge : 1 P **3,** 20-21

○ Signes messianiques du Nouveau Testament

Le signe de l'enfant dans la mangeoire : Lc **2,** 1-20
« Nous avons vu son étoile » : Mt **2,** 1-12
Les actes de Jésus, signes messianiques : Mt **11,** 2-6; Lc **7,** 18-23
Ceux qui cherchent des signes : Mt **12,** 38-42; Mc **8,** 11-13; Lc **11,** 29-30
Les signes et la foi : Jn **6,** 26-50; **12,** 37-50
Lire les signes des temps : Mt **16,** 1-4; Lc **12,** 54-56; **13,** 1-5
La guérison, signe du pardon : Mt **9,** 1-8; Mc **2,** 1-12; Lc **5,** 17-26
Ruine de Satan : Mt **12,** 22-28; Mc **3,** 22-26; Lc **11,** 17-20; Jn **12,** 29-32
Venue du Fils de l'homme : Mt **24,** 1-35; Mc **13,** 1-32; Lc **21,** 5-33
Les noces de Cana : Jn **2,** 1-12
Le signe du Temple : Jn **2,** 13-22
L'eau de la Samaritaine : Jn **4,** 1-42
La guérison de l'aveugle-né : Jn **9,** 1-41
Le retour de Lazare à la vie : Jn **11,** 1-45; **12,** 17-19
Le signe du Christ serviteur : Jn **13,** 1-20
Le signe de la Femme : Ap **12,** 1-6

• SUIVRE JÉSUS CHRIST

○ Devenir un disciple

Premiers disciples : Mt **4,** 18-22; Mc **1,** 16-20; Lc **5,** 1-11; Jn **1,** 35-51
Comment suivre Jésus : Mt **8,** 18-22; Lc **9,** 57-62
Appel du publicain : Mt **9,** 9-13; Mc **2,** 13-14; Lc **5,** 27-32
Luttes et renoncements du disciple : Mt **10,** 16-42; Lc **14,** 25-35
« Prenez mon joug, devenez mes disciples » : Mt **11,** 28-30
La vraie famille de Jésus : Mt **12,** 46-50; Mc **3,** 31-35; Lc **8,** 19-21
Les femmes qui suivent Jésus : Lc **8,** 1-3
« Vends ce que tu as... » : Mt **19,** 16-30; Mc **10,** 17-31; Lc **18,** 18-30
La vraie grandeur des disciples : Mt **20,** 20-28; Mc **10,** 41-45
Les aveugles guéris et Jésus : Mt **20,** 29-34; Mc **10,** 46-52; Lc **18,** 35-43
Fidèles des derniers moments : Mt **27,** 55-56; Mc **15,** 40-47; Lc **23,** 49-56
Jésus, pasteur de ceux qui le suivent : Jn **12,** 1-21

Prière de Jésus pour ses disciples : Jn **17,** 1-26
Matthias, un de ceux qui ont suivi Jésus dès le début : Ac **1,** 12... 26
Suivre le Christ jusque dans la persécution : 1 P **2,** 20-25

o **Vivre en chrétien**
Sermon sur la montagne : la règle de vie des disciples : Mt **5,** 1 — **7,** 27
Sauver / Perdre sa vie : Mt **16,** 24-27; Mc **8,** 34-38; Lc **9,** 23-27; Jn **12,** 20-36
Dans la communauté : Mt **18,** 1-35; Mc **9,** 35-50; Lc **6,** 17-49; **17,** 1-4
Appel au renoncement : Mt **19,** 13-30; Mc **10,** 17-31; Lc **18,** 18-30
Le commandement de l'amour : Mt **22,** 34-40; Mc **12,** 28-34; Lc **10,** 25-42
Servir le Christ dans les frères : Mt **25,** 31-46
L'exemple du service mutuel donné aux disciples : Jn **13,** 1-20
Le testament de Jésus : Jn **13,** 31 — **16,** 33
La communauté exemplaire des origines : Ac **2,** 42-47; **4,** 32-35
Comment meurt un disciple : Ac **7,** 55-60
Le vrai culte chrétien : humilité et charité : Rm **12,** 1-18
Pour une conception chrétienne de la sexualité : 1 Co **6,** 13... 21
Célibat et mariage dans un monde qui passe : 1 Co **7,** 29-35
L'amour, sommet de la vie chrétienne : 1 Co **12,** 31 — **13,** 13
Ne plus vivre pour nous, mais pour le Christ : 2 Co **5,** 14-19
Brefs conseils de vie chrétienne : 2 Co **13,** 11-13
La vraie liberté chrétienne : Ga **5,** 1... 18
La Croix, orgueil du chrétien : Ga **6,** 14-18
L'existence transformée par le baptême : Ep **4,** 17... **5,** 20
Le sens chrétien du mariage : Ep **5,** 21-32
Une vie commandée par le mystère pascal : Ph **2,** 1-11
La vie des croyants à la lumière de la Résurrection : Col **3,** 1... 21
Dans l'attente du retour du Seigneur : 1 Th **5,** 1... 24
Marcher les yeux fixés sur le Christ : He **12,** 1-4
Mettre la Parole en pratique : Jc **1,** 16... 27
Les vraies valeurs de sagesse et de paix : Jc **3,** 16 — **4,** 3
Accepter de souffrir pour témoigner : 1 P **3,** 14-17; **4,** 13-16
Avoir foi au Christ, aimer en vérité : 1 Jn **2,** 3-5; **3,** 18... **5,** 5

• **TÉMOIGNAGE**
Les bergers, témoins de l'enfant Jésus : Lc **2,** 8-18
Le témoignage de Jean : Jn **1,** 6-15. 19-37; **3,** 22-36
Témoignage du Christ sur lui et sur Jean Baptiste : Mt **11,** 2-15; Lc **7,** 18-35
L'œuvre du Fils et le témoignage du Père : Jn **5,** 31-47
Témoignage de Jésus sur lui-même : Jn **8,** 12-30
Sel de la terre et lumière du monde : Mt **5,** 13-16
Témoins du Christ dans la persécution : Mt **10,** 16-42; Lc **12,** 8-12
Suivre le Christ sans avoir honte de lui : Mc **8,** 34 — **9,** 1; Lc **9,** 23-27
« S'ils se taisent... les pierres crieront » : Lc **19,** 28-40
La Samaritaine, témoin auprès de ses compatriotes : Jn **4,** 28-42
Le paralysé et l'aveugle guéris, témoins : Jn **5,** 1-16; **9,** 1-41
Le témoignage de l'évangéliste : Jn **19,** 31-37; **21,** 24-25
Témoins du Christ ressuscité : Lc **24,** 44-48
Le témoignage porté au monde entier : Mt **24,** 7-14
Le témoignage de l'amour et de l'unité : Jn **13,** 34-35; **17,** 20-23
Le témoignage de l'Esprit et celui des disciples : Jn **15,** 26-27
Témoins du Ressuscité jusqu'au bout du monde : Ac **1,** 7-8
Les Apôtres, témoins persécutés à Jérusalem : Ac **3,** 1-19

Témoignage de la Résurrection et partage des biens : Ac **4,** 32-35
Témoins de la Résurrection avec l'Esprit : Ac **5,** 27-32
Le témoignage du premier martyr chrétien : Ac **7,** 55-60
Témoins de la vie, de la mort, de la Résurrection : Ac **1,** 15... 26; **10,** 37-43
Le témoignage de Paul et celui de l'Esprit : Ac **20,** 17-27
Le témoignage d'une communauté : 1 Th **1,** 1-10
Le témoignage du Christ retransmis par l'Apôtre : 1 Tm **2,** 5-7
Le témoignage du Christ et celui du disciple : 1 Tm **6,** 11-16
Le témoignage à rendre au Christ : 2 Tm **1,** 6... 14
L'exemple des témoins d'autrefois : He **11,** 1... **12,** 2
Rendre compte de notre espérance : 1 P **3,** 14-22
Témoigner de ce qu'on a vu et touché : 1 Jn **1,** 1-4
Le témoignage de Dieu en faveur du Christ : 1 Jn **5,** 1-9
Jésus Christ, témoin fidèle : Ap **1,** 5-6

- **UNITÉ / DIVISION**

Responsabilité mutuelle et prière commune : Mt **18,** 15-22
« Un signe de division » : Lc **2,** 34-35; Mt **10,** 34-39; Lc **12,** 51-53
Un seul troupeau, un seul pasteur : Jn **10,** 1-16
Rassembler les enfants de Dieu dispersés : Jn **11,** 49-52
Prière de Jésus pour l'unité : Jn **17**
La Pentecôte, signe du rassemblement des nations : Ac **2,** 1-11
Vivre dans la joie et l'unité : Rm **12,** 1-18
« D'un même cœur, d'une même voix » : Rm **15,** 4-9
« Le Christ est-il donc divisé ? » : 1 Co **1,** 10... 17
Un seul pain, un seul corps : 1 Co **10,** 16-17
L'unité du corps du Christ : 1 Co **12,** 3-30
Un dans le Christ : Ga **3,** 27-28
Chair et esprit : division et amour : Ga **5,** 1... 25
La réconciliation des hommes en un seul corps : Ep **2,** 13 — **3,** 21
L'unité organique du corps du Christ : Ep **4,** 1-16
« Recherchez l'unité » : Ph **2,** 1-11
Appelés à former un seul corps : Col **3,** 1... 21
Un seul médiateur pour le salut de tous : 1 Tm **2,** 4-8
L'unité dans l'amour : 1 Jn **4,** 7-16

- **UNIVERSALITÉ DU SALUT**

L'enfant Jésus reconnu par les païens : Mt **2,** 1-12
« Lumière pour éclairer les nations païennes » : Lc **2,** 25-32
La mission universelle de Jésus : Mt **4,** 12-17; **12,** 15-21; Lc **4,** 14-30
La foi d'un païen : Mt **8,** 5-13; Lc **7,** 1-10
Païens guéris : Mt **8,** 28-34; **15,** 21-28; Mc **5,** 1-20; **7,** 24-30; Lc **8,** 26-39
Reconnaissance de l'étranger guéri : Lc **17,** 12-19
Jésus se révèle aux Samaritains : Jn **4,** 1-42
Les autres brebis appelées aussi : Jn **10,** 1-21
Les Grecs viennent voir Jésus : Jn **12,** 20-26
La vigne donnée à d'autres vignerons : Mt **20,** 33-46; Mc **12,** 1-11
Les invités au repas de noces : Mt **22,** 1-10; Lc **14,** 15-24
Rejet des Juifs et appel des païens : Lc **13,** 23-30
Le sang de l'Alliance versé pour la multitude : Mt **26,** 26-29; Mc **14,** 22-25
Le Christ meurt pour rassembler tous les hommes : Jn **11,** 46-52
Une mission universelle : Mt **28,** 16-20; Mc **16,** 14-20; Lc **24,** 44-53
« Ceux qui croiront grâce à leur parole » : Jn **17,** 11-23

Les Apôtres envoyés aux extrémités de la terre : Ac **1,** 1-11
La Pentecôte inaugure la mission universelle : Ac **2,** 1-41
La mission s'étend en Samarie : Ac **8,** 5... 17
Paul appelé pour la mission aux païens : Ac **9,** 1... 31
La mission s'étend aux païens de Césarée : Ac **10,** 25... 48
La mission en Asie Mineure : Ac **13,** 14... 52; **14,** 21-27
A Jérusalem, reconnaissance de la mission aux païens : Ac **15,** 1-31
Paul, Apôtre des païens, salue les Romains : Rm **1,** 1-7
La Parole annoncée à toute la terre : Rm **10,** 8-18
Paul, Apôtre des païens, passionné par le salut des Juifs : Rm **11,** 13... 32
L'espérance offerte à toutes les nations : Rm **15,** 4-9
Hymne à Dieu pour le salut des nations : Rm **16,** 25-27
Vocation de l'Apôtre des nations : Ga **1,** 11-24
Tous fils de Dieu par la foi : Ga **3,** 26-29; Col **3,** 1-15
Le mystère du rassemblement universel : Ep **1,** 3-23
Tous les hommes réconciliés par l'Évangile : Ep **2,** 13 — **3,** 21
Le Christ en qui tout s'accomplit : Col **1,** 12-20
L'Apôtre au service de l'annonce universelle : Col **1,** 24-28
La prière pour tous les hommes : 1 Tm **2,** 1-8
Le Christ, offert pour le monde entier : 1 Jn **2,** 1-2
Le peuple immense venu d'Israël et des nations : Ap **7,** 2... 17

- **VÉRITÉ / MENSONGE**

« Quand vous dites " oui ", que ce soit un " oui " : Mt **5,** 33-37
L'hypocrisie : Mt **15,** 1-20; **22,** 15-22; **23,** 1-39; Mc **7,** 1-23; Lc **11,** 37-54
Jésus face à l'hypocrisie des chefs d'Israël : Mc **12,** 13-40; Lc **20,** 20-26
Jean Baptiste, témoin de la vérité : Jn **1,** 19-34
La vérité ou le mensonge mis en lumière : Jn **3,** 19-21; Lc **6,** 43-45
Adorer en esprit et vérité : Jn **4,** 19-29; Mt **6,** 1-18
La vérité sur Jésus : Jn **8,** 12-30
« La vérité vous rendra libres » : Jn **8,** 31-59
Jésus-Vérité et l'Esprit de vérité : Jn **14,** 1 — **16,** 15
« Consacre-les par la vérité... » : Jn **17,** 17-19
Jésus et Pierre : vérité et peur de la vérité : Jn **18,** 12-27
Jésus et Pilate face à la vérité : Jn **18,** 36-38
Mensonge des chefs des prêtres sur le tombeau vide : Mt **28,** 11-15
Le langage de l'Apôtre, langage de vérité : 2 Co **1,** 18-22
Défense du véritable Évangile : Ga **1,** 1... 12
Se détourner des idoles vers le vrai Dieu : 1 Th **1,** 9-10
Découvrir et vivre la vérité : 1 Tm **2,** 4-8
Garder la vérité : 1 Tm **6,** 11-14
Notre vérité se vérifie dans nos actes : 1 Jn **2,** 3-5
Aimer en vérité : 1 Jn **3,** 18-20

- **VIE (Vie éternelle)**

La pauvreté, chemin de la vie éternelle : Mc **10,** 17-31
Nouvelle naissance et vie éternelle : Jn **3,** 1-15
L'eau vive : Jn **4,** 1-15
Le Dieu qui donne et rend la vie : Jn **5,** 19-29
Le pain de la vie éternelle : Jn **6,** 26-59
Le berger donne sa vie pour la vie des brebis : Jn **10,** 1-21; **10,** 27-30
« Je suis la Résurrection et la Vie » : Jn **11,** 1-45
« Je suis le Chemin, la Vérité et la Vie » : Jn **14,** 1-7

« La vie éternelle, c'est de te connaître » : Jn **17,** 1-3
L'Évangile écrit « pour que vous ayez la vie » : Jn **20,** 30-31
Rejeter ou accueillir la vie éternelle : Ac **13,** 46-49
Par Jésus Christ, de la mort à la vie : Rm **5,** 12-19
Morts au péché et vivants pour Dieu : Rm **6,** 3-11
« L'Esprit est votre vie » : Rm **8,** 8-17
Vivre et mourir pour le Seigneur : Rm **14,** 7-9
« C'est le Christ qui vit en moi » : Ga **2,** 19-21
« Pour moi, vivre c'est le Christ » : Ph **1,** 20... 27
De la mort à la vie nouvelle par le baptême : Col **2,** 12-14
« Le Christ, votre vie » : Col **3,** 1... 11
Le combat de la foi pour obtenir la vie éternelle : 1 Tm **6,** 11-16
« La vie s'est manifestée, nous l'avons contemplée » : 1 Jn **1,** 1-4
L'eau de la vie donnée gratuitement : Ap **22,** 17

Quelques noms importants

** Il existe un ou plusieurs livres portant le nom de ce personnage.*

Abraham : Mt 1, 1-2.17; Lc 1, 55-73; Jn 8, 31-59; He 11, 8-19; Rm 4, 13... 25; Ga 3, 29
Adam : Rm 5, 12-19; 1 Co 15, 45-49
André, Apôtre : Mt 4, 18; Jn 1, 40-44
Apôtres (liste) : Mt 10, 2-4; Mc 3, 16-19; Lc 6, 13-16; Ac 1, 13. — Cf. Ac 1, 17-26; 1 Co 15, 8-9 — *Voir :* « *Appel* »
Aveugle-né : Jn 9
Barnabé : Ac 9, 27; 13, 14... 15, 31
Corneille : Ac 10, 25... 48
David : Lc 1, 26-33; Mt 22, 41-45; Jn 7, 40-44; Ac 2, 24-36; 15, 16-17; Rm 1, 3; 2 Tm 2, 8 — *Voir :* « *Jésus, Messie Roi* »
Élie : Mt 16, 14; 17, 3-4; 17, 10-13
Élisabeth : Lc 1, 5-25.39-66
Emmaüs (Disciples d') : Lc 24, 13-35
Étienne : Ac 6, 5; 7, 51-60
Femme adultère : Jn 8, 1-11
Jacques (frère de Jésus)* : Ac 15, 13-21; 1 Co 15, 7; Ga 1, 19
Jean, Apôtre* : Jn 13, 23; 18, 15-16; 19, 25-27; 20, 1-10; 21, 20-24; Ac 3, 1-19; 8, 14-17
Jean Baptiste : Lc 1, 5-25.39-80; 3, 1-20; Jn 1, 6-8.15-36; Mt 11, 2-19; Mc 6, 17-29; Ac 1, 22; 10, 37
Joseph : Mt 1 — 2; Lc 2; 3, 23; 4, 22; Jn 1, 45; 6, 42
Judas, Apôtre : Jn 12, 4-8; Mt 26, 14-16; 26, 21-25; Jn 13, 21-30; Mt 26, 47-50; 27, 3-10; Ac 1, 16... 25
Larron (Bon-) : Lc 23, 40-43
Lazare (le ressuscité) : Jn 11, 1-45; 12, 1-17
Marie : Mt 1 — 2; Lc 1 — 2; Mt 12, 46-50; Lc 11, 27-28; Jn 2, 1-12; 19, 25-27; Ac 1, 14; Ga 4, 4
Marie Madeleine : Mc 15, 40 — 16, 11; Jn 20, 1-18
Marthe et Marie : Lc 10, 38-42; Jn 11, 1-45; 12, 1-8
Matthias : Ac 1, 15
Matthieu, Apôtre* : Mt 9, 9-13
Moïse : Mt 17, 3-4; Mc 9, 4-5; Lc 9, 30-33; Jn 3, 14; 5, 45-46; 6, 32; 7, 19-24
Nathanaël, Apôtre : Jn 1, 45-51; 21, 2
Nicodème : Jn 3, 1-21; 19, 39-42

Les lectures du dimanche

J'ai quelque chose à vous demander : chaque samedi prenez les passages de l'Écriture qu'on lira le lendemain à l'assemblée.
Installez-vous confortablement! Lisez et relisez! Notez vos difficultés mais aussi vos trouvailles. Et puis... venez à l'assemblée! Vous – mais nous aussi – tirerons le plus grand profit de votre recherche.

(Saint Jean Chrysostome)

Pour les abréviations et signes, voir p. XVI ou 559.

Année A

Cette année on lit l'Évangile selon Saint Matthieu
(année 1981 – début : Avent 1980 – puis tous les trois ans)

TEMPS DE L'AVENT

1er dimanche	Rm	**13,** 11-14	(386)	Mt	**24,** 37-44	(83)
2e »	Rm	**15,** 4-9	(387)	Mt	**3,** 1-12	(8)
3e »	Jc	**5,** 7-10	(444)	Mt	**11,** 2-11	(34)
4e »	Rm	**1,** 1-7	(378)	Mt	**1,** 18-24	(4)

TEMPS DE NOËL

Noël veille				Mt	**1,** 1-25	(3)
» *minuit*	Tt	**2,** 11-14	(432)	Lc	**2,** 1-14	(175)
» *aurore*	Tt	**3,** 4-7	(432)	Lc	**2,** 15-20	(176)
» *jour*	He	**1,** 1-6	(434)	Jn	**1,** 1-18	(273)
Ste Famille	Col	**3,** 12-21	(421)	Mt	**2,** 13... 23	(6)
1er *janvier, Ste Marie*	Ga	**4,** 4-7	(406)	Lc	**2,** 16-21	(176)
Épiphanie	Ep	**3,** 2... 6	(411)	Mt	**2,** 1-12	(5)
Baptême du Seigneur	Ac	**10,** 34-38	(370)	Mt	**3,** 13-17	(9)

TEMPS DU CARÊME

Mercredi des Cendres	2 Co	**5,** 20 — 6, 2	(402)	Mt	**6,** 1... 18	(17)
1er dimanche	Rm	**5,** 12-19	(381)	Mt	**4,** 1-11	(10)
2e »	2 Tm	**1,** 8b-10	(430)	Mt	**17,** 1-9	(56)
3e »	Rm	**5,** 1... 8	(380)	Jn	**4,** 5-42	(283)
4e »	Ep	**5,** 8-14	(413)	Jn	**9,** 1-41	(307)
5e »	Rm	**8,** 8-11	(382)	Jn	**11,** 1-45	(314)
Dim. des Rameaux						
Procession				Mt	**21,** 1-11	(69)
Messe	Ph	**2,** 6-11	(416)	Mt	**26,** 14 — 27, 66	(89)

FÊTES PASCALES

Jeudi Saint	1 Co	**11,** 23-26	(395)	Jn	**13,** 1-15	(324)
Vendredi Saint	He	**4,** 14... 5, 9	(436)	Jn	**18,** 1 — 19, 42	(339)
Nuit pascale	Rm	**6,** 3-11	(381)	Mt	**28,** 1-10	(103)
Jour de Pâques	Ac	**10,** 34a... 43	(370)	Jn	**20,** 1-9	(347)
	Col	**3,** 1-4	(421)	ou Mt	**28,** 1-10	(103)
	ou 1 Co	**5,** 6b-8	(392)			
Soir de Pâques				Lc	**24,** 13-35	(265)

TEMPS DE PÂQUES

2e dimanche	Ac	**2**, 42-47	(363)			
	1 P	**1**, 3-9	(445)	Jn	**20**, 19-31	(349)
3e »	Ac	**2**, 14... 28	(361)			
	1 P	**1**, 17-21	(446)	Lc	**24**, 13-35	(265)
4e »	Ac	**2**, 14a... 41	(361)			
	1 P	**2**, 20b-25	(447)	Jn	**10**, 1-10	(310)
5e »	Ac	**6**, 1-7	(366)			
	1 P	**2**, 4-9	(446)	Jn	**14**, 1-12	(327)
6e »	Ac	**8**, 5... 17	(367)			
	1 P	**3**, 15-18	(447)	Jn	**14**, 15-21	(329)
Ascension	Ac	**1**, 1-11	(359)			
	Ep	**1**, 17-23	(410)	Mt	**18**, 16-20	(104)
7e dimanche	Ac	**1**, 12-14	(360)			
	1 P	**4**, 13-16	(448)	Jn	**17**, 1-11a	(336)
Pentecôte veille	Rm	**8**, 22-27	(383)	Jn	**7**, 37-39	(300)
	Ac	**2**, 1-11	(361)			
» jour	1 Co	**12**, 3b... 13	(395)	Jn	**20**, 19-23	(349)

SOLENNITÉS

Ste Trinité	2 Co	**13**, 11-13	(403)	Jn	**3**, 16-18	(281)
St-Sacrement	1 Co	**10**, 16-17	(394)	Jn	**6**, 51-58	(295)
Sacré-Cœur	1 Jn	**4**, 7-16	(452)	Mt	**11**, 25-30	(36)

TEMPS ORDINAIRE

2e dimanche	1 Co	**1**, 1-3	(389)	Jn	**1**, 29-34	(275)
3e »	1 Co	**1**, 10... 17	(390)	Mt	**4**, 12-23	(11)
4e »	1 Co	**1**, 26-31	(390)	Mt	**5**, 1-12a	(12)
5e »	1 Co	**2**, 1-5	(391)	Mt	**5**, 13-16	(13)
6e »	1 Co	**2**, 6-10	(391)	Mt	**5**, 17-37	(14)
7e »	1 Co	**3**, 16-23	(391)	Mt	**5**, 38-48	(16)
8e »	1 Co	**4**, 1-5	(392)	Mt	**6**, 24-34	(19)
9e »	Rm	**3**, 21... 28	(379)	Mt	**7**, 21-27	(22)
10e »	Rm	**4**, 18-25	(379)	Mt	**9**, 9-13	(27)
11e »	Rm	**5**, 6-11	(380)	Mt	**9**, 36 — 10, 8	(29)
12e »	Rm	**5**, 12-15	(381)	Mt	**10**, 26-33	(32)
13e »	Rm	**6**, 3... 11	(381)	Mt	**10**, 37-42	(33)
14e »	Rm	**8**, 9... 13	(382)	Mt	**11**, 25-30	(36)
15e »	Rm	**8**, 18-23	(383)	Mt	**13**, 1-23	(41)
16e »	Rm	**8**, 26-27	(383)	Mt	**13**, 24-43	(44)
17e »	Rm	**8**, 28-30	(383)	Mt	**13**, 44-52	(46)
18e »	Rm	**8**, 35... 39	(383)	Mt	**14**, 13-21	(48)
19e »	Rm	**9**, 1-5	(384)	Mt	**14**, 22-33	(49)
20e »	Rm	**11**, 13... 32	(385)	Mt	**15**, 21-28	(51)
21e »	Rm	**11**, 33-36	(385)	Mt	**16**, 13-20	(54)
22e »	Rm	**12**, 1-2	(385)	Mt	**16**, 21-27	(55)
23e »	Rm	**13**, 8-10	(386)	Mt	**18**, 15-20	(61)
24e »	Rm	**14**, 7-9	(387)	Mt	**18**, 21-35	(61)
25e »	Ph	**1**, 20... 27	(415)	Mt	**20**, 1-16a	(66)
26e »	Ph	**2**, 1-11	(416)	Mt	**21**, 28-32	(72)
27e »	Ph	**4**, 6-9	(418)	Mt	**21**, 33-43	(72)
28e »	Ph	**4**, 12... 20	(418)	Mt	**22**, 1-14	(73)
29e »	1 Th	**1**, 1-5b	(422)	Mt	**22**, 15-21	(74)
30e »	1 Th	**1**, 5c-10	(422)	Mt	**22**, 34-40	(76)
31e »	1 Th	**2**, 7... 13	(423)	Mt	**23**, 1-12	(76)

32e »	1 Th	**4,** 13-18	(424)	Mt	**25,** 1-13	(84)
33e »	1 Th	**5,** 1-6	(424)	Mt	**25,** 14-30	(85)
Christ Roi	1 Co	**15,** 20... 28	(398)	Mt	**25,** 31-46	(86)

Année B

Cette année on lit l'Évangile selon Saint Marc
(année 1982 – début : Avent 1981 – puis tous les trois ans)

TEMPS DE L'AVENT

1er dimanche	1 Co	**1,** 3-9	(389)	Mc	**13,** 33-37	(154)
2e »	2 P	**3,** 8-14	(449)	Mc	**1,** 1-8	(109)
3e »	1 Th	**5,** 16-24	(425)	Jn	**1,** 6... 28	(273)
4e »	Rm	**16,** 25-27	(388)	Lc	**1,** 26-38	(171)

TEMPS DE NOËL

Noël veille				Mt	**1,** 1-25	(3)
» minuit	Tt	**2,** 11-14	(432)	Lc	**2,** 1-14	(175)
» aurore	Tt	**3,** 4-7	(432)	Lc	**2,** 15-20	(176)
» jour	He	**1,** 1-6	(434)	Jn	**1,** 1-18	(273)
Ste Famille	He	**11,** 8... 19	(439)	Lc	**2,** 22-40	(177)
1er janvier, Ste Marie	Ga	**4,** 4-7	(406)	Lc	**2,** 16-21	(176)
Épiphanie	Ep	**3,** 2... 6	(411)	Mt	**2,** 1-12	(5)
Baptême du Seigneur	1 Jn	**5,** 1-9	(453)	Mc	**1,** 7-11	(109)

TEMPS DU CARÊME

Mercredi des Cendres	2 Co	**5,** 20 — 6, 2	(402)	Mt	**6,** 1... 18	(17)
1er dimanche	1 P	**3,** 18-22	(448)	Mc	**1,** 12-15	(110)
2e »	Rm	**8,** 31b-34	(383)	Mc	**9,** 2-10	(135)

Les 3e, 4e et 5e dimanches, on peut prendre les lectures de l'année A, au choix

3e dimanche	1 Co	**1,** 22-25	(390)	Jn	**2,** 13-25	(278)
4e »	Ep	**2,** 4-10	(410)	Jn	**3,** 14-21	(281)
5e »	He	**5,** 7-9	(437)	Jn	**12,** 20-33	(320)
Dim. des Rameaux						
Procession				Mc	**11,** 1-10	(144)
				ou Jn	**12,** 12-16	(320)
Messe	Ph	**2,** 6-11	(416)	Mc	**14,** 1 — 15, 47	(155)

FÊTES PASCALES

Jeudi Saint	1 Co	**11,** 23-26	(395)	Jn	**13,** 1-15	(324)
Vendredi Saint	He	**4,** 14... 5, 9	(436)	Jn	**18,** 1 — 19, 42	(339)
Nuit pascale	Rm	**6,** 3-11	(381)	Mc	**16,** 1-7	(163)
Jour de Pâques	Ac	**10,** 34... 43	(370)	Jn	**20,** 1-9	(347)
	Col	**3,** 1-4	(421)	ou Mc	**16,** 1-7	(163)
	ou 1 Co	**5,** 6b-8	(392)			
Soir de Pâques				Lc	**24,** 13-35	(265)

TEMPS DE PÂQUES

2e dimanche	Ac	**4**, 32-35	(365)			
	1 Jn	**5**, 1-6	(453)	Jn	**20**, 19-31	(349)
3e »	Ac	**3**, 13... 19	(364)			
	1 Jn	**2**, 1-5a	(451)	Lc	**24**, 35-48	(267)
4e »	Ac	**4**, 8-12	(364)			
	1 Jn	**3**, 1-2	(41)	Jn	**10**, 11-18	(311)
5e »	Ac	**9**, 26-31	(369)			
	1 Jn	**3**, 18-24	(451)	Jn	**15**, 1-8	(330)
6e »	Ac	**10**, 25... 48	(370)			
	1 Jn	**4**, 7-10	(452)	Jn	**15**, 9-17	(331)
Ascension	Ac	**1**, 1-11	(359)			
	Ep	**4**, 1-13	(412)	Mc	**16**, 15-20	(164)
7e dimanche	Ac	**1**, 15... 26	(360)			
	1 Jn	**4**, 11-16	(452)	Jn	**17**, 11b-19	(337)
Pentecôte veille	Rm	**8**, 22-27	(383)	Jn	**7**, 37-39	(300)
» jour	Ac	**2**, 1-11	(361)			
	Ga	**5**, 16-25	(407)	Jn	**15**, 26... 16, 15	(333)

SOLENNITÉS

Ste Trinité	Rm	**8**, 14-17	(382)	Mt	**28**, 16-20	(104)
St-Sacrement	He	**9**, 11-15	(437)	Mc	**14**, 12... 26	(156)
Sacré-Cœur	Ep	**3**, 8... 19	(411)	Jn	**19**, 31-37	(346)

TEMPS ORDINAIRE

2e dimanche	1 Co	**6**, 13... 20	(392)	Jn	**1**, 35-42	(276)
3e »	1 Co	**7**, 29-31	(393)	Mc	**1**, 14-20	(110)
4e »	1 Co	**7**, 32-35	(393)	Mc	**1**, 21-28	(110)
5e »	1 Co	**9**, 16... 23	(393)	Mc	**1**, 29-39	(111)
6e »	1 Co	**10**, 31 — 11, 1	(394)	Mc	**1**, 40-45	(112)
7e »	2 Co	**1**, 18-22	(400)	Mc	**2**, 1-12	(112)
8e »	2 Co	**3**, 1b-6	(400)	Mc	**2**, 18-22	(114)
9e »	2 Co	**4**, 6-11	(401)	Mc	**2**, 23 — 3, 6	(114)
10e »	2 Co	**4**, 13 — 5, 1	(401)	Mc	**3**, 20-35	(116)
11e »	2 Co	**5**, 6-10	(402)	Mc	**4**, 26-34	(119)
12e »	2 Co	**5**, 14-17	(402)	Mc	**4**, 35-41	(120)
13e »	2 Co	**8**, 7... 15	(402)	Mc	**5**, 21-43	(122)
14e »	2 Co	**12**, 7-10	(403)	Mc	**6**, 1-6	(124)
15e »	Ep	**1**, 3-14	(409)	Mc	**6**, 7-13	(125)
16e »	Ep	**2**, 13-18	(410)	Mc	**6**, 30-34	(127)
17e »	Ep	**4**, 1-6	(412)	Jn	**6**, 1-15	(291)
18e »	Ep	**4**, 17... 24	(413)	Jn	**6**, 24-35	(293)
19e »	Ep	**4**, 30 — 5, 2	(413)	Jn	**6**, 41-51	(295)
20e »	Ep	**5**, 15-20	(413)	Jn	**6**, 51-58	(295)
21e »	Ep	**5**, 21-32	(414)	Jn	**6**, 60-69	(296)
22e »	Jc	**1**, 17... 27	(442)	Mc	**7**, 1... 23	(129)
23e »	Jc	**2**, 1-5	(442)	Mc	**7**, 31-37	(131)
24e »	Jc	**2**, 14-18	(443)	Mc	**8**, 27-35	(134)
25e »	Jc	**3**, 16 — 4, 3	(443)	Mc	**9**, 30-37	(138)
26e »	Jc	**5**, 1-6	(444)	Mc	**9**, 38... 48	(138)
27e »	He	**2**, 9-11	(435)	Mc	**10**, 2-16	(139)
28e »	He	**4**, 12-13	(435)	Mc	**10**, 17-30	(141)
29e »	He	**4**, 14-16	(436)	Mc	**10**, 35-45	(143)
30e »	He	**5**, 1-6	(436)	Mc	**10**, 46b-52	(143)
31e »	He	**7**, 23-28	(437)	Mc	**12**, 28b-34	(150)

32e »	He	**9**, 24-28	(438)	Mc	**12**, 38-44	(151)
33e »	He	**10**, 11... 18	(438)	Mc	**13**, 24-32	(153)
Christ Roi	Ap	**1**, 5-8	(455)	Jn	**18**, 33b-37	(342)

Année C

Cette année on lit l'Évangile selon Saint Luc
(année 1983 – début : Avent 1982 – puis tous les trois ans)

TEMPS DE L'AVENT

1er dimanche	1 Th	**3**, 12 — 4, 2	(423)	Lc	**21**, 25... 36	(252)
2e »	Ph	**1**, 4... 11	(415)	Lc	**3**, 1-6	(180)
3e »	Ph	**4**, 4-7	(418)	Lc	**3**, 10-18	(181)
4e »	He	**10**, 5-10	(438)	Lc	**1**, 39-45	(172)

TEMPS DE NOËL

Noël veille				Mt	**1**, 1-25	(3)
» minuit	Tt	**2**, 11-14	(432)	Lc	**2**, 1-14	(175)
» aurore	Tt	**3**, 4-7	(432)	Lc	**2**, 15-20	(176)
» jour	He	**1**, 1-6	(434)	Jn	**1**, 1-18	(273)
Ste Famille	1 Jn	**3**, 1... 24	(451)	Lc	**2**, 41-52	(179)
1er janvier, Ste Marie	Ga	**4**, 4-7	(406)	Lc	**2**, 16-21	(176)
Épiphanie	Ep	**3**, 2... 6	(411)	Mt	**2**, 1-12	(5)
Baptême du Seigneur	Tt	**2**, 11... 3, 7	(432)	Lc	**3**, 15... 22	(181)

TEMPS DU CARÊME

Mercredi des Cendres	2 Co	**5**, 20 — 6, 2	(402)	Mt	**6**, 1... 18	(17)
1er dimanche	Rm	**10**, 8-13	(384)	Lc	**4**, 1-13	(183)
2e »	Ph	**3**, 17 — 4, 1	(417)	Lc	**9**, 28b-36	(206)

Les 3e, 4e et 5e dimanches, on peut prendre les lectures de l'année A, au choix

3e dimanche	1 Co	**10**, 1... 12	(394)	Lc	**13**, 1-9	(223)
4e »	2 Co	**5**, 17-21	(402)	Lc	**15**, 1... 32	(230)
5e »	Ph	**3**, 8-14	(417)	Jn	**8**, 1-11	(301)
Dim. des Rameaux						
Procession				Lc	**19**, 28-40	(245)
Messe	Ph	**2**, 6-11	(416)	Lc	**22**, 14 — 23, 56	(254)

FÊTES PASCALES

Jeudi Saint	1 Co	**11**, 23-26	(395)	Jn	**13**, 1-15	(324)
Vendredi Saint	He	**4**, 14... 5, 9	(436)	Jn	**18**, 1 — 19, 42	(339)
Nuit pascale	Rm	**6**, 3-11	(381)	Lc	**24**, 1-12	(264)
Jour de Pâques	Ac	**10**, 34... 43	(370)	Jn	**20**, 1-9	(347)
	Col	**3**, 1-4	(421)	ou Lc	**24**, 1-12	(264)
	ou 1 Co	**5**, 6b-8	(392)			
Soir de Pâques				Lc	**24**, 13-35	(265)

TEMPS DE PÂQUES

2e dimanche	Ac	**5**, 12-16	(365)			
	Ap	**1**, 9... 19	(456)	Jn	**20**, 19-31	(349)
3e »	Ac	**5**, 27... 41	(365)			
	Ap	**5**, 11-14	(457)	Jn	**21**, 1-19	(351)

4e »	Ac	**13**, 14... 52	(371)			
	Ap	**7**, 9... 17	(458)	Jn	**10**, 27-30	(313)
5e »	Ac	**14**, 21b-27	(372)			
	Ap	**21**, 1-5a	(460)	Jn	**13**, 31... 35	(326)
6e »	Ac	**15**, 1... 29	(373)			
	Ap	**21**, 10... 23	(460)	Jn	**14**, 23-29	(329)
Ascension	Ac	**1**, 1-11	(359)			
	He	**9**, 28... 10, 23	(438)	Lc	**24**, 46-53	(268)
7e dimanche	Ac	**7**, 55-60	(367)			
	Ap	**22**, 12... 20	(461)	Jn	**17**, 20-26	(338)
Pentecôte veille	Rm	**8**, 22-27	(383)	Jn	**7**, 37-39	(300)
» jour	Ac	**2**, 1-11	(361)			
	Rm	**8**, 8-17	(382)	Jn	**14**, 15... 26	(328)

SOLENNITÉS

Ste Trinité	Rm	**5**, 1-5	(380)	Jn	**16**, 12-15	(334)
St-Sacrement	1 Co	**11**, 23-26	(395)	Lc	**9**, 11b-17	(204)
Sacré-Cœur	Rm	**5**, 5b-11	(380)	Lc	**15**, 3-7	(230)

TEMPS ORDINAIRE

2e dimanche	1 Co	**12**, 4-11	(395)	Jn	**2**, 1-11	(277)
3e »	1 Co	**12**, 12-30	(396)	Lc	**1**, 1... 4, 21	(184)
4e »	1 Co	**12**, 31 — 13, 13	(396)	Lc	**4**, 21-30	(185)
5e »	1 Co	**15**, 1-11	(397)	Lc	**5**, 1-11	(186)
6e »	1 Co	**15**, 12... 20	(398)	Lc	**6**, 17... 26	(191)
7e »	1 Co	**15**, 45-49	(399)	Lc	**6**, 27-38	(192)
8e »	1 Co	**15**, 54-58	(399)	Lc	**6**, 39-45	(193)
9e »	Ga	**1**, 1... 10	(404)	Lc	**7**, 1-10	(194)
10e »	Ga	**1**, 11-19	(405)	Lc	**7**, 11-17	(195)
11e »	Ga	**2**, 16... 21	(405)	Lc	**7**, 36 — 8, 3	(197)
12e »	Ga	**3**, 26-29	(406)	Lc	**9**, 18-24	(205)
13e »	Ga	**5**, 1... 18	(407)	Lc	**9**, 51-62	(208)
14e »	Ga	**6**, 14-18	(407)	Lc	**10**, 1... 20	(209)
15e »	Col	**1**, 15-20	(419)	Lc	**10**, 25-37	(211)
16e »	Col	**1**, 24-28	(420)	Lc	**10**, 38-42	(213)
17e »	Col	**2**, 12-14	(420)	Lc	**11**, 1-13	(213)
18e »	Col	**3**, 1... 11	(421)	Lc	**12**, 13-21	(219)
19e »	He	**11**, 1... 19	(439)	Lc	**12**, 32-48	(221)
20e »	He	**12**, 1-4	(440)	Lc	**12**, 49-53	(222)
21e »	He	**12**, 5... 13	(440)	Lc	**13**, 22-30	(225)
22e »	He	**12**, 18... 24	(440)	Lc	**14**, 1... 14	(227)
23e »	Phm	**9b**... 17	(443)	Lc	**14**, 25-33	(229)
24e »	1 Tm	**1**, 12-17	(428)	Lc	**15**, 1-32	(230)
25e »	1 Tm	**2**, 1-8	(429)	Lc	**16**, 1-13	(233)
26e »	1 Tm	**6**, 11-16	(429)	Lc	**16**, 19-31	(234)
27e »	2 Tm	**1**, 6... 14	(430)	Lc	**17**, 5-10	(236)
28e »	2 Tm	**2**, 8-13	(430)	Lc	**17**, 11-19	(237)
29e »	2 Tm	**3**, 14 — 4, 2	(431)	Lc	**18**, 1-8	(239)
30e »	2 Tm	**4**, 6... 18	(431)	Lc	**19**, 9-14	(240)
31e »	2 Th	**1**, 11 — 2, 2	(426)	Lc	**19**, 1-10	(241)
32e »	2 Th	**2**, 16 — 3, 5	(426)	Lc	**20**, 27-38	(249)
33e »	2 Th	**3**, 7-12	(427)	Lc	**21**, 5-19	(250)
Christ Roi	Col	**1**, 12-20	(419)	Lc	**23**, 35-43	(262)

Une page d'Évangile pour chaque jour de la semaine (lectures de la messe)

Pour connaître la semaine en cours, on peut se reporter au Nouveau Missel des Dimanches.

En face de l'Évangile, ce n'est pas d'être peu nombreux qui est grave, c'est d'être immobile ou de marcher comme des vieillards.

(Madeleine Delbrêl.)

TEMPS DE L'AVENT

1re semaine

Lundi	Mt	**8,** 5-11
Mardi	Lc	**10,** 21-24
Mercredi	Mt	**15,** 29-37
Jeudi	Mt	**7,** 21...27
Vendredi	Mt	**9,** 27-31
Samedi	Mt	**9,** 35..**10,** 8

2e semaine

Lundi	Lc	**5,** 17-26
Mardi	Mt	**18,** 12-14
Mercredi	Mt	**11,** 28-30
Jeudi	Mt	**11,** 11-15
Vendredi	Mt	**11,** 16-19
Samedi	Mt	**17,** 10-13

3e semaine
(jusqu'au 16 décembre)

Lundi	Mt	**21,** 23-27
Mardi	Mt	**21,** 28-32
Mercredi	Lc	**7,** 18b-23
Jeudi	Lc	**7,** 24-30
Vendredi	Jn	**5,** 33-36

Semaine avant Noël

17 décembre	Mt	**1,** 1-17
18 décembre	Mt	**1,** 18-24
19 décembre	Lc	**1,** 5-25
20 décembre	Lc	**1,** 26-38
21 décembre	Lc	**1,** 39-45
22 décembre	Lc	**1,** 46-56
23 décembre	Lc	**1,** 57-66
24 déc. matin	Lc	**1,** 67-69

TEMPS DE NOËL

Avant l'Épiphanie

29 décembre	Lc	**2,** 22-35
30 décembre	Lc	**2,** 36-40
31 décembre	Jn	**1,** 1-18
2 janvier	Jn	**1,** 19-28
3 janvier	Jn	**1,** 29-34
4 janvier	Jn	**1,** 35-42
5 janvier	Jn	**1,** 43-51
6 janvier	Mc	**1,** 7-11
7 janvier	Jn	**2,** 1-12

Semaine après l'Épiphanie

Lundi	Mt	**4,** 12...25
Mardi	Mc	**6,** 34-44
Mercredi	Mc	**6,** 45-52
Jeudi	Lc	**4,** 14-22a
Vendredi	Lc	**5,** 12-16
Samedi	Jn	**3,** 22-30

TEMPS DU CARÊME

Semaine des Cendres

Mercredi	Mt	**6,** 1-18
Jeudi	Lc	**9,** 22-25
Vendredi	Mt	**9,** 14-15
Samedi	Lc	**5,** 27-32

1re semaine de Carême

Lundi	Mt	**25,** 31-46
Mardi	Mt	**6,** 7-15
Mercredi	Lc	**11,** 29-32
Jeudi	Mt	**7,** 7-12
Vendredi	Mt	**5,** 20-26
Samedi	Mt	**5,** 43-48

2e semaine

Lundi	Lc	**6,** 36-38
Mardi	Mt	**23,** 1-12
Mercredi	Mt	**20,** 17-28
Jeudi	Lc	**16,** 19-31
Vendredi	Mt	**21,** 33...46
Samedi	Lc	**15,** 1-32

3e semaine

Lundi	Lc	**4,** 24-30
Mardi	Mt	**18,** 21-35
Mercredi	Mt	**5,** 17-19
Jeudi	Lc	**11,** 14-23
Vendredi	Mc	**12,** 28b-34
Samedi	Lc	**18,** 9-14
Messe au choix	Jn	**4,** 5-42

4e semaine

Lundi	Jn	**4,** 43-54
Mardi	Jn	**5,** 1-16
Mercredi	Jn	**5,** 17-30

Jeudi	Jn	**5,** 31-47
Vendredi	Jn	**7,** 1...30
Samedi	Jn	**7,** 40-53
Messe au choix	Jn	**9,** 1-41

5ᵉ semaine

Lundi	Jn	**8,** 1-11 ou
	Jn	**8,** 12-20
Mardi	Jn	**8,** 21-30
Mercredi	Jn	**8,** 31-42
Jeudi	Jn	**8,** 51-59
Vendredi	Jn	**10,** 31-42
Samedi	Jn	**11,** 45-57
Messe au choix	Jn	**11,** 1-45

Semaine Sainte

Lundi	Jn	**12,** 1-11
Mardi	Jn	**13,** 21...38
Mercredi	Mt	**26,** 14-25
Voir pages	*Évangiles du Dimanche*	

TEMPS PASCAL

Lundi	Mt	**28,** 8-15
Mardi	Jn	**20,** 11-18
Mercredi	Lc	**24,** 13-35
Jeudi	Lc	**24,** 35-48
Vendredi	Jn	**21,** 1-14
Samedi	Mc	**16,** 9-15

2ᵉ semaine de Pâques

Lundi	Jn	**3,** 1-8
Mardi	Jn	**3,** 7-15
Mercredi	Jn	**3,** 16-21
Jeudi	Jn	**3,** 31-36
Vendredi	Jn	**6,** 1-15
Samedi	Jn	**6,** 16-21

3ᵉ semaine

Lundi	Jn	**6,** 22-29
Mardi	Jn	**6,** 30-35
Mercredi	Jn	**6,** 35-40
Jeudi	Jn	**6,** 44-51
Vendredi	Jn	**6,** 52-59
Samedi	Jn	**6,** 60-69

4ᵉ semaine

Lundi	Jn	**10,** 1-10 ou
	Jn	**10,** 11-18
Mardi	Jn	**10,** 22-30
Mercredi	Jn	**12,** 44-50
Jeudi	Jn	**13,** 16-20
Vendredi	Jn	**14,** 1-6
Samedi	Jn	**14,** 7-14

5ᵉ semaine

Lundi	Jn	**14,** 21-26
Mardi	Jn	**14,** 27-31a
Mercredi	Jn	**15,** 1-8
Jeudi	Jn	**15,** 9-11
Vendredi	Jn	**15,** 12-17
Samedi	Jn	**15,** 18-21

6ᵉ semaine

Lundi	Jn	**15,** 26 – **16,** 4
Mardi	Jn	**16,** 5-11
Mercredi	Jn	**16,** 12-15
Jeudi (dans les pays où l'Ascension est transférée au Dimanche)	Jn	**16,** 16-20
Vendredi	Jn	**16,** 20-23a
Samedi	Jn	**16,** 23b-28

7ᵉ semaine

Lundi	Jn	**16,** 29-33
Mardi	Jn	**17,** 1-11
Mercredi	Jn	**17,** 11b-19
Jeudi	Jn	**17,** 20-26
Vendredi	Jn	**21,** 15-19
Samedi matin	Jn	**21,** 20-25

TEMPS ORDINAIRE

1ʳᵉ semaine

Lundi	Mc	**1,** 14-20
Mardi	Mc	**1,** 21-28
Mercredi	Mc	**1,** 29-39
Jeudi	Mc	**1,** 40-45
Vendredi	Mc	**2,** 1-12
Samedi	Mc	**2,** 13-17

2ᵉ semaine

Lundi	Mc	**2,** 18-22
Mardi	Mc	**2,** 23-28
Mercredi	Mc	**3,** 1-6
Jeudi	Mc	**3,** 7-12
Vendredi	Mc	**3,** 13-19
Samedi	Mc	**3,** 20-21

3ᵉ semaine

Lundi	Mc	**3,** 22-30
Mardi	Mc	**3,** 31-35
Mercredi	Mc	**4,** 40-24
Jeudi	Mc	**4,** 21-25
Vendredi	Mc	**4,** 26-34
Samedi	Mc	**4,** 35-41

4ᵉ semaine

Lundi	Mc	**5,** 1-20
Mardi	Mc	**5,** 21-43
Mercredi	Mc	**6,** 1-6
Jeudi	Mc	**6,** 7-13
Vendredi	Mc	**6,** 14-29
Samedi	Mc	**6,** 30-34

5ᵉ semaine

Lundi	Mc	**6,** 53-56
Mardi	Mc	**7,** 1-13
Mercredi	Mc	**7,** 14-23
Jeudi	Mc	**7,** 24-30
Vendredi	Mc	**7,** 31-37
Samedi	Mc	**8,** 1-10

6ᵉ semaine

Lundi	Mc	**8,** 11-13
Mardi	Mc	**8,** 14-21

Mercredi	Mc	**8,** 22-26
Jeudi	Mc	**8,** 27-33
Vendredi	Mc	**8,** 34 – **9,** 1
Samedi	Mc	**9,** 2-13

7ᵉ semaine

Lundi	Mc	**9,** 14-29
Mardi	Mc	**9,** 30-37
Mercredi	Mc	**9,** 38-40
Jeudi	Mc	**9,** 41-50
Vendredi	Mc	**10,** 1-12
Samedi	Mc	**10,** 13-16

8ᵉ semaine

Lundi	Mc	**10,** 17-27
Mardi	Mc	**10,** 28-31
Mercredi	Mc	**10,** 32-45
Jeudi	Mc	**10,** 46-52
Vendredi	Mc	**11,** 11-26
Samedi	Mc	**11,** 27-33

9ᵉ semaine

Lundi	Mc	**12,** 1-12
Mardi	Mc	**12,** 13-17
Mercredi	Mc	**12,** 18-27
Jeudi	Mc	**12,** 28b-34
Vendredi	Mc	**12,** 35-37
Samedi	Mc	**12,** 38-44

10ᵉ semaine

Lundi	Mt	**5,** 1-12
Mardi	Mt	**5,** 13-16
Mercredi	Mt	**5,** 17-19
Jeudi	Mt	**5,** 20-26
Vendredi	Mt	**5,** 27-32
Samedi	Mt	**5,** 33-37

11ᵉ semaine

Lundi	Mt	**5,** 38-42
Mardi	Mt	**5,** 43-48
Mercredi	Mt	**6,** 1...18
Jeudi	Mt	**6,** 7-15
Vendredi	Mt	**6,** 19-23
Samedi	Mt	**6,** 24-34

12ᵉ semaine

Lundi	Mt	**7,** 1-5
Mardi	Mt	**7,** 6...14
Mercredi	Mt	**7,** 15-20
Jeudi	Mt	**7,** 21-29
Vendredi	Mt	**8,** 1-4
Samedi	Mt	**8,** 5-17

13ᵉ semaine

Lundi	Mt	**8,** 18-22
Mardi	Mt	**8,** 23-27
Mercredi	Mt	**8,** 28-34
Jeudi	Mt	**9,** 1-8
Vendredi	Mt	**9,** 9-13
Samedi	Mt	**9,** 14-17

14ᵉ semaine

Lundi	Mt	**9,** 18-26
Mardi	Mt	**9,** 32-38
Mercredi	Mt	**10,** 1-7
Jeudi	Mt	**10,** 7-15
Vendredi	Mt	**10,** 16-23
Samedi	Mt	**10,** 24-33

15ᵉ semaine

Lundi	Mt	**10,** 34 – **11,** 1
Mardi	Mt	**11,** 20-24
Mercredi	Mt	**11,** 25-27
Jeudi	Mt	**11,** 28-30
Vendredi	Mt	**12,** 1-8
Samedi	Mt	**12,** 14-21

16ᵉ semaine

Lundi	Mt	**12,** 38-42
Mardi	Mt	**12,** 46-50
Mercredi	Mt	**13,** 1-9
Jeudi	Mt	**13,** 10-17
Vendredi	Mt	**13,** 18-23
Samedi	Mt	**13,** 24-30

17ᵉ semaine

Lundi	Mt	**13,** 31-35
Mardi	Mt	**13,** 36-43
Mercredi	Mt	**13,** 44-46
Jeudi	Mt	**13,** 47-53
Vendredi	Mt	**13,** 54-58
Samedi	Mt	**14,** 1-12

18ᵉ semaine

Lundi	Mt	**14,** 13-21
	ou Mt	**14,** 22-36
Mardi	Mt	**14,** 22-36
	ou Mt	**15,** 1...14
Mercredi	Mt	**15,** 21-28
Jeudi	Mt	**16,** 13-23
Vendredi	Mt	**16,** 24-28
Samedi	Mt	**17,** 14-20

19ᵉ semaine

Lundi	Mt	**17,** 22-27
Mardi	Mt	**18,** 1-14
Mercredi	Mt	**18,** 15-20
Jeudi	Mt	**18,** 21 – **19,** 1
Vendredi	Mt	**19,** 3-12
Samedi	Mt	**19,** 13-15

20ᵉ semaine

Lundi	Mt	**19,** 16-22
Mardi	Mt	**19,** 23-30
Mercredi	Mt	**20,** 1-16
Jeudi	Mt	**22,** 1-14
Vendredi	Mt	**22,** 34-40
Samedi	Mt	**23,** 1-12

21ᵉ semaine

Lundi	Mt	**23,** 13-22
Mardi	Mt	**23,** 23-26
Mercredi	Mt	**23,** 27-32
Jeudi	Mt	**24,** 42-51
Vendredi	Mt	**25,** 1-13
Samedi	Mt	**25,** 14-30

22e semaine

Lundi	Lc	**4,** 16-30
Mardi	Lc	**4,** 31-37
Mercredi	Lc	**4,** 38-44
Jeudi	Lc	**5,** 1-11
Vendredi	Lc	**5,** 33-39
Samedi	Lc	**6,** 1-5

23e semaine

Lundi	Lc	**6,** 6-11
Mardi	Lc	**6,** 12-19
Mercredi	Lc	**6,** 20-26
Jeudi	Lc	**6,** 27-38
Vendredi	Lc	**6,** 39-42
Samedi	Lc	**6,** 43-49

24e semaine

Lundi	Lc	**7,** 1-10
Mardi	Lc	**7,** 11-17
Mercredi	Lc	**7,** 31-35
Jeudi	Lc	**7,** 36-50
Vendredi	Lc	**8,** 1-3
Samedi	Lc	**8,** 4-15

25e semaine

Lundi	Lc	**8,** 16-18
Mardi	Lc	**8,** 19-21
Mercredi	Lc	**9,** 1-6
Jeudi	Lc	**9,** 7-9
Vendredi	Lc	**9,** 18-22
Samedi	Lc	**9,** 43b-45

26e semaine

Lundi	Lc	**9,** 46-50
Mardi	Lc	**9,** 51-56
Mercredi	Lc	**9,** 57-62
Jeudi	Lc	**10,** 1-12
Vendredi	Lc	**10,** 13-16
Samedi	Lc	**10,** 17-24

27e semaine

Lundi	Lc	**10,** 25-37
Mardi	Lc	**10,** 38-42
Mercredi	Lc	**11,** 1-4
Jeudi	Lc	**11,** 5-13
Vendredi	Lc	**11,** 15-26
Samedi	Lc	**11,** 27-28

28e semaine

Lundi	Lc	**11,** 29-32
Mardi	Lc	**11,** 37-41
Mercredi	Lc	**11,** 42-46
Jeudi	Lc	**11,** 47-54
Vendredi	Lc	**12,** 1-7
Samedi	Lc	**12,** 8-12

29e semaine

Lundi	Lc	**12,** 13-21
Mardi	Lc	**12,** 35-38
Mercredi	Lc	**12,** 39-48
Jeudi	Lc	**12,** 49-53
Vendredi	Lc	**12,** 54-59
Samedi	Lc	**13,** 1-9

30e semaine

Lundi	Lc	**13,** 10-17
Mardi	Lc	**13,** 18-21
Mercredi	Lc	**13,** 22-30
Jeudi	Lc	**13,** 31-35
Vendredi	Lc	**14,** 1-6
Samedi	Lc	**14,** 1...11

31e semaine

Lundi	Lc	**14,** 12-14
Mardi	Lc	**14,** 15-24
Mercredi	Lc	**14,** 25-33
Jeudi	Lc	**15,** 1-10
Vendredi	Lc	**16,** 1-8
Samedi	Lc	**16,** 9-15

32e semaine

Lundi	Lc	**17,** 1-6
Mardi	Lc	**17,** 7-10
Mercredi	Lc	**17,** 11-19
Jeudi	Lc	**17,** 20-25
Vendredi	Lc	**17,** 26-37
Samedi	Lc	**18,** 1-8

33e semaine

Lundi	Lc	**18,** 35-43
Mardi	Lc	**19,** 1-10
Mercredi	Lc	**19,** 11-28
Jeudi	Lc	**19,** 41-44
Vendredi	Lc	**19,** 45-48
Samedi	Lc	**20,** 27-40

34e semaine

Lundi	Lc	**21,** 1-4
Mardi	Lc	**21,** 5-11
Mercredi	Lc	**21,** 12-19
Jeudi	Lc	**21,** 20-28
Vendredi	Lc	**21,** 29-33
Samedi	Lc	**21,** 34-36

Quelques fêtes du Seigneur et des saints

Dans son immense charité, Jésus Christ s'est fait ce que nous sommes, pour nous faire ce qu'il est.

(Saint Irénée)

Janvier			
25 Conversion de St Paul		Ac **9,** 1-22	Mc **16,** 15-18
Février			
2 Présentation du Seigneur au Temple		He **2,** 14-18	Lc **2,** 22-40
22 Chaire de St Pierre			Mt **16,** 13-19
Mars			
19 St Joseph		Rm **4,** 13... 22	Mt **1,** 16... 24
			ou Lc **2,** 41-51
25 Annonciation du Seigneur		He **10,** 5-10	Lc **1,** 26-38
Avril			
25 St Marc			Mc **16,** 15-20
Mai			
1 St Joseph		Col **3,** 14-21	Mt **13,** 54-58
3 Sts Philippe et Jacques		1 Co **15,** 1-8	Jn **14,** 6-14
14 St Matthias		Ac **1,** 15... 26	Jn **15,** 9-17
31 Visitation de la Vierge Marie		Rm **12,** 9-16	Lc **1,** 39-56
Juin			
24 St Jean Baptiste	*(veille)*	1 P **1,** 8-12	Lc **1,** 5-17
	(jour)		Lc **1,** 57-80
29 Sts Pierre et Paul	*(veille)*	Ac **3,** 1-10	Jn **21,** 15-19
		Ga **1,** 11-20	
	(jour)	2 Tm **4,** 6... 18	Mt **16,** 13-19
Juillet			
3 St Thomas		Ep **2,** 19-22	Jn **20,** 24-29
22 Ste Marie Madeleine		2 Co **5,** 14-17	Jn **20,** 1-18
25 St Jacques		2 Co **4,** 7-15	Mt **20,** 20-28
26 Ste Anne et St Joachim		He **11,** 1... 13	Mt **13,** 11... 17
29 Ste Marthe			Lc **10,** 38-42
			ou Jn **11,** 19-27
Août			
5 Dédicace de la Basilique Ste Marie Majeure		Ga **4,** 4-7	Lc **2,** 1-7
6 Transfiguration du Seigneur			A Mt **17,** 1-9
			B Mc **9,** 2-10
			C Lc **9,** 28-36

10 St Laurent			Jn **12**, 24-26
15 Assomption de la Vierge	*(veille)*	1 Co **15**, 54-57	Lc **11**, 27-28
	(jour)	Ap **11**, 19... **12**, 10 1 Co **15**, 20-26	Lc **1**, 39-56
22 La Vierge Marie Reine			Lc **1**, 26-38
24 St Barthélemy		Ap **21**, 9-14	Jn **1**, 45-51
29 Martyre de St Jean Baptiste			Mc **6**, 17-29
Septembre			
8 Nativité de Marie		Rm **8**, 28-30	Mt **1**, 1-23
14 La Croix glorieuse		Ph **2**, 6-11	Jn **3**, 13-17
15 N.D. des Douleurs		He **5**, 7-9	Jn **19**, 25-27 ou Lc **2**, 33-35
21 St Matthieu		Ep **4**, 1... 13	Mt **9**, 9-13
29 Sts Michel, Gabriel et Raphaël		Ap **12**, 7-12	Jn **1**, 47-59
Octobre			
2 Sts Anges Gardiens			Mt **18**, 1... 10
7 Notre-Dame du Rosaire		Ac **1**, 12-14	Lc **1**, 26-38
18 St Luc		2 Tm **4**, 9-17	Lc **10**, 1-9
(25) Dédicace de l'Église	*(par ex.)*	1 P **2**, 4-9 Ap **21**, 1-5	Jn **10**, 22-30
28 Sts Simon et Jude		Ep **2**, 19-22	Lc **6**, 12-19
Novembre			
1 Tous les Saints		Ap **7**, 2... 14 1 Jn **3**, 1-3	Mt **5**, 1-12
9 Dédicace du Latran		1 Co **3**, 9... 17	Jn **2**, 13-22
18 Dédicace des basiliques de St Pierre et de St Paul			Mt **14**, 22-23
30 St André		Rm **10**, 9-18	Mt **4**, 18-22
Décembre			
8 Immaculée Conception de Marie		Ep **1**, 3... 12	Lc **1**, 26-38
26 St Etienne		Ac **6**, 8 — **7**, 60	Mt **10**, 17-22
27 St Jean		1 Jn **1**, 1-4	Jn **20**, 2-8
28 Sts Innocents			Mt **2**, 13-18

Quelques textes fondamentaux pour la vie chrétienne

Les textes qui suivent, dont chacun est proposé, dans le choix de lectures, pour plusieurs sacrements, constituent un ensemble privilégié pour saisir l'essentiel du message du Nouveau Testament.

Table synoptique

Cette table est d'abord une table des matières *de chaque évangile : en suivant, dans chaque colonne, les chiffres en caractères gras, le lecteur trouve le contenu de chacun, dans l'ordre du texte (hormis l'enfance de Jésus pour la facilité de la chronologie).*

Elle est aussi une synopse : *avec chacune des références en caractère gras sont donnés sur la même ligne les passages parallèles des autres évangiles, en gras, s'ils sont à leur place, em maigre, s'ils sont déplacés ; sont donnés également à la suite les doublets dans le même évangile.*

Cette table permet aussi de suivre la trame essentielle de la vie de Jésus :

- *en* CAPITALES, *en pleine page, sont marquées les grandes étapes.*
- *en* PETITES CAPITALES, *les événements principaux, les points de repère.*

Nous distinguons aussi, dans les titres :

- *en italiques, les paroles d'enseignement de Jésus.*
- *en caractères* **gras,** *toutes les paraboles.*
- *en caractères* romains, *les récits, etc.*

Les filets horizontaux délimitent des passages qui forment un ensemble lié : par exemple, le discours sur la Montagne, Matthieu 5 à 7 ; la série paraboles en Matthieu 13 ou Marc 4.

	Mt	Mc	Lc	Jn
Dédicace de Luc			1 1-4	
Le Prologue de Jean				1 1-18
L'ENFANCE				
D'Abraham à Jésus	1 1-17		3 23-38	
Annonce à Zacharie			1 5-25	
Annonce à Marie			26-38	
Visitation : le Magnificat			39-56	
Naissance de Jean			57-66	
Louange de Zacharie			67-80	
Annonce à Joseph : l'Emmanuel	18-25			
Naissance de Jésus			2 1-7	
Annonce aux bergers			8-20	
Circoncision de Jésus			21	
Présentation au Temple			22-40	
Adoration des mages	2 1-12			
Fuite en Égypte et massacre des innocents	13-18			
Sortie d'Égypte	19-23			
Jésus parmi les docteurs			41-52	
L'ANNONCE ET LE ROYAUME				
Jean le Baptiste	3 1-4	1 1-6	3 1-9	19-23
				1 6-7
Il annonce le message	5-12	7-8	10-18	1 24-28
	14 3-4	6 17-18	19-20	
Baptême de Jésus	3 13-17	1 9-11	21-23	29-34
Fils d'Adam, fils de Dieu	1 1-17		23-38	
Quarante jours au désert	4 1-2	1 12-13	4 1-2	
Tenté par le diable	3-11		3-13	
En Galilée. A Nazareth	12-17	14-15	14-30	
	13 54-58	6 1-6		4 44
				6 42
Les premiers disciples				1 35-51
Noces de Cana				2 1-12
Pêcheurs d'hommes	4 18-22	1 16-20	5 10-11	

	Mt	Mc	Lc	Jn
Ils sont frappés par son enseignement	7 28-29	21-22	4 31-32	
Il expulse un démon		23-28	33-37	
La belle-mère de Pierre	8 14-17	29-34	38-41	
Il annonce. Il guérit	4 23-25	35-39	42-44	
Ce sont des hommes que tu prendras	4 19	1 17-18	5 1-11	21 3-11
Béatitudes	5 1-12		6 12-26	
Vous êtes sel et lumière	13-16	9 50	14 34-35	
		4 21	8 16	
			11 33	
Non détruire, mais accomplir	17-20		16 17	
Va d'abord te réconcilier	21-26		12 58-59	
Tu ne commettras pas d'adultère	27-32	9 43-47		
	18 8-9	10 11-12	16 18	
	19 9			
Ne jurez pas	5 33-37			
Aimez vos ennemis	38-48		6 29-30	
			6 27..36	
L'aumône	6 1-4			
La prière	5-15	11 25-26	11 2-4	
Le jeûne	16-18			
Où ton trésor, là ton cœur	19-21		12 33-34	
Œil simple et œil mauvais	22-23		11 34-36	
Dieu et l'argent	24		16 13	
Ne vous inquiétez pas	25-34		12 22-31	
Ne jugez pas	7 1-6	4 24	6 37-42	
Demandez et il vous sera donné	7-11		11 9-13	
La règle d'or	12		6 31	
La porte étroite	13-14		13 23-24	
L'arbre et son fruit	15-20		6 43-44	
	12 33			
Non celui qui dit, mais qui fait	7 21-23		6 46	
			13 26-27	
Construire sur le roc	24-29		6 47-49	
Les vendeurs chassés du Temple	21 12-13	11 15-17	19 45-46	2 13-25
Nicodème vient de nuit				3 1-21
« L'ami de l'époux »				22-30
Qui vient d'en haut				31-36
La Samaritaine				4 1-42
En Galilée				43-46
« Va, ton fils vit »	8 5-13		7 1-10	46-54
L'infirme de la piscine			13 28-29	5 1-19

	Mt	Mc	Lc	Jn
Le Fils fait vivre				20-29
Les œuvres témoignent pour moi				30-47
Le lépreux guéri	8 1-4	1 40-45	5 12-16	
La foi du centurion	5-13		7 1-10	4 46-54
			13 28-29	
La belle-mère de Pierre	14-17	1 29-34	4 38-41	
Pour suivre Jésus	18-22		9 57-62	
La tempête apaisée	23-27	4 35-41	8 22-25	
Guérison de possédés	28-34	5 1-20	8 26-39	
Un paralysé à travers le toit	9 1-8	2 1-12	5 17-26	
L'appel de Matthieu	9-13	13-17	27-35	
A vin nouveau, outre neuve !	14-17	18-22	36-39	
La fille de Jaïre. La femme guérie.	18-26	5 21-43	8 40-56	
Deux aveugles voient	27-31	10 46-52	18 35-43	
	20 29-34	1 43-45		
Un possédé muet	9 32-34	3 22	11 14-15	
	12 22-24			
Des ouvriers pour la moisson	9 35-38	6 6-34	10 2	
	4 23			
	14 14			
Les douze	10 1-4	3 13...19	6 12-16	
L'envoi des Douze	5-16	6 8-11	9 1-5	
Ils vous persécuteront	17-25			
Rien de couvert qui ne soit découvert	26-33	4 22	12 2-9	
Non la paix, mais l'épée	34-36		12 51-53	
Prends ta croix	10 37-39	8 34-35	9 23-24	12 25-26
	16 24-25		14 26-27	
			17-33	
Qui vous accueille, m'accueille	10 40-42	9 37-41	9-48	13 20
	18 5		10 16	
	11 1			
La question de Jean le Baptiste	2-6		7 18-23	
Jésus parle de Jean	7-19		7 24-35	
Les villes rebelles à l'Évangile	20-24		10 13-15	
Mon joug est doux	25-30		10 22-23	
Le maître du sabbat	12 1-8	2 23-28	6 1-5	
La main desséchée	9-14	3 1-6	6-11	
Fils de David, fils de Dieu ?	15-23	7-12		
Il en choisit douze	10 1-4	13-19	12-19	
Heureux les pauvres...	5 3-12		20-26	
Aimez vos ennemis	5 38...48		27-36	
Ne jugez pas	7 1-5		37-42	

	Mt	Mc	Lc	Jn
Arbre et fruit	7 16-20		43-44	
	12 33			
Le trésor du cœur	12 35		45-46	
La maison bien fondée	7 24-27		47-49	
La foi du centurion	8 5-13		7 1-10	4 46-54
Le fils de la veuve de Naïm			11-17	
« Es-tu celui qui vient ? »	11 2-6		18-24	
Qu'êtes-vous allés voir au désert ?	11 7-11		24-30	
Comme des gamins	11 16-19		31-35	
Elle pleure à ses pieds	26 6-7	14 3	36-50	12 3
Des femmes avec lui			8 1-3	
« Il a perdu la tête »		2 20-21		
Un royaume divisé	12 24-30	22-27	11 14-23	
Le péché contre l'Esprit	31-32	28-30	12 10	
L'arbre reconnu à ses fruits	33-37		6 43-45	
	7 16-18			
Le signe de Jonas	12 38-42		11 29-32	
	16 1-4			
Sept esprits mauvais	12 43-45		11 24-26	
Ma mère et mes frères	46-50	31-35	8 19-21	
La parabole du semeur	13 1-9	4 1-9	8 4-8	
Pourquoi des paraboles ?	10-15	10-12	9-10	12 37-40
Heureux les yeux	16-17		10 23-24	
La semence, c'est la parole	18-23	13-20	8 11-15	
La lampe	5 15	21	16	
			11 33	
Rien de caché...	10 26	22-23	8 17	
			12 2	
Une bonne mesure	7 2	24-25	8 18	
	13 12		6 38	
	25 29		19 26	
La moisson qui mûrit		26-29		12 24
La parabole de l'ivraie	13 24-30			
Le grain de sénevé	31-32	30-32	13 18-19	
Le levain	33		13 20-21	
L'enseignement en paraboles	34 35	33-34		
Explique-nous l'ivraie	36-43			
Trésor, perle et filet	44-50			
L'Ancien et le Nouveau	51-53			
Ma mère et mes frères	12 46-50	3 31-35	8 19-21	
La tempête apaisée	8 18.23-27	4 35-41	22-25	
Guérison de possédés	8 28-34	5 1-20	26-39	
La fille de Jaïre et la femme guérie	9 18-26	21-43	40-56	

	Mt	Mc	Lc	Jn
Nul n'est prophète en son pays	13 54-58	6 1-6	4 22-24	4 44
				6 42
Il envoie les Douze	9 35	7-13	9 1-6	
	10 5-15		10 2-12	
Hérode est perplexe	14 1-2	14-16	9 7-9	
Mort de Jean-Baptiste	3-12	17-29		
Reposez-vous un peu	13-14	30-34	9 10-11	
Multiplication des pains	15-21	35-44	12-17	6 1-15
Il marche sur la mer	22-33	45-52		16-21
A Gennésareth	34-36	53-56		
Ce ne sont que préceptes humains	15 1-20	7 1-23	6 39	
La Cananéenne	21-28	24-30		
Il les guérit tous	29-31	31-37		
Multiplication des pains	32-39	8 1-9		
Le pain de vie				6 22-71
Un signe du ciel	16 1-4	8 10-12	11 29-32	
	12 38-40			
Le levain des pharisiens	16 5-12	13-21	12 1	
L'aveugle de Bethsaïde		22-26		
Pierre dit : Tu es le messie	13-20	27-30	9 18-21	
Première annonce de la Passion	21-23	31-33	22	
Prends ta croix	24-28	34	23-27	
		9 1		
	10 37-39		14 27	
			17 33	
La Transfiguration	17 1-9	2-10	9 28-36	
Le retour D'Élie	10-13	11-13		
Le possédé épileptique	14-21	14-29	37-43	
	21 21	11 23	17 6	
Deuxième annonce de la Passion	17 22-27	9 30-32	9 43-45	
« Qui est le plus grand ? »	18 1-5	33-37	46-48	
	10 40	10 43-44		
Qui n'est pas avec moi est contre	12 30	9 38-40	49-50	
			11 23	
Une coupe d'eau fraîche	10 42	41		
Scandaliser les petits	18 6-11	42-49	17 1-3	
	5 29-30			
La brebis perdue	18 12-14		15 3-7	
Si deux s'accordent	15-20		17 3	20 23
Le débiteur impitoyable	21-35		17 4	
Il monte à Jérusalem	8 19-22		9 51-62	

	Mt	Mc	Lc	Jn
Il en envoie soixante-dix	9 37		10 1-9	
	10 7...16		9 1-6	
Les villes rebelles à l'Évangile	11 21-24		10 10-15	
Qui vous entend, m'entend	10 40	9 37	16	5 23
				13 20
Les soixante-dix reviennent			17-20	
Tu le révèles aux petits	11 25-27		21-22	
Heureux ceux qui voient	13 16-17		23-24	
Le Commandement Nouveau	22 34-40	12 28-31	25-28	
Le Bon Samaritain			29-37	
Marthe et Marie			10 38-42	
« Notre Père »	6 9-13		11 1-4	
L'ami importun			5-8	
Demandez et il vous sera donné	7 7-11		9-13	
Qui n'est pas avec moi...	12 22-30	3 22-27	14-23	
Sept esprits mauvais	12 43-45		24-26	
Heureux ceux qui entendent la Parole			27-28	
Le signe de Jonas	12 38-42		29-32	
La lampe	5 15	4 21	33-36	
	6 22-23		8 16	
Malheur à vous Pharisiens	23 4...36		11 37-54	
Le levain des Pharisiens	16 6	8 15	12 1	
Rien de couvert qui ne soit découvert	10 26-33	4 22	2-7	
			8 17	
			9 26	
Le péché contre l'Esprit	12 32		12 8-10	
L'Esprit en vous parlera	10 19-20	13 11	11-12	
			21 14-15	
Un riche fou			12 13-21	
Ne vous inquiétez pas	6 25-34		22-32	
Le trésor du cœur	6 19-21		33-34	
Il les trouve veillant	24 43-44		35-40	
L'intendant fidèle	24 45-51		41-48	
Le feu sur la terre	10 34-36		49-53	
Un signe du ciel	16 2-3		54-57	
Va d'abord te réconcilier	5 25-26		58-59	
Si vous ne vous convertissez			13 1-5	
Un figuier stérile			6-9	
La femme courbée			10-17	
Guérir, un sabbat	12 11-12		14 5	
Le grain de sénevé, le levain	13 31-33	4 30-32	13 18-21	
Les premiers et les derniers	19 30	10 31	22-30	
	20 16			

	Mt	Mc	Lc	Jn
La porte étroite	7 13...23			
	8 11-12			
	25 10-12			
Jérusalem, Jérusalem	23 37-39		31-35	
Qui s'élève sera abaissé	23 12		14 1-11	
			18 14	
Guérison un jour de sabbat	12 11-12		13 15	
N'invite pas tes amis			14 12-15	
Les invités au festin	22 1-14		16-24	
Prends ta croix	10 37-38	8 34	25-27	
			9 23	
Bâtir une tour			14 28-33	
Le sel	5 13	9 50	34-35	
La brebis perdue	18 12-14		15 1-7	
La monnaie perdue			8-10	
L'enfant prodigue			11-32	
L'intendant infidèle			16 1-8	
L'argent	6 24		9-15	
La loi et les prophètes	5 18		16-17	
	11 12-13			
L'adultère	5 32	10 11-12	18	
	19 9			
Lazare et le riche			19-31	
Scandaliser un de ces petits	18 6-7	9 42	17 1-3	
Pardonne à ton frère	18 15,21-22		3-4	
« Augmente notre foi »	17 20	11 22-23	5-6	
	21 21			
Serviteurs inutiles			7-10	
Un Samaritain guéri			11-19	
Comme l'éclair éclaire	24 26-27		20-25	
Aux jours de Noé ou de Lot	24 37-39		26-32	
	24 17-18	13 15-16		
Qui veut garder sa vie la perdra	10 39	8 35	33	12 25
	16 25		9 23	
Un pris, l'autre laissé	24 40-41		17 34-37	
	24 28			
Le juge inique			18 1-8	
Le Pharisien et le publicain	23 12		9-14	
			14 11	
Ce que Dieu a uni	19 1-9	10 1-12	16 18	
	5 31-32			
Qui peut comprendre, qu'il comprenne	19 10-12			
Laissez les petits enfants	13-15	13-16	18 15-17	
Vends tes biens, donne aux pauvres	16-22	17-22	18-23	
Un chameau dans un chas	23-26	23-27	24-27	

	Mt	Mc	Lc	Jn
« Nous avons tout laissé »	19 27-29	10 28-30	18 28-30	
Les derniers seront les premiers	30	31	13 30	
Les ouvriers de la vigne	20 1-16			
Troisième annonce de la Passion	17-19	32-34	18 31-34	
Les fils de Zébédée	20-24	35-41		
Venu pour servir	25-28	42-45		
	23 11	9 35	22 24-27	
La fête des tentes à Jérusalem				7 1-24
Je ne suis pas venu de moi-même				25-36
Les fleuves d'eau vive				37-44
« Nul n'a parlé comme cet homme »				45-53
La femme adultère				8 1-11
Je suis la lumière du monde				12-20
Je suis d'en haut				21-30
La vérité vous rendra libres				31-38
Le père du mensonge				39-45
Avant qu'Abraham fût, Je suis				46-59
L'aveugle de Siloé				9 1-41
Le bon pasteur				10 1-21
La fête de la Dédicace				22-30
Le père est en moi et moi en lui				31-39
Il s'en va au-delà du Jourdain				40-42
Lazare sort du tombeau				11 1-45
« Qu'un seul meure pour le peuple »	26 1-5	14 1-2	22 1-2	46-57
L'aveugle de Jéricho	20 29-34	10 46-52	18 35-43	
	9 27-31			
Zachée			19 1-10	
Les dix pièces d'or	25 14-30	4 25	11-27	
			8 18	
Les effluves d'un parfum	26 6-13	14 3-9	7 36-38	12 1-11
A JÉRUSALEM				
L'entrée a Jérusalem	21 1-9	11 1-11	19 28-38	12 12-19
Jésus pleure sur Jérusalem			39-44	
Il chasse les vendeurs du temple	10-17	12-19	45-48	2 13-22
Le figuier desséché	21 18-22	20-25		
« Qui t'a donné cette autorité ? »	23-27	27-33	20 1-8	
Un homme avait deux fils	28-32			
Les vignerons tuent le fils	33-39	12 1-9	9-16	
La pierre d'angle	40-46	10-12	17-19	
Les invités au festin	22 1-10		14 16-24	
La robe nuptiale	11-14	13-17	20 20-26	

	Mt	Mc	Lc	Jn
Rendez à César	15-22			
Les Sadducéens et la résurrection	23-33	18-27	27-40	
L'ordre d'aimer	34-40	28-34	10 25-28	
Seigneur et fils de David	41-46	35-37	20 41-44	
Gardez-vous des scribes	23 1-12	37-40	45-47	
	20 26-27			
Malheureux êtes-vous	23 13-36		11 39...52	
Jérusalem, Jérusalem	37-39		13 34-35	
La pauvre veuve		41-44	21 1-4	
Le Temple sera détruit	24 1-3	13 1-4	5-7	
Le début des douleurs	4-8	5-8	8-11	
Cela aboutira au témoignage	9-14	9-13	12-19	
	10 17-23		12 11-12	
La grande détresse	24 15-22	14-20	21 20-24	
			17 31	
Faux messies, faux prophètes	23-25	21-23		
Comme l'éclair éclaire	26-28		17 23-24,27	
La venue du Fils de l'homme	29-31	24-27	21 25-28	
Le figuier bourgeonnant	32-34	28-31	29-32	
Mes paroles ne passeront pas	35-36	32	33	
Comme aux jours de Noé	37-41		17 26...35	
Prenez garde, veillez	42-44	33-37	21 34-38	
	25 13		12 39-40	
Le serviteur fidèle et sage	24 45-51		12 42-46	
Les dix vierges	25 1-13			
Les talents	14-30		19 12-27	
	13 12	4 25	8 18	
Venez les bénis de mon père	25 31-40			
Loin de moi, maudits	41-46			
Si le grain ne meurt		8 34-35		20-28
Une voix du ciel				28-36
Ils ne croient pas en lui	13 14-15			12 37-43
Je viens sauver le monde				44-50
LIVRÉ ET CRUCIFIÉ				
Le complot	26 1-5	14 1-2	22 1-2	11 47-55
L'onction de Béthanie	6-13	3-9	7 36-38	12 1-8
TRAHISON DE JUDAS	14-16	10-11	22 3-6	
Ils préparent la Pâque	17-19	12-16	7-13	
Le lavement des pieds				13 1-20
LA CÈNE	20-29	17-25	14-20	
Celui qui me livrera	26 23-25	14 20-21	21-23	21-30
Aimez-vous les uns les autres				31-35
				15 12-17

	Mt	Mc	Lc	Jn
Qui est le plus grand	20 25-28	10 42-45	24-27	
			9 46-48	
Vous siègerez sur des trônes	19 28		22 28-30	
Avant que le coq chante	26 30-35	14 26-31	31-38	13 36-38
LES PAROLES DE LA CÈNE (1)				14 à 17
La route, la vérité, la vie				14 6
Le Réconfort, le Paraclet				16-26
Je suis la vraie vigne				15 1
Demeurez en mon amour				9
La venue du Paraclet				26
La prière de Jésus				17 1-17
A GETHSÉMANI	36-46	32-42	39-46	18 1
L'arrestation	47-56	43-52	47-54	2-12
Face au grand prêtre	57-68	53-65	54-71	13-24
Un coq chante	69-75	66-72	22 55-62	25-27
				18 17
Face à Pilate	27 1-2	15 1	23 1-2	18 28
Le prix du sang	3-10			
Tu es roi ?	11-14	2-5	3-7	29-40
Face à Hérode			8-12	
Pilate le livre	27 15-26	15 6-15	23 13-25	19 1-16
AU GOLGOTHA	27-44	16-26	26-38	16-24
Marie au Calvaire				25-27
Le bon larron			39-43	
JÉSUS MEURT SUR LA CROIX	45-50	27-37	44-46	28-30
Le coup de lance				31-37
« Cet homme était un juste »	51-54	38-41	47-49	
AU SÉPULCRE	55-61	42-47	50-56	38-42
Ils scellent la pierre	62-66			
IL EST RESSUSCITÉ, IL EST VIVANT				
DES FEMMES, DE GRAND MATIN	28 1-10	16 1-8	24 1-11	20 1
Pierre au sépulcre			12	2-10
Marie de Magdala				11-18
Les gardes dormaient	11-15			
Sur le chemin d'Emmaüs			13-35	
Ils le voient à Jérusalem			36-49	19-23
Thomas est là				24-29
Jésus est le Messie				30-31
Ils le voient en Galilée	16-20			
Au lac de Tibériade				21 1-25
Les apparitions		9-18		
IL EST ENLEVÉ AU CIEL		19-20	50-53	

(1) Toutes les paroles de Jésus à la Cène rapportées par Jean sont regroupées ici, sans titres, mais avec seulement quelques points de repère.

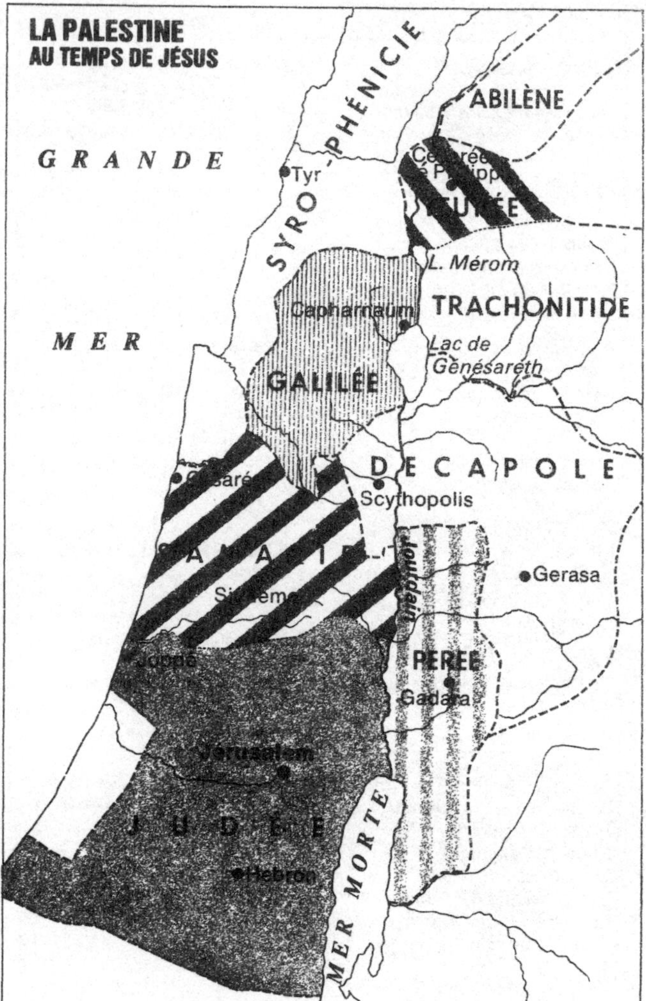
LA PALESTINE
AU TEMPS DE JÉSUS
GRANDE
MER
SYRO-PHÉNICIE
ABILÈNE
Tyr
L. Mérom
Capharnaum
TRACHONITIDE
Lac de Génésareth
GALILÉE
DECAPOLE
Scythopolis
Jourdain
Gerasa
PEREE
Gadara
Joppé
Jérusalem
JUDÉE
Hebron
MER MORTE
0 10 20 30 40 50 km

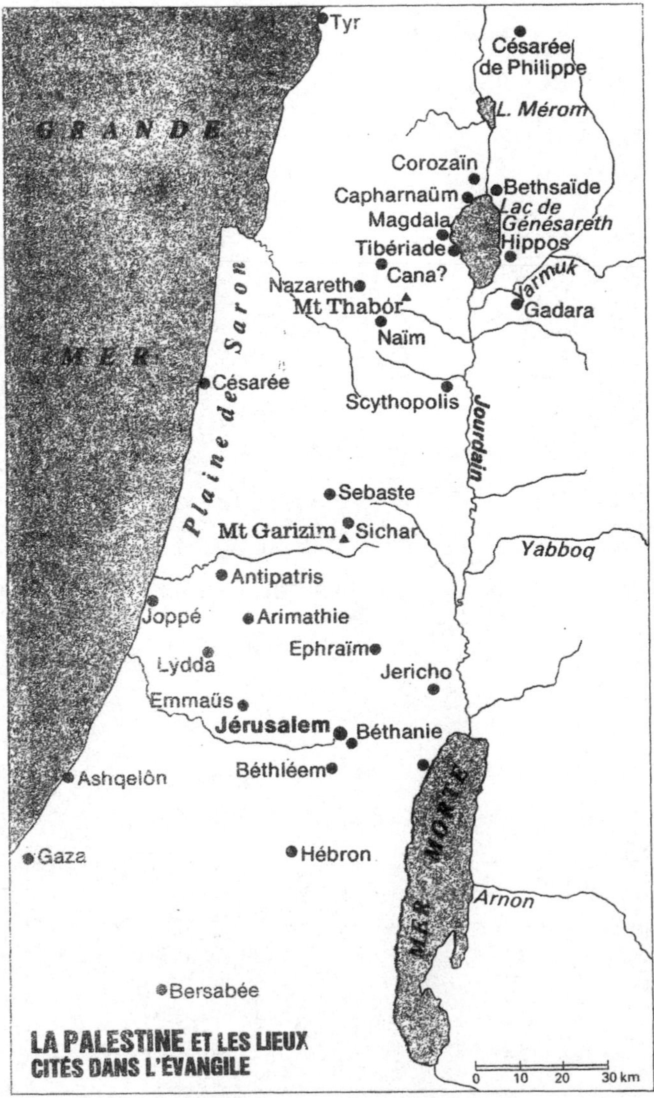

LA PALESTINE ET LES LIEUX CITÉS DANS L'ÉVANGILE

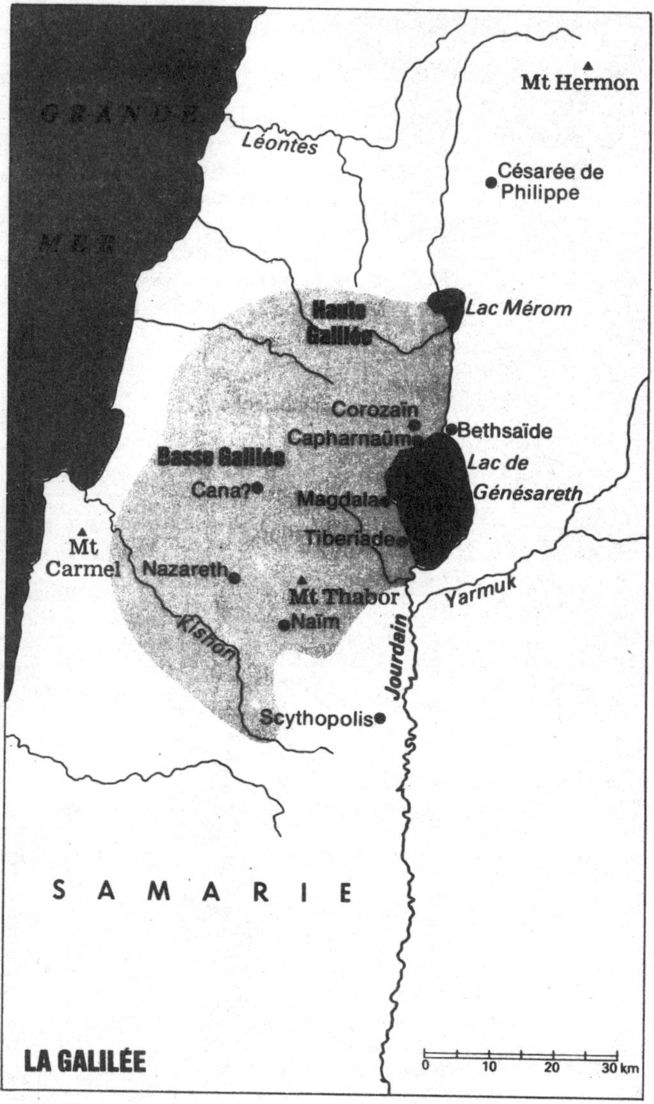
GRANDE
MER
Léontes
Mt Hermon
Césarée de Philippe
Haute Galilée
Lac Mérom
Corozaïn
Bethsaïde
Capharnaüm
Basse Galilée
Lac de Génésareth
Cana?
Magdala
Tiberiade
Mt Carmel
Nazareth
Mt Thabor
Yarmuk
Naïm
Kishon
Jourdain
Scythopolis
SAMARIE
LA GALILÉE
0 10 20 30 km

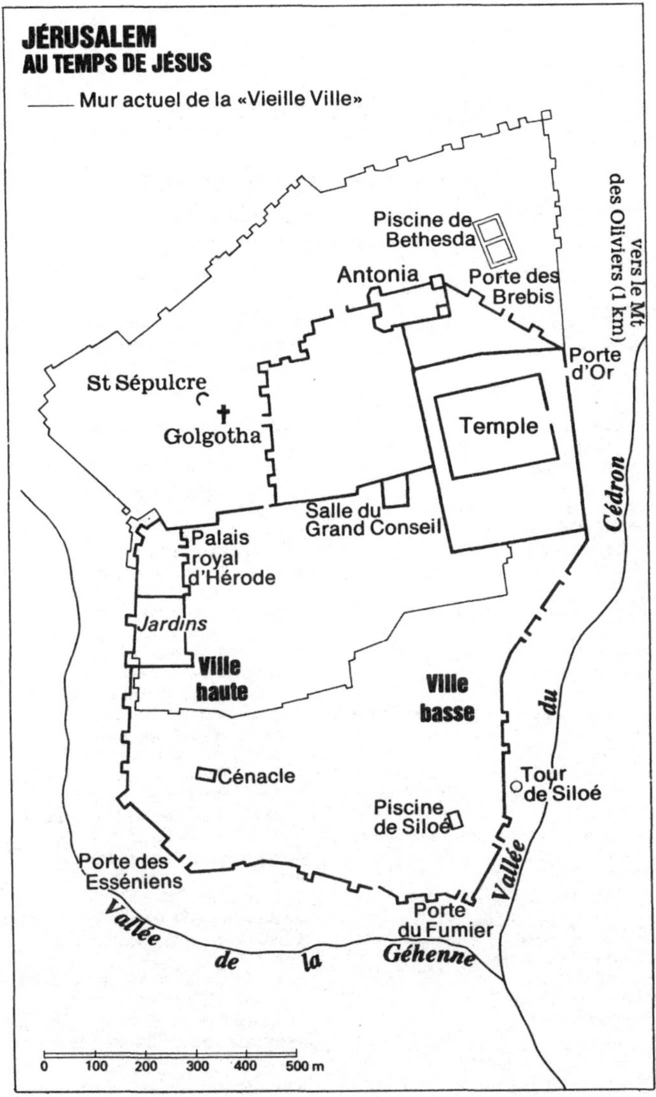
JÉRUSALEM
AU TEMPS DE JÉSUS
Mur actuel de la «Vieille Ville»
Piscine de Bethesda
Antonia
Porte des Brebis
vers le Mt des Oliviers (1 km)
Porte d'Or
St Sépulcre
Golgotha
Temple
Cédron
Salle du Grand Conseil
Palais royal d'Hérode
Jardins
Ville haute
Ville basse
du
Cénacle
Tour de Siloé
Piscine de Siloé
Porte des Esséniens
Vallée
Porte du Fumier
Vallée de la Géhenne
0 100 200 300 400 500 m

Liste des mots-clefs

pour - retrouver un passage
- partir à la découverte

(voir pages 485-525)

Les écrits du Nouveau Testament dans le cadre de l'histoire

7 av. J.-C.	date probable de la naissance de Jésus
4	mort d'Hérode le Grand
14 ap. J.-C.	mort d'Auguste, empereur
	Tibère, empereur
26	Ponce Pilate, gouverneur de Judée (26-36)
30	date probable de la mort de Jésus
vers 34	martyre d'Étienne
	conversion de Paul
37	Caligula, empereur
41	Claude, empereur
44	martyre de Jacques, frère de Jean
44	Néron, empereur
62	martyre de Jacques, frère du Seigneur
64-67 ?	martyre de Pierre à Rome
67	martyre de Paul à Rome
69	Vespasien, empereur
70	Prise de Jérusalem par les Romains; destruction du Temple
79	Titus, empereur
81	Domitien, empereur
96	Nerva, empereur
98	Trajan, empereur

Les écrits du Nouveau Testament sont en général difficiles à dater, mais sont presque tous de la deuxième moitié du premier siècle.

Les trois évangiles synoptiques (Matthieu, Marc, Luc) sont issus de la catéchèse des premières communautés chrétiennes et des paroles du Seigneur d'abord répétées oralement. Leur rédaction définitive dans leur état actuel se situe entre 65 et 80; Marc est le plus ancien, Luc le plus récent.

Les Actes des Apôtres sont la suite de l'évangile de Luc.

Les épîtres de saint Paul s'étagent entre l'an 51 et la mort de l'Apôtre (67), dans l'ordre suivant :

- *les premières épîtres : 1re et 2e aux Thessaloniciens;*
- *les grandes épîtres : 1re et 2e aux Corinthiens, Galates, Romains (et sans doute Philippiens);*
- *les épîtres de la captivité : Colossiens, Philémon, Éphésiens;*
- *les épîtres pastorales : Tite, 1re et 2e à Timothée.*

L'épître aux Hébreux a été écrite par un disciple de saint Paul, sans doute après la mort de l'Apôtre.

Les épîtres catholiques attribuées à d'autres Apôtres sont spécialement difficiles à dater : la 1re de Pierre a dû être rédigée vers la fin de la vie de Pierre (64? 67?), celle de Jude et la 2e de Pierre (œuvre d'un disciple) vers 100 ou après. Quant à celle de Jacques, on hésite beaucoup.

Les écrits de saint Jean (Apocalypse, évangile, épîtres) ont sans doute été composés autour de l'an 100.

Table générale

Pour mieux tirer profit de ce livre

Achevé d'imprimer en août 2015
sur les presses de la Nouvelle Imprimerie Laballery
pour le compte des Éditions Desclée de Brouwer
Dépôt légal : août 2010 - N° d'imprimeur : 507283
Imprimé en France